日本公法译丛

行政法总论

— 下卷 —

[日] 藤田宙靖　著

王贵松　译

中国政法大学出版社

2023·北京

新版行政法総論（上・下）

藤田宙靖　著

本书日文原版由株式会社青林书院出版

著作权合同登记号：图字 01-2023-4954 号

目　录

下　卷

第四编　行政救济法

下　卷

下卷

第四编

行政救济法

序　章

一、行政救济法的课题

正如上卷三编所见，对于行政活动，以"依法律行政原理"为中 3
心的种种法理和法制，正在张开控制之网，以消除对私人权利和利益
的侵害。但是，自不待言，现实中行政活动并非始终遵守这些制约，
屡屡有违法不当的行政活动侵害私人的权益。这时，赋予私人要求恢
复受害权益的手段，就是行政救济法的基本课题。

二、"依法律行政原理"与"近代行政救济法原理"

已如上卷三编所见到的那样，日本传统行政法理论的基本思考结
构是，行政主体与私人的二元对立图式、行政内部关系与外部关系的
二元图式、以行政行为概念为中心的三阶段构造模式，进而是存在以
上述内容为背景的依法律行政原理等。这些可以说赋予了日本传统行
政救济法基本骨架难以割舍的特征。首先，其最大的理念是，行政主 4
体应受到法律的羁束，让独立于行政权的法院审查其是否实际遵守法
律规定而行动。这时，由法院对行政活动进行合法律性控制，其首要
的原则是通过确保自身权益受到违法行政行为侵害的私人能对行政行
为提起撤销诉讼来实现控制。[1]行政上的不服申诉程序是作为补充法

---

　　〔1〕　当然，在今天，特别是2004年《行政案件诉讼法》修改后，这种传统的

院合法性控制的简便权利救济制度来定位的。对于通过这些程序已不可能恢复原状的情形，另外承认以违法行政活动为由请求国家赔偿。也就是说，所期待的行政救济法制度基本上是从背后为传统"依法律行政原理"提供保障和担保的。如此，本书在之前将传统行政法理论中的"依法律行政原理"与其背后提供保障的传统"近代行政救济法原理"合到一起，称作"行政法中的近代法治国家原理"。[1]

三、现代行政救济法的基本问题

然而，如上卷第二编所述，传统"依法律行政原理"带有种种"例外"和"界限"。同样，担保"依法律行政原理"的"近代行政救济法原理"也存在种种因素，妨碍其本来的理论归结，现在仍然存在。其中，这些因素也可以区分为"近代行政救济法原理的例外"与"近代行政救济法原理的界限"。前者是在传统行政救济法理的内部已有形塑，过去也一直有种种加以克服的尝试；后者关心的问题是在现代行政的多样化发展中，因固执于传统法理而不能实现对国民权利的充分救济。

在近代行政救济法原理的例外中，例如包含着在第二编中已见到的"特别权力关系与裁判审查的问题"[2]以及"自由裁量行为与裁判审查的问题"，[3]还可以进一步举出这种问题的例子有，之后要看到的"行政行为的课予义务诉讼"容许性问题、[4]提起抗告诉讼与行政处分停止执行的问题、[5]停止执行与内阁总理大臣异议问题，[6]等等。这些问题均与下述基本问题相关：原本要贯彻前述意义上的"近代法

"撤销诉讼中心主义"构造已经发生动摇，参见后述第 31 页以下。

〔1〕　上卷第 71 页。
〔2〕　上卷第 78 页以下。
〔3〕　上卷第 107 页以下。
〔4〕　后述第 26 页以下。
〔5〕　后述第 110 页以下。
〔6〕　后述第 110 页以下。

治国家原理"，就必须如何思考呢？在上述意义上作为理想类型的
"近代行政救济法原理"基于某种理由（例如"行政运营顺利"的要
求），是否必须按照原样作为日本现行法的应有状态予以贯彻呢？在
制定《行政案件诉讼法》（作为其前身的《行政案件诉讼特例法》）、
《行政不服审查法》及《国家赔偿法》等现行各个行政救济法律之
际，也曾从正面探讨过这些问题。因而，可以说是在对这些问题有了
大致明确的决断之后，才制定了现行的这些法律。

　　而与此相对，近代行政救济法原理的界限可以说是在制定这些法
律后才显现的问题，"近代法治国家原理"或者"近代行政救济法原
理"原本是这些法律的前提，它能否保障国民的充分救济呢？正如本
书先前所述，[1]在"依法律行政原理"之下，最为基本的重要要求是
行政的合法性，但依法律行政自身未必是目的，而正是要藉此来保
护"私人"相对于"行政主体"的权利和自由。不过，这时"依法
律行政原理"的前提是，原本确保行政的合"法律"性就是要服务于
私人的权利保护。这一前提在现实中一旦崩溃，"依法律行政原理"
必须如何处理呢？这是本书前述"依法律行政原理"的"界限"问
题。"近代行政救济法原理"的"界限"问题也与此一样，要确保
"近代行政救济法原理"就是要服务于私人的充分救济，在此前提崩
溃时又该如何呢？换言之，其问题也可以说是，鉴于现代行政的实
态，"国民利益的救济"或"国民的权利保护"要求超越了现代法制
或者其前提"近代行政救济法原理"，在法解释论上终究在多大程度
上应被赋予直接而独立的意义呢？[2]对于这种问题，例如后述抗告诉

6

────────────

〔1〕　上卷第61页以下。
〔2〕　在法律论上确立这种视角时，是从诸如"宪法上'概括性权利保护'要求"
［高木光『行政訴訟論』（有斐閣、2005年）45页以下］或者"法律上的争讼"（《法
院法》第3条第1款）概念引出的立论。
　　例如，可参见关于后者的下述文章：
　　"尽管从'法律上的争讼'性的上位维度角度可看作值得法保护的案件，但在下位
维度的某个诉讼要件阶段中却判断诉不合法，这种判断的龃龉必须通过修正下位维度的
判断基准来消解。否则，就不能说实现了法治国家的司法权作用。"［亘理格「相对的

讼的对象、[1]行政处分的撤销诉讼原告资格、[2]国家赔偿法上所说
"公权力的行使"的意思、[3]"违法的损害"的意思[4]等问题，在过
去的学说和判例上一直有认真的讨论。在此基础上，才有了后述重要
的法律修改。

现在日本的行政救济法在这种种因素的交错中变得极为复杂，每
时每刻都有新问题出现，处于明显的流动性之中。本书以下以传统的
"近代行政救济法原理"为大致尺度来测定这种动态与标尺的偏差和
分歧，以期从客观上加以把握。不过，在行政救济法领域，与上卷三
编所见不同，即使是在日本，过去法典化也是较为先进的。因而，本
编将以这些法律规定为中心进行考察。[5]

第一章要处理以行政活动的裁判控制为问题的行政诉讼法，第二
章要处理以行政上不服申诉等为问题的"狭义的行政争讼法"，本书
一般将行政诉讼法与狭义的行政争讼法合称为行政争讼法。[6]第三章

行政処分論から相関的な関係訴えの利益論へ」阿部古稀759頁（同『行政行為と司法
的統制』所収)。]

　　[1]　后述第 54 页以下。
　　[2]　后述第 66 页以下。
　　[3]　后述第 207 页以下。
　　[4]　后述第 213 页以下。
　　[5]　这时要留意的是，如后所述，如先前触及的《行政案件诉讼法》《行政不服
审查法》《国家赔偿法》等法律原本正是以本书所说"近代法治国家原理""近代行政
救济法原理"的确立为基本目标而制定的。
　　　[6]　对于"行政争讼""行政诉讼"等词所表达的意思，因人而异。通常，"行政
争讼"一词是在广义上使用的，作为总称来使用，即"广泛地对行政上的法律关系有
争议或怀疑时，在利害关系人提起争讼后，由一定的判断机关对此加以裁断的程序"
（田中二郎·上 220 页。当然，该书称此为"行政上的争讼"，"狭义的行政争讼"毋宁
相当于"行政争讼"一词）［参照、雄川一郎『行政争讼法』（有斐閣、1957 年）1
頁］，这一意义上的行政争讼根据争讼的裁断机关不同，通常分为"行政诉讼"与"狭
义的行政争讼"。对于"行政诉讼"的概念，从来也都是有各种用法。这里姑且将其广
泛地理解为包含法院以及其他专门以裁断争讼为本来任务的国家机关独立于通常实施行
政活动之行政机关的指挥命令系统，而且采用不同于一般行政上不服申诉程序的特别程
序来裁断争讼的情形。另外，从广义的"行政争讼"中排除这一意义上的"行政诉讼"，

将处理违法行政活动的国家赔偿问题，最后是附章，处理因合法行为导致损失的损失补偿问题。[1]

亦即普通的行政机关作为争讼的裁断机关出现的情形，通常称为"狭义的行政争讼"。对此，也有学者以诸如"行政型审判"等其他概念来表达（参照、雄川一郎·前揭『行政争讼法』17 页、224 页）。

〔1〕 在行政救济法上，对合法行为导致损失的损失补偿问题在理论上如何定位，是颇为困难的问题。对此，将在后述第 263 页以下详述。

第一章
行政诉讼法——行政争讼法之一

第一节 概 述

一、独立法院的裁判程序要求

9 　　既然要保障行政活动的合法律性，就必须要设计独立裁判机关的裁判程序，在具体情形中判断行政机关是否真的根据法律的规定而行动。从现在我们的法感来看，这几乎可以说是常识。在现在的日本，这一意义上的行政诉讼也与民事诉讼、刑事诉讼一样由普通法院来处理，而且其程序也基本上根据《民事诉讼法》的规定来进行。不过，鉴于通常的民事案件与行政案件在性质上的差异，特地制定了《行政案件诉讼法》作为行政诉讼的一般法，该法在本则仅有46个条文，除了根据该法律的规定外，对于行政案件一般就"依循民事诉讼之例"（《行诉法》第7条）。在这一意义上，大致可以说在现在的日本，国民在对行政机关、行政主体的诉讼中原则上也能获得与私人相互之间诉讼同等程度的裁判保护。但是，这种行政诉讼制度在日本得以确立，却未必是古老之事。

二、明治宪法下的行政诉讼制度

10 　　在第二次世界大战前，在明治宪法之下，日本行政诉讼制度的核心是根据该宪法第61条及以其为基础的《行政裁判法》的规定而设立的"行政裁判制度"。其中，"因行政官厅的违法处分而使权利受到伤害的诉讼"不受普通法院管辖，而由组织系统全然不同的"行政法院"来处理。

行政法院虽有"法院"之名，但在组织上实际上毋宁是属于行政组织的机关。例如，对于其评定官的人事权等，普通的司法法院一概没有权限，也不服从于一般的司法行政权，而是一个独自的机关（在这一意义上，行政法院也与现在日本的家庭法院等性质完全不同）。不过，行政法院仅以行政裁判为其职务，并不触及通常的行政活动，故而，其在职务上不受其他行政机关的指挥命令，评定官的身份也受保障，这些多少也与通常的行政机关有异，而与通常的法院类似。但是，行政法院与司法法院不同，全国仅在东京有一所，而且一审终审，概无上诉机会，等等这些，作为裁判机关在制度的完备性上是极不充分的。不仅如此，并非所有的行政行为均可向行政法院起诉。根据《行政裁判法》同年制定的《关于行政厅违法处分的行政裁判》（1890 年法律第 106 号），可向行政法院起诉的事项被限定为五项（除关税外课予租税和手续费的案件；租税滞纳处分案件；拒绝颁发或撤销营业执照的案件；水利及土木工程案件；查定官有民有土地区分的案件）。对于没有列举的事项，只要没有个别法作例外规定，终究就关闭了行政诉讼的大门，国民就必须对违法的行政行为饮泣吞声。[1]

三、行政裁判制度的模式

在明治宪法之下，这种行政裁判制度与日本的其他诸多法制一样，是以德国行政裁判制度为典范而设立的。众所周知，在德国各邦，其近代化明显晚于法国等国，自 18 世纪末之后，一方面形成了以君主主权为中心的强有力的国家权力组织，另一方面也看到所谓近

---

〔1〕　对于明治宪法下的行政裁判制度，另参照、雄川一郎『行政争讼法』（有斐阁、1957 年）33 頁以下。

代法治国家思想在发展，从 19 世纪开始，"依法律行政原理"的法思想逐渐成形。但是，在实体法上，行政主体受法律拘束的思想虽有进展，但这并不直接意味着要承认需要有保障它的独立法院和裁判程序。之后不久，由行政自行保障行政的合法律性，成为一项原则，也就是说，即使承认行政争讼程序，它充其量也仅仅是异议、诉愿等狭义的行政争讼。但仅此还不够，19 世纪中叶以后，有一种日益高涨的观点认为，[1] 有必要由某种独立于通常行政的裁判机关进行合法性审查（也就是本书所说的行政诉讼）。现实中作为这种机关而设立的行政法院，肇始于 1863 年的巴登行政法院，渐渐在 19 世纪 70—80 年代成形（让人想起日本的明治维新是 1868 年之事）。

如此渐渐发展的德国近代行政裁判制度，在诸多邦里，不管怎样都是由独立于行政活动、不受其他行政机关指挥命令、仅以裁断争讼为任务的第三方机关来审查行政活动的合法律性，亦即作为最小限度的要求，仅以争讼裁断机关的第三方性、独立性为其当下的目的。[2] 即使采取了那样的组织或程序，在保护国民权利的裁判程序上也是极不完整的。日本刚好在这一时期处于近代化之中，正是将这种刚刚成立的德国近代行政裁判制度作为模范予以接纳。

四、日本现行的行政诉讼制度——司法国家制度的采用

日本的这种行政裁判制度在二战之后因《日本国宪法》的制定而被画上了终止符。《日本国宪法》第 76 条第 1 款规定，"所有司法权均属于最高法院及根据法律规定而设置的下级法院"；第 2 款规定，"不得设置特别法院。行政机关不得作为终审进行裁判"。根据宪法的这一规定，《法院法》第 3 条第 1 款规定，"除《日本国宪法》有特别规定外，法院裁判一切法律上的争讼"。这些规定成为日本现今行政

---

〔1〕 当时这种观点的倡导者数 O. 贝尔（O. Bähr）、R. 格奈斯特（R. Gneist）有名。

〔2〕 对于近代行政裁判制度的这一意义，参照、藤田宙靖·公権力の行使 60 頁以下。

诉讼制度的根本基础。应予重视的是，上述行政裁判制度的废止直接以最为彻底的形式实现了司法国家制度，亦即设立了一种制度，与民事、刑事案件完全一样，也由普通法院裁判行政案件。与德国的情形相比，这是极其应予注意的。在德国基本法之下，行政诉讼制度得到显著发展，其组织层面和程序层面均可谓具备了完全的裁判制度性质，但是，在德国，行政诉讼仍由有别于普通法院的"行政法院"这一特别法院来处理，而绝不是由普通法院处理所有民事、刑事和行政案件（不仅如此，除一般的行政法院外，还有多个特别行政法院，其裁判制度颇为复杂）。不过，这时的行政法院并非像过去那样是国家行政权的一部分，而是与其相对立的"裁判权"的一部分，与二战前的行政法院有本质差异（因而，常常有一种说法是，德国并非纯粹的司法国家，但也不是二战前的行政国家，而是可谓"裁判国家"）。

13

　　这种情况在法国也是一样，法国现今的行政诉讼仍由国家参事院（Conseil d'Etat）来审理，它是特别的行政法院，具有自法国大革命时期以来的传统。该行政法院现在也与过去不同，可以说完全具有法院的性质和功能。

　　在日本，一般认为，《日本国宪法》第 76 条并不禁止在普通法院之外设置特别的行政法院，作为以最高法院为顶点的法院组织的一部分（亦即如现在的家庭法院那般）。但即便如此，在现在的日本以行政法院命名者概不存在。[1]

五、行政案件诉讼法制定之前

　　二战后，日本的行政诉讼制度就是如此清算了过去行政裁判制度的一切，在极为彻底的司法国家制度之下重新出发了。但是，从一开

――――――――――

　　〔1〕　日本裁判制度的这种状况，明显是受到二战战胜国美国的司法国家思想的强烈影响。但不可忽视的是，即便在美国，补充法院功能的行政委员会制度也日渐得到强化，并非仅以纯粹的司法国家制度就万事俱备。现在日本的行政诉讼制度之所以在这种单纯的司法国家制度之下发挥着某种功能，主要是因为与德国、法国的情形相比，日本行政诉讼的起诉数量是极少的。

14 始就存在部分强烈的悬念：在代表公益的行政机关、行政主体与私人之间的争议中，沿用解决私人间经济交易纠纷的程序，果真是令人期待的吗？从这一意义出发，考虑到行政案件的特殊性，1947 年在《关于伴随着日本国宪法施行民事诉讼法应急措施的法律》第 8 条中设置了特例规定，对于诉请撤销或变更行政处分，规定了 6 个月的起诉期限。进而在 1948 年，制定了《行政案件诉讼特例法》，规定了更多的民事诉讼法的特例。

该法律在诉讼类型、被告资格、起诉期限等方面规定了民事诉讼法的特例，因而，在法律上没有就行政案件作出规定时，就依循民事诉讼法的规定。但其正文 12 个条文在解释论上不断产生种种疑问，判例和学说等也在这些条文上积累了更为详细的行政诉讼法理论。如此，为了将这些积累明文化，或者通过立法来解决解释论上的诸多问题，在该法制定后历经 14 年，1962 年代之以制定并施行现行的《行政案件诉讼法》。

《行政案件诉讼法》在内容上是以《行政案件诉讼特例法》的规定为基础，但应当注意的是，在该法律中可以看到，立法者不是意图将其仅仅作为民事诉讼法的特例法，而是更积极地明确了行政诉讼相对于民事诉讼的特殊性。首先，在名称上没有了"特例法"的表述就是一例；进而，该法第 7 条"依循民事诉讼之例"（着重号系藤田所加）的表达（如前所示，在《行政案件诉讼特例法》中规定着"依循民事诉讼法的规定"），根据起草者的说明，它并不意味着在该法律没有规定时直接适用民事诉讼法，而是在性质上不与行政案件诉讼

15 的特殊性相抵触时适用民事诉讼法的规定；民事诉讼法的对应规定与行政案件诉讼的特殊性相抵触时，所预期和期待的就是根据判例和学说等在解释论上发展行政案件诉讼固有的法理。[1]

综上所述，从组织层面来看裁判机关，现在日本的行政诉讼法制度，与二战前的行政裁判制度完全不同，也与德国、法国等现行行政

---

[1] 参照、田中二郎·上 286 頁；杉本良吉『行政事件訴訟法の解説』（法曹会、1963 年）28 頁。

裁判制度不同，确立了彻底的司法国家制度，但在其中所适用的诉讼程序层面上，它不同于所谓普通法系的法制，而是采用了行政裁判制度下的类似制度，结果就变成了极为唯一、独自的构造。同时，如后所示，其中所存在的最大难点是，对于日本行政诉讼的相关法问题，如何在法解释论上解决在这种历史沿革不同的两大法系之间、裁判机关的组织构造与诉讼程序之间所产生的罅隙？念及于此，下面就以《行政案件诉讼法》规定的各项制度为中心，顺次探讨日本现行行政诉讼法的制度与理论。

六、2004 年的修改

《行政案件诉讼法》在其制定后经过 42 年，在 2004 年时根据《部分修改行政案件诉讼法的法律》（2004 年法律第 84 号）真正地作出了修改，修改法自翌年 2005 年 4 月 1 日起施行。[1]这是作为同时期进行的政府的司法制度改革的一环而进行的修改。设置于司法制度改革推进总部的行政诉讼检视会 2004 年 1 月 16 日总结出《重新认识行政诉讼制度的观点》，[2]据此，政府为了实现国民权利利益更富实效的救济而提出了修改。即使从法治主义的进展角度可以将修改前的《行政案件诉讼法》在 1962 年制定当时评价为是一种国民权利救济制度的完善，但在国民生活环境发生激变之后，以裁判例为首的法律实务未能充分应对这种变化，也让人越来越感到在很多点上并不完善。在修改的过程中，各方面指出，要"扩大国民救济的范围""充实和促进审理""实现更便于利用、便于理解的行政诉讼结构""完善本案判决前的临时救济制度"等。回应这些要求成为一项任务，对重要

16

---

〔1〕　另根据该法附则，除该附则对起诉期限的过渡措施等有特别规定外，该修改法也适用于该法施行前发生的事项。参见该法附则第 2 条以下。

〔2〕　对于该观点的概要，有该研讨会主席盐野宏的说明。参照、盐野宏「行政訴訟改革の動向——行政訴訟検討会の『考え方』を中心に」法曹時報 56 巻 3 号（2004年）8 頁以下［塩野宏『行政法概念の諸相』（有斐閣、2011 年）233 頁以下、244 頁以下］。另参照、塩野宏・Ⅱ（第六版）74 頁以下。

条文作出了种种修改，同时新设条文规定了过去至少并未明文存在的制度。下面称该修改为"2004年的修改"，希望在与推进这次修改的先前学说和判例等理论状况进行对比后，概述现行制度的基本内容。[1]

第二节 行政案件诉讼法规定的制度

第一款 诉讼类型

17　　所谓诉讼类型，是指在国民请求法院作出裁判（提起诉讼）之际，为明确对怎样的问题希望得到怎样的判断而设计的定型化路径。通过规定这种路径，即使说对于相同违法行政活动的国民救济，法院从诉讼一开始就限缩到对什么可以判断什么，进而展开有效的审理。对于要求裁判的国民而言，既然要利用裁判这种公共制度（服务），至少就要在一定程度上整理、限缩并明确自身要求裁判的内容，这也可以说是其当然应负有的义务。但是，规定了诉讼类型，通常就意味着不允许诉讼脱离径路（作为"诉讼要件"之一，在规定的诉讼类型之外的诉讼因不合法而要被驳回）。因而，它的问题在于，很大程度上左右着国民救济的可能性。念及于此，以下就来概述行政案件诉讼法上规定的诉讼类型。

　　《行政案件诉讼法》在第2条中规定了抗告诉讼、当事人诉讼、民众诉讼和机关诉讼四种诉讼类型。但是，行政案件诉讼法构造的中心毋庸置疑就是抗告诉讼。因而，在下一款以后的说明中，必然以抗

---

　　〔1〕　另外，对于该修改过程、详细内容等，便于参考的是，ジュリスト1277号及判例タイムズ1149号所刊载的小林久起的各解说，小早川光郎＝高橋滋编『詳解改正行政事件訴訟法』（第一法規、2004年）、橋本博之『要説行政訴訟』（弘文堂、2006年）、宇賀克也『改正行政事件訴訟法（補訂版）』（青林書院、2006年）等；也包含立法过程中资料、研討会各种讨论的介绍等，小早川光郎编『ジュリスト増刊 改正行政事件訴訟法研究』（2005年）。对于修改法的实施状况，2012年11月公布了《行政案件诉讼法修改施行状况检证研究会报告》[也包含参考资料等，参照、高橋滋编『改正行訴法の施行状況の検証』（商事法務、2013年）]。

告诉讼各项制度的说明为中心，但此前在本款中首先根据法律第 3 条
至第 6 条的定义规定分别概述上述各个诉讼类型。

一、抗告诉讼

所谓抗告诉讼是指"对行政厅行使公权力不服的诉讼"（《行诉
法》第 3 条第 1 款）。在这一意义上的抗告诉讼中，该法进一步分出
六个类型，即"撤销处分之诉"（第 2 款）、"撤销裁决之诉"（第 3
款）、"无效等确认之诉"（第 4 款）、"不作为违法确认之诉"（第 5
款）、"课予义务之诉"（第 6 款）、"禁止之诉"（第 7 款）。

（一）撤销诉讼

撤销诉讼分为"处分的撤销之诉"与"裁决的撤销之诉"。对于其
中的撤销对象，"处分""裁决"是怎样的行为，首先要有正确的理解。

1. "处分的撤销之诉"中的"处分"在法条上进一步分为"行
政厅的处分"（狭义）和"其他相当于行使公权力的行为"（《行诉
法》第 3 条第 2 款）。

（1）其中，所谓"行政厅的处分"（狭义），原先被认为大致相
当于行政行为（当然属于"裁决"者除外）。例如，对于过去《行政
案件诉讼特例法》第 1 条所说的"行政厅的处分"概念，最高法院判
决认为，它"并不是指行政厅依据法令所作的所有行为，而是在公权
力主体国家或公共团体所作的行为中，在法律上直接形成国民权利义
务，或者确定其范围的行为"，必须"在具有正当权限的机关撤销之
前，暂且被推定为合法，作为有效的行为来对待"。[1]这种解释（本
书以下称为"历来的公式"）在之后的最高法院判例中长期、近乎顽
固地得到维持。[2]在这种解释之下，诸如民法上缔约等所谓私法上的

---

〔1〕　最判 1964 年 10 月 29 日民集 18 卷 8 号 1809 页（所谓"东京都垃圾焚烧厂设
置条例确认无效请求案判决"）。

〔2〕　在学说上也支持这种解释，例如参照、田中二郎·上 305 页；雄川一郎『行
政争讼法』67 页等。

行为、[1]行政主体在组织内部的行为、[2]尚未具体拘束私人权利的计划行为，[3]以及其他事实上虽然给国民利益造成重大影响但并未直接产生具体的法效果的行为，[4]均非这里所说的"行政厅的处分"。然而，对于这种观点，学说上很早就有质疑，近来根据这种状况，最高法院判例也在实质上显示出很大的变动。诉讼类型的问题，因为是国民起诉时必须具备的诉讼要件之一，对其详细内容容后再作分析。[5]

（2）所谓"其他相当于行使公权力的行为"，要言之，泛指在《行政案件诉讼法》第3条第1款所说"不服的诉讼"对象中不属于第2款处分（狭义）、第3款裁决、第5款不作为等的"行政厅的行使公权力"行为。因而，结果就变成行政主体对私人基于法上优越立场所作的行为，而且，该优越性类似于行政行为的优越性。过去，像人的收容、物的留置那样具有持续性的事实行为就是其代表性

[1] 参见前揭最高法院1964年10月29日判决。最高法院在该判决中认为，东京都垃圾焚烧厂的设置行为是东京都在私法上的行为，不属于"行政厅的处分"。

[2] 即所谓内部行为。在上述判例中，最高法院认为，东京都垃圾焚烧厂设置的计划、向都议会提出，都还只是东京都的内部程序行为，不是"行政厅的处分"。另外，运输大臣认可日本铁道建设公团的成田新干线建设工程实施计划，应视为行政机关的相互行为，而非"行政厅的处分"。参照、最判1978年12月8日民集32卷9号1617页。

[3] 对于土地区划整理项目计划的决定，不同于针对特定个人的具体处分，可以说只是项目的蓝图，以此为由，认定不是"行政厅的处分"。参照、最判1966年2月23日民集20卷2号271页。另外，都市计划中用途地域的决定即使对私人权利义务直接产生法的影响，但它"正如新制定的法令课予了这种制约，只不过是对区域内不特定多数人的一般抽象行为而已"，最高法院在作出这种判断后，就不能认可提起抗告诉讼，因为抗告诉讼是针对具体侵害个人权利之处分的诉讼。参照、最判1982年4月22日民集36卷4号705页。对于其他都市计划决定，参照、最判1982年4月22日判时1043号43页、最判1987年9月22日判时1285号25页等。

[4] 例如，海难审判厅根据《海难审判法》作出的海难原因裁决不是行政处分，最判1961年3月15日民集15卷3号467页。知事根据《社会保险医疗担当者监督检查纲要》对保险医师所作的告诫，不是行政处分，最判1963年6月4日民集17卷5号670页等。

[5] 后述第53页以下。

的例子。[1]其依据的观点在于，这些事实行为是作为行政行为的执行行为而实施的，在执行程序自身有瑕疵时，或者这些行为原本不是依据行政行为而是作为即时强制作出时，仅以行政行为为撤销诉讼的对象，并不能一概通过撤销诉讼程序争议其违法性。对于这些事实行为就要采取撤销诉讼程序。[2]不过，这种意义上的事实行为撤销诉讼，其意义就仅限于不服行政厅行使公权力（亦即单方强制性侵害私人合法利益的行为）的诉讼。因而，即使说同样是事实行为，诸如根据民法上契约实施道路工程、建筑工程，或者像行政指导那样对私人权利

---

〔1〕　顺便提及，2014 年修改前的《行政不服审查法》第 2 条第 1 款明文规定，该法所说的处分概念中包含这种事实行为，而修改后的法律中没有了这种规定。但是，其原因在于这已经是不言自明的事情，得到了广泛承认。对此，参照、宇贺克也『行政不服審査法の逐条解説（第二版）』（有斐閣、2017 年）13-14 頁。

〔2〕　与撤销行政行为那样的意思表示行为不同，事实行为的撤销在概念上原本就是不可能的吗？除了这个问题外，有见解还主张，在理论上原本就不能认可这种诉讼［柳瀬良幹「事実行為の取消訴訟」『自治法と土地法』（有信堂、1969 年）所収］。但是在现在，这种诉讼也并非不可能，这可以说是通说。在这种肯定说的理由中，事实行为是作为行使公权力而作出时，与行政行为一样存在"公定力或者与此相当的效力"，以此为前提，作为"排除其公权性（公定力）、解除相对方忍受义务的措施"，承认撤销之诉的形态（田中二郎·上 309 頁）。还有人以事实行为中没有公定力这种观念为前提，认为事实行为的撤销是"违法事实行为在观念上的撤销"，这时，撤销判决就是该事实行为的违法宣告［今村成和『現代の行政と行政法の理論』（有斐閣、1972 年）233 頁以下］。

正如先前对即时强制行为的说明那样（上卷第 345 頁），这种事实行为在法上当然是以相对方私人的忍受义务为前提的，因而，本书也认为，在撤销该忍受义务（正确地说，支撑该义务的强制权能）的意义上，是可能使用撤销事实行为这种观念的［同一意旨参照、兼子仁『行政争讼法』（筑摩書房、1973 年）269 頁］。不过，问题在于，与行政行为不同，原本不存在对违法事实行为的忍受义务。其中，事实行为里是否存在公定力或者与其相当的效力，也是一个问题。如果从本书关于"公定力"概念的前述立场（参见上卷第 235 頁以下）来看，要言之，该问题不外乎是否定上述忍受义务存在的途径是否原则上仅限于撤销诉讼的问题。因而，在这一意义上，承认事实行为中有公定力或与其相当的效力，这在逻辑上是可能的。但是，从有无公定力推导出可否撤销诉讼，则是逻辑的颠倒，在法解释论上真正要检讨的是，限定用撤销诉讼的方法来争议事实行为的违法性，这种保护是否真的合理呢？（顺便提及，兼子仁反对承认事实行为一律具有公定力。前揭书第 270 頁。）

义务不直接产生某种法效果的行为，[1]自不待言，就不属于这里所说的撤销诉讼对象的事实行为。

当然，在各种"事实行为"中，[2]具体是哪些具有"公权力的行使"实态，成为撤销诉讼的对象，未必总是容易作出判定，学说和判例的现状也颇为复杂。例如，行政主体依据法令作出事实上的行为，其自身也并不（像拘束身体、留置物品那样）直接限制私人的权利和利益，因为其作出了行为，在结果上引起了那样的结果，或者有那种可能性，是否属于这里所说的"事实行为"，就是一个问题。这一问题在道路、河川等公共工程上很早就有论战。[3]最高法院判例显示，在诸如请求禁止"自卫队飞机的航运"诉讼中，过去就判断认为"防卫厅长官关于自卫队飞机航运的权限"属于"行使公权力的行为"。[4]近来，最高法院明确指出，即使是前述的行政指导，[5]在一定情况下也能成为撤销诉讼的对象，能具有"处分"（广义）的性质。[6]

（3）与上述意义上的事实行为不同，政令、省令等行政立法行为（法规命令）是行政厅单方规定国民权利义务的行为，因而，就产生一个问题，它包含在这里所说的"其他相当于行使公权力的行为"之

---

　　〔1〕　劝告、建议等行政指导在没有法的拘束力意义上常常被称为"事实上的行为"或"事实行为"。但这些行为不以相对方私人存在忍受义务为前提，因而，不同于这里所说的事实行为。顺便提及，最高法院判决认为，"专利厅对专利发明或实用新型的技术范围作出判定，这种行为只是表明意见，并不招来某种法的效果"，不属于（当时的）《行政不服审查法》第2条第1款所说的事实行为。最判1968年4月18日民集22卷4号936页。

　　〔2〕　对于常用的"事实上的行为""事实行为"，根据情形而有种种内容。参照、高木光『事実行為と行政訴訟』（有斐閣、1988年）。

　　〔3〕　对其概要参照、仲野武志「公権力の行使に当たる事実上の行為論（一）」自治研究94卷10号91頁以下。

　　〔4〕　参照、最判1993年2月25日民集47卷2号643頁（厚木基地诉讼）。

　　〔5〕　上卷第375页。也参见后述第57页。

　　〔6〕　仲野武志・前揭論文（一）（二）（三・完）自治研究94卷10号・11号・12号。对在这里所说的状况下成为撤销诉讼对象的事实行为的范围，对于其理论根据等，通过很多具体例子详加探讨。

中吗？的确，在立法论上，也不是不可能对行政立法提起撤销诉讼（例如，在法国的"越权诉讼"中，行政立法行为也是撤销的对象）。但是，在日本的现行法上，第一，像后述对撤销诉讼原告资格问题的详细说明那样，[1] 撤销诉讼目前是作为以个人权利保护为直接目的的所谓"主观诉讼"，而不是以一般性确保行政活动的客观合法性为目的的"客观诉讼"。第二，民事诉讼存在一个基本原则，即一般只有在诉讼是最有效解决纷争的直接手段时才能允许。因而，一般认为，撤销诉讼的对象必须是直接且具体影响国民合法利益的行为。因此，不能将行政立法直接作为撤销诉讼的对象，[2] 原则上要等到依据行政立法作出了行政行为等个别性行为时，只作为对这些行为的诉讼先决问题，间接地对行政立法的违法性实施司法控制。但是，学说和判例都认为，虽然是以行政立法的形式实施的行为，但其实质上直接涉及个人合法利益的变动，具有具体的处分性内容，也能例外地成为撤销诉讼的对象。[3]

2.《行政案件诉讼法》第 3 条第 3 款"裁决的撤销之诉"中所说的"裁决"（广义），正如法条所明示的那样，是指对审查请求的行政

---

〔1〕　后述第 46 页以下、第 66 页以下。

〔2〕　以行政立法为直接撤销对象的诉讼原本就不是《法院法》第 3 条第 1 款所说的"法律上的争讼"。例如参照、最判 1991 年 4 月 19 日民集 45 卷 4 号 518 页。

〔3〕　参照、最判 1959 年 6 月 2 日民集 13 卷 6 号 639 页。不仅是法规命令，地方公共团体的条例也同样如此。参照、盛冈地判 1956 年 10 月 15 日例集 7 卷 10 号 2443 页、大阪高决 1966 年 8 月 5 日例集 17 卷 7・8 号 893 页。近来明确表明这一点的最高法院判决有，最判 2009 年 11 月 26 日民集 63 卷 9 号 2124 页（公立保育所废止条例案）。在"旧高根町简易水道事业供水条例案判决"中（最判 2006 年 7 月 14 日民集 60 卷 6 号 2369 页），最高法院否定该条例的处分性，其理由在于，"本案修改条例，是一般性地修改旧高根町经营的简易水道事业的水费，原本并不是仅对限定的特定人适用，本件修改条例的制定行为，不能与行政厅为了执行法所作的处分实质上等同视之"。

不过，根据什么判断条例"具体的处分性内容"，需要更详细地探讨。对此，肯定的是上述"公立保育所废止条例案最高法院判决"，否定的是"旧高根町简易水道事业供水条例案判决"，对于两者的差别，有人指出，在明文规定上都没有特定的相对人，根据是否"将来反复适用"来区分。参照、野呂充「旧高根町簡易水道事業給水条例事件最高裁判決の意味」滝井追悼 314 頁。

厅裁决（狭义，《行审法》第 45 条）等行政上不服申诉所作的裁断行为。[1]在行政案件诉讼特例法时代，处分的撤销诉讼与裁决的撤销诉讼无论在理论上还是在制度上都是没有区别的，而现行法之所以要区分，是因为《行政案件诉讼法》第 10 条第 2 款采用了所谓"原处分主义",[2]由此产生了在理论上加以区分的必要。但是，除了这一点，在《行政案件诉讼法》各规定的适用上，可以说实质上完全没有区分两者的必要（《行诉法》第 13 条、第 20 条、第 29 条等规定将两者分开来规范，但在这些情形下，两者之间也没有实质差别）。

（二）无效等确认诉讼

1. 所谓无效等确认诉讼，是指请求确认处分或裁决存在与否，或者其有无效力（效果）的诉讼（《行诉法》第 3 条第 4 款）。也就是说，撤销诉讼是主张该处分或裁决有作为撤销原因之瑕疵的抗告诉讼，而无效等确认诉讼则是主张行政处分等"无效"或"不存在"的抗告诉讼。[3]对于应予撤销的行政处分，不管怎样，因为有应通过诉讼撤销的效果，因而成为撤销诉讼；而在处分无效或不存在的情形下，因为在观念上即使没有撤销的行为，从一开始也完全没有任何法的效果，因而，在诉讼形态上就只能认为必须当然是确认诉讼。

2. 确认无效诉讼这种诉讼类型在行政案件诉讼特例法时代并无明

---

〔1〕　这里会发生一个微妙的问题，即裁决对原处分产生怎样的效果？特别是对于"变更"原处分的裁决，是通过裁决全部撤销原处分并由裁决作出新处分，还是维持原处分自身而仅作部分修正？这一问题与制度的具体规定方式相关。例如，对于人事院根据《国家公务员法》第 92 条第 1 款作出的修正裁决，最高法院在一个著名的判例中认为，原处分并未因修正而消灭，而应将裁决修正的内容作为惩戒处分从一开始就存在（最判 1987 年 4 月 21 日民集 41 卷 3 号 309 頁）。

〔2〕　对某行政行为（原处分）的不服申诉获得承认时，在理论上是有可能对该不服申诉的裁决提起撤销诉讼，其中，以裁决违法为由，主张原处分的违法性（裁决维持了违法的原处分）。制度上允许这种做法的是"裁决主义"；反之，原处分违法只能通过对原处分的撤销诉讼来进行争议，这是"原处分主义"。对此，1962 年制定的《行政案件诉讼法》明文采用的是"原处分主义"。

〔3〕　当然，在此之外，在现行法之下，也就允许请求确认处分"存在"的诉讼。这种例子参照、最判 1982 年 7 月 15 日民集 36 卷 6 号 1146 頁。

文规定，而是通过判例逐渐获得广泛认可，[1]但也存在种种问题，诸如其法的性质是什么、是否真的有必要认可这种诉讼。例如，根据民事诉讼法的通说和判例，所谓确认诉讼，只能允许确认现在的权利或法律关系。而行政处分的无效确认诉讼，是确认过去作出的行政行为无效，亦即请求确认过去事实的诉讼，因而就不能允许吗？若行政处分无效，就没有公定力，因而，私人即使不请求确认无效，直接以行政处分无效为前提提起关于现在的法律关系之诉（例如，以课税处分无效为前提请求返还不当得利的诉讼，以土地征收裁决、农地收购处分无效为前提的土地所有权确认诉讼，以公务员免职处分无效为前提的身份确认诉讼等）就能达成目的，请求确认行政处分自身无效，不是没有所谓"确认的利益"吗？鉴于这种种疑问，1962年在制定现行法之际，先是明确行政处分确认无效诉讼是在不服公权力行使诉讼意义上的抗告诉讼的一种，再从正面在制定法上予以承认，但另一方面也限制了可提起这种诉讼的情形，仅限于特别有起诉的固有必要时才能提起确认无效诉讼。对此加以明确的就是《行政案件诉讼法》第36条的规定，详细内容将在"诉讼要件"的说明部分[2]展开。

（三）不作为的确认违法诉讼

1. 所谓不作为的确认违法诉讼，"是指行政厅对依法令所提出的申请，尽管应当在相当期间内作出但却未作出某种处分或裁决，请求确认其违法的诉讼"（《行诉法》第5条第3款）。例如，提出了营业许可的申请却一直没有得到回应，[3]这时请求确认没有回应违法的诉讼，就是这种诉讼。

对于这种诉讼的性质，必须特别明确以下两点：

第一，该诉只是在攻击提出申请后在相当期间没有任何回应的

---

〔1〕　其理由主要是确认无效诉讼不同于撤销诉讼，并没有起诉期限的限制。参见后述第98页。

〔2〕　后述第99页以下。

〔3〕　在过去的行政实态中常常看到的是，即使提出了申请，却以"发回"或"保管"文件不予受理。现在根据《行政程序法》第7条的规定已明确不允许的做法。参见上卷第170页。

（处分）这种行为自身的违法性，而不允许主张没有对自己作出有利处分违法。因而，对申请即使作出驳回处分（拒绝处分），且不说作出何种回应（处分），就已没有提起这种诉讼的余地（对申请作出拒绝处分时，争议其违法或无效，已非不作为的确认违法诉讼问题，而是撤销诉讼或确认无效诉讼问题）。

第二，在对申请于相当期间内没有任何回应时，该诉仅限于请求确认这种不作为违法，不允许通过该诉请求法院以判决代替行政厅作出某种行政处分，或者请求法院命令行政厅应当作出某种行为等。

2. 一般，行政厅没有作出应当作出的行政行为时，以何种方式使这种情形服从司法控制的问题（所谓"不作为诉讼"的应然状态问题），是触及司法权与行政权基本关系的重大问题。例如，首先，若根据私人的起诉，法院代替行政厅自行作出其行政行为，这种方式违反法院的消极性、违反三权分立原则，至少在欧洲大陆法系的法制之下是极难实现的。其次考虑的是，法院命令该行政厅作出特定处分，即所谓"课予义务诉讼"（现行法上的"课予义务之诉"就是这种诉讼）。例如，在德国，对于一定领域的行政行为，在已经对国民的申请作出拒绝处分的前提下，很早就承认了课予义务诉讼；而在日本，在很长时间里一般从权力分立原则出发不承认这种诉讼（该观点认为，如果承认这种诉讼，可谓法院就站在了行政厅的上级机关的立场上，积极参入行政活动，因而不能允许）。进而，存在确认行政厅具有作出该行政行为义务的"作为义务确认诉讼"（或者确认不得作出某行为的"不作为义务确认诉讼"）。如果是这种诉讼，法院对是否不得进行行政活动、是否存在法律上权利义务作出积极判断，原本就是法院的本来任务，因而，并不产生与权力分立原则相抵触的问题。但结果在 1962 年制定《行政案件诉讼法》之际，并未将这种诉讼类型法定化（其理由据说在于，行政厅受后述抗告诉讼"判决的拘束力"[1]拘束，在结果上这种诉讼就变得与课予义务诉讼并无二致）。如此，当时最终明文承认的"不作为确认违法诉讼"，并不是确认行

---

〔1〕《行政案件诉讼法》第 33 条。参见后述第 155 页以下。

政厅应有作出某特定内容行为的义务。因而，是驳回申请还是认可申请，并不受裁判判决拘束。因此，如果是这种诉讼形态，就被认为无论如何都还维持着法院的消极性。

3. 如此，在关于不行为诉讼的日本行政诉讼制度及作为其法思想背景的日本行政法学的传统观点中，存在着根深蒂固的司法权消极性观念，而背后为其提供支撑的则是所谓"尊重行政厅的首次判断权"观点。所谓"尊重行政厅的首次判断权"，用一句话来说就是这样一个原则，即"在权力性行政活动中，对于行政活动是否满足法定要件，必须首先由行政厅进行具体判断，法院始终只是进行事后审查"。在这种观点之下，不仅是自由裁量行为的情形，即使是典型的羁束行为情形，也必须首先由行政厅对是否满足法定要件作出判断，法院仅可在事后审查行政厅的判断是否违反法律。

在这种观点的背后，必须说是以下述关于法律、行政、司法等之间关系的基本认识和判断为前提的：

第一，即使是羁束行为，事实认定、法律解释等在现实中也因认定者、解释者是谁而有所不同，在思考行政权与司法权的关系时，不可忽视。

第二，在行政法领域，无论是认定事实还是解释法律，行政机关都比司法机关更为适当，至少具有在同等程度上作出适当判断的能力。

第三，在行政机关作出首次判断之前，司法机关对有无法定要件作出判断，至少有违背日本现行宪法的权限分配法则之嫌。

对于这种基本认识和判断能否真的成立、是否妥当，有种种探讨。[1]但不管怎样，从这种观点出发，日本法不承认针对行政厅不作为的课予义务诉讼或确认义务诉讼，与外国法制相比，不得不说这是

---

　〔1〕　与通说这种课予义务诉讼可能性否定论相对，很早就有实务专家提出异议，参照、白石健三「公法上の義務確認訴訟について」公法研究 11 号（1954 年）46 頁。在学说上，很早就有对这种基本认识难点的批判，主张广泛承认课予义务诉讼，诸如阿部泰隆「義務付け訴訟論」同『行政訴訟改革論』（有斐閣、1993 年）等。

　　另外，关于行政厅不作为救济的消极性通说，对于其理论根据上的种种观点，参照、湊二郎「義務付け訴訟・差止訴訟の法定と発展可能性」芝池古稀 539 頁以下。

颇为独特的。[1]而另一方面，伴随着后述"无名抗告诉讼"的学说和判例的发展，上述讨论的对立实际上在一定程度上相对化了。在这种状况下，如后详述，2004 年修改法律，虽然附上了种种条件，但仍从正面承认了"课予义务之诉"。

4. 不作为确认违法诉讼，只有提出处分或裁决申请的人才能提起（《行诉法》第 37 条）。《行政案件诉讼法》第 3 条第 5 款所说的"依法令申请"，未必仅限于法令上明文规定可申请的情形，通说和判例均认为包括在该法令的解释上承认有申请权的情形。[2]

对于什么属于这种情形，有种种探讨。[1]一般而言，下面这种说

---

[1] 例如，在历史上日本与德国就有诸多共有之处。在德国的行政诉讼制度中，如前所述，尽管认为行政法院是法院的一部分而与行政权相对立，但并没有"尊重行政厅的首次判断权"的一般原则，课予义务诉讼在制度上是法定的。日本的通说认为，德日法制中的这一差异来自是否存在行政法院这种特别法院。在德国的行政法院，对行政案件充分具有详尽专门技术知识者成为法官，同时在诉讼程序中也广泛采用"职权主义"，如此就能对复杂而技术性的行政案件作出充分准确的判断。因而，不待行政厅作出首次判断，就由行政法院对行政行为满足要件作出认定、进行法解释，在实质上也不会产生不妥。而在日本，普通法院也在处理行政案件，而且如后所述，行政诉讼中广泛由当事人主义、辩论主义主导，就不具备德国那样的条件。

而在美国，传统上以司法国家制度为基础，也承认所谓"强制令"（mandamus）的课予义务诉讼，适用于行政厅。这是因为在其根本上存在一种法的思想，即对于法的问题，法院的判断原本就应广泛优先于行政厅的判断。

如此看来，无论是在以行政裁判制度为传统的德国，还是反过来以司法国家制度为传统的美国，以各自的传统为背景，在结果上都承认对行政厅提起课予义务诉讼。如前所述（前述第 15 页），日本可以说混合式继受了两大法系的制度和理论，哪一个都未能彻底化，结果制度就是中间性的。因而就能看到，无论是以哪一种方式，都以不承认课予义务诉讼的结果而告终。在这一意义上，《行政案件诉讼法》的"不作为确认违法诉讼"这种特异制度可以说正是象征性地体现着日本行政诉讼制度的特异性。

另外，以这里看到的不行为诉讼问题为代表，在与各国的比较中检证日本过去行政诉讼制度作为行政救济制度的成熟度，前述"检视会"中总结各国调查结果的"外国行政诉讼研究报告系列"（「シリーズ・外国行政訴訟研究报告」ジュリスト1236~1250号，第 1250 号显示了该研究中外国法治调查结果一览）是贵重的素材。

[2] 所谓"有申请权"是指"行政厅对其申请有应答的（法的）义务"，而非"行政厅有作出所要求之处分的义务"（在这一意义上，它只不过是一种程序法上的权利）。有学者指出，在日本的判例和学说上生成、确立这种意义上的"申请权"概念，

明是妥当的："之所以要求这一要件，只是意味着向行政厅申请、要求还不够"，"规定的是授益性处分，而且预定了申请（及行政厅对此的应答）（亦即并非依职权处分）的情形，请求授益性行为就能说是'依法令申请'"。[2]

（四）课予义务之诉与禁止之诉

1. 在现行法上，所谓"课予义务之诉"（课予义务诉讼），是指 31 对下面两种不作为，要求命令行政厅作出处分或裁决的诉讼（《行诉法》第 3 条第 6 款）：

（1）（除第二种情形外）行政厅应当作出一定处分，但并未作出时。

（2）依法令向行政厅提出申请或审查请求，要求其作出一定处分或裁决时，该行政厅应当作出该处分或裁决，但并未作出时。

其中第一种情形可称为"直接型不作为"，第二种情形可称为"申请型不作为"。针对前者的课予义务之诉，让在"不作为确认违法"制度之下大体上无法救济的不作为[3]可能得到救济；而针对后者的课予义务之诉，可以说是为前述"不作为确认违法之诉"隔靴搔痒之处提供补充。

而所谓"禁止之诉"（禁止诉讼），是指"在行政厅不应作出一定处分或裁决却将要作出时，请求命令行政厅不得作出该处分或裁决

在其背景中，对于申请的拒绝处分，原则上否定提起课予义务诉讼而要承认撤销诉讼可能性，参照、村上裕章「『申請権』の概念の生成と確立」滝井追悼 336 页以下［村上裕章『行政訴訟の解釈理論』（弘文堂、2019 年）所収］。

另外，对于根据《居民基本台账法》的转入申报（第 22 条），在受理申报后，居民具有要求制成居民票的申请权；而对于新生儿记入居民票的申报，法并没有课予应答义务，最高法院判例认为是否定了请求权（最判 2009 年 4 月 17 日民集 63 卷 4 号 638 页）。

〔1〕　对此在最高法院判例上，诸如可参照、最判 1972 年 11 月 16 日民集 26 卷 9 号 1573 页。

〔2〕　芝池義一・救济法 133 页。

〔3〕　不限于对自己的不作为，也包括对第三人的不作为。例如，邻地建筑物是违法建筑，且极为危险，而行政厅总也不发出改善命令或拆除命令，这种情形也包含其中。

的诉讼"（《行诉法》第 3 条第 7 款）。对于这些诉讼的容许要件，容后再述。[1]

2. 2004 年修改法律之前，《行政案件诉讼法》第 3 条仅规定前述四种诉讼类型，不存在现行法上第 6 款和第 7 款。但是，通说和判例历来认为，现行法上允许的抗告诉讼未必仅限于此，这些只不过是众多抗告诉讼中的典型，因而特地明文规定而已。《行政案件诉讼法》没有明文规定，但仍然容许的抗告诉讼，一般可称为"无名抗告诉讼"。

32

自《行政案件诉讼法》成立时起，与草案起草相关的学者、实务专家就反复主张，法律上并未排除无名抗告诉讼。但是，对于其中具体允许何种之诉，起草者有意委诸将来的判例和学说发展，采取了极为开放的观点。[2]因而在这种观点之下，前述课予义务诉讼、作为（不作为）义务确认诉讼等，本来在现行法上未必明确否定其可能性，待将来的学说和判例多数认可时就承认它，这毋宁是法律自身的意图。但是，至少在 2004 年修改法律之前，判例和通说基于前面说明的"尊重行政厅的首次判断权"观点，并未将这些诉讼作为无名抗告诉讼予以一般性承认。只是，即使没有一般性的承认，根据具体情况，可个别例外地允许这些诉讼，持这种观点的判例和学说也绝不在少数。例如，明确表达这种观点的先驱性判例是有名的东京地方法院1965 年 4 月 22 日判决。[3]该判决所示的观点是："行政厅应作出一定行为，这在法律上受到约束，对于是否应国民请求而应作出行为，在明显不必重视行政厅的首次判断，且没有事前司法审查，国民就无法获得权利救济、就要产生难以恢复的损害，而有紧急的必要性"，在这种限定的情形下，"并不是不能允许要求行政厅在行政处分上作为或不作为的诉讼……或者要求确认行政厅具有应作出某行政处分之义务的诉讼"。

33

像这样的下级审判例还存在其他几个，严格限缩其要件，根据情形

---

[1] 后述第 103 页以下。

[2] 参照、田中二郎·上 308 页、杉本良吉·前揭『行政事件訴訟法の解説』10 頁。

[3] 例集 16 卷 4 号 570 頁。

承认可提起课予义务诉讼或确认义务诉讼。[1]但是，也不是所有的判例和学说都站在这一立场上。[2]而即使是站在这一立场上的判例，也不认为案件本身满足上述要件，现实中的案子几乎都不承认可以起诉。[3]

---

〔1〕　作为其代表例，诸如东京地方法院的判决〔2001 年 12 月 4 日判决判时 1791 号 3 页（所谓"国立公寓案判决"）〕，在 2004 年法律修改前末期，将课予义务诉讼的要件整理为：（1）行政厅应当行使该行政权是一义性明显的，尊重行政厅的首次判断权并不重要；（2）没有要求事前审查，原告因行政厅的作为或不作为而受很大损害，有事前救济的必要性；（3）没有其他救济方法（不过，该案因课予建筑事务所所长依《建筑基准法》第 9 条第 1 款规定作出纠正命令的义务，缺乏一义的明显性，因而诉不合法）。

〔2〕　例如，田中二郎认为，"课予义务诉讼以及其他要求特定处分的给付诉讼"作为无名抗告诉讼也不能容许。田中二郎・上 308 页。

〔3〕　最高法院过去一般承认无名抗告诉讼吗？如果承认，又是在什么情况下承认什么样的诉讼？对于这样的问题，无法从正面作出判断。但在 1972 年所谓勤务评定长野方式中是否存在职员自我观察表示义务的诉讼中，判决认为，为了防止将来作出惩戒以及其他不利处分，至少根据具体情况而承认请求确认这种义务不存在的一种预防诉讼（最判 1972 年 11 月 30 日民集 26 卷 9 号 1746 页）。后来，最高法院引用这一判决，认为"事前确认河川管理者负有不得作出河川法上处分的义务，或确认没有河川法上的处分权限"等请求并不合法，其所具理由在于："在依《河川法》第 75 条作出监督处分及其他不利处分之前，在与此相关的诉讼中就事后本案土地是否为河川法上的河川区域进行争议，还不能说有造成难以恢复的重大损害之虞等特别情况。"伊藤正己在该判决的补充意见中明确表示，这些请求相当于无名抗告诉讼，无名抗告诉讼在行政案件诉讼法上不是没有承认，而是在性质上属于例外的救济方法，仅限于容许的情形才能提起（最判 1989 年 7 月 4 日判时 1336 号 86 页）。

另外，在机场周边居民要求禁止飞机起降的民事诉讼中，最高法院认为，这种诉不可避免地包含着"要求撤销变更或者启动航空行政权行使的请求"，因而，"姑且不论能否通过行政诉讼的方法提出某种请求"，但不能允许通过通常的民事诉讼提出这种请求，因而驳回上告〔最判 1981 年 12 月 16 日民集 35 卷 10 号 1369 页（所谓"大阪机场诉讼判决"）〕。该判决是否妥当另当别论，假设以这种观点为前提，问题在于，其中可能实现同样目的的行政诉讼（该判决的多数意见并没有说清楚何种行政诉讼是可能的，但伊藤正己补充意见明确说应经由抗告诉讼），应该是怎样的诉讼呢？如该判决所言，如果其中之一是"要求启动航空行政权的请求"，它当然是这里所说的无名抗告诉讼的一种。实际上周边居民请求禁止自卫队飞机起降的民事诉讼也以同样理由被驳回。在之后的判决中〔最判 1993 年 2 月 25 日民集 47 卷 2 号 643 页（所谓"厚木基地诉讼判决"）〕，桥元四郎平、味村治在补充意见中暗示了作为"一种无名抗告诉讼"，"要求防卫厅长官某种不作为的诉讼形态"的可能性，即不得针对特定飞机场离着陆时自卫队飞机航行的一定时间段或一定限度以上音量等发出命令。

34　　3. 在这种状况下，在 2004 年修改法律中，课予义务诉讼与禁止诉讼从正面获得承认。由此也就自然否定了下面这种观点，诸如田中二郎博士所说的那样，从"尊重行政厅的首次判断权"的理论框架来看，一般不能将课予义务诉讼的诉讼类型作为无名抗告诉讼予以承认。不过，如后所述，[1]在现行法之下，提起这些诉讼要满足种种要件，其实质功能就取决于如何解释和运用这些要件。

但无论如何，如后所述，[2]在本次的修改中，鉴于也引入了"临时课予义务"（《行诉法》第 37-5 条第 1 款）和"临时禁止"（同条第 2 款）制度，可以明确地说，国民救济的幅度在理论和实际上均较从前显著扩大。[3]

（五）无名抗告诉讼（法定外抗告诉讼）

另外，课予义务诉讼和禁止诉讼过去是无名抗告诉讼的代表，虽说已在法律上获得正面的承认，但在修改法之下并不是没有了无名抗告诉讼的余地。特别是，过去在判例和学说上提示过的"义务不存在确认诉讼"等，在这次的法律修改中完全没有触及，但应该说至少在理论上仍有其存在的余地。不过在实际上，所期待的这种无名抗告诉

另外，作为无名抗告诉讼，禁止诉讼迄今获得承认的有名的例子，诸如东京地方法院承认受刑者要求禁止剃发之诉合法（東京地判 1963 年 7 月 29 日例集 14 卷 7 号 1316 頁）。

〔1〕 后述第 103 页以下。

〔2〕 后述第 119 页以下。

〔3〕 实际上，从法律修改至今，在地方法院层面已有数起案件作出了课予义务诉讼的认可判决。例如，对于所谓"直接型"（《行诉法》第 3 条第 6 款第 1 项），（1）课予作成居民票义务的案子（東京地判 2007 年 5 月 31 日判時 1981 号 9 頁）；对于"申请型"（同前第 2 项），（2）课予保育园入园承诺义务的案子（東京地判 2006 年 10 月 25 日判時 1956 号 62 頁）；（3）课予与日本人有姘居关系的外国人特别居留许可义务的案子（東京地判 2008 年 2 月 29 日判時 2013 号 61 頁）；（4）课予交付原子弹被爆者健康手册义务的案子（長崎地判 2008 年 11 月 10 日判時 2058 号 42 頁）；（5）课予作出行政文书公开决定义务的案子（東京地判 2010 年 4 月 9 日判時 2076 号 19 頁）；等等。这时特别引人注意的是上述（1）~（4）那样，有不少判决虽以系裁量处分为前提，但认定裁量权逾越滥用构成不作为违法。其他修改法律后的课予义务诉讼、禁止诉讼的相关裁判例动向，参照、高橋滋·前揭『改正行訴法の施行状況検証』。另外，横田明美『義務付け訴訟の機能』（弘文堂、2017 年）19 頁以下，对此有详细分析。

讼的功能，通过课予义务诉讼、禁止诉讼等的法定化已经实质上尽数实现了，作为其他有适当争议方法者，被认定不合法的情形在增多。[1]同时，在另一方面也出现了问题，在与后述这次修法后得到诸多强调的观点——活用公法上当事人诉讼的确认诉讼——之间，在理论上给作为无名抗告诉讼的确认诉讼如何定位、如何整理呢？

二、当事人诉讼

（一）形式性当事人诉讼

《行政案件诉讼法》第 4 条规定了两种当事人诉讼。其前段规定的"在关于确认或形成当事人之间法律关系的处分或裁决的诉讼中，根据法令规定以法律关系一方当事人为被告的诉讼"，通常称作"形式性当事人诉讼"。[2]诉讼的实质是争议行政处分的效果，在这一意义上具有抗告诉讼的实质，但在法的形式上采用对等当事人之间诉讼的形态。作为现行法承认的这种诉讼，可以举出的代表性例子有就土地征收损失补偿额发生争议的诉讼（《土地征收法》第 133 条）、就专利无效审判发生争议的诉讼（《专利法》第 123 条第 1 款、第 179 条但书）等。前者在实质上是不服征收委员会决定损失补偿额的裁决的诉讼，[3]在

36

[1] 例如，最判 2012 年 2 月 9 日民集 66 卷 2 号 183 页（齐唱国歌义务不存在确认等请求案）。
[2] 对于用语的批判，小早川光郎·下Ⅲ327 页。
[3] 当然，《土地征收法》第 133 条的诉讼果真在多大程度上具有"不服公权力行使的诉讼"的实质内容，因而有必要以"形式性"当事人诉讼之名称呼吗？此前也提出了种种疑问。例如参照、森田宽二「土地収用法一三三条の『損失の補償に関する訴え』を法行為論の見地から見ると」自治研究 68 卷 9 号（1992 年）20-30 页、中川丈久「行訴法四条前段の訴訟（いわゆる形式的当事者訴訟）について」小早川古稀 509 页以下。对于这些指摘，也有很多应予首肯之处，不过，该诉讼至少是征收委员会先作出裁决令当事人无法接受其内容才能提起的诉讼（《土地征收法》第 133 条第 1款括号所写内容明确表明，该条所说的"关于损失补偿之诉"是"关于征收委员会裁决之诉"），而对于附以撤销诉讼同样的起诉期限，便宜地作出过去的那种说明，未必说其自身有误。

形式上却是土地所有者与项目人之间的争议。后者在实质上是不服专利审判官审决的诉讼，但却是审判请求人与被请求人之间的争议。[1]

鉴于其实质，这些诉讼很多伴有与处分撤销诉讼一样的起诉期限。[2]对此，《行政案件诉讼法》设置了与撤销诉讼起诉期限规定同样的规定（《行诉法》第40条）。

（二）实质性当事人诉讼

37 1. 但是，上述诉讼本来是例外的诉讼形式，《行政案件诉讼法》第4条规定的当事人诉讼中在理论上具有中心意义的是后段"关于公法上法律关系……的诉讼"。其中虽然规定着广泛的"关于公法上法律关系的诉讼"，但自不待言的是，争论行政厅公权力行使效果的诉讼另行作为抗告诉讼是被排除出去的。[3]

但即便作出如此限定，如上卷第一编所示，公法与私法的区别自身本来在日本就已颇为不明确。因而，具体某诉讼是属于这里所说的当事人诉讼，还是根本就是民事诉讼，很多就是不明确的。例如，作为这一意义上的典型当事人诉讼有，公务员为请求支付俸给而起诉的情形、为请求确认公务员身份而起诉的情形等。而以课税处分无效为前提请求返还不当得利的诉讼等一般是民事诉讼（后述的争点诉讼）。即使是对于以违法行使公权力为原因的国家赔偿请求，[4]日本的学说和判例一般并不是作为当事人诉讼，而是作为民事诉讼来对待的。[5]

---

〔1〕 另外参见《农地法》第55条第2款、《文化财产保护法》第41条第4款等。

〔2〕 参见《土地征收法》第133条第2款、《农地法》第55条第1款、《文化财产保护法》第41条第3款等。

〔3〕 如后所述，在实质性当事人诉讼上，特别是从2004年修法前后开始，与往常不同，在很多论点上讨论热烈。根据这里的讨论，应面向今后进行理论整理，参照、大贯裕之「実質の当事者訴訟と抗告訴訟に関する論点 覚書」阿部古稀629页以下。

〔4〕《国家赔偿法》第1条。参见后述第189页以下。

〔5〕 例如，最高法院认为，（虽然有关于有无适用民法上规定的论题，但是）"国家或公共团体根据《国家赔偿法》负有损害赔偿责任，实质上与因民法上侵权行为而赔偿损害具有相同的性质，根据《国家赔偿法》对普通地方公共团体的损害赔偿请求权是私法上的金钱债权，而非公法上的金钱债权"。参照、最判1971年11月30日民集25卷8号1389页。

不过，无论如何，一般认为，当事人诉讼仅准用《行政案件诉讼法》第41条规定的抗告诉讼若干规定，其他则广泛适用民事诉讼法的规定。而即使是民事诉讼，如果属于后文所说的《行政案件诉讼法》第45条争点诉讼的情形，[1]结果则与当事人诉讼并无二致。因而，严格地讨论是哪一种诉讼，在解释论上并没有多大必要（只是有一点差别是，在民事诉讼中，可能因标的额大小，第一审管辖变成简易法院；而如果是当事人诉讼，行政案件诉讼始终属于地方法院的管辖）。对于这种当事人诉讼，原本是否有必要在民事诉讼之外作为独立的诉讼类型来设立，就是存在质疑的。特别是从第一编所述公法私法一元论立场来看，这种诉讼只是为支持公法与私法二元教义而存在的，是一种有害无益的主张。[2]

　　然而最近，又反过来提出一个问题，是否应积极地应用公法上的当事人诉讼呢？[3]这当中含有意味深长的问题。在日本，过去提起抗告诉讼的可能性是颇为有限的。[4]有鉴于此，为了扩大私人获得实质救济的可能性，不要仅仅依赖抗告诉讼，改变一下观念会是怎样呢？不过，不论如何，在前提条件上，都有必要确立不同于民事诉讼的当事人诉讼固有法理，制度内容也要更为丰富。

　　2. 另外，恐怕也是接受了上述问题，在2004年修改《行政案件诉讼法》时，在第4条的实质性当事人诉讼部分，追加了"关于公法上法律关系的确认之诉"的文字，即"关于公法上法律关系的确认之诉以及其他关于公法上法律关系的诉讼"。该修改的动机无疑至少在于公法上当事人诉讼的活性化。也就是说，如上所述，过去作为行政案件诉讼中心的抗告诉讼（特别是撤销诉讼），因为最高法院判例过于狭窄地解释抗告诉讼对象的"处分"概念，不能说充分发挥出了国民的救济手段功能。在这种一般认识之下，该修改的问题意识在于，

---

〔1〕　参见后述第100页。

〔2〕　对此的详细分析，第一编已有触及。

〔3〕　作为其嚆矢，参照、高木光·前揭『事実行為と行政訴訟』，另参照、同·前揭『行政訴訟論』101頁以下。

〔4〕　参见后述第53页以下。

可以通过应用公法上当事人诉讼来稍稍补充其不充分的部分。但是，在理论上更为准确地说，该修改具有怎样的意义呢？也就是说，是通过该修改能实现过去不能实现的事（创设性修改），还是过去（理论上）可以的事却在现实中不行、在条文上明确确认可能之事（确认性修改），从立法过程〔1〕等来看未必明确。

第一，从文字来看非常清楚，"关于公法上法律关系的确认之诉"包含于"关于公法上法律关系的诉讼"，重新附加上这些文字，也能看作是完全无用的。〔2〕第二，如前所述，若在理论上是"关于公法上法律关系的诉讼"，其性质是"不服公权力的诉讼"，它就不是这里所说的当事人诉讼，而是抗告诉讼。在以前的规定之下，这至少一般而言是没有争议的。其中，假设赋予该新规定以创设的意义，它恐怕就在具有"不服公权力的诉讼"实质的同时还具有一种意义，即有的案件在从前判例和学说之下难以承认行使公权力具有"处分"性质，因而就难以认作行政案件诉讼的案件，通过允许确认诉讼确认存在因该行为受到侵害的权利，就能赋予某种权利救济的可能性。例如，因违宪立法行为造成的权利（基本人权）侵害、因违法计划行为造成的权利侵害等案件，就是其典型案例。〔3〕

----

〔1〕 参见前出第16页注〔1〕所列各文献。

〔2〕 作为一种公法上的当事人诉讼，公法上法律关系的确认诉讼获得认可。最高法院在很早时就已经以此为当然前提作出判决。参照、最判1966年7月20日民集20卷6号1217页。在该大法庭判决中，针对药剂师原告请求"确认不存在《药事法》第5条（当时——藤田注）的开设药局许可或更新许可的申请义务"，最高法院以其诉合法（第一审明确肯定、控诉审也没有推翻该判断）为前提作出实体判断。

另外，对于请求确认具有日本国籍之诉，参照、最判1997年10月17日民集51卷9号3925页。

〔3〕 在2004年修改法律之后，最高法院有几则著名的判决，将公法上法律关系的确认之诉作为公法上的当事人诉讼加以认可：（1）确认存在因立法不作为而受到侵害的大选投票权——"违法剥夺海外国人选举权确认诉讼案判决"（最判2005年9月14日民集59卷7号2087页）；（2）确认存在因违宪的法律而未获得承认的日本国籍——"撤销发布驱逐出境令处分等请求案判决"（最判2008年6月4日民集62卷6号1367页）；（3）确认不存在基于职务命令的义务——"确认不存在齐唱国歌义务等请求案"（最判2012年2月9日民集66卷2号183页）；最近的例子是（4）对条例规

　　3. 但在另一方面，本次修改意在"确认诉讼的活性化"，如果其意义在于，以上述抗告诉讼未充分发挥功能为前提，对其加以补充，那么，其具体的应有状态，当然也就与法定化了的课予义务诉讼、禁止诉讼等应有状态（进而是无名抗告诉讼的应有状态），进而特别是与"处分"概念的解释一定有很深的关系。也就是说，因为在另一方面，如果抗告诉讼自身功能变得活性化，而确认诉讼作为当事人诉讼的功能已经扩大，两者在功能上就会出现重复的地方，就会产生两者之间的整理与调整问题。

　　如后详述，很早在学说上就有人指出，应弹性地理解作为抗告诉讼对象的"处分"概念，在 2004 年修改法律时，各方面人士也期待对此应在立法上获得解决。但是，结果不仅以完全没有着手而告终，在局部上，确认诉讼作为当事人诉讼的活性化要求反而还具有一种目标，即更加限定"处分"概念乃至抗告诉讼发挥功能的范围。[1]而另一方面，最高法院判例在此期间继续维持过去关于"处分"概念的公式，其中，较过去相比，还朝着更为弹性地解释该公式的方向推进。[2]必须要说的是，情况正变得更加复杂。

　　而在确认行政厅作为义务或确认私人一方不存在忍受义务的情形下，确认诉讼被期待的功能与修法后新得到明文化的课予义务诉讼或禁止诉讼之间的关系如何整理，就会成为问题。众所周知，在民事诉讼法的原则中，与给付诉讼等其他诉讼类型相比，确认诉讼基本上只是备位性诉讼类型，虽说确认法的义务存在与否在理论上是可能的，但并不允许直接提起确认诉讼。为此，作为广义的"确认利益"之

41

制请求确认经营风俗介绍所的法地位，条例合法，驳回请求（最判 2016 年 12 月 15 日判时 2328 号 24 頁）。（1）、（2）、（4）正是这种例子。（3）是牵扯"处分"的案件，对于该案，请参见后述第 42 頁注〔1〕。

　　〔1〕　例如参照、高木光「行政法入門㉚」自治实务セミナー2007 年 12 月号 4 頁以下。另外，反对当事人诉讼这种走向定位，例如、阿部泰隆・解释学Ⅱ65 頁以下。

　　〔2〕　参见后述第 57 頁以下。

一，也要求不存在其他能直接实现目的的手段，[1]如果能提起抗告诉讼，它是能更直接实现目的的方法，那就不满足这里所说的要件。[2]

但无论如何，行政案件诉讼法以抗告诉讼为核心，只要以这种整体构造为前提，那种认为，在该法第4条的规定中插入"关于公法上法律关系的确认之诉"一句之后，作为当事人诉讼的确认诉讼就直接取代了"不服行使公权力的诉讼"的抗告诉讼，或者赋予其同等的地位，只能说是稍有牵强的法解释。例如，要免于承担行政处分所课予的义务，不提起针对该处分的抗告诉讼，而提起义务不存在确认诉讼这种

---

〔1〕 在民事诉讼中，要提起确认诉讼，有无必要的"确认利益"问题，要言之，即请求对象的确认是否对于解决当事人之间具体纷争有效而不可或缺（如果用最高法院的表达来说就是，是否"有即时确定的利益时，换言之，现在在原告的权利或法律地位中存在危险或不安，为了消除它而获得对被告的确认判决是必要而适当的情形"，参照、最判1955年12月26日民集9卷14号2082页）。在学说上，将此进一步具体化，并整理为三点来讨论：（1）方法选择的适当与否（没有解决纷争的其他适当争讼手段）；（2）对象选择的适当与否（在确认对象上，选择的诉讼标的对解决双方当事人之间纷争是有效而适当的）；（3）即时解决的必要性（双方当事人之间的纷争有必须通过确认判决即时解决的成熟性）。例如参照、新堂幸司『新民事訴訟法（第五版）』（弘文堂、2011年）270页。

〔2〕 从正文所述也可以看到，能否允许作为公法上当事人诉讼的确认诉讼问题，实际上可以说就归结为有无（广义上）"确认利益"的问题。例如，最高法院在2004年修法之后正面承认"公法上当事人诉讼"，且让原告首次胜诉的案件，即著名的"违法剥夺海外国民选举权确认诉讼案判决"（大法庭2005年9月14日），在最高法院讨论过程中最大的问题不是原本是否承认作为公法上当事人诉讼之确认诉讼的问题，而是这种案件中是否果真认可确认的利益〔参照、杉原则彦「活性化する憲法・行政訴訟の現状」公法研究71号（2009年）196页以下、藤田宙靖『裁判と法律学』303页〕。与此相对，现职陆上自卫官认为，根据安全保障关联法行使集团性自卫权是违宪的，请求确认即使在"存亡危机事态"也没有服从防卫出动命令的义务，其诉的目的在于"防止以不服从命令为由作出惩戒处分"，最高法院第一小法庭2019年7月22日判决（民集73卷3号245页）认为，该诉要合法，就要符合"作出处分的现实可能性"要件，对此问题尽数审理，驳回原审判决予以发回。其中成为问题的不是原本能否允许这种确认诉讼，而是有无特定请求意义上的"确认利益"。这一点受到关注。

公法上的当事人诉讼，这应该说一般是不能允许的。[1][2]以预防对自己作出不利处分为目的而提起义务不存在确认诉讼，只要其目的能

[1]　对于在毕业典礼等仪式中齐唱国歌时起立齐唱等职务命令的义务，公立高中等的教职员工起诉请求确认不存在该义务，最高法院第一小法庭认为：（1）该诉作为无名抗告诉讼是不合法的；（2）具有作为公法上法律关系确认之诉的确认利益，这是合法之诉（最判 2012 年 2 月 9 日民集 66 卷 2 号 183 页）。但是其理由在于：对于（1），在现行行政案件诉讼法上明确承认处分的禁止之诉（《行诉法》第 37-4 条），因而，存在无名抗告诉讼之外的其他适当的争讼方法。对于（2），像该案那样，教职员工不服从职务命令，该违反命令及其累积行为就会被评价为惩戒处分的处分事由及加重事由，与此相伴，因勤务成绩的评价而在加薪等方面遭受不利，这种行政处分以外的不利待遇具有反复持续、累积加重发生甚至扩大的危险。在这种情况下，存在确认利益。但如果没有这种特别情况，最高法院一般很难承认这种不存在义务确认诉讼。

不过，像正文里附加的"一般"那样，从彻底解决纷争要求出发，提起抗告诉讼是可能的。根据案件情况，有可以提起确认诉讼的余地。对此参照、村上裕章「公法上の確認訴訟の適法要件」阿部古稀 748 頁（村上『行政訴訟の解釈理論』所收）。

[2]　如正文之前所见，现行《行政案件诉讼法》的逻辑是，抗告诉讼作为不服公权力行使的诉讼，构成了行政案件诉讼的核心，当事人诉讼（即使它在实质上具有不服公权力行使的诉讼性质）只不过是在不承认抗告诉讼时的备位性诉讼（可以说过去大致一般是这么认识的）。但是，对此，今天出现的一种见解要逆转这一关系，正是当事人诉讼作为"关于公法上法律关系的诉讼"，构成所有行政案件诉讼的基础，抗告诉讼只是其特殊的一部分，从这一见解出发，当事人诉讼（确认诉讼的一部分）可以比过去有更大发挥功能的余地（至少要与抗告诉讼做综合性考察）［例如参照、中川丈久「行政訴訟の基本構造——抗告訴訟と当事者訴訟の同義性について（一）（二・完）」民商法雑誌 150 巻 1 号（2014 年）1 頁以下、2 号 171 頁以下、同「抗告訴訟と当事者訴訟の概念小史——学説史の素描」行政法研究 9 号（2015 年）1 頁以下、黒川哲志「公法上の当事者訴訟の守備範囲」芝池古稀 415 頁以下等；另参照、山本隆司「改正行政事件訴訟法をめぐる理論上の諸問題」論究ジュリスト 8 号（2014 年）79 頁以下］。抗告诉讼在理论上也是一种"公法上的法律关系"诉讼，至少在现行法上其被告不是行政厅而是行政主体，将抗告诉讼在理论上定位为当事人诉讼的一种（如此，原本抗告诉讼这种一般概念的必要性自身也要受到怀疑），在这种构想之上重新构筑今后行政案件诉讼制度大致是可能的（作为立法论的所谓"纠正诉讼"提案是这种逻辑的目标。这里包括这一提案自身在内，不详细触及，暂且可参照、小早川光郎编・前揭『ジュリスト増刊 改正行政事件訴訟法研究』96 頁以下）。不过这里的问题是，现行的法律本身能否将"抗告诉讼""当事人诉讼"如此整理解释呢？现行法至少明确地将几种诉讼类型置于"作为不服公权力行使之诉讼的抗告诉讼"范畴之下（《行诉法》第 3

通过现行法承认的禁止处分之诉实现，就是不能允许的。[1]

  4. 另外，与上文不同，在修改法下正在提出的问题是，对于不能成为抗告诉讼对象的行为（例如行政立法、行政计划、行政指导等），能起诉请求确认其违法性吗？[2]其中的一个问题是，某行为有无违法性是否为《行政案件诉讼法》第 4 条所说的"法律关系"，[3]更为重要的是有无前述[4]确认利益的问题。例如，对于行政立法或行政计

45

条第 1 款），其中，"当事人诉讼"与"抗告诉讼"并列为"诉讼的种类（类型）"（《行诉法》第 2 条），至少从这里的用词来看，难以读出"抗告诉讼"与"当事人诉讼"之间存在重叠关系。如此，在《行政案件诉讼法》第 4 条"当事人诉讼"定义中所示的"其他关于公法上法律关系的诉讼"，从广义的关于公法上法律关系的诉讼（这是上述学者所说的"当事人诉讼"，也可换称作"理论意义上的当事人诉讼"）中排除"关于不服公权力行使的诉讼"后的诉讼（也可换称作"制定法上的当事人诉讼"），采用这样的解释框架是极为顺理成章的。不过这时出现的下一个问题是，"公权力的行使"以及对此"不服的诉讼"是指什么？如果其轮廓并不清楚（例如，"处分"概念的扩大、多样"无名抗告诉讼"的认可等），概念框架自身姑且不论，实质上两种诉讼的并立意义当然是逐渐稀薄化。对于在这种模糊的轮廓上或其周边登场的行政活动如何在法解释论上应对的问题另当别论，至少争议典型公权力行使之行政行为等的违法性，在现行法上已经属于抗告诉讼的"排他性管辖"（对该词的意义，中川丈久·前揭民商法雑誌 150 卷 2 号 190 頁）。另一方面，对于这种模糊轮廓上登场的现象，能根据具体案件的内容进行种种应对。例如，请求确认自身的某种法地位或身份的诉讼，是关于现在的法律关系的诉讼（公法上的当事人诉讼），同时（如果案件的情形是以没有这种法地位或身份为由作出不利处分存在迫切的危险）也实质上能成为不服（预防）公权力行使之诉（无名抗告诉讼）。但是，在这种案件中诉讼的实际问题基本上是诉的利益（这时是"确认利益"）存在与否的问题，而不是（某种意义上是观念性的）讨论是公法上当事人诉讼还是无名抗告诉讼（对此，也请参见第 41 页注〔2〕）。另外，有学者指出，最高法院判例并不重视抗告诉讼和当事人诉讼的区别。中川丈久「行政訴訟の諸類型と相互関係——最高裁判例に見る抗告訴訟と当事者訴訟の関係」岡田正則ほか編『現代行政法講座第二巻（行政手続と行政救済）』（日本評論社、2015 年）71 頁、中川丈久·前揭行政法研究 9 号 32 頁。从上文来看，这是极为当然的。

  〔1〕 请参见后述的最高法院判决。

  〔2〕 参照、山下義朗「『行為の違法』確認の訴訟について」公法研究 71 号（2009 年）227 頁。例如，盐野宏认为，一般认可这种诉讼的可能性。塩野宏·Ⅱ（第六版）279 頁。

  〔3〕 对此详见、大貫·前揭阿部古稀 629 頁以下。

  〔4〕 前出第 41 页注〔1〕。

划的违法确认，不能否定原则上没有诉的利益（争议的成熟性），但在解决该问题的案件中，是在过去讨论的延长线上通过扩大"处分性"来处理私人救济（如前所述，行政立法或行政计划在过去是有这种可能性的），还是引入新设想的"当事人诉讼"路径，结果是只能按照各个案件的内容（也包括两者并用的可能性），在种种考虑之后作出判断。[1]

三、民众诉讼

（一）主观诉讼与客观诉讼

所谓民众诉讼，是指"以选举人资格以及其他不涉及自己法律上利益的资格提起的请求纠正国家或公共团体机关不符合法规行为的诉讼"（《行诉法》第 5 条）。

1. 日本的行政案件诉讼法是旨在保障行政活动合法性的制度，但是，如后详述，[2]这原则上不是以客观性控制行政活动整体合法性为目的的，其当下的目的在于为合法利益受违法行政活动侵害者提供权利救济，只不过是个人的权利得到救济，在结果上也恢复了行政活动的合法性。因而，即使是违法的行政活动，如果在结果上没有合法利益受到直接具体损害的人，该行政活动原则上也不得成为行政案件诉讼的对象；在合法利益受到违法行政活动直接具体损害的人之外，原则上不能以行政案件诉讼对该行政活动进行争议。对此加以明确的是《行政案件诉讼法》第 9 条的规定。没有明确的规定，对于当事人诉讼也当然如此。一般将这种行政诉讼称为"主观诉讼"。[3]

---

〔1〕　例如，在医疗法案件最高法院判决中，行政指导行为成为问题，对其处理，我在该案件中基于最适当地解决纷争的法官立场采取了前者的办法。2004 年修法的中心人物盐野宏明显采取后者的立场。参照、塩野宏・Ⅱ（第六版）279 页。

〔2〕　参见后述第 66 页以下。

〔3〕　日本的行政案件诉讼之所以原则上是作为这一意义上的"主观诉讼"来设计，其原因之一在于传统的行政法理论是着眼于为遭受行政主体侵害的私人提供法的保护；现在的一个原因可以说是在这种前提下，行政诉讼制度以民事裁判制度的基本构造

46

47　　2. 但在另一方面，与多数民事案件不同，在行政案件中，通常一方当事人是行政主体或行政机关这种公益的代表者，因而，这里就留下一个问题，其活动是否违法，绝不能说与广大一般国民毫无关系，将其原则上与民事案件一样委诸直接的当事人之间进行争议，就一定合适吗？这一问题也与后述行政诉讼是否采取职权主义问题有关，进而作为诉讼类型、原告资格问题，与一般是否可以仅按照主观诉讼来构筑行政诉讼的问题一起呈现出来。在这一点上，日本的行政案件诉讼法以抗告诉讼和当事人诉讼等主观诉讼为原则，不过也仅针对特定的行政活动，例外地允许具有所谓"客观诉讼"性质的"民众诉讼"这种诉讼类型，它与保护每个人的个人性权利利益无关，而以保障行政活动客观合法性为直接目的。[1]

（二）提起民众诉讼的可能性

48　　1. 如此，照日本现行《行政案件诉讼法》的构造来看，民众诉讼

为基础构筑起来的。

如前所述（上卷第 61 页、前述第 5 页），在传统的"依法律行政原理"中，其前提在于确保行政的合法律性，同时服务于私人的保护。而在行政救济法领域，如正文所见，"私人的保护"要求从正面出现，它毋宁是朝着限定行政活动合法律性的司法审查可能性方向而发挥作用的。从私人的法的保护角度来看，眼下最发达的裁判制度就是民事裁判制度。而民事裁判制度中的基本思想是，以私人自治原则为前提，国家权力之所以以裁判的方式出现在解决私人之间纷争的活动中，是因为它是终极性的，而且仅仅在它是最为有效适当的解决纷争方法时才予认可，而绝不是社会上存在的一切纷争、一切法律问题均诉诸裁判［参照、三ケ月章『民事訴訟法（第三版）』（弘文堂、1992 年）1 頁以下；新堂幸司·前揭『新民事訴訟法（第五版）』14 頁以下］。这也变得是在实现限制行政活动合法性司法审查的功能。在这一意义上，行政诉讼原则上仅作为"主观诉讼"来构建，这可谓是传统"近代行政救济法原理"的内在界限。

对于"主观诉讼"与"客观诉讼"的用词，特别是以法国越权诉讼为例，以保障行政活动客观合法性为直接目的的诉讼，与允许谁提起这种诉讼的问题（原告资格）在理论上是不同的问题。对于正文那样的日本用词，也有批评［例如参照、村上裕章『行政訴訟の基礎理論』（有斐閣、2007 年）102 頁以下］。这种批评也是可能的，不过理论上的可能性与日本实定法是根据怎样的思考框架来构成的问题，必须大致区分思考。

〔1〕作为客观诉讼的概括性研究，山岸敬子『客観訴訟の法理』（勁草書房、2004 年）、同『客観訴訟制度の存在理由』（信山社、2019 年）。

本来是极为例外的诉讼,因而,它就不能像抗告诉讼那样获得一般性承认,而是仅在个别性法律有特别规定时才能提起(《行诉法》第42条)。如后详述,现行法上能提起抗告诉讼者,限于"对请求撤销该处分或裁决具有法律上利益者"(《行诉法》第9条第1款)。对于民众诉讼,与这种要件无关,可由个别性法律特别规定者提起(《行诉法》第42条)。

2. 在日本现行法上得到认可的民众诉讼多种多样,其典型的例子有《公职选举法》规定的各种选举诉讼(选举无效诉讼——第203条、第204条,当选无效诉讼——第207条、第208条)、《地方自治法》规定的居民诉讼(该法第242-2条)、在直接请求的签名簿上签名效力之争的诉讼(该法第74-2条)等。[1]对于这些诉讼,各条规定了选民、公职的候补者、未当选者(选举诉讼的情形)、该普通地方公共团体的居民(居民诉讼的情形)等能提起诉讼。这些人不用说就是仅以恢复行政活动客观合法性为目的而起诉,而不是为了请求保护个人自己固有的法律上利益而起诉[2](例如,也允许在该选举中弃权的选民提起选举无效诉讼)。

(三)民众诉讼的适用规定

民众诉讼具有上述性质,在具体的诉讼形式上采取的是要求撤销处分或裁决或者确认无效(例如参见《地方自治法》第242-2条第1款第2项)、要求行使与损害赔偿或不当得利相关的请求权(参见同条第1款第4项),以及其他种种形式。其中,对于上述第一类诉讼,《行政案件诉讼法》第43条规定,在不违反民众诉讼性质的限度内准用抗告诉讼的规定;对于其他的诉讼,部分准用当事人诉讼的规定。

另外,对于选举无效诉讼,《公职选举法》第219条第1款规定

---

〔1〕 在现行法上得到认可的这些诉讼中,作为行政活动合法性控制手段,今天发挥着极为重要功能的是居民诉讼。但在行政法总论的框架内,无法详述。对于该制度,有颇多的文献,我自身也有分析(藤田宙靖·组织法250页以下)。

〔2〕 因而,从这一意义上来说,在民众诉讼的情形下,可以说本来没有必要将起诉资格限定为选民、该地方公共团体的居民等特定人士。不过,现行法从诉讼程序上让谁去争议某行政活动客观合法性最为合理的角度作出了这样的限缩。

了《行政案件诉讼法》第43条的例外，明确排除《行政案件诉讼法》第31条（情势判决）的适用。尽管如此，最高法院判决认为，[1]情势判决制度不仅仅用于撤销行政处分的情形，该制度也包含着应理解为依据一般法基本原则的要素，因而可以适用于选举无效诉讼，认定选举违法而非无效。这成为现在最高法院判例的基础。[2]

四、机关诉讼

（一）作为客观诉讼的机关诉讼

50　　所谓机关诉讼，是指"国家或公共团体机关相互之间关于是否存在权限以及其行使纷争的诉讼"（《行诉法》第6条）。

　　1. 传统行政法理论建立在二元思考之上，即"行政主体"与"私人"的对立，进而是行政的"内部关系"与"外部关系"的区分。关于行政机关相互之间权限的争议纯粹是行政的内部问题，而与私人的个别性权利保护无关。在这一意义上，这不是主观诉讼，而与民众诉讼一样，属于客观诉讼的一种，它以裁断行政活动是否客观上符合行政法规范为直接目的。[3]因而，它在日本的行政诉讼制度之下属于例外，在法律特别认可时，只有法律规定的人才能提起，这与民众诉讼的情形是一样的（《行诉法》第42条）。而关于机关诉讼准用抗告诉讼等相关规定，与民众诉讼的情形同样处理（《行诉法》第43条）。

　　2. 作为"关于是否存在权限的诉讼"，例如，《地方税法》第8条第10款规定，地方公共团体首长就地方公共团体之间的征税权归属等提起的诉讼；作为"关于权限行使的诉讼"，例如，《地方自治法》51　第176条第7款规定，普通地方公共团体议会或首长就普通地方公共

[1]　最判1976年4月14日民集30卷3号223页。

[2]　包括对此的评论，详细分析选举无效判决效果，请参照、藤田宙靖·裁判与法律学193页以下。

[3]　当然，对于机关诉讼的法的性质，在与"法律上的争讼"性的关系上，展开了种种讨论，对此不予详述。例如可参照、西上治「機関争訟の『法律上の争訟』性：問題の抽出」行政法研究6号（2014年）25页以下。

团体议会决议、选举等提起的诉讼，根据该法第 245-8 条等，国家大臣就都道府县知事的法定受托事务的管理、执行提起的诉讼，普通地方公共团体首长等就国家等的干预提起的诉讼（《地方自治法》第 251-5 条及第 251-6 条），都是其代表性的例子。

（二）行政主体和私人的相对化与机关诉讼

机关诉讼这种法律制度，以上述"行政主体"与"私人"、行政的"内部关系"与"外部关系"的二元思考为前提。然而，在现实中，该纷争所产生的法律关系是行政的内部关系还是外部关系，有时未必明确，也就是说，该纷争真的是行政主体内部的行政机关相互之间的争议，还是"行政主体"与"私人"之间的争议，常常出现未必明确的情形。特别是有的法主体具有不同于国家或地方公共团体的法的人格，其所实施的事业实质上能被认为是行政活动的一环，这种法主体（各种公共组合，还有存在过的公社、公团等特殊法人、独立行政法人等）作为一方当事人登场时，就是这种情形（虽是在法上具有相互独立人格的法主体之间的纷争，但有时实质上应作为行政主体的内部问题，理解为机关诉讼[1]）。

例如，在前述成田新干线诉讼中，[2]法院从第一审到最高法院都认为，"铁道建设公团在法的人格上不同于国家，但实质上是国家的下级机关"，因而将（旧）运输大臣对公团的工程实施计划的认可定性为行政的内部行为，不是抗告诉讼对象的"处分"。但对于这种观点，学说上也不是没有批判。

在这一点上值得关注的是，作为国民健康保险事业的事业主体，地方公共团体及国民健康保险组合能请求撤销都道府县国民健康保险审查会的裁决吗？最高法院曾对此问题作出过判断。[3]在该判决中，最高法院认为，市町村或国民健康保险组合作为国民健康保险事业的事业主体，具有"实施国家事务之国民健康保险事业、担当行政作用

52

---

〔1〕　对此参照、雄川一郎『行政訟の理論』（有斐閣、1986 年）431 頁以下。

〔2〕　参见前述第 19 页。

〔3〕　最判 1974 年 5 月 30 日民集 28 卷 4 号 594 頁。

的行政主体地位"，"在保险人给付保险等相关处分的审查上，审查会与保险人之间是站在与一般上级行政厅和服从其指挥监督的下级行政厅同样的关系上……保险人就该裁决进行争议，在法上并未获得认可"。而本案的第一审和第二审判决认为，国民健康保险事业的事业主体具有处分者行政厅的地位，同时兼有国民健康保险事业的权利义务主体地位，在后者的地位中，可对审查会的裁决提起撤销诉讼。在这一案件中得出这种结论是否真的实质上妥当，这一问题另当别论，值得关注的是，在这些下级审判决中，即使一方面是承认具有行政主体性质的法主体，另一方面，有时也能认为是立于私人同样立场的主体。这种观点并不仅仅是在区分所谓公法关系与私法关系的问题维度上，而是围绕一个行政处分出现了多样的法的关系。"行政主体"与"私人"二元对立的思考样式相对化，真正反映着现代行政的复杂样态。最高法院上述判决对此仍在传统思考框架内予以处理的观点，今后仍能维持吗？这是今后应该关注的一个问题点。[1]

另外，对于（都道府县知事对）根据《土地改良法》市町村营土地改良项目的施行认可，最高法院至少在施行区域内的土地所有者等的关系上，承认它是抗告诉讼对象的"处分"。[2]包括这一判决的定位在内，对于行政主体相互之间法关系的性质，在日本现行法下具体可以如何思考，希望留待行政组织法领域探讨。[3]

第二款　诉的提起问题

第一项　诉讼要件

行政诉讼一般与通常的诉讼一样，要进入诉的实质审理，诉自身

---

〔1〕 对于现代行政与"行政主体和私人的二元对立"思考之间存在的问题，参照、藤田宙靖·組織法 21 頁以下、45 頁以下。

〔2〕 最判 1986 年 2 月 13 日民集 40 卷 1 号 1 頁。

〔3〕 姑且可参照、藤田宙靖·組織法 45 頁以下。另外，对于国家与地方公共团体相互之间的关系，参照、藤田宙靖·基礎理論下 58 頁以下、82 頁以下。作为法律上的规定，重要的是《地方自治法》第 250-7 条以下，特别是第 251-5 条以下。

不用说就必须具备所谓诉讼要件。对于诉讼要件，日本多适用民事诉讼法的原则，不过在行政诉讼中也有几个特有的诉讼要件，规定在以《行政案件诉讼法》为首的各个法律中。这些诉讼要件的特殊性首先是与抗告诉讼的特殊性相伴的，在法律上，以抗告诉讼特别是撤销诉讼为中心设置了这些规定，这些规定在必要限度内通常也准用于其他的诉讼类型。

第一目　撤销诉讼的诉讼要件

一、"处分性"的满足

（一）"处分"的概念

1. 要认可撤销诉讼为合法之诉，首先它必须是请求撤销《行政案件诉讼法》第 3 条第 2 款规定的"处分（广义）"［或第 3 款规定的"裁决（广义）"］。这就是通常所说的"处分性"问题。对于何为这里所说的"处分（广义）"，自《行政案件诉讼法》前身《行政案件诉讼特例法》的时代至今，一直有种种讨论。

昭和 30 年代制度成立之初，该法第 3 条第 2 款所说的"行政厅的处分（狭义）"基本上相当于理论上的"行政行为"概念。如前所述，最高法院也是基于这一前提维持着判例。[1]在本书此前所述传统行政法理论的基本思考框架中，抗告诉讼制度、撤销诉讼制度的目的在于保障依法律行政原理，保护私人的合法利益免遭行政主体的侵害。若如此理解，它就构成了一贯的理论体系。然而，此后特别是进入昭和 40 年代之后，学说和判例对此问题的前述观点提出了种种质疑，之后传统观点也屡屡被大幅度修正。也就是说，虽然在理论上不满足本来传统意义上的"处分"要件，但着眼于现实中存在着给国民权利利益造成重大影响的种种行政活动，要给国民提供实效性救济，就有必要广泛地承认对这种行为提起抗告诉讼、撤销诉讼，这在现行

[1]　前述第 18 页以下。

法上也是可能的。这样的观点也以种种形态发展起来。

2. 这种动向在最高法院的判例中作为个别意见也很早就登场了。[1]特别是在 1966 年 2 月 23 日的判决中，入江俊郎、柏原语六在反对意见中认为，像土地区划整理项目那样通过一连串过程实施的行政活动，在形式上固执于传统的权利救济方式和抗告诉讼观，就无法实现国民利益的充分救济，在现行法之下，为了能给国民实质的权利保护，也应弹性地解释法令。这种观点以明确的形式主张出来，在当时极为引人关注。这种观点并未被该判决多数意见采纳，但在之后的下级审判例中，对于撤销诉讼对象的"处分"概念，出现了不少判决是从国民的实效性权利保护角度进行弹性解释的。[2]

---

〔1〕 例如参见，关于海难审判厅的海难原因裁决，最判 1961 年 3 月 15 日民集 15 卷 3 号 467 頁；关于土地区划整理项目计划的决定，最判 1966 年 2 月 23 日民集 20 卷 2 号 320 頁。

〔2〕 例如，特别有名的案件有：（1）对于与土地区划整理项目计划一样由一连串过程实施的项目计划行为，承认 1967 年修改前《土地征收法》中的项目认定是撤销诉讼对象的行政处分，宇都宮地判 1969 年 4 月 9 日例集 20 卷 4 号 373 頁；支持该判决的，東京高判 1973 年 7 月 13 日例集 24 卷 6·7 号 533 頁（日光太郎杉案）。（2）关于非权力性意思表示行为，将补助金交付决定作为"形式性行政处分"，其实质是对赠与契约要约的承诺或拒绝，应作为《行政案件诉讼法》第 3 条第 2 款所说的"处分"来处理，釧路地判 1968 年 3 月 19 日例集 19 卷 3 号 408 頁；支持该判决的，札幌高判 1969 年 4 月 17 日例集 20 卷 4 号 459 頁（钏路市工场招商引资案）。（3）关于行政主体的内部行为，承认针对内部通知的撤销诉讼，前述東京地判 1971 年 11 月 8 日例集 22 卷 11·12 号 1785 頁（参见上卷第 328 页）。（4）关于公共设施的设置行为，承认针对整个人行天桥设置程序的撤销诉讼，東京地判 1970 年 10 月 14 日例集 21 卷 10 号 1187 頁（国立天桥案）。

特别是上述第四个决定，不是将设置人行天桥的一系列过程分解为各个行为，作为行政主体的内部行为和私法行为的复合体来思考，而将这一过程作为一体，理解为"相当于行使公权力的行为"，对此打开了抗告诉讼和停止执行之路，这是"根据高度成长、复杂化的现代社会实情，在贯彻法治主义的要求"。前述"行政过程论"立场（上卷第 142 页以下）的学者极为重视这一决定（不过，这一观点在本案诉讼的控诉审判决中被推翻，東京高判 1974 年 4 月 30 日例集 25 卷 4 号 336 頁。在之后的下级审判例中也未必得到采用。参照、名古屋地判 1977 年 9 月 28 日判时 20 卷 877 号 30 頁）。

（二）"形式性行政处分"概念

1. 在此后的学说中，这种观点也得到颇多支持。[1]如此，有些 56
行为虽然不符合传统理论框架中的"处分"观念，但亦从国民利益的
实效性救济角度在法解释论上按照《行政案件诉讼法》第 3 条第 2 款
所说的"处分"对待。为了概括地表达这些行为，有时也使用"形式
性行政处分"的概念。[2]

传统意义上的行政行为（实体性行政处分）同样是撤销诉讼的对
象，它具有公定力，原则上只能通过撤销诉讼来争议其效力。而这一
意义上的"形式性行政处分""完全是从救济的必要性上被当作撤销
诉讼的对象"，[3]形式性行政处分不具有公定力、不可争力等，不服
从撤销诉讼的排他性管辖，也允许私人选择包括民事上临时处分的民
事诉讼来主张法益。[4]不过，在承认这种形式性行政处分论的立场
中，详细而言也有种种不同。例如，有的立场是，形式性行政处分原
本不具有行使公权力的实质，因而，即使成为撤销诉讼的对象，也不
适用对于"实体性行政处分"才有的行政案件诉讼法上的诸多制约
（撤销制度的排他性、起诉期限、临时处分的排除等）。例如，在提起
撤销诉讼的同时，也允许请求民事上的临时处分。还有的立场是，在
抗告诉讼与其他诉讼中可自由选择，但一旦选择了，就应当原原本本
地适用所选定诉讼形式的相关现行法法理。[5]

---

〔1〕 例如参照、原田尚彦『訴えの利益』（弘文堂、1973 年）136 頁以下、兼子
仁·前揭『行政争訴法』273 頁以下。

〔2〕 严格而言，这一意义上的"形式性行政处分"是属于《行政案件诉讼法》第
3 条第 2 款所说的"行政厅的处分（狭义）"、还是属于"其他相当于行使公权力的行
为"，未必清楚，在法解释论上也没有必须明确的必要。不过，传统行政法理论以行政行
为概念为中心，如果在理论上给其定位，"形式性行政处分"明显不是行政行为，因而，
它不是狭义的"行政厅的处分"，而是"其他相当于行使公权力的行为"的一个例子。

〔3〕 兼子仁·前揭『行政争訴法』273 頁。

〔4〕 兼子仁·前揭『行政争訴法』274 頁。

〔5〕 特别是以设置垃圾处理设施、火葬场等所谓"邻避设施"为开端，围绕着反
对各种公共事业的诉讼对这一问题展开讨论。这里对此无法详细探讨。暂可参照、塩野
宏「国土開発」山本草二他『未来社会と法』（筑摩書房、1976 年）180 頁以下。

57　　2. 然而，这种"形式性行政处分"论作为法解释论还不能说已经完成。[1] 应当关注的是，例如，对于"处分"概念的解释，最高法院还在坚持颇为顽固的态度，但近来也能看到极为柔性的态度。如前所述，最高法院判例从 1963 年以来，并没有抛弃基本理论框架的"历来的公式"，过去在 1979 年，最高法院第三小法庭虽然对国民是否有直接具体的法效果有怀疑，但将海关关长根据当时《关税定率法》第 21 条第 3 款所作出的通知判定为"观念的通知"，也是抗告诉讼对象的"处分"。[2] 这一判断引起众多关注。经过四分之一世纪后，2005 年，两个小法庭（第二和第三小法庭）作出了划时代的判决。对于根据《医疗法》第 30-7 条作出的中止开设医院劝告、削减病床数量劝告，它们明确将其定性为行政指导，但仍属于《行政案件诉讼法》第 3 条第 2 款的"行政厅的处分及其他公权力的行使"。[3] 其判决理由如下：

　　　　根据《医疗法》第 30-7 条作出中止开设医院劝告，《医疗法》上虽然将它作为行政指导来规定，期待被劝告者任意性服从，但是，在被劝告者不听从劝告时，相当确定的结果就是，即使开设了医院，也无法获得保险医疗机构的指定。如此，在采用了所谓国民全保险制度的日本，就几乎没有人不利用健康保险、国民健康保险等就在医院就诊，几乎没有医院未受到保险医疗机

---

　　〔1〕"形式性行政处分论"基本上只有与传统思考方法（历来的公式）中"处分"概念进行论战的意义，而它自身未必是已有明确而积极内容的概念。要在法解释论上确立形式性行政处分论，特别是必须首先要有更为明确的标准，去区分形式上是行政处分的行为与不是这种行为的行为。在这一点上，例如，兼子仁是这样定义"形式性行政处分"的："行政机关或准行政机关的行为没有行使公权力的实态，但为了一定的行政目的，在对国民个人的法益持续性地具有事实上的支配力时，相关国民希望作为抗告争讼对象的行为"（兼子仁·前揭『行政争訴法』279 頁）。但要成为在现实中能适用的"法解释理论"，仍要对诸如这里所说的"事实上的支配力"内容、形态、程度等有更为细致的理论说明。

　　〔2〕最判 1979 年 12 月 25 日民集 33 卷 7 号 753 頁。

　　〔3〕最判 2005 年 7 月 15 日民集 59 卷 6 号 1661 頁、最判 2005 年 10 月 25 日判時 1920 号 32 頁。

构指定就进行诊疗行为。这是众所周知的事实。因而，在无法获得保险医疗机构的指定时，实际上只能放弃开设医院的想法。这种根据《医疗法》第30-7条作出的中止开设医院劝告效果及于保险医疗机构的指定，与医院经营中保险医疗机构指定所具有的意义合并起来思考，这种劝告就相当于是《行政案件诉讼法》第3条第2款的"行政厅的处分及其他公权力的行使"。

58

如上所示，该判决一定也是将行政机关所作行为没有法的拘束力但事实上效果及于私人的影响当作问题，至少在这一点上，与前述过去最高法院判例的观点有不同之处，至少在结果上不能否定承认前述"形式性行政处分"的存在。

3. 不仅在上述行政指导领域，在计划行为的案件中，也能看到最高法院判例在"处分"概念上明显柔性化。如前所述，〔1〕在争议土地区划整理项目的项目计划决定违法性的1966年大法庭判决中，〔2〕最高法院认为，土地区划整理项目的项目计划决定不同于针对个人的具体处分，可谓仅为项目的蓝图而已，因而不认可它是"处分"。该判例尽管此后在类似计划决定行为的几个案件中在实质上被理论性修正，〔3〕但仍长期保持着最高法院判例的地位。然而，2008年，最高法院大法庭十五名法官全体一致明文变更了"蓝图判决"，肯定了土地区划整理项目计划决定的处分性。〔4〕其判决理由稍长，要约如下：

59

　　土地区划整理项目计划决定一经公告，在法律上就课予了一定

---

〔1〕 前述第19页。

〔2〕 最判1966年2月23日民集20卷2号271页。所谓"蓝图判决"。

〔3〕 例如，参见（1）对于土地改良项目的施行认可，承认其为"处分"，最判1986年2月13日民集40卷1号1页；（2）肯定都市再开发项目的项目计划决定"处分"性，最判1992年11月26日民集46卷8号2658页。对于这些判决与1966年"蓝图判决"之间的理论关系，暂可参照、藤田宙靖『最高裁回想録』83页以下。

〔4〕 最判2008年9月10日民集62卷8号2029頁。

的限制,〔1〕在换地处分公告之日前,在施行区域内,对于有可能妨碍土地区划整理项目实施的实质变更土地形态、新建、改建或增建建筑物等,都必须获得都道府县知事的许可。而项目计划一经决定,根据其内容,因该土地区划整理项目的施行对施行区域内居住用地所有者等的权利有何种影响,在一定限度内是可能具体预测的。

如此,一旦决定了土地区划整理项目计划,只要没有特别情况,根据该项目计划的规定具体展开项目,在其后的程序上,当然就是对施行区域内的居住用地实施换地处分。为了防止发生有可能妨碍这种项目计划决定具体实施的事态,在实施前述建筑行为等的限制时就设定了要辅以法的强制力,而且在换地处分公告之日前,持续性地对施行区域内的居住用地所有者等课予这些限制。

如此,因项目计划的决定,施行区域内的居住用地所有者等就应根据伴有前述规制的土地区划整理项目程序接受换地处分,在这一意义上,应该说他们的法地位直接受到影响,而不能说项目计划决定所伴有的法效果只是一般抽象性的效果而已。

在接受换地处分阶段才以该处分为对象提起撤销诉讼,很有可能适用情势判决,很难说对居住用地所有者等的权利救济是充分的。

4. 上述近来的最高法院判例无疑均意识到,严格适用"历来的公式"不能实现实效性的国民权利救济,因而尝试着采取了某种对策。这时,最大的理论障碍明显就在于,在"历来的公式"之下决定性的要求是,"对各个国民有无直接具体的法效果"。〔2〕对于这一问题,与

---

〔1〕 在"蓝图判决"中,反对意见以其效果为理由之一,主张能肯定项目计划决定的处分性,但多数意见则加以反驳,认为其只是法律特别赋予的"附随效果"而已。

〔2〕 对此参照、藤田宙靖『最高裁回想録』88 頁以下。

另外,对于近来最高法院判例放宽承认处分性,其判断的特质在于"处分性判断中的柔软性和多样化"(与"历来的公式"相比),更具体地整理分析而言,(1)"法的地位"认定的多样化,(2)复数制度间的关联,(3)"法律根据"认定的柔软化,(4)(在与"直接的法效果"的关联中)发生效果前的期间(对此的宽松判断),(5)"实效性权利救济"或"解决纷争的合理性",(6)救济路径的多样化。亘理格『行政行為と司法の統制——日仏比較法の視点から』(有斐閣、2018 年) 176 頁以下。其中 (1)~(4) 与本

60

前面关于海关关长通知的 1979 年最高法院第三小法庭判决一样，如果是从过去的观点看，这只不过是"事实上的效果"，最高法院却将这种效果作为某种形式的"法的效果"来说明。不能否定的是，这在理论上是稍显苦心的解决。如果是为了解决问题，有可能认为，首先应当改变"历来的公式"，而不应作这种无理的解释。[1]但另一方面，2004 年法律修改未能以明确的形式重新建立"处分"概念，期待最高法院判例重构"处分"概念，这就是强迫做其他无理之事。如果站在以"连续性""渐进的变化"来实现判例成长这种法解释论的立场上，[2]基本上就没有理由与近来最高法院判例的发展唱反调。[3]

5. 从最高法院判例的上述发展来看，重新引人关注的问题是，起诉期限限制等过去与"处分"当然相伴的法制和理论是否照样适用于前述"形式性行政处分"？[4]与过去提倡"形式性行政处分"概念的昭和 40—50 年代不同，此后通过《行政程序法》的制定等，"处分"所伴有的法效果进一步扩大（例如，设定处分基准、对不利处分提供辩明机会、要有听证等前置程序等），因而，这一问题在现在就更加重要了。当然，在回答这一问题时，可能有种种观点，如前述的适用

61

书正文所述"对各个国民有无直接具体的法效果"相关，（5）〔（6）在其延长线上〕（正如本书也指出的那样）未必在理论上与此直接相关，在最高法院的各关联判决中，（不管是否明确引以为例）为了推导出（1）~（4），发挥着辅助机动力的功能。

〔1〕 参照、高木光·前揭自治実務セミナー 2007 年 12 月号 7 頁。

〔2〕 参见后述第 196 页。

〔3〕 当然，对于为什么、在何种意义上能够既根据"历来的公式"的基本框架，又"渐进"地变革其适用状态，必须尝试作出理论说明。我自身的这种尝试，请参见我在上述 2005 年第三小法庭判决和 2008 年大法庭判决中的补充意见。另外，有学者指出，从上述最高法院判例的发展来看，过去学说和判例上撤销诉讼的对象行为是什么，明显不透明、不安定，其新提示的图式是"撤销诉讼的对象行为＝处分＋准处分的行使公权力的命令＋行使公权力的事实行为＝判例的定式"，基于此作出重新理论整理、颇堪玩味的论文是仲野武志「公権力の行使と抗告訴訟の対象（一）~（三·完）」自治研究 95 卷 7 号 59 頁以下、8 号 50 頁以下、9 号 74 頁以下（2019 年）。

〔4〕 对此，例如参见前述 2005 年第三小法庭判决中我的补充意见，以及 2008 年大法庭判决中近藤崇晴的补充意见。

62　否定说、肯定说、折衷说等。[1]无论采纳哪一种观点，该行为真的能说是"（形式性）处分"吗？因其适用而形成"联动的制度效果"，[2]其内容为何、范围如何？等等这些并不明确。因而，为了不给寻求救济的私人带来不测的不利、不在法适用的实务中徒增混乱，关键就要有制度和理论上的充分准备。[3]

二、不服申诉前置

（一）自由选择主义的采用

　　《行政案件诉讼法》第8条第1款规定，"根据法令规定可对处分
63　提出审查请求，也不妨碍对该处分直接提起撤销之诉。但是，法律规定非经对该处分的审查请求作出裁决就不得对该处分提起撤销之诉时，不在此限"。这是1962年制定的《行政案件诉讼法》给日本行政诉讼制度带来的最大变革之一。

　　在《行政案件诉讼特例法》之下，原则上采用所谓"诉愿前置主义"，在能提起狭义行政争讼的异议、诉愿时，未经这一程序，即不得提起处分的撤销诉讼。而且，根据以《诉愿法》为首的当时诸多法令，这些异议、诉愿只有60日、30日的诉愿期限，比撤销诉讼起诉

----

　　〔1〕　例如，对于撤销诉讼的排他性管辖、起诉期限，明确表达否定说，亘理格「行诉法と裁判实务」ジュリスト1310号9页；阿部泰隆·解释学Ⅱ114页。对作为"附着于处分的程序性结构、程序性效果"一并适用加以肯定，桥本博之『行政判例と仕组み解释』（弘文堂、2009年）89页以下。认为有事前行政程序保障者，山本隆司『判例から探究する行政法』（有斐阁、2012年）380页以下。今后法解释论在认定"处分性"上的应有状态，盐野宏认为，（处分性的认定）"以定型的行政处分和定型的实力行使为核心，周边部分在能利用禁止诉讼、确认诉讼等救济方法时加以利用，不能利用这些方法时，即使在与该案件的关系上打开撤销诉讼的大门，也无法产生与处分联动的制度效果"。盐野宏·Ⅱ（第六版）120页。

　　〔2〕　盐野宏·Ⅱ（第六版）120页。

　　〔3〕　另外，在维持"处分"概念大框架的"历来的公式"现状之下，最高法院判例在寻找一条道路，使与这一公式的实质脱离距离最小化。这（特别是在裁判实务上）也是一个考虑因素。

期限也短很多。耽误了诉愿期限，就无法提起诉愿，结果也就不能提起撤销诉讼。这样的情况在现实中有很多（这也招致确认无效诉讼的频发）。

支持诉愿前置主义的积极理由是，在争议行政处分的效果时，在向法院起诉之前给行政厅一次反省的机会，只剩下那种无论如何都必须借法院之力的案件才作为诉讼问题来处理，经过一次过滤是合理的。如果能期待行政厅自己反省，仅在行政厅阶段解决案件，对私人而言，就比起诉更为迅速、费用低廉，可获得简便的救济，而且能藉此减轻法院的过重负担，可期待一石二鸟的效果。如此，在提起撤销诉讼前将狭义行政争讼（行政上不服申诉）前置，如果保障运用适当，这本身绝不是行政救济制度上不合理的制度。但是，同时也有另一个侧面，如果这种保障不是必定存在，就有可能明显限制国民权利救济的实效性。如果站在充实国民权利救济的角度，如何调整不服申诉前置制度的上述二律背反的侧面，如何激活制度的功能，当然还是委诸寻求救济的本人选择才是最合理的。在 1962 年制定法律时，正是基于这种考虑，现行《行政案件诉讼法》第 8 条第 1 款的正文废止了过去行政上不服申诉的强制性前置主义，采取何种救济途径，交由私人自由选择（采用了所谓"自由选择主义"）。

（二）例外性的不服申诉前置

然而，如果只重视寻求救济的私人利益，问题是能藉此解决的。但现实中可能产生一种观点，既然设置了不服申诉前置制度，就必须作为直接提起撤销诉讼的前提来理解，即使考虑减轻法院的负担，有时也必定要通过行政厅自身再审查的过滤才可以实现。在现行《行政案件诉讼法》上，第 8 条第 1 款但书特别设计了不服申诉的强制性前置，仅被认为是更为合理的情形，才例外地以个别立法保留这种制度。

在现行法实质起草时，作为尔后立法方针的商定事项，当时的法制审议会行政诉讼分会表明，应承认例外的不服申诉强制性前置仅限于以下三种情形：第一，大量进行的行政处分，有必要通过审查请求实现行政的统一（参见《国税通则法》第 115 条、《地方税法》第 19-12 条等）；第二，专门技术性的处分（参见《关于核原料物质、核燃

64

料物质及核反应堆规制的法律》第 70 条第 1 款等）；第三，由第三方机关对审查请求作出裁决（参见《劳动者灾害补偿保险法》第 40 条、《国家公务员法》第 92-2 条等）。但是，从之后的现实来看，例外的立法不属于上述三种情形者越来越多，结果不服申诉前置作为撤销诉讼的诉讼要件就具有极为重要的意义。在 2014 年修改《行政不服审查法》之际，试图对此作出大的改革。2011 年，内阁府行政刷新会议行政救济制度研讨组以较过去三点更严格的方针限缩应该承认不服申诉前置的情形，总结出这种方针并予以公布。该方针成为《行政不服审查法整备法》（2014 年）的基础。采用的方针是仅在以下情形中承认不服申诉前置：第一，大量提起不服申诉，不服申诉前置可对减轻法院负担发挥重要作用（参见《国税通则法》第 115 条第 1 款、《国民年金法》第 101-2 条、《劳动者灾害补偿保险法》第 40 条等）；第二，对于高度专业技术性事项，由第三方机关审理，废止不服申诉前置将给法院带来莫大负担（《关于公害健康损害补偿等的法律》第 108 条）；第三，代替第一审裁判（《电波法》第 96-2 条、《专利法》第 178 条第 6 款等）。结果，在当时规定不服申诉前置的 96 部法律中，68 部法律废止或缩减了不服申诉前置（其中，与从前一样完全存置不服申诉前置的法律仅有《国家公务员法》《生活保护法》《电波法》等极少数法律）。特别引起关注的是其中规定双重前置（修法前的异议申诉、审查请求）的法律不复存在。

另外，对于这种以个别法规定不服申诉强制性前置的情形，《行政案件诉讼法》第 8 条第 2 款规定，根据情况承认强制性前置的例外。[1]

（三）其他抗告诉讼的情形

关于不服申诉前置的《行政案件诉讼法》第 8 条规定准用于不作为违法确认诉讼（《行诉法》第 38 条第 4 款），但并不准用于其他抗

---

〔1〕 特别是该款第 3 项设置了概括条款（存在其他不经裁决的正当理由——译者注）。另外，对于该款第 1 项的"审查请求"的意义，参照、最判 1995 年 7 月 6 日民集 49 卷 7 号 1833 頁。

告诉讼（《行诉法》第 38 条第 1~3 款中没有准用）。对于确认无效诉讼，其依据的观点是，延续 2004 年修法前的做法，无论是谁在任何时候均可主张行政处分的"无效"，不应服从不服申诉前置的制约。如果依据这种观点，例如，撤销诉讼，即使是（根据个别法例外地）采用不服申诉前置的情形，如果是确认无效诉讼就能提起。另一方面，课予义务诉讼和禁止诉讼的情形，根据现行《行政不服审查法》规定的不服申诉仅为"对处分的不服申诉"和"对依申请处分的不作为的不服申诉"，并未设想直接型课予义务诉讼或禁止诉讼对应的不服申诉。不过，从理论上说，个别法也不是不可能将这种不服申诉法定化，这时，根据现行法的上述规定，就不采取自由选择主义（变成了不服申诉前置）。对于课予义务或禁止，修法之前，原本就对诉本身的容许性有争议，在承认了这种诉的同时承认不服申诉前置，在法政策上也可以说是有其理由的。

三、诉的利益——"法律上的利益"

（一）原告资格

1. 如前所述，[1] 在日本现行法制下，如果存在违法的行政处分，并不是谁都可以对其提起抗告诉讼，具有对某行政处分能提起抗告诉讼的法的资格（原告资格）者由法律加以限定。根据《行政案件诉讼法》第 9 条第 1 款，只有对要求撤销该处分或裁决具有"法律上的利益"者才能提起。这意味着日本的抗告诉讼制度不是以维持行政活动整体上客观合法性为直接目的的客观诉讼，当前是以给因违法行政活动遭受权利侵害的受害人提供具体救济为目的的所谓主观诉讼。[2]

2. 然而，具体什么是这里所说的"法律上的利益"？过去在学说和判例上有种种探讨。

首先是法律上的利益，那么毫无疑问的是，对于处分的撤销，仅

---

〔1〕　前述第 46 页。

〔2〕　对此，请再次参见前述第 46 页以下。

仅事实上、经济上的利益是不够的。这时的法律上利益，就不限于诸如民法上被称作"权利"的特定利益（所有权、抵押权、质权、租赁权等），而是更广泛的概念。对此，一般也没有争议。传统的判例和学说很早就确立了一种观点，这种利益必须是"法保护的利益"，而不仅仅是"作为客观法规范反射的利益（反射性利益）"。

也就是说，根据这种观点（被称为"法保护的利益说"或"法律上保护的利益说"），首先，在规定行政处分的内容、程序等的法规定中，旨在保护一定的私人利益的规定，与旨在保护一般公益的规定是有区别的。以此为前提，行政处分违反了前者，也就侵害了私人受法保护的利益；行政处分违反了后者，诚然是违法的行政处分，但因此而受到侵害的只不过是一般公益而已，即使因存在这种法的规定而让私人实际上获得利益，它也只不过是所谓"反射性利益"。[1]只要有这种意义上的"法保护的利益"，就未必只有处分的直接相对方具有原告资格（第三人也有）。

3. 另外，在理论上准确地说，这时的问题是，"在法上受保护"时的"法"，是仅限于上述意义上直接规定该处分要件的法规范（以下在本节中简称为"根据规范"），还是也包括其他的法规范（例如宪法的基本权利规定等）？假如承认后者，处分的根据规范自身未必是保护特定私人（特别是第三人）利益的情形时，该处分结果产生侵害某种基本人权（侵害身体、财产）的事态时，该人作为自己"在法上受保护的利益"受到侵害者，也有起诉的"法律上的利益"。但是，过去大多数的学说和判例并不承认，而是将"法保护的利益"仅仅理

---

〔1〕 常常被举出的典型展示这种观点的早期判例是关于不服申诉利益的所谓"主妇联合会果汁不当标识案判决"，该判决认为，一般消费者因《不当赠品类及不当标识防止法》的规定而受到的利益只不过是作为公益保护的结果而产生的反射性利益。最判1978 年 3 月 14 日民集 32 卷 2 号 211 頁。其他例如参见，根据《文化财产保护法》将某土地指定为特别名胜，当地居民对旅馆营业等具有的利益只不过是上述指定行为所产生的反射性利益而已。東京地判 1955 年 10 月 14 日例集 6 卷 10 号 2370 頁。某市民利用市道的利益，只不过是一种反射性利益，它是市道开放给一般公众使用的结果。岐阜地判1955 年 12 月 12 日例集 6 卷 12 号 2909 頁等。

解为处分的根据规范所保护的利益［借用近来德国行政法学上的用词，通常将这种观点称作"保护规范说"（Schutznormtheorie）。以下称此为"保护规范说"或"根据规范说"］。

4. 依据上述观点，某利益是"法保护的利益"还是"反射性利益"，其判断结果就取决于法解释，看规定行政处分要件的各自规定目的如何。然而，与社会状态、经济状态的变动相伴，这种法解释自身也常常有变动。特别是在利益状况复杂化的现代社会中，对于某法规定的保护目的是什么，有不少情况是难以一义性判定的。在这种情况下，在判例上，有时有的利益之前仅仅解释为反射性利益，而后来又解释为法保护的利益。

在这一意义上，特别受到关注的是有关公众浴场距离限制规定的1962 年最高法院判决。[1]在该案中，违反根据《公众浴场法》第 2条及其条例规定的公众浴场设置基准（浴场之间的距离限制）赋予了新设公众浴场许可，既有公众浴场业者因新公众浴场的出现而在营业利益上遭受很大影响，他们请求确认该许可无效。最高法院曾在争议距离限制的合宪性案件中明确作出解释，该距离限制的目的是确保"国民保健及环境卫生"这种公共福祉。[2]尽管如此，在 1962 年的这一判决中，多数意见认为，距离限制同时有意保护浴场业者不因滥设浴场而导致不合理经营，"业者的营业利益应通过许可制度的适当运用而得到保护，这不是仅仅为事实上的反射性利益，而是受《公众浴场法》保护的法的利益"，承认了既有业者对上述之诉具有原告资格。[3]

对于某行政法规范要保护什么样的利益，可能有不同的解释。其代表性的例子还可举出有关确认违法建筑的邻近居民的利益问题。从

[1]　最判 1962 年 1 月 19 日民集 16 卷 1 号 57 页。

[2]　最判 1955 年 1 月 26 日民集 9 卷 1 号 89 页。

[3]　该判决中也有反对意见，学说上也不是没有人反对。但多数行政法学者积极评价这一判决，认为其扩大了国民权利救济的可能性。参照、田中二郎·上 320 页、今村成和·入门 241 页（今村成和＝畠山武道·入门 236 页）、原田尚彦·前揭『訴えの利益』8 页等。

69

传统行政法学的建筑警察观点来看，建筑基准法上的规定都是为了人身安全、环境保全的警察目的而对建筑实施加的限制，是从公共福祉的角度作出的规定，其目的并不在于特地具体保护邻近居民等，因而，即使确认了违法建筑，因该建筑遭受不利的邻近居民也没有能诉请撤销的"法律上的利益"。实际上，行政主体一方过去屡屡主张这种观点。但是，另一方面，鉴于在现代都市生活中，违法建筑物对邻近居民影响重大，认为该解释并不妥当的观点也能成立。在日本，裁判例毋宁在二战后较早时就站在后者的立场上，一直承认邻近居民对违法建筑许可、建筑确认提起抗告诉讼。[1]

5. 在这种状况下，此后的学说中有一部分人强烈地主张，不应将《行政案件诉讼法》第9条所说的"法律上的利益"解释为实体法上的利益——"通过法律来保护的利益"，而是一种可谓诉讼法上的利益——"值得法保护的利益"。[2]也就是说，即使还不明确利益是否受实体法保护，只要是国民主张行政违法，就有必要将其宽泛地作为合法的诉讼来处理。这种观点不久就在下级审判例中常常得到采用（特别是多在地方居民诉请撤销工场建设等行政行为的案件中，该行政行为允许建设，在结果上就有破坏环境之虞——例如公有水面填埋许可）。

但是，对于这种观点，当然也有人提出了种种质疑。

---

〔1〕 例如参照、東京地判 1952 年 6 月 25 日例集 3 巻 5 号 1078 頁；佐賀地判 1957 年 4 月 4 日例集 8 巻 4 号 729 頁；横浜地判 1965 年 8 月 16 日例集 16 巻 8 号 1451 頁；等等。顺便提及，对于建筑审查会对核反应堆建筑的建筑确认的裁决，东京高等法院判决承认"附近居民"可以起诉（東京高判 1962 年 9 月 27 日例集 23 巻 8・9 号 729 頁）。但也有判例不承认"由附近居民等组成的团体"有原告资格。参照、東京地判 1973 年 11 月 6 日例集 24 巻 11・12 号 1191 頁。

〔2〕 参照、原田尚彦・前揭『訴えの利益』7 頁；兼子仁・前揭『行政争訴法』302 頁等。这种观点一般称为"值得法保护的利益说"。

另外，"值得法保护的利益"这一关键词作为法律学上的概念稍稍欠缺明了性。对此，有见解认为，如果站在与正文所引见解基本相同的立场上，"所谓《行政案件诉讼法》第9条所说的法律上的利益，既然是关乎诉讼要件上有无原告资格的问题，那么具有能让继续诉讼行为变得有意义的程序上的利益，就是充分的。原告的利益是否在法上受到保护，这种实体法上的问题在本案审理中追问就够了"。参照、山村恒年『行政過程と行政訴訟』（信山社、1995 年）164 頁以下。

　　第一，问题在于，即使承认这种诉讼法上的利益、允许起诉，如果实体法上不保护该利益，结果还是败诉，承认这种诉也没有意义。特别是与《行政案件诉讼法》第9条第1款不同，第10条第1款规定在本案审理中不能以与自己法律上利益无关的违法为理由请求撤销，[1]因而，就会产生一个疑问：如果主张行政行为所违反的行政法规范只是在保护一般公益，个人所得到的利益只是反射性利益，结果不也是不允许主张违法吗？对此，"值得法保护的利益说"一方面主张在实体法层面的法解释论上应当扩大国民的权利保护，[2]同时在另一方面认为，与实体法的结果不同，承认可提起抗告诉讼自身具有独立的意义。该观点富有启发意义，受到关注。如前所述，这些学者还认为，将抗告诉讼作为一种手段来理解，让其反映因实施行政活动、公共事业而受到重大影响的地方居民的声音，也就是说不仅仅把抗告诉讼当作事后的权利救济制度，还可以将其定位于国民参与行政过程的手段来运用。[3]实际上，在地方居民以某种行政处分的撤销诉讼方式对行政上的项目、公共事业等进行争议的案件中（例如，除了前述的成田新干线诉讼、国立人行天桥案诉讼等，还有核反应堆设置许可撤销诉讼，为建设火力发电厂、石油储备基地而准许填埋公有水面的撤销诉讼等），也可以说抗告诉讼有作为这种手段加以利用的一面。但是，在制定《行政案件诉讼法》时，日本的抗告诉讼并没有

71

---

　　〔1〕《行政案件诉讼法》第10条第1款的规定源自与第9条规定相通的观点，但一般认为，它是关于本案审理时限制主张的规定，不同于第9条原告资格的诉讼要件问题。例如，对于《国税征收法》规定的拍卖处分，滞纳者对请求撤销有法律上的利益，自然具有原告资格，但在本案审理时，滞纳者主张没有将拍卖通知自己自不必说，以没有通知其他权利人（参见该法第96条第1款第1项、第2项）为理由主张拍卖处分违法，就不为《行政案件诉讼法》第10条第1款所允许。对于这一制度，将在后文"诉的审理"（本节第三款）部分再行探讨。

　　〔2〕例如，主张应在制度解释论上实现环境权、健康权、都市居民权等新权利（兼子仁），或者尝试着狭义解释《行政案件诉讼法》第10条第1款所说的"与自己法律上利益无关的违法"（原田尚彦）。

　　〔3〕参见上卷第159~160页等。另参照、广岛地判1973年1月17日例集24卷1·2号1页。

这种构想，这也是事实。在法解释论上将重点置于何处来理解这种
罅隙，与学者们的法解释方法论如何相关，这未必是容易给出答案
的问题。

第二，对于"值得法保护的利益说"，有批评认为，该说最终是
意图让撤销诉讼、抗告诉讼作为民众诉讼来发挥功能，与日本现行
《行政案件诉讼法》的旨趣并不相容，该法是将行政诉讼原则上作为
主观诉讼来构筑的。实际上如果广泛适用该学说，不可否定的结果就
是，抗告诉讼就带有了类似客观诉讼的色彩。但是，该学说的主张者
辩解指出，即使是法律在实体法上并不积极保护的利益，这里成为问
题的利益也是原告个人的具体利益，这一点并无改变。通过诉讼保护
这种利益是目的所在，因而，仍与民众诉讼画出一条界线。虽然在理
论上可以这么说，但问题仍然是，从诉讼的实质来看真的能这么
说吗？

第三，与此相关联，有批评认为，对是否"值得法保护"的判断
是极为主观的，其范围并不明确，给法概念赋予这种不明确的内容，
在解释论上是不适当的。的确，"值得法保护的利益"有可能随心所
欲地扩张，在法解释论上，既然主张这种观点，那就要像前述形式性
行政处分论一样，[1]明确地设定界限。它当然要受到这样的批评。不
过，如前所述，在这一点上不可忽视的是，即使采纳传统上的"法
（法律）保护的利益说"，什么是法律所保护的利益，也很难说就始终
一定是明确的，其解释可能因社会、经济的转变而变化。然而在另一
方面，正因为如此，即使同样是基于尊重权利救济充实化的要求，也
未必是一跃成为"值得法保护的利益"这种不明确的概念。沿用传统
"法保护的利益"的理论框架（保护规范说），同时根据社会经济实
态，在各个法的领域，将某些利益重新解释作为"法保护的利益"，
逐一积累起来，这种走向在法解释上是更为坚实而妥当的。[2]最高法

---

〔1〕　参见前述第 415 页。

〔2〕　参照、雄川一郎「訴えの利益と民衆訴訟の問題」同・前掲『行政争訟の理
論』287 頁以下。

院判例之后正是按照这一方向发展起来的。

6. 至少在原则上，最高法院在今天仍然明确持"法保护的利益 73
说"或"保护规范说"。但其中的问题是，通过什么来判断在法上
"受保护"的利益？如下所述，近来正在实质上大幅度接近于"值得
法保护的利益说"。

过去在 1982 年，农林水产大臣解除保安林指定处分，主张因解
除保安林而遭受生活上不利的居民请求撤销该处分。最高法院在该案
中，[1]根据过去的"法保护的利益说"，同时认为，"即使是属于不
特定多数个人的利益，特定法律的规定并未将这些利益吸收消解于一
般公益之中，而是作为各个人的利益加以保护时，就属于《行政案件
诉讼法》第 9 条所说的'法律上的利益'"，在采伐保安林缓和洪水、
预防干旱中直接受到影响，居住在一定范围内的居民，具有原告资
格。在该案的情形中，《森林法》规定，对解除保安林指定处分"有 74
直接利害关系者"有异议时，可提出意见书，参加公开的听证程序
（该法第 29 条、第 30 条、第 32 条）。这成为判断是否"也作为个人
利益加以保护"的抓手。后来在 1989 年 2 月所谓"新潟机场诉讼案
判决"中，[2]最高法院引出上述"长沼奈克基地案判决"，进而明确
认为，"该行政法规范是否包含将不特定多数人的具体利益作为属于
各个人的个别性利益来保护的目的，取决于在由该行政法规范以及具
有共通目的的相关法规的相关规定形成的法体系中，能否将该处分的
根据规定定位于应当通过该处分保护上述各个人个别性利益的规定"。
如此，各个人的利益是否在法上受到保护，并不拘泥于各个行政法规
范如何明文规定，[3]还要从整个"法体系"来判断。毫无疑问，这

---

〔1〕 最判 1982 年 9 月 9 日民集 36 卷 9 号 1679 页。所谓"长沼奈克基地案判
决"。

〔2〕 最判 1989 年 2 月 17 日民集 43 卷 2 号 56 页。

〔3〕 顺便提及，最高法院在此间的所谓"伊达火力案诉讼判决"中（最判 1985
年 12 月 17 日判時 1179 号 56 页）已经显示出其观点：所谓行政法规范课予行使行政权
以保护个人权利利益为目的的制约，"包含即使没有直接明文的规定，但能从法律的合
理解释当然推导出的制约"。

在很大程度上有对"是否应当赋予法的保护"的实质判断产生影响的余地。[1]

在1992年的"快中子增殖反应堆文殊案第一判决"中,[2]最高法院明确说,承认原告资格不限于因被请求撤销的处分"侵害""法律上保护的利益"者,还包括"有必然受到侵害之虞者","行政法规范是否包含将不特定多数人的具体利益当作属于各个人个别利益来保护的目的","在判断时应当考虑该行政法规范的旨趣目的,以及该行政法规范通过该处分所要保护的利益的内容、性质等"。当时的《关于核原料物质、核燃料物质及核反应堆规制的法律》第23条、第24条等规定将核反应堆安全性的种种要求规定为核反应堆设置许可的要件。在这一前提下,判决将该规定理解为也保护周边居民个别性利益的规范,肯定了与系争核反应堆距离约29公里至58公里范围内的居民具有原告资格。[3]

7. 如此,最高法院判例近来通过种种解释论上的操作,颇为广泛

---

〔1〕 作为颁发定期航空运输业执照的要件之一,《航空法》(1999年修改前)规定了"经营和航空安保上适当者"的要件(该法第101条第1款第3项)。实际上,该判决在正文所述的前提下,以《航空法》第1条规定的目的以及其制定经过等为线索,设想存在着"从防止飞机噪音妨害角度对定期航空运输业进行规制的法体系",以此为根据,认为《航空法》的该规定"并不仅限于将机场周边的环境利益作为一般公益来保护,还包含着应当将机场周边居民不受飞机噪音明显妨害之利益作为他们各个人的个别性利益来保护的目的",在结论上承认"因系争执照飞行路线的飞机噪音而在社会观念上受到明显妨害者"具有提起该执照撤销诉讼的原告资格。但是,如果仅这样来看待《航空法》上"航空安保上适当者"的要件,在通常的解释中,将飞机航行自身是否没有危险性作为问题,而很难首先理解为连有无噪音妨害都包含在内。其中,有部分评价认为,该判决为了承认苦于飞机起降噪音妨害的周边居民有撤销诉讼的原告资格,可以说最高法院演了一场法解释的杂技,它实质上等于采用了"值得法保护的利益说"。
〔2〕 最判1992年9月22日民集46卷6号571页。
〔3〕 另外,同年10月继续作出的两个核反应堆设置许可处分撤销诉讼判决——所谓"伊方核电诉讼判决"和"福岛第二核电诉讼判决",起诉的周边居民有无原告资格已经不成为问题。参照、最判1992年10月29日民集46卷7号1174页,最判1992年10月29日判时1441号50页。

地承认法所保护的个人利益范围,[1]但是,并未舍弃区分"因保护公益的反射性利益"与"法保护的个人利益"的理论框架,亦即所谓"法保护的利益说"的立场。最高法院在积累着上述判决的同时,也在很多案件中以法的相应规定仅在保护一般公益为由,否定了原告资格,诸如,依据旧《地方铁道法》第21条对地方铁道业者修改特急车的票价作出认可处分,铁道利用者请求撤销该处分的原告资格,[2]依据《静冈县文化财产保护条例》第30条解除古迹的指定,学术研究者请求撤销该解除处分的原告资格,[3]依据风俗营业规制法施行令对都道府县条例规定的风俗营业限制地区内的风俗营业作出许可,该地区的居民请求撤销该许可处分的原告资格等。[4]根据最高法院判例的这种动向,对此问题应采取何种路径,以下想阐述一下本书的看法。[5]

76

撤销诉讼的原告资格问题应该说是今天行政法学的话题,之所以成为重要且严重的问题,不用说就是因为有一类案件越来越多地涌现,即行政处分尽管对该处分相对人以外的人(第三人)产生极大(至少是事实上的)影响,但例如在建筑确认、核反应堆设置许可等的"许可"处分所典型看到的那样,从理论上说该处分自身对第三人

---

　〔1〕 作为最近值得关注的判决,诸如针对《建筑基准法》规定的所谓综合设计许可,承认周边居民提起撤销诉讼的原告资格。最判2002年1月22日民集56卷1号46页。近来,在一起案件中,有企业依据《废弃物处理法》第7条申请了一定区域的一般废弃物处理业许可,要求撤销以该区域为对象给其他人作出的一般废弃物处理业许可。原审法院驳回起诉,但最高法院作出不同判断,撤销了原审判决。最高法院认为,既然《废弃物处理法》"设计了根据供需状况调整的规制机制",系争许可制度就"包含着应将在该项目上的营业利益也作为各个既有许可企业的个别利益予以保护的旨趣"。最判2014年1月28日民集68卷1号49页。认可周边居民等对于产业废弃物等处分业许可处分的原告资格,最判2014年7月29日判时2246号10页,等等。

　〔2〕 最判1989年4月13日判时1313号121页(所谓"近铁特急票价诉讼判决")。

　〔3〕 最判1989年6月20日判时1334号201页(所谓"伊场遗迹诉讼判决")。

　〔4〕 最判1998年12月17日民集52卷9号1821页。

　〔5〕 对于以下所述的详细内容,另请参照、藤田宙靖「行政許可と第三者の『法律上保護された利益』」塩野宏古稀下255頁以下(基礎理論上285頁以下)。

的权利利益在法上并无直接的规范。[1]这时在理论上，第三人本来不具有"通过撤销该处分而恢复的法的利益"，但尽管如此，还要承认这些人的原告资格，问题就变得困难起来，这一定是有其基本原因的。

然而，在这一点上，根据最高法院判例等采用的"法律上保护的利益说（保护规范说或根据规范说）"，若处分的根据规范含有保护这些第三人利益的意图，就承认第三人有"应该通过撤销处分而恢复的法的利益"。但是，对于在理论上究竟什么是这里设想的第三人法的利益（或者法的立场），在过去最高法院判例和学说中未必能说一义性地得到明确。[2]如果重新探讨理论上的可能观点，这种第三人的法的利益（立场），大致有以下三种可能性：

第一，在这种案件中，因该（许可）处分，第三人产生了忍受处分相对人根据该处分进行行动的（民事法上的）义务。在这一前提下，第三人对通过撤销（许可）处分解除这种忍受义务就具有法的利益。

第二，在这种案件中，行政厅根据该根据规范，对第三人负有保护义务（风险回避义务），使其利益不因该（许可）处分相对人依据处分所作的行动而曝于一定危险之下（第三人根据该根据规范而享有请求保护、免于被曝于这种危险之下的权利）。如果违法作出处分，

---

[1] 对此，参见上卷第98页以下。

[2] 例如，该处分只是学术上的"许可"（参见上卷第208页），即使该处分的根据规范明文要求应当考虑第三人的利益，它也只不过是作出处分时的一个要件而已，处分自身对第三人并不当然具有法的拘束力。另外，对此，过去尝试着将第三人法的利益作为"受处分法规根据保护的地位"，将限制或剥夺该地位这种"观念上的不利"理解为"侵害"[常冈孝好「判例評釈」自治研究62卷7号（1986年）1131页以下]，或者尝试着用"保护请求权"来说明，即"请求行政厅提供行政法规范所赋予的保护的权利"[桑原勇进「判例評釈」自治研究73卷1号（1997年）109页以下]。这些与本书以下说明的观点有共通之处，只是对于其中的"保护"对象或内容是什么，未作详细说明。

第三人因这里所说的"风险回避请求权"[1]受到侵害，就对请求撤销该处分具有法的利益。

第三，行政厅根据该根据规范作出（许可）处分之际负有考虑第三人利益（这一意义上程序法上的）义务（在对第三人的关系上）。如果作出处分之际未作考虑，第三人因这种程序法上的权利受到侵害，就对请求撤销处分具有法的利益。

第三人法的利益的三种类型，在理论上都是可能成立的，现实的法规范是否对此有所设想，在解释论上也有种种可能。但可以推测，过去最高法院判例等主要设想的大致是第二种类型。[2]以此为前提时，问题就有了两个侧面：要从现实多种多样的处分根据规范中解

---

〔1〕 即使违法作出许可，在理论上也只是恢复申请人的行动自由，现实中即使有了那种行动（假设高度的盖然性），也不是许可的必然结果。而许可获得者采取许可的行动，由此（即使有其可能性）也并不是必然对第三人的生命、身体以及其他利益产生损害（侵权行为）。在作出许可阶段，对第三人所产生的只不过是这种意义上的"盖然性""可能性"，用这里的话来说就是"风险"（这里说的"风险"并不是仅仅意味着诸如"侵害生命、身体之虞"意义上的"危险"，当然也包含着"作为竞业者的风险"）。这一意义上的"风险"也有其他的表达，"合法作出行政处分后因相对人行为对原告的权利利益产生'侵害'或'侵害之虞'的情形"［高木光『行政法』（有斐阁、2015 年）288 页］，或者（权利或法律上保护的利益）"因处分事实上的影响……而遭受危险者"（中川丈久「統・取消訴訟の原告適格について」滝井追悼 277 页以下）。问题是，为什么这种地位或立场是"法的利益"？

〔2〕 在过去最高法院判例的补充意见中，迄今已存在第一种类型的暗示。例如，大阪机场诉讼中，伊藤正己补充意见就是如此。另外，最高法院的厚木基地诉讼判决也出现了类似的思考。详细请参照、藤田宙靖・前揭塩野宏古稀下 263 页以下（基礎理論上 291 页以下）。顺便提及，在最高法院的判例中，例如对新营业许可，承认第三人立场是既有业者受法律保护的利益，承认对该许可的原告资格（例如，前述公众浴场案，此外还可参照废弃物处理业者案判决）。这些是承认处分侵害第三人法的地位吗？这可能是有疑问的。但是，中川丈久适当地指出（前揭滝井追悼 295 页），新许可并不是削减既有业者在法律上得到承认的营业范围，其因该处分而受到损害只不过是因新业者开始营业而可能遭受事实上的损失。在这一意义上，这些案件也可以说包含在正文所说的第二种类型中。而对于第三种类型，暗示其存在的判决，参照、芝池義一「行政決定における考慮事項」法学論叢 116 卷 1-6 号（1985 年）571 页以下。但是，这些至少不是过去最高法院的多数意见正面采用的见解。

读出是否存在这种行政厅的"风险回避义务"（第三人的"风险回避请求权"），其解释论上的路径是什么？进而，行政厅的这种回避义务，只要没有在该根据规范中发现具体根据，一般就不可能产生吗？[1]

然而，最高法院之所以即使用"逻辑的杂技"也要承认"法保护的（个人）利益"的存在，是因为这些都是可能因处分而给处分相对人以外者（第三人）的生命、身体（健康）或财产带来重大损害的案件，[2]没有承认的则是那些损害的利益没有这种性质的案件。承认第三人存在"法保护的利益"，在另一面就是承认行政厅具有相应的保护义务。因而，这一义务只要是前述的"风险回避义务"，对于行政厅对何人在多大范围内的风险负有避免到何种程度的义务，只要立法权没有明确决定（法律），就不能一义性地决定。这一问题的确存在，因而，"保护规范说"的观点向处分的根据规范寻求该基准，其自身是有充分理由的。但是，如果保护规范说以此理由为其存在基础，像最近的最高法院判例那样，保护规范说的实质在暧昧化，它究竟能在何种程度上保持其本来的意义呢？这必须说是相当有疑问的。毋宁如上所见，可看到最高法院也实质上采用了那种思考框架，即"至少对于有可能给生命身体（健康）或财产造成重大损害的案件，虽是第三人，也当然（或者原则上）有权请求行政厅避免这种风险"。对此，现

---

〔1〕 这两个问题当然也存在于采用上述第一种类型和第三种类型的情形。对此的回答因三种类型而有所不同。例如，在第一种类型的情形中，因为是（许可）处分自身直接侵害第三人的权利利益，从"法律保留"原则的旨趣来看，其大前提大致是，必须存在允许这种行为的法律的明文规定。而在第二种、第三种类型的情形下，至少就没有这里所说角度的制约。在解释某法规时，可能因其中受到保护的是第三人"风险回避请求权"这种实体性权利，还是仅仅为"考虑自己利益"这种程序上的权利，而在结论上有所不同。对此，请详见藤田宙靖前揭论文。

〔2〕 在前述判决群之外，也请参见，对于很多土地有塌方之虞却作出开发许可，承认开发地区的周边居民提起撤销诉讼的原告资格，最判1997年1月28日民集51卷1号250页。

在是重新从正面加以考虑的时候了。[1]

———————————

　　[1]　之所以承认许可处分相对人以外者（第三人）有《行政案件诉讼法》第9条第1款的"法律上的利益"，是因为从理论上来说，在这里所说的案件中，让行政厅负有"风险回避义务"，即保护第三人不因获得许可者的行为而受到损害。在这一意义上的第三人"法律上的利益"，就不外乎"请求行政厅保护免遭（上述意义上的）风险的权利"这种利益。对于正文所述的观点，我在大法庭判决补充意见中也说了同样的意思（小田急高架化案判决）。也包含这一意见，此间有诸多评论［例如，桑原勇进「原告適格に関する最高裁判例」ジュリスト1310号（2006年）10頁以下；神橋一彦「取消訴訟における原告適格判断の仕組みについて」立教法学71号（2006年）1頁以下；大貫裕之「取消訴訟の原告適格について」藤田退職387頁以下；人見剛「行政処分の法効果・規律・公定力」新構想Ⅱ82頁；仲野武志『公権力の行使概念の研究』（有斐閣、2007年）307頁；山本隆司『判例から探究する行政法』（有斐閣、2012年）451頁以下；等等］。限于篇幅无法对其逐一评论，这里（在不变成"法官辩解"的范围内）根据这些评论，想进一步说明我的问题意识。

　　第一，像我事先在盐野宏古稀记念论文集里的论文中所引用的论文详细所述，如正文所示，我的观点是，置于下面三个条件之上：（1）最高法院判例的前提是在"法律保护的利益说"框架之内，（2）以对传统"许可"的法效果所作的说明为前提，（3）通过撤销行政处分（许可）恢复的第三人利益不只是事实上的利益，而是"法的利益"，全部满足三个条件的第三人利益X是怎样的呢？我试着给这个方程式提供"解"。因而，对于认为这种方程式自身没意义的学者（山本隆司前揭书第451页的所述内容归纳起来就是这一旨趣）而言，其"解"自身也显得没意义。这原本是学问关注点不同的问题。

　　第二，就我所见而言，仅仅是过去的"根据规范说"，还不能充分消除上述条件（2），"值得法保护的利益说"消除条件（1）和（3）上也带有无理之处。但如正文所述，如果这两者今天在结果上快速接近，可能有某种理论据点成为其向心力的中心，可能有某种视角让两者的统合成为可能（至少有如此探索的价值）。如此，我就站在了那种观点之上，即通过明确的某种整理，一定能得出上述方程式的X是什么。

　　第三，我说的"风险回避请求权"，目前是针对上述"第三人如果有'法律上的利益'，它是什么样的利益？"的问题，而不是在回答"承认何种范围内的人有这种利益？""具体什么属于这种利益？"在这里所说的问题中，它与"根据规范的保护目的"的"值得法保护的利益"处于同样的理论层次，仅有指示方向的功能。有批评认为，眼下它仅限于建议变更解决问题的视角，并没有超越过去判例学说在上述问题上所尝试给出的具体解答而提出自己的解答。这种批评原本是强人所难、过于性急的要求（当然，对于这种"视角的转换"能对法解释论上的各种问题发挥怎样的功能，本书将在之后提及）。

　　另外，与上文相关，对于"风险回避请求权"的观念，有批评认为，它在结果上就是"要求行政厅遵守法令的权利""让行政厅在程序上考虑自己利益的权利"，因而"可以说，明显是因有'处分法规根据所保障的地位'而承认原告资格"（大贯裕之前揭文、仲野武志前揭书观点也基本相同）。对此，我想说一句。这种说明的问题在于，对于"法令""自己利益"是怎样的内容，没有给出任何信息。但如果另当别论，如前所述，不承认我建立的方程式的意义，要在根据规范说的框架内在理论上处理所有问题，用上述形式性表达来说明，也不是根本不可能的。我的建议是关于转换"视角"自身（像神桥一彦前揭文在大致理解之后所作的评论中所看到的那样），虽然从不同视角也能作出同样的说明，但仅此并不左右转换视角自身的意义（顺便提及，如后所述，我说的"风险回避请求权"只是比"处分法规根据所保障的地位"的观念射程更远）。

第四，有批评认为，我的观点仍囿于"侵害思考"，"原本如果没有因处分的法效果而受到侵害，就必须认为难以承认原告资格吗？"这是有疑问的（人见刚前揭文。另外，对"侵害思考"的批评，参见大贯裕之前揭文）。对此，想作一点评论。

该批评是关于我上述方程式中条件（3）的。之所以以条件（3）为前提，因为正是有能通过撤销处分恢复法的利益，才承认原告资格。无论是在法条的文字上还是在理论上，它都是极为朴素的观点。既然具有由撤销处分恢复的法的利益，在理论上，在其前提上当然必须有"因处分而产生某种法上的不利"。这是称作处分的"效果"还是"侵害"，总之是表达的问题（顺便提及，有主张认为，不是"侵害"而应是"利害调整"，该主张将"侵害"也是"利害调整"一种方式的理论构造等闲视之）。

人见刚前揭论文中进而引用伊方火力发电厂诉讼的最高法院判决（最判1985年12月17日判时1179号56页），认为最高法院判例承认的原告资格，"并不限于处分在其本来效果上加以限制的权利利益"。但是，该判决所说的"处分在其本来效果上加以限制的权利利益"，应该只不过是处分仅及于其直接相对人（也包括像征收裁决那样，第三人同时也是相对人的情形）的影响，这一点也是明显的，因为该判决在上述引用部分之后继续说，"行政法规范以保护个人权利利益为目的对行政权的行使课予制约，藉此受到保障的权利利益也属于此。违反上述制约作出处分而无视行政法规范对权利利益的保护，该被保护者应当也可以诉请撤销该处分"。对我上述方程式的"解"正是其中所说的"行政法规范对权利利益的保护"，这是对在理论上何为正确的一个解答。不能说人见刚前揭论文的批评射中正鹄（另外，他增加的批评根据是"行政处分的效果消灭后，存在能提起撤销诉讼的'法律上的利益'"，不用说它全然不同于这里所处理的问题）。

第五，如前所述，这里所说的"风险回避请求权（法的地位）"，与"根据规范的保护目的""值得法保护的利益"一样是思考问题时的"视角"，通过它自身并不能得出对于该"权利"具体是什么、承认谁具有权利等问题的解答。不过，基于这种视角，对这些问题能产生怎样的看法，做点考察是可能的。

例如，可能提出这样的问题，没有理由必须是从处分的根据规范才能导出这种"权利"（其前提是行政厅的保护义务）（对此，已如我在小田急高架化诉讼大法庭判决中的补充意见所述）。从我的角度来看，过去立于"根据规范说"的学说和判例，为了从

8. 另外，在 2004 年的法律修改中，并未触动关于原告资格的《行政案件诉讼法》第 9 条第 1 款规定本身，而是新设第 2 款，规定："法院在判断处分或裁决相对人以外者有无前款规定的法律上的利益时，不仅要依据该处分或裁决所根据的法令规定的文字，还应当考虑该法令的旨趣、目的以及该处分中所应考虑的利益的内容和性质。在考虑该法令的旨趣和目的时，如果存在与该法令具有共通目的的相关法令，参酌其旨趣和目的；在考虑该利益的内容和性质时，应当斟酌该处分或裁决违反其法令根据作出时所侵害的利益内容、性质以及该利益所受侵害的样态和程度。"如上所见，该规定的内容显然近乎是在文字上再次确认了迄今为止最高法院判例的进展结果。[1]对法院指名道姓，就一定条文的法解释之道作出指示，如此规定内容并无前例。

83

84

"根据规范"导出这种保护义务，可谓引证了能想到的所有关联法令，甚至还玩了"法解释的杂技"，好不容易才有了"在该案中最适当的解决"［顺便提及，在过去立于"法律保护说"的学说和判例中，也有观点认为，以存在本来与"根据规范"无关的程序上利益为根据，可称为"原告资格"。对此参照、神橋一彦『行政救済法（第二版）』（信山社、2016 年）137 頁］。与其将目标放在这种复杂且浪费精力的更深入作业上，毋宁选择另一条道路更为合理：直接从"最适当解决案件中纷争"的角度探讨，应当让行政厅对何种内容和程度的风险在多大程度上负有保护义务？如此，这在实质上正是过去所谓"值得法保护的利益说"所做的事情。《行政案件诉讼法》第 9 条第 2 款的要求与此在结果上也并无不同（另外，该假设作为第 9 条第 1 款的解释，课予法官必定立于"根据规范说"的义务，不免有违宪之嫌，对此参见后述第 84 页注〔1〕）。包括这一点，以及基于"风险回避请求权"视角时的观点方向性，还请参见后述第 85 页、（与违法的主张限制相关）后述第 126 页等。

　　顺便提及，与上面相关，有学者指出，"从过去的'法律保护的利益说'出发，反而是看到杂技般的解释"（木多滝夫「取消訴訟における原告の主張制限と法律上の利益」芝池古稀 530 頁）。这是大致因视角不同而出现的相对结果。果若如此，从本书立场来看，就是要期待采取从既有固定观念中解放出来的视角作出柔性的思考。

　　〔1〕　当然，在这一点上，主导 2004 年修法的盐野宏从新潟国际空港、文殊案等得到启发，或者说那正是其端倪所在。但他强调，并不是据此条文化，而是正确的理解［塩野宏『行政法概念の諸相』（有斐閣、2011 年）298 頁］。本书正文必须限定为完全是从"内容"而言的指摘。

但准确地说，它在理论上具有怎样的规范意义，未必明确。[1]但无论如何，今后对于该法第 9 条解释之道，至少可以说在事实上提供了以此为基础进一步展开的可能性。[2][3]

---

〔1〕 "所有法官依从良心独立行使职权，只受本宪法和法律拘束"（《宪法》第 67 条第 3 款）。因而，规定法官应当适用之法的内容是立法机关的权限和责任，但是否容许立法机关连一定条文的解释之道都要指示，这在理论上是有问题的。假设立于这种思考，修改后的《行政案件诉讼法》第 9 条第 2 款的规定对法官具有法的拘束效果，要避免产生违宪之嫌，该规定就不外乎只有训示规定的意义。另一方面，当然允许立法机关对该法第 9 条第 1 款"法律上的利益"的内容作更详细化的作业，因而，修改后的第 2 款只是具有这种用意的规定，只不过是在这种作业时作为一种立法技术，使用了上述表达而已。如此来说明，也未必是不可能的。假设以此观点为前提，其带来的结果就是，最高法院判例迄今为止对"法律上的利益"所作详细化说明的结果，在今天已经不单单是判例，还通过法律规定为法规范，不仅仅是对最高法院、对下级法院也直接拘束（最高法院的判例自身只不过是一种应有的法解释，而非直接拘束法官的"法规范"）。但是，恐怕还没有如此深度的解读，该规定应该被理解为只是立法机关对法院较为单纯地表达了在今后法解释上的一种希望而已。因而，例如，对于该款规定前提性或视为前提的所谓"根据规范说"，不能说因该规定就禁止今后判例作出变更。

〔2〕 也就是说，如正文所述最高法院判例的展开，为了扩大国民的救济可能性，逐渐扩大"法律上的利益"概念。在这一意义上，其所达致的上述思考框架可以说在事实上规定着外延的最大界限。假设通过法律明确将"法律上的利益"定位于原本的样子，以此作为新的出发点来发展判例，至少在事实上，抵抗会变得更少。但是，在这一点上，有学者指出〔宇贺克也·概说Ⅱ（第六版）195 页〕，这一解释规定的制定对小田急判决（最判 2005 年 12 月 7 日民集 59 卷 10 号 2645 页）的变更判例产生了重要影响。但我作为参与该判决作成者，多少有点违和感。因为该判决是最高法院此前判例极为自然的展开，与有无《行政案件诉讼法》第 9 条第 2 款的规定无关。

〔3〕 当然，《行政案件诉讼法》第 9 条第 2 款所示的"考虑"事项，即该法令、相关法令的"旨趣和目的"、该处分中应当考虑的利益的"内容和性质"、该利益受侵害的"样态和程度"等概念自身都是极为抽象的，在具体认定和判断时，常常需回到依据什么基准的问题。对此问题的判断指针未必是以根据规范为代表的个别性法规定的严格理论解释，最终是"行政厅的风险回避义务"范围的视角，也就是在具体案件中，行政厅在多大范围内对第三人负有多大程度的风险回避义务？近来的各判决在结果上均可认为是基于上述视角而作出的，例如，已如前述（前出第 74 页注〔1〕），最高法院判例过去都曾毅然玩起了"法解释的杂技"，承认机场周边居民对定期航空运输业执照提起撤销诉讼的原告资格；仅仅经过数年便变更先例，2005 年大法庭判决（最判 2005 年 12 月 7 日民集 59 卷 10 号 2645 页，所谓"小田急高架化案诉讼判决"）认为"在都市计划项目的项目地周边居民中，因实施该项目的噪音、振动等而有可能给健康和生活环

9. 如上所述，自"长沼奈克基地案判决"以来，最高法院判例一直维持着一个理论框架，即在第三人法的利益中，区分"各个人的利益"与"属于不特定多数的各个人利益"，在前者之外，即使是后者，特定法律的规定未将这些利益吸收消解于一般公益之中，而是作为各个人的利益加以保护时，属于《行政案件诉讼法》第9条第1款所说的"法律上的利益"，承认该归属主体具有原告资格。这是在"各个人的利益"与"公益"的二元区分之上，将后者区分为"作为各个人利益单纯集合体的（疑似）公益"与"纯粹的公益"。[1]但是，原本在第三人法的立场成为问题的严重案件（例如邻避设施、都市计划设施等的建设许可案件）中，对第三人所产生的不利（外部不经济效果）可以说既是眼下对具体的各个人所造成的不利，同时也是其累积。因而，不得不说在理论上原本是极难以明确的形式作出上述的二分。如前所见，解决的基础最终就归于这种视角："行政厅对多大范围内的第三人负有'风险回避义务'？"在近来的学说中，原本对"各个人的利益"与"公益"的二元区分抱有疑问，便作为其中间的存在，建立起一定团体的"共同利益"或"集合利益"[2]以及"凝结利益"[3]"扩散的集合利益（部分地位型）"[4]等概念，肯定其原告资格。这种

境直接造成明显损害者，必须说对请求撤销该项目的认可具有法律上的利益，具有提起撤销诉讼的原告资格"，仅对居住在《东京都环境影响评价条例》规定的"相关区域"内的居民承认在该案中的原告资格；根据《自行车竞技法》作出场外车券出售设施的设置许可，在其周边的居民中，第一小法庭仅承认因该设施的"设置、运营而可能产生业务上明显障碍的区域内开设文教设施、医疗设施者"，在该设置许可的撤销诉讼中具有原告资格（最判2009年10月15日民集63卷8号1711页）。

〔1〕 另外，在这里所说疑似公益所包含的私益中，进而区分为"三种保护利益"，参照、中川丈久·前揭文滝井追悼287页以下。

〔2〕 亘理格「公私機能の分担の変容と行政法理論」公法研究65号（2003年）189頁；阿部泰隆『行政訴訟要件論』（弘文堂、2003年）112頁。

〔3〕 仲野武志·前揭『公権力の行使の概念研究』285頁以下。

〔4〕 大貫裕之「取消訴訟の原告適格についての備忘録」藤田宙靖退職記念394頁以下、403頁以下。

87　动向具有影响力。〔1〕这种观点，也能为诸如环境保护团体等提起所谓"集团诉讼"成为可能提供方向，可以说是提起了极为重要的问题。〔2〕

（二）　其他诉的利益

1. 所谓"诉的利益"，其包含的内容自然不仅仅是上述原告资格的问题。即使具有上述意义上的原告资格，在无法通过撤销处分获得某种法的利益时，对撤销也还是没有"法律上的利益"（没有诉的利益）。没有这种诉的利益的案件极为多样。例如，有的处分自身原本并没有导致法的不利，〔3〕有的因超过处分对象的日期，撤销处分已无意义，〔4〕有的因出现了一定的既成事实，处分自身的意义已然消失，〔5〕等等这些都是可以举出的典型例子。

---

〔1〕　作为其概述，稲葉馨「行政訴訟の当事者・参加人」新構想Ⅲ78 頁以下。另参照、亘理格＝仲野武志＝吉田克己＝山本和彦＝中川丈久「集団的利益または集合的利益の保護と救済」民商法雑誌 148 巻 6 号（2013 年）492 頁。

〔2〕　不过，并非在立法论上，而是在现行法之下作为法解释论来主张这种观点，例如必须对最高法院判例产生影响的条理进行更为周到的考察（对于这些主张在现实的法律理论上能有的意义及其射程界限，参照、木多滝夫「行政救済法における権利・利益」新構想Ⅲ219 頁以下）。目前应思考的是，例如在"未被吸收消解于一般公益之中，而作为各个人的利益加以保护时"的公式之下，如何实现"各个人的利益"的实质扩大或改变。

〔3〕　例如，对于公立初中教师的转任处分，转任处分并不产生身份、俸给等的异动，并不带有实际勤务上的某种不利。以此为由，不承认撤销诉讼的诉的利益。最判 1986 年 10 月 23 日判時 1219 号 127 頁。

当然，有的案件能否真的存在直接的法的利益是有点微妙的。在近来的最高法院判例中，有的就敢于肯定。在驾照等执照的有效期间更新之际，交付的执照是作为一般驾驶员对待，而没有优良驾驶员的记载，受到如此更新处分者请求撤销该更新处分，具有诉的利益。参照、最判 2009 年 2 月 27 日民集 63 卷 2 号 299 頁。

〔4〕　例如，为了五一游行而申请使用公园许可，遭到拒绝处分。在五一已经结束时，不承认对撤销该处分具有诉的利益（最判 1953 年 12 月 23 日民集 7 卷 13 号 1561 頁）。为了参加祝贺活动而申请再入境，遭到拒绝处分。以超过活动开始日为由，不承认撤销该处分的利益（最判 1970 年 10 月 16 日民集 24 卷 11 号 1512 頁）。

〔5〕　例如，建筑物根据《建筑基准法》获得了建筑确认，在建筑工程完工后，请求撤销该建筑确认的诉的利益消失。最判 1984 年 10 月 26 日民集 38 卷 10 号 1169 頁。根据《都市计划法》获得开发许可，在开发行为的工程完工后，请求撤销该许可的诉的利益消失。最判 1993 年 9 月 10 日民集 47 卷 7 号 4955 頁（当然，与此相对，对于市街化调整区域内开发许可，其效力及于工程完工之后，承认其诉的利益。最判 2005 年 12

不过，即使是社会观念上不可能恢复原状的情形，撤销处分的诉的利益也并不由此就当然消失。例如，有判例认为，即使实施土地改良项目的结果在社会观念上已不可能恢复原状（有可能在实体审理上适用情势判决制度的另当别论），也并不消灭请求撤销项目实施认可的诉的利益。[1]

88

另外，这种"法律上的利益"是否必须现在确定存在，这是一个问题。在 1968 年东京 12 频道案判决中，[2]最高法院认为，即使不是确定的利益，而只不过是利益的可能性，也承认诉的利益。这一判决受到很大关注。

2. 在诉的利益上还值得关注的是，《行政案件诉讼法》第 9 条规定在"有法律上的利益者"之后还加括号说明："包括在处分或裁决效果因超过期限以及其他理由而消失后，仍有通过撤销处分或裁决应予恢复的法律上的利益者"。该规定是以明文规定的方式解决行政案件诉讼特例法时代法解释论上争议问题的一个例子。在现行规定之下最高法院作出的判决中，例如认为，"被免职的公务员因为免职处分撤销诉讼系属中公职（市议会议员）选举而成为候选人，即使根据《公职选举法》的规定视为辞职，但如果免职处分违法，就产生俸给请求权等应予恢复的利益，因此，在《行政案件诉讼法》第 9 条之下，在免职处分的撤销诉讼中也不丧失诉的利益"。[3]这与现行法制定之前判决的例子相比，可以说有很大的不同，同样是最高法院，对于地方议会议员提起的除名处分撤销诉讼，它就判决认为，即使撤销该处分，也因任期已满而丧失议员身份，这种诉讼就没

89

月 14 日民集 69 卷 8 号 2404 页）。受到再入境不许可处分者在离开日本后，请求撤销该处分的诉的利益消失。最判 1998 年 4 月 10 日民集 52 卷 3 号 677 页。对于依申请的处分，因修法而在新法之下不可能作出新处分，最判 1983 年 4 月 8 日民集 36 卷 4 号 594 页等。

〔1〕 最判 1992 年 1 月 24 日民集 46 卷 1 号 54 页。

〔2〕 最判 1968 年 12 月 24 日民集 22 卷 13 号 3254 页。

〔3〕 最判 1965 年 4 月 28 日民集 19 卷 3 号 721 页。

有诉的利益。[1][2]

四、被告适格

（一）国家或公共团体

90 《行政案件诉讼法》第 11 条第 1 款规定，作出处分或裁决的行政厅属于国家或公共团体时，撤销诉讼必须以其所属的行政主体（国家或者公共团体）为被告提起［但是，作出处分或裁决的行政厅不属于国家或者公共团体时，例如，民间企业作为指定机关作出行政处分时（参见《行政程序法》第 4 条第 3 款前段），不是行政主体，该行政厅就成为被告。该条第 2 款］。根据民事诉讼法的原则，这是不言自明的，但实际上在 2004 年修改之前，法律是这么规定的："处分的撤销之诉必须以作出处分的行政厅、裁决的撤销之诉必须以作出裁决的行

---

〔1〕 最判 1960 年 3 月 9 日民集 14 卷 3 号 355 页。

〔2〕 不过，与免职处分的公定力客观范围问题相关（参见上卷第 238 页以下），最高法院的上述判决，也不是没有实质问题。该判决的前提在于，俸给请求权原本是因有公务员之职而发生的。不过，假设未提起免职处分的撤销诉讼，而是直接提起俸给的请求诉讼，即使法院予以肯定并命令支付俸给，在上述事实之下，也不是不能认为，它并不实质性地带来一种状态，即直接导致免职处分自身的效果覆灭、该人作为公务员服勤务，而只不过是进行金钱上的清算。如此，就没有必要认为连上述俸给请求诉讼也为免职处分的公定力所及。也就是说，这时，为了请求支付俸给，没有必要请求撤销处分，即使在《行政案件诉讼法》第 9 条括号说明之下，也不存在这种诉的利益［同样，在以处分违法为前提请求损害赔偿的情形（参见上卷第 241 页）中也能这么说。参照、東京地判 1969 年 11 月 27 日例集 20 卷 11 号 1509 页］。

即使超过了先行处分的有效期限，如果该处分的存在自身对后续处分的内容可能产生影响，也能作出判断，仍有应予恢复的法律上的利益。例如，对于驾照停止处分的撤销诉讼，很早就有判决认为，即使在停止期间终了之后，因为有可能在将来违反交通规则时加重制裁，所以可以提起撤销诉讼等（参照、仙台高判 1960 年 2 月 26 日例集 11 卷 2 号 455 页）。最高法院近来判决认为，"在根据《行政程序法》第 12 条第 1 款规定而公开的处分基准中，有以受到先行处分为由而加重处理的不利处理规定时……即使在上述先行处分的处分效果因已超过期限而消失之后……上述先行处分的被处分者仍有通过撤销该处分而应予恢复的法律上的利益"（最判 2015 年 3 月 3 日民集 69 卷 2 号 143 页；另外，对此判决，也请参见本书上卷第 166 页注〔1〕及第 327 页注〔3〕）。

政厅为被告提起"（修改前《行诉法》第 11 条）。

（二）行政厅的概念

1. 行政厅的概念原本源自日本传统行政组织法理论上的"行政官厅"概念。在传统行政法理论中，如前所述，[1]在"行政主体"的性质上，国家被认为是与"私人"相对立的一个法的人格，但现实中，"行政主体"是经由为数众多的"行政机关"之手来行使其权利、履行其义务（传统行政法理论上所说的"行政机关"，是指为实现行政主体权利义务而以进行具体活动为任务的行政主体的各种内部组织成员，或者根据法令赋予这些成员各种权限、责任的归属点，即行政组织内部的各种职位）。在这些行政机关中，特别是法令上为了行政主体的国家而赋予以自己名义决定并表示行政主体具体意志的权限者，过去一直称作"行政官厅"。[2]不过，"行政官厅"是特地对国家作为行政主体时的称呼，在也包括地方公共团体等广泛的一般行政主体时，使用"行政厅"的概念来说明这种机关。因而，所谓"行政厅"，例如法律上被赋予作出课税处分权限的税务署长、具有赋予营业许可权限的都道府县知事等，可谓就变成具有对私人作出行政行为的权限者。[3][4]

2. 这种行政厅自身并不具有民事法上法的人格，而只不过是法人

91

---

〔1〕　上卷第 16 页以下。

〔2〕　对于传统行政组织法理论中"行政官厅"概念的意义与功能，请参照、遠藤博也『行政法Ⅱ（各論）』35 頁以下；藤田宙靖・組織法 19 頁以下、31 頁以下等。

〔3〕　例外，也有用法更广泛地将"作为案件处理权限的归属主体的全部行政机关"称为"行政厅"。小早川光郎・下Ⅰ11 頁。

〔4〕　"行政厅"不仅用于这种所谓独任制行政厅，也用于诸如土地征收裁决的征收委员会、赋予汽车驾照的公安委员会等合议制的行政厅。但必须明确理解的是，这些均不同于财务省、经济产业省或者县厅、市政府、税务署、警察署等所谓"行政官署"。这些行政官署通常以其首长为行政厅，也包括辅助它的诸多"辅助机关"而构成，具有事务分配单位的性质。另外，例如《国家行政组织法》对一定的行政官署在法律上以"国家行政机关"之名来称呼（该法第 3 条第 4 款、该法附表第一）。其中所说的"行政机关"概念与在传统行政组织法理论上正文所见的"行政机关"概念具有不同含义，一般诸如称作"制定法上的行政机关"，在理论上以区别于后者（参照、藤田宙靖・組織法 33 頁以下）。

的机关而已，如此也就没有民事诉讼法上的当事人资格。因此，只要根据民事诉讼法的原则，在行政处分的撤销诉讼中，其被告也就必须是国家或地方公共团体等行政主体。但是，考虑到抗告诉讼中，最熟悉行政处分、负有直接责任的是行政厅，从现实合理性的角度出发，2004 年修改前的《行政案件诉讼法》修正了民事诉讼法的原则。[1]

《行政案件诉讼法》同时在第 15 条第 1 款规定，"在撤销诉讼中，原告非因故意或重大过失错列被告时，法院根据原告的申请，可以决定的形式允许变更被告"。尽管如此，在修改前，应以行政厅为被告，而错误地以行政主体为被告时，就要驳回起诉。（如后所述）根据民事诉讼法的原则，很难允许在以行政主体为被告的当事人诉讼与以行政厅为被告的撤销诉讼（抗告诉讼）之间进行诉的变更。既然指出了这种种难点，这次从国民更易于利用行政案件诉讼制度的观点出发，对法律作出了上述修改。[2]

（三）作为被告的国家或公共团体

在撤销诉讼中，有被告资格者是"作出处分（或裁决）的行政厅所属的国家或者公共团体"。

这里所说的"公共团体"，与后述[3]《国家赔偿法》第 1 条的情形一样，不限于地方公共团体，还广泛包括公共组合、独立行政法人以及其他具有"行政主体"性质的法人。不过，如前所述，[4]今天，"行政主体"与"私人"逐渐相对化，所谓"委托行政"等"公私协作"已然多见，根据过去的观念，是将部分行政权限明确委托给属于

---

〔1〕《行政案件诉讼法》第 11 条所说的行政厅概念本来具有这种理论背景。但如前所述，作为抗告诉讼对象的"处分"概念，扩大并超越了传统意义上的行政行为概念。这里所说的行政厅概念当然只能受到其影响。因而，现实中，行政厅就变成是指"根据法令赋予作出法第 3 条第 2 款广义处分或法第 3 条第 3 款广义裁决权限的一般行政机关"。

〔2〕不过，特别是行政型审判（参见后述第 183 页以下）的领域，仍有以处分厅为被告的做法。例如参见《专利法》第 179 条等、《海难审判法》第 45 条，以及（过去曾是行政型审判）对于公平交易委员会处分的《禁止垄断法》第 77 条等。

〔3〕后述第 205 页。

〔4〕上卷第 18 页。

私人的法主体，在那些权限中，有的也具有行使公权力的"处分"性质。[1]这时，这些私法人根据民事诉讼法的原则，能否成为该处分的撤销诉讼的被告，就会成为问题。现行《行政案件诉讼法》只承认行政厅"所属"的国家或公共团体的被告资格，同时还追加了该条第4款，在作出处分或裁决的行政厅均不属于上述行政主体时，应以该行政厅为被告提起诉讼。

（四）撤销诉讼中行政厅的作用

即使在法律修改后，行政厅在撤销诉讼的实施上仍具有重要作用。也就是说，"作出处分或裁决的行政厅，对于与该处分或裁决相关的、根据第1款规定以国家或公共团体为被告的诉讼（撤销诉讼——藤田注），具有作出在裁判上一切行为的权限"（《行诉法》第11条第6款）。因而，在提起撤销诉讼时，原告方必须记载作出系争处分（或裁决）的行政厅（第11条第4款），被起诉的被告方必须及时向法院说明该行政厅是谁（同条第5款）。

（五）其他行政案件诉讼的情形

《行政案件诉讼法》第11条的规定准用于撤销诉讼以外的抗告诉讼（《行诉法》第38条第1款）。在当事人诉讼、争点诉讼（《行诉法》第45条）[2]及国家赔偿请求诉讼等情形中，一直以来都是按照民事诉讼法的原则，以国家、公共团体等行政主体为被告。但是，在当事人诉讼和争点诉讼中，准用关于行政厅在抗告诉讼中诉讼参加的《行政案件诉讼法》第23条第1款规定（《行诉法》第41条第1款及第45条第1款）。法院认为行政厅有必要参加时，可以依申请或依职权，要求该行政厅参加诉讼。

另外，在国家成为被告时，根据《关于法务大臣在国家有利害关系诉讼中权限等的法律》第1条规定，由法务大臣代表国家。

94

---

〔1〕 例如，《关于核原料物质、核燃料物质及核反应堆规制的法律》第61-23-2条以下规定的指定保障措施检查等实施机关进行的"保障措施检查业务的处分"（参见该法第70条）等就是典型例子。此外，对于这些"指定法人""指定机关"等制度，也包括参考文献，参照、藤田宙靖·组织法156页以下。

〔2〕 参见后述第100页。

五、管辖

（一）行政案件诉讼法规定的原则

撤销诉讼由管辖被告的普通裁判籍[1]所在地的法院，或者管辖作出处分或裁决的行政厅所在地的法院管辖（《行诉法》第 12 条第 1 款）。2004 年修改前，《行政案件诉讼法》第 12 条第 1 款仅规定，"以行政厅为被告的撤销诉讼由该行政厅所在地的法院管辖"。[2]如前所述，修改后，因为被告原则上是行政主体，所以作出了这样的修正。

此外，修改法在第 12 条第 4 款中规定，以国家或独立行政法人等一定（特殊）法人为被告的撤销诉讼，也可以向管辖原告普通裁判籍所在地的高等法院所在地的地方法院（该条第 5 款中称"特定管辖法院"）[3]提起。这是在 1999 年制定信息公开法（《关于行政机关保有信息公开的法律》）之际针对不公开决定的撤销诉讼首次引入的做法。这次在修改《行政案件诉讼法》时，作为对所有撤销诉讼都有效

---

〔1〕 参见《民事诉讼法》第 4 条。（所谓普通裁判籍，也就是一般审判地，是指在民事诉讼法上与案件种类、内容无关而一般性规定的裁判籍。根据日本《民事诉讼法》第 4 条规定，诉由管辖被告普通裁判籍所在地的法院管辖，一般根据个人的住所或居所、组织的主要事务所或营业场所或者代表人及其他主要业务担当者的住所来确定普通裁判籍。——译者注）

〔2〕 在 1962 年制定《行政案件诉讼法》之前，在《行政案件诉讼特例法》上，抗告诉讼由被告行政厅所在地的法院专属管辖，这给以此来争议行政处分效果的私人带来了无用的负担。因而，在制定《行政案件诉讼法》时，承认了该法第 12 条第 2 款及第 3 款的例外。例如根据第 2 款，国土交通大臣进行项目认定（《土地征收法》第 17 条第 1 款），不是在东京地方法院，而是在管辖该土地所在地的地方法院来争讼。而根据第 3 款，例如，社会保险厅长官作出停止支付基础年金处分（《国民年金法》第 20 条第 1 款），在请求确认无效等诉讼中，参与该处分案件处理的和歌山县知事是该款所说的"处理案件的下级行政机关"，也可以由和歌山地方法院管辖。参照、最决 2001 年 2 月 27 日民集 55 卷 1 号 149 页。特殊法人日本年金机构事务中心可以属于《行政案件诉讼法》第 12 条第 3 款所说的"处理案件的下级行政机关"，参照、最决 2004 年 9 月 25 日判时 2243 号 11 页。

〔3〕 例如，对在盛冈市有住所者，仙台地方法院就是这种法院。

的制度得以采用。

（二）个别法规定的例外

此外，在关于行政案件诉讼的个别法规定中，有时对裁判管辖作 95
出了不同的规定。例如，选举关系诉讼的第一审由管理选举事务的选
举管理委员会所在地的高等法院专属管辖（《公职选举法》第 217
条）；对于专利厅审决的诉的第一审由东京高等法院管辖（《专利法》
第 178 条）。通常情形的第一审是地方法院的审理，但这些因为判决
有必要紧急确定（前者的情形），或者行政厅的行政行为本身是根据
准司法程序进行的（后者的情形）等，因而为了省略地方法院的审理
而作出了这样的规定。

（三）关联请求的移送

某处分或裁决的撤销诉讼与其他诉讼的请求内容有一定关联（法
律上称此为"关联请求"，例如，以该处分或裁决的违法性为前提的
损害赔偿请求诉讼、与该处分在程序上密切关联的处分或裁决的撤销
诉讼等），该诉讼系属于其他法院时，后者诉讼系属的法院可以将诉
讼移送给前者撤销诉讼系属的法院（《行诉法》第 13 条）。这当然是
为了便于有效地、统一地作出同一处分（或裁决）的违法性判断。只
允许从关联请求系属法院移送至撤销诉讼系属法院，反之则不予认可 96
（这也能看作以撤销诉讼为中心创立制度的一个例子）。《行政案件诉
讼法》规定，撤销诉讼或关联请求诉讼的系属法院是高等法院时不适
用移送制度（《行诉法》第 13 条但书）。这主要是考虑到不让原告审
级利益因地方法院向高等法院移送而丧失［提起撤销诉讼者可以在撤
销诉讼中合并提起"关联请求"（参照《行诉法》第 16 条、第 19
条），但没有合并提起的义务］。

具体什么是这里所说的"关联请求"，《行政案件诉讼法》第 13
条各项作出了列举。值得注意的是，在第 6 项中设置了"其他与撤销
该处分或裁决请求相关联的请求"概括条款。从合理推进审理的角度
来看，法院可以说有较大的裁量权。

六、起诉期限

（一）起诉期限与除斥期间

1. 撤销诉讼原则上必须自知道处分或裁决作出之日起 6 个月内提起，超过这一期限（一般称"起诉期限"）时，就无法提起（《行诉法》第 14 条第 1 款）。在法关系的早期安定要求之下，现行法进而规定，即使不知道处分等，自处分或裁决之日起一年的除斥期间经过之后，也不能起诉（参见同条第 2 款）。当然，对于起诉期限、除斥期间，《行政案件诉讼法》都在但书中规定，"有正当理由时，不在此限"。[1]

在 2004 年修改前，起诉期限是 3 个月，而且该期限是"不变期间"（修改前第 14 条第 2 款）。但从扩充国民权利救济途径的角度，作出了上述修改。[2]

2. 对于起诉期限的起算日，在行政案件诉讼特例法时代是有判例的。最高法院判例认为，它是指当事人通过交付文书、口头告知以及其他方法现实地知道处分存在之日，而不是意味着抽象的应当知道之日。[3]根据该判决，有将记载处分的文书送达当事人住所等，就在社会观念上将当事人置于应当知道处分的状态（通说和判例认为，行政处分自到达相对人时产生效果。对于"到达"的意义，未必是以本人现实地知道为要件，一般认为，被置于上述状态就可以[4]）。只要没有反证，就可推定知道作出了该处分。但是，如果认定了这期间不在场等在现实中不知道的情况，就推翻推定（当然，根据最高法院判例，

---

〔1〕 顺便提及，对于起诉期限的规定，委诸立法裁量，但有最高法院判决认为，短期的起诉期限侵害宪法保障的"获得裁判的权利"，因而违宪。参照、最判 1949 年 5 月 18 日民集 3 卷 6 号 199 页。

〔2〕 当然，也必须留意的是，在个别法中也还在维持着过去的原则。例如参见《专利法》第 178 条第 3 款、第 4 款，《工会法》第 27-19 条第 1 款，等等。

〔3〕 最判 1952 年 11 月 20 日民集 6 卷 10 号 1038 页。

〔4〕 最判 1954 年 8 月 24 日刑集 8 卷 8 号 1372 页。

"像都市计划法中都市计划项目的认可那样，处分没有个别通知，而是通过告示整齐划一地告知多数相关权利人时"，"鉴于采用这种告知方式的目的"，"知道处分之日"就相当于告示之日[1]）。

3. 另外，为了不让起诉期限制度不合理地限制私人的权利救济，现行法设置了种种例外规定。作为这种规定，在《行政案件诉讼法》第 14 条自身规定的第 1 款和第 2 款但书以及第 3 款之外，该法第 15 条、第 20 条等是值得关注的。后两者规定，在一定情况下，被告的变更（《行诉法》第 15 条）、诉的追加（《行诉法》第 20 条）等提起新诉时，为了救济原告，在遵守起诉期限方面，以提起前诉视为提起后诉。[2]即使没有这种明文规定，在前诉与后诉的实质内容同一时，有时也允许在超过起诉期限后变更诉。[3]

（二）行政案件诉讼的其他情形

起诉期限的规定并不准用于其他抗告诉讼。对于不作为违法确认诉讼及课予义务诉讼、禁止诉讼，原本就没有行政处分，当然就没有准用；而对于确认无效诉讼而言，正因为它是不受起诉期限制约的抗告诉讼，才有了该诉讼的主要价值。 ⁹⁸

但另一方面，正如在《行政案件诉讼法》第 4 条前段的所谓形式性当事人诉讼中时常能看到的那样，抗告诉讼以外的诉讼有规定起诉期限的例子。对于这种情形，该法第 40 条设置了一定的规定。2004年修改法律之际，效仿撤销诉讼的情形，去除了过去当作不变期间的限制，承认了因正当理由而超过期限也可以起诉。

七、行政厅的教示义务

过去自 1962 年《行政不服审查法》制定以来，针对行政不服审

---

〔1〕　最判 2002 年 10 月 24 日民集 56 卷 8 号 1903 页。

〔2〕　对于 2002 年修改前《地方自治法》第 242-2 条第 1 款第 4 项的居民诉讼，将被告错列为"该职员"的案件中，承认准用《行政案件诉讼法》第 15 条，最判 1999 年 4 月 22 日民集 53 卷 4 号 759 页。

〔3〕　参照、最判 1986 年 2 月 24 日民集 40 卷 1 号 69 页。

查规定了作出处分等的行政厅负有教示义务。在 2004 年修法之际，将教示制度也引入了行政案件诉讼。根据新加的《行政案件诉讼法》第 46 条，行政厅作出可提起撤销诉讼的处分或裁决时，（除口头的情形外）被课予几项教示义务，[1]必须以书面对相对人教示以下三个事项：（1）在该处分或裁决的撤销诉讼中应成为被告者，（2）该处分或裁决的撤销诉讼的起诉期限，（3）法律上规定不服申诉前置的情况（第 46 条第 1 款）。对于教示制度的意义等，想放在先行的行政不服审查法上教示制度那里来说明。[2]不过值得注意的是，对于这次修法引入的撤销诉讼等的教示，如果行政厅错误教示，并没有设置与《行政不服审查法》第 82 条、第 83 条等规定相对应的特别规定。在撤销诉讼等情形下，在判断是否存在"正当理由"超过起诉期限（《行诉法》第 14 条第 1 款但书）、原告在错列被告上有无"重大过失"时，行政厅的错误教示大致应视为要考虑的重大因素。[3]

第二目　其他抗告诉讼的诉讼要件

撤销诉讼的诉讼要件规定以及相关的上述问题，除了无效等确认诉讼及课予义务诉讼等原本就没有起诉期限外，基本上可适用于其他抗告诉讼。[4]以下仅提及撤销诉讼以外的抗告诉讼存在的其他诉讼要件。

一、无效等确认诉讼

1. 对于无效等确认诉讼，特别是有先前提及[5]的《行政案件诉讼法》第 36 条规定的该诉讼特有的原告资格问题。

根据该条，"因该处分或裁决的后续处分而可能受到损害者以及其

---

〔1〕　除第 46 条第 1 款外，参见该条第 2 款和第 3 款。
〔2〕　参见后述第 174 页以下。
〔3〕　同一意旨，参照、宇贺克也·概说Ⅱ（第六版）154 页。
〔4〕　参见《行政案件诉讼法》第 38 条第 1 款。
〔5〕　前述第 25 页。

他对请求确认该处分或裁决无效等具有法律上利益者，只有在无法通过以该处分或裁决存在与否、有无效力为前提的现在的法律关系之诉实现目的时，才能提起无效等确认之诉。"在这里所谓"现在的法律关系之诉"中，既有该法第 4 条的当事人诉讼（例如，公务员身份的确认诉讼），也有通常的民事诉讼（例如，请求返还不当得利诉讼、请求确认土地所有权诉讼等）。在这种诉讼中，处分有无效力自身都成为一个争点。因而，在现行法上，抗告诉讼的若干规定至少在这一限度内也能准用于这些诉讼。[1]

2. 然而，在《行政案件诉讼法》第 36 条的规定下，具体在怎样的情形下允许确认无效诉讼呢？学说和判例有种种分歧。

（1）首先，作为该法第 36 条的解释，仅"因该处分或裁决的后续处分而可能受到损害者"就已经能提起确认无效诉讼吗？（通常称作"二元说"）还是要进一步加上"无法通过现在的法律关系之诉实现目的"，才能起诉呢？（通常称作"一元说"）对此，有意见分歧。[2]例如，受到课税处分，但认为该处分无效时，为了防止其作出后续的滞纳处分，能否提起课税处分的无效确认诉讼（所谓"预防性确认无效诉讼"）？若采取前说，就可以没有问题地作出肯定回答；而采取后说时，因为有可能另行提起"租税债务不存在确认之诉"这种"现在的法律关系之诉"，因而，就要给出否定的回答。对此，最高法院认为，在上述情形中，纳税人可根据该法第 36 条提起确认无效诉讼。[3]此后，在某案件中，根据《土地区划整理法》作出设立土地区划整理组合的认可处分，施行区域内的居住用地所有权人请求确认其无效，最高法院认定其诉的目的是"主张土地区划整理组合不成立，否定该组合施行项目相伴的临时换地指定处分、换地处分等所

---

[1]　参见《行政案件诉讼法》第 41 条及第 45 条。另外如第 45 条规定，通常将以处分效力等为争点的民事诉讼特别称作"争点诉讼"。

[2]　有人认为，从《行政案件诉讼法》第 36 条的字面自身来看，后说是正确的。但是，在该条文立案之际毋宁是采用前说。参照、杉本·前揭『行政事件訴訟法の解説』120 頁；田中二郎·上 356 頁。

[3]　最高裁判决 1976 年 4 月 27 日民集 30 卷 3 号 384 頁。

有处分"，进而认为该诉合法。[1]至少对于后者的例子，原告提起现在的法律关系之诉，即以设立组合认可处分无效为前提、组合成员身份不存在的确认诉讼，是充分可能的（对非组合成员作出换地处分等，当然无效），因而就应该说，最高法院在上述两种学说中最终采用了前说。

（2）与上述问题相关的一个问题是，通过现在的法律关系之诉"无法实现目的"，准确地说是什么意思？例如，"现在的法律关系之诉"一般不是抗告诉讼，因而，不能利用《行政案件诉讼法》第25条规定的处分停止执行制度。另一方面，该法第44条规定的排除临时处分不仅一般适用于抗告诉讼，也可适用于在当事人诉讼、争点诉讼中争议处分有无效力的情形。因而，在这种前提下，提起"现在的法律关系之诉"结果就一概不能临时停止执行行政处分。因为提起确认无效诉讼能利用停止执行制度，具有固有的意义，这种解释论也不是不能成立。[2]如此解释，作为实际问题，几乎所有的确认无效诉讼都有无法通过"现在的法律关系之诉"实现的固有目的，至少明显妨碍立法者限定根据该法第36条提起确认无效诉讼可能性的目的。与现行法限定确认无效诉讼的可能性自身相对，从一开始就有不少批评指出，它明显压缩了国民权利救济的可能性。这种批评不仅在第36条的规定上，在更广泛地承认确认无效诉讼可能性的解释论方向上也有所体现。[3]

另外，在学说上能看到几种解释论上的努力，或对第36条的限制作功能性考察，或站在独自的立场思考行政行为无效理论，扩大承认从第36条文义解释中推出允许确认无效诉讼的情形，[4]但这些均

---

[1] 最高裁判决 1985 年 12 月 17 日民集 39 卷 8 号 1821 頁。

[2] 实际上，过去也不是没有根据这种逻辑承认可提起确认无效诉讼的下级审判例。参照、甲府地判 1963 年 11 月 28 日例集 14 卷 11 号 2077 頁。

[3] 不过，均以利用停止执行制度的可能性为理由承认确认无效诉讼，这本来也是逻辑错误的。对于正文所述问题，本书认为，毋宁基本上应通过修正连争点诉讼也适用临时处分的排除规定的观点来应对。

[4] 例如参照、雄川一郎「行政行為の無効確認訴訟に関する若干問題」同・前揭『行政争訟の法理』；兼子仁「無効等確認訴訟の範囲」公法研究 26 号（1964 年）、同前揭『行政争訟法』218 頁等。

未能一般性地主导学说和判例。

（3）但不管怎样，对于"现在法律关系之诉的可能性"要件，最高法院在此间的努力方向，明显不是根据形式逻辑，而是从更为实质的立场作出限定性理解。例如，土地改良项目施行区域内的土地所有者认为，依《土地改良法》所作的换地处分，违反所谓"照应原则"[1]而无效，提起确认无效诉讼。在该案中，原审判决认为，该诉欠缺《行政案件诉讼法》第 36 条的要件，起诉不合法，予以驳回。而最高法院则撤销原判、发回重审，其理由在于，鉴于纷争的实际状态，"以该换地处分无效为前提，提起过去土地所有权的确认诉讼等现在法律关系之诉并不是解决上述纠纷的适当的争讼形态，请求确认换地处分无效的诉讼毋宁是更为直接而适当的争讼形态"。[2]该案是颇为特殊的案件，最高法院之后在 1992 年"快中子增殖反应堆文殊案第二判决"[3]中更为一般性地指出，"所谓无法通过以该处分有无效力为前提的现在法律关系之诉实现目的时，不仅包括针对依该处分所产生的法律关系，以处分无效为前提的当事人诉讼或民事诉讼无法排除该处分所造成的不利，也包括下面这种情形，即相较于以该处分无效为前提的当事人诉讼或民事诉讼，作为解决起因于该处分的纷争的争讼形态，请求确认该处分无效之诉应被视作更为直接而适当的争讼形态"（着重号系藤田所加）。尽管与申请设置许可相关的核反应堆周边居民提起了民事诉讼，要求禁止核反应堆设置者进行建设或运转，最高法院也承认这些人可提起许可处分的确认无效诉讼（当然，该判决同时也指出，这种民事诉讼自身原本并不相当于《行政案件诉讼法》第 36 条所说的"现在的法律关系之诉"）。[4]

（4）另外，例如，对营业许可的申请作出拒绝处分时，起诉请求

---

〔1〕　参见《土地改良法》第 53 条第 1 款第 2 项。

〔2〕　最判 1987 年 4 月 17 日民集 41 卷 3 号 286 页。

〔3〕　最判 1992 年 9 月 22 日民集 46 卷 6 号 1090 页。

〔4〕　如此，放宽对《行政案件诉讼法》第 36 条后段要件的理解，所谓"一元说"与"二元说"之间的差别实质上也没那么大（参照、高木光·前揭『行政法』323 页）。在这一意义上，本书已经并不关心通说和判例对"一元说""二元说"的讨论。

确认该拒绝处分无效，就是在现行法下也允许的确认无效诉讼案件。这时，即使拒绝处分无效，只要没有作出有效的处分，申请人就在法律上不存在营业的资格，因而，也就不能以存在这种资格为前提提起任何"现在的法律关系之诉"。如后所述，[1]在这种案件中，对行政厅提起课予义务诉讼令其作出许可处分时，现行法反而要求合并提起拒绝处分的撤销诉讼或确认无效诉讼。[2]

二、课予义务诉讼与禁止诉讼

1. 在课予义务之诉中，"因未作出一定处分而可能造成重大损害，而且，没有其他适当方法避免该损害时"可以针对所谓"直接型"不作为[3]提起课予义务之诉（参见《行诉法》第37-2条第1款）。该要件与过去课予义务诉讼颇为严格的要件[4]相比明显相当宽松了。过去的课予义务诉讼是一种无名抗告诉讼，一般认为要有明显性和紧急必要性，明显性是达到"没有必要重视行政厅首次判断权的那种程度"，紧急必要性是"不经事前的司法审查，国民就得不到权利救济，就要产生难以恢复的损害"。但在另一方面，如果行政厅有不作为，不允许广泛地提起这种诉，而要具备上述两个要件：（1）"可能造成重大损害"，（2）"没有其他适当的替代手段"。这两个要件的解释和运用，就在很大程度上可左右这种诉讼类型在国民救济上的实质功能。

其中，《行政案件诉讼法》对于要件（1），在判断其是否存在上，采用了给法院一定指针的手法。[5]在判断是否产生其中所说的"重大损害"时，要"考虑恢复损害的难度"，"也要斟酌损害的性质、程度

---

〔1〕 后述第 105 页以下。

〔2〕 参见《行政案件诉讼法》第 37-3 条第 3 款第 2 项。

〔3〕 参见前文第 31 页。

〔4〕 参见前文第 32 页。

〔5〕 《行政案件诉讼法》第 9 条第 2 款在判断有无原告资格上的规定也采用了该手法（参见前文第 84 页）。不过，第 9 条第 2 款的情形是连法院解释法令的方法都作出了指示，而这里只是对事实认定的应有状态作出了指示。

以及处分的内容、性质"（《行诉法》第 37-2 条第 2 款）。但是，这里的规定在内容上仍可以说是常识性的，其自身也未必使用了一义性的概念，对于这些事项，特别是"恢复的难度"在裁判实务上如何判断，结果在案件中什么是最适当的解决纷争状态，只能有待于法院具体判断的积累。[1]

另外，既然承认课予义务诉讼，本来就必须将课予义务的处分是什么特定化，但该法对于直接型课予义务诉讼规定的是以"一定的处分"的不作为作为对象。"一定的"明显比"特定的"范围更广，但尽管如此，当然也不可以无限制地宽泛解释其范围。具体而言，例如，在要求监督行政厅对发生公害的设施发出改善命令的诉讼中，一般认为，并不是连如何改善何处的设施都必须特定。[2]

105

---

　　[1]　在引入该制度之后，迄今承认课予义务的案件，例如有，東京地判 2007 年 5 月 31 日判時 1981 号 9 頁。在该案中，因父亲在给儿子（原告）出生申报时未标记为"非婚生子女"，未被受理，并以此为由也不在居民票上记载（不记载处分）。对此，在撤销该处分的同时，课予作成居民票的义务。判决对于"重大损害"的存在，在原告所受各种不利之外，还举出理由，记载居民票自身也没有特别的障碍，撤销诉讼与课予义务诉讼更是在实质上属于表里关系，应当认可。

　　2010 年时，有学者指出，"可能是因为非申请型课予义务诉讼的诉讼要件颇为严格，几乎没有认可请求的例子，诉被认为合法的也仅有一点例子"。村上裕章「多様な訴訟類型の活用と課題」法律時報 82 巻 8 号（2010 年）20-25 頁（村上裕章・前掲『行政訴訟の解釈理論』96 頁所収）。

　　行政法学者等对此概念的发言已经很多，颇堪玩味的是，例如，在判断有无"重大损害"的判例中（没有对第三人的处分），广泛分析课予对自己处分的义务诉讼，对其判断方法作出评论，島村健「非申請型義務付け訴訟における『重大な損害を生ずるおそれ』の判断方法について」滝井追悼 251 頁以下。再如从"行政程序与诉讼程序的客观接续关系"观点出发，有观点认为，"在行政程序上或行政诉讼程序上，原告负有一定程度的提供证据责任，换言之，是否要作出处分需要展开调查判断，对其必要性提供根据的事实负有证明责任"。山本隆司「改正行政事件訴訟法をめぐる理論上の諸問題」論究ジュリスト 8 号（2014 年）74 頁（也包括该处所引用的同一意旨的论文）。

　　[2]　例如，产业废弃物处分厂周边的居民要求县知事依据废弃物处理法命令该处分厂的企业采取措施消除生活环境保全上的妨害等（措施命令），参照、福岡地判 2008 年 2 月 25 日判時 2122 号 50 頁、福岡高判 2011 年 2 月 7 日（因控诉审、上告不受理而确定）判時 2122 号 45 頁等。

2. 针对所谓"申请型"不作为的课予义务之诉,[1]在可以提起不作为确认违法诉讼的案件中,[2]必须与不作为的确认违法诉讼一并提起,而不能单独提起(参见《行诉法》第 37-3 条第 3 款第 1 项)。其他情形,也就是在对申请已作出拒绝处分(在程序上或实体上驳回申请等)时,必须对该拒绝处分一并提起撤销诉讼或确认无效诉讼(同第 2 项)。

从法技术上看,在课予义务之诉与上述其他各种诉中,通常的案件是后者的违法性判断实质上成为前者之诉的中间性判断,因而,为了适当地解决纷争,将其一并审理可以说是合理的,故强制性合并。也就是说,如果各种诉分散提起,判决相互间就可能在实质上发生龃龉;特别是如果合并提起的撤销诉讼和不作为确认违法诉讼等请求得到认可,像过去那样,通过判决的拘束力,在结果上也可以期待实现课予义务的目的。拒绝处分的违法性自身是明显的,对于课予何种处分的义务,不少情形仍然有审理的必要,因而,这时,选择诉讼类型也是有合理性的。[3]但同时,这也明显表明,尽管 2004 年修法旨在摆脱所谓"撤销诉讼中心主义",[4]但《行政案件诉讼法》在结果上仍然维持着以撤销诉讼为中心的基本构造。[5][6]

---

〔1〕 参见前文第 31 页。

〔2〕 参见前文第 25 页以下。

〔3〕 另外,在这一点上,关于合并提起之诉的审理方法,参见《行政案件诉讼法》第 37-3 条第 4 款,关于判决,参见该条第 6 款等。

〔4〕 对此参照、塩野宏「行政訴訟改革の動向」同·前掲『行政法概念の諸相』235 頁、291 頁等。

〔5〕 如上所述,2004 年修改的《行政案件诉讼法》将课予义务诉讼分成直接型(非申请型)和申请型两类来规定。两者可提起诉讼的要件有很大不同,特别是起诉请求作出对自己的授益处分(例如支付年金、保险等,授予资格、身份等),属于哪一种类型,就是很大的问题。这时的关键点当然就在于,作为起诉的前提,是否为根据法令上的申请权提出了申请(例如法务大臣根据《入国管理法》对外国人的居留特别许可等)。对于两个制度的错综关系,例如请参照、常岡孝好「申請型·非申請型義務付け訴訟の相互関係に関する一考察」宮崎古稀 170 頁以下、横田明美·前掲『義務付け訴訟の機能』53 頁以下。

〔6〕 如前所述,法律修改前有关"作为无名抗告诉讼的课予义务诉讼"可否的讨

论受到关注的是在尚未行使"行政厅的首次判断权"的案件中的不作为。这时，不外乎是通过直接的课予义务（或者确认作为义务）要求课予行政厅的义务。应对这一事态的是修法后的"直接型"课予义务诉讼。对于"申请型"课予义务诉讼，至少有拒绝处分，行政厅已经作出判断，在救济途径上，提起拒绝处分的撤销诉讼，能通过撤销判决的"判决拘束力"（《行诉法》第33条，参见后文第155页以下）导出课予行政厅（一定的）义务。通过修法，让请求直接课予义务来实现同样的效果。另一方面，现行法也没有排除不提起课予义务诉讼而仅提起拒绝处分的撤销诉讼（因而就依赖于判决的拘束力课予义务）。因而，在此之外（与尚未有先行的行政厅判断的情况一样）开辟直接的课予义务之路，本来就是让这种课予义务不是在撤销诉讼制度的延长线上，而是让其具有独自的意义（说修改法律摆脱了撤销诉讼中心主义，必须是在这一意义上来说的）。然而，不能否定的是，修改法对申请型课予义务诉讼，强制提起拒绝处分的撤销诉讼（确认无效诉讼）或不作为违法确认诉讼，而（除了分离撤销判决的例外）认可这些诉讼中的请求是课予义务诉讼中认可请求的前提条件，因而，承认课予义务诉讼作为单独的诉讼类型的意义变得暧昧不清（至少在结果上未能摆脱"课予义务"的撤销诉讼从属性）。攻击这一点，对于今后的（申请型）课予义务诉讼提出立法论和解释论上的积极建议，横田明美·前揭『義務付け訴訟の機能』。

另外，如正文也有所触及的那样，2004年《行政案件诉讼法》的修改强调"摆脱撤销诉讼中心主义"，不能否定的是"撤销诉讼中心主义"及其"摆脱"的表达包含着稍有误解之处，在法律修改后很快就成为讨论的对象（例如参照、小早川光郎编·前揭『ジュリスト増刊 改正行政事件訴訟法研究』101頁以下）。主导修法的盐野宏承认，这一表达具有多义性，"撤销诉讼中心主义"可分为"法制技术性撤销诉讼中心主义"和"诉讼类型论的撤销诉讼中心主义"，在修法中前者仍然得到维持。如此，正文所述的《行政案件诉讼法》第37-3条规定也（大致）被包含在前者中加以整理，他认为，这是根据"制度关联性考察"而来的，而非"撤销诉讼中心主义的构想"（参照、盐野宏·前揭『行政法概念の諸相』309頁以下），其中应予否定的完全是"作为思想的撤销诉讼中心主义"（参照、盐野宏·前揭『行政法概念の諸相』313頁）。两者之间存在微妙的差异。高木光将"撤销诉讼中心主义"整理为"技术的侧面"和"实践的侧面"（高木光「義務付け訴訟·差止訴訟」新構想Ⅲ48頁），前者是关乎立法技术，作为（现行法的）认识是正当的，"并不应当特别予以消极评价"，而后者是"倾向于这样的价值判断，即以撤销诉讼这一诉讼类型来救济是原则，其他诉讼类型的救济仅被限定为例外"（隐性列举主义）（以上同49頁），修法所意图的是从这种意义上的"撤销诉讼中心主义"中摆脱出来。其中所说的"实践的侧面"也可以说与上述"作为思想的撤销诉讼中心主义"具有相通之处。

另一方面，例如神桥一彦指出，"撤销诉讼中心主义"一词有"条文体裁上的意义"和"抗告诉讼中诉讼类型定位的意义"双重意味（前者是《行政案件诉讼法》上的

109   3. 禁止之诉也与课予义务之诉一样，仅限于因作出一定的处分或裁决而"有可能造成重大损害时"才可以提起（行诉法第37-4条第1款）。而"有避免损害的其他适当方法时"，则不能提起禁止之诉（第1款但书）。法院对于有无"造成重大损害"之虞的判断，法律也同样给出了方针（第2款）。过去对于禁止诉讼作为无名抗告诉讼能否允许的讨论，与可否课予义务诉讼几乎没有区别。这种状况即使在这些诉得到明文承认的今天，也基本上没有变化。[1]

诸项制度以撤销诉讼为中心来规定，其他抗告诉讼多以准用它的方式来规定；后者是根据"尊重行政厅的首次判断权"观点而以撤销诉讼作为抗告诉讼的中心）。修法后，前者并无变化，而对于后者，"撤销诉讼中心主义"或"撤销诉讼中心主义的抗告诉讼观"发生了"相对化"（弱化）。神桥一彦·前揭『行政救济法（第二版）』38页。

正如各个论者所认为的那样，不可否定的是，（即使在修改后）行政案件诉讼法（在法技术上）是以撤销诉讼进而是抗告诉讼为基轴设计制度的，这当然是因为具有这种构造的救济制度有其自身的合理性。如果大家都能认为，这种构造并不意味着"闭锁的救济法体系"，那么就没有必要再执着于容易导致一般人混乱的"摆脱撤销诉讼中心主义"这样的表达。在这一意义上，本书在说明现行法时不使用这一词语（顺便提及，以上围绕"撤销诉讼中心主义"概念的理论状况，在某种意义上让人想起昭和30—40年代针对"公权力"概念强调其"技术性"的讨论）。

另外，《行政案件诉讼法》第37-3条第5款规定，法院在课予义务诉讼中作出课予义务判决的要件之一是合并提起的撤销诉讼等抗告诉讼中请求理由得到认可。这是课予义务诉讼的诉讼要件还是本案胜诉要件（若是前者，欠缺时诉不合法，驳回诉讼；若是后者，诉合法，驳回请求），这一理论问题在学说上的通说（本案胜诉要件说）与裁判实务（诉讼要件说）之间存在差别［宇贺克也·概说Ⅱ（第六版）338页］。从法律条文来看，本案胜诉要件说更为自然，而在裁判实际中，从审理效率的角度出发，通常首先审理撤销请求等妥当与否，如果得出否定的结论，就已经不可能作出课予义务判决，因而，对课予义务诉讼作更多的审理是没有意义的，于是就作为诉不合法驳回回来处理。如此，在驳回请求判决的情形下，比起受到驳回诉判决的情形，原告败诉的比重是很少的（与此不同，驳回诉则并没有确定行政厅没有作出该处分的义务）。为了有利于原告，作这种诉讼上的处理也是有充分理由的。对于该问题，参照后文第146页。

　　〔1〕　此间，对于《行政案件诉讼法》第37-4条第1款对处分的禁止之诉所规定的有"可能产生重大损害"的情形是怎样的情形，最高法院给出了一般基准，"（要承认有这种可能，）因作出处分而可能产生的某损害，不是在处分之后通过提起撤销诉讼等获得停止执行决定等就能容易获得救济的损害，而是要在处分之前不采命令禁止的方法就难以获得救济的损害"，明确了禁止诉讼相对于撤销诉讼的备位性。"公立学校等的

第二项 临时救济

从诉的提起到作出判决，仅一审判决就要数月，这是极为寻常的。如果一直上诉到最高法院，长者预计有 10 年。如果在此期间违法处分（或违法不作为）仍有效存在，很容易想到在判决确定之际，对私人的救济已经实质上为时已晚。作为应对这种事态的方法，2004 年修改前的《行政案件诉讼法》一方面基本排除民事诉讼法临时处分制度的适用，另一方面仅设置了处分的停止执行制度（《行诉法》第 25 条以下）。但是，在这次的修法中，与明文新设课予义务诉讼、禁止诉讼相伴，也明确完善了这些诉讼中的临时救济制度。这就是该法第 37-5 条规定的临时课予义务与临时禁止制度。

第一目 停止执行

一、不停止执行原则

《行政案件诉讼法》第 25 条第 1 款规定，"提起处分的撤销之诉，不妨碍处分的效力、处分的执行和程序的继续进行"。

1. 如果抗告诉讼的主要目的在于，让伴有公定力、自力执行力等侵害私人法的利益的行政行为失去优越性，救济私人的权利，那么，既然提起了抗告诉讼，却不同时暂且停止行政行为的执行、暂时停止其效力，就一定不能充分实现其本来的目的（当然，如果最终胜诉，在

校长命令教职员在毕业典礼等仪式上齐唱国歌时面向国旗起立齐唱或作钢琴伴奏，在教职员违反该职务命令时即予惩戒处分"，对于请求禁止惩戒处分之诉，在该案件的具体情况下，承认诉的合法性并作出判决（最判 2012 年 2 月 9 日民集 66 卷 2 号 183 页）。

此外，法律修改后作为承认禁止的例子有，对于自卫队机运航产生的噪音等损害，承认有"可能发生重大损害"，认可了禁止之诉（但驳回了请求），最判 2016 年 12 月 8 日民集 70 卷 8 号 1833 页。还有著名的下级审判决，关于名胜鞆浦公有水面填埋执照，广岛地判 2009 年 10 月 1 日判例地方自治 323 号 17 页等。

行政行为已经执行后，可请求恢复原状，但有时根据案件情况也难以恢复原状，有时可能因适用了《行政案件诉讼法》第31条的情势判决而变成败诉的结果）。其中，例如在德国的行政法院法上，提起抗告诉讼原则上当然停止行政行为的执行，即采用了所谓停止执行原则。而在日本，则完全相反，不仅采用了不停止执行原则，而且对于行政厅的处分以及其他行使公权力的行为，不允许根据民事保全法规定的临时处分制度暂时停止其执行（《行诉法》第44条）。而且，不停止执行原则也准用于无效等确认诉讼（《行诉法》第38条第3款），根据通说，《行政案件诉讼法》第44条临时处分的排除规定也适用于该法第45条的所谓争点诉讼。

2. 在日本法上，采用不停止执行原则的理由，通常是保障行政运营的顺利性。[1]但是，连行政行为违法、无效时都要保障行政活动的顺利性，这在以依法律行政原理为支柱的近代法治国家原理之下本来应当是不被容许的。因而，正确地说，上述理由恐怕应当说是以下面这种观点为前提的，即在行政厅主张处分合法与私人主张处分违法相对立时，一般信赖行政厅一方。[2]

诚然，在行政厅及其辅助的行政机关任职者是公务员，其法律素养大致是有保证的，他们服从行政组织内部的各种纪律。有鉴于此，一般可期待公务员比通常的单个私人能更为中立公正地进行法解释，一般而言这未必能说是不合理的。鉴于在现实中，私人提起抗告诉讼，大半也是以行政厅胜诉而告终，从统计上来看，即使采用一般的停止执行原则，在现实的多数情形中，可以说将会导致本来合法的行政处分被不当地停止执行。但是，从是否应停止执行成为现实问题的各个情形来看，正是在这些事例中，是行政厅胜诉还是私人胜诉，在作出判决之前，理论上是五比五的。如此，问题最终就变成必须要从下面这种观点出发作出判断：这时，不当妨碍行政厅执行的案件与私

---

〔1〕 参照、田中二郎·上336—337页。

〔2〕 例如，田中二郎在上述理由之外，还举出采用停止执行原则时的"滥诉之弊"。同上注。

人受到不当执行的案件，哪一个对当事人的损害更大。[1]这时，原则上当然是法律上利益受到积极侵害的私人一方所受损害更大。[2]若如此考虑，从近代法治国家原理来看，原则上不停止执行制度就只能说是异质的、不合理的制度。[3]

---

〔1〕　当然，设置法律上权利救济制度时，其基本视角置于这种制度的具体功能的场面上，而不应是以整体的概率、统计视角为基础。

〔2〕　当然，例如请求撤销像建筑确认处分那种所谓双重效果的行政行为时，因停止执行而受到不利的是私人（参见《行诉法》第32条第2款）。将处分对私人利益的间接侵害与对处分所赋予利益的直接限制相比较，原则上应当说前者的损害更大。

〔3〕　"正是行政厅能成为严正而准确的法适用者"，如果要追溯这种对行政的信赖感，可以看到它是以德国公法学，特别是 R. 格奈斯特式的普鲁士型法治国家观为模型。这种观点原本的基础是对行政官僚的信赖——"中立而公正地实现公益的行政"。在19世纪的普鲁士，"依法律行政原理"确立之后，当初的主张是，能对合法律性作出最准确判断的正是行政机关，这作为一般性排除司法审查的根据而发挥作用。即使在无法击退裁判审查的必要性时，它也成为确立普鲁士型行政裁判制度（作为行政权一部分的行政法院）的根据（对此参照、藤田宙靖·公权力的行使159页以下）。在德国，至少在德国基本法成立时，这种观点已不再通用，在现实的诉讼法上，很早就采用了诸如停止执行原则、课予义务诉讼等，这种状况与日本颇为不同。但在日本，还残存着"尊重行政厅的首次判断权"（前文第27页）的观点，采用了这里所述的不停止执行原则，这些至少应该说，在制定现行《行政案件诉讼法》的昭和30年代，尚未在法的思想上得到清算。

然而，在第二次世界大战后的日本国家和社会中，对行政权适当判断能力的信赖感，成为形成行政主导的体系的一大基础。为此，在昭和30年代无法清除上述思想，这或许也能说是其相应实际状态上的背景。但是，要从根本上重新思考这里所说的体系及其前提观点，重新构筑"本国的样式"。例如，在行政改革会议的最终报告（1997年）中出现了行政改革理念。其中，对于政策的策划、设计功能，有必要从行政主导向政治主导改革。同样，对于法律的解释和适用功能，在相对于司法权的关系上，也必须让对行政官僚的前述信赖感暂且回到空白状态，尝试着制度重构。这可以说是带来行政案件诉讼法修改的司法制度改革基本理念。

在另一方面，"对行政厅的信赖感"与前述（上卷第129页以下）"尊重行政厅的专门技术判断"结合在一起。这是一看就合理的主张，为此，法院在推翻行政厅一度作出的判断前也要踌躇不决，表现出法院的自制。但其中仍从下面这种角度进行探讨：行政厅基本上是从确保公益的角度作出专门技术性判断，而法院自然不是同样基于确保公益的视角来判断其是否适当。即使是行政厅的专门技术性判断，法院所负有的职责义

113　3. 当然，在现行法制下，为了避免不停止执行原则导致过于不合
理的结果，在一定情况下，根据原告的申请，法院可在例外时停止执
114　行。也就是说，根据《行政案件诉讼法》第 25 条第 2 款，"在提起了
处分的撤销之诉后，存在避免因处分、处分的执行或程序的继续进行
而产生重大损害的紧急必要时，法院可根据申请，以决定的形式，停
止或部分停止处分的效力、处分的执行或程序的继续进行"。但从立
法论来看，该例外与前述原则相反，却是更为忠实于近代法治国家原
理的制度。

另外，在 2004 年修法之前，与"重大损害"相对应的部分是
"难以恢复的损害"。但是，该要件让停止执行过于困难，因而在这
次的修法中，改成了现行的表述。当然，修改法在该条第 3 款中规
定，"法院在判断是否产生前款规定的重大损害时，要考虑损害的
恢复难度，斟酌损害的性质和程度，以及处分的内容和性质"。在
此，再度复活了"损害的恢复难度"。因而，在今后的裁判实务
中，如果重视这一部分，实际状态就与从前没有多大变化。对此，
在修改法中，"恢复难度"的意义仅在于，它是与其后续的"损
害的性质和程度""处分的内容和性质"等相并列的一个判断要
素。在这一限度上，应该说它只不过被赋予了相对的位置，而与从前

务、所具有的权限也完全是从法治主义的角度、从是否有必要救济国民权利利益的角度
进行审查（对此，另请参见后文第 133 页以下关于裁量处分的司法审查部分）。行政处
分的撤销诉讼制度是作为国民权利保障的制度而被引进实定法的。在国民与行政机关之
间发生纷争时，立法权让这种"从法治主义角度出发的救济"优先，在行政权与司法
权之间决定了权力分立的具体状态。

顺便提及，有学者根据本书这一部分的指摘，将本书的观点理解为是在主张不停止
执行原则违反日本国宪法，视为加以批判的文献［村上裕章「執行停止と内閣総理大
臣の異議」高木光＝宇賀克也編『行政法の争点』128 頁、山本隆司「行政訴訟におけ
る仮の救済の理論（上）」自治研究 85 巻 12 号（2009 年）35 頁］。本书为理解日本
行政法而将"近代法治国家原理"设定为"理论的标尺"，本书在这里提出的问题是不
停止执行原则与这一原理之间的理论距离（偏差）问题，将其与是否符合日本国宪法
的法解释论问题直接结合起来，不能说是正当的。

不同。[1][2][3]

4. 另外，在现行法上，对于这种例外的停止执行，还附有种种限 115
制。例如，"在能通过停止处分的执行或程序的继续进行实现目的时，
不得停止处分的效力"（《行诉法》第 25 条第 2 款但书），"停止执行
有可能对公共福祉造成重大影响的，或者能看到本案没有理由的，不
能停止执行"（同条第 4 款）。不仅如此，对于这种例外的停止执行，
课予的更为重大、应予关注的限制是《行政案件诉讼法》第 27 条的
"内阁总理大臣的异议"制度。

---

　[1]　顺便提及，《行政案件诉讼法》第 25 条第 3 款对"是否产生重大损害"认定
方法的规定，与"课予义务之诉"的要件（《行诉法》第 37-2 条第 2 款）、"禁止之
诉"的要件（《行诉法》第 37-4 条第 2 款）基本上是相同表述，而且是极为常识性的
内容。也就是说，这就不外乎意味着，无论如何，救济所需要的损害认定最终都是要综
合考虑具体案件中的关联事项，对于这里所举出的"损害的性质和程度""处分的内容
和性质"等要素，脱离具体案件作更为抽象的讨论就没什么意义。

　[2]　但无论如何，在法律修改前有时可以看到的一种主张是，如果金钱赔偿是可
能的，就不能说有"难以恢复的损害"。这种主张现在自然已经不再通用了。在现行制
度下出现的应予关注的最高法院判例是，在律师惩戒处分（停业三个月）的撤销诉讼
中，对于停止执行的申请，最高法院在该案中判断认为，社会信用的降低、业务上信赖
关系的损毁是重大损害。最决 2007 年 12 月 18 日判时 1994 号 21 页。

　[3]　顺便提及，地方法院层面停止执行的申请件数和认可件数（与申请件数的比
例），与法律修改前相比来看如下（出自最高法院事务总局行政局之手的年度行政案件
概况报告，法曹时报 53 卷 9 号~61 卷 9 号）：

2000 年　83 件中　20 件（25.0%）
2001 年　104 件中　43 件（41.3%）
2002 年　104 件中　40 件（38.4%）
2003 年　142 件中　42 件（29.5%）
2004 年　138 件中　70 件（57.9%）
2005 年　141 件中　70 件（49.6%）
2006 年　177 件中　61 件（34.4%）
2007 年　199 件中　69 件（34.6%）
2008 年　236 件中　115 件（48.7%）

二、内阁总理大臣的异议

116

1. 根据《行政案件诉讼法》第 27 条规定，"在提出第 25 条第 2 款的申请后，内阁总理大臣可以向法院陈述异议"，"作出停止执行决定后，也同样可以"（同条第 1 款）。如该条第 3 款规定，该异议所依据的理由在于，"如果不使处分效力存续、执行处分或继续进行程序，可能给公共福祉造成重大影响"。如果是在决定停止执行之前提出异议，法院就不能停止执行；如果是在已经决定停止执行之后，法院必须撤销决定（同条第 4 款）。

当然，法律规定，该异议必须附具理由（同条第 2 款），该条第 6 款还规定，"内阁总理大臣非不得已不得陈述第 1 款的异议"。但必须注意的是，根据该法律起草时法制审议会成员的说明，内阁总理大臣附具的是否真的为不得已的理由，法院并无审查权。[1]

2. 这一制度从行政案件诉讼特例法时代就开始存在，但不断地遭到批判，即"承认行政权对司法权的不当介入，违反权力分立原则"。在 1962 年《行政案件诉讼法》的制定过程中，围绕其存续是非，也有诸多讨论。但最终《行政案件诉讼法》毋宁是在某种意义上以进一步强化行政权地位的方式，继承了该制度。[2]2004 年大规模修法时，对于这一制度则以一概没有触及而告终。

117

尽管有种种批判，该制度仍得到维持。其论据如下：

第一，实质的论据：法院决定停止执行，常常不充分考虑行政案件的特殊性，像民事诉讼法上临时处分那样随便进行。因为有这种倾向，作为对实现公共福祉负有直接责任的行政权，对于这种法院滥发停止执行决定必须持有传家宝刀。

---

〔1〕 参照、杉本良吉·前揭『行政事件訴訟法の解説』97 頁、雄川一郎·前揭『行政争訟法』205 頁等。

〔2〕 在特例法时代，对可以陈述异议的时期并无明确规定。最高法院采用的解释是，必须在作出停止执行决定前陈述异议。参照、最判 1953 年 1 月 16 日民集 7 卷 1 号 12 頁。

第二，理论的论据：是否停止执行行政处分的问题，也就是停止执行该处分是否给公共福祉造成障碍，它最终不是法的问题，而完全是从行政的角度作出的行政判断。因而，对于这一点，即使《行政案件诉讼法》第 27 条第 3 款的内阁总理大臣判断优越于该法第 25 条第 3 款的法官判断，也不意味着行政权对司法权的干涉。[1]

3. 然而，对于这种观点，当然有种种质疑。首先，对于上述第二点，问题在于，能否果真像该观点所说的那样进行切割，是否要停止执行的判断，纯粹属于行政的判断，本来就不属于法院的权限。诚然，是否应为了公益而继续执行，其自身即使能说本来是行政的判断，其中的问题也是从私人权利救济的角度来判断是否有必要停止执行，这不能说纯粹是从行政的角度所作的判断。[2]换言之，对于是否让处分继续执行的问题，保护公益的行政视角与救济私人权利的司法视角是交错、竞合的，正因为如此，《行政案件诉讼法》以第 25 条第 2 款、第 3 款规定了处理两者关系的要件。这时，对于该法定要件的解释、事实是否满足该要件的认定，即使没有理由让法院的判断必须是终极性的，也没有理论根据必须让行政权的判断终极性地得到通用。既然问题是在是否满足法律的规定要件上有争议，如果通过对停止执行决定的即时抗告（参见《行诉法》第 25 条第 7 款），让上级法院再度审查之路得到保障，那么，它就是一种具有一定合理性的解决方法，而此外存在的内阁总理大臣异议制度，就必须说没有理论上的必然性。

其次，从前面所列举的第一点来看，即使法院的确有可能滥发停

118

[1] 也就是说，该观点认为，假设内阁总理大臣从法的角度对法院的法律解释和适用提出不满，的确就是行政权对司法权的干涉；但对于要不要停止执行的问题，这原本是行政的判断，却被委诸法官，作为行政权首长的内阁总理大臣完全是从行政的角度提出不满，因而，问题就完全不同（参照、田中二郎·上 341 页。有判例从这种逻辑出发认为该制度不违宪，参照、东京地判 1969 年 9 月 26 日例集 20 卷 8·9 号 1141 页）。如果根据这种观点，正因为如此，内阁总理大臣完全从行政的角度依据行政或政治责任而提出异议，法院审查其判断是合合适并不妥当，内阁总理大臣仅限于向国会负行政的、政治的责任（参见《行诉法》第 27 条第 6 款第 2 句）。

[2] 对此，也请参见前述第 112 页注。

止执行决定，但不容忽视的是，在另一方面，在设计与此相对抗的内阁总理大臣异议制度时，也还没有不滥用这一制度的保证。结果只能说，该制度是以对内阁总理大臣所代表之行政权（与通常的法院相对）的深深信赖和期待为前提而建立起来的。但是，针对1967年开始发生的国会周边游行示威许可条件的停止执行，东京地方法院与内阁总理大臣之间的抗争，[1]以及此后三年多数次反复的完全相同的案件，已严重背离了这种信赖和期待。[2]

有鉴于此，这一制度已经因承认行政权对司法权的不合理介入而颇有浓厚的违宪之嫌，至少在立法论上必须说应予废止。[3]

第二目　临时课予义务与临时禁止

1. 提起课予义务诉讼后，为了避免因不作出被要求课予义务的处分（或裁决）而造成无法弥补的损害，在有紧急的必要且能看到本案有理由时，法院根据申请，可以决定的形式临时命令行政厅作出该处分（或裁决）（"临时课予义务"，《行诉法》第37-5条第1款）。对于禁止之诉的情形，也允许基于同样的旨趣作出"临时禁止"（同条第2款）。

这些自然都是伴随2004年修改法律，明文承认课予义务诉讼和禁止诉讼制度而导入的制度。[4]

---

〔1〕 参照、東京地判1967年6月9·10日例集18卷5·6号737頁；東京地判1967年7月10·11日例集18卷7号855頁。

〔2〕 例如，在现行法之下，作为内阁总理大臣首次提出异议而闻名的案子是1967年的第一案，在该案件中，东京地方法院（杉本良吉裁判长）在停止执行东京都公安委员会给游行示威许可所附的变更道路条件时，在具体探讨该示威计划后，判断认为，其中的主办团体、预定参加者、路线等绝不符合《东京都公安条例》规定的"明显对保持公共安宁产生直接危险时"的要素，因而，公安委员会所附条件违法。在佐藤荣作总理大臣对此的异议中，完全没有提示推翻该判断的具体资料，而仅仅是对示威游行影响国会审议表示了抽象的不安。

〔3〕 另外，例如兼子仁（总论292頁）主张，在现行法解释论上应采取这样一种解释，即法院能审查内阁总理大臣提出异议的理由。

〔4〕 另外，有学者指出，"申请型课予义务诉讼法定化在临时救济层面比本案诉讼层面意义更大"（芝池義一·救济法149頁）。

2. 引人关注的是，对于这些申请获得认可的要件，停止执行时规 　120
定的是"重大损害"，而临时课予义务（临时禁止）时则规定的是
"无法弥补的损害"。后者明显比一般的"重大损害"（《行诉法》第
25 条第 2 款）要窄，比"损害的恢复难度"更严。这种差别应该说
源自撤销诉讼（停止执行）与课予义务诉讼（临时课予义务）、禁止
诉讼（临时禁止）的不同，在撤销诉讼的情形中行政厅已经作出首次
判断，而在后者的情形中则并未作出。[1]也就是说，在这里意外地显
示出，现行《行政案件诉讼法》并没有完全放弃旨在"撤销处分"的
撤销诉讼中心主义。

第三款　诉的审理问题

第一项　诉的对象（诉讼标的）

在所有诉讼中，都伴有"诉讼标的"的概念：划定通过诉讼所争　121
的是什么（诉讼对象），进而在结果上判决（或决定）最终决定的（在
法上确定）是什么（决定既判力的范围）。撤销诉讼是"要求撤销处分
的诉"，因而，处分的"撤销"自身明显包含在诉讼标的中，但实际在
诉讼中主要争议的是是否存在作为撤销原因的处分违法性（瑕疵）。因
而，确认有无违法性是否也为诉讼对象（诉讼标的）的一部分就成为问
题。撤销判决在其主文中仅宣告"撤销"该处分，从理论上说，极为朴
素的观点就是，只有"撤销"是诉讼标的（因而，判决只不过是具有
"撤销处分"的形成效果），确认处分的违法性只不过是其所附的理由
而已。但是，在判例和学说上一般采用的观点是，撤销诉讼的诉讼标
的在撤销之外还包括作为其原因的处分违法性的确认（因而，撤销判

---

〔1〕　此间，作为承认临时课予义务的例子有，课予临时承诺保育园入园义务，東
京地判 2006 年 1 月 25 日判時 1931 号 10 页；课予临时许可使用公共设施（交响乐大
厅）义务，冈山地判 2007 年 10 月 15 日判時 1994 号 26 页等。而作为承认临时禁止的例
子有，临时禁止废止市立保育所，神户地判 2007 年 2 月 27 日赁金と社会保障 1442 号
57 页。

决在有形成效果的同时，还具备"确认违法性"的确认效果）。[1]

在处分撤销原因的违法性是复数时，要作出撤销判决，只要确认其中一个存在就可以。这时，有观点认为，经撤销判决所确定的不仅是这一个违法性，而是整个违法性。[2]在此前提下，过去仍作为问题的是，得到确认的"处分违法性"是否超越在该诉讼中作为对象的处分自身违法性，而及于将来相同内容处分的违法性？也就是说，在撤销判决撤销处分后，行政厅不服，又重复作出相同内容的处分，这一再度处分（至少从表面上来看）只能说显是其他处分，但问题在于，之前的撤销判决能否已经确定了后续处分的违法性（禁止同一处分反复效果）。之所以不允许，实际上是因为《行政案件诉讼法》第33条第1款有明确规定。但因为该规定是作为后述"撤销判决的拘束

122

---

〔1〕 关于这一点，对于撤销诉讼是形成诉讼还是确认诉讼有过热烈的讨论，我自身对此并不那么关心，本书也不涉足。

顺便提及，过去讨论将"法律关系"理解为"权利"与其相对峙的"义务"的相互关系，将实体法设想为到处都由所有这些"权利·义务"束填充的平原，这是以传统民法学、民事诉讼法学的构想——将民事诉讼法定位于服务于实现实体法上的"权利"——为前提的（诉讼法理论不以实体法上权利的存在为前提，就作为"诉讼法的暴走狂奔"而受到非难）。在公法学领域，也因以德国法为中心的"公权论"的隆盛而广泛采用这种思考方法。如果站在这一前提上制定了法律上的某诉讼类型，其必定采取的思考方法就是，它必须服务于实现实体法上的某种"权利"。例如，将撤销判决理解为撤销请求权的实现，因而也就要讨论其中的"撤销请求权"是"给付请求权"还是"确认请求权"抑或"形成权"（顺便提及，现行法上课予义务诉讼是否承认了"行政介入请求权"，这样的讨论就是一例）。在这种思考方法下，撤销诉讼的诉讼标的（诉讼对象）当然就必须是某种实体法上的"公权"，诉一定必须是给付诉讼、确认诉讼、形成诉讼中的某一种。对于"行政实体法均由某种'公权'束填充"的思考方法，本书抱有违和感（顺便提及，从相似角度对传统行政法学进行批判，仲野武志·前揭『公权力的行使概念的研究』），而立于超越这种教条而直率地直视实定法规定的方法论之上。

〔2〕 因而，例如，因"违反职务上的义务或怠于履行职务"（《国家公务员法》第82条第2项）而作出惩戒处分，尽管以该事实不存在为由而被撤销，处分权者不能仍以有"与全体国民的服务者不相称的不端行为"（同条第3项）为由而主张该惩戒处分有效（当然，这时是否允许以先前撤销诉讼系属中违反第3项为由追加，则是不同的问题，参见后文第130页以下）。

力"的一个内容而规定的，因而，还要在理论上追问它与"判决的既判力"的关系。对此，在后文讲述"判决的拘束力"时再来探讨。[1]

第二项　职权主义等问题

一、当事人主义与职权主义

对于民事诉讼的审理，一般采用的大原则是"当事人主义"。所谓当事人主义，用一句话概括，它是一个倾向性地表达主张在诉讼程序中赋予当事人主导权的概念（大致可分为"处分权主义"与"辩论主义"，前者是关于由谁确定诉讼开始和终了、诉讼对象范围的问题，后者是关于由谁提出判决的必要资料确定事实的问题）。而与此相对，在诉讼程序中承认法院的主导权，一般称作"职权主义"。

之所以在民事诉讼中采用当事人主义，是因为民事诉讼未必以发现客观真实为目的，而是解决私人相互间的纷争。如果私人间纷争消失了，就实现了制度的本来目的。与此相对，行政诉讼与民事诉讼不同，其诉讼结果对公共利益有广泛影响，因而，问题就在于，诉讼结果完全委诸当事人之手吗？在行政诉讼中采取与民事诉讼同样的当事人主义是否也妥当的问题，特别是可否采用辩论主义，很早以来就有争论。

二、行政案件诉讼法根据的原则

然而，在日本现行《行政案件诉讼法》之下，如前所示，只要没有特别规定，行政诉讼就"依循民事诉讼之例"（《行诉法》第7条）。因而，判例和学说对此问题也认为，行政案件诉讼一般不适用职权主义，原则上广泛采用与民事诉讼一样的当事人主义是妥当的。也就是说，对于抗告诉讼，关于诉的提起、撤回等的处分权主义自不

〔1〕　后文第 155 页。

用说，在资料、证据的收集上也遵循辩论主义原则，法院一般不应基于当事人没有提出的事实作出裁判（不过，在处分权主义上，对于是否允许行政厅就请求作出承诺、进行裁判上的和解，也不是没有否定的观点[1]）。

不过，鉴于行政诉讼的前述性质，为了能在当事人主义（辩论主义）的框架内尽可能地收集客观资料，现行法有部分规定。例如，《行政案件诉讼法》第22条和第23条为案件的相关第三人及行政厅广泛参加诉讼打开通道，在必要时法院依职权使其参加，可以说在某一方面回应了这种要求。而该法第24条规定，"法院在必要时可依职权调取证据"。对于该规定的意义，过去在解释论上不无怀疑，但现在一般的理解是，它只是在判断当事人主张的事实是否实际存在时，仅从当事人提出的证据还无法得出充分的心证，认可法院依职权调取证据而已，而不是连所谓"职权探知主义"也予以认可，并不允许法院以根据真实作出裁判为目的，对连当事人都没有主张的事实也去探查（另外，该规定虽然承认职权调查，但并未达到课予法院职权调查义务的程度。对此一般并无争议[2]）。

三、释明处分的特别规定

当然，即使在辩论主义之下，法官原本也有对当事人等的"释明权"，"审判长……为了明了诉讼关系，可就事实上及法律上的事项向当事人发问，或者督促其举证"（《民事诉讼法》第149条第1款）。在2004年的修法中，《行政案件诉讼法》新规定，法院为了明了诉讼关系（为整理争点等），可在必要时进行释明处分，要求被告国家、公共团体或行政厅，进而是此外的行政厅提供其保有的全部或部分资料，以表明处分或裁决的内容、处分或裁决根据的法令条款、处分或裁

---

〔1〕 参照、雄川一郎·前揭『行政争讼法』216页；南博方编『注释行政事件诉讼法』（有斐閣、1972年）79页以下。

〔2〕 参照、最判1953年12月24日民集7卷13号1604页。

决的原因事实以及处分或裁决的其他理由（《行诉法》第 23-2 条）。[1]
这是对《民事诉讼法》第 151 条规定的释明处分所作的特别规定，特
别是对当事人以外的行政厅也能进行（同条第 1 款第 2 项），而提出
的资料也未必限定于"诉讼文书或诉讼中引用的文书以及其他物件"
（同条第 1 款第 3 项）的范围。这些规定可以说扩大了法院的权限。如
果行政厅未围绕诉讼中的争点，尽管为了消除原告一方的主张举证困
难，被命令释明，但行政厅仍不予回应（对此未设置特别的制裁规定），
法院可以采取措施，诸如之后即使行政厅再拿出这种资料，因为是延误
时机的攻击防御方法，法院已可不予处理。

四、提出文书命令

在当事人主义之下，上述依职权调取证据及释明处分，可谓是法
院基于诉讼指挥权而例外作出的行为；而当事人借法院之手而让举证
成为可能的，则是依申请命令提出文书制度。但是，对于这一制度，
《行政案件诉讼法》完全没有规定，而完全是《民事诉讼法》（第 219
条以下）的规定。因而，这里并不会详述，不过，该法 2001 年修改
时，主要设想了行政案件诉讼而扩大了国民的便利，这里仅对此部分
简要触及。

《民事诉讼法》第 220 条列举了不能拒绝法院命令提出的三种文
书（同条第 1 项至第 3 项，积极要件），对于其他文书，只要不符合
列举的要件（同条第 4 项，消极要件），就有全部提出义务（一般义
务）。第 4 项在 2001 年修法时被修改，与这里的问题相关而受到特别
关注的是，在其列举的消极要件中"专门供文书持有者利用的文书"
（同项第 4 目）部分之后用括号写着"国家或地方公共团体所持有的

---

〔1〕 有观点认为是从诉讼审理的合理性角度引入了该制度，同时可从行政法基本
原则的"说明责任"角度为其提供基础，作为这种说明的有，盐野宏・Ⅱ（第六版）
154 页。对此，进一步可参照、北村和生「行政訴訟における行政の説明責任」新構想
Ⅲ90 页。

文书时，除公务员在组织上使用的文书外"。这当然是与《信息公开法》的制定[1]相对应的，其结果是，即使是国家或地方公共团体供自己利用的文书，对于公务员在组织上使用的文书，不仅在信息公开请求程序中，在诉讼阶段，行政主体一方也不能拒绝提出。另外，对于当事人要求提示的文书是否符合上述第4项的消极要件，在必要时，法院在要求提示该文书之后通过秘密审理[2]作出判断。

第三项　主张限制

一、"与自己利益无关的违法"的主张限制

在行政处分的撤销判决中，处分溯及至开始时失去法的效果，而且其一般违法性确定下来，[3]当事人只要没有延误时机（参见《民事诉讼法》第156条以下），本来在审理之际就一定能提出所有攻防方法，为证明该处分违法提供根据。但是，《行政案件诉讼法》第10条第1款存在例外规定，即"在撤销诉讼中，不得以与自己法律上利益无关的违法为由请求撤销"。如前所述，[4]该规定源自该法的制度宗旨，即将抗告诉讼完全仅定位于旨在守护自己的法的利益免遭违法行使公权力的侵害，亦即"主观诉讼"，它与该法第9条第1款原告资格的规定出自同一根源。不过，两者不同的是，在消除原告资格障碍后的本案审理中，就是主张限制的问题。[5]

对于该规定，首要的问题在于，"与自己法律上利益无关的违法"具体是指什么（范围）。先前也稍有触及，[6]历来有各种讨论。只是

---

〔1〕　上卷第179页以下。

〔2〕　参见上卷第193页注〔3〕。

〔3〕　前文第121页。

〔4〕　前文第46页。

〔5〕　对于其具体差别，参见前文第71页注〔1〕。

〔6〕　前文第70页以下。

在这里，在承认第三人原告资格上，[1]至少对于请求撤销处分要具有"法律上的利益"。因而，其中可通过撤销处分来恢复自己法律上的利益，这一立场当然必须得到肯定。[2]如此，原本从理论上而言，对于该处分的一般撤销事由，应该明显就不能说是与相对人同样的第三人"与自己法律上利益无关的违法"。

只是在这时，例如，处分的根据规定明显旨在保护与第三人无关的利益，情况就并非如此。如前所示，在处分相对人的情形下，这也是一样的。因而，问题就变成在具体的规定中在解释上能多大程度读出那种立法意图。[3]

---

　　[1]　在相对人本人的情形下，（如前述第71页注[1]的例子所示）除了明显完全旨在保护第三人利益的规定外，所有法的规定基本上都是为保护本人而制定的。

　　[2]　在理论上正确地说这种"法律上的利益"是指什么，对此有种种说明［例如，塩野宏·Ⅱ（第六版）174頁将其作为从《行政案件诉讼法》第9条第2款规定产生的"得到考虑的利益"来说明］。而如前所述（前文第76页以下），我将其理解为，通过诸如许可这种行为（制度），避免因相对人行动造成损害的风险的权利（法的利益）。

　　[3]　对此，近来引人注目的论题是，在处分要件上规定了复数事项时，是否分别产生"与自己法律上利益无关"的事项？对此问题，过去在定期航空运输业许可的撤销诉讼中，对于"因与许可相关航线的飞机噪音而遭受社会观念上明显妨害者"，最高法院引用（当时）《航空法》第101条第1款第3项规定的"项目计划在经营上及航空安保上适当"，承认其原告资格。最高法院的"新潟机场诉讼判决"（参见前出第74页。该判决将原告等上述主张以外的违法斥为"与自己法律上利益无关的违法"）作出了这样的提示。但今天特别成为问题的是，《关于核原料物质、核燃料物质及核反应堆规制的法律》（原子炉法）第24条第1款各项规定（但是2012年修改法的施行前规定）规定了核反应堆许可的要件，亦即该条规定，没有排除该条第1款规定的所有要件（第1~4项）者，就不予核反应堆的设置许可。第1项（没有在和平以外利用的可能），以第2项（没有妨碍核能开发及利用计划执行的可能）、第3项（设置者具有设置核反应堆的必要技术能力及会计基础、足以实现正确运转的技术能力）及与这些不同的第4项（核反应堆设施的位置、构造及设备不妨碍防止核反应堆的灾害），至少设置了在其目的中含有防止第三人身体健康等受害的要件规定。因而，作为其相反解释，应看作其意图在于保护完全与第三人个人利益无关的一般公益［与此有一点理由的差异，例如参照、小早川光郎·下Ⅱ182頁。而与此相反的有，例如参照、阿部泰隆·解释学Ⅱ240頁以下；塩野宏·Ⅱ（第六版）174頁等］。

　　基于本书的观点，对于核反应堆的许可，承认第三人对撤销相对人许可具有原告资格，就意味着行政厅有义务避免因核反应堆设置、运转而给相对人造成损害的"风险"，

二、所谓“违法性继承”问题

129　　　　对于被称作“违法性继承”的问题，如前所述，[1]这一问题过去在理论上是作为“行政行为公定力的界限”来理解的。但在今天，（像整个行政行为论那样）它越来越倾向于重视行政救济法上的功能性意义。站在这样的角度，问题就完全变成在后续处分的撤销诉讼中是否允许主张先行处分的违法性问题。具体而言，例如，第三人对于存在先行处分并没有充分的信息和认识，在超过起诉期限之后，就后续处分的违法性进行争议。这时出现的问题就表现为，在该抗告诉讼中，允许主张先行处分的违法性吗？实际上，先前引用的最高法院判决[2]正是这样的例子：“在安全认定后进行建筑确认的情形下，即使没有撤销安全认定，在建筑确认的撤销诉讼中，应当允许主张因安全认定违法而违反本案条例第 4 条第 1 款所规定的接道义务。”[3]

130　　　　正如很多学者指出的那样，与行政法上很多其他问题一样，是否承认先行处分与后续处分之间的“违法性继承”，最终归诸如何在该案件中“行政的安定”要求与“国民的权利保护”要求之间权衡的问题。对于前者，最终的问题就变成，指向同一目的的行政决定却被

因而，至少在这种回避风险的范围内，第 4 项以外的要件也不能说是“与自己法律上利益无关的违法”。对此，多数行政法学者虽然在立论方法和理论构成上存在种种差异，但几乎得出同样的结论。对此问题的探讨，本多滝夫「取消訴訟における原告の主張制限と法律上の利益」芝池古稀 513 頁以下。

　　顺便提及，《废弃物处理法》对于废弃物处理场的设置许可规定了“会计基础”要件。它的“目的难以解释为包含直接保护产业废弃物处理设施周边居民生命身体安全等各个人的个别利益”，而且，“设想可能使周边居民遭受重大损害的灾害等，缺乏其会计基础时，已经不限于公益的目的……从周边居民的安全目的出发……应规定周边居民个人的法律上利益的相关事由”。因而，有的地方法院判决撤销该许可（千叶地判 2007 年 8 月 21 日判时 2004 号 62 頁）。这一观点的方向至少在结果上与本书的上述观点具有亲和性。

　　〔1〕　上卷第 242 頁。

　　〔2〕　最判 2009 年 12 月 17 日民集 63 卷 10 号 2631 頁。

　　〔3〕　对于问题的上述理解，例如参照、神橋一彦·前揭『行政救济法（第二版）』164 頁。

分成两个行为，该如何评价其意义或重要性。对于后者，问题就在于，只要保障先行行为自身的违法性能在裁判中争议，不利用这一途径就无法在之后主张其违法性，那么还能否说在权利保护上没有障碍。[1]对于后者这一点，加入了先行行为的争讼手段是否在制度上已充分完备的问题，也有学者指出，必须追问国民在现实中是否容易不错过时机而加以利用，[2]这一点也不容忽视。

三、理由的替换

上文是对请求撤销处分一方的攻击防御方法的限制，反过来就是行政一方要维持处分的问题。在诉讼的审理过程中，问题就是在多大程度上能允许替换（或者追加）此前已经提示了的处分理由。对此，《行政案件诉讼法》上并没有明文规定，但最高法院认为，"在撤销诉讼中，只要没有应作不同解释的特别理由，一般应当允许行政厅主张一切法律上和事实上的根据，以维持该处分的效力"。[3]如前所述，根据《民事诉讼法》的原则（该法第155条以下），这在此也一定是当然的理论出发点。最终问题就变成是否承认有"应作不同解释的特别理由"。这时，首先成为问题的自然是处分相对方的原告在实施诉讼上的利益，在审理途中，如果一般广泛承认行政厅变更处分理由，就可能给原告方强加以极难的诉讼活动上的不利。但在另一方面，假使原告在该诉讼中胜诉，行政厅以完全不同的其他理由重新作出同样的处分，

131

---

〔1〕　山本隆司（『判例から探究する行政法』179 頁以下）的表达是，"一般而言，有无违法性继承应当根据宏观的行政程序或行政诉讼的分节度与微观的权利保护程序的保障这一框架来判断"。

〔2〕　参照、亘理格『行政行為と司法の統制』（有斐閣、2018 年）324 頁。正如该书所指出的那样，在"安全认定"与"建筑确认"之间承认违法性继承的前述最高法院判决（狸森案判决）中，在安全认定的时点上，申请人以外的人并没有得到"争议其妥当与否的程序保障"，"考虑到不利在建筑确认阶段才现实化，在这一阶段之前没有采取提起争讼这一手段不能说特别不合理"。这一判断也应当予以留意。

〔3〕　最判 1978 年 9 月 19 日判時 911 号 99 頁。

再度进行争议。考虑到这一点，在一次诉讼中摆出所有论点，对原告而言从诉讼经济上来说是合理的。因而，其问题基本上就归结于，如何合理地调整双方的要求？[1]具体而言则要根据案件进行种种考虑。

例如，常常有人指出，存在一种案件，其理由发生变化，就失去"处分"原本的同一性。典型例子是公务员的惩戒处分，"违反交通的惩戒处分案件与泄密的惩戒处分案件是完全不同的"，[2]"性骚扰与贪污明显是不同的处分"。[3]对此，有影响力的主张认为，[4]以申请不满足数个法定要件中的一个为由而作出拒绝申请的处分，只要不是时机延误的抗辩（《民事诉讼法》第156条），从诉讼经济而言，应当允许理由的替换和追加。

132 　　然而，在过去引起多数学者关注的问题是，法律上课予了处分附具和提示理由的义务，能在多大程度上实现禁止或限制起诉后变更理由？在过去只是个别法课予附具理由义务的时代，例如围绕纳税青色申报更正处分等对这一问题有讨论。而其因1993年《行政程序法》而成为一般性义务（《行政程序法》第8条、第14条），之后变得更具有重要意义。对此问题，最高法院过去表明的观点是，要求提示理由（附具理由）的目的在于，保障行政厅判断的慎重和公正，抑制其恣意，同时为不服争讼提供便宜。[5]在此之上，并不当然禁止行政厅在提起的争讼程序中主张与附具理由不同的理由。[6]但其中也只是并不"当然"禁止，并未连有某种关联也予以否定。并不是一定可以允

---

〔1〕 参照、宇贺克也·概说Ⅱ（第六版）256页。另外，对此问题，主张"法院与行政厅功能分担的观点"的必要性，参照、大贯裕之「行政訴訟の審判の対象と判決の効力」新構想Ⅲ156頁。

〔2〕 塩野宏·Ⅱ（第六版）176頁。

〔3〕 阿部泰隆·解釈学Ⅱ。另外，关于有无"处分的同一性"，参照、大贯裕之·前揭文153页。

〔4〕 例如，小早川光郎·下Ⅱ209-215页；阿部泰隆·解釈学Ⅱ245頁等。将问题类型化为"不利处分"的情形与"拒绝申请处分"的情形再加探讨，例如参照、大橋洋一·Ⅱ（第三版）164页以下。

〔5〕 参见上卷第158页。

〔6〕 最判1999年11月19日民集53卷8号1862页。

许脱离附具理由义务的本来制度宗旨（例如，处分时只是在形式上附具了暂时适当的理由，一旦引发争讼就真格地展开详细的理由等），这就委诸法官的良知判断。[1]不允许因理由的追加、变更而让诸如行政程序法上听证程序的意义归于消灭，这也可以说是属于常识性的事情。

第四项　自由裁量行为的审查

如前所述，[2]《行政案件诉讼法》第30条规定，"只有在行政厅的裁量处分超越裁量权范围或者滥用时，法院才能撤销该处分"。其文字本身并未明确法院在作出撤销判断前的审理方式。对此，如前所述，[3]有诸如"判断代置""判断过程审查"等讨论。但是，在此之前必须留意的是，法院判断认为某处分原本是委诸行政厅裁量的，就意味着在审理的某局面中，完全采用一方当事人（行政厅）的主张（仅以"属于裁量"为理由），而一概不允许对方当事人（原告）对其论点进行反驳、反证（除了超越裁量界限的主张）。

例如，从核电诉讼的例子来看，周边居民反对核电站建设时，假设以电力公司为被告提出民事诉讼请求禁止，法院对于核电是否安全，平等地探讨居民一方（不安全）的主张与电力公司（不危险）的主张，让双方举证，就哪一方的主张合理作出判断。然而，行政不能说核电有危险而许可设置，居民认为不安全而提起诉讼请求撤销行政

133

134

---

〔1〕　从理论角度处理这种案件的道理在于，引出学说上行政厅的所谓"调查义务"（介绍并探讨禁止或限制变更理由与"调查义务"相结合的观点，例如参照、大田直史「理由付記・提示と理由の追加・差し替え」芝池古稀137頁以下、木内道祥「理由付記の瑕疵による取消訴訟と処分理由の差替え——提示理由の根拠と手続の適法要件」石川古稀123頁以下）。要言之，其道理在于，在处分时未尽充分调查义务，结果就会处分附具敷衍的理由，在争讼时才真格地去调查，追加或替换理由，这是不允许的。在实际诉讼中更为重要的是，不是这种道理，而是在该案件中，法院能否认定上述事实。如果予以认定，法官可能有种种应对方法，比如没有附具原本适当的理由，就判断处分本身违法，或者，作为延误时机抗辩而进行适当的诉讼指挥等。

〔2〕　上卷第109页、第112页。

〔3〕　上卷第125页以下。

处分（处分的撤销诉讼——行政案件诉讼），在某个阶段中，在有无安全性（危险之虞）属于行政厅裁量（以专门技术性为理由）的理由之下，就不允许居民对此有更多的反驳、反证，而只能主张裁量权的行使有超越和滥用。[1]如此，尽管是"解决双方当事人之间的纷争"，但当行政厅是对方当事人时，（仅以属于裁量为理由）原本原告一方的主张和举证就受到限制，为何、到何种程度上能允许，这是前述[2]"自由裁量论的第三相"问题。之前在行政案件诉讼法修改之际，有部分人主张"《行政案件诉讼法》第 30 条应予废止"，正是这一主张与上述观点结合起来，才有了某种意义。[3]

第五项　证明责任（举证责任）

一、抗告诉讼与证明责任

在行政诉讼特别是抗告诉讼中，证明责任是由主张处分违法性的私人一方承担，还是由主张处分合法的行政厅一方承担？这一问题与如何理解"行政行为的公权力性"问题纠缠在一起，过去在学说上成为热烈讨论的对象。

1. 对此，最古典的见解是，要从行政行为的公定力或合法性推定来解答这一问题。也就是说，该观点认为，既然行政行为一般被推定为合法，主张其违法的私人一方当然要承担证明责任。

这一观点乍看很有道理，但若详细探讨，如前所示，[4]行政行为的公定力或合法性推定，目前只是被理解为，不得在正规的撤销

――――――――――

〔1〕 补充记录一点，这与下一项处理的诉讼中举证责任（证明责任）在哪一方，亦即所谓"举证责任的分配"问题在理论性质上完全不同。因为"举证责任的有无（分配）"是法院在当事人双方尽数主张、举证之后，仍然无法就哪一方正确获得心证时，法官判定哪一方胜出的问题；而这里的问题是原本由哪一方主张、举证的问题。

〔2〕 上卷第 132 页。

〔3〕 对于正文所述"自由裁量论的第三相"，详见、藤田宙靖『裁判と法律学』177 页以下。

〔4〕 上卷第 236 页。

程序之外否定行政行为的效果。于是产生的疑问是，即使正是在通过正规的撤销程序来争议行政行为的违法性时，是不是也并不当然推定行政厅的说法是正确的？现在可以说主张这种观点的学说已经消失了。

2. 特别是在民事诉讼法学者主张的观点中，行政诉讼与民事诉讼一样，根据实体法规规定处分要件的方式来决定证明责任的所在。也就是说，对于实施处分的所谓"权利发生事实"的存在，由被告行政厅承担证明责任；对于"权利妨碍事实"的存在，由原告私人承担证明责任。这种观点从《行政案件诉讼法》第 7 条的规定来看也可以说是最为自然的解释。然而，对于这一观点也有种种批评。特别是，实体私法法规原本作为关于私人当事人之间纷争的裁判规范，在自罗马法以来的长久传统上，就是在充分注意证明责任分配的基础上形成的。而对于行政法规范，有学者指出，其与其说是作为裁判规范，不如说是主要着眼于行政活动的行为规范而制定的，它并没有连裁判时证明责任的所在都考虑了之后才立法。[1]

136

---

〔1〕　参照、田中二郎・上 344-345 页；雄川一郎『行政争讼法』213-214 页等。

另外，对于撤销诉讼中证明责任（举证责任）的所在，行政法学所讨论的问题能否真的以与民事诉讼法中本来意义上的举证责任一样的东西为对象，实际上这并不是没有问题。原因在于，所谓举证责任，本来是"要件事实存在与否"的举证规则，但作出行政处分的要件常常是以诸如"有害于善良风俗"这种不确定概念（所谓"规范性要件"）来规定的（参见上卷第 105 页以下），在判断是否满足这一要件时，包含着对于"某事实是否存在"的判断与对于"该事实能不能说有害于善良风俗"的判断。后者严格来说不是"事实的存在"，而是包含着"评价"的判断。这种判断的是非原本是否适合于证明责任的分配（其前提是"辩论主义"）规则呢？对于这里所说的规范性要件问题，过去在民事诉讼法领域是作为所谓"要件事实论"的一环来讨论的［例如参照、伊藤真『民事诉讼法（第五版）』（有斐阁、2016 年）306 页］。在行政处分撤销诉讼的关联上触及这一点的是，太田匡彦「取消诉讼の审理に关する诸问题」行政诉讼实务研究会编『行政诉讼の实务』（第一法规、2004 年）615 页。如果以此认识为前提，行政法学上所说的"撤销诉讼中证明责任的所在"，除了本来意义上事实存在与否相关的"证明责任"外，还包含着双方当事人对该事实所作的规范性评价有无说服力的规则。应该在意识到这一点的基础上再讨论有关其分配的应有状态。

3. 其中, 有一种观点是以上述观点为基础, 提议在行政诉讼 (抗告诉讼) 中固有的证明责任分配, 亦即在请求撤销限制私人自由、课予私人义务的处分的诉讼中, 始终由被告行政一方对其行为合法 (满足要件) 承担证明责任; 在私人要求行政主体扩张自己的合法利益之诉 (例如拒绝申请处分的撤销诉讼), 原告对其请求的事实基础承担证明责任。[1]

这种观点作为一种原则性观点, 可以说一般受到颇多支持。但是, 该原则是否可以通用于所有场合? 这仍引起诸多疑问。结果, 在这种状况下, 一方面揭示上述原则, 而同时鉴于事例的特殊性、考虑当事人的公平来具体地决定。这大概是现在学说中的最具共识性的结论。

例如, 有观点认为, 原告主张行政行为无效时, 对于该行政行为的瑕疵不只是撤销原因而是无效原因的理由, 原告至少也要承担证明责任, 这也可谓当然之理。[2] 而以超越或滥用权限为由要求撤销裁量行为时, 一般也由原告对超越或滥用权限的事实承担主张和证明责任。如此主张也并无困难。但是, 从诉讼公平的角度来看, 是否应在所有情形中严格贯彻这种原则仍是问题。在这一点上值得关注的是, 最高法院对于核反应堆设置许可的撤销诉讼中, 承认设置许可有一种裁量性判断的余地, 对于被告行政厅所作判断有不合理之处, 其主张和证明责任 "本来应由原告承担", 同时也说, "该核反应堆设施的安全审查资料均为被告行政厅一方持有, 考虑到这些, 被告行政厅一方首先有必要就其所依据的……具体审查基准以及调查审议及判断的过程等, 说被告行政厅的判断无不合理之处所依据的相当根据、资料提出主张和证明, 被告行政厅未尽数提出上述主张、证明时, 应该就可

〔1〕 参照、高林克巳「行政訴訟における立証責任」田中二郎他編『行政法講座 (第三卷) 』(有斐閣、1965 年) 298 頁以下; 原田尚彦・要論 420 頁等。

〔2〕 参照、最判 1959 年 9 月 22 日民集 13 卷 11 号 1426 頁; 最判 1967 年 4 月 7 日民集 21 卷 3 号 572 頁。

以在事实上推定被告行政厅所作上述判断有不合理之处".[1]

二、法官心证的形成

另外，就证明责任的上述理论状况，还必须理解其下述前提。

即使综合向法庭提出的所有证据和资料，法官仍然无法就哪一方主张正确获得心证，这时，让哪一方败诉的问题，就是诉讼程序中证明责任之所在。因而，只要法官还能形成心证，原本就不产生证明责任的问题。如此，在现行《行政案件诉讼法》之下，例如，如前所述，只有在当事人提出的证据还不能充分形成心证时，才允许法官依职权调取证据。因而，与民事诉讼相比，证明责任的所在问题成为关键，但这样的情形本来是极少的。因此，应当留意的是，特别是在行政诉讼中，与证明责任自身相比，让法官充分形成心证的制度和理论，在现实中更为重要。[2]

138

---

〔1〕　最判 1992 年 10 月 29 日民集 46 卷 7 号 1174 頁——所谓"伊方核电诉讼判决"。

顺便提及一点，近来行政法学对这一问题从行政厅负有"调查和说明义务"角度加以探讨，值得关注。作为这一动向的先锋，确立了"行政厅的调查义务"概念，认为行政一方在这一调查义务的范围内负有证明责任，著名者、小早川光郎「調查・処分・証明」雄川一郎献呈中 249 頁以下、小早川光郎・下Ⅱ178 頁以下。对于这一见解，也有各方面提出质疑，行政厅在行政过程中的调查义务与诉讼中的证明责任未必直接关联（即使行政厅依法履行所负有的调查义务，是否存在判决所需的充分事实也未必清楚）。在这一点上，否定"调查义务"与证明责任之所在的理论上直接关系，同时详细探讨其意义，近来特别值得关注的论文是，山本隆司「行政手続及び行政訴訟手続における事実の調査・判断・説明」小早川古稀 293 頁以下（与此相关，另参照、薄井一成「申請手続過程と法」新構想Ⅱ285 頁；桑原勇進「環境行政訴訟における証明責任」小早川古稀 607 頁等）。

〔2〕　例如，在上述"伊方核电诉讼判决"中，被告行政厅未尽主张和证明时，只是说"事实上推定"行政厅的判断不合理，这不是在说本来意义上证明责任的所在，而只不过是在陈述法官形成心证的状态而已。另外，对此，除了职权调取证据规定外，也请参照诸如证据提出顺序的《国税通则法》第 116 条的规定等。

第六项 违法性的判断基准时间

一、问题所在——"处分时说"与"判决时说"

从作出行政处分到判决之间，有时会发生情势变更，作为该处分前提的法令内容改变、事实状态变化等（前者诸如在要求撤销营业许可申请的拒绝处分期间许可要件得到缓和，在要求撤销课税处分的争议期间采取了溯及性的减税措施等；后者诸如因酒精中毒而被吊销驾照，在争议期间酒精依赖症得到治愈等）。这时，就产生了一个问题，法院在判决之际，是应以处分当时的法令和事实为前提作出判决，还是基于现在（准确地说，事实审口头辩论终结时）的情况作出判决？对此，按照前者来解决即所谓"处分时说"，采用后者的观点即所谓"判决时说"。[1]

过去的学说和判例大致可以说是采取"处分时说"。[2]例如，过去在农地收购计划的根据规定被删除、以其他规定重新完善的案件中，最高法院指出，"在请求撤销或变更行政处分之诉中，法院应判断的是系争行政处分是否违法"，"虽说行政处分作出后法律被修改，但行政厅并非依据修改后的法律作出行政处分，因而，法院不能依据修改后的法律来判断行政处分妥当与否"。[3]之后它又指出，"法院撤销行政处分，就是要在确认行政处分违法后使其失去效力，而不是在辩论终结时，法院站在行政厅的立场去判断作出何种处分才正当"。[4]其观点就是，法院在判断行政处分合法违法时，应当仅可将行政厅自身作出处分时可利用的法令和事实作为判断的资料。而撤销诉讼制度的目的在于对作出的行政处分是否合乎法律规定作事后审查，如果以此

〔1〕 另外，在"处分"尚不存在的课予义务诉讼的情形中产生的问题也是，以何种时点的法令和事实为前提课予义务（不课予义务）呢？对此容后再述（后述第144页以下）。

〔2〕 当然，也不是没有部分学说和下级审判决采取"判决时说"。对于包括这些在内的学说状况，可参照、『行政法的争点（新版）』218頁以下的解说。

〔3〕 最判1952年1月25日民集6卷1号22頁。

〔4〕 最判1953年10月30日例集4卷10号2316頁。

为前提来看，这种观点基本上是合乎道理的。只是在具体案件中适用这一原则时，仍然必须留意种种问题，例示如下。

二、适用"处分时说"的前提条件

1. 第一，在行政处分的撤销诉讼中，法院应作的判断是"系争行政处分是否违法"，这并不是在说"行政厅的判断在该时点是否有过错"，而必须完全理解为"从当时的法来看是否应判断该行政处分违法"。例如，处分后法令规定被修改，且具有溯及效力时（如先前减税措施的例子），原本是处分时的法令内容自身发生变化，即使行政厅自身在处分当时不可能根据修改法作出判断，法院在判决时，也当然应根据修改后的法令作出判断。

2. 第二，从类似的观点来看，对于是否存在处分时的法令内容或事实，其解释或理解在日后发生变化时，即使从处分时的一般观念来看处分合法（或违法），法院也应根据判决时正确的法解释和事实认定作出判断。换言之，如何解释、认定法和事实，本来就是属于法院权限的事项。所谓"处分时说"，即使将法院判断处分违法性的资料仅限定为处分时存在的事实和法令，也没有连法院对该资料的解释、认定权限都要限定。[1]

3. 第三，从实质上来看，如果衡量各种利益，也有必要考虑在某种具体情况下形式性地贯彻"处分时说"未必合理。例如，不利处分的要件在处分后被扩大时（增加了惩戒事由，强化了许可认可的撤销

━━━━━━━━━

[1]　众所周知，在争议核电厂设置许可违法性的所谓核电诉讼中，对于核反应堆的安全性，许可时并没有的新科学知识却在判决时登场，因而，根据何时的知识来判断有无满足安全性要件，就屡屡成为问题。如果根据正文所述，这时当然也应根据现在的科学知识，这与"处分时说"未必矛盾〔对此，请参见前述的最高法院"伊方核电诉讼判决"（最判1992年10月29日）〕。只是在这种案件中，对于"安全性"要件的认定，这更是法院对行政厅专门技术判断应在多大程度上尊重，亦即"要件裁量"的范围问题（参见上卷第107页、第123页），以及法院应通过什么来看"现在的科学知识"的问题。它与这里成为问题的"违法性判断的基准时间"不用说就是不同的理论问题。

141

或撤回事由等），处分根据修改前法令当然违法，适用修改后的法令却要判断为合法，这实质上就等于溯及适用对私人不利的法令，特别是在给这些处分设置了事前程序时，结果就变得也剥夺了私人的程序利益（一般不能采用"判决时说"正是因为实质上有这种问题）。对此，例如在就违反《建筑基准法》或《都市计划法》作出建筑物拆除命令的合法性进行争议时，法律有修改，修改后这种建筑物不再违法，这时即使以现在的法令为前提撤销拆除命令，从私人的权利救济角度来说也自然并无障碍，而且，对于现存的建筑物，从《建筑基准法》《都市计划法》确保公益的目的角度来说也已经不存在问题。如此，有时也不是没有可能有那种案件，即以裁判时的法令和事实为前提进行行判决，不仅在实质上没有障碍，从程序经济角度反而更为合理（特别是该行政处分面向未来具有持续的法效果，而且无需行政厅的裁量判断时，就能产生这种例子）。[1]

其中，如果在"处分时说"的理论框架中活用这种实质考虑，例如，在行政处分的根据规范中除了完全是以作出处分自身为基本目的的规范（例如，对过去事实具有制裁意味的行政处分等情形多是这种例子），该规范的基本目的是排除私人的社会、经济活动中的违法状态，这时就认为行政处分只是被定位为实现该目的的手段（换言之，只有在私人活动中一定的违法状态存续时，才能认为行政行为的根据规范自身也认可该行政行为的存续）。[2]只是究竟在多大程度上能实

---

〔1〕 考虑处分后的情势变更，有行政行为的所谓"瑕疵的治愈"论（因而，从诉讼法角度看"瑕疵的治愈论"，也能说它是一种"判决时说"）。不过，"瑕疵的治愈"论虽说是针对原本违法的行政行为，因行政行为的情势变更而将其合法化，并不具有相反的功能。因而，无法看到其在正文所举的例子中适用。

〔2〕 田中二郎博士原则上持"判决时说"，其理由在于其撤销诉讼观，即撤销诉讼的本质不在于"确认没有行政权限"，而是"排除以行政厅的首次判断权为媒介的违法状态"（田中二郎·上 348 页）。但其意思实质上可看作以本书正文所述的后者例子为原则。另外，对于应如何处理本书正文所举的例子，盐野宏认为，"并非撤销诉讼的本质，对于违法建筑物的要件变动，应从具体的法如何处置的角度作出判断"［盐野宏·Ⅱ（第六版）202 頁］，但其旨趣稍有不明之处，或者包含本书所述之意吗？

现这种观点，仍必须作为今后的课题充分予以追问。[1]

4. 另外，关于违法性判断的基准时间，与上述不同，依申请处分 143 时，其合法或违法是应该依据申请时还是处分时的法令来判断，这也会成为问题。但是，对此，判例和学说认为，只要不存在行政厅因过错而让对申请的处分迟延的特别情况，应该依据处分时的法律进行判断。[2]

三、不行为诉讼中违法性判断的基准时间

关于撤销诉讼中违法性判断基准时间的讨论，对于确认无效诉讼同样是妥当的，但却并不通用于不行为诉讼（不作为的违法确认诉讼、课予义务诉讼、禁止诉讼）。这当然是因为，撤销诉讼和确认无效诉讼是确定已作出行为的违法性的诉讼，而不行为诉讼是以不作为的违法等为问题，因而，是在尚未作出行为的阶段面向将来作出（或者不作出）行为的诉讼（也就是说其中本来就不能设想"处分时"的事情）。因而，与撤销诉讼、确认无效诉讼不同，不行为诉讼一般当然是以"判决时（口头辩论终结时）"作为违法性判断的基准时间。不过，状况稍有不同的是对拒绝处分提起的课予义务诉讼（所谓"申请型课予义务诉讼"，《行诉法》第 3 条第 6 款第 2 项），特别是在现行法之下，（根据《行诉法》第 37-3 条第 3 款的规定）在就拒绝处分提起课予义务诉讼之际必须同时提起撤销诉讼（或确认无效诉讼），

---

〔1〕　与此相关，有学者指出，可以在过去关于违法性判断基准时间的讨论中看到行政实体法上的问题与行政诉讼法上的问题混在一起〔参照、山本隆司「取消訴訟の審理・判決——違法判断の基準時を中心に（二・完）」法曹時報 66 卷 6 号（2014年）1317 頁以下〕。这是重要的。该论文还指出有必要适当地区分使用"处分时说"和"判决时说"，具体探讨了区分使用的基准（同第 1337 頁以下），大致是富有说服力的。

顺便提及，近来有一种尝试是利用德国行政法学上"作为措施（Massnahme）的行政行为"与"作为规范（Regelung）的行政行为"的区别，亦即"行政行为自身"与其"规范的内容"的区别的概念框架来探讨问题（参照、人見剛「行政行為の『後発的瑕疵』に関する一考察」阿部古稀 717 頁以下）。其问题意识与本书正文所述具有共通之处。

〔2〕　参照、最判 1975 年 4 月 30 日民集 29 卷 4 号 572 頁。

两者合并审理。[1]这时，从制度的宗旨来看，本来两种诉讼中违法性判断的基准时间只能是一致的，但如果根据上述原则（撤销判决＝处分时，课予义务判决＝判决时），那就可能产生不可能一致的事情。

然而，如前所述，[2]作为对不行为的救济方法的一环，现行法是将课予义务诉讼制度置于以撤销诉讼为基轴的过去体系的延长线上来发展，违法性判断的基准时间问题在理论上就应该是以撤销诉讼的标准作为基础。也就是说，这时，拒绝处分在处分时是合法的，即使之后因修法而在判决时的法之下变得违法（亦即即使是允许单独提起课予义务诉讼的案件），也只能是驳回撤销诉讼或课予义务诉讼（这时，在新法制下通过再申请处分来进行原告的救济）。反过来，拒绝处分在处分时是违法的，即使修法后变得合法，也能认可撤销处分、（假设单独提起课予义务诉讼被驳回的情形）课予义务之诉。

与此相对，对于拒绝处分不仅可以提起撤销诉讼，还承认直接课予义务，如果引入课予义务诉讼的意义不仅仅是对过去体系的累积，还是对以撤销诉讼为中心的构造的彻底改革，那么，引入课予义务诉讼的重点就在于能够一举处理纷争，如此就不是不可能采用"判决时说"。不过，后者这条路，自然是面向今后的立法论，在现行法之下，诸如不否定单独提起拒绝处分的撤销诉讼，反而不承认单独提起课予义务诉讼，在解释论上就稍显无理。[3]

---

〔1〕 在现行法上，对于申请的拒绝处分或不作为，可分别提起撤销诉讼（确认无效诉讼）、不作为的确认违法诉讼。但如前所述（前述第 105 页），提起课予义务诉讼时，也必须同时提起这些诉。两种诉讼合并审理，只有在实质上撤销拒绝处分、确认不作为违法，才作出课予义务判决（《行诉法》第 37-3 条第 3 款、第 4 款）。

〔2〕 前述第 106 页。

〔3〕 在拒绝处分的课予义务诉讼中，违法性判断的基准时间问题是特别的法律性和技术性问题，因而，从现行法制定开始就有很多行政法学者和实务专家关心，在理论上有颇多反复的讨论。这里对其详情无暇回顾，请参照、横田明美·前揭『義務付け訴訟の機能』、興津征雄『違法是正と判決効——行政訴訟の機能と構造』（弘文堂、2010 年），此外包含诸多文献的引用，大貫裕之「義務付け訴訟·差止訴訟」高木光＝宇賀克也編『行政法の争点』134 頁以下等。

这里所说问题的根本在于，从处分时到判决时之间有法的修改，因为它对原告有利

第四款　判决问题

第一项　情势判决

根据《行政案件诉讼法》第 31 条第 1 款规定，"在撤销诉讼中，146
处分或裁决违法，但撤销会明显损害公共利益的，法院在考虑原告受
损害的程度、赔偿或防止损害的程度、方法以及其他所有情况后，认
为撤销处分或裁决不符合公共福祉，可以驳回请求"。对于行政上不
服申诉的裁决，《行政不服审查法》第 45 条第 3 款也设置了同样的规
定（"情势裁决"）。

　　然而，如前所述，[1]争讼撤销是基于私人的不服而纠正违法行政
行为的制度，是法律正式设计的权利救济制度。因而，法院虽然判明
了争讼的结果违法，却不能将其撤销，这或许可以说是权利救济制度
的自杀。因而，在将依法律行政原理、以其为前提的近代法治国家原　　147
理作为基本出发点的法解释论上，必须采取这样一种观点，即在争讼
撤销之际，即使因法的安定性等要求而承认有例外的情形，也必须将

或不利，应该如何调整呢？从法政策上来看，其中当然可以有种种观点，并没有唯一正
解。在法解释论上，即使立于上述某一原则之上，有时也未必能排除在各个事例中探索
最正当的解决之道、承认其例外情形。在这一意义上，东京高等法院的判决（2018 年 5
月 24 日判時 2417 号 3 页）值得关注："课予义务之诉中本案要件判断的基准时间……
原则上是事实审的口头辩论终结时……尽管根据合并提起的撤销诉讼的基准时间，即处
分时的法令违法，以此为审查基准，进而应当撤销驳回（申请的——藤田注）处分，
但以口头辩论终结时为基准时间，依据其后修改的法令进行审查，很可能作出不同判
断，像本案的情形这样……贯彻上述原则的处理，就会对被控诉人（个人出租车许可的
申请人——藤田注）构成明显不利，无理由地伤及申请人的法律地位，因而，从当事人
之间的信义和衡平来看，就不应当容许。"

　　顺便提及，如前所述（前述第 108 页），在现行法上，在合并提起的撤销诉讼等有
理由时，作出撤销判决等，这是能作出课予义务判决的要件。但如果所站的立场是，将
其理解为诉讼要件（而非本案胜诉要件），在驳回撤销请求时，驳回要求课予义务之诉
（而非驳回诉讼请求），那么，两种诉讼中违法性判断的不同基准时间问题原本就是不
会发生的。

　　[1]　上卷第 260 页。

其作为极为例外者，使其受到比职权撤销情形更为严格的限制。如果从这种观点来看，《行政案件诉讼法》第 31 条第 1 款等规定也正因为如此，才特地将要件限于这种例外，明确地法定化了。[1]不仅如此，一般认为，即便具备了这些要件，法院也不是绝对不得撤销该行政行为，法律将撤销与否委诸法院裁量。法律还特地规定，在作出情势判决时，"在该判决的主文中，必须宣告处分或裁决违法"，进而，"法院认为适当时，可以在终局判决前，以判决的形式宣告处分或裁决违法"（同条第 2 款）。因而，即使不撤销处分，也要尽可能地实现法院对违法行政活动的控制（因而，虽说有时候即使撤销处分，从社会、经济损失角度来看在社会观念上也不可能恢复原状，但并不能说由此就直接失去了撤销诉讼的诉的利益）。[2]

具体而言，到底什么样的案件才是应作出情势判决、情势裁决的事例呢？这是一个难题，学说上常常设定的例子是几乎稀有的事例，即在堤坝工程完成后，才判明堤坝建设的前提行政行为（根据《土地征收法》的土地征收裁决、根据《河川法》的河川使用许可、根据《特定多目的堤坝法》的堤坝使用权的设定等）的违法性。[3]与此相对，在现实的裁判例中常常成为问题的例子是，根据一定的项目计划有计划地整理、调整多数人之间的权利，这种项目的效果之后因程序等违法事由被全部撤销。例如，在某案件中，反对设立土地改良区、根据法律规定而成为当然的组合成员者，提起诉讼请求撤销设立认可，最高法院认定设立认可自身在程序上有瑕疵、违法，但支持了对本案作出情势判决的原判决："在本案中，上述土地改良区以 6000 亩田为区域，拥有组合成员约一百数十人，已投入巨额费用，完成地区

148

---

〔1〕 在这一意义上，"撤销（原本行政行为）损害公共福祉时，即使存在撤销原因，也有必要与公共福祉进行调整，而不能自由撤销"。《行政案件诉讼法》第 31 条第 1 款 "明确了这种一般观点"（田中二郎·上 152 頁）。但不能说这种观点是适当的，这种观点如何与依法律行政原理、近代法治国家原理相整合，至少还要在理论上得到明确的说明。

〔2〕 参照、最判 1992 年 1 月 24 日民集 46 卷 1 号 54 頁。

〔3〕 实际上，对这种案件作出情势判决的罕见例子是所谓 "二风谷堤坝案判决"。札幌地判 1997 年 3 月 27 日判时 1598 号 33 頁。

农地的提高加固工程和区划整理，除了原告等极少数组合成员外，组合成员均一同现实地享受着该项目的恩惠。""这时，若以前述瑕疵为理由撤销设立认可，以该认可有效为前提而对多数农地多数人所产生的各种法律关系和事实状态将一举覆灭，但这明显违反公共福祉。"[1]

对于这种判决，必须考虑的是，如果照此逻辑判决，对于这种事例，亦即根据综合性统一的项目计划而进行的行政活动，之后就其法效果进行争议，多半的情形都可能应该适用情势判决制度。如此，对于某行政活动领域，就变得原则上要作出情势判决。这种结果是否真的符合限制争讼撤销制度的本来目的，就必须说是颇有问题的。但是，另一方面，如上述判决所示，在这些事例中，事后颠覆项目的所有效果，将导致大为混乱，这也是不容否定的事实。如后所述，其中，传统行政争讼制度和理论与现代行政的发展之间出现严重裂痕就以典型的形式表现出来。从立法论而言，对于这种计划行政活动，与争议通常的个别性行政行为一样，设计相同的争讼方法，其自身原本就是不合理的。[2]

如此，难题是有的，"公共福祉"要件是情势判决的前提，一般来说，撤销行政行为原本就多少会影响公共福祉，因而，就必须极为慎重地解释什么是这里所说的"公共福祉"（否则，极端地说，事实上可能就变得一概不允许撤销行政行为了）。如果从与近代法治国家原理的关系出发，按照前述观点来理解限制争讼撤销的意义，就必须说这一条文不能适用于仅仅是限制依职权撤销的情形。

另外，如前所述，在情势判决中，在判决主文中宣告该处分违法

149

---

〔1〕　最判 1958 年 7 月 25 日民集 12 卷 12 号 1847 页。这是旧行政案件诉讼特例法时代的判决。在现行法下，诸如在火灾复兴土地区划整理项目中，就根据换地计划所作换地处分的违法性发生争议，长崎地方法院判决（长崎地判 1968 年 4 月 30 日例集 19 卷 4 号 823 页）也作出了同样的解决。最高法院在众议院大选的选举无效诉讼中类推适用这一制度，判断当时不均衡的议员名额分配违宪，但同时判决选举自身有效（最判 1976 年 4 月 14 日民集 30 卷 3 号 223 页），该判决颇受关注。但其所附具的理由是有问题的。参照、藤田宙靖『最高裁回想録』109 页以下。

〔2〕　参见上卷第 362 页。

（《行诉法》第 31 条第 2 款），该判决一经确定，处分的违法性就会因具有既判力而确定下来。因而，它实质上与承认一种无名抗告诉讼——"处分违法确认诉讼"具有同样的结果。[1]

第二项　撤销判决的第三人效力（对世效力）

一、撤销判决的第三人效力（对世效力）

1. 根据民事诉讼法的原则，诉讼的判决仅在作为当事人参加诉讼者之间有效。即使与诉讼结果具有实体法上的关系，若未作为当事人等参加该诉讼，也不受该判决结果拘束（参见《民事诉讼法》第 115 条第 1 款）。这可以说是民事诉讼目的的当然结论，民事诉讼的目的在于解决私人相互间的纷争，而未必在于发现客观真实。然而，鉴于日本的《行政案件诉讼法》以所谓主观诉讼为原则，目前以保护具体的个人权利为目的，民事诉讼法的原则在行政诉讼的情形中乍一看也是当然妥当的。但是，《行政案件诉讼法》第 32 条规定，"撤销处分或裁决的判决对第三人也有效力"，对民事诉讼法的原则作出了例外规定（不过，仅撤销行政处分判决才有该第三人效力，一般认为驳回诉讼判决、驳回诉讼请求判决都没有第三人效力）。

2. 在行政诉讼，特别是行政处分的撤销诉讼中，不应承认判决的第三人效力吗？这是很早以前就在争论的问题，但《行政案件诉讼特例法》对此并无明文规定，学说和判例都有很大讨论。当时，肯定说的主张主要是认为，以行政行为效力为中心的法关系应该受到统一规范。而否定说的立场则在于，连没有机会参加诉讼、防御并主张自己利益的人都要受判决效力的拘束，就是对诉讼法大原则的践踏。在现行法上，立法朝着肯定说的方向解决这一问题，同时为应对否定说所述的疑念，另外准备了一点保护第三人的规定。这就是《行政案件诉讼法》第 22 条的第三人参加诉讼规定及第 34 条规定的"第三人的再

---

[1] 另外，与此相关，也请参照、藤田宙靖『最高裁回想録』111 頁。

审之诉"制度。

该法第 22 条第 1 款规定,"第三人的权利因诉讼结果而受到侵害 151
时,可根据当事人或第三人的申请,或者由法院依据职权决定第三人
参加诉讼"。该法第 34 条第 1 款规定,"第三人的权利因撤销处分或
裁决的判决而受到侵害,因不可归责于自己的事由而未能参加诉讼,
因而未能提出攻击防御的方法去影响判决的,可以此为理由,以再审
之诉对确定的终局判决提起不服申请"。

二、第三人效力范围的有关问题

如此,对于行政处分的撤销判决是否有第三人效力的问题,现行
法就以明文规定的方式解决了,但对于该规定的正确内涵及第三人效
力范围等仍然存在如下的种种问题。

1. 承认撤销判决的第三人效力,其根据在于,"行政上以行政处分
效力为中心的法关系有必要予以统一规范"。这具体是在说些什么呢?

(1) 首先,仅从主观诉讼的角度来看,也不能否定撤销诉讼中为
保护原告权利而有必要具有第三人效力。例如,拍卖处分是滞纳处分
的一环,滞纳者获得拍卖处分的撤销判决时,如果其效果不及于该财
产的买受人,对滞纳者而言,获得撤销判决的意义就近乎为零。而对
于公共浴场的新加入者的新设许可,既有业者获得撤销判决的情形也
同样如此。在这些情形中,对滞纳者或既有业者而言,纷争的实质相
对人是买受人或新加入者,如果是民事诉讼,以这些实质相对人作为 152
被告提起诉讼,是可能让判决效果及于这些人的。但既然介入了行政
行为,在现行法之下,首先就必须以行政主体为被告提起撤销诉讼。
如果撤销诉讼的撤销判决效果不能及于这些第三人,则无助于纷争的
实质解决。[1]如此,现行法的构造以行政处分撤销诉讼制度为中心,
与此相伴,可谓必然要求第三人效力,《行政案件诉讼法》第 32 条包
含这样的效力,这可以说是无可争辩的。

---

[1] 参照、南博方编·前揭『注释行政事件诉讼法』276 页以下。

（2）问题还在于，在这种第三人效力制度中是否应包含行政合法律性的客观控制这种客观诉讼角度的要求呢？具体以例子来说，该问题就是，一种行为具有立法行为或一般处分性质，被判决作为《行政案件诉讼法》第 3 条第 2 款的"处分"撤销时，[1] 其效果及于作为该立法行为或一般处分对象的所有人吗（即该立法行为或一般处分不仅是对提起撤销诉讼者，还对所有人绝对地失去效力）？

对于这一问题，过去有东京地方法院的判例。厚生大臣（当时）发布上调医疗费的职权告示，健康保险组合根据该告示必须支出比过去更多的医疗费，便请求撤销、停止执行。在该案中，法院从下面的角度对此给出了否定的解答："抗告诉讼是个人权利的救济制度，其功能也限定于此。"[2] 有很多学说支持该决定，但是，近来也有不少见解从期待抗告诉讼更具客观诉讼功能的角度承认这种撤销诉讼具有上述广义的对世效力。但在后者的情形中，所有情形均贯彻该原则是否合理，也是有问题的。结果就像有人指出的那样，必须逐案探讨其合理性。[3] 另外，在承认保育所废止条例处分性的判决中，[4] 最高法院举出撤销判决的第三人效力作为其合理性之一，并指出这是以判决效力及于原告以外的人为前提的。[5]

如果作出撤销判决，就只能根据后述 [6] "撤销判决的拘束力"（或事实上），再检视该规则等的内容。本来在道理上也应当通过立法过程保护没有起诉者的利益。但是否连明确判断是一种代表诉讼的案件，也仍然必须固执于迂回的解决手法，这就是一个问题。逐案解决

153

---

〔1〕 参见前述第 23 页。

〔2〕 東京地判 1965 年 4 月 22 日例集 16 卷 4 号 708 頁。

〔3〕 参照、南博方编·前揭『注释行政事件訴訟法』283 頁以下。

〔4〕 最判 2009 年 11 月 26 日民集 63 卷 9 号 2124 頁。

〔5〕 参照、塩野宏·Ⅱ（第六版）193 頁、興津征雄·行政判例百選Ⅱ（第七版）420 頁。不过，有学者指出，该判决"让绝对效力说和相对效力说成为问题"，可以将其看作不同于立法行为的案件，立法行为是预定将来也适用于不特定多数的相对人。参照、神橋一彦·前揭『行政救济法（第二版）』179 頁。

〔6〕 后述第 155 页。

只能是目前的妥协。

2. 其次的问题在于，撤销判决的第三人效力在理论上是何种性质的效力？也就是说，《行政案件诉讼法》第 32 条的效力是扩张判决既判力自身的主观范围（《民事诉讼法》第 115 条第 1 款）的效力，还是既判力自身不变，而该法第 32 条中及于第三人的效力只不过是撤销判决的形成力？通说毋宁可以说是后者。但问题原本是判决既判力与形成力相互关系如何、撤销判决的既判力（进而撤销诉讼的诉讼标的）是什么的问题，对此有必要在诉讼法理论上加以整理，这里无法再深入说明（超出了本书关注的范围）。

三、其他抗告诉讼特别是确认无效诉讼与第三人效力

撤销判决的第三人效力准用于停止执行决定及其撤销决定（《行诉法》第 32 条第 2 款），而不准用于其他抗告诉讼（与此相关联，也不适用于第三人再审之诉制度）。不过，这些抗告诉讼准用后述"判决的拘束力"（《行诉法》第 33 条）制度（《行诉法》第 38 条第 1 款），因而，例如在第三人提起的直接型课予义务诉讼（《行诉法》第 3 条第 6 款第 1 项）中，作出课予义务判决后，行政厅受法的拘束，应根据判决意旨采取措施。不过，这一点特别是在确认无效诉讼上，自 1962 年制定《行政案件诉讼法》以来就一直有强烈的批判。

在现行法上，之所以承认撤销判决而否定确认无效判决的第三人效力，在理论上所依据的观点是，撤销判决是形成判决，故而，在其形成力的效果上具有对世效力；而确认无效判决是确认判决，故而，没有与形成力相伴的对世效力。

但是，第一，实质上而言，确认无效诉讼即使说在形式上采取了确认诉讼之形，其实质也是一种对行政厅行使公权力不服的诉讼，毋宁与撤销诉讼具有共通的性质。而且，根据传统的学说和判例，之所以作出确认无效判决，是因为行政处分的瑕疵达到重大且明显的程度，因而，在这一意义上，承认撤销判决的第三人效力而否定确认无效判决的第三人效力，是完全没有理由的。实际上，最高法院从这种角度在

《行政案件诉讼特例法》之下肯定了确认无效判决的第三人效力。[1]

第二，对于上述理论根据，有批评认为，撤销判决确实带来撤销行政处分的形成效果，但它目前是实体法上的效果，对世效力的问题，亦即这种实体法上的形成效果要在诉讼法上及于多大范围的人，并不能从中当然导出结论。这种观点也就是在说，某判决是否具有对世效力，并不取决于这种判决的内容自身，即该判决是形成判决还是确认判决，而完全取决于更为政策性的观点，即赋予该判决统一规范法关系的效力是否合理。

因为有这种问题，在学说上，并不拘泥于《行政案件诉讼法》的规定，在解释论上也有人承认确认无效判决也有第三人效力。只是在这一点上，尽管过去一直有很多理论问题提出，2004 年修法时也没有进行制度变更，这应该可以说是因为它判断认为，即使现行制度原封不动，准用撤销判决的拘束力制度（《行诉法》第 38 条第 1款）、争点诉讼（《行诉法》第 45 条）的可能性等也不会产生那么实质性的弊端。[2]

第三项 判决的拘束力

一、"拘束力"的内容

1. 对于撤销判决的效力，《行政案件诉讼法》除第 32 条外，还在第 33 条中规定，"撤销处分或裁决的判决，在该案件上，拘束作出处分或裁决的行政厅以及其他相关行政厅"（同条第 1 款）。第 33 条的

---

〔1〕 参照、最判 1967 年 3 月 14 日民集 21 卷 2 号 312 页。

〔2〕 课予义务诉讼同样是撤销诉讼以外的抗告诉讼，与确认无效诉讼一样，不适用承认判决第三人效力的《行政案件诉讼法》第 32 条规定，因而，例如，第三人提起直接型课予义务诉讼并胜诉时，其判决对被课予处分的相对人也没有效力。因此，相对人对于该处分提起撤销诉讼时，行政厅不能直接引用先前课予义务判决的效力（既判力及第三人效力）进行争议。但在另一方面，行政厅适用承认判决拘束力的《行政案件诉讼法》第 33 条规定（《行诉法》第 38 条第 1 款），有义务根据该规定作出处分，以此对相对人作出抗辩却一定是可能的（参见后述第 158 页注〔4〕）。

这种所谓"拘束力"规定也准用于其他抗告诉讼和当事人诉讼（《行诉法》第 38 条第 1 款及第 41 条第 1 款）。判决"拘束力"制度自行政案件诉讼特例法时代开始就存在，其法的性质不甚明确，即使在现在，也可以说是《行政案件诉讼法》中疑义最多的一个制度。因而，在理论上详细探讨，其中存在着种种问题，该制度能具有多大程度的固有意义，也有诸多讨论。[1]也鉴于其制度的特异性，下面想仅概述其最基本的问题点。[2]

2. 这里所说的拘束力，现在一般不是说判决自身的效力（例如，既判力、《行诉法》第 32 条的第三人效力等），而是为实质性地保障撤销判决的效果而由《行政案件诉讼法》特别赋予的特别效力。也就是说，根据过去的通说，撤销判决自身具有的效果只不过是在撤销行政处分的同时确定该处分违法。但是，要让请求撤销该行政处分的私人获得实效性、实质性的权利救济，往往就要超越该判决的直接效果，行政厅方面要采取种种措施。例如，在有的案件中，作出违法的项目认定处分，据此再作出征收裁决时，撤销诉讼的结果是以项目认定违法为由撤销征收裁决。[3]这时，撤销判决的直接效果仅仅是撤销征收裁决，而并不当然撤销项目认定。但从该案的整体来看，要让该撤销诉讼有意义，当然也必须撤销项目认定。这时，作出项目认定的行政厅就在法上负有义务，应根据《行政案件诉讼法》第 33 条第 1 款的规定撤销项目认定。[4]

再举例来说，行政处分因违法而被撤销，行政厅在同一事情下以同一理由而重复同一处分，这也不是没有可能性。这时，根据以往的

〔1〕　对于其详情可参照、塩野宏・Ⅱ（第六版）186 頁以下。

〔2〕　作为拘束力的详细研究，興津征雄『違法是正と判決効——行政訴訟の機能と構造』（弘文堂、2010 年）。

〔3〕　这种案子就是通常所谓"违法性的继承"。参见上卷第 242 页及前述第 129 页。

〔4〕　在最高法院的判例上，对地方议会议员的除名处分作出停止效力决定（《行诉法》第 25 条第 2 款）时，除名受该决定拘束，选举管理委员会有义务撤回以除名为理由而递补当选者的决定，应让该当选面向将来无效。参照、最決 1999 年 1 月 11 日判時 1675 号 61 頁。

观点，之前的判决自身不具有确定后续重复行政处分违法性的效力，因而，该法第 33 条的拘束力就是有意义的。[1]当然，现在对此也存在有力的不同学说，对此容后再述。[2]

3.《行政案件诉讼法》第 33 条第 2 款和第 3 款在这一意义上适用第 1 款的拘束力，有几种情形，可例示如下。

在第 2 款的情形下，拒绝申请处分被撤销后，处分归于消灭，在理论上就出现了再度申请系属的状态。[3]但是，作为该判决的拘束力，法律进而命令行政厅根据判决意旨作出新的处分，亦即应认可申请或以不同于先前拒绝处分的其他理由作出拒绝处分（也就是说，赋予拒绝处分撤销判决的判决理由以拘束行政厅的效力）。

第 3 款规定是认可申请的处分因第三人之诉以程序瑕疵为由而被撤销的情形。这时也与第 2 款的情形一样，行政厅受先前撤销判决中程序违法的理由拘束。

4. 行政厅受到《行政案件诉讼法》第 33 条的拘束力，不得采取违反它的行动（也包括不作为）。否则，该行动的效果在其他诉讼等中成为问题时，其违法性不待具体审查，仅以违反该法第 33 条的事实，即可判定违法。[4]

---

〔1〕 参照、最判 1955 年 9 月 13 日民集 9 卷 10 号 1262 页。

〔2〕 后述第 158 页以下。

〔3〕 准确而言，这时的问题是，申请人的申请效果因撤销判决而消灭，申请人必须再度提出申请手续才能获得行政厅新的处分吗？《行政案件诉讼法》第 33 条第 2 款的规定意味着明文采用先前申请仍然系属的立场。第 3 款的情形也同样如此。

〔4〕 另外，问题在于，根据《行政案件诉讼法》第 33 条的规定，拘束力及于"作出处分或裁决的行政厅及其他相关行政厅"，那法院也受此拘束吗？也就是说，行政厅根据撤销判决的拘束力而采取行动后，对这种新行为另行提起撤销诉讼时，既然根据前诉的拘束力而行动，该行为当然合法，后诉的受理法院可基于不同于前判决的判断而重新判断该行为违法吗？这时，对于前判决主文部分，自然为前判决的既判力所及，后诉法院当然不得作出相抵触的判断；但拘束力不同于既判力，它及于既判力所不及的判决理由部分，因而，它是否也拘束其他法院就成为不同的问题。但在专利无效审决的撤销诉讼中，最高法院对此问题给出了肯定的解答，撤销了立于不同观点的东京高等法院判决（最判 1992 年 4 月 28 日民集 46 卷 4 号 245 页。顺便提及，该判决也表明了对拘束力所及判决理由范围的判断）。

158

二、判决的"拘束力"与既判力

1. 如何理解《行政案件诉讼法》第 33 条的拘束力问题，在某种意义上[1]与如何理解撤销判决自身的效力（特别是既判力）问题在理论上互为表里。也就是说，两者的关系是，如果广泛地理解撤销判决自身的效力范围，那通常作为该法第 33 条拘束力结果来说明的效果，就被判决自身的效力所吸收。例如，前述防止同一内容处分反复的效果，在过去通说的既判力论中，并不是撤销判决自身的效果，但在学说上也有观点认为，行政处分的撤销判决当然具有不允许行政厅在同一情形下基于同一理由而作出同一处分的效果（亦即包含在既判力的范围内）。[2]这时，防止反复效果并不是引证该法第 33 条得出，而是撤销判决既判力的当然效果。

2. 对于如何理解撤销诉讼的目的或对象（诉讼标的），以及撤销判决既判力的客观范围问题，学说上本就有种种讨论，尚未有统一的结论。如前所述，日本过去的通说大致可以说是，撤销诉讼的目的或对象不仅是撤销处分，同时也确认该处分违法（这时的问题就在于，其中的确认违法是仅限于确认该处分因特定的违法原因而违法，还是不问具体原因如何，而一般性地确认该处分违法呢？如前所述，现在的通说和判例是后者）。过去存在颇为有力的部分见解认为，撤销诉

159

---

〔1〕　之所以在这里附加上"在某种意义上"，是因为"既判力"本来是拘束后续法院判断的程序法效果，"拘束力"是拘束后续行政机关判断的实体法效果，两者处于不同的理论维度上。不过，对于既判力的效果，也有见解肯定其实体法的意义。以下对此予以保留，想以过去的讨论为前提，尝试作出某一方面的理论整理。

〔2〕　例如参照、塩野宏・Ⅱ（第六版）201 页以下。另外，兴津征雄主张，"《行政案件诉讼法》第 33 条关注撤销判决规范事后行政过程的效果中，特别是重新处理案件的场景，课予行政厅根据判决意旨采取行动的积极义务"（拘束力），而"禁止以受判决违法判断相同内容反复处分的效果，亦即禁止反复效力……解释为因既判力确定处分违法性的反射而产生，方才合理"，从中可以看到拘束力和既判力的功能分担。参照、興津征雄・前揭『違法是正と判決効——行政訴訟の機能と構造』251 页。另参见该书第 66~68 页。

讼的目的或对象不仅是排除该行政处分自身，还在于排除由该行政处分所具体表现出的行政活动的"违法状态"。[1]根据这种观点，撤销判决撤销了某行政处分，其效果并不仅限于撤销该行政行为并确认违法这种形式效果，同时还产生一概排除由该处分所具现化的行政活动违法状态的效果。例如，最高法院1967年的判决基于传统立场颇为狭窄地解释了撤销诉讼的诉讼标的，[2]而在1975年则显示出与排除违法状态说相近的观点。[3]在这种观点中，过去作为该法第33条的拘束力效果有不少就自然变成判决既判力自身的效果。

当然，这时"（由被撤销的处分）具体表现出的行政活动的违法状态"究竟是什么，过去在理论上也未必明确。现在同样的问题常常是以作为"规范"的行政行为观念来说明的。[4]这一观念是受到了德国行政法学的影响，例如，山本隆司教授的观点就是其例。他认为，"行政行为"的概念包含着"作为措施（Maβnahme）的行政行为"与"作为规范（Regelung）的行政行为"两个方面，"行政行为的违法性作为撤销诉讼的诉讼标的……应当从规范内容的实体违法性与作为措施的程序违法性两个连续的方面来把握"，因而，"以行政行为内容违法而作出撤销判决，其既判力及于反复的行政行为"。[5]不过，说"违法状态"也好，"规范"也好，某处分被撤销判决所否定的本来只不过是该处分对案件所带来（因作出该处分而根据法令规定而发生）的法效果（止于这一范围），因而，新处分所带来的法状态或规范是否包含在其中，首要的决定性问题必须说是在于，后续处分是否

---

〔1〕 参照、田中二郎「抗告訴訟の本質」同·前揭『司法権の限界』所収。

〔2〕 最判1967年9月19日民集21巻7号1828頁。

〔3〕 参照、最判1975年11月28日民集29巻10号1797頁。

〔4〕 关于这一点，参照、大貫裕之「行政訴訟の審判の対象と判決の効力」新构想Ⅲ136頁以下。

〔5〕 参照、山本隆司「訴訟類型·行政行為·法関係」民商法雑誌30巻4·5号（2004年）656頁、同「取消訴訟の審理·判決の対象——違法性判断の基準時を中心に（一）」法曹時報66巻5号（2014年）1086頁。

与先行处分具有"同一性"（纷争对象能否说是同一的）。[1]即使后续处分的理由与先行处分的理由在文字上是同一的，在理论上也是存在问题的。但后续处分以不同于先行处分的其他理由作出时，就可能因该处分的理由、经过等而产生微妙的问题。[2]

---

〔1〕　不管理由"有无文字上的同一性"，只要没有认定先行处分与后续处分是"同一的（纷争）"，如果后者受前者"拘束"，它在性质上就不是"既判力"的问题，而应当是"（例如相当于违反判例）先例拘束"。

〔2〕　另外，盐野宏认为，"先前撤销诉讼中确定的是形式上该行政行为的违法性，它在该法律关系中意味着确定作出行政行为的要件并不存在"〔塩野宏·Ⅱ（第六版）20页〕。这一说明也有同样的问题。

第二章
狭义的行政争讼法——行政争讼法之二

第一节 概　述

一、狭义行政争讼的功能

　　这里的"狭义的行政争讼"是指通常的行政机关原则上同时是争讼的裁断机关的行政争讼程序。[1]

---

　　[1]　在广义的行政争讼中，要在概念上能区分行政诉讼与狭义行政争讼，应将其标准精准地置于何处，实际上是极为困难的。司法机关裁断争讼的情形以外全部作为狭义行政争讼来表达，这种用词不用说也是可能的，例如，在以有无采用司法国家制度为基准来理解近代法治主义时，这种用法当然是可能的，而且是有意义的。这时，例如，第二次世界大战前的德日行政裁判制度就是狭义行政争讼的一部分。但是，特别是参照德日行政法理论的发达史来看，19 世纪后半叶德国各邦开始设立行政裁判制度，由不同于活动行政机关的机关独立裁断争讼，明显具有不同于此前所谓"行政司法"等的理论意义，它与"依法律行政原理"相伴，对德日"近代法治国家原理"的确立具有重要意义（参照、藤田宙靖·公权力的行使）。

　　本书为了客观把握现在的日本行政法理论与制度的构造，采用德日型"近代法治国家原理"的理想类型作为基本尺度，因而，德日型近代行政裁判包含在"行政诉讼"的概念中，对于"狭义的行政争讼"概念，采用正文那样的用法就是合理的。

　　不过，在现在的日本法上，在法的制度上明显占据行政不服审查程序的一环，由不同于行政活动的其他机关裁断争讼，存在国税不服审判所（《国税通则法》第78条）的例子。但是，鉴于在国税不服审判所裁决之际承认行政活动首长的国税厅长官有一定的介入权限（参见该法第99条），又鉴于其沿革，将其作为狭义行政争讼的一种来处理是适当的。正文里加上"原则上"一词就是基于这种考虑。

从沿革来看，欧洲大陆各国的近代行政争讼程序首先是从狭义行政上的争讼开始的。无论是法国还是德国，近代行政争讼制度首先就是从向行政活动首长提出不服申诉的制度开始的，不久就带来了在行政组织内部独立于行政活动进行裁断争讼的机关亦即行政法院的设立，之后就发展为现在看到的作为裁判权一部分的行政法院形式。

但是，即使行政争讼以近代行政诉讼的形式得到完善，狭义的行政争讼通常也仍然平行地存在。不仅是欧洲大陆法系国家，原本采取司法国家制、从法院的权利救济制度出发的英美法系国家也同样如此，在这些国家，这种狭义的行政争讼到后来发挥着越来越大的作用。

其理由自然在于，狭义的行政争讼一定是在某一方面上具有作为行政救济制度的合理性。[1]第一，与法院根据正式程序慎重审理不同，狭义行政争讼一方面确实有不能尽数充分审理的一面，但另一方面也有特别迅速、费用低廉就能解决纷争的长处。第二，在狭义行政争讼中，裁断机关是行政机关，因而可以免去法院所伴有的种种制约。例如，法院完全仅以纷争的法的解决为其任务，其审理权的范围当然也就限于法的问题，而不及于裁量妥当与否的判断。[2]但狭义的行政争讼就没有这种制约。从三权分立原则出发，所谓司法权消极性的制约[3]在这里也不成为问题。第三，限缩到法的问题来思考，现在伴随着科学技术的发达、社会制度的复杂化等，很多情形都要求特别的专门技术性知识去判断行政活动的合法违法，在这些情形下，专门的行政机关有时比法院更能迅速、准确地作出判断。

现在，各国在行政诉讼制度之外，广泛采用狭义的行政争讼制度，主要就是这些理由。在以行政诉讼为中心的行政救济制度中，它可以涵盖行政诉讼力所不及之处，可以期待其作为次要的、补充的行政救济制度发挥功能。

163

---

〔1〕　参见前出第63页。
〔2〕　上卷第107~108页。
〔3〕　参见前出第26页以下。

二、狭义行政争讼的界限——更为简便的救济制度

164   狭义的行政争讼虽具有以上意义和功能，但从实效性行政救济制度的完善角度来看，也不能否定其存在种种界限，诸如后述将不服申诉的行政活动范围限定于"处分"等，必须以书面提出不服申诉等。[1]其中，期待超越连狭义行政争讼都有的这种制约、作为更为简便的补充性救济制度发挥功能的，是所谓"行政上的苦情处理制度"及"行政相谈制度"（以下称为"苦情处理"）。一般在"苦情处理"中，并不限于行政处分等，而是广泛及于整个行政活动，一般性地受理国民的苦情，简易迅速地向有权机关传达、斡旋、劝告，进而采取改善行政运营等措施，在行政救济制度上存在狭义行政争讼所没有的

165   优点；但在另一方面，这种"苦情处理"在很多时候只是行政机关提供的自发性的服务，处理机关未必存在对苦情申诉进行处理的法的义务，它也存在局限。

作为这种"苦情处理"，除了行政各领域种种机关事实上在做的各种行政相谈外，代表性的例子还有根据《总务省设置法》第4条第21项总务省行政评价局、总务省地方分支部局的管区行政评价局、行政评价事务所等在做的针对各行政机关业务相关苦情申诉的必要斡旋。另外，不能忽视的还有经由1966年《行政相谈委员法》法制化的行政相谈委员的行政相谈等。[2]

另外也存在现行"苦情处理"不能有效处理的事情。因而，现在从瑞典开始各国逐渐采用所谓"监察专员"制度。[3]日本也在引入这

---

〔1〕 阐明行政不服审查制度的现实局限，参照、宫崎良夫『行政争讼と行政法学（增補版）』（弘文堂、2004年）97頁以下。

〔2〕 对于包括这些制度、日本"苦情处理"制度梗概及其实态，参照、宫地靖郎「行政上の苦情処理」大系3所收。

〔3〕 监察专员制度的发祥地是北欧并无争议，但是瑞典还是丹麦是其元祖却有讨论。对此参照、藤田宙靖·最高裁回想録190頁以下。

一制度，并成为探讨的对象。[1]监察专员制度在各国已经得到颇为广泛的采用，但具体来看其中也有各种差异。[2]但是，议会或行政等设置被称为监察专员的独立机构（通常是一名或数名有学识经验者等组成），赋予其广泛的权限，可依国民直接的苦情申诉等调查行政实态、提出改善的意见及劝告等。[3]

三、行政不服审查法

在现在的日本，对于前述意义上狭义的行政争讼，作为一般法存在的是《行政不服审查法》。这一法律最初是 1962 年与《行政案件诉讼法》同时、取代其前身在第二次世界大战前存在的《诉愿法》而制定的（以下称为"旧法"），其后 52 年经 2014 年大修改而成为今天的样子。 166

《诉愿法》是 1890 年制定的法律，仅仅直接针对"诉愿"作出规定，其本则仅有 17 条，其中规定的制度在权利救济制度上也明显不完备。例如，针对可诉愿的事项采取列举主义，提起诉愿必须经由处分厅，在审理程序上对私人的权利保护也极不充分，等等；更重要的是在各单行法中，除了诉愿，还设置了异议、异议申诉、审查请求、再审查请求等各种各样的制度，分别有各式各样的规范。这些为数众多的单行法规定，颇为不完备、不统一，有不少权限原本是否可以提

---

〔1〕　在地方公共团体层面，已经制定这种条例的有川崎市。参照《川崎市市民监察专员条例》，1990 年 7 月 11 日条例第 22 号。通过纲要设置的例子，例如参照《宫城县县政监察专员设置纲要》，1996 年宫城县告示第 1226 号。

〔2〕　详细介绍世界各地监察专员制度，最近的文献是平松毅『各国オンブズマンの制度と運用』（成文堂、2012 年）。另参照、憲法調査研究会「オンブズマンの過去・現在・未来」時の法令 1839 号、1841 号、1843 号、1845 号、1847 号、1849 号、1851 号（2009—2010 年）。

〔3〕　对于监察专员制度的详情及日本引入这一制度时的问题等，请参照、平松毅「オンブズマン制度」大系 3 所收、小島武司=外間寛編『オンブズマン制度の比較研究』（中央大学出版部、1979 年）、園部逸夫=枝根茂『オンブズマン法（増補改訂版）』（弘文堂、1997 年）等。

167　起不服申诉并不明了，在整体上看狭义行政争讼时，究竟谁在何时为止到哪里根据何种程序提出不服申诉，一般人往往难以明白。在这种实际状况下，因为在提起诉讼上采用了前述诉愿前置主义的原则，狭义行政争讼制度的不完备在现实上对一般的私人权利救济构成严重制约。为此，在 1962 年日本行政争讼制度大改革之际，基本的目标是，首先废止不服申诉前置的原则，同时整理统合狭义行政争讼制度自身，将其作为私人权利救济制度加以完善充实。如果以当时的行政法学观点为前提，旧法实现了这里所说的目的。但其制定以来已经过半个多世纪，其间诸如《行政程序法》的制定、[1]《信息公开法》的制定、[2]2004 年《行政案件诉讼法》大修改[3]等，行政法的主干制度及理论针对行政权的行使更为充实地发展了国民权利保护程序。在这种状况下，各方面均指出，《行政不服审查法》已经落伍。虽然很早就开始了对旧法修改的探讨，但因有种种政治性经过等，却迟迟难以实现修法。2014 年终于形成的修正案经国会通过、成立，现行法（以下有时称为"新法"）自 2016 年 4 月 1 日开始施行。[4]

　　与旧法相比，现行法的特长以一句话来概括就是，在不服申诉制度内在的"简便迅速审理"与"中立公平审理"这两个有时相互矛盾的基本要求之间，较旧法增加、重视、扩充了重视后者的国民权利救济制度。具体表现在于，对不服申诉的种类、审查机关的状态、审理程序、审查权的范围等作出大幅度的制度修改。以下就关注这些点，同时还关注行政不服审查制度一方面具有与《行政案件诉讼

---

　　[1]　1993 年。上卷第 163 页以下。

　　[2]　1999 年。上卷第 179 页以下。

　　[3]　前述第 15 页以下。

　　[4]　对于《行政不服审查法》的修改经过，其间各个阶段有诸多的介绍等［例如，对于修正案成立的经过等，塩野宏·Ⅱ（第五版補訂版）37 页以下。对于修正案的内容参照、久保茂樹「行政不服審査」新構想Ⅲ172 页以下。总务省"行政不服审查制度检视会"的讨论是修正案的基础。对此参照、高橋滋「行政不服審査制度検討会最終報告の概要」自治研究 84 卷 2 号（2017 年）3 页以下，等等］。根据现行法的成立，例如可参照、宇賀克也『行政不服審査法の逐条解説（第二版）』（有斐閣、2017年）1 页以下。

法》的制度之间广泛共通之处，另一方面是不同于法院处理的行政　168
诉讼的狭义行政争讼，观察从中产生怎样微妙的差异，介绍其制度
概要。

第二节　行政不服审查法的制度

第一款　不服申诉的种类

一、不服申诉的三种类型

在不服申诉的种类上，现行法规定了"审查请求""再调查请
求""再审查请求"三种。"审查请求"是针对处分（《行审法》第 2
条）和不作为（《行审法》第 3 条）的，原则上不是针对处分厅或不
作为厅自身，而是其他的行政厅（原则上是处分厅或不作为厅所属行
政组织的最上级行政厅，例如各省大臣）作出的（《行审法》第 4 条
第 3 项、第 4 项）。[1]在旧法上，针对处分厅或不作为厅自身的不服
申诉被称作"异议申诉"，区别于"审查请求"。而新法将其作出统一
规定，异议申诉制度不复存在。

异议申诉是由作出处分（或持续不作为）的行政厅自身进行审　169
查，而由其他行政厅进行的审查请求就在中立性上胜出一筹，而且审
查请求在审查程序上也更为充实，因而，基本上来说就是朝着审查请
求一体化的方向改革。不过，旧法之所以承认异议申诉，是因为看到
了其中的合理性，处分厅或不作为厅以不服申诉为契机自行再作检
讨，如果其结果是撤销处分、消解不作为，那对于寻求救济的一方而
言就能实现简便的救济，对于行政厅一方，例如必须短时间作出大量
处分的情形（所得税、法人税的更正或决定处分等）等，就可以更认
真地重新探讨，作出更为正确的判断。考虑到这一点，新法中特地针

---

〔1〕　例外基本上是作出处分的行政厅（处分厅）或持续不作为的行政厅（不作为
厅）没有上级行政厅的情形（参见《行审法》第 4 条第 1 项、第 2 项）。

对"处分"新设了取代"异议申诉"的"再调查请求"制度（《行审法》第5条〔1〕）。

"再调查请求"仅限于"可以针对行政厅的处分向处分厅以外的行政厅提出审查请求的情形""法律规定可以请求再调查的时候"提起（《行审法》第5条）。对作出的处分有不服时就直接提出审查请求，还是先提出再调查请求看看，这是自由选择的。不过，一旦提出审查请求，就不能请求再调查（《行审法》第5条第1款但书）。反过来，先选择了再调查请求进行尝试，原则上如果没有对此作出决定，就不能提出审查请求（《行审法》第5条第2款）。

与"再调查请求"在名称上有点乱的是"再审查请求"。它与前者完全不同，它是在一次审查请求结束后再行极为例外的不服申诉，在法律有特别规定时可对法律规定的行政厅提出（参照《行审法》第6条第1款及第2款）。

170

二、不服申诉的内容

在《行政案件诉讼法》的场合下，在不服行政厅的处分及其他公权力的行使的诉讼（抗告诉讼）中，进一步区分为撤销诉讼、确认无效诉讼、不作为的确认违法诉讼、课予义务诉讼等种种形态（诉讼类型）。〔2〕这些是从诉的内容，亦即向法院具体请求什么的角度来区分的。然而，《行政不服审查法》仅区分了"对处分的审查请求"（《行

---

〔1〕 在1962年的旧法中，不服申诉之下也是"审查请求""异议申诉""再审查请求"三足鼎立，它将之前法制中以"诉愿"之外的多种多样的名称在个别法中设置的制度整理统合为这三种。"异议申诉"是"针对有关处分的处分厅或者不作为厅的"，这与新法中"再调查请求"是共通的（不过，在新法中，再审查请求仅能针对行政厅的处分作出，而不能对不作为进行），而且旧法的构造也是，在可以请求审查时（原则上）就不能异议申诉（审查请求中心主义）。因而，从两者的关系看，将异议申诉统合进审查请求（审查请求一本主义），再在此之外新设"再调查请求"范畴，这一新法的构造稍稍费解。不过，无论如何，新法废止了旧法（第20条）的所谓"异议申诉前置"原则，亦即在两者同时可能时首先必须提出异议申诉，这里存在重要差异。

〔2〕 前出第18页以下。

审法》第 2 条）和"对不作为的审查请求"（《行审法》第 3 条）两种，并没有规定其他类型。其中，即使说能提出审查请求，也出现了不服申诉人可以主张什么的问题。也就是说，在"请求撤销处分的审查请求"之外，还能不能允许"请求处分无效的审查请求""请求课予处分义务的审查请求"等?[1]

不过，行政不服审查是在受到处分（或不作为）的私人还没有诉至法院之前，在行政机关层面再度检视的制度，因而，在入口处没有必要细致讨论是否必须像诉讼那样提出怎样的主张。《行政不服审查法》之所以没有像《行政案件诉讼法》那样规定详细类型，其意味正在于此。应当关注的是，《行政不服审查法》在不服申诉有理由的应对方法上准备了种种变形。[2]

另外，在现行法上，怎样的不服申诉是可能的，在与这一问题的关系上（因为是在尚未作出任何处分等的阶段的问题，因而，没有在《行政不服审查法》中规定），另有《行政程序法》修改而开始的新制度，即"要求中止行政指导等的申明制度"（《行程法》第 36-2条）、"要求处分等的申明制度"（《行程法》第 36-3 条），[3]这里也有必要重新予以关注（不过，如前所述，该制度自身只是"申明"制度，而不是"不服申诉制度"）。

---

〔1〕 对此，旧法以来，就有主张认为，虽然能通过审查请求要求撤销处分，但不能要求确认无效。理由在于，根据《行政不服审查法》，对于处分的不服申诉是作出"撤销（或变更）处分"的决定或裁决（旧《行审法》第 40 条第 3 款、第 47 条第 3款，现《行审法》第 46 条第 1 款等），至少没有在明文上设想到针对无效主张确认处分无效。

〔2〕 法律作出了颇有弹性的规定，例如，在对处分的审查请求有理由时，根据审查厅是处分厅自身还是上级行政厅等，规定了撤销或变更，或者命令处分厅撤销或变更等应对方式。

〔3〕 参见上卷第 383 页。

第二款　不服申诉的提起问题

第一项　不服申诉要件

对于行政上的不服申诉，也存在与诉讼要件相对应的种种不服申诉要件。欠缺这些要件，不服申诉就进入不了本案审理，而仅以此为由驳回。[1]

一、不服申诉事项

《行政不服审查法》对于可以不服申诉的事项，采用了所谓概括主义，放弃了《诉愿法》采用列举主义的做法（《行审法》第 2 条）。不过，作为例外，该法第 7 条第 1 款到第 12 项之前所列者属于在处分性质上不能依据《行政不服审查法》不服申诉的情形；此外，现行法上新附加规定，"在国家机关或者地方公共团体以及其他公共团体或其机关的处分中，这些机关或团体以其固有资格成为该处分相对方的处分以及不作为，不适用本法律的规定"（《行审法》第 7 条第 2 款）。与此同样的规定在修改前仅设置了后述教示制度的适用（旧《行审法》第 57 条第 4 款），这次将此适用于行政不服审查法的全体。[2]

但是，依据该法律不能提起不服申诉未必意味着对于这些处分在性质上本来就不应承认狭义的行政争讼，而只是说这些处分在性质上

---

〔1〕 参见《行政不服审查法》第 45 条第 1 款、第 49 条第 1 款、第 54 条第 1 款、第 58 条第 1 款等。

〔2〕 所谓"在其固有资格上成为该处分的相对方"，例如虽然是《行政程序法》也出现的表达（《行程法》第 4 条第 1 款），一般意味着其法的立场不可能和一般私人同样的情形〔例如不同于国营公营企业像一般私人一样适用许可认可制度的情形。对于为移设美军基地而填埋边野古冲海面的许可，在撤销冲绳县知事承认的案件中，争议国家对于该撤销所作的审查请求是否合法的案件，参照、纸野健二＝木多滝夫编『边野古诉讼と法治主义——行政法学からの检证』（日本评论社、2016 年）〕。不过，要正确理解，需要颇为复杂的说明，这里就让诸其他著作（例如参照、藤田宙靖·组织法 49 页以下）。

适用该法律规定的特定形式的不服申诉不适当。《行政不服审查法》第 8 条对此予以明确，规定这些情形不妨碍另行以法令设置与该处分性质相应的不服申诉制度。

173

二、不服申诉的利益

《行政不服审查法》第 2 条认可"不服行政厅处分者"可以提起不服申诉，但没有规定谁是不服行政厅处分者。与诉讼的情形一样，一般认为，在提起不服申诉之际，要有不服申诉的利益。

对于怎样的利益才是这里所说的不服申诉的利益，一般就《行政案件诉讼法》第 9 条所说的"法律上的利益"所作的讨论在此也是适用的。[1] 不过，在另一方面，在学说上也有见解认为，行政上不服申诉的利益比抗告诉讼的诉的利益要广，至少有广泛解释的余地。[2] 这些见解有种种理由，主要是《行政案件诉讼法》第 9 条与《行政不服审查法》第 2 条的法条表述不同，而且，《行政不服审查法》规定"以实现国民权利利益的救济、同时确保行政正当运营为目的"（《行审法》第 1 条第 1 款，着重号系藤田所加），因而，容易由此读出客观争讼的要素。

三、不服申诉期限

与撤销诉讼的起诉期限制度一样，对于审查请求也规定了"不服申诉期限"，超过这一期限，就不能提出不服申诉。在旧法之下，这一期限原则上为自知道处分之日第二天起 60 日（审查请求及异议申诉的情形。再审查请求的情形是 30 日。旧《行审法》第 14 条、第 45

174

---

〔1〕 参照、最判 1978 年 3 月 14 日民集 32 卷 2 号 211 页（所谓"主妇联果汁不当标识案"）。

〔2〕 参照、兼子仁『行政争訟法』（筑摩書房、1973 年）373 頁、原田尚彦『環境権と裁判』（弘文堂、1979 年）262 頁等。

条、第53条等），与撤销诉讼的情形（6个月）相比十分不利。现行法在这一点上大为改善，变成原则上"自知道处分之日第二天起3个月"（《行审法》第18条）。作为例外，超过这一期限仍可审查请求的情形，修改前是"天灾以及在未提起审查请求上有其他不得已的理由时"，这是颇为严格的要件规定（旧《行审法》第14条但书）；修改后是"有正当的理由时"就能允许提起（《行审法》第18条第1款但书）。另外，即使不知道有处分，经过一年后就不能提出再审查请求。这种"除斥期间"制度与撤销诉讼的情形是一样的（《行审法》第18条第2款）。新设的"再调查请求"也同样如此（《行审法》第54条）。

第二项　教示制度

一、行政厅的教示义务

与不服申诉要件问题相关联，受到关注的是教示制度的相关规定（《行审法》第82条、第83条）。根据《行政不服审查法》第82条第1款，行政厅在作出某种可不服申诉的处分（未必限于根据《行政不服审查法》能提起不服申诉的处分）时，除以口头方式作出处分的情形外，必须以书面教示处分相对方（不含第三人）可对该处分提起不服申诉、接受不服申诉的行政厅以及可以提起不服申诉的期限。该法第82条第2款还规定，利害关系人（亦即不限于处分的相对方，也包含第三人）要求就这些作出教示时，必须予以教示（要求书面时，以书面方式作出，该条第3款）。

这一制度是在反省《行政不服审查法》制定以前的不服申诉制度的基础上设计的，是为了不让私人因不知行政救济制度而丧失权利救济之路所作的特别考虑。

二、教示制度的保障

在教示制度的保障上，应作出而未作出教示，或教示错误时，要承认前述不服申诉要件的种种例外，保障私人的权利救济之路。

例如，根据《行政不服审查法》第 83 条，行政厅没有作出应当作出的教示时，私人可以向该处分厅提出不服申诉书（该条第 1 款）；在处分可向处分厅以外的行政厅提起审查请求时，收到不服申诉书的处分厅必须尽快将不服申诉书送交该行政厅（该条第 3 款，依据其他法令可向处分厅以外的行政厅提起不服申诉时也同样如此）；作出送交时，在与私人的关系上，产生一开始就向正规的审查厅提起正式审查请求同样的效果（该条第 4 款，另参见同样旨趣的该条第 5 款）。而对于向谁提出不服申诉等，处分厅教示错误时，根据该法第 22 条给予类似的救济。[1]另外，旧法规定，处分厅错误地以比法定期间更长的期间作为不服申诉期限进行教示时，只要在教示的期间内，视其不服申诉为合法（旧《行审法》第 19 条等）；但在新法上删除了这些条文。这是因为对于前述审查请求期限原则的例外，旧法是规定"天灾以及在未提起审查请求上有其他不得已的理由时，不在此限"（旧《行审法》第 14 条第 1 款但书）；而新法规定"有正当理由时，不在此限"（《行审法》第 18 条第 1 款但书），以此就能涵盖上述情况了。[2]

176

三、信息的提供

另外，为了提高不服申诉者的便宜性，新法新设规定，明文要求作出裁决、决定等处分的行政厅努力"根据拟提起不服申诉者或已提起不服申诉者的要求，提供不服申诉书记载的有关事项及其他不服申诉的必要信息"。这并不包含在上述狭义的教示义务中（《行审法》第 84 条）。

---

〔1〕　另外，对于再调查请求，参见《行审法》第 55 条。

〔2〕　参照、宇賀克也『行政不服審査法の逐条解説（第二版）』（有斐閣、2017 年）95-96 頁。参见旧《行审法》第 19 条、第 48 条等。

第三项　停止执行问题

一、不停止执行原则与例外的停止执行

现行法上对行政上不服申诉采用不停止执行原则（《行审法》第25条第1款），但也打开了例外停止执行的通道（该条第2~7款），这些与撤销诉讼的情形都是同样的。不过，行政不服审查的情形中，争讼的裁断机关不是法院，而是行政机关，问题只是行政组织内部的控制，因而，颇为宽松地认可作为例外的停止执行。

例如，争讼的裁断机关是处分厅自身或其上级监督厅时，原本就有是否执行处分的决定权限或监督权限，因而，自然能自由地停止执行。再如，根据《行政不服审查法》第25条第2款，审查请求的审查厅是处分厅的上级厅时，与撤销诉讼不同，可依职权停止执行；在停止执行的方法上，不仅有与撤销诉讼同样的停止执行、停止效力、停止后续程序，还能采取"其他措施"（例如，将公务员免职处分切换为临时休职处分）。

审查厅不是处分厅的上级厅时，停止执行并不能宽松到这种地步（既不能依职权停止执行，也不能采取"其他措施"，《行审法》第25条第3款），但是，比法院的停止执行要件宽松。这时，如果审查厅认为"有必要"，就可停止执行（《行审法》第25条第3款），而"为了避免因执行处分产生重大损害而有紧急必要时"，法院才能停止执行（《行诉法》第25条第2款），两者之间颇有不同。不过，有必要注意的是，通常是否停止执行委诸审查厅裁量，但在有上述紧急必要时，必须原则上停止执行（《行审法》第25条第4款）。

另外，在新法中，在"审理员"认为有必要时，可向审查厅提出应当停止执行的意见书（《行审法》第40条）。

二、不服申诉与内阁总理大臣的异议

对于行政厅的不服申诉，与撤销诉讼的情形不同，不存在对停止执

行决定的内阁总理大臣的异议制度。原因很清楚，构建这一制度是为了守护行政判断相对于司法权的正当性而赋予行政权首长的传家宝刀。

第三款　不服申诉的审理问题

如前所述，在私人的权利救济目的上，行政上不服申诉制度与行 178政诉讼具有共通之处，它是通过由行政机关自己再行检视的简便方法而进行的，兼顾这两个要素（审理的"公正性"和"迅速简便性"），本来也未必简单。在这一点上，旧法规定的目的是实现"以简易迅速的程序救济国民的权利利益"（旧《行审法》第1条第1款），而在现行法上则是，"为了国民能在简易迅速而公正的程序下对行政厅广泛地提起不服申诉而规定的制度"（《行审法》第1条第1款），钟摆大大地向国民的权利救济移动。在这一意义上必须特别关注的是下述制度。

一、由公平立场者审理

（一）审理员

新法规定，作出审查请求的行政厅（例如各省大臣）必须从所属的职员中特别指定审理审查请求的人（例如，未参与意思决定，属于职员组织的官房职员，称其为"审理员"）开展审查程序（《行审法》第9条）。审查请求即使是对作出处分的行政厅（处分厅）以外的行政厅所作，它是行政组织上的上级行政厅，在作出该处分时，也有可能有某种介入（例如指挥监督），在审理的公平性上就让人抱有疑虑。因而，虽是同一个省厅的职员，也要特地选择明显与处分并无直接关系者，由其开展审查程序。审理员在结束审理程序后，必须立即作成审查厅应作裁决的意见书（审理员意见书），将其与案件记录 179一起向审查厅提出（《行审法》第42条第1款、第2款）。

（二）行政不服审查会

现行法上更加让人关注的是为了进一步保障中立和公平而设置的向"行政不服审查会"咨询的制度（《行审法》第43条）。

要彻底实现审理的中立和公平，所应采取的制度是，不仅是本来处分或不作为行政厅以外的行政机关（上级行政厅），而且是由完全的第三者，亦即即使不是法院，也在组织上与处分或不作为行政厅完全无关的第三者机关审查裁决。实际上，在《行政不服审查法》之外，在迄今为止的法律中，也不是没有采用这种体系的例子（虽然数量很少）。[1]对于行政上不服申诉制度的将来状态，有观点认为，应当将这一制度一般化，设立"行政不服审判厅"。[2]这种观点也是十分可能的。但是，在这次的修改中，并未触及这一点，采用的体系是由上级厅等对审查请求作出裁决，在其判断的前提上，向独立第三者机关"行政不服审查会"咨询，并根据咨询结果作出裁决。

行政不服审查会的委员"可就属于审查会权限的事项作出公正判断，而且，挑选在法律或行政上有出色见识者，经议会两院同意，由总务大臣任命"（《行审法》第69条），于是任命的就是学者或律师等行政组织之外的人。前述"审理员"虽然与处分并不直接相关，但终究是处分厅的自家人，这一点并无改变，因而，他与行政不服审查会的差异必须说是极大的。在信息公开法上已经设计过这一机制，[3]也实际上发挥了特别重要的功能，这一次广泛地对整个行政上的不服申诉实现了这一机制。

180 审查请求的审查厅在收到审理员的意见书后，根据法律的规定必须咨询行政不服审查会（《行审法》第43条）。不过，审查会受到咨询后所要作的是"答复"而非"决定"，因而，在法上它并不拘束审

---

〔1〕 例如后述的"行政型审判"制度。参见关于中央劳动委员会的《工会法》第25条第2款，关于国税不服审判所的《国税通则法》第78条等。

〔2〕 例如，1998年施行的《中央省厅等改革基本法》第50条要求确立信息公开制度（第1款），应用并完善所谓公告评价程序（第2款），探讨行政型审判功能的充实强化之策及承担组织的应有状态（第3款），这是意识到了行政改革会议启发的行政审判厅构想。在学说上，例如参照、南博方「行政上の紛争解決制度——行政審判庁構想の実現を目指して」山田古稀673頁、碓井光明「総合的の行政不服審判所の構想」塩野古稀下1頁以下等。

〔3〕 参见上卷第192页以下。

查厅，但第三者机关所作的判断对审查厅事实上自然具有很大的影响力。[1]

二、审理程序

（一）书面审理主义

审查请求实行书面审理（书面审理主义），这是自诉愿法就开始有的原则，不同于以口头审理为原则的诉讼。在旧法下，这是明确规定的（旧《行审法》第 25 条第 1 款），新法却没有明确规定。但是，新法和旧法一样规定，在有审查请求人（或参加人）的申诉时，必须给其提供机会口头陈述审查请求案件的相关意见（《行审法》第 31 条第 1款），明显是在延续以书面审理为原则、以口头审理为例外的构造。在例外的案件中，新法追加了旧法中并没有的规定，即"从该申诉人的所在地以及其他情况来看难以赋予其陈述意见的机会时，不在此限"。[2]

（二）职权主义

行政上不服申诉既然是作为私人的权利救济制度来设计的，就不免受到处分权主义的制约，就不允许审查厅超越不服申诉人的申诉范围作出裁决或决定。[3]但是，在提起的不服申诉的审理上，《行政不服审查法》颇为广泛地采用职权主义（《行审法》第 32~36 条），呈现出与《行政案件诉讼法》不同的面貌。在狭义的行政争讼中，即使是在没有现行法这样明文规定的诉愿法之下，判例和学说均承认所谓职权探知，最高法院也显示了承认这一旨趣的观点。[4]

181

---

〔1〕　顺便提及，在前述"信息公开和个人信息保护审查会"的情形下，审查厅不按照审查会答复作出裁决的例子是极少的。

〔2〕　设想的案件是例如，被收容于刑务所、少年院等矫正设施中，一时之间并没有出来的希望。参照、宇贺克也·前揭『行政不服審査法の逐条解説（第二版）』143頁。

〔3〕　参照、田中二郎·上 260 頁。

〔4〕　参照、最判 1954 年 10 月 14 日民集 8 卷 10 号 1858 頁。

（三）审理程序的计划性执行

另外，现行法上强调"审理程序的计划性执行"（《行审法》第28条、第37条），这一点也值得关注。因为必须审理的事项过于复杂多样，或者当事人不能很好地主张、举证，为了不让审理徒然被拉长，就要预先表明审理的顺序，有计划地推进审理。拉长审理自身对寻求权利救济者而言也明显是十分不利的。在诉讼和不服申诉中防止这一点都是重要的，这一点并无不同。

第四款　裁决及决定

一、"裁决"与"决定"

182　　对审查请求及再审查请求的裁断行为，被称为"裁决"（《行审法》第44条、第62条）；对再调查请求的裁断行为，被称为"决定"（《行审法》第52条第2款）。不过，"裁决"一词用得比《行政案件诉讼法》更为广泛，但与行政争讼毫无关系，制定法上也以"裁决"的名称称呼特定的行政行为（例如，《土地征收法》第47条以下），制定法上的用法未必统一（这同样也适用于"决定"一词）。

二、行政不服审查法上的各种规范

正如前述，对不服申诉的裁决、决定中，与裁判判决的情形不同，不仅在一定情形下可以撤销原处分，也能变更处分（但是，不允许对不服申诉人不利的变更，参见《行审法》第48条）。与撤销诉讼的情势判决相对应，在有的情形下允许"情势裁决"（旧《行审法》第40条第6款、第48条），也有所触及。[1]

另外，裁决具有撤销判决的"拘束力"同样的效力，相关行政厅受裁决拘束（《行审法》第52条）。

---

〔1〕　上卷第261页。

第三节　其他的行政争讼

第一款　行政型审判

一、行政型审判的内涵

"行政型审判"一词的用法因学者而异，有时是在指称本书全体 183
"狭义的行政争讼"的意义上使用，通常是在较为狭义上使用，用作
行政委员会或类似的行政机关采用所谓准司法程序（quasi - judicial -
procedure）进行审判[1]的总称。在行政不服审查法上，通常的不服
审查具有给私人打开权利救济之路的目的，但其救济也是通过行政
厅的自我反省来进行的，因而，从公正而确定的救济角度看是不充
分的，这并无争议（已如所见，改善这一点是旧法修改的着眼点）。
与此相对，所谓行政型审判是行政机关进行的审理和裁断，具有类
似于司法机关的组织和程序保障，保障其作为救济制度充分发挥
功能。

二、日本现行法上的行政型审判

日本现行法上存在的这种行政型审判，从制度由来看存在两种
类型：

第一种制度是第二次世界大战后，在美国法的影响下效仿美国的
独立规制委员会（Independent Regulatory Commission）制度而设计的，184
公平交易委员会、劳动委员会等行政委员会进行审判就属于这一类型
（不过，现行法上并不是所有的行政委员会都是在进行这种行政型审
判）。因而，从其由来看，日本行政争讼法制是以德国法系的救济程
序为基础而建成的，这些行政型审判当然是异质的存在。

---

〔1〕　参见上卷第 151 页。

　　第二种制度是至少在其原型上于第二次世界大战前就已经存在，在沿革上原本在欧洲大陆法系也存在，依据专利法的专利审判、依据海难审判法的海难审判就属于这一类型。前者是针对专利权等一定工业所有权存在与否、其范围等争讼的审判；后者是在海难事件发生时，为调查海难原因、惩戒相关人员等而进行的审判。这些本来由法院作为诉讼案件处理也可以，但鉴于案件具有特殊专门技术性质，而委诸特殊的行政机关进行审判。

三、行政型审判制度的特征

　　这些行政型审判制度作为行政争讼制度有种种值得关注之处。

　　1. 这些行政型审判制度中，不仅有像通常的不服申诉制度那样，后续对特定行政处分效果进行争议的所谓"复审性行政争讼"，有时它自身就是作出某行政处分的程序，亦即作为"初审性行政争讼"。对此前文已有触及。[1]

　　2. 无论是采取上述哪一种类型，原本是期待行政型审判能在某种程度上发挥替代法院司法程序的功能。因而，从作为行政型审判结果而作出的行政行为（通常多特别称作"审决"）与裁判审查之间的关系来看，当然带有通常的一般行政争讼制度所没有的特色。

　　（1）受到关注的特色之一是所谓"实质性证据法则"。在对审决提起的撤销诉讼中，作出审决的行政型审判机关认定事实，在有实质性证据支持其举证时，拘束法院。这一做法所依据的基本设想可以说是将审判视作裁判审查上的事实审，让其部分发挥替代法院的功能。不过，虽说只是事实认定，但如果由行政机关进行审判，就案件作出最终的判断，那也就抵触《宪法》第 32 条、第 76 条第 2 款等规定。因而，只有在实质性证据支持其举证时，这种事实认定才拘束法院；而且，有无这种实质性证据的判断权在于法院。[2]

---

　　〔1〕　对此，参见上卷第 151 页以下。
　　〔2〕　参见修改前《禁止垄断法》第 80 条第 2 款。

但是，这一意义上的实质性证据法则并不适用于所有行政型审判。承认它的代表性例子是公平交易委员会的审判制度，[1]在2013年《禁止垄断法》（关于禁止私人垄断及确保公平交易的法律）修改，该制度消失后，[2]现在仅有的例子是，在针对总务大臣依据《电波法》所作处分的审查请求中，作为其前置程序，电波监理审议会的议决（《电波法》第99条）；在针对依据矿业法及其他法律所作一定行政处分的不服申诉中，由公害等调整委员会所设的裁定委员会所作的裁定（《关于矿业等利用土地的调整程序的法律》第52条）。[3]

（2）在行政型审判与诉讼关系上值得关注的第二点是，因为这些审判具有准司法性，因而，在对这些审判的审决的诉讼中有时省略地方法院的审级。例如，上述公平交易委员会的（旧）审决（修改前《禁止垄断法》第85条）、公害等调整委员会的裁定（《关于矿业等利用土地的调整程序的法律》第57条），此外，对于总务大臣依据电波监理审议会议决所作（对审查请求）的裁决（《电波法》第97条），其撤销诉讼属于东京高等法院的专属管辖。在同样的系统中，专利审判、海难审判虽然未必采用实质性证据法则，但也会采用省略地方法院审级的做法。[4]

186

---

〔1〕 参见修改前《禁止垄断法》第80条。

〔2〕 公平交易委员会的行政型审判当初是从作为初审性争讼开始的，因为到审决为止的花费时间过多等理由，2005年修改《禁止垄断法》变更为复审性争讼。但是，因为排除措施命令（《禁止垄断法》第7条）、课征金缴纳命令（《禁止垄断法》第7-2条）等行政处分的不服申诉是由处分厅自身审查，故以经济界为中心的呼声很高，其要求废止原本的公平交易委员会审判制度自身，可以将其作为通常的抗告诉讼直接向地方法院起诉，最终于2015年4月1日废止。

〔3〕 在最后的例子中，诉讼中限制新证据的提出也受到关注。参见该法第53条。

〔4〕 现行法上，在此之外，期待其在行政上争讼程序中发挥替代部分裁判程序的功能，但同时在法制中又不让其拘束法院，不过，有时只是在事实上打开实现法院与行政机关功能分担的可能性。例如，公害等调整委员会所作关于损害赔偿责任的裁定（责任裁定）、关于被害原因的裁定（原因裁定）制度就是其例。参见《公害纷争处理法》第42-20条第1款、第42-26条、第42-33条等。

第二款 其他特别的行政争讼

在这些被称作"行政型审判"的一群行政争讼制度之外，现行法还存在不适用《行政不服审查法》的种种行政争讼制度。特别是《行政不服审查法》不同于《行政案件诉讼法》，仅规定了所谓抗告争讼制度，而没有设置当事人争讼、民众争讼、机关争讼等规定。在现行法上根据个别规定，也存在很多这些特别的行政争讼制度，但本书一律省略不表。

第三章

行政法上的损害赔偿制度

第一节 概 述

一、"国家无责任"原则及其克服的尝试

1. 在违法的行政活动给国民造成损害时，在怎样的要件下、以怎样的方法填补该损害？随着近代法治国家的成立，这就成为西欧各国行政法制度及行政法学上最重要的问题之一，也是在一个世纪之间有显著进展的问题。无论是哪一个国家，在法制发展史的出发点上都是"国家无责任"或"主权豁免"原则（多数是延续警察国家时代的传统），而判例、学说进而是立法克服这一原则的过程也可以说是对违法行政活动的损害赔偿制度的发展过程。[1]

2. 日本从明治宪法开始，经由各个法典的制定，大致具备了近代国家的样式，当初的基础就是"国家无责任"。违法行政活动产生损害的国家赔偿责任，宪法自不待言，法律一般没有规定，除个别法律规定一点例外，原则上都是否定的。日本在德国法的影响下，国家作

为纯粹的私经济主体登场时服从以民法为代表的私法规范，这种观点通过判例和学说很早就得到采用。[2]在经济交易领域，国家承担《民

---

〔1〕 对此详细的发展过程，方便参见的有，阿部泰隆『国家補償法』（有斐閣、1988 年）33 頁以下、宇賀克也『国家補償法』（有斐閣、1997 年）7 頁以下等。

〔2〕 参见上卷第 30 页、第 33 页以下。

法》第 709 条以下规定的侵权行为的赔偿责任。要提出的问题是，如果不是这一领域，而是在公行政领域登场时，对国家在多大程度上适用《民法》的这些规定呢？

3. 在这一问题上，划时代的判例是大审院 1916 年的"德岛小学圆木秋千案判决"。[1]自该判决以降，在判例中，即使是公行政活动，但是基于非权力性活动而产生的损害，根据《民法》规定承认国家和公共团体等的损害赔偿责任；另一方面，对于所谓权力性行政活动所产生的损害，判例尚未承认国家和公共团体等行政主体的赔偿责任，而学说在当时实定法的解释论上也采取了无可奈何的态度。[2]

二、现行法的体系

第二次世界大战之后，这种状况随着宪法的制定而大为改观。《宪法》第 17 条明确规定，对于国民因公务员侵权行为而受到损害，根据法律的规定，国家或公共团体承担赔偿责任。根据这一规定，1947 年制定了《国家赔偿法》。

《国家赔偿法》是关于国家或公共团体损害赔偿责任的一般法，除了其他特别法有规定外，[3]国家或公共团体的损害赔偿责任一般适用《国家赔偿法》（该法第 5 条）。不过，该法律仅由 6 个条文构成，这些条文没有涵盖的范围适用《民法》的规定（该法第 4 条）。因而，国家或公共团体在从事所谓纯粹私经济交易时所产生的损害赔偿责任，在现行法制度下仍然照样适用《民法》第 709 条、第

189

---

〔1〕 大判 1916 年 6 月 1 日民録 22 辑 1088 页。市立小学圆木秋千维护管理不良导致儿童死亡事故，死亡儿童亲属以德岛市为被告请求依据《民法》第 717 条追究损害赔偿责任，大审院予以认可。

〔2〕 关于这一点，另请参见上卷第 33 页以下所述公法私法论部分。

〔3〕 例如参见《邮政法》第 50 条以下、《关于警察职务协力援助者的灾害给付的法律》第 7 条等。

715 条等规定。[1]

第二节　依据国家赔偿法的损害赔偿责任

《国家赔偿法》规定的赔偿责任有两类，第 1 条的"公权力行使的损害赔偿责任"与第 2 条的"公共营造物设置管理瑕疵的损害赔偿责任"。以下分款逐一予以说明。

第一款　公权力行使的损害赔偿责任

一、国家或公共团体的责任

《国家赔偿法》第 1 条第 1 款规定，"行使国家或公共团体公权力的公务员在执行职务时，因故意或过失而违法给他人造成损害，国家或公共团体对此负赔偿责任"。其中受到关注的是，对于公务员的违法行使公权力承担赔偿责任的不是实施违法行为的公务员个人，而是国家或公共团体的行政主体。

在国家赔偿责任上，很早以来就有一个理论问题，即为什么将公务员的违法行为归属于国家？在公务员作出法律规定的权限之外的行为（违法行为）时，它已经不是公务员的职务行为，而成为纯粹私人的行动。各国直到较近的时候都是认为，在公务员的行为违法时，即使必须对国民承担某种损害赔偿，它本来也是公务员个人应当承担的责任，而不是由国家承担这一责任。[2]尽管如此，德国、英国、美国

190

---

　　[1]　另外，对于《国家赔偿法》第 1 条的责任，最高法院有判例认为，根据该法第 4 条的规定，也可适用《关于失火责任的法律》（最判 1978 年 7 月 17 日民集 32 卷 5 号 1000 页）。对此，行政法学者有强烈的反对意见。参照、阿部泰隆・解释学Ⅱ550 页、西埜章・『国家補償法概説』（劲草书房、2008 年）168 页、塩野宏・Ⅱ（第六版）315 页以下等。

　　[2]　例如，在德国，在根据 1919 年《魏玛宪法》第 131 条承认国家及公共团体的责任之前，一般是仅根据《德国民法》第 839 条承认公务员个人的民事责任。在法国，

等国在 20 世纪花费了颇久的时间，最终毋宁是基于特别政策理由而承认了行政主体的责任。

二、公务员个人的责任与国家或公共团体的责任

191　　1. 然而，这样就产生了一个问题，对于公务员的违法行为，承认国家（或公共团体，以下仅称作"国家"）的赔偿责任，这时国家的责任与行为人公务员的个人责任之间是怎样的理论关系？

　　例如，过去很大的一个讨论是，日本《国家赔偿法》第 1 条是国家代替承担本来公务员个人的民事责任，即采用了国家的代位责任体系，还是说与公务员个人责任没有关系而完全是国家承担自己固有的责任，即采用了国家的自己责任体系？与此不同的问题是，是公务员个人，还是与国家一起承担责任呢？根据其差别，又有两种观点，一是认为只有国家承担责任，二是认为国家与公务员承担共同责任或连带责任。

　　2. 这时，首先，对于被害者最有利的当然是，不论如何都可以向公务员和国家双方追诉。有观点认为，日本现行的《国家赔偿法》就是采用这样的体系，被害者私人除了根据《国家赔偿法》第 1 条规定向国家请求赔偿外，还可以根据《民法》第 709 条规定向公务员个人请求赔偿。但最高法院的判例予以否定。[1]在学说中，至少过去否定说是主导的。这些否定说在论据上首先是法律使用了"国家或公共团

判例理论在国家赔偿上极有进展，但在 1870 年以前也是一样的。在英国，广泛承认公务员个人普通法上的责任，直到 1947 年《王权诉讼法》（The Crown Proceedings Act）制定后才开始承认国家承担责任。美国在 1946 年制定《联邦侵权赔偿法》（The Federal Tort Claims Act）之前也是基本一样的。对于这些状况，参照、今村成和『国家補償法』（有斐閣、1957 年）4 頁以下、雄川一郎「行政上の無過失責任」同『行政の法理』（有斐閣、1986 年）361 頁以下、同「アメリカ国家責任法の一断面」雄川・同 454 頁以下、阿部泰隆・前掲『国家補償法』19 頁以下等。

　　〔1〕 最判 1955 年 4 月 19 日民集 9 巻 5 号 534 頁、最判 1977 年 10 月 20 日民集 32 巻 7 号 1367 頁等。但在下级审判例中，有的也显示了与此相反的观点。参照、東京地判 1981 年 10 月 11 日下級民集 22 巻 9・10 号 994 頁。

体"（做主语）的文字，而且还有实质的论据，现在的损害赔偿制度的目的在于利害调整，而非对加害者的报复或制裁，因而，既然确实能从国家得到赔偿，就没有必要追究公务员个人的责任。[1]

3. 日本传统的支配性观点认为要免除公务员个人的责任，但这时其采用的理论根据是前述国家的代位责任说。[2] 根据这一立场，《国家赔偿法》第 1 条的国家责任是国家代为承担根据《民法》第 709 条成立的公务员个人的损害赔偿责任，结果是公务员个人在对被害者的关系上不承担任何责任（国家的免责性代位责任）。国家并不是承担不同于公务员责任的自己固有责任。在赔偿责任的成立要件上，《国家赔偿法》特别规定了故意、过失这种公务员个人的主观要素，正是其表征。该法第 1 条第 2 款限定公务员有故意或重大过失时，国家有求偿权，这也正是以代位责任为前提的。

4. 但是，也存在主张国家自己责任说的有力见解。例如，以今村成和博士为代表的观点就是属于这一类。其依据的观点大致如下：[3] 国家在从事行政活动、特别是权力活动时，常常伴有给国民造成损害的危险，如此，行政活动原本内含着危险，行政主体反而要作出该活动，在危险现实地发生时，就承担所谓"危险责任"，这是与公务员个人责任完全无关的国家自己责任。[4]

5. 然而，自己责任说的最大难题在于，立于这种观点时，《国家赔偿法》第 1 条在国家责任产生的要件上要求公务员有故意或过失（所谓"过失责任主义"），这该如何说明呢？既然国家承担责任，不是代替公务员个人责任的代位责任，而是国家自己负有固有的责任，那么从理论上说，在其成立要件上就没有必然的理由要求公务

---

〔1〕　参照、雄川一郎「行政上の損害賠償」同・前揭『行政の法理』333 頁以下。

〔2〕　代表性例子是，田中二郎・上 206 頁、208 頁。

〔3〕　参照、今村成和・入門 186 頁以下。

〔4〕　《国家赔偿法》规定的责任与公务员个人责任完全无关，这种观点在逻辑上未必否定公务员个人责任的成立。今村博士采用的立场是，公务员有故意或重大过失时，公务员个人的赔偿责任也另外成立。参照、今村成和・入門 195 頁（今村成和＝畠山武道・入門 189 頁）。

员个人有故意或过失，特别是国家的自己责任成为前述意义上的危险责任，以公务员个人的故意或过失为成立要件之一本来就毋宁是荒谬的。

对此，今村博士是这样说明的：只有将《国家赔偿法》第 1 条所说的公务员故意或过失概念理解为通常民法等所说的各个人主观故意或过失才会产生上述问题，但是，国家赔偿法所说的故意或过失并不是主观的，"与公务员个人的责任无关，因而从客观上把握，是指公务运营的某种样态"，换言之，应当理解为"应当让责任归属于国家的公务运营瑕疵的表现"。[1]

6. 这种赋予公务员故意或过失概念客观内涵的尝试实际上在法国国家赔偿法理的发展过程中就已经看到了。法国的国家赔偿法理当初已经从过失责任主义出发，不久最高行政法院的判例就认为，这里的"过失"（faute）并不是公务员主观意义的过失，而是指更为客观的"公务过失"（faute de service），最终这变得几乎与"公务的瑕疵"，亦即"行政活动的瑕疵"相同了，结果就朝着与承认无过失责任同样状况的方向发展了。[2]今村博士的上述观点可以说是想在日本现行法下在法解释论上一举实现法国最高行政法院判例上的理论发展。

传统通说对此提出批评，德国法采用承认国家代位责任的体系（根据宪法规定由国家代位承担《德国民法》第 839 条的官员责任），日本的国家赔偿法毋宁是以类似的构造发展起来的，像上述法国式那样解释公务员的过失概念，在实定法的解释上终究是不适当的。[3]

---

　　〔1〕　参照、今村成和・前揭『国家補償法』96 頁。

　　〔2〕　对于法国国家赔偿法制中的"公务过失"，日本此前也有一些介绍，特别作为近来的文献，以该概念为中心广泛理论分析探讨法国国家赔偿责任法的规范构造，富有启发意义，津田智成「フランス国家賠償責任法の規範構造——『役務のフォート』理論を中心に（一）～（五・完）」北大法学論集 64 巻 6 号（2014 年）、65 巻 2~5 号（2014—2015 年）。该论文对这一领域的先行研究业绩有广泛概述。

　　〔3〕　参照、雄川一郎・前揭「行政上の無過失責任」。当然，之后有学者指出，在德国法下在第二次世界大战前也确立了客观性过失观。参照、宇賀克也「ドイツ国家責任法の理論史的分析」同『国家責任法の分析』（有斐閣、1988 年）所收。

最高法院对此没有从正面表明态度。[1]但是，无论如何，近来在种种侧面上是朝着放宽国家责任要件的方向解释的。在下级审判决中，已经在很早就出现了明确肯定国家自己责任的判决。例如东京地方法院 1964 年的所谓"安保教授团游行伤害案判决"[2]就是其代表。在该案中，原告因警视厅机动队员的暴行而受到伤害，提起国家赔偿请求。被告东京都采取代位责任说加以反驳，"要成立都的责任，机动队员每一个人的责任必须成立，但原告并没有作出这样的主张举证"。而东京地方法院驳斥了这一主张，明确指出，"《国家赔偿法》第 1 条的责任是国家自己的责任，而非代位责任，因而，不能因没有证明机动队员每一个人的加害行为而免除东京都的责任"。[3]

　　7. 行政活动范围广泛，内容高度复杂化，不能否定的是，正如上述案件中也体现的那样，有时将问题完全作为公务员个人与私人个人之间的问题来处理是困难的（或者至少不合理）；有很多情形以今村博士主张的危险责任等思想来应对，会得到更合乎案件实态的解决。

195

───────────────

　　〔1〕　不过，最高法院认为，明确立于代位责任说的原审判决是"原判决出于同一旨趣的正当判断"。最判 1969 年 2 月 18 日判时 9 卷 552 号 47 页。如后详述，对于《国家赔偿法》第 1 条"违法"概念的解释，最高法院判例明确立于"职务义务违反说"立场上，其思考框架明显与代位责任说具有亲和性。

　　另外，在所谓"乙型肝炎集团预防接种案"中，最高法院支持承认国家赔偿责任的原审判决（最判 2006 年 6 月 16 日民集 60 卷 5 号 1997 页），以承认原审判决的方式仅提及"被告（国家）"的过失，而没有触及（当时）"厚生大臣"的过失。津田智成从中看到了"自我责任规范的萌芽"[津田智成・前揭（五・完）北大法学論集 65 卷 5 号 371 页]。

　　〔2〕　東京地判 1964 年 6 月 19 日下級民集 15 卷 6 号 1438 页。

　　〔3〕　之后，最高法院也说道，"国家或公共团体的公务员在一连串职务行为的过程中给他人造成损害时，即使不能具体确定是哪一个公务员的哪一个违法行为造成的，但只要存在两个关系：第一，如果没有上述一连串行为中的某一个行为，因行为人的故意或过失而发生违法行为，就不产生上述损害；第二，无论是什么行为，加害行为人所属的国家或公共团体均应当承担法律上赔偿的责任，那么，国家或公共团体也就不能因加害行为不特定而免除国家赔偿法或民法上的损害赔偿责任"，与明确立于自己责任说的原审判决得出了同样的结论，判决指出"只要与上述旨趣系统，就不能说不正当"（最判 1982 年 4 月 1 日民集 36 卷 4 号 519 页）。但是，上述结论是不是能当然从自己责任说推导出来，最高法院是不是在上述判决中采用了自己责任说的立场，未必明确。

但是，这种要求不仅仅是立法政策论的，还要在法解释论上具有一般性说服力，那么，就要在上述认识的同时进一步对法解释论与立法政策论区别，无论如何都必须明确提出合理而一贯的原则，根据这种原则提出主张。

在制定《国家赔偿法》时，容易推测的是，现实从事立法的人所设想的大致是以过失责任主义为前提的代位责任体系（在日本所效仿的德国法之下，当时客观过失说在学说和判例上得到确立，这大致是另一个问题）。在这一意义上，传统通说批评今村博士式的自己责任说仅为立法政策论，也不是没有理由。但是，法解释的作业常常伴有实践性判断和主张，并不限于认识现实立法者真意何在，这在今天也是得到广泛认可的。要言之，某种应有的法解释会随着时间的推移、根据社会实际状况的变动而变迁。问题在于，应在多大程度上容许在法解释论上思考实践性判断的变化？从哪里开始就应当定性为立法政策论？这一问题实际上因学者基本观点的差异而能有不同的回答。本书基本上认为，在法解释的变迁中，"连续性"及"渐进的变化"是不可或缺的要素。也就是说，必须允许在法解释论上有连续性的逐渐变化发展，在合乎社会现实提出的要求与法律安定性之间找到妥协点。[1]如果从这一角度来看这里的问题，今村博士式以过失概念的客观化为前提的自己责任说，是要在日本现行法的解释论上一举实现法国最高行政法院在判例法上的理论发展，在"连续性""渐进性"要素上稍有欠缺。[2]如此，在日本现行法的解释论上，毋宁是忠实于立

---

〔1〕 对于这种观点，严格而言，有很多法解释方法论上的问题，诸如，将变化的出发点定在哪里？容许变化的幅度没有终极的界限吗？对此不能详细论述。我认为，一般而言，法解释论的出发点基本上应在于当时参与立法的人们的意图，以及眼下最直接表达该意图的法令文字，应当从当中表达的一定的法思想中能看到其界限。

〔2〕 当然，现在自己责任说在学说和判例上也得到了相当的支持，该学说自今村博士提倡以来已历经半个世纪以上的岁月。有鉴于此，也能认为，已经满足正文中作为问题的"连续性""渐进性"要件。但是，我当作问题的"连续性""渐进性"，真正是鉴于具体案件，不依据该学说，案件就无论如何不能得到合理的解决，在这样的案件积累基础上，发展某解释学说。正如正文马上要说到的"加害者特定的必要"问题所示，过去采用自己责任说的案件是否真的不依据该自己责任说就得不出那样的结论，尚存疑虑。

法过程及法条文字，从以过失责任主义为前提的国家代位责任体系出发，通过后述过失概念、职务行为概念等个别解释，逐步扩大被害者救济的可能性，这样的尝试才是顺当的方法（例如，对于之前的"安保教授团游行伤害案"，当初就有学说指出，通过认定机动队指挥者的判断有过失，也有追究东京都代位责任的办法）。

另外，在这一点上，在近来的学说中，越来越多的人指出，在多个案件中，不是追问公务员个人的过失，而是"组织过失"或"组织性过失"。这一点值得关注。[1]

所谓"组织性过失"论（详细而言，因学者不同而有若干表达上的差异），要言之，在承认国家或公共团体的赔偿责任时所追问的"公务员"有无过失，不是直接对私人采取行动的公务员个人有无过失，而是在其背景中存在的、其意思决定过程相关的组织全员（换言之组织全体）有无过失。例如，有学者指出，[2]东京高等法院在1992年12月18日预防接种之祸诉讼判决中，[3]在厚生大臣的责任上，追问的实际上是厚生省全体的组织性过失。结果，这就接近于前述法国法的"公务过失"构想。其思考框架一方面是构成从代位责任说向自己责任说推移过程的框架，[4]同时在另一方面，只要日本现行《国家赔偿法》之下是采取自己责任说，在理论上也只能作为前提接受。[5]

不过，对此，根据我所提出的问题，同时指出，今天"至少部分满足了""'连续性'与'渐进的变化'要素"。参照、津田智成・前揭（五・完）北大法学論集65巻5号376頁。

〔1〕　例如，参照、宇賀克也・前揭『国家補償法』73頁以下、阿部泰隆・前揭『国家補償法』167頁以下、同・解釈学Ⅱ480頁以下、等等。

〔2〕　参照、宇賀克也・概説Ⅱ（第六版）452頁。

〔3〕　高民集45巻3号212頁。

〔4〕　津田智成・前揭（五・完）北大法学論集65巻5号365頁以下，采用这种把握方式。

〔5〕　对此，请参照、藤田宙靖「『行政機関』と『公務員』——国家賠償法一条一項の捉え方をめぐって」自治研究95巻5号（2019年）3頁以下。

三、自己责任说的理论根据——"行政机关模式"与"公务员模式"

1. 上文看到的是从国家赔偿责任是国家的"自己责任"还是"代位责任"这样的视角（理论框架）探讨的结果，这种视角也可以说是处于过去学说的中心位置。另一方面，在过去的讨论中，虽然没有从正面探讨，但实质上在论及国家赔偿责任的性质时，现在的一个理论视角是潜在的，能成为其重要基础。亦即其中所说的"公务员"是文字上那样的"公务员"，还是未必如此，而是理论意义上的"行政机关"呢？前者的看法可称为"公务员模式"，后者可称为"行政机关模式"。根据我现在的观点，所谓"自己责任说"从正面采用这种"行政机关模式"，才能有明确的理论根据。

2. "行政机关"概念与"公务员"概念在日常生活中未必明确区分使用，但在行政法学上，很早就在理论上理解为明确有区别的概念。[1]例如，根据柳濑良干博士的说明（大概是最严密的），两者是不同的，"行政机关"是"为了国家或公共团体而应作出行为的地位，或者在该地位中来指称处于该地位的人的名称"，而"公务员"是"脱离某地位将处于该地位的人作为处于该地位者来指称的名称"。因而，公务员"不同于机关，具有独立于国家或公共团体的人格，对国家或公共团体享有一定权利、负有一定义务"。[2]这一差别也可以这样来说明，"行政经行政机关之手来进行，而处于行政机关地位的某人是在与行政主体之间具有特定关系的自然人，称之为公务员"。[3]

---

〔1〕 参照、藤田宙靖·组织法 261 页以下。

〔2〕 参照、柳濑良幹·教科书 69 页。

〔3〕 今村成和·入门。根据今村博士的说明，"行政机关"是某种"法的地位（职位）"，而"公务员"是指处于这一职位上的"人"。这一说明易于理解，我也便宜使用过（藤田宙靖·组织法 29 页以下）。但是，在理论上严格来说，像柳濑博士的上述说明那样，"行政机关"也有"法的地位"，也是将该"地位"上的人"作为处于该地位的人来指称"的概念。在后者的情形下虽然同样是"人"，但所披着的"法的外衣"却与"公务员"的情形不同。对此详情，请参照、藤田宙靖「『行政機関』と『公

198

199

　　3. 如果立于"公务员模式"，像过去的通说（代位责任说）所理解的那样，《国家赔偿法》第 1 条的责任是对于作出违法职务行为的公务员成立的民法上损害赔偿责任，由国家或公共团体代位而成立；如果立于"行政机关模式"，《国家赔偿法》第 1 条的责任就是由国家或公共团体对行政机关的违背权限行为承担责任。也就是说，这不外乎是行政主体对于自己手足的行政机关（对外与行政主体在法上是一体的，不具有独立的法的人格）所作违法行为的善后工作，因而，这就是"自己责任"。这是让"自己责任说"能成立的本来的法理根据。这时，公务员"过失"作为《国家赔偿法》第 1 条所列的赔偿责任成立要件之一，如何予以说明当然会成为问题，这是"自己责任说"的最大弱点。但为了实质上涵盖这一弱点，引入了"客观性过失""组织性过失"的概念。而对于"代位责任说"，过去的学说和判例表明，行为人"公务员"个人不对外承担责任，而是仅由国家或公共团体承担责任，亦即"免责性代位责任"。结果，这与国家或公共团体基于自己责任而对外承担全责就是一样的，这也可以说是广义的"自己责任"。[1]

　　然而，在过去多数行政法学说（至少在基本上）的前提中，将国家赔偿法制度定位于为近代法治国家原理根基的"依法律行政原理"提供后盾的制度的一环（正如反复表明的那样，本书将这一观点设定

200

務員」——国家賠償法一条一項の捉え方をめぐって」自治研究 95 巻 5 号（2019 年）3 頁以下。

　　〔1〕　理论上严格而言，对于《国家赔偿法》第 1 条第 1 款的赔偿责任是不是国家的自己责任问题，除了要让国家承担赔偿责任而在现行法上采用怎样的体系构造问题（可谓"国家如何承担责任"的问题），还必须区别于责任根据论的问题，即国家为何承担责任的问题。也就是说，如果行为者是与国家没有任何关系的人，国家原本就连承担代位责任都没有理由，国家承担赔偿责任（不论是不是正文意义上的代位责任）的理论根据在于该公务员是以国家的行政机关资格采取行动。在这一意义上，国家的赔偿责任就是国家对自己机关的行为承担责任，是"自己责任"。这是不能否定的〔明确指出这一点，参照、西埜章『国家賠償責任と違法性』（一粒社、1987 年）19 頁以下〕。不过，过去讨论的是"自己责任"还是"代位责任"的问题，主要是正文所述的围绕现行法体系状态的讨论。建立这种问题自身（与上述问题不同）在法解释论上是有意义的，这终究不能忽视。

为理解现行法的"客观标尺")。其中心当然在于对"行政机关违法行使权限"的国民救济。在采用"行政机关模式""自己责任说"时，不仅是上述"过失"要件，当然也产生如何实现与现行《国家赔偿法》其他条款解释的整合性问题。这一问题将在后述各个论点时探讨。

四、公务员个人对被害者的赔偿责任

201　　1. 如前所述，在现行《国家赔偿法》第 1 条之下，最高法院并不承认被害者对公务员个人的赔偿请求。过去的通说认为，该法第 1 条采用的是国家或公共团体的"免责性代位责任"，对最高法院的做法也予以支持。但近来对此也出现了种种异议。第一，在理论上，"代位责任"观念与有无公务员个人责任未必有逻辑上的必然联系，[1] 即使立于国家（或公共团体）责任系代位责任的前提之上，也不是不可能同时承认公务员个人的责任。第二，不承认公务员个人责任的首要好处在于能防止因公务员直接被诉而导致业务的萎缩效果，特别防止因所谓苦情而发生滥诉弊端的可能性。但这也是有疑问的，上述问题也因公务员的职种、业务内容等而未必一律存在。例如，公务员完全是为满足私利私欲而作出违法行为，明显极为恶劣，没有理由连这种情形都一律不允许被害者追诉。此外，也有人指出，只承认向国家或
202　　地方公共团体提出赔偿请求，从诉讼实施的便宜性等方面来说给被害者的救济是不充分的。如本书后述所示，[2] 对于《国家赔偿法》第 1 条第 1 款的"执行职务"概念，最高法院采取所谓"外形主义"广泛予以承认。在这一状况下，这里提出的问题可以说在今天已获得广泛的说服力。[3]

---

　　〔1〕　很早就指出了这一点，例如参照、稲葉馨「公権力の行使にかかわる賠償責任」大系 6 卷 53 頁。

　　〔2〕　后述第 211 页。

　　〔3〕　如此，即使原则上不承认公务员个人对被害者的责任，有时也应例外承认。立于这种见解的有，阿部泰隆·解釈学Ⅱ438 頁以下、塩野宏·Ⅱ（第六版）354 頁以下、宇賀克也·概論Ⅱ（第六版）455 頁以下、芝池義一·救済法（第三版）271 頁以下，等等。

2. 但是，上文主要只是从行政救济便宜的一种政策性观点出发的讨论，尚未在法理上诘问现行《国家赔偿法》与公务员个人责任之间处于怎样的关系。下面拟从这一角度进行一点探讨。

第一，对于《国家赔偿法》第 1 条的责任，如果立于前述"行政机关模式""自己责任说"的立场，这里的"公务员"就是"行政机关"，因而，在国家等（行政主体）承担责任之外，"公务员"对私人并不承担责任（"行政机关"原本并没有法的人格），在这一意义上，赔偿责任当然是一元化为行政主体。[1]不过，进行行政活动的"人"因其所服从的法不同，可能是"行政机关"，也可能是"公务员"，同时也可能是"谁都可以"的一般市民。即使行为人作为前两者不承担赔偿责任，也不可能在第三个立场上承担（民法上的）责任吗？在"行政机关模式"下，其理论前提是，"行使公权力"的行为主体是"行政机关"，而不是"谁都可以"，因而，那就是不可能的。不过，即使是这种情形，作为"行政机关"而行为的人超越权限十分显著、已经不能认为是"行政机关"的行为时，行为人作为"谁都可以"的私人承担民法上的责任也是可能的。[2]

第二，根据"公务员模式"，其中的"公务员"不是"行政机关"本身，而是强调处于该地位的"人"。从理论上来说，本来是法

203

〔1〕 "在'自己责任说'的情况下，公务员是'国家装置的一部分，因而，公务员的责任也被其吸收，作为个人并不承担责任'"［塩野宏・Ⅱ（第六版）353 页］，这样的说明也是这个意思。

从这一角度来看，《国家赔偿法》"国家或公共团体……负赔偿责任"中的主语助词（が），也能理解为该法第 1 条第 1 款的"公务员"是"行政机关"之意。

另外，立于"自己责任说"的立场，当然成为问题的是在前述《国家赔偿法》第 1 条第 1 款的"故意或过失"要件之外，第 2 款国家或公共团体（对行为人）的求偿权是什么意思？这大致不是在与被害者的法关系上，而是行政主体内部法关系上的问题。因而，即使立于"行政机关模式"的情形，其中的"公务员"也可以作为勤务关系上的公务员来说明。

〔2〕 今村博士［今村成和・入门 195 页（今村成和＝畠山武道・入门 189 页）］明确采取"自己责任说"的立场，同时在一定场合下承认公务员个人责任，这种观点本来就是站在这种逻辑构造之上的。

对公务员职务行为状态的规制，是雇佣者国家或公共团体与雇员公务员之间的法关系，根据国家赔偿法获得救济的国民只不过是处于第三者的立场而已（"行政机关"在与国民的关系上行使权限而根据依法律行政原理受到规制，就与此有很大不同）。因而，如果违法的职务行为对国民也构成违法侵害权利，就需要一个在两者之间架桥沟通的法理。该法理在于，假设公务员一般负有"遵守法令义务"，[1]其实态是法令对"行政机关"的规制（这是尽管现行法上采用"公务员"一词而能采用"行政机关模式"的实质理由）。另一方面，如果强调《国家赔偿法》所说的"公务员"不同于"行政机关"，上述架桥就有所不同，而毋宁是根据《民法》来进行的。这时，就只能是以（具有"公务员"身份）一个市民"谁都可以"的侵权行为追究赔偿责任。[2]实际上，在《国家赔偿法》上，"公务员个人"根据《民法》第709条承担的侵权行为责任由国家或公共团体代位承担，过去的"代位责任说"之所以如此说明，在裁判实务中之所以将《国家赔偿法》规定理解为民事侵权行为法的特别规定，将国家赔偿请求诉讼作为民事诉讼而非公法上的当事人诉讼来处理，[3]都可以说是完全依据这一思考框架。换言之，"公务员模式"在理论上实际上是"市民模式"，进而接受代位责任（正如《民法》第715条所认可的那样，它也是非免责性代位责任），这才是本来应有的道理。[4]

---

〔1〕 例如参见《国家公务员法》第98条，《地方公务员法》第32条。

〔2〕 对此详细分析请参照、藤田宙靖「『行政機関』と『公務員』——国家賠償法一条一項の捉え方をめぐって」自治研究95巻5号（2019年）3頁以下。

〔3〕 假设国家赔偿诉讼是以"行政机关违法行使权限"为对象的诉讼，或者像文字上那样围绕"公务员违反职务义务"的诉讼，那么，它在理论上当然应当是有关"公法上法律关系"的诉讼。

〔4〕 如果从这种前提出发，那么，津田智成的指摘正是一语中的："讨论的起点不在于是否'产生'公务员对外的赔偿责任，而在于是否'免责'，只要没有将免责积极正当化的根据，公务员原本根据《民法》第709条的对外的赔偿责任或者被害者的损害赔偿请求权就'仍然存在'。"津田智成「公務員の対外的な賠償責任に関する試論的考察（一）（二）」自治研究93巻9号（2017年）113頁、11号（2017年）97頁。

五、《国家赔偿法》第 1 条责任的成立要件

如此，《国家赔偿法》第 1 条的责任的基本性质如何理解的问题 205 姑且不论，该法第 1 条规定了几个因公务员行为而产生国家或公共团体责任的详细要件：（1）该行为是公务员行使公权力的行为，（2）公务员履行职务而产生损害，（3）公务员有故意或过失，（4）违法造成损害。其中，已触及第三点的若干论点，另外还有所谓"违法无过失"问题将在第三节中再处理。下面将对第一、二、四点再作深入说明。[1]

（一）公务员行使公权力的行为

1. "公权力的行使"概念与"公务员"概念在这里登场，对于后者，过去没有特别争议，要言之，不限于《国家公务员法》《地方公务员法》所说的公务员，大致能被视作为"行政主体"行使公权力者，都广泛地属于这里所说的"公务员"。[2]当然，在《国家赔偿法》上"公共团体"的概念中，传统观点认为，[3]不仅是地方公共团体，还有包括公共组合、政府关系特殊法人等属于传统行政法理论上"行政主体"的全部法人。[4]

---

〔1〕对于这些要件，囊括过去的学说和判例、加上自己评论的大作有，西埜章『国家賠償法コンメンタール（第二版）』（勁草書房、2014 年）。

〔2〕另外，这里的"公务员"有前述是"公务员"还是"行政机关"的问题，过去对于公务员概念的上述说明可以说与"行政机关模式"具有亲和性。

〔3〕参照、田中二郎・中 214-216 页。

〔4〕当然，近来随着前述"行政主体"概念的相对化、所谓"公私协作行政"的广泛登场等，该法的主体是否为《国家赔偿法》第 1 条的"公共团体"？对该"公务员"行为负赔偿责任的"公共团体"是哪一种法的主体？围绕这些问题也出现了一些微妙的例子。

例如，"国立大学法人"过去作为国立大学而被置于国家行政组织一隅，现在是这里的"公共团体"吗？这一问题现在屡屡在裁判上发生争议，这是前者的一个例子。虽然还没有最高法院的判例，但在下级审判例中肯定说占优势（例如参照、東京地判 2009 年 3 月 24 日判时 2041 号 64 页。关于国立大学法人的行政主体性质，参照、藤田宙靖・組織法 147 页以下）。

作为后者，在国家或地方公共团体将其业务委托给其本身仍为"私人"的法人（指

207   2. 与此相对,《国家赔偿法》第 1 条的"公权力的行使"是指何种行为,过去即使是在明确表示的方面也有很大的见解分歧。传统上,公权力的行使从文字来看就是指"单方命令、强制或者形成、变更法律关系、事实关系的行政作用",也就是说,仅指传统行政法学所说的"权力性行政作用"(狭义说)。与此相对,今天所说的公权力的行使,是指国家行为中除私经济作用外的所有公行政作用。因而,即使是所谓"非权力性行政作用",只要其具有"公行政作用"的性质,也包含在这里所说的公权力的行使中(广义说)。这一观点是具有一般性的。[1]也就是说,在公行政活动中,对于本来以非权力性手

定法人)的案件中(所谓"委托行政"),其问题是,这些法人的职员的行为是否为《国家赔偿法》第 1 条的公务员行使公权力行为?这时由谁承担损害赔偿责任?[如前所述,在这种案件中,对于谁成为抗告诉讼的被告,2004 年修改《行政案件诉讼法》时,明确了国家或地方公共团体委托业务的情形(《行诉法》第 11 条第 3 款),在现行的《国家赔偿法》上对此并无规定。]根据都道府县知事的措施(《儿童福祉法》第 27 条第 1 款第 3 项),某儿童进入社会福祉法人设置运营的儿童养护设施,该儿童以该设施职员违法行为为理由提起国家赔偿请求诉讼。对此,最高法院判断认为,养育监护该儿童的设施之长及其职员属于适用《国家赔偿法》第 1 条的都道府县行使公权力的公务员(最判 2007 年 1 月 25 日民集 61 卷 1 号 1 页。关于指定确认检查机关根据建筑基准法所作的确认,参照、最判 2005 年 6 月 24 日判时 1904 号 69 页)。

    鉴于过去判例和学说有关《国家赔偿法》第 1 条责任的展开,可以将这些判决定位于其极为顺当的发展延长线上。问题毋宁是在后者的例子中,都道府县作为国家赔偿法上的"公共团体"承担国家赔偿责任,受委托的私法人不负任何赔偿责任吗?最高法院上述 2007 年判决承认都道府县的国家赔偿责任,否定了案件中社会福祉法人的《民法》第 715 条的赔偿责任。但这是否为理论上必然的、必须的结论,仍有探讨余地(参见上卷第 20 页)。

    另外,《国家赔偿法》第 1 条仅规定"国家或公共团体",它是否为与出问题的公务员行使公权力之间处于何种关系的国家或公共团体(例如,行使公权力的事务归属主体是该公务员的所属机关还是该事务的经费负担者),等等这些都没有严密的规定。在通常的案件中,这些多是一体的,因而不用详细探讨。但以例外的其他案件(例如参见后述《国家赔偿法》第 3 条的规定)为中心,还有种种讨论,这里无法深入。对此参照、稲葉馨「国家賠償責任の『主体』に関する一考察(一)(二)」自治研究 87 卷 5 号(2011 年)25 页以下、6 号(2011 年)34 页以下。

    [1] 此外还有被称为"最广义说"者,大凡国家行为均包含于"公权力的行使"中。这种观点也不是没有,但在学说和判例上并没有在这里作特别处理的重要性。

段进行的活动，根据狭义说，除了符合《国家赔偿法》第 2 条的情形外，全部适用民法关于侵权行为的规定，而立于广义说的立场，除了该法第 2 条的情形外，也能被涵盖于第 1 条的情形中（例如，正在从事公务中的官署公署汽车撞人、公共道路工程给沿路居民造成损害等）。对于狭义说与广义说哪一个是主导性的，在法律制定当初不用说就是狭义说占据压倒性优势的。但是，在今天，学说上偏向于广义说的立场者也在增多，而判例上也几乎都是将采用广义说作为当然的前提，[1]因而，形势可以说已经完全逆转。

　　根据最明确展示广义说论据的雄川一郎博士的说明，[2]采取广义说有如下的论据：第一，在国家公行政活动的利益状况中，与私人相互间的私经济关系相比，非权力性活动与权力性活动之间具有更多共通的要素。第二，对于非权力性行政活动，与适用《民法》第 715 条使用者责任规定相比，在《国家赔偿法》中没有《民法》使用者选任监督的免责规定（《民法》第 715 条但书）的对应内容，适用《国家赔偿法》第 1 条对被害者更为有利。此外，也有人指出，只要将《国家赔偿法》第 1 条规定理解为前述的国家免责性代位责任，对于适用该规定的行为，就没有追究公务员个人赔偿责任的可能（除国家行使求偿权外），因而，仅此就可让公务员安心从事公务，这对行政一方是有利的事情。[3]

　　然而，雄川博士上述观点的背后终究是有法国行政法思想的影响。如本书先前所述，[4]德国行政法学立于区分公法私法的所谓权力

208

----

〔1〕　在下级审判决中很早就有很多明确立于广义说立场，最高法院在之后也表明立于这一立场。例如，政令指定都市的区长响应《律师法》第 23-2 条的照会进行报告，这被作为《国家赔偿法》第 1 条的公权力行使来处理。参照、最判 1981 年 4 月 14 日民集 35 卷 3 号 620 页。而公立学校教师的教育活动也广泛被作为《国家赔偿法》第 1 条的公权力行使来处理。参照、最判 1983 年 2 月 18 日民集 37 卷 1 号 101 页、最判 1987 年 2 月 6 日判时 1232 号 100 页等。

〔2〕　雄川一郎「行政上的损害赔偿」同・前揭『行政の法理』333 页以下。

〔3〕　对于学校教师、医院医师等而言，这是现实中不能无视的问题。

〔4〕　上卷第 32 页以下。

说构想，在传统上将重点置于行政活动中权力性活动与非权力性活动的区分上，分别展开不同的法理；而法国，以最高行政法院的判例为中心，立于所谓"利益说"的观点，在适用不同于民法原则的独立的行政法理上，与权力性活动、非权力性活动相比，是否为公共服务（service public）活动更具有重要意义。这时，公共服务理论发展的中心素材正是国家赔偿问题。

其中，作为现行法的解释论，对于如何在理论上评价上述广义说，基本上与前述以"过失"概念客观化为前提的自己责任说所看到的一样。第一，在广义说的论据上，上述主张从实践来看并不是没有理由，[1]而鉴于法解释论基本上具有实践性质，不能说这种解释论在理论上完全不能成立。但在另一方面，从《国家赔偿法》第1条的立法经过来看，该条不是以法国式公共服务理论为模型，而是明显在德国-日本型权力说思考之下制定的。如此，问题就在于，如何在日本的场合下看到由此向法国式公共服务理论发展的连续性呢？[2]那么，出发点终究应在于狭义说，不过照现实的行政与私人之间的利益状况来看，通过具体探讨什么才具有与传统意义公权力行使相匹敌的功能，

---

〔1〕 当然，在广义说中，对于有利于被害者的制度是否在现实具体案件中有效地发挥作用，也有疑问。例如参照、原田尚彦·要論289頁。

〔2〕 例如，如正文所触及，在国立公立学校教师对学生的指导、监督等疏漏而产生学校事故的案件中，教师的教育活动被定性为非权力性作用，有日益增多的判例（也包括最高法院判例）采用广义说，将其作为《国家赔偿法》第1条的问题来处理。但这时按照日本传统的法理来看，私立学校的学校事故自然不适用《国家赔偿法》。国立公立学校与私立学校同为非权力性作用，为何处理不同，对此必须再作说明（在今天，"国立学校"已变成"学校法人"，这就更为复杂了）。如果部分修正过去的理论，就必须考虑这可能反过来对其他部分产生影响。《国家赔偿法》第1条原本是依法律行政原理的保障制度，由此来看，按照前述"行政机关模式"将同条的"公务员"一词解作理论意义上的"行政机关"，这当然就与这里的狭义说具有亲和性。主流行政法学过去基本上采取这一模式并同时采用广义说，这在理论上原本应该说是颇为不合理的。另外，采用广义说也使《国家赔偿法》第1条中的"违法性"概念复杂化。参见后述第220页。

逐渐扩大救济，这才是法解释论上应有的程序。[1]

3. 另外，判例和学说认为，《国家赔偿法》第 1 条的 "公权力的行 使"，不仅是行政权的行为，也包括立法权、司法权的公权力行使。[2] 但是，如后所示，学说和判例上对这些行为的违法性判断有颇多制 约，国家赔偿请求的实效性必须说是极低的。对于这些行为原本是否 应当是该法第 1 条的适用对象，反而是抱有疑虑的。[3]

（二）公务员履行职务的行为

这一要件刚好与《关于一般社团法人及一般财团法人的法律》第 78 条（《民法》旧第 44 条）的 "履行职务"、《民法》第 715 条的 "执行事业" 要件相对应，其中所包含的问题与这些情形也基本相同。 对于民法的这些规定，判例和学说等逐渐作扩大适用范围的宽泛理

210

211

---

〔1〕 如此，行政法学在《国家赔偿法》第 1 条的解释上应当做的就是，与扩大被 害者保护的实践性主张、从哪里能找到合乎这种主张的主意相比，现在更要（至少与这 些作业一起）确立在法解释的状态、方法上的原则，在这种一贯的原则之下将这些素材 体系化。例如，在 "公权力的行使" 概念上，雄川博士主张法国式的广义说，但他批 评同样主张法国式 "过失" 概念客观化的今村博士，参照《国家赔偿法》第 1 条的构 造、立法过程等来看，今村博士的自己责任说是 "超实定法" 的（雄川一郎・前揭 「行政上の無過失責任」同『行政の法理』361 頁以下）。顺便提及，今村博士对于 "公权力的行使" 概念毋宁是立于传统狭义说的立场。参照、今村成和・入門 200 頁 （今村成和=畠山武道・入門 195 頁）。从这种对于法解释论与立法政策论区分的无原则 立场主张 "解释论"，即使是实践性主张自身在个别问题上具有优越性，也不能说让人 对其广泛抱有作为法律学立场的法解释论的信赖。

基于本书的这种观点，即使以狭义说为出发点，在具体案件的处理上，例如规制性 行政指导的处理等，至少能与广义说有共通的结果。也有学者指出，实际上在今天，广 义说、狭义说、最广义说之间的实质差异并没有看到的那样鲜明（参照、稻叶馨「公権 力の行使にかかわる賠償責任」大系 6 巻 27 頁以下）。如此，我自身的观点是，更进一 步，作为应有的法解释论的道理，应当根据该法律的文字及立法意图确立理论的出发点。

〔2〕 例如，关于国会议员的立法活动，最判 1985 年 11 月 21 日民集 39 卷 7 号 1512 頁；关于法官的裁判，最判 1982 年 3 月 12 日民集 36 卷 3 号 329 頁；关于警察、检 察官等刑事司法活动，最判 1978 年 10 月 20 日民集 32 卷 7 号 1367 頁、最判 1985 年 5 月 17 日民集 39 卷 4 号 919 頁等。

〔3〕 对此问题，暂时可参照、特集「国家賠償法判例展望」ジュリスト 993 号 （1992 年）12 頁以下。

解，即使法人的代表和雇员不是为法人和使用人，而完全是以图谋私利为目的滥用权限，为了保护相对方，也承认法人和使用人的赔偿责任，这种所谓"外形理论"的观点得到发展。

然而，最高法院很早就已经在与国家赔偿法的关系中也进行类似的处理。有名的例子是1956年判决。[1]在该判决中，最高法院认为，对于《国家赔偿法》第1条，"该条不限于公务员主观上有行使权限的意思，还包括意图一己私利的情形，只要作出了客观上具备执行职务外形的行为，给他人造成损害，让国家或公共团体承担赔偿损害之责、广泛维护国民权益，是合乎立法宗旨的"，最高法院支持了承认东京都赔偿责任的原审判决。这一判决与《民法》第715条等的判例发展相对应，但是，《国家赔偿法》第1条不同于《民法》第715条，并不承认因选任监督而免除使用者的责任，在承认外形主义的责任上，课予国家或公共团体比民法上使用者责任更重的责任。但在本案中，是将外形主义适用于并非法律行为，而是事实上的行为（亦即并非根据保护交易安全的角度），如果该判决的判旨广泛适用于一般事实上的行为，那就必须说国家或公共团体承担了甚重的责任。

最高法院如此承认重责，无疑是基于充分保护国民权利的要求。
212 但是，仅是这种纯粹的要求未必在理论上当然推导出外形主义的观点。[2]也有主张认为，在该判决的背后是有国家危险责任的观点，如果不这么理解，就无法说明。[3]的确，存在这种观点的要素是无法否定的，但是，反过来，从危险责任论也并不必然就推导出外形主义。对于"履行职务"的文字，通过民事判例作连续的发展、渐进的扩大解释，这是具有重要意义的（例如在该案中，虽然是适用事实行为造

---

〔1〕 最判 1956 年 11 月 30 日民集 10 卷 11 号 1502 頁。

〔2〕 如果只是这种要求，理论上就可能产生即使不具备职务行为外形也可以赔偿的观点。指出这一点的参照、柳瀬良幹·行政判例百選 II（初版）271 頁。

如果从理论上来说，至少只要站在前述关于"公务员"概念的"行政机关模式"，最高法院所说的"公务员……意图一己之利作出（违法行为）的情形"还能否说是"行政机关"的行使权限，就颇成问题。

〔3〕 今村成和·入門 189 頁（今村成和=畠山武道·入門 185 頁）。

成损害的外形理论的例子，当初被害者从外形相信其职务行为、根据加害者警视厅巡查的说法，这一事实与最终的被害相关联，这是应予留意的事情）。正因为如此，它才在《国家赔偿法》第 1 条的解释论上有被广泛接受的余地。

但是，这种欠缺精确理论诘问的判例法理的展开，即使该判决自身在解释该案件上是合理的，也必须看到它可能产生种种问题。例如，最高法院判例采用的这种彻底的"外形主义"，与前述无论如何都拒绝公务员个人赔偿责任可能性的最高法院方针组合起来，对于国家赔偿法制度的整体运用所带来的结果，最高法院有必要再度充分探讨。

（三）违法造成损害

1. 国家赔偿是填补违法行为造成的损害，而在合法行为给私人造成某种损害时，传统上特地将此损害称为"损失"，对此提供的代偿称为"损失补偿"，区别于"损害赔偿"。[1]眼下没有任何人对此予以否定，但是应该根据什么来思考其中的"违法行为"，如后所述，在今天的学说和判例上明显存在着极为复杂而重大的问题。[2]

2. 根据以"依法律行政原理"为基轴的"近代法治国家原理"，行政活动必须根据法律、基于法律进行；尽管如此，在行政活动违反法律时，必须为私人打开纠正违法、恢复原状之路（行政争讼制度）；假设已经不可能恢复原状，就必须打开金钱填补损害之路（国家赔偿制度）。[3]从这种角度看，国家赔偿制度与行政争讼制度一起构成了实现"依法律行政原理""法治国家"的保障制度。以此为前提，行政活动的"违法性"本质上就是行政争讼制度中成为问题的行政活动的违法性。在日本传统的行政法学中，基本上对此没有疑问。然而，

〔1〕 参见上卷第 137 页，后出第 263 页以下。

〔2〕 关于《国家赔偿法》第 1 条的解释文献，数量众多。特别是对于其"违法性"的概念内涵，从方法论角度分析整理判例和学说立场的近来论文等，参照、桥本博之「判例实务与行政法学说」盐野古稀上 375 页以下、山本隆司『判例から探究する行政法』（有斐阁、2012 年）541 页以下。

〔3〕 参见前述第 3 页以下。

进入昭和 40 年代，学说和判例从各种角度对其出发点提出了很多问题。

214

3. 在这些提出的问题中，最基本的是"行政争讼，特别是抗告诉讼（以下仅称'抗告诉讼'）的违法性意味着违反了针对应然行政活动所规定的行动准则（行为规范），而在国家赔偿中成为问题的违法性是从如何填补已作出的行政活动所生损害这一角度提出的问题，两者的问题不同、前提条件不同，因而，未必在性质及范围上是相同的"。如此，在抗告诉讼与国家赔偿中，成为问题的违法性的性质及范围不同，这种观点一般被称作"违法性二元论"或"二元性违法性论（或'相对的违法性论''违法性相对说'）"，但准确地说，其中的一些微妙差异是有区别的。

（1）例如，首先，国家赔偿是填补损害的制度，因而，其中的指导理念是"公平负担"，进而，即使在抗告诉讼中没有认定"违法"，从这一角度看有时应当给予国家赔偿。有的学说就是主张这种微妙差异。[1] 这一观点以国家赔偿是填补损害的制度为由，认为行政活动的违法性和合法性区别自身是相对的，结果基本上就是国家赔偿制度与损失补偿制度的理论差异也相对化，志在确立统一综合的"国家补偿制度"。在传统行政法学之下，也有学者指出，有必要建立这种意义上的"国家补偿"观念及制度、理论。[2] 因而，它在学说中是有可能被接纳的。如后所述，自第二次世界大战后昭和 30 年代结束开始，伴随着经济高度增长，日本社会经济状况发生激烈变化，在很多情况

215

下，仅以传统的"依法律行政原理"及以其为前提的"近代行政救济法原理"并不能给私人的权利利益适当而充分的救济。[3] 作为应对这些原理"界限"的法解释论，这种意义上的"违法合法相对化论"在实质上也受到欢迎是有背景的。

---

〔1〕 例如，下山瑛二的观点基本就属于这一类型。下山瑛二『国家補償法』（筑摩書房、1973 年）2 頁以下。

〔2〕 例如参照、田中二郎·上199 頁以下。

〔3〕 特别是对于"因不行使权限的损害"，参见后述第 228 页以下。

另一方面，与此类似的结果是，通过《国家赔偿法》第 1 条的解释，特别是通过裁判例以其他方式展开。通过在民事侵权行为论的延长线上理解该条的"违法侵害"，推导出违法性相对化的结果。假设将《国家赔偿法》第 1 条理解为《民法》第 715 条的特别法，这里的违法侵害权利基本上就对应于民法侵权行为法上的行为不法性，亦即"侵害他人的权利或法律上保护的利益"（《民法》第 709 条）。然而，在民法的侵权行为论中，关于行为"违法性"的要件之后明显放宽。有观点认为，"应当考虑被侵害利益与侵害行为样态两方面的相关关系，来判断是否有违法性"（所谓"相关关系论"），因而，过去意义上的违法性问题与故意过失问题一元化统合了。要言之，对"是否为应当提供侵权行为法上保护的情形"作统一、综合的判断，连这样的观点都登场了。[1]在这种观点下，关键就在于对所生损害的赔偿是否妥当的利益衡量，有无"违法性"也被还原为这种利益衡量。其中，如果《国家赔偿法》第 1 条第 1 款的"违法性"也作如此理解，那它实质上就可能与根据以"公平负担"为指导理念的"国家补偿"观点决定赔偿与否没有多大差别。

对于这种理论动向的登场，并没有不予认可的理由。但在另一方面，它也并不是没有问题，它与传统行政法理论，特别是与"依法律行政原理"之间的理论整理能充分完成吗？第一，对于"违法合法相对化论"或"国家补偿法论"，的确，如后所述，[2]如果过于严格适用传统意义上的国家赔偿制度和损失补偿制度，有的案件就会落入两者之间的峡谷而得不到任何救济。对这种案件的处理，不仅是在立法论上，在解释论上也必须有种种思考，这是事实。但在另一方面，一般以违法性和合法性相对化真的能合理应对这种问题吗？这也是必须认真思考的问题（学说上很早就有人主张所谓"国家补偿"观念的必要性，但过去成为问题的不是违法性合法性的相对化，而主要是在国

216

---

〔1〕　参照、幾代通（德本伸一補訂）『不法行為法』（有斐閣、1993 年）59 頁以下、前田達明『民法Ⅵ2（不法行為法）』（青林書院、1980 年）67 頁以下等。

〔2〕　后述第 250 页以下。

家赔偿法中采用过于严格的过失主义的问题性）。第二，权力性行政活动不同于民事上的行为，一般适用"依法律行政原理"，其行动准则广泛由法律规定。对于立于民事侵权行为论的"违法性"扩张论，是否充分考虑了这种特性，是一个问题。在私人之间，在有侵权行为法上的"权利侵害"时该行为才变成"违法"；而在权力性行政活动的情形下，行为违反行动准则，马上就全部被评价为"违法"，两者的差异是存在的。对此问题，将在后文更为详细地分析。[1]

217　　（2）其次，根据权力性行政活动的上述特性，同时在国家赔偿的违法性判断中，也明确承认违反行为规范会成为问题，但仍有学说以国家赔偿是填补损害的制度为由，主张"违法性的二元"。[2]

　　但是，在这一立场上，必须进行几个更为详细的理论整理。抗告诉讼与国家赔偿请求诉讼在诉讼上请求的对象（诉讼标的）是当然不同的，因而，要认可其请求而必须满足的要件也自然是不同的。为此，虽说满足了抗告诉讼胜诉要件的"处分的违法性"，显然仅此并不当然能在国家赔偿请求诉讼中获得胜诉。例如，国家赔偿中要求的"过失"等其他要件与"违法性"要件相结合，以此作为《国家赔偿法》上所说的"违法性"，如果采用这种用法，就会呈现出一种"违法性的二元"观。[3]再如，对于抗告诉讼的撤销判决作出时点（准确地说是事实审口头辩论终结时，以下同），国家赔偿请求以同一行为为问题，如果其判决时点不同，例如，因发生"瑕疵的治愈"等，两者得出不同判断，这在理论上也不是不可能的。因而，这里的真问题在于，在同一时点，同一行为违反法令规定的同一内容的行为规范，在抗告诉讼中被判断为违法，却在国家赔偿请求诉讼中不判断为违法（或者反过来），这能（以国家赔偿是填补损害的制度为理由）得到

---

　　〔1〕　参见后述第 231 页以下、第 251 页以下。

　　〔2〕　例如，遠藤博也『国家補償法（上巻）』（青林書院、1981 年）166 頁以下。

　　〔3〕　参见后出第 251 页。

认可吗？但是，我看不到承认它的理论根据。[1]

4. 然而，最高法院在 1985 年所谓 "废止在家投票制度国家赔偿案件判决"[2]中表明的观点是，"《国家赔偿法》第 1 条第 1 款规定，公务员行使国家或公共团体的公权力，违背了对个别国民所负担的职务上法的义务，给该国民造成损害，国家或公共团体对此承担赔偿之责"。这是针对以国会议员的立法行为（立法不作为）为由的赔偿请求而说的。[3]这里举出了两个要件，一是违反职务上法的义务，二是该义务必须是对被害者个人所负的义务。它们在此之后成为最高法院判断《国家赔偿法》第 1 条中 "违法性" 的关键点。

对于第一个要件，最高法院很早就确立了一个观点，对于出现误判的法官、检察官等的司法行为，要理解其职务上义务的内容，该义务内容与其所作裁判判决的内容不同。[4]正是第一个要件成为这些判决的理论前提。今天，最高法院判例经过 1993 年所得税更正处分的国家赔偿请求案件的判决，[5]对于通常的一般行政行

〔1〕对此，同一旨趣的参照、阿部泰隆「抗告訴訟判決の国家賠償訴訟に対する既判力」判例タイムズ52 号（1984 年）15 頁以下、森田寛二「処分取消訴訟の訴訟物との同一性」雄川献呈中 529 頁以下、同「処分取消訴訟の訴訟物と既判力論（一）（二・完）」法学 54 巻 1 号・2 号（1990 年）等。

〔2〕最判 1985 年 11 月 21 日民集 39 巻 7 号 1512 頁。

〔3〕最高法院从中得出的结论是："国会议员的立法行为……是否构成该款适用上的违法，是国会议员在立法过程中的行动是否违背对个别国民所负职务上法的义务问题，应当区别于该立法内容的违宪性问题。即使该立法内容违反宪法规定，国会议员的立法行为也不因此而直接受到违法的评价。"

〔4〕对于法官，最判 1982 年 3 月 12 日民集 36 巻 3 号 329 頁；对于检察官，最判 1978 年 10 月 20 日民集 32 巻 7 号 1367 頁等。最近，对于再审被判无罪者的国家赔偿，引用了这些判例，最判 1990 年 7 月 20 日民集 44 巻 5 号 938 頁（所谓 "弘前大学教授夫人杀人案国家赔偿判决"）。对于这一动向，有学者是这样说明的，即在这种案件中，最高法院不采用 "结果违法说"，而是采用了 "职务义务违反说"。

〔5〕最判 1993 年 3 月 11 日民集 47 巻 4 号 2863 頁。

在该判决中，最高法院判决指出："税务署长所作所得税的更正，即使认定所得金额过大，也并不由此直接得到《国家赔偿法》第 1 条第 1 款的违法评价。税务署长收集资料，并据此对课税要件事实作出认定和判断，只有没有尽到职务上通常应尽的注意义务，存在草率更正的情况，这时才受到违法的评价。"

为[1]也采用"职务义务违反说"。对于"职务义务违反说"随后将详细探讨。

对于第二个要件,例如,第三人主张因对私人的规制行为(或不作为)而受害,提起国家赔偿请求,在该案中,成为问题的规制行为的根据规范并没有在对该第三人的关系中课予作出该规制行为的职务上义务,以此为理由予以驳回。[2]

220　　　(1)过去形成的行政法学主流观点是"《国家赔偿法》第1条的违法性也与抗告诉讼一样,违反了抑制公权力行使的法令规定"(现在多数称为"公权力启动要件欠缺说",但更简易的称呼是"客观法规违反说")。与此相比,最高法院判例确立的上述违法性论今天一般被称为"职务义务违反说"。对此观点,如本书也已指出的那样,它与以"依法律行政原理"为基础的法治国家原理的适合性,受到了

---

〔1〕 从课税处分来看,对于上述 1993 年判决那样的观点,从过去东京地方法院 1963 年判决所采用的关于课税处分司法审查的特殊性的观点(参见上卷第 115~116 页)作出说明仍然是可能的。但是,最高法院之后将 1993 年判决所确立的基准也适用于课税处分之外的领域。早期的例如,最判 1999 年 1 月 21 日判时 1675 号 48 页。近来,以行政处分违法而予以撤销,同时认为,作出该处分"并没有怠于通常应尽的注意义务",以此为理由,"并不适用《国家赔偿法》第 1 条第 1 款给予违法评价"。参照、最判 2008 年 2 月 19 日民集 62 卷 2 号 445 页(马普尔索普写真集案)。

〔2〕 例如,根据《居住用地建筑物交易业法》,居住用地建筑物交易业的执照"由知事等发放、更新,该行为即使不符合法定许可基准,在与该业者的各个交易关系人的关系上也并不直接属于《国家赔偿法》第 1 条第 1 款的违法"。参照、最判 1989 年 11 月 24 日民集 43 卷 10 号 1169 页。反过来的例子也有(没有规制行为的例子),在民事执行程序的现状调查之际,执行官"对执行法院自不待言,在与希望购买不动产者的关系上也负有应当尽可能正确地调查目标不动产现状的注意义务"。最判 1997 年 7 月 15 日民集 51 卷 6 号 2645 页。

另外,近来的例子是,"刑务所长收到亲属以外者接见受刑者的申请,在判断拒绝接见时,旧《监狱法》第 45 条第 2 款并没有课予其应当关照要求接见者固有利益的法的义务"。以此为理由之一,接见作为律师协会人权维护委员会调查活动的一环,刑务所长不予允许,不能说有《国家赔偿法》第 1 条第 1 款的违法。最判 2008 年 4 月 15 日民集 62 卷 5 号 1005 页。另一方面,不仅是死刑确定者,对于为其再审请求而选任的律师,为再审请求而要求秘密会面,律师的固有利益得到承认(部分认可请求的判决确定)。最判 2013 年 12 月 10 日判时 2211 号 3 页以下。

行政法学的很多质疑。[1]但是，应当关注的一个显著动向是，近来行政法学者也在对"职务义务违反说"的内容重新详细探讨、再作评价。[2]对于这种动向的登场，可以说主要是基于下列因素。

如前所述，判例和学说对《国家赔偿法》第1条的"公权力的行使"概念采用所谓"广义说"，获得广泛接受。这可以说是外在因素的存在，这一点已经得到广泛认识。也就是说，"客观法规违反说"主要关心的案件是，像行政处分那样，公权力性是明确的，因而，其权限规定的内容是明确的。与此相对，随着广义说的蔓延，连本来没有"（狭义的）公权力"的行政活动，也成为这里的"公权力"。例如，在前述[3]国立公立学校的学校事故中，在追究国家赔偿责任时，问及教师的违反注意义务，但因为未必存在法令对注意义务发生根据、内容的逐一明确规定，因而，必须说在这种案件中本来就很难严格认定是否违反"权限规定""公权力启动要件"。这时，对于教师有无违反注意义务，结果就作出与私立学校情形内容基本相同的判断。但在国立公立学校中，它表现为有无"公务员违反职务上的义务"。 221

但是，仅从广义说的进展来看，为什么连公权力行使要件在法令上得到明确规定时（例如像课税处分或警察执行职务行为那样），

---

〔1〕 从这种角度批评"职务义务违反说"（或"职务行为基准说"），其代表例有，参照、宇賀克也·前揭『国家補償法』73頁以下、西埜章·前揭『国家補償法概説』47頁、塩野宏·Ⅱ（第六版）341頁以下等。

〔2〕 作为其代表例，参照、小早川光郎「課税処分と国家賠償」藤田退職421頁以下、神橋一彦「『職務行為基準説』に関する理論的考察」立教法学80号（2010年）1頁以下、仲野武志「続·法治国原理の進化と退化——行政法における違法概念の諸相」小早川古稀89頁以下、米田雅宏「国家賠償法一条が定める違法概念の体系的理解に向けた一考察——職務義務違反説の可能性（一）（二·完）」法学81巻6号（2018年）332頁以下、同82巻1号（2018年）70頁以下、中尾祐人「国家賠償法一条一項の違法性——法制定過程における理解の受容と変化（一）（二·完）」自治研究94巻5号（2018年）112頁以下、6号（2018年）119頁以下等。

另外，对于采用所谓"职务义务违反说"的多个最高法院判决，对其理论意义作类型化整理分析，参照、中川丈久「国家賠償法一条における違法性と過失について——民法七〇九条と統一的に解釈できるか」法学教室385号（2012年）72頁以下。

〔3〕 前出第209頁注〔2〕。

问题不是"违反法令",反而是追问有无"违反职务上的义务",对于这一点,并不清楚。"行政机关的法令遵守义务"与"公务员的职务义务"未必始终一致,这是无论如何也必须得到明确论证的问题。其中,在"职务义务违反说"的再评价中,近来受到关注的是,在现行法行政处分的撤销诉讼中,以纠正"行政厅(行政机关)"所作行为的违法性为目的(《行诉法》第3条),而《国家赔偿法》第1条(与此不同)在文字上是以"公务员"的违法性为问题。[1]这种指摘正表明,行政法学在解释《国家赔偿法》第1条之际开始明确意识到,与过去"行政机关模式"不同的"公务员模式"是可能成立的。但是,如前所述,"公务员模式"在其实态上实际是"市民模式",[2]结果,民事侵权行为法中的"不法"性就成为《国家赔偿法》第1条的"违法"性。如此,根据广义说,姑且不论连本来应适用民事法的非权力性行政领域也适用国家赔偿法,依然存在的问题是,连应严格适用"依法律行政原理"的"狭义的公权力行使"违法的案件,都可以完全根据私人间利益调整规则来解决问题吗?[3]以下就立于这种问题意识,特别针对在"狭义的公权力行使"案件中采用"职务义务违反说"的是非问题,略陈管见。

222　　　第一,"职务义务违反说"实质上(至少从"依法律行政原理"角度来看)是在结合行为自身的"违法性"要素与行为人的"过失"

---

〔1〕　例如,前注中神桥一彦、米田雅宏的各论文,此外请参照、稲葉馨「国家賠償法上の違法性について」法学73巻6号(2010年)41頁。

〔2〕　前述第203~204页。另外,最高法院判例使用的"违反公务员的职务上义务"表述,是最高法院不慎将德国国家赔偿法制度上的表达[由《德国民法》(BGB)第839条第1款及《德国基本法》第34条第1句构成]应用于日本国家赔偿法的解释(尽管在文字自身并不存在),但德国的表达在其制定背景上也不同、在理论上也有问题,结果最高法院是采用了"市民模式"。请参照、藤田宙靖·前揭「『行政機関』と『公務員』——国家賠償法一条一項の捉え方をめぐって」自治研究95巻5号(2019年)3頁以下。

〔3〕　今天,也仍然存在有力的行政法学说,既承认有的领域(以非权力性行政为中心)适用"职务义务违反说"具有合理性,同时质疑在全部领域适用是否妥当。例如第220页注〔1〕的各文献。

要素基础上构筑起损害赔偿法独自的违法性概念，[1]为此，只能说基本上不是以"依法律行政原理"而是以调整相互间私益的民事侵权行为法论作为共通的基础。但是，这时"公务员的违反职务上义务"至少是作为行为人违反行动准则问题出现的，其中并没有设想诸如"违法性程度与损害程度的综合评价"（即所谓"相关关系论"[2]）等。换言之，它实质上将"没有过失的行动"纳入了包括一般行政活动的所有国家行为的行为规范要件中。为此，这一观点未必在理论上违反法治主义的理念。

第二，从期待国家赔偿制度对行政活动的法治主义控制角度来看，"违法性"与"过失"一元论成为问题的情形是，因为进行"一元性评价"，该行为是否"违法"，亦即是否符合法律在公权力行使要件上规定的要件自身有可能是暧昧的。因而，在某种案件中，一方面，公权力行使的效果自身直接受到争议，同时在另一方面，以该行为违法为由请求国家赔偿，只要在前者中明确判断了该行为违法或合法，原本就不发生上述问题。[3]

---

〔1〕　当然，"违法性"与"过失"一元化至少在表面上并没有在判例上彻底贯彻。例如，在明确认定行为违法性的同时没有过失而否定赔偿责任的例子，参照、最判 1991 年 7 月 9 日民集 45 卷 6 号 1049 页。再如，认定"因违反公务员的职务上注意义务而成为适用《国家赔偿法》第 1 条第 1 款的违法"，同时进一步表明"该担当者也明显有过失"。最判 2007 年 11 月 1 日民集 61 卷 8 号 2733 页。不过，在后者的例子中，判断有无"担当者的过失"，明显已经实质上被吸收于"违反职务上的注意义务"的判断中。

〔2〕　民法学者指出，当然，今天在民事侵权行为论中，并不是像过去那样由"相关关系论"或"利益衡量论"所主导，行政法学者对采用"职务义务违反说"的担心是无用的。参照、潮见佳男『不法行为法Ⅱ（第二版）』（信山社、2011 年）99 页以下。

〔3〕　例如，在近来的马普尔索普写真集案第三小法庭判决中，在直接争议公权力行使违法性的诉讼中认定了违法性并承认原告的请求，但驳回了基于"职务义务违反说"的国家赔偿请求。

最高法院在行政活动（所得税更正处分）的国家赔偿案件中首次明确采用"职务义务违反说"观点的是前述著名的 1993 年 3 月 11 日判决。在该判决中，实际上更正处分自身以实体法上违法为由被另行撤销，在国家赔偿诉讼中争议的是以程序违法为理由的抚慰金请求。

第三，今天，像前述"行政法上义务的实现手段"看到的那样，实现行政法上制度的手段未必说必须是行政法上的手段。从保障"依法律行政原理""法治国家原理"的赔偿制度角度来看，不得为民事法上的手段，也未必有道理。因而，行政机关违法行使权限造成损害，赔偿不是行政机关（行政主体）的自己责任，而首先是行使权限者（谁都可以）的民事法上责任，存在这样的法制自身，作为这种"保障"（即使并不完全）不能一概说是不合道理的。

第四，如果处理法理论上的问题，只要立于"公务员模式（市民模式）"来理解"职务义务违反说"，就未必抵触前述观点[1]——在"同 行为违反法令规定的同一内容的行为规范"上一定不产生二元的违法性。也就是说，作为行政机关的行为与处于该地位的"谁都可以"的行为在法的意义上并不相同，规范该行为之法也有行政法与民法之别。

综上来看，即便全部通过"职务义务违反说"来说明《国家赔偿法》第1条的"违法性"，也未必就要被评价为"与法治主义背道而驰"。[2]不过，这与它是否真的合理则是不同的问题。例如，在行政处分的情形下，在国家赔偿请求之外，另有消灭其效果、恢复原状的手段，可以姑且不论。而对于因警察违反《警察职务执行法》的事实行为而受到损害的情形，连这种其无法处理的情形，也以"违背警察职务执行法"而"没有国家赔偿法上的违法"这样的理论构成来应对，[3]它在行政活动的法治主义控制上，是否真的合适呢？这时，立

---

〔1〕 参见前出第 217 页。

〔2〕 但是，如前所述（第 221 页注〔2〕及藤田宙靖·前揭自治研究论文第 22 页以下），最高法院判例在其公式中采用的"公务员的违反职务义务"概念，在理论上包含颇为困难之处。假设"职务义务违反说"全部采取其旨趣，本来这一词就必须置换为"谁都可以"（是行政机关同时也是一个市民）对其他国民施加的"侵权行为"的这种明确表达。

〔3〕 参照、后出第 232 页注〔2〕再度涉及、東京高判 1978 年 10 月 17 日判時916 号 35 页。即使是这种情形，警察同时是"谁都可以"并没有错，因而，在今天的裁判例中，有充分可能成为"职务义务违反说"的适用对象。

于"行政机关模式""自己责任说",进而是"过失的客观化"等思考模式进行立论,才是当然之理。[1]

(2) 其次,如果来看前述第二个要件,首要的是如果认为公务员的职务义务只不过是组织内部的义务,那么,即使违反了该义务,本来也不产生对外的违法问题。因此,这一职务义务必须同时是对外的,这是理论上的必然要求。问题是,它是否必须为"对被害者个人所负的义务"呢?最高法院通过阐明这一要件,明确否定了一种观点,即"但凡是行政机关违法行使公权力,由此给私人造成损害时,产生损害赔偿责任的问题,这与该行政机关是否直接对被害者负有避免损害的义务没有关系"。[2]如前所述,"依法律行政原理"与为其提供保障的"近代行政救济制度原理"未必是以确保行政的客观合法律性为自己的目的,而是通过行政的合法律性保护个人的权利利益。从这一意义来看,最高法院判例的上述观点是有道理的。[3]不过,对此,有必要作出下述补充。

第一,在某种意义上,最高法院的公式在国家赔偿法的世界里也采用了过去在行政争讼法领域确立起来的区分"法保护的利益"与"法的反射性利益"的概念框架。但是,即便如此,行政争讼中的这一框架始终是原告适格,亦即诉讼要件维度的概念,而国家赔偿法上

225

226

---

〔1〕 根据中川丈久对过去最高法院判例的分析(中川丈久·前揭「国家賠償法一条における違法性と過失について」),在国家赔偿请求中,根据原告请求的是何种权利、法的利益决定采用"职务义务违反说"是否适当。在与拙见的关系上来说,这一问题也与是采用"行政机关模式"还是"公务员模式"的基准相关。

津田智成(前揭「フランス国家賠償責任法の規範構造——『役務のフォート』理論を中心に(五·完)」北大法学論集 65 卷 5 号 376-377 頁)指出,"难以将所有国家赔偿责任通过仅为自己责任规范抑或代位责任规范某一方在理论上作整合说明",在此认识的基础上,"今天,自己责任规范和代位责任规范并不是相互排斥的关系,而应理解为相互补充、能够并立共存的关系"。其中的"自己责任规范"和"代位责任规范"可以替换为这里的"行政机关模式"与"公务员模式(私人模式)"来理解。

〔2〕 参照、東京高判 1967 年 10 月 26 日高民集 20 卷 5 号 458 頁。

〔3〕 不过,这也有负面的例子,"依法律行政原理"等的"主观法"性质有时反而会朝着限缩私人争议行政活动违法性的方向发挥作用(参见前出第 46 页注〔3〕)。

的"违法性"是在实体审理层面以行政活动的违法性为问题，因而两者的理论意涵是不同的，这一点必须留意。从理论上来说，这里的"职务义务是对被害者个人所负的义务"要件本来就不是行政活动违法性自身的问题，而是属于抗告诉讼的"与自己利益无关的违法"的主张限制问题。[1]

第二，具体案件中的问题是否真的是"违反对被害者个人所负的职务义务"，亦即这里的"违法性"问题，仍有根据案件详细分析的必要。例如，对相对人合法行使规制权限，却卷入第三人使其受到损害，[2]这时实质上成为问题的不是有无违反对第三人的特别安全照顾义务，而是原本行为与损害之间是否有相当因果关系的问题，或者因果关系得到肯定，对于通常应负的赔偿责任，因为系"正当业务"而能阻却违法性到何种程度的问题。[3]

如此，对于《国家赔偿法》第 1 条的"违法性"是什么的问题，学说或判例过去以明显错综复杂的方式予以展开，以下就以上述一般

〔1〕《行诉法》第 10 条第 1 款。参见前述第 126 页以下。

顺便提及，从理论上说，假如像最高法院说的那样，国家违背对特定个人负担的职务上法的义务给其造成损害时，只有他能请求损害赔偿，那就产生了一个问题，那不就成了一种债务不履行的赔偿责任吗？实际上在公务员因职务上第三人的行为而受到身体危害的案件中，最高法院广泛承认国家不履行安全照顾义务，承认依据《民法》第 415条的赔偿责任（例如参照、最判 1975 年 2 月 25 日民集 29 卷 2 号 143 页、最判 1986 年12 月 19 日判时 1224 号 13 页等）。前述知事对居住用地建筑业不行使监督权限结果造成损害，该企业的交易对象请求国家赔偿，这与前述情形存在何种不同，未必是一义性明确的。像之后的案件那样，行政厅对私人经济活动等行使规制权限对其他私人（第三人）构成利益时（远藤博也博士的所谓"行政的危险管理责任"成为问题的情形），问题的实质基础与国家的安全照顾义务成为问题的情形几乎是同样的。不过，在这种危险管理或安全照顾的手段以许可认可或特定监督措施方式得到具体法定的情形中，对于国家有无责任，一般不是民法上的债务不履行问题，而凝结为规制手段行使（或不行使）是否符合法律规定的基准问题。

〔2〕 例如，警察行使权限对第三人造成损害的案件，参照、最判 1986 年 2 月 27日民集 40 卷 1 号 124 页（所谓"巡逻车追踪案判决"）。

〔3〕 例如，即使检察官的总结陈词损害了第三人的名誉或信用，只要该陈述没有相当于诉讼法上权利滥用的特别情况，就不能说该陈述是违法行使公权力，它"作为正当的职务行为而阻却违法性"。参照、最判 1985 年 5 月 17 日民集 39 卷 4 号 919 页。

观点为前提，进一步就此间"违法性"问题讨论最多的"行政厅不行使权限的损害赔偿责任"问题予以概述。

5. "行政厅不行使权限的损害赔偿责任"问题，是指行政厅没有合法地行使对某私人应当行使的公权力时，第三人自己的利益由此而受到侵害，能否以不作为违法为理由，向国家或公共团体诉求《国家赔偿法》第 1 条的赔偿责任问题。这种事成为问题的案件当初不是那么多，但随着行政广泛介入市民生活，自昭和 40 年代中期以降，变得尤为显著。（正如本书已反复触及的那样）公害规制行政的例子典型所示，行政不规制某市民或企业的社会活动、经济活动，对其他市民生命、身体、财产等具有决定性重要意义，这样的案件〔1〕显著增加。〔2〕

（1）回溯这种问题的判例进展，当初首先成为问题的是在《国家赔偿法》上所谓"反射性利益论"能否成立的问题。〔3〕但是，对于这一论点，此后最高法院阐明了态度，只有在"公务员违背了对受损害者个人所负担的职务上法的义务"时，才承认《国家赔偿法》第 1 条第 1 款的违法性，实质上在判例上广泛采用了肯定观点。这在前文已有说明。

（2）在行政厅不作为违法性上的下一个问题是所谓"行政便宜主义"问题。行政厅是否行使法令赋予的权限，原则上委诸行政厅裁量，不行使权限并不直接导致违法（上述东京高等法院判决采用了这种观点）。根据传统行政法学观点，没有法律的授权，就不允许作出规制私人权利利益的行为；但反过来，从保护行政行为相对方私人利

228

229

---

〔1〕 也就是远藤博也所说的追究行政"危险管理责任"的案件。遠藤博也『行政法Ⅱ（各論）』147 頁。

〔2〕 包罗性、类型化整理这些案件，参照、西埜章・前揭『国家補償法概説』58 頁以下。

〔3〕 例如，行政厅违法不行使权限损害了利益，但这种利益是客观法规的反射性利益，就不能说是违法的权利侵害。参照、東京地判 1965 年 12 月 24 日下級民集 16 卷 12 号 1814 頁。该案件是因邻地的违法建筑而受到日照侵害者以东京都知事不实施《建筑基准法》建筑物拆除命令的代执行违法而对东京都提起国家赔偿请求。另一方面，一般行政厅违法行使（或不行使）公权力给国民造成损害时，因此而产生损害赔偿责任的问题。这时，有的例子认为，与行政厅对被害者是否负有作为义务没有关系。例如，上述东京地方法院判决的控诉审判决。東京高判 1967 年 10 月 26 日高民集 20 卷 5 号 458 頁。

益的角度来看，不行使法律授予的规制权限自身并无不妥，在旨在保护"私人"免受"行政主体"侵害的"依法律行政原理""近代法治国家原理"之下，上述意义的行政便宜主义本来并不受任何制约。

但是，对此，久而久之，原则上以上述观点为出发点，但在现实中，相继作出的下级审判决承认了超越裁量范围、权限不行使的违法性，认可国家（或公共团体）的赔偿责任。例如，这种判决最初的例子是大阪地方法院1974年的判决，[1]在建成居住用地的护墙崩塌事故造成邻地居住者死亡及其他事故的案件中，县知事不适当行使《居住用地建成等规制法》的规制权限是其原因之一，被害者对县提起国家赔偿请求。法院在该判决中首先否定了县所主张的反射性利益论，不行使权限原则上属于知事的自由裁量，但实际上"本案的情形是，应当根据《居住用地建成等规制法》的旨趣目的，针对护墙对其所有者等发布改善命令，根据《行政代执行法》采取代执行处置，可期待命令的实效性、消除危险，但县知事不如此作为，明显缺乏合理性，应属于违法"。这就连裁量控制也涉足了。此后，诸如"新岛残留弹丸爆炸案判决"[2]"高知塑料公害诉讼判决"[3]"千叶县野犬咬死幼儿案判决"[4]等均采用同样的观点，承认了行政主体的赔偿责任。厚生大臣（当时）根据《药事法》第14条规定承认奎诺仿剂新药的制造给予，服用者的健康受奎诺仿剂明显损害，追究制药公司和国家的赔偿责任。在所谓"斯蒙（亚急性脊髓视神经症）诉讼"中，围绕不对上述承认行使撤回权

〔1〕 大阪地判1974年4月19日下級民集25卷1~4号315頁。

〔2〕 東京地判1965年12月18日判時766号76頁。案件是在新岛海岸旧陆军未回收的弹丸发生爆炸，造成儿童死伤。判决认为，为了防止给个人生命身体等造成危险，警察负有采取必要措施的法律义务，没有采取回收这些炮弹等措施，构成违法。

〔3〕 高知地判1974年5月23日下級民集25卷5~8号459頁。放置于田、埂、堤上的农用旧塑料流入河川，使河口附近的渔场荒芜。渔业权者主张，当地的市怠于旧塑料的清扫收集，河川管理者国家和县怠于清除、未适当管理河川，构成违法。法院予以认可，命令国家和县向市支付损害赔偿。

〔4〕 東京高判1977年11月17日高民集30卷4号431頁。在野犬咬死幼儿的案件中，法院认为，其原因在于县知事没有诚实地行使《县犬管理条例》上的野犬捕获、扫荡权限，命令县赔偿损害。

的裁量权，东京斯蒙判决认为，[1]大致"有发生损毁国民生命、身体、健康的结果危险，如果行政厅行使规制权限，就能容易防止结果的发生，而行政厅不行使权限，就不能防止结果的发生，在这种关系下，行政厅知道或能容易知道上述迫切危险，被害者——以发生结果为前提——要求、期待规制权限的行使，就是能获得社会认可的情形"，"行政厅是否行使规制权限的裁量权收缩、后退，为了防止结果的发生，行政厅被课予行使规制权限的义务，因而，其不行使违反作为义务，构成违法"。其所展开的"裁量权零收缩理论"[2]受到关注。[3]

　　最高法院过去在1971年的判决中指出，"因存在建筑物等而妨碍换地预定地的使用收益时，（土地区划整理事业）施行者行使上述权限（根据《行政代执行法》第2条的代执行权限——藤田注），转移或拆除建筑物等，使土地使用收益不受妨碍，应是其职务上的义务。施行者因过失而怠于履行该义务，给土地所有者造成损害，应负赔偿之责"。[4]此后因警察不行使权限违法而继续作出命令国家赔偿的判决。[5]其中，对于不行使法律赋予的（自由裁量）权限为何违法，未必作出了理论上的详细说明。但最高法院今天未必局限于上述"裁量权零收缩理论"的讨论，而给出了一般观点："国家或公共团体的公务员不行使规制权限，从规定该权限的法令宗旨、目的以及该权限的性质等来看，在具体的情况下，不行使权限明显超出了容许的限度、缺乏合理性时，对因不行使权限而受害者适用《国家赔偿法》第1条

231

---

[1]　東京地判1978年8月3日判時899号48頁。

[2]　参照、原田尚彦『行政責任と国民の権利』（弘文堂、1973年）73-74頁。

[3]　此后的下级审判例中喜爱采用这种"裁量权零收缩理论"。例如，"大东锰诉讼第一审判决"，大阪地判1982年9月30日判時1058号3頁；"比岛山灾害诉讼判决"，高知地判1984年3月19日判時1110号39頁，等等。

[4]　最判1971年11月30日民集25卷8号1389頁。

[5]　（1）对于《持有枪械刀剑类等取缔法》第24-2条第2款的权限，最判1982年1月19日民集36卷1号19頁。（2）对于《警察职务执行法》第4条第1款的权限，最判1984年3月23日民集38卷5号475頁。这是前述"新岛残留弹丸爆炸案"的上告审判决。

第 1 款，构成违法。"[1]在此之下，也包括行政立法在内，行政厅不行使规制权限明显不合理，就直率地承认其违法性。[2]

　　(3) 尽管判例给出了以"裁量权零收缩理论"为代表的这些说明，但法律只不过是规定能规制私人的自由和财产，为何在特定场合下就变成了规定必须规制了呢？对此的理论说明尚未充分明确。[3]但

---

　　[1]　参照、最判 1989 年 11 月 24 日民集 43 卷 10 号 1169 页、最判 1995 年 6 月 23 日民集 49 卷 6 号 1600 页。

　　[2]　参照、最判 2004 年 4 月 27 日民集 58 卷 4 号 1032 页（筑丰尘肺病诉讼上告审判决）、最判 2004 年 10 月 15 日民集 58 卷 7 号 1802 页（水俣病关西诉讼上告审判决）、最判 2014 年 10 月 9 日判时 2241 号 3 页（大阪泉南石棉诉讼上告审判决）等。

　　[3]　从理论上说，裁量权幅度变为零，行政厅失去了判断是否行使该权限的自由，变成只是"必须行使""不得行使"中的某一个，而并不意味着当然必须行使。从传统行政法理论的出发点来看，某种法律承认规制私人自由和财产，本来是以"不允许规制"为前提的，只是规定在一定场合下"也可以规制"，因而，根据这种规定的本来目的，裁量权变为零的观念毋宁是与本来不能规制的结果结合在一起的。而本来法律赋予行政厅规制私人自由和财产的权限，为了防止行政厅过度行使才有了裁量权的界限论；界限论是课予行使所赋予规制权限的义务，这本来是不符合传统裁量理论的。因而，无论给出怎样的道理，诸如"裁量权零收缩理论""裁量权界限论"等，既然还没有进入一个理论前提，即法律自身在一定要件下课予行政厅积极行使权限的义务（而且，根据上述最高法院判例的观点，还必须是为了第三人的利益而课予行使权限的义务），那么，问题在理论上就没有得到解决 ［阿部泰隆（解释学Ⅱ507 页）对我的批评就是先采取了这一理论前提而出现了片面性］。在这一点上，正文前述最高法院的两则判决是关于警察不行使权限的，它启发了下述观点：警察在一定情形下行使《持有枪械刀剑类等取缔法》第 24-2 条第 2 款（案件 1）、《警察职务执行法》第 4 条第 1 款（案件 2）等所赋予的权限，但是被《警察法》第 2 条规定（不同于上述规定）课予义务。这是颇堪玩味的。

　　另外，在此期间，学说上未必采用"裁量权零收缩"的逻辑，理论上有很多尝试为行政厅这种时候存在作为义务提供根据。限于篇幅，无法详述。特别是在本来有效裁量时，有的案件的判断事项完全被吸纳于要件中，对于这种案件的存在可能性，参照、森田寛二「裁量零收縮論と"結合空間の消費の否定論"」小嶋退職 789 頁以下、宇賀克也·前揭『国家補償法』161 頁以下。

　　如正文所见，最高法院判例并没有一概言及"裁量权零收缩理论"。如果说最高法院的任务在于，"在个别案件中实现最适当的纠纷解决，而未必在于判断学说或理论的妥当与否"（藤田宙靖·最高裁回想録 135 頁以下参照），那么，正文引述的判示已经足够了，没有必要再说更多。也就是说，作为最高法院，如果给出这样明确的法解释，即"行政厅可以⋯⋯"这样的授权规定未必排除"一定状况下发生行政厅必须行使该权限的义务"，那么，在理论上也就足够了。

是，对此暂且搁置不论，必须关注的一个动向是，此间判例和学说在承认行政厅不行使权限的违法性之际，有意识地扩大其中的"违法性"或使其相对化，至少是在与传统"依法律行政原理"中的违法性概念稍有差异的意义上使用。例如，东京斯蒙判决在展开前述"裁量权零收缩理论"之际，附加了"以发生结果为前提"，表明这只是对损害赔偿请求诉讼有效的理论。过去，前述东京高等法院 1977 年所谓"千叶县野犬咬死幼儿案控诉审判决"一方面采用"裁量权零收缩理论"，将县知事不行使捕获、扫荡野犬权限的不作为判断为违法，同时在另一方面表述了下述观点，即这种判断非常适合于"在以损害公平负担为理念的现代损害赔偿制度之下判断有无赔偿责任"，但在"作为行政法固有的问题，评论行政厅行使权限是否合法"时，问题则是不同的。

如前所述，有的案件根据传统"依法律行政原理"的违法性论有可能无法提供被害者救济，但根据这种也应称作"违法性的二元论"或"二元违法性论"的观点，也能承认国家或公共团体的赔偿责任。因而，不仅是判例，此间也有部分学说在强烈主张。不过，从理论上说，不能否定的是，这种意义上的"违法性的二元论"存在前述种种问题。[1] 必须留意的是，如果变成承认"违法性的二元"，当然就像之前的最高法院判例那样，有可能发生这样的案件，即使是反过来从"依法律行政原理"得出违法判断的行政活动，却在《国家赔偿法》上不承认违法性。[2] "违法性的二元论"（几乎）只是在甚为狭窄的范围内

---

〔1〕　参见前述第 213 页以下，特别是第 217 页。

〔2〕　从这种角度看，除了東京地判 1989 年 3 月 29 日判时 1315 号 42 页，及前述最高法院 1993 年 3 月 11 日判决外，之前东京高等法院在与千叶县野犬咬死幼儿案判决几乎同一时期的一则判决值得关注："八王子站北口派出所内警察们对两名控诉人行使前述的武力，作为实现预防、镇压犯罪的行政目的所作的《警察职务执行法》上的行为，不得不说到底是超出了容许的范围。但是，《国家赔偿法》第 1 条的'违法'不仅仅是该行为违法就够了，从该条的法意来看，必须有让国家或公共团体承担赔偿责任的实质理由。行使武力是由在派出所内控诉人等东京朝鲜中学学生的态度，特别是偶然状况诱发的，考虑到控诉人涉及暴力事件、行使武力的程度及结果等，不能因此而承认警察的行使武力是《国家赔偿法》第 1 条的违法行为。"（着重号为藤田所加）東京高判 1978 年 10 月 17 日判时 916 号 35 页。对于本判决的详细分析，参照、藤田宙靖·

承认直接攻击不行使公权力违法性的手段，在这种状况下，至少是基于
仅扩大国家赔偿的可能性的实践意图，在判例上敢于尝试。因而，如前
所述，2004 年《行政案件诉讼法》的修改明确承认对行政厅不作为的
抗告诉讼，今天它已不像从前那般具有实践意义，这也是不能否定的。

（4）然而，在判例所看到的"违法性二元论"中，如前所述，对
于其中《国家赔偿法》上的"违法"，它所采取的立场不是将其理解
为区别并独立于故意或过失主观要素的客观要素（亦即从与"依法律
行政原理"关系上来看的客观违法性），而是效仿当时民法上的侵权
行为理论，将其理解为也包含故意或过失要素的综合性归责事由（亦
即大致为一般是否为"适合提供侵权行为保护的侵害"问题）。[1]这
时，"违法性"一词原本是在不同于行政法学所说行政活动"违法
性"意义上使用的，因而，不存在本来意义上的"违法性的二元论"。
不过，剩下的问题就是，对于原本受"依法律行政原理"支配的行政
活动，能否允许从不存在这种原理的民法上侵权行为场合同样的角度
来统合思考"违法性"要素和"故意过失"要素呢？对此将在下一节
讨论所谓"违法无过失"问题时再行处理。[2]

六、新救济原理的各种动向

1. 像刚才所见到的那样，对于《国家赔偿法》第 1 条规定的要
求，在法律制定之后，判例和学说在放宽要求的方向上有很多尝试。
那当然是从扩大被害者保护的角度出发的，但必须注意其背后的社会
状况的变化，行政活动和私人的相互关系比当初制定《国家赔偿法》
时更加密切、变得复杂化了。今天，私人越来越依存于行政活动，仅
此就让私人因行政活动而受到损害的机会更多、程度更深。特别是如
上述对不行使权限的损害赔偿请求的例子所示，传统行政法的制度和理

前揭「法治主義と現代行政」82 頁以下（藤田宙靖·基礎理論上 242 頁以下所收）。
〔1〕 参照、稲葉馨「公権力の行使にかかわる賠償責任」大系 6 巻 40 頁以下。
〔2〕 参见后述第 250 页以下。

论是以私行为自由与行政不介入市民生活为基本原则，而现在越来越强地要求行政积极介入，两者在原理上是对立的。以这种情况为背景，在国家赔偿法理上出现了基于危险责任论的国家自己责任说，或者基于部分学说所倡导的"国民的行政介入请求权"，提倡重构国家赔偿法理。[1]

　　然而，现实中即使有这种社会要求，只要认为现行法制是以私人自由和行政的不介入为出发点，以私人自由给行政的行动设定界限，以传统的"依法律行政原理""近代法治国家原理"为基本构造，那么，在法解释论上这种要求能主张到何种程度仍是很大的问题。[2]例如，上述对不行使权限的损害赔偿的判决例也对这一问题费尽种种心思。例如在承认社会的这种要求的同时，说及法院功能的界限，驳回这种请求；[3]或者即使认可请求，也像前述那样，它还是以限定为极为特殊例外的情形为前提的。

　　2. 在这种状况下，如前所述，作为法解释论上扩大被害者救济的方法，国家赔偿制度的指导理念不是求诸对违法行政活动进行权利救济、以"依法律行政原理"为基础的观点，而是从损害公平负担角度、对行政活动所生损害的利害调整角度。这种动向在某一方面是存在的。[4]在这种观点之下，如何最公平地在相关主体之间分配、负担某人的损害，是最大的着眼点。因而，行政活动是否违反法律，公务员有无过失等就未必是赔偿责任成立的本质要件了。因此，在这种观点之下，国家赔偿制度与损失补偿制度就变得具有共通的性质，[5]如

236

---

〔1〕　参照、原田尚彦・前揭『行政責任と国民の権利』75 頁以下。

〔2〕　参见前出第 231 页注〔3〕。

〔3〕　参见前揭东京高等法院 1967 年 10 月 26 日判决。

〔4〕　参见前述第 214 页以下。另参见前出第 230 页及第 232 页所引用的千叶县野犬咬死幼儿案控诉审判决。

〔5〕　在这种观点的方向之下，进一步超越损失补偿制度，连损害是否原本起因于行政活动都不是重要的问题，这也是可能的。例如，也存在部分观点认为，在对不行使权限请求赔偿时，国家应当在像损害保险的企业主体那样的立场中填补对纳税人国民的损害。

本编序章所见，这也是近来统合国家赔偿制度与损失补偿制度、出现"国家补偿"概念的一大原因。基于合法行为的损失补偿观念、从公平负担角度的损失补偿观念，如前所述，[1]它作为补充"依法律行政原理"的一个原理，在传统行政法理论中很早就是为人所知的观念。[2]在这一意义上，例如，上述作为现代行政法独特法理的"行政介入请求权"[3]观念仍然合乎传统理论。要广泛承认行政主体的赔偿责任，至少作为一个缓冲，有不少就将这种"公平负担""负担调整"观点带入《国家赔偿法》的解释中。[4]

第二款 公共营造物设置管理瑕疵的损害赔偿责任

一、"无过失责任"说

《国家赔偿法》第2条第1款规定，"道路、河川以及其他公共营

---

〔1〕 上卷第137页。

〔2〕 详见后述第263页以下。

〔3〕 2004年《行政案件诉讼法》修改，课予义务诉讼得到法定化，因而，在日本"行政介入请求权"在实定法上也就有了根据吗？学者对于这一问题有种种应对。例如拿近来的《行政法的新构想Ⅲ》来看，有学者指出至少可以作为讨论的线索（大桥真由美·『行政法の新構想Ⅲ』200页以下、宇贺克也·同271页以下），也有学者认为在理论上是没有道理的（高木光·同58页）。

〔4〕 例如参见前述千叶县野犬咬死幼儿案控诉审判决（前出第232页）。对于这一判决的论法，原田尚彦指出，行政法理论的一般原理广泛承认行政介入请求权，而法院对此表现出某种胆怯（原田尚彦·前揭『行政責任と国民の権利』77-78页）。换一个角度说，这也是法院努力的一个证明，在现实的社会要求与法解释论界限的困境中，法院如何保持与传统法理的连续性，并吸收新的要求。

"国家补偿"观念超越"违法""合法"范畴，旨在实现公平负担，以此作为国家赔偿法解释的指导理念，探索确保被害者救济之道，近来，例如，提示关于《国家赔偿法》第1条的"补偿替代型国家赔偿"观念、建议将损失补偿观点纳入该法第2条的所谓"营造物供用关联瑕疵"（后述第244页）进行考察，小幡教授的一系列著作值得关注。参照、小幡純子『国家賠償責任の再構成——営造物責任を中心として』（弘文堂、2015年）。

造物的设置或管理存在瑕疵，给他人造成损害时，国家或公共团体对此负有赔偿的责任"；同时第 2 款规定，"前款规定中，存在其他对损害原因应负责任之人时，国家或公共团体对其享有求偿权"。这与《民法》第 717 条规定的土地工作物占有者及所有者的责任相对应（但其中的"公共营造物"有"河川"的例示，也包含所谓"自然公物"等，其范围比民法上的"土地工作物"远远更广[1]）。不过，应该注意的是，根据过去通说和判例的理解，《国家赔偿法》第 2 条的规定承认国家或公共团体的无过失责任（在《民法》第 717 条的情形下，土地工作物的所有者负无过失责任，占有者仅负过失责任）。学说上很早就开始如此主张，而最高法院在 1970 年所谓"高知国道落石案判决"中，[2]明确指出，"《国家赔偿法》第 2 条第 1 款营造物的设置或管理瑕疵，是指营造物欠缺通常应有的安全性，国家或公共团体对此的赔偿责任，不以存在过失为必要"。

　　在这一观点下，要言之，如果有欠缺营造物自身通常应有安全性的客观事实，就可以成立赔偿责任，而不考虑管理者是否不注意修补、怠于管理等管理者一方的主体情况（这就是在《国家赔偿法》第 2 条赔偿责任性质上被称为"客观说"立场的基本观点）。但是，在现实中，问题并不是那么简单。原因在于，《国家赔偿法》第 2 条即使不要求这一意义上的过失，因为营造物的设置管理有瑕疵是赔偿责任成立的必要要件，因而，要看如何理解"设置管理瑕疵"概念，才会有与采取实质上过失责任主义至少是极为类似的结果。

二、"瑕疵"的概念

　　上述最高法院判决说，设置或管理瑕疵是指"营造物欠缺通常应有的安全性"（着重号为藤田所加）。其中的问题在于，什么是"通常应有的安全性"？

---

　　〔1〕　参见后出第 245 页。
　　〔2〕　最判 1970 年 8 月 20 日民集 24 卷 9 号 1268 页。

1. 例如，洪水决堤造成附近民宅严重损害时，尽管堤防自身原本是完好的，但发生了一般无法想象的大规模洪水、溃堤，这不能说堤防原本欠缺"通常应有的安全性"。因这种自然灾害导致营造物毁坏等，在发生损害的赔偿责任上，通常的问题是，自然灾害是否真的一概无法预见？从这种角度看，即使能预见可能发生那样的自然灾害，如果以现在的科学技术水准和行政主体的财政能力，建造能抵御的营造物却是不可能的，这种情况下就可能产生未必能说营造物有瑕疵的问题。

（1）对于这些问题，从法院现实采取的态度来看，首先，虽然行政主体的财政困难主张很多是被驳回的，[1]但未必始终如此。例如，最高法院此后明确指出，"本法院的判例认为，道路管理者在设置防止灾害等的设施上有预算困难，并不直接由此免除道路管理瑕疵产生损害的赔偿责任（最判1970年8月20日民集24卷9号1268页），但这对于河川管理瑕疵并不当然有效"。[2]

240　　　另一方面，在起因于自然灾害的例子上，损害是否因无法预见的不可抗力造成的，常常成为问题。在下级审判决中，例如有的例子认为，决堤是因未曾有的超大型台风而发生不可抗力的结果，因而不承认国家赔偿。[3]但在1973年所谓"飞骅川巴士坠落案第一审判决"以后，[4]相继出现的例子以某种形式认可预见可能性，至少部分承认了《国家赔偿法》第2条的赔偿责任。[5]

（2）在这些判例中，如果要看如何判断有无预见可能性要件自身，首先要关注的就是，不可能预见、不可抗力的范围逐渐狭窄，在

---

〔1〕　除了前述最高法院1970年8月20日判决外，例如参照、最判1965年4月16日判时405号9页。

〔2〕　最判1984年1月26日民集38卷2号53页（所谓"大东水害诉讼判决"）。

〔3〕　参照、名古屋地判1962年10月12日下级民集13卷10号2059页（伊势湾台风案判决）。

〔4〕　名古屋地判1973年3月30日判时700号3页。

〔5〕　除该案的控诉审判决（名古屋高判1974年11月20日高民集27卷6号395页）外，还有加治川水害诉讼、大东水害诉讼、安云川水害诉讼、多摩川水害诉讼等诸多判决。

这一意义上，实质上在向结果责任靠近。《国家赔偿法》第 2 条的责 241
任如果真的是无过失责任，当然就会发生这种情况。原因在于，虽说
是营造物的设置管理，它在现实中是由具体的人（公务员）的行动进
行的，这时，没有预见应能预见者、怠于应对，总归是一种过失（至
少极为近似）。因而，该第 2 条的责任如果是文字上的无过失责任，
本来就一定没有将有无预见可能性作为问题的余地。

　　在这些判例上，有必要注意的是，即使没有预见可能性的场合实
质上在变窄，这时已经以有无预见可能性的方式提出问题，尽管有预
见可能性，却没有采取确保安全的措施，就可以看到存在管理瑕疵
（这一点的逻辑构造自身，与大东水害诉讼判决是同样的；反过来，
即使有预见可能性，根据情况，没有采取确保安全的措施，也没有管
理瑕疵）。如果关注这一点，就会出现一种观点，即至少在判例上，
《国家赔偿法》第 2 条的责任不是取决于营造物是否客观上存在瑕疵，
而是以管理者维护营造物安全的义务为前提，违反这一义务时，就按
照承认行政主体赔偿责任来处理（这是所谓"主观说"的基本观
点）。实际上，从最高法院为数众多的承认道路设置管理瑕疵的判例
来看，这种看法是妥当的。例如，最高法院认为，（a）夜间骑小型摩
托车在国道上行走，因猛然撞上工程横放的枕木而跌倒死亡。在这一
事故中，工程本身也存在没有获得道路管理者许可等违法之处，只要
管理责任人没有事前中止工程、恢复道路原状，时常维持安全良好状
态，道路管理就有瑕疵。[1]（b）尽管大型货车发生故障，长时间放置 242
在道路中央线附近，道路明显缺乏安全性，道路管理者因为没有采取看
管体制、时常巡视道路、应对应急事态而不知道事故情况，完全没有采
取保持道路安全性的必要措施，这时道路管理就有瑕疵。[2]另一方面，
（c）道路管理者设置了表示正在深掘的工程标识板、护栏、红灯标杆，
但这些被事故前夕行驶的其他车辆带倒，红灯消失。在这一事例中，道
路管理者在时间上不可能立即恢复原状、保持道路的安全良好状态，因

---

〔1〕　最判 1962 年 9 月 4 日民集 16 卷 9 号 1834 页。
〔2〕　最判 1975 年 7 月 25 日民集 29 卷 6 号 1136 页。

而，道路管理没有瑕疵。[1]（d）因降雪积雪，坡道冻结，行驶中的大型货车踩急刹车打滑，撞到路边步行的中学生致其死亡。在这一事故中，降雪积雪而路面冻结，无法即时采取消除危险的措施，因而，道路管理没有瑕疵。[2]要探究这种看法，最终碰到的问题是，《国家赔偿法》第 2 条因与设置管理营造物的公务员的安全保障义务（进而是有无过失）无关而不能适用，这一点上与第 1 条的构造基本并无不同。

（3）如此，对于如何理解《国家赔偿法》第 2 条的赔偿责任性质，过去在学说之间存在种种争议，这里无暇详细分析。[3]但无论如何，对此问题都必须作如下理论整理。即使认为该条的责任是无过失责任，问题仅为客观瑕疵存在与否，但既然不承认结果责任，特别是以何为管理瑕疵的问题为中心，管理者能防止损害的限度就只能成为问题。如此，当然就不可避免地以某种方式带入了对管理者的期待可能性这种主观要素。不过，这时，问题的出发点就不是追问公务员个人的主观责任，而是营造物设置管理这种行政活动有无客观瑕疵，因而可以认为，其中的主观要素未必要达到公务员个人有主观故意过失的程度，而仅为更为客观层面的问题，即在行政活动整体上到何种程度上负有防止损害义务。[4]

2. 从上述来看，营造物是否欠缺"通常应有的安全性"未必是

---

〔1〕 最判 1975 年 6 月 26 日民集 29 卷 6 号 851 页。

〔2〕 最判 1976 年 6 月 24 日交民集 9 卷 3 号 617 页。

〔3〕 对于各种学说的详情，参照、古崎庆长『国家賠償法』（有斐閣、1971 年）218 页以下、遠藤博也・前揭『国家補償法（上卷）』131 页以下、西埜章・前揭『国家賠償責任と違法性』135 页以下、同・前揭『コンメンタール』841 页以下、宇賀克也・前揭『国家補償法』248 页以下等。

〔4〕 也就是说，问题即使以"管理者有无过失"的方式来把握，其中的"过失"也未必是公务员个人主观意义的过失，有可能像前述今村博士对《国家赔偿法》第 1 条中"过失"概念的观点那样，理解为一种"公务过失"。本书认为，今村说的客观过失论即使作为第 1 条的解释论不合理，在第 2 条上也能合理地发挥其本来的功能。对此，过去所谓"客观说"与"主观说"之间并无差异，参照、遠藤博也・前揭『国家補償法』132 页。另外，如前所述（前述第 197 页），如果将该法第 1 条的过失广泛理解为"组织过失"，这一点就更加明确。

依据一义性明确基准作出判断的，而只能说其中存在种种不同要素在发挥作用。在这一点上，最高法院之后也说，"营造物的设置或管理是否有瑕疵，应当综合考虑该营造物的构造、用法、场所环境及利用状况等诸多情况作出具体而个别的判断"。[1]最高法院从这种角度出发，例如以事故是起因于被害者的道路管理者"通常无法预测的行动"为由，否定存在瑕疵；[2]"源自河川管理特质的财政、技术及社会性诸多制约"，是在判断河川管理有无瑕疵时不能忽视的要素。[3]如果从这种角度来看，前述多摩川水害诉讼上告审判决明确表明，未改修的河川与已完成改修的河川在有无管理瑕疵的判断方法上不同。[4]

　　另一方面，根据最高法院，"营造物欠缺应有的安全状态"不仅是指"因构成该营造物的物理设施自身存在物理性、外形的缺陷或不完备而有发生危害的危险性"，也包括营造物按照其本来的"供用目的来利用"而发生危害的危险性（有称作"供用关联瑕疵"者），而危害"不仅是针对营造物的利用者，也包括针对利用者以外的第三人"。[5]

──────────

　　〔1〕　最判 1978 年 7 月 4 日民集 32 卷 5 号 809 页。另参见前述大东水害诉讼上告审判决。

　　〔2〕　前揭最高法院 1978 年 7 月 4 日判决。

　　〔3〕　前述大东水害诉讼上告审判决。

立于这种视角，就有无"通常应有的安全性"作出具体判断，其他例子还可以参照：（1）火车站月台未设置导盲砖，最判 1986 年 3 月 25 日民集 40 卷 2 号 472 页（未设置导盲砖等新开发的视力障碍者用的安全设备，要判断"通常应有的安全性"，需要综合考虑跌落事故发生的危险性程度、为防止事故而设置该设备的必要性程度、设置的困难性等诸多情况）。（2）校园开放中网球裁判台倒塌，最判 1993 年 3 月 30 日民集 47 卷 4 号 3226 页（网球裁判台的"通常应有的安全性"，以按照其本来用法使用为前提，取决于是否有发生某种危险的可能性）。（3）北海道高速道路上因突然飞出一只狐狸而发生事故，对于是否没有充分采取对策防止，最判 2010 年 3 月 2 日判时 2076 号 44 页（鉴于发生事故的危险性程度、防止小动物侵入对策的普及度及困难性、设置了注意动物的标识等情况，不能说道路欠缺"通常应有的安全性"）。

　　〔4〕　另外，在道路维护管理与损害赔偿救济之间有罅隙，而在河川相关的水害诉讼上，最高法院判例指出两者是一致的。探讨其理由，参照、塩野宏·Ⅱ（第六版）359 页以下。

　　〔5〕　所谓"大阪机场诉讼上告审判决"。最判 1981 年 12 月 16 日民集 35 卷 10 号 1369 頁。

如果一般化适用这一观点，不仅是飞机噪音，还有道路交通噪音、排气、所谓邻避设施的臭气等不少官营公营公共设施产生的各种公害（所谓"事业损失"中的一定类型），就都可以广泛根据《国家赔偿法》第 2 条规定请求赔偿损害。[1]

三、"营造物"的概念

245 　　1. 在《国家赔偿法》第 2 条的赔偿责任成立要件上，其中的"营造物"概念是一个问题。

　　在法条上，例示了道路、河川，因而，容易推测其中的"营造物"当然与《民法》第 717 条的"土地的工作物"相对应（不动产）。在实际裁判例上成为问题的，几乎就是那些例子。但是，在下级审判例中，有时会发现，营造物被广泛理解为"行政主体直接供用于公共目的"（亦即成为所谓"公物"）的有体物或物的设备。[2]例

246 如，公用汽车、[3]国有林中用于收割作业的收割机[4]等就属于这里

---

〔1〕 之后对实际道路噪音损害而承认《国家赔偿法》第 2 条的赔偿责任，参照、最判 1995 年 7 月 7 日民集 49 卷 7 号 1870 頁（国道 43 号案诉讼上告审判决）。
　　对于何为最高法院所说的"营造物通常应有的安全性"，最终正是最高法院所说的"考虑诸多情况作出个别具体的判断"。在理论上对这些案件进行类型化并不是不可能的，而且很早就有人指出其必要性（例如，遠藤博也·前揭『国家補償法』），其间也有诸多学者在如此作业。这里无法详细探讨。在其典型例子上，例如存在"供用型设施"（例如道路）与"危险防御设施"（例如河川）的差别、被害者是"营造物的利用者"与"第三人"的差异等（参照、小幡純子·前揭『国家賠償責任的再構成』239 頁以下）。不过，这种分类只是为考察提供大致的抓手，其间差异并不是某营造物有无瑕疵的决定性因素。
　　〔2〕 参照、神戸地伊丹支判 1970 年 1 月 12 日判例タイムズ242 号 191 頁、東京地判 1971 年 5 月 28 日判時 636 号 57 頁、山口地下関支判 1972 年 2 月 10 日判時 667 号 71 頁等。
　　〔3〕 参照、札幌高函館支判 1954 年 9 月 6 日下級民集 5 卷 9 号 1436 頁、鹿児島地判 1956 年 1 月 24 日下級民集 7 卷 1 号 91 頁等。
　　〔4〕 東京地判 1971 年 8 月 27 日判時 648 号 81 頁。

的营造物。[1]而学说上对此在进行更为积极的扩大解释，例如，有见解认为，警犬等也包括在营造物之内。[2]其依据的观点是，《国家赔偿法》第 2 条的赔偿责任规定着"在物上所产生的危险责任"。如果采用这种观点，例如，警察的手枪等也成为这里的营造物，警察用枪误射致人死伤时，就可能成为营造物管理瑕疵的损害。[3]

继续推进这种解释，结果《国家赔偿法》第 1 条的责任与第 2 条的责任就会出现竞合的情形。如此尝试扩大第 2 条的责任范围，下一节会再度涉及，其原因在于，根据传统通说，第 2 条的责任是无过失责任，不同于第 1 条的过失责任，因而，尽可能作为第 2 条的问题，对于被害者的救济是有利的。但是，如本书先前所述，如果采取的立场是在现实要求的同时，也重视法解释的渐进的连续发展，[4]连警犬、手枪都包含在"营造物"中来解释，至少在现阶段这大致是稍显无理的解释。[5]但是，即使立于这种立场，也并不是不能将飞机、汽车等当作营造物，问题是稍有不同的。[6]

---

〔1〕　以动产作为这里的"公共营造物"的各判例，参照、宇賀克也·前揭『国家補償法』234 頁。

〔2〕　今村成和·入門 196 頁。另参照、古崎慶良·前揭『国家賠償法』214 頁。

〔3〕　参照、雄川一郎·前揭「行政上の損害賠償」。

顺便提及，假设扩大"营造物"概念，与正文例子相反，朝着"设施""提供服务的组织"方向发展，例如，连"学校""医院""市场"，进而是"公共团体"都可能包含在"营造物"中来讨论。这时，"营造物的瑕疵"也就变得几乎与"公务的瑕疵"（faute de service）同义。关于这一点，请参见前出第 243 页注〔4〕。

〔4〕　参见前述第 196 页。

〔5〕　例如，今村成和·入門 196 頁（今村成和＝畠山武道·入門 191 頁）认为，如果将《国家赔偿法》第 2 条理解为"规定在物上所产生的危险责任的规定"，将警犬解作营造物，就不是没有理由的。但是，在法上进行规范，在一方面就意味着要将这种生硬的要求明确限定于一定法的框架之中。如此，对于本条，"在物上所产生的危险责任"置入"营造物的设置管理瑕疵"的框架中，而不能将此置于问题之外。

〔6〕　参照、雄川一郎·同上。

例如，前述网球裁判台倒塌事故中，最高法院 1993 年 3 月 30 日判决将动产作为"公共营造物"也是著名的例子，网球裁判台等在通常形态、功能上都与"土地的工作物"类似，就不那么有抵抗感。

247   2. 另外，上述"营造物"是"公共"的营造物，因而，与国家或公共团体的设置相关，现实供公共使用，但不必须是国家或公共团体的所有物（存在所谓"私有公物"）。而其中的"管理"也未必只是法律上的管理权，行政主体事实上管理的状态也可以。[1]

四、求偿权

《国家赔偿法》第 2 条第 2 款规定，对于根据该条第 1 款产生的赔偿责任，"存在其他对损害原因应负责任之人时，国家或公共团体对其享有求偿权"。这一规定本来是以该条的赔偿责任是无过失责任为前提的，国家或公共团体代为负担"客观瑕疵"的损害赔偿责任，也打开了向造成该客观瑕疵者（例如，道路工程企业等偷工减料）行使求偿权之路。不过，如先前详述，[2] 通过此间判例和学说的展开，该条第 1 款"设置或管理的瑕疵"的内容实质上加入了主观要素（实质上的过失），再绞入国家或公共团体的赔偿责任成立条件自身，行248 使这一意义上求偿权的场合就会变窄。但是，如此在理论上反过来就可能在设置或管理具体业务者的个人责任及根据该条第 2 款行使求偿权的范围上产生稍显复杂的问题。对此的判例和学说状况未必清楚（毋宁是与《国家赔偿法》第 1 条第 2 款的情形一样，行使求偿权的案件是极为稀少的）。

第三款　费用负担者的责任

《国家赔偿法》第 3 条规定，对于根据第 1 条、第 2 条的规定产生的国家或公共团体的损害赔偿责任，"选任或监督公务员、设置或管理公共营造物的主体，与负担其薪俸、待遇以及其他费用、负担公共营造物设置或管理费用的主体不同时，负担费用者也对损害负有赔

---

〔1〕　参照、最判 1984 年 11 月 29 日民集 38 卷 11 号 1260 頁。
〔2〕　前出第 238 頁以下。

偿责任"（该条第 1 款）。该法第 3 条第 2 款规定，"在前款情形中，赔偿损害者在内部关系中对赔偿损害的责任人享有求偿权"。公务员的选任和监督权者或营造物的设置管理者与费用负担者通常是同一的，因而，在其不同时，该规定使谁承担赔偿责任明确化，也让被害者不因弄错被告而受到无谓的不利。[1]

对于《国家赔偿法》第 1 条的责任，有诸如由地方公务员从事国家事务的情形，[2]反过来也有由国家公务员从事地方公共团体事务的情形。[3]该法第 2 条的责任的例子是，虽是国家的事业，其费用由地方公共团体负担，所谓公费官营事业的场合，反过来是官费公营事业的场合。

这时成为问题的是，在对外支付费用的责任者与在内部关系上实

　　[1]　根据《国家赔偿法》第 3 条第 1 款规定才产生"费用负担者"的赔偿责任，这是该款文字的通常解释。但从（判例、）理论上严格而言，它已经根据该法第 1 条第 1 款或者第 2 条第 1 款产生。指出存在这一问题的论文，稻叶馨「国家赔偿责任の『主体』に関する一考察（一）（二·完）」自治研究 87 卷 5 号（2011 年）25 页以下、同 6 号（2011 年）34 页以下。原本在制定国家赔偿法时的当初草案中，负赔偿责任的是"费用负担者"。除了这一制定过程，在现行法文字上也仅在该法第 1 条第 1 款、第 2 条第 1 款的同时规定"……时，国家或公共团体……对此负赔偿责任"，并未从中特别排除"费用负担者"。另一方面，如果完全仅根据该法第 3 条第 1 款课予"费用负担者"赔偿责任，就不承认根据该法第 1 条第 2 款或第 2 条第 1 款行使求偿权，这是不合理的。在理论上，的确存在这种问题，但"公务员的选任和监督权者或营造物的设置管理者"与"费用负担者"通常是同一主体，因而，讨论这种问题几乎没有必要。不过，在两者不同时，的确会产生上述求偿权问题。无论如何，费用承担者根据该第 3 条第 2 款在"内部关系"上行使求偿权，国家或公共团体再根据该法第 1 条第 2 款或第 2 条第 1 款进一步行使求偿权，仍有可能恢复衡平。
　　[2]　例如，1999 年修改前《地方自治法》第 148 条的机关委任事务情形——但机关委任事务制度 2000 年 4 月 1 日以后被废止。
　　[3]　例如，警视正以上职级的警察进行都道府县警察的事务。参见《警察法》第 56 条、第 37 条第 1 款。
　　在比较近的最高法院判例上，市町村长设置的中学教师因职务上的故意或过失而违法给学生造成损害时，负担该教师工资等的都道府县根据《国家赔偿法》第 1 条第 2 款、第 3 条第 1 款对学生赔偿损害时，该都道府县可依据第 3 条第 2 款向设置该中学的市町村求偿赔偿损害的全额。参照、最判 2009 年 10 月 23 日民集 63 卷 8 号 1849 页。
　　另外，关于麻药取缔员，参见《麻药及精神药品取缔法》第 59-2 条。

249 质负担费用者不同时，[1]其实质的负担者也包含在这里所说的费用负担者之中吗？有时法律也规定这种实质的费用负担者有负担义务，[2]有时国家通过各种补助金在事实上负担费用。对此问题，最高法院采用宽泛解释的立场：[3]"该法第3条第1款所规定的设置费用负担者，除了对该营造物设置费用负有法律上的负担义务者外，还包括与其处于同等或相近地位负担设置费用、实质上与其共同执行该营造物事业的主体，能有效地防止该营造物瑕疵的危险的主体。"[4]但是，这里的"能有效地防止危险的主体"要件具有颇为重要的限定功能。在其他判决中，[5]"国家通过交付补助金要求地方公共团体采取具体防止危险的措施，限于交付了补助金的设置、修补等工程范围"，在此理由之下，与整个道路相比，吊桥部分补助比例特别低，国家对其瑕疵事故不负赔偿责任（不过，附有一名法官的反对意见）。《国家赔偿法》第3条完全是为保护被害者而设的规定，以此为前提，既然有在内部关系上的求偿制度，如此限定就是没有必要的。最高法院也未必采用了这一前提，这一点应该说是明显的。

第三节　其他赔偿责任

一、公务员违法无过失行为的损害

250 　　日本国家赔偿法制大致是以上述构造发展起来的。其中成为问题的是行政活动产生的损害，同时在这种损害赔偿法制之下，可能有理论上本来救济不了的情形。作为这种例子，首先受到关注的是因公务

---

〔1〕　参见《道路法》第53条、《河川法》第64条等。

〔2〕　除上述《道路法》《河川法》外，还有《地方财政法》第10条。

〔3〕　最判1975年11月28日民集29卷10号1754页。

〔4〕　当然，其精确内涵尚有不明确之处，仍有问题。参照、山内一夫·行政判例百选Ⅱ（初版）286頁、遠藤文夫·同Ⅱ（第二版）306頁等。

〔5〕　最判1989年10月26日民集43卷9号999頁——国立公园的吊桥脱落致人死亡事故的案件。

员违法无过失行为给私人造成损害的情形。如前所述，对于违法行使公权力造成损害，要成立国家赔偿责任，根据《国家赔偿法》第 1 条的规定，就必须认定公务员有故意或过失（对于非权力性行政活动的情形，即使适用民法关于侵权行为的规定，这基本上也是同样如此）。另一方面，既然是违法行为导致损害，就不能根据《宪法》第 29 条第 3 款请求损失补偿。如此，因违法无过失行为遭受损害者就落入国家赔偿法制与损失补偿法制的峡谷，在理论上完全得不到救济。行政的内容越来越高度专门技术化，发生这种例子的可能性在增大（其中，有关国立公立医院的医疗过失责任问题就是典型一例），立法论姑且不论，在法解释论上就可以放置不管吗？这成为一个很大的问题。

二、违法性与过失统一把握的尝试

1. 但是，对此问题，也有观点认为，原本不产生这样的问题。今天，在学说和判例上，如前所述，[1]在民法侵权行为论的影响下，问题一般只是侵害是否"适合由国家赔偿法提供保护"。从这一角度看，作为客观要素的"违法性"虽然在理论上区别于"过意或过失"主观要素，却未必独立成为问题，可将两者统一作为责任成立要件来把握。如果立于这种观点，当然就原本不会产生上述意义上的"违法无过失"案件。[2]

2. 然而，"违法性"问题与"过失"问题至少在实质上重合了，这在理论上不是不可能的。原因在于，法律规定了行政机关的行动要件时，如果设置的要件是"充分注意地采取行动""充分考虑相关事实和具体状况等采取行动"，也就是"无过失行动"本身就可以说是行政活动合法的要件。如此，即使是没有法律明文规定的情形，在法解释论上认为"无过失采取行动"成为合法性要件（即行政机关的行动准则）之一，这样的案件，例如以追究不行使权限的违法性的案件

251

252

---

〔1〕 前出第 215 页。

〔2〕 参照、下山瑛二・前揭『国家補償法』432 頁。

为中心，也绝不在少数。[1]

但是，正如本书反复所说的那样，如果行政活动与私人行为的基本差异在于服从"依法律行政原理"这一基本原则，从这一视角出发，国家赔偿法上的问题也应贯彻这一原则（亦即以前述"行政机关模式"为出发点），即便"过失"与"违法性"的判断实质上重合，它也必须明确认识到法律本身只不过是偶尔将"过失"要件作为"违法性"要件之一来规定。[2]在这一意义上，民法侵权行为论完全只是以"是否为适合提供侵权行为保护的侵害"作为问题，本来不应允许将其"违法性与过失的统一把握"直接带入国家赔偿法领域。[3]

253　　　3. 对于行政活动，即使从法律明文上的要求或者法解释论的要求来看，也存在很多情形，其"过失"要件并没有（至少并没有全面地）作为"违法性"要件的一环而法定化。例如，像根据《国税征收法》的扣押处分、根据《建筑基准法》的建筑确认那样纯粹羁束行政的情形，当然不会这么规定，而在行使裁量权的情形中，也未必始终

---

　　〔1〕 参见前出第229页以下。例如，(1) 土地区划整理事业的施行者市长怠于转移、拆除临时换地上的建筑物，对于这一案件承认的"因过失怠于履行上述义务，违法不作为"，最判1971年11月30日民集25卷8号1389页；(2) 政令指定都市的区长响应《律师法》第23-2条的照会报告了前科及犯罪经历，这属于"因过失而违法行使公权力"，最判1981年4月14日民集35卷3号620页。

　　〔2〕 从这一角度看，在国家赔偿法上的赔偿责任成立与否上，有的判决完全仅以"过失"的存在与否为问题，而完全没有触及"违法性"问题（例如参照、最判1983年2月18日民集37卷1号101页）。即使是有无正文所述意义上的"过失"与有无"违法性"当然相结合的案件，在《国家赔偿法》第1条的处理方式上，本来也是不适当的。

　　另外，如前所述（前述第222页注〔1〕），在最高法院的判例中，今天有的判例也明确区分"违法性"问题与"故意过失"问题；另一方面，不能否定的是，通过将"违法性"理解为"公务员违反职务上的义务"，实质上两者就有很大的重合。对此及我自身的理解，参见前出第220页以下。

　　〔3〕 当然，在民法上的侵权行为论中，"过失"概念也在客观化，一般将其理解为"注意义务（必须充分尽力防止发生预见的损害）的懈怠"，当作一种"法的义务"范畴〔例如参照、潮见佳男·前揭『不法行为法Ⅱ（第二版）』〕。但即便是这一情形，在理论上仍然存在问题，即其中"注意义务"范围是否完全涵盖从"依法律行政原理"导出的"受法律规制"的内容。假如并非如此，则"峡谷"问题依然存在。

能断言，实质上"有无过失"的判断完全被吸收于是否超越裁量权界限。[1]既然存在这种问题，前述"违法无过失"问题就终究作为法解释论上的一个难题存在。

三、损害赔偿制度的路径

1. 站在上述前提上，既然问题正是产生于损害赔偿制度与损失补偿制度之间的峡谷，作为在法解释论上对此问题的应对方法，那就有从损害赔偿制度提出的方法，反过来也有从损失补偿制度提出的方法。[2]例如，在德国，基本法下的学说和判例对于同样的问题发展出所谓"准征收侵害"理论，对于"如果它是合法作出的，能作为征收的牺牲"，打开提供损失补偿之路。[3]而在日本，从过去的学说和判例动向来看，能看到损害赔偿制度路径的更多线索。

2. 第一种路径是放宽解释《国家赔偿法》第 1 条规定的"过失"要件。采用前述今村博士式的客观过失概念的情形自不待言，另一种解释论操作是，不根本转换这种构想，像过去那样从过失责任主义出发，例如与行政活动内容相应，设想高度的安全照顾义务、注意义务，更宽泛地认定过失。

例如，在过去的最高法院判例中，这种倾向显著的是所谓预防接种之祸等医疗过失案件赔偿请求的判例。过去，最高法院在所谓"东大医院梅毒输血案判决"中[4]要求医师有高度的问诊义务，这实际上可以说接近于承认无过失责任，在学说上也引起关注（案件自身不是追究国家赔偿法上的责任，成为问题的是《民法》第 715 条的国家

---

〔1〕　例如，《警察职务执行法》第 7 条规定，"在与事态相应的合理而必要的限度内"，警察可以使用武器。在这种例子中，不能否定的是，对于裁量权行使界限的判断，实质上大幅度地与有无过失的判断是重合的。但是，这时，除了是否为法要求的"警察立场上的合理判断"问题，也不能断言完全不存在该警察个人有无主观过失的问题。

〔2〕　参照、雄川一郎・前揭「行政上の無過失責任」。

〔3〕　参见后出第 267 页注〔1〕。

〔4〕　最判 1961 年 2 月 16 日民集 15 卷 2 号 244 页。

责任。但如果对《国家赔偿法》第 1 条的"公权力的行使"概念采用所谓"广义说",当然就成为国家赔偿法上的问题。即使是该案件的情形,过失的问题点也是一样的,因而,行政法学者给予很大关注)。此后,对于流行性感冒预防接种之前的接种对象问诊,最高法院认为,"只是概括、抽象地询问有无健康状态异常并不够,为了能让接种对象作出具体而准确的应答,有义务作出适当询问"。[1]"在天花预防接种发生重大后遗症时,只要没有特别情况(为识别禁忌者做足了必要的预诊,但未能发现属于禁忌者的事由,被接种者有易于发生后遗症的个人因素等),应推定被接种者属于禁忌者"。[2]最高法院分别撤销原告败诉的第二审判决,发回重审(在这两则判决中,前者是追究民法上的责任,后者是国家赔偿请求案件)。

3. 第二种路径是,广义解释《国家赔偿法》第 2 条的"营造物"或"设置或管理",实质上是将也成为该法第 1 条问题的事例再带入该法第 2 条的问题,承认无过失责任(或者至少是过失责任的缓和)。

如前所述,对于"营造物"概念、[3]"设置或管理"概念,原本没有人类的某种行为就不可能进行设置管理,因而在理论上说,为设置管理营造物而"行使公权力"时,它完全也能成为该法第 2 条的问题。在对"公权力的行使"采取所谓"广义说"时,这种可能性进一步扩大。但即使立于"狭义说",例如,在不行使监督权限成为问题的案件中,[4]至少能在某种范围内,不是作为该法第 1 条的"公权力的行使",而是作为该法第 2 条的"营造物的管理"来构成,这是应予注意的。[5]

---

〔1〕 最判 1976 年 9 月 30 日民集 30 卷 8 号 816 頁。

〔2〕 最判 1991 年 4 月 19 日民集 45 卷 4 号 367 頁。

〔3〕 前述第 245 頁以下。

〔4〕 例如前述第 241~242 页所举的最高法院 1962 年 9 月 4 日判决、1975 年 7 月 25 日判决等。

〔5〕 参照、雄川一郎·前揭「行政上の無過失責任」。另参照、原田尚彦·前揭『行政責任と国民の権利』71 頁。

四、损失补偿制度的路径

尽管日本近来在损失补偿范围上可以看到种种理论发展，[1]但对于违法无过失行为的损害救济问题，从损失补偿制度方面所提出的方法，从来都绝不是主要的方法。但是，从日本过去行政法的制度和理论中也并不是完全看不到任何线索。

1. 这一点上值得关注的是，首先，不仅是公共事业的直接损失，对于间接损失，法令也倾向于广泛承认损失补偿。也就是说，例如，在《土地征收法》上，所谓"沟渠、垣墙、栅栏补偿"不仅对土地所有者或相关人（第 75 条），对此外的人也承认（第 93 条）。同样的补偿在未必通过征收而新设、改建道路等情形下也承认（《道路法》第 70 条）。1962 年 6 月 29 日阁议决定*《取得公共用地的损失补偿基准纲要》，除了对第三人"沟渠、垣墙、栅栏补偿"外（《纲要》第 44 条），更是通过承认少数残存者补偿（《纲要》第 45 条）、离职者补偿（《纲要》第 46 条），让所有者或相关者以外的人所受损失相当广泛地得到补偿。2001 年《土地征收法》修改，这些制度作为法令上的正规制度得到认可（《土地征收法》第 88-2 条及该法施行令）。[2]如此，第三人所受损失的补偿观点进一步也与防止项目噪音、振动以及其他所谓生活妨碍、公害等必要费用补偿的观点联系到一起。例如，1967 年 2 月 21 日阁议决定《施行公共事业的公共补偿基准纲要》，这种影

256

---

〔1〕　参见后出第 294 页以下。

*　"阁议决定"，即内阁以内阁会议的方式所作出的决定，这是内阁行使职权的一种方式。与此相似的是后文将要出现的"阁议了解"，它是指法律上将权限委诸各省大臣，不需要阁议决定，但重要的事项要求让内阁会议了解情况。——译者注

〔2〕　如后所见（后出第 269 页），该纲要本来是规定任意收购土地时事业主体应当支付的对价基准，因而，其中的"损失的补偿"不是理论意义上的损失补偿，而只不过是民法上买卖的对价。但是，在同一天的阁议了解《施行取得公共用地的损失补偿基准纲要》中，"该纲要在征收委员会的裁决中也能成为基准"，其有无法的效果姑且不论，但不管怎样，可以知道的是，行政方面对于本来的损失补偿也有必要适用这种基准。

响及于既有公共设施等，该公共事业的起业者就要负担其费用（第17条）。从这种角度看，与其说是和合法行为的损失补偿，不如说是与以侵权行为为原因的损害赔偿接近[1][顺便提及，如前所见，对于飞机起降噪音给机场周边居民的非财产性损害，最高法院将其作为机场这种"公共营造物"管理瑕疵（所谓"供用关联瑕疵"）的损害，承认《国家赔偿法》第2条的损害赔偿。对道路噪音等也是同样如此，应予关注[2]]。

2. 在其他个别法上，存在一些承认具有同样意义的特殊"补偿"的例子。例如，《关于防止公用机场周边飞机噪音等妨害的法律》第10条、《关于完善防卫设施周边生活环境等的法律》第13条等规定的"损失"的"补偿"。特别是后者，规定"其他法律命令承担损害赔偿或损失补偿之责的损失，不适用本法"（该法第13条第2款，着重号为藤田所加），因而可以知道的是这种补偿具有中间性。[3]

---

〔1〕 一般在土地征收法制度中，土地为征收对象而直接产生的损失（例如所有权的丧失）称作"征收损失"，而因土地供一定事业使用而在结果上产生的损失（例如，土地成为道路，给周边土地造成噪音、振动、排气等损害）称作"事业损失"。"征收损失"当然是《宪法》第29条第3款规定的损失补偿对象。而"事业损失"果真是损失补偿的对象吗，还是应为损害赔偿的对象呢？对此历来有种种讨论。对此参见后出第295页以下。

〔2〕 参见前述第244页。

〔3〕 另外，从1980年代开始，在下级审判决中，在所谓"预防接种疫苗之祸案诉讼"中，这种被害属于为了公共利益而对生命、身体课予的特别牺牲，因而，应类推适用《宪法》第29条第3款。这是作为承认损失补偿的例子而登场的（例如参照、東京地判1984年5月18日判時1118号28页、大阪地判1987年9月30日判時1255号45页、福冈地判1989年4月18日判時1313号17页等）。当然，对于这一点，尽管财产权是基本人权，但可以为公共福祉使用，《宪法》第29条第3款以此为大前提，规定了对其的补偿。而原本是不允许将生命、身体为公共所用、做出牺牲，因而，其前提完全不同。也有不少判例对此明确予以否定（例如参照、高知地判1984年4月10日判時1118号163页、名古屋地判1985年10月31日判時1175号3页、東京地判1991年12月18日高民集45卷3号212页——这是上述东京地方法院判决的控诉审判决）。在学说上，有人引出劳役捐纳这种公用负担的例子，认为对人的损害的补偿也包含在《宪法》第29条第3款的损失补偿中（盐野宏）；而有的立场则认为，劳役捐纳是完全着眼于劳力的经济价值而课予的负担，不是要牺牲生命身体，不能将财产权侵害与损失补偿概念剥离

五、承认结果责任的立法

如此，对于以过失责任主义为原则的国家赔偿制度及基于合法行 258
为的损失补偿制度的峡谷中所生的损害，在法解释论的某种程度上，
能在学说和判例的发展中看到救济的抓手。这一问题终究只能有待立 259
法最终解决，要作为法解释论的问题完全解决，至少不可避免地相当
无理。这种立法是承认"结果责任"的立法，它不是以损害发生原因
为中心的思考，而是大致着眼于因某种行政活动造成一定损害的结
果，填补起因于行政活动的损害，由国家或公共团体对其负填补责任
（对于国家或公共团体为何必须承担这种结果责任，在根据上可以有
危险责任论、公平负担思想等各种法的思想）。

在日本现行法上也不是不存在承认结果责任的法律。例如，《宪
法》第 40 条，进而是以此为基础的《刑事补偿法》的规定，某种意
义上就是这种例子（刑事补偿是在误判，或者没有根据就作为嫌疑人
予以拘留的情况下所作的补偿，而误判、嫌疑人的拘留等，不问其行
为自身的过失等，但凡无罪判决确定，着眼于结果上的误判等，作出

［西埜章『損失補償の要否と内容』（一粒社、1991 年）26 頁］。两种观点存在着对立。
有学者将其作为宪法上的问题来看，与其说是《宪法》第 29 条的问题，不如说是"当
然解释"能否成立的问题（阿部泰隆·前揭『国家補償法』261 頁），这可谓一语中
的。不过，不管怎样，作为当前的处理，从有关这种事例的前述最高法院判例的倾向
（参见前述第 254 页以下）来看，至少在日本，眼下是作为损害赔偿问题来把握，更为
宽松地思考过失要件，这种方法比对生命身体损害类推适用财产权补偿规定的理论跳
跃，容易获得更为一般的接受（实际上，作为探索这种方法的例子，参照、東京高判
1992 年 12 月 18 日判時 1445 号 3 頁）。

另外，对此问题，芝池义一博士尝试重新定义"损失补偿"概念，从中排除"财
产上的损害"要素来处理。如后所述（后述第 263 页注〔2〕），我是将其看作一种问
题的延期处理。

顺便提及，对于预防接种之祸，1976 年法律修改，立法上在一定范围内给予金钱
救济（《预防接种法》第 15 条）。如何在理论上对其中的"给付"定性，依然未必明
确。对此参照、神橋一彦『行政救済法（第二版）』（信山社、2016 年）411 頁。

补偿)。也不是没有立法对行政活动承认同样的责任。例如,《消防法》第6条第2款规定,根据预防火灾或防止人命危险等目的而命令修改、拆除防火对象物(该法第5条),在有了撤销该命令的判决时,因下令所生损失,按照时价予以补偿。这些下令在性质上需要急速作出,不是那种应当慎重检视其行为的合法违法才作出的行政行为,因而,一概不问这些行为的故意过失等行为人主观要素。不过,一旦有了裁判判决撤销该行为的事实,在结果上就成为违法行为造成损害,就要"补偿"其"损失"(因而,在法条上使用了"损失"的"补偿"一词,但这与在理论意义上对合法行为的损失补偿未必是同一个性质,这一点应予注意)。这种立法例在此之外也不是没有(例如参见《国税征收法》第112条第2款,但同条同款使用了"损失"的"赔偿"一词),但自然是稀少的例外,最终只能靠广泛进行这种立法来解决损害赔偿制度与损失补偿制度的峡谷问题。

第四节　国家赔偿制度的负担过重及其消解

一、其他法制的不发达及其对国家赔偿制度的影响

如上所述,现在日本的国家赔偿制度存在种种难题。但其中,有不少是因为其他法制不发达而给国家赔偿制度带来影响。

1. 如果避免损害发生的法制更为完备,有的情形就不至于作为国家赔偿问题登场。例如,对于机场噪音以及其他公共设施所产生的事业损失,如果在这些公共设施建设之前,在法制度上将预先综合性土地利用计划作为不可或缺的一环,而且充分保障相关者事前参加的可能性,日本至少就不会产生现实中看到的那么严重的赔偿问题。如果与德国比较来看,日本国土利用计划体系是极不健全的,这是招致那

些不必要纷争的一大原因。这是不能否定的，[1]今后在这一点上的制
度完善将是很大的课题。

2. 诉讼法上的手段在避免损害的发生或扩大上是有界限的，这让
国家赔偿请求频发。这一状况也是不能忽视的。例如，前述不行使规
制权限的损害赔偿请求多发，其中的一个原因是，日本长期在现实中
几乎关闭了直接请求启动规制权限的诉讼之路（例如课予义务诉讼）。
而提起行政处分的撤销诉讼并不当然停止执行，这也造成了违法既成
事实累积，在现实救济上几乎只有国家赔偿。如前所述，[2]2004 年
《行政案件诉讼法》修改，实现了课予义务诉讼和禁止诉讼明文化、
停止执行要件的缓和等，问题就变成在今后的实务中如何确保其实效
性及其程度如何。

3. 日本社会高度发达，在追求生活便利性的同时，也不可避免地
曝于一定的危险之中。对于国家行政在展开的过程中产生现实损害
时，谁应当如何负担的问题，[3]必须在充分判明这种状况的基础上，
不仅仅依赖国家赔偿框架，还要结合种种体系来综合思考。例如，如
果充分应用保险制度，至少从填补损害角度而言，就不会给国家赔偿
制度带来过大负担。只是为应对可能发生的水害，因财政困难，都不
能进行堤防改修，但如果应用受益者负担金制度，能够筹划出公共事
业费，至少就能在相当程度上消解这一事态。

二、今后的应有状态

如本章开头所示，国家赔偿制度本来是作为支撑"依法律行政原
理"的制度而在理论上获得定位的。但在现实中，日本社会在这半个
世纪的极速发展过程中，并没有充分发展出与之相对称的国家防止损

---

〔1〕 对此的德日法制差异，详见、藤田宙靖·土地法。

〔2〕 前出第 31 页以下。

〔3〕 例如，阿部泰隆（前揭『国家補償法』207 頁）等指出，"行政与被害者守
卫范围的分担"问题也是其中的一环。

害、填补损害的制度，不能否定的是，很多这些作用具有被迫接受的侧面。今后应有的国家赔偿制度和理论果真可以在这种倾向的延长线上展开吗？还是说在制度上应当更为灵便，使其意义和功能更加明确呢？这必须说是根据这种认识，必须再度充分考察的问题。[1]

---

〔1〕 对此参照、藤田宙靖「『自己責任』の社会と行政法」東北学院大学法学政治学研究所紀要7号1頁以下（藤田宙靖·基礎理論下144頁以下）。

损失补偿制度

第一节　损失补偿制度的根据

第一款　"损失补偿"与"国家赔偿"的异同

一、损失补偿的概念

在传统行政法学说中，所谓（公法上的）损失补偿，一直是这样来说明的："因合法行使公权力而造成财产上的特别牺牲（besonderes Opfer），为了从全体的公平负担角度对此进行调节而作出的财产补偿。"[1]可以说这一定义在今天至少仍基本上被广泛接受。[2]

损失补偿首先是因行使公权力而产生的损失，因而，国家和公共团体即使是为了公共目的而取得财产权，像所谓"任意收购"那样，

〔1〕　参照、田中二郎·上211页。

〔2〕　当然，芝池义一批评这种"损失补偿"概念，他认为，"可以将损失补偿定义为给予因国家或公共团体权力性或非权力性活动造成相对方国民'特别牺牲'的金钱填补"（芝池義一·救济法199页）。这一定义有意排除了正文所述"损失补偿"概念中的"合法""行使公权力""财产上的……牺牲"等词语，"损失补偿"概念由此就具有更为概括的内容。然而，在何种意义上使用某一概念（定义问题）是学者的自由，不容置喙。不过，如果该"定义"包含着一种主张，即其定义的"损失补偿"在日本现行法制上得到广泛采用，那么，在《宪法》第29条第3款之外，必须"设想的不成文宪法原则是，为了公共利益而侵害国民的权利和自由，这时必须提供损失补偿"（该书第203页），这也是该书自认的，这一点未必容易论证。

263

通过缔结民法契约支付的对价也不是这里所说的损失补偿。不过，必须注意的是，在行政实务和日常生活中，也有将包含这些内容在内的称作"补偿"或"损失补偿"。[1]

264　其次，损失补偿是对"合法"行使公权力所生"损失"的"补偿"，在这一点上不同于对"违法"行使公权力所生"损害"的"赔偿"。这里也想以这种概念上的区分作为以下说明的出发点。

二、损失补偿制度的理论根据

1. 对于为什么在将私有财产用于公共目的时必须补偿损失，从过去以来就有种种见解。[2]但是，如果要对此作出大致区分，问题可归于：损失补偿制度的根据是"权利"的侵害自身，还是也侵犯了"平等原则"？例如，正如后文将见到的《宪法》第29条那样，[3]该条第3款的损失补偿规定表示了第1款财产权保障的具体内容（至少是其265　部分内容），这种观点也是今天的多数说。其中，损失补偿的意义基本上在于当侵害财产权的个人权利（至少是其核心）时提供代偿。与此相对的立场则完全从私有财产制度性保障来看待第1款的意义。[4]当然，对补偿个人损失必要性的说明就在理论上与第1款完全无关。这时能引用的是"负担平等"。如果像这种见解那样，在损失补偿制度的根据上只重视"平等负担"，那么在判断是否要补偿损失时，在理论上要采用的重要基准就不在于是否属于侵害财产权的内容，而在

---

〔1〕 例如后文的《取得公共用地的损失补偿基准纲要》等就是其典型一例。顺便提及，熊本县八代市废止市营屠宰场，向过去的利用者支付"支援金"，这是对因废止而遭受损失者的补偿金，但在法令上并没有根据，是否属于《宪法》第29条第3款规定的"损失补偿"，对此争议的案件，参照、最判2010年2月23日判时2076号40页。

〔2〕 对于这些观点，包括各文献的引用，诸如参照、西埜章『国家補償法概説』（劲草書房、2008年）205页以下。

〔3〕 后文第271页以下。

〔4〕 参见后文第274页。

于（至少与前一基准相并列）是否为"不平等"地制约财产权。[1]

2. 如上所述，在损失补偿制度的根据上产生的问题是，是"权利"侵害自身，还是有"平等负担"的要求？以此为背景，首先要关注损失补偿制度的历史发展。在日本也常常有学者指出，近代的损失补偿制度在近代欧洲，亦即近代国家成立之前即已产生。根据中世纪以来"古老的良法"，传统权利或所谓"既得权"（wohlerworbene Rechte）受到邦的君主特权（ius eminens，它既而生成发展为近代一般国家权力）限制，损失补偿具有对该限制的代偿（Entschädigung 或 Schadloshaltung）性质，由此发展而被引入近代国家法制。[2]因而，其中原本即带有对"权利侵害"的"代偿"观念。例如在 19 世纪初叶的德国，连对违法行为侵害权利的损害赔偿与对合法行为限制权利的损失补偿也未必在概念上有明确的区分。[3]然而，在近代国家权力确立、"近代法治国家"进而"依法律行政原理"确立后，在理论上就当然出现一个问题：国法承认为公共利益而征收私有财产等，为什么这是对权利的"侵害"呢？[4]在这种状况下，就有必要对损失补偿的根据作不同于"权利侵害"的说明，"合法但负担不平等"的观点就具有了重要意义。然而，如果即使法律也不得侵犯的"基本人权"概念确立起来，财产权也是其中之一，那么，根据法律"侵害"基本人权的问题就能再次登场，作为其代偿的损失补偿观念就能再度具有现实意义。在损失补偿制度根据的相关讨论中，首先要关注这种历史

266

─────────

〔1〕 在理论上，有可能从中得出两种观点：即使侵害财产权的核心内容，如果并非"不平等"制约，也不必补偿损失；或者完全相反，即使没有达到侵害财产权的核心内容程度，在有"不平等"制约时也要补偿。

〔2〕 对于损失补偿制度的这段历史，例如参照、芝池義一「ドイツにおける公法学の公用収用法理論の確立」法学論叢 92 巻 1 号（1972 年）62 頁以下。另外，对于正文中的以下叙述，也请参照、藤田宙靖・土地法 143 頁以下。

〔3〕 参照、藤田宙靖・公権力の行使 55-56 頁。

〔4〕 特别是在所谓"法实证主义的公法学"之下，这是不可避免的问题。例如，表明在法实证主义公法学之下如何对待"既得权"理论，一个好的例子，参照、柳瀬良幹「既得権の理論」同『行政法の基礎理論（二）』（弘文堂、1941 年）163 頁以下。

发展的重襞。

3. 在近代法治国家（立宪国家）的法制，进而是在"依法律行政原理"之下，损失补偿是对法律允许的合法制约财产权所给予的补偿，在这一意义上，在根据和性质上就不同于对违法侵害财产权的损害赔偿。但在另一方面，损失补偿过去常常与损害赔偿的法定要件交织在一起（要有行为人的故意或过失、行为违法性等），因而在难以给予赔偿时，也作为损害赔偿的替代物发挥功能。[1]这之所以成为可能，主要是因为对财产权的违法侵害当然是对财产权的不平等侵害，在这种观点之下，在"平等性的侵犯"维度上就能看出损害赔偿与损失补偿之间的共通性。[2]另一方面也有必要留意，如前所述，两种制度在成立沿革上，原本都是对"传来的权利侵害"的"代偿"，具有共通性。其后，在近代国家，伴随着近代法治主义的确立，"对合法国家行为的损失补偿"与对"违法国家行为侵害财产权"的损害赔偿，在观念上朝着二分化方向发展。在这一意义上，损失补偿与损害赔偿的明确区分在某种意义上说就具有确立近代法治主义的表征意义。

在今天，公共事业与私人利益的相互关系更加复杂化，密切地交织，在具体的事例中有时也常常分不清是合法的制约还是违法的侵害。[3]如前文管窥所见，[4]将是否要补偿的重点专门置于"受害人的救济"，反过来不问该"补偿"是损失补偿还是损害赔偿，连这样的实定法制度也是存在的。而在学说上也有不少人认为，有必要统合

---

〔1〕 其有名的例子是德国判例上确立的"准征收侵害"的观念。对此理论，参照、雄川一郎「行政上の無過失」同『行政の法理』（有斐閣、1986 年）361 頁以下；宇賀克也「ドイツ国家責任法の理論史分析（三）」法学協会雑誌 99 巻 6 号（1982年）880 頁以下等。另外，对此倾向从批判立场上的探讨，参照、西埜章『損失補償の要否と内容』（一粒社、1991 年）14 頁以下。

〔2〕 德国有统一思考两者的所谓"统一的补偿"，对于其详细论据，参照、宇賀克也·前揭文 875 頁以下。

〔3〕 例如，所谓"事业损失"的案子就是其例。对此，参见前文第 257 页及后文第 295 页以下。

〔4〕 前出第 257 页。

两种制度，有必要确立统合两者的"国家补偿"概念。[1]这些现象原本具有充分的理由，但本书的意图是以"依法律行政原理"，进而是"近代法治国家原理"为客观的理论标尺来概述日本行政法总论的状况，根据上述历史背景，首先就要在理论上明确区分以国家行为合法性为前提的"损失补偿"与以违法性为前提的"国家赔偿"。如果以此为视角，如前所述，[2]"损失补偿制度"在理论上就要作为"依法律行政原理""近代法治国家原理"的"界限"来定位。[3]

第二款　制定法上的根据

1. 日本现行法上的损失补偿制度基本上均可回溯至《宪法》第29条第3款的规定，即"私有财产在正当补偿下可供公共之用"。[4]在根据《宪法》的这一规定而制定的法律中，并不存在一般损失补偿制度的通则法（这一点与行政争讼法、国家赔偿法的状况大为不同）。不过，较为一般性、体系性的规定有《土地征收法》第六章（第68条以下）等规定。[5]

268

269

―――――――――

〔1〕　对于过去学说中"国家补偿"概念及今后该概念的有效应用，在学说上参照、小幡純子「国家補償の体系の意義」新構想Ⅲ279页以下。

〔2〕　上卷第137页。

〔3〕　与国家赔偿制度不同，在损失补偿制度上，日本实定法不存在一般性规定其要件、程序、样态等的法律。结果，问题多半就归为以《宪法》第29条第3款及《土地征收法》为中心的个别法解释。我之所以在已出版的《行政法Ⅰ（总论）》中没有特别设置损失补偿一章，除了正文所述的理论体系问题原因外，还因为对于这种状况下损失补偿理论在独自的行政法总论上如何能以不同于宪法论或土地法等个别法论的形式展开，我未能有确定的结论。到本书执笔之际，我对此也仍没有最终的解决，完全是以便宜上的理由，即姑且宽泛地展望对国家公权力限制私人权利利益有何种法的救济渠道，将此作为行政救济法编的附章来处理。

〔4〕　不过，例如对于所谓"人的公用负担"的例外，参照、柳瀬良幹『公用負担法（新版）』（有斐閣、1971年）79页以下。当然，这些公用负担并不是在人格上对人作出评价之后课予的负担，而只不过是利用其劳役的经济价值，如此就不变为"将财产权用作公用"。参照、今村成和『損失補償制度の研究』（有斐閣、1968年）33页；西埜章・前揭『損失補償の要否と内容』28页等。

〔5〕　在日本现行法上，损失补偿规定以《土地征收法》为代表，广泛分布在行政法各个领域。对此包罗整理并予解说的精心著作有西埜章『損失補償法コンメンター

当然，即使根据《土地征收法》等规定，也未必一义性地明确了对土地等私有财产怎样的损失应给予怎样的补偿。其原因在于，第一，《土地征收法》上的损失补偿规定自身未必全部一义性地明确，尚有作出种种解释的余地；第二，即使解释的结果是，根据《土地征收法》等规定不认可补偿，接下来的问题就是，那可以直接根据《宪法》第 29 条第 3 款请求损失补偿吗？

2. 对于第一个问题，将《土地征收法》上规定的补偿基准（特别是该法第 88 条关于"通常所受损失的补偿"的基准）更为详细地规定并长期在行政实务上发挥功能的有两个，即 1962 年 6 月 29 日阁议决定（1967 年 12 月 22 日修改）的《取得公共用地的损失补偿基准纲要》和 1967 年 2 月 21 日阁议决定的《施行公共事业的公共补偿基准纲要》。但是，两者都只不过是行政的内部基准，而非法院和征收委员会本来必须依据的法的基准。[1]但尽管如此，这些基准自设定以来就对征收委员会的裁决产生颇大的影响。因为在实际问题上，这种纲要可以说是具有国家向地方公共团体机关的一种行政指导的效果。[2]此外在现实中，如果征收委员会没有其他应当依从的明确基准，

270

ル』（勁草書房、2018 年）。

〔1〕 也就是说，前者是国家等公共事业主体在通过任意收购方式取得土地之际由谈判的担当者与各个对方确定形形色色的对价并不适当，因而在内部设定基准、统一收购价格。因而，它在双重意义上都不同于征收委员会作出征收裁决的法的基准。而后者同样是为事业主体的国家应当支付给既有公共设施的归属主体的对价而设定的内部基准，它也不是征收裁决的法的基准。对于该纲要的详细内容，参照、公共用地補償研究会『最新改訂版 公共用地の取得に伴う 損失補償基準要綱の解説』（近代図書、2010 年）。另外，在正文讨论的补偿基准之外，更为详细规定、现实地发挥功能的还有公共事业起业者联合体制定的《用地对策联合会基准》（所谓"用对联基准"），这里省略不表。

〔2〕 在上述《取得公共用地的损失补偿基准纲要》中添附了"阁议了解事项"，其中附言有"征收委员会裁决时也将该纲要认可为基准"。作为行政机关之首的内阁，从一开始就明显认为，征收裁决应当遵守该基准。不过，征收委员会的裁决，过去是作为机关委任事务的国家事务，现在是都道府县的法定受托事务（《地方自治法》第 2 条第 9 款第 1 项），征收委员会作为独立的行政委员会，独立行使法律上权限受到保障（《土地征收法》第 51 条第 2 款）。因而，虽说有了这种阁议决定或者了解，它也并不当然在法上拘束征收委员会。

若不根据纲要规定的基准，就很难作出裁决。根据这种实际状况，也为了给其明确法的根据，2002 年新制定了《土地征收法》第 88-2 条规定以及根据该条《关于规定〈土地征收法〉第 88-2 条细目等的政令》（2002 年政令第 248 号），上述《损失补偿基准纲要》规定的内容要点具有了法的拘束力而得到通用。

　　3. 对于上述第二个问题，至少从理论上来看，自对于该问题表示肯定性判断的 1968 年 11 月 27 日最高法院大法庭判决（所谓"名取川砂砾采集案判决"，虽然是在旁论中）以来，[1] 可以说在学说和判例上已经得到解决。也就是说，对于宪法上需要补偿的损失，法律仅允许课予损失却没有设置补偿规定，这时理论上有两个解决方法，一个是该法律自身违宪无效，另一个是法律自身有效，只是蒙受损失者可直接依据《宪法》第 29 条第 3 款请求补偿。对此，德国是通过宪法的规定自身明确选择前者之道，[2] 而日本在宪法上并无明确规定，最高法院判例选择了一条不同的道路。因而，对此问题，现在更为重要的毋宁是具体在何种情况下能直接依据宪法补偿。对于这里所说的例子，与其说是在取得财产权自身的情形（所谓"公用征收"的案子），不如说仅在限制财产权行使的情形（所谓"公用限制"的案子）中多成为问题。因而，后面想在探讨土地所有权限制与损失补偿的问题部分再详细论述。

271

第二节　是否要损失补偿的基准

一、《宪法》第 29 条第 3 款的法意

　　日本《宪法》第 29 条第 3 款规定，在将私有财产"供公共之用"

---

　　[1]　刑集 22 卷 12 号 1402 页。

　　进而，可参照、引用该判决的最判 1975 年 3 月 13 日判时 771 号 37 页，最判 1975 年 4 月 11 日判时 777 号 35 页，等等。

　　[2]　参见《德国基本法》第 14 条第 3 款。

272 时需要补偿损失，这不仅仅包括取得财产权自身的情形（例如征收土地），也还包括仅为限制财产权行使的情形（例如公用使用和公用限制），历来在日本的学说和判例上均获得广泛认可。[1]但是，毋庸赘言，该条款未必要求私有财产"供公共之用"的所有情形均予以补偿。如前所述，既然损失补偿制度本身依据的是"平等负担"观念，那么，一般认为，不可或缺的损失补偿要件就是，该损失的性质是为了公共福祉而课予的"特别偶然的牺牲"（前述传统学说中损失补偿的概念界定中一般是这样表述的）。

对于某损失是否属于"特别偶然的牺牲"，通常屡屡用这样的方法提出问题：对财产权的制约是处于"财产权的内在制约"范围之内还是超出了范围?[2]其前提的观点在于，"人是社会性的存在，财产权也是人在社会相互关系中行使的权利，因而，要让人的社会生活成立，就要进行必要最小限度的制约，该制约当然内在于财产权，让这种制约显现的财产权制约，是任何人均必须忍受的限制，无需补偿"。但话虽如此，如后所述，对于什么属于财产权的内在制约，未必有一义性的明确基准。

二、与《宪法》第29条第2款的关系

273 1. 如下所示，首先存在的问题是，原本《宪法》第29条第1款所保障的"财产权"是什么？

《宪法》第29条第1款规定，"财产权不受侵犯"，而又在第3款设置了上述补偿条款，同时在第2款规定，"财产权的内容应当合乎公共福祉，由法律规定"。从文字上来读这些条文，在第1款中规定的是保障限于依据第2款由法律规定内容的"财产权"。如此，第3

---

〔1〕 但也并非从来不曾有更为限定地解释"供公共之用"含义的尝试。参照、藤田宙靖「財産権の制限と補償の要否」小嶋和司编『憲法の争点（新版）』（有斐閣、1985 年）98 頁。

〔2〕 例如，田中二郎·上 215 頁、橋本公亘『憲法』（青林書院新社、1972 年）309 頁、今村成和『国家補償法』（有斐閣、1957 年）55 頁等。

款规定的就是，私有财产就是在如此界定后的"财产权"对象，在其"供公共之用"时需要"正当补偿"。若假设如此，问题就产生了：第一，至少在与立法权的关系上，第 1 款的规定自身就变得没有区别于第 2 款和第 3 款的固有意义。这样好吗？第二，依据第 2 款"决定财产权的内容"，如果作此定性，就没有必要补偿损失。其中"决定财产权的内容"与"财产权的内在制约"具有怎样的理论关系呢？

在与上述第一个问题的关联上，日本在过去的学说和判例中，也有观点就是如此理解《宪法》第 29 条第 1 款和第 2 款的关系，或者至少基本上肯定这种结果。[1]然而，现在至少可以说一般不采取这种观点。毋宁是认为，尽管有《宪法》第 29 条第 2 款的规定，也不能通过其中的法律来侵犯，财产权的某种"内核"受到第 1 款保障。

2. 过去一般认为，这种意义上的"内核"就是"私有财产制度自身"。也就是说，依据这种观点，《宪法》第 29 条第 1 款的本质在于，规定了不得废止私有财产制度自身，亦即所谓"制度性保障"。[2]

274

---

　　[1]　例如，最高法院大法庭 1953 年 12 月 23 日判决（民集 7 卷 13 号 1523 页）所争议的是，在第二次世界大战后日本的农地改革中，根据《自耕农创设特别措施法》的规定，当时明显低廉的农地收购价格是否可以说是《宪法》第 29 条第 3 款的"正当补偿"。这是有名的案件。在这一判决中，多数意见认为，之所以给出肯定的回答，其理由之一在于，因 1938 年《农地调整法》以来的种种土地立法，"农地的自由处分在《自耕农创设特别措施法》成立以前已经受到限制，限制变为耕种以外的目的，地租以金钱缴纳时被设置一定的额度，农地价格本身也受特定基准控制，因而，地主农地所有权的内容在使用、收益、处分上受到显著限制，进而达到用法律控制价格的地步，几乎没有产生市场价格的余地"。而且，"农地所有权的性质变化是与贯彻创设自耕农目的之国家政策相伴的法律措施，换言之，必须视为为了《宪法》第 29 条第 2 款所谓合乎公共福祉，由法律规定农地所有权的内容"。也就是说，根据这种观点，就变得必须说，在受到种种农地立法的压缩后，只有尚存的部分是能成为《宪法》第 29 条第 1 款和第 3 款补偿对象的日本农地所有权的内容。请分别参见为了将其逻辑更为明确化的栗山茂法官的补充意见，以及对采用这种逻辑解释《宪法》第 29 条表示忧虑的四名法官少数意见（反对意见一人、意见三人）。

　　[2]　对于"制度性保障"的概念及其意义，详见、佐藤幸治『憲法（第三版）』（青林書院、1995 年）397 頁以下、樋口陽一『憲法（第三版）』（創文社、2007 年）251 頁以下等。

在此限定下，极端而言，只要不废止私有财产制度自身，无论依据第2款对个人的个别财产权内容作出怎样的规定，都是合宪的（当然，例如，也可能以违反《宪法》第14条法下平等为由被认定为违宪，这自当别论）。

历来毫无争议的是，在《宪法》第29条第1款的财产权保障中，至少包含这种私有财产制度的"制度性保障"。但不能忽视的是，第1款的保障内容仅此而已吗？过去对此有很大的讨论。[1]但在今天可以说，多数学者在制度性保障之外，同时认为，保护个人的个别财产权也是第1款的目的。亦即，在这一观点之下，对于个别的财产权，存在不能用法律侵犯的某种"内核"或"本质内容"（尽管存在《宪法》第29条第2款的规定），因第1款而得到明确。[2]

当然，这时依然存在的问题是，除《宪法》第29条第3款的损失补偿规定外，在第1款当中看到这种"本质内容"的保障果真在多大程度上具有理论意义呢？也就是说，问题在于，第1款保护个人的个别财产权，如果这一权利只是要求给予了第3款的"正当补偿"，就可以出于公共目的无论如何都能限制，这不是导致财产权的"内核"或"本质内容"仅为第3款所说的"正当补偿"吗？[3]

3. 对于"正当补偿"与财产权的"本质内容"在理论上的相互

---

〔1〕 例如，宫泽俊义、柳濑良干两位博士极力主张《宪法》第29条第1款的财产权保障仅限于私有财产制度性保障的见解。参照、宫沢俊義『憲法（新版）』（有斐閣、1971年）406页；柳瀬良幹『人権の歴史』（明治書院、1949年）51页以下。

〔2〕 例如，《德国基本法》第19条第2款明文规定，"任何情形均不得侵害基本权利的本质内容"。正文所说的观点是认为，日本国宪法上的财产权保障规定也含有这种法理。

〔3〕 如前注所见，宫泽俊义、柳濑良干两位博士关于《宪法》第29条第1款的法意仅为"制度性保障"的见解，的确依据的是这种观点。

不过，在理论上，在未必与损失补偿相关的地方，不可否定会出现个人财产权的保障问题。例如，有观点认为，对于土地所有权，放弃从实体法上确定其宪法上财产权保障的内容，认可土地利用计划或综合计划对权利内容的"创造"，以保障对计划的程序参与权利，来取代实体性财产权保障，换言之，可谓完全以"程序性保障"来把握财产权的"本质内容"。对其可能性，参照、藤田宙靖·土地法139页。

关系，将在阐述损失补偿的内容时详细论述。[1] 这里有必要对上文第
二个问题，亦即依据《宪法》第 29 条第 2 款"决定财产权的内容"
或者与其互为表里的"财产权的本质内容"，与前述损失补偿判断基
准的"财产权的内在制约"在理论上的相互关系作大致整理。

　　当然，在理论上作出严密的总结未必容易。因为前述"财产权的
本质内容"是为了钳制根据《宪法》第 29 条第 2 款决定"财产权的
内容"而设定的概念，而"财产权的内在制约"是让"（不予补偿）
私有财产供公共之用"成为可能的概念，两者的设定目的未必相同，
进而依据第 2 款"决定财产权的内容"是否也包含于第 3 款"财产权
供公共之用"的概念，也未必明确。

　　对于第 2 款与第 3 款的关系，如前所述，第 3 款是针对依据第 2
款决定内容后的财产权供公共之用的规定，[2] 根据《宪法》第 29 条
第 2 款由法律决定财产权的内容并不伴有损失补偿义务，由此，就有
观点认为，"不得无补偿而依据第 2 款施以剥夺或如同剥夺权利的限
制"。[3] 如果采纳这一观点，结论无论如何都是明确的。但今天的多
数学者未必采纳这一观点。现在毋宁是，即使是《宪法》第 29 条第 2
款所谓"决定财产权的内容"，也未必完全排除损失补偿的可能性。
基于这一前提，再来决定是否属于"财产权的内在制约"范围之内，
这大致是一般所采用的解释论上的做法。

三、财产权的内在制约

　　如上所述，有时是《宪法》第 29 条第 3 款的"供公共之用"，有 277
时是依据第 29 条第 2 款决定财产权的内容，它只不过是"财产权的内
在制约"范围内进行的情形，也未必需要补偿损失。即使基于这一思考
框架，什么属于这种情形，未必敢轻易作出判断。下面对这一问题作一

〔1〕　后文第 280 页以下。
〔2〕　参见前文第 273 页以下。
〔3〕　参照、法学协会编『注解日本国宪法（上卷）』（有斐閣、1953 年）568 頁。

点说明，在参照之前的学说和判例时应特别注意一些基本论点。

1. 首先，制约财产权是为了积极目的，还是为了消极目的？这一视角很早以前就获得认可，任何人均不否定其为原则上妥当的准则。例如，典型的例子就是，有观点认为，"为了保持公共安全秩序，或确保社会共同生活安全等消极目的而进行必要的、较为一般性的财产权限制"，原则上不需要补偿；而"为了产业、交通等公共事业的发展，或国土综合利用、都市开发发展等积极目的而进行必要的特定财产权的征收以及其他限制"，需要补偿。[1]这一观点可以说符合 19 世纪西欧近代自由主义财产权的概念。[2]也就是说，国家本来仅应为维持公共安全和秩序而进行必要的最小限度的事项，其他则委诸市民社会自律。在这一消极国家观之下，只要国家活动是为了这种消极目的而制约财产权，私人因此而受到的损失则只是任何人都必须忍受的损失，而称不上特别偶然的损失。

---

〔1〕 参照、田中二郎·上 215 页。再如，最高法院认为，"池塘的堤塘使用行为能成为池塘破损、溃决的原因，它在宪法和民法上均不作为合法财产权的行使来保障，超出宪法、民法所保障的财产权的行使范围"。最判 1963 年 6 月 26 日刑集 17 卷 5 号 521 页（所谓"奈良县池塘条例案判决"）。这基本上也可以说是基于这一思考框架的观点。

另外，在一个案件中，道路工程的结果，让汽油等的地下储藏罐违反《消防法》等关于与道路的相隔距离的规定，因而不得不移动设置地下储藏罐。原审法院认可了依据《道路法》第 70 条第 1 款的损失补偿请求；而最高法院认为，"道路工程的施行只不过是让警察规制的损失偶然间变得现实化而已"，判决撤销原判、驳回诉讼请求（最判 1983 年 2 月 18 日民集 37 卷 1 号 59 页）。这完全是在这种案件中对是否适用《道路法》第 70 条第 1 款的"沟渠、垣墙、栅栏补偿"作出直接判断，而不是对《宪法》第 29 条第 3 款"正当补偿"的判断。不过，另一方面，恐怕也不能否定判词中存在上述思考框架的某种影响。

与此相关，例如，（1）根据《消防法》第 29 条第 1 款，"为了灭火、防止火势蔓延或救助人命，必要时使用、处分或限制使用"（消防对象物及土地），最高法院认为，不必补偿损失（不同于该条第 3 款的"破坏性消防"）。最判 1972 年 5 月 30 日民集 26 卷 4 号 851 页。（2）依据《矿业法》第 64 条限制采掘，是为了公共福祉而作出一般性最小限度的限制，不能说是强迫特定人作出特别的财产上的牺牲。最判 1982 年 2 月 5 日民集 36 卷 2 号 127 页。

〔2〕 对于这里所谓"19 世纪西欧近代自由主义财产权的概念"，参照、藤田宙靖·土地法 130 页以下。

　　然而，在现代社会，国家介入市民生活的样态变得多样化，公益　　
与私益的相互关系也变得极为复杂，上述原则还能否依然妥当，这毫
无疑问是极成为问题的。例如，首先，对财产权的某种制约是出于上
述意义上的积极目的还是消极目的，在今天就未必总能作出明确的判
断。[1]再比如，科学技术的不断发展也给公共安全等不断地带来急速
增大的危险，有不少还是极大的危险。因而，为了采取防止危险的措
施，也不得不对财产权作出极为重大的制约。从而，在今天，说出于
消极目的，无论如何限制也始终不必补偿，当然就会成为问题。在这
种情况下，日本过去也有种种设计，学说上对上述基准也进一步补充
了派生基准。

　　2. 作为这种派生基准，基本上重要的是，财产权所受侵害或负担　　
的程度。例如，首先，学说和判例一般认为，为了公共目的而剥夺
（或取得，亦即古典意义上的征收）财产权，始终要补偿损失（刑罚
的没收等自古就能获得认可的一定案件另当别论）。[2]当然，如后详
述，[3]这时应予的补偿必须是"完全补偿"，还是也可以是"相当补
偿"，向来存在争议。但在不同于所谓社会化立法等的通常征收案件
中，学说和判例可以说多数站在"完全补偿说"的立场上。[4]

　　另外，有时尚未达到剥夺财产权的地步，而是限制财产权（权利
行使的限制）。像前文那样，若相当于剥夺财产权的本质内容，也不
允许不补偿损失；[5]若财产权限制妨碍了财产发挥本来的效用，也有

----

　　〔1〕 例如，依据《都市计划法》《建筑基准法》指定用途地域等，依据这一观
点，就可以说出是积极还是消极的目的。
　　而不可否定的是，对于田中二郎前揭书所称"比较一般性的限制""特定财产权
的……限制"，例如，像"限制特定区域内一般土地的利用"，就很难说属于哪一种。
　　〔2〕 但实质上也并非没有基于各种理由承认例外。例如参照、最判 1957 年 12 月
25 日民集 11 卷 14 号 2423 页。另外，对于土地区划整理相伴的无偿减幅问题，参照、
藤田宙靖·土地法 164 页以下、231 页以下。
　　〔3〕 后出第 280 页以下。
　　〔4〕 但这里所谓"完全补偿"具体是指什么，如后详述，仍然存在种种问题。
　　〔5〕 例如参照、田中二郎·上 215 页。田中博士从这种角度出发，对前述最高法
院的奈良县池塘条例案判决提出质疑（同第 216 页）。

必要补偿。[1]这些可以说都是以这种观点为前提的。[2]从这种观点出发还能得出一个观点，即根本变更财产本来用法的财产权限制，必须补偿。[3]对于这些问题，后文将再作详细分析。[4]

第三节　损失补偿的内容

第一款　"正当补偿"与"完全补偿"

一、理论上的相互关系

280　　《宪法》第 29 条第 3 款规定，将私有财产用于公共目的时要有"正当补偿"。这里所说的"正当补偿"是指什么？所给予的必须是"完全补偿"，还是"相当补偿"也可以？这一点自古以来就有争论。

281　在宪法解释上，虽然说所谓"完全补偿说"在过去学说上正逐渐占据上风，但认为相当补偿也可以的观念在今天也绝不是不存在了。[5]诸如对于土地征收，可以说学说和判例大致确立了必须提供"完全补偿"

---

　　〔1〕　例如，参照、今村成和『損失補償制度の研究』31 頁。这一观点是德国公法学的通说，对应的是所谓私的效用性理论（Privatnützigkeitstheorie）。参照、今村成和·前揭『国家補償法』63 頁。

　　〔2〕　这一观点也是从上述私的效用性理论或同为德国公法学中的目的背驰理论（Zweckentfremdungstheorie）中推导出来的。对于"私的效用性理论"和"目的背驰理论"，参照、藤田宙靖·土地法 113 頁以下。另外，它对日本的影响及其理论，从财产权补偿的角度指出可能有负面作用，参照、西埜章·前揭『損失補償の要否と内容』69 頁以下。

　　〔3〕　参照、今村成和·前揭『損失補償制度の研究』36 頁、同·土地収用判例百選 199 頁等。

　　〔4〕　后出第 309 页以下。

　　〔5〕　例如，最高法院判例一般被认为采用"相当补偿说"的是前出最高法院 1953 年 12 月 23 日判决，即使在今天，仍作为"正当补偿"的先例来引用。参照、最判 2002 年 6 月 11 日民集 56 卷 5 号 958 頁。

的观点，[1]因而，这两者在理论上处于何种关系，便成为问题。对此，大致可作如下理解：

第一，在《宪法》第 29 条第 3 款只不过是要求"相当补偿"的情况下，这通常是说对于从公共角度剥夺、限制财产权等，从实质公平角度而言，有时也可以不补偿其全部财产价值。例如，像前述[2]农地改革中的收购农地那样，它是财产权制度本身的改革；再如，"在大型财产（垄断财产）的情况下，给予相当补偿也可以"。[3]如果是从这种角度看，《土地征收法》的前提正是从实质公平的角度应予全部补偿、属于特别偶然损失的案件，即使站在这种意义上的相当补偿说立场，也能说是要求完全补偿的案件。

第二，"相当补偿说"有时在"也可以不以该财产的市场交易价格补偿损失"的意义上，仅具有补偿价格基准的一面。[4]在土地征收上，因为从完全补偿的角度，通常是以根据该土地市场交易价格补偿为出发点，[5]在这一限度上与这一意义上的相当补偿说并不相容。但

---

〔1〕　例如参照、最判 1973 年 10 月 18 日民集 27 卷 9 号 1210 页（仓吉市都市计划案判决）。在该案中，土地作为都市计划道路用地而被课予建筑限制，16 年后成为征收对象。征收委员会在算定补偿额时，对于这种被课予建筑限制的土地，当然应以作为附限制的土地交易价格来补偿，认可了起业者一方的主张。但最高法院予以否定：《土地征收法》中的损失补偿目的在于，在为了特定公益上必要的事业而征收土地时，恢复因征收而给该土地所有者等所造成的特别牺牲。因而，完全补偿亦即应作出让征收前后被征收者财产价值相等的补偿，在以金钱补偿时，应以足以能取得与被征收者近旁被征收地同等的替代地等的金额作出补偿。

〔2〕　前出第 273 页注〔1〕。

〔3〕　参照、高原贤治『財産権と損失補償』（有斐閣、1978 年）20 页、49 页。

〔4〕　例如，上述 2002 年 6 月 11 日的最高法院第三小法庭判决只是在下述背景下引用先前 1953 年的判决："《宪法》第 29 条第 3 款所说的'正当补偿'，是指根据在当时经济状态下能成立的价格合理算出的相当额度，而未必要与上述价格始终完全一致"。它想说的只是，土地征收中的"正当补偿"也可以不必依据"（权利取得裁决时的）市场交易价格"补偿。

〔5〕　理论上严格而言，这一意义上的"完全补偿"是指"权利对价补偿"［参照、宇贺克也『国家補償法』（有斐閣、1997 年）431 页］。对于何为"权利的对价"，正如上述 1973 年判决那样，若"在以金钱补偿时，应以足以能取得与被征收者近旁被征收地同等的替代地等的金额作出补偿"，当然就以市场交易价格为原则。

282 实际上，如后所示，对此，日本现行的土地征收法处在完全补偿与相当补偿之间相当微妙的峡谷。无论如何，为了避免遭致讨论的混乱，理解"完全补偿""相当补偿"的表达有时有稍有不同的用法，这是极为重要的。[1]

二、"完全补偿"与"相当补偿"的交错——以土地征收法为例

283　　1. 如上所述，一般在剥夺（取得）财产权时，原则上必定要补偿损失，而且必须是"完全补偿"。征收土地时的损失补偿是其典型。但在实际算定正当补偿额时，问题并不是那么简单。原因在于，即使说征收土地的损失是特别偶然的损失，因而要完全补偿，但仍存在问题，例如，（1）但凡以征收土地为原因而产生的损失，均必须成为补偿的对象吗（也就是说，什么是因征收土地而产生的损失）？（2）应予补偿的"土地价格"是什么？

　　2. 从现行的《土地征收法》来看，在上述第一个问题上，该法在第71条以下具体列举规定了因征收而产生的何种损失必须给予何种补偿，最后在第88条设置了概括条款，即"其他因征收或使用土地而让土地所有者或相关人通常所受的损失，必须补偿"。作为其中所说的"通常所受的损失"（所谓"通损"）的例子，法律自身列举了放弃耕作费、营业上的损失、因建筑物移转而产生的租赁费损失等。这里所

---

〔1〕　例如，上述 2002 年第三小法庭判决引用了一般被认为采取"相当补偿说"的 1953 年判决，因而该判决与采用"完全补偿说"的 1973 年判决之间的理论关系就成为问题（对此，例如参照、西埜章·前揭『国家補償法概説』231 页以下）。但是，1973 年判决所说的"完全补偿"，是指"让征收前后被征收者的财产价值相等的补偿"，（在以金钱补偿时）是"足以能取得与被征收者近旁被征收地同等的替代地等的金额"，而未必被说成这种补偿始终"必须根据权利取得裁决时市场价格补偿"。2002 年判决也只不过是以上述要件为注解来说明而已，与 1973 年判决之间完全没有矛盾（顺便提及，2002 年判决自身一概没有使用"完全补偿""相当补偿"之词）。如正文所述，认识到"完全补偿""相当补偿"之词分别所包含的二义性，就可能对这三份最高法院判决的相互关系作出更为明确的理论整理。

说的"通损"还包括什么？"营业上的损失"能说全部是"通损"吗？诸如此类的问题结果就只能是回溯到宪法的原则，通过具体的法解释和事实认定来解决。[1]对于"通常所受的损失"，容后再来讨论。[2]

284

3. 关于上面第二个问题，即在"完全补偿"的要求下，应予补偿的"土地价格"是什么？从理论上来说，可以说并无争议的是，（至少在原则上）必须是被征收土地的市场交易价格。但是，如上所述，日本现行的《土地征收法》，是以上述意义上的完全补偿为出发点，同时在结果上只能说是规定了颇具相当补偿内容的补偿制度。以下想结合补偿额算定基准时间、开发利益如何算入的问题来予以概述。

三、补偿额的算定基准时间

土地征收是由从项目认定开始，经征收裁决一直到最终的土地出让等一连串过程来进行的。因而，虽说是以被征收土地的市场交易价格来补偿，但根据这一过程中哪一个时点的价格来补偿，现实的补偿额会有所不同。假设从"完全补偿"的角度要求按照市场交易价格来补偿，补偿额本来应该是现实产生损失的时点的土地价格，亦即裁决（权利取得裁决）中确定的权利取得时期的市场交易价格。但是，根据1967年修改后的现行《土地征收法》第71条，"被征收土地或土地所有权以外的权利"的补偿金额，是"考虑近旁类似土地的交易价格等而算定的项目认定告示之时的相当价格，乘以到权利取得裁决时物价变动修正率所得的金额"。修改前的该条[3]是以裁决的时点为基准时间，新法有意作出修改。当时，随着经济高度增长，土地价格急

285

〔1〕　前述《取得公共用地的损失补偿基准纲要》在第四章（第24条以下）更为详细地规定了属于"通损补偿"的内容。其要点根据2002年政令而具有法的拘束力。但未必能说由此就完全解决问题了。

〔2〕　后出第294页以下。

〔3〕　修改前的该条规定，"损失必须按照征收委员会作出征收或使用裁决时的价格算定补偿"。该法第72条规定，"对征收的土地必须考虑近旁类似土地的交易价格等，以相当价格予以补偿"。

速上升，这导致难以取得公共事业用地。在这种状况下，为了抑制损失补偿额的上升而作出这种规定。[1]这种规定是否真的能说满足土地征收所需要的"完全补偿"要件，仍是问题。

四、"开发利益"的处理方法

1. 作为上述修法的理由，当时起草者建设省的说明是，有必要将本来属于土地所有者的不适当利益从损失补偿的对象中排除出去，让补偿额正当化。根据其观点，土地价格上涨有种种原因，其中含有种种事态，诸如，第一，因该土地被提供给公共事业使用，一带的土地价值上涨，将此估计在内，在项目开始以前地价已经上涨，即因为所谓"对开发利益的期待"而涨价；第二，土地所有者待价而沽，仅仅为了抬高价格而不响应收购，即所谓"拖延得利"。后者自然不能说是土地所有者的正当利益。而对于前者，原本是因为土地被征收、起业者予以加工、用于公共事业或公共设施而产生开发利益，因而，说它在征收以前就已经成为土地所有者的利益，并不合理。如果站在这一前提上，尽管如此，还必须以裁决时的市场交易价格来补偿，就变成不合理利益均为损失补偿的对象。[2]

---

〔1〕　在土地价格上升的局面下，将算定时期设定为征收过程的早期，时间越早，必要的损失补偿额就会被压得越低。而在所谓"土地泡沫"的状况下，有必要留意的是，一般物价上升率远低于土地价格的上升率。在经济状况全然不同的今天，当时的立法具有怎样的意义，自然有必要重新详细探讨。

〔2〕　根据当时建设省的想法，这种因对开发利益的期待和拖延等而让价格上升，起始于该土地成为征收对象而公之于众之时，即项目认定的告示之时。其中，为了将这种不合理的价格上涨部分排除出补偿对象，就以项目认定的告示之时固定补偿额，可以在此之上仅提高即使没有征收、价格也自然上涨的部分。这就是产生现行《土地征收法》第71条规定的根本观点。

顺便提及，如此，以项目认定的告示之时固定价格，但实际的补偿金支付却是在裁决之后。作为现实问题，在接受补偿金时可能就已经无法用该钱款购得与所失去土地同等的土地。这有违宪之嫌（让人想起前文最高法院的仓吉市都市计划案判决），因而，通过在固定价格的项目认定之时就已能要求支付补偿金，来消除这一问题。这就是修法新引进的补偿金事前请求支付制度（《土地征收法》第46-2条）。如此，因为在裁决

2. 如此引入的现行《土地征收法》第 71 条的制度改革，明显大大修正了按照市场交易价格补偿的原则。也是因为如此，在修法之初就受到种种批评。[1]在与这里问题的关系上，理论上最重要的是柳濑良干博士、今村成和博士等的批评：该修改是"排除因对开发利益的期待和拖延而导致的价格上涨部分"，在此名目之下，将其他项也排除在补偿对象之外。[2]也就是说，现行法第 71 条在上述名目下，通过对应于自项目认定告示之时的价格至裁决时的物价变动率，修正之后作为正当的补偿额，而通常的土地价格上升率要远远高于一般物价的上升率（至少在 1992—1994 年所谓"土地泡沫崩溃"以前），这是日本的现状。如此，即使没有因特定公共事业的实施而对开发利益有所期待，补偿额也没有变化。如果以此为前提，至少因一般地价上升率与物价变动率之间的差异而带来差额部分，是当然应归属于土地所有者的正当利益。这部分也在前述名目下被排除出补偿对象之外，那就要问这能成为"正当补偿"吗？对此，不仅在学说上，在裁判上也有争议。例如，过去在 1974 年，在广岛地方法院的一个判决中，现行法第 71 条的合宪性成为问题：[3]"损失补偿金额应当是征收裁决时的相当价格，相当于将项目认定告示之时作为补偿金算定的基准时间，斟酌到征收裁决时的地价上升率来决定补偿金。"[4]

287

288

前就能支付补偿金，在该时点，什么土地是征收的对象，必须在法上规定。但在修改前的法律之下，没有规定项目认定制度具有对外的法效果。这种效果是另行土地细目公告才产生的。1967 年修法时，将土地细目公告的效果吸收为项目认定的效果，像现行法那样，将两者一体化了。

〔1〕　例如，除下一个注释中引用的两博士之外，下山瑛二『国家補償法』（筑摩書房、1973 年）421 頁；公法研究第 29 号（1967 年）中杉村敏正、高田贤造两博士的论文等。

〔2〕　参照、柳瀬良幹『自治法と土地法』（有信堂、1969 年）98 頁；今村成和・前揭『損失補償制度の研究』133 頁以下。

〔3〕　広島地判 1974 年 12 月 17 日判時 790 号 50 頁。

〔4〕　不过，现行法（如前所述）设计了方法，赋予土地所有者对补偿金的事前支付请求权（《土地征收法》第 46-2 条第 1 款），让土地所有者能取得与从前同等程度的替代物。该判决以此为理由，判决认为，"虽说《土地征收法》第 71 条规定的修正率没有考虑地价上升率，但很难说违反《宪法》第 29 条"。

　　但是，最高法院在之后 2002 年的判决[1]中同样认可现行法第71 条的合宪性，却未必采用了该逻辑。该判决一方面认为，"从项目认定告示之时到权利取得裁决之时，近旁类似土地的交易价格发生变动，该变动率未必与上述修正率相一致"，同时又以下面的逻辑为出发点，"这里所说的近旁类似土地的交易价格变动，一般是指因该项目而受到影响者，被征收土地的所有者没有理由能当然享受与因项目而附加到近旁类似土地上的同等价值"，"因受项目影响而产生的被征收土地的价值变动，应归属于起业者或者由起业者负担"。[2]在引入现行法第 71 条的当时大概并没有想过，土地价格下降率远大于一般物价的下降率。在现在土地泡沫的局面下，如果采用上述广岛地方法院判决的逻辑，就会产生该如何理解它的问题。[3]另外，对于最高法院 2002 年判决的逻辑，一个依然无法消除的疑问是，近旁类似土地的地价上涨能否说全都源自该项目呢（很大部分是因为土地泡沫而导致全国性一般地价上涨）？必须说这些问题今后仍将存在。

　　3. 对现行《土地征收法》第 71 条，还有批评指出，将开发利益（期待）部分从土地所有者的损失补偿对象中排除出去（前文最高法院 2002 年判决的观点也基本上来源于此），这原本就是合理的吗？这时，首要的问题是，如何考虑与近旁类似土地所有者（第三人）的公平？也就是说，因施行公共事业等而地价上涨（开发利益），是在其附近一带发生的，并不是仅仅针对被征收的土地发生。因而，问题在于，假如连本来因施行公共事业才会产生的开发利益也没有必要成为取得用地之际的补偿对象，即使这种观点自身是合理的，但在结果

289

─────────────

　　[1]　最判 2002 年 6 月 11 日民集 56 卷 5 号 958 頁。

　　[2]　当然，作为系"正当补偿"的一个理由，该判决与上述广岛地方法院判决一样，引用了《土地征收法》第 46-2 条第 1 款所赋予的事前支付补偿请求权，至少在该案上，并没有在结果上产生什么不同。

　　[3]　也就是说，根据该地方法院判决的这种观点，在这种局面下，《土地征收法》第 71 条在理论上承认过剩补偿。而过剩补偿能否说是宪法规定的"正当补偿"，则成为迄今几乎没有探讨过的新问题。

上，只有被征收土地的所有者不能享有开发利益的恩惠，周边的其他人全都允许享受，这不也是颇为不公吗？如此，在现行法的体系中，无法否定的是，至少在实质上或多或少产生这种不公平。[1]

这时，有观点认为，这种"不公平"也不是不公平，基本上是因为土地成为征收对象（因项目认定而被课予征收命运的土地）之后就不能交易，原本正常的市场交易价格也就并不成立（上述最高法院2002年判决也部分采用这种逻辑）。但也有对这种逻辑自身的批判。[2]此外，还应另行考虑的是，只有该土地被置于这种状况之下，这是一种实质的不公平。[3]

---

[1]　在日本现行土地法制度下，某地区土地所有者受同一公共事业的影响，有的土地成为征收对象，有的却不是，前者之中也有全部土地被征收者和部分土地被征收者，在这些人之间，开发利益的处理明显不同。第一，如前所述，对于成为征收对象的土地，项目认定告示以后产生的开发利益不属于土地所有者。第二，征收的结果是让土地所有者仍有残地的，则与其相反，其中所产生的开发利益完全留在土地所有者手上。也就是说，《土地征收法》一方面补偿征收后残地的损失，另一方面又规定，"在部分征收、使用同一土地所有者的土地时，因施行征收、使用该土地的项目而让残地的价格增长，即使让残地产生利益，该利益也不与征收、使用所生损失相抵"（该法第90条）。第三，对于其所有地完全没有成为征收对象的邻近土地所有者，《土地征收法》一方面原则上不承认事业损失的补偿，同时也完全没有触及开发利益。

对于上述的详细情况及我对该问题的观点，详见、藤田宙靖・土地法158页以下。

[2]　参照、柳瀬良幹・前揭『公用負担法（新版）』284-285頁。另参照、藤田宙靖・土地法163頁。

[3]　另外，也有批评指出，让被征收土地产生的、因开发利益的期待而价格上升或者"拖延得利"等，原本在开始征收程序（项目认定）之前，在任意收购谈判过程中就已经产生的。而且在实际取得用地上，该过程绝对占用很长期间，因而在这一意义上，《土地征收法》第71条没有实质意义。包含这一问题，关于任意收购与征收程序相互关系的种种问题，参照、藤田宙靖・土地法212页以下。

另外，与上述问题相关的是，《土地征收法》第72条"项目认定告示之时的相当价格"具体是指什么？对此，《关于规定〈土地征收法〉第88-2条细目等的政令》第1条第3款第2项规定，"因预定征收土地施行某项目而导致该土地交易价格下降时"，以没有该项目的影响来算定；但对于价格上涨，没有任何规定。因而，作为该项的相反解释，一般认为，上涨部分算入价格。参照、西埜章・前揭『国家補償法概説』240頁。

五、土地区划整理的情形

290   1. 土地区划整理制度依据《土地区划整理法》实施，其中心是从施行区域的所有土地中将道路、公园等公共设施的建设（新建、扩张等）用地及保留地（施行者销售充作项目费的土地）保留在施行者手中，再将其剩余部分作为换地分给土地所有者。其结果必然是换地的面积通常只能比之前土地的面积小（所谓"减幅"）。然而，《土地区划整理法》对于减幅的面积，是以原则上不补偿损失为前提的（无偿减幅制度）。[1]但如果这种道路、公园等是采用土地征收法规定的征收制度来建设，当然就要对征收的土地提供损失补偿。因而，土地区划整理中的无偿减幅就变成了实质上承认"无补偿的征收"。如此，在与《宪法》第 29 条第 3 款的关系上，为何允许这种做法，当然就成为问题。[2]

291   2. 支撑这种无偿减幅制度的理论根据在于，正如《土地区划整理法》第 109 条的降价补偿金规定[3]也暗示的那样，即使换地面积较之前的土地面积小，土地区划整理项目的结果是整理出了优质的市区，进而地价上涨，从总价格来看并不产生损失。对于这种观点，过去提出的质疑大致如下：

---

〔1〕《土地区划整理法》第 109 条第 1 款规定，"（土地区划整理项目的）施行者通过施行土地区划整理项目，在土地区划整理项目施行后居住用地价格总额比施行前减少时，必须向公告之日的过去居住用地所有者交付相当于差额的金额，作为降价补偿金"。而该规定的前提当然是，换地的总额并未下调过去地的总额时，不必补偿。

〔2〕 特别是在土地价格显著急升的 1970 年代，作为从这种角度提出问题的文献有，渡边洋三『土地と財産権』（岩波書店、1977 年）156 頁以下；河合義和「公用換地ないしは土地区画整理制度の諸問題」公法研究 29 号（1967 年）183 頁以下；古賀勝「戦災復興都市計画事業における私有地の没収」自由と正義 1964 年 1 月号；安藤元雄「辻堂南部地区の街づくり運動」宮本憲一＝遠藤晃編『講座現代日本の都市問題8』（汐文社、1971 年）371 頁以下；平野謙『区画整理法は憲法違反』（潮出版社、1978 年），等等。

〔3〕 参见上注〔1〕。

（1）首先，问题在于，对于是否产生居住用地的损失，仅根据其总体的土地价格来评价是否合理呢？也就是说，不论地价如何上涨，另外可能因居住用地面积变小而居住环境恶化，这又该如何理解呢？特别是连下面的事态都可能发生，例如新建道路不是地区的生活道路，而是都市的干线道路，具有很强的快速道路性质时，道路建设留给居民更多的是噪音、尾气等交通公害以及其他损失，而非土地利用价值的增加。[1]

（2）其次，从实质上来说，《土地区划整理法》的上述观点就是认为，因建设公共设施而失去土地，该损失（减幅）能通过剩余土地产生的开发利益来填补。但是，如果同一设施的建设采用土地征收制度，根据前述《土地征收法》第90条的规定，禁止剩余土地所生的开发利益与征收的损失相抵。如此，就会产生一个悬念：因偶然间适用《土地区划整理法》，[2]该土地所有者就比适用《土地征收法》时蒙受明显不利，这不正是违反了《宪法》第14条规定的法下平等吗？

292

3.上述问题均关乎《宪法》的具体条款，在理论上本来是极为重要的问题，但现状却是，日本的判例和学说过去未必能说就此给出了明快的解答。

先来看看裁判例。日本的土地区划整理制度不同于其源头的德国状况，[3]现在仍然一步也没有跨越那种应可谓古典的逻辑，即通过地价上涨来填补减幅损失。例如，在一件诉讼中，因土地区划整理而减幅的土地所有者直接依据《宪法》第29条第3款请求国家补偿其减幅损失。福冈高等法院以下列理由驳回了原告之诉，"这种土地

---

〔1〕　当然，理论上而言，地价原本就是将这些负面因素纳入之后形成的，因而，仅通过地价如何来判断有无损失，也不是不合理。只是在现实的地价形成机制是否按照这种理论来运作，则是另外一个问题。例如，虽然是住宅地，但土地区划整理的结果是，在商业用地化的期待下，只有地价高升。这种情况也有必要考虑在内。

〔2〕　例如，为拓宽干线道路而进行土地区划整理的情形也绝不在少数。

〔3〕　对于正文所述问题，德国法因通过减幅而建设的设施是否为区划整理地域的居民直接利用的设施，而在应对上有所不同，对于其状态，参照、藤田宙靖·土地法238页以下。

减幅是土地所有者因建设健全的市区而应当忍受的对财产权的社会制约，而且预计居住用地的利用价值因土地区划整理而增加，所以，即使土地面积减少，也能认为因居住用地利用价值的增加，土地减幅并没有直接给其交换价值造成损失"；并且，通过《土地区划整理法》第94条规定的清算金制度以及该法第109条规定的降价补偿金制度全部填补了所造成的损失。[1]在该案中，最高法院维持原审判决，其认为：

> 正如原判决所说，即使减幅，也未必直接造成相当于减幅土地价格的损失。对于因换地而发生应予补偿的损失的情形，《土地区划整理法》采取了补偿措施。毕竟是基于独自见解而说原判决不当，因而不能采用。[2]

但从前文所述来看，不言自明的是，在上述福冈高等法院所述的理由中，降价补偿金制度的存在并没有给无偿减幅的"无补偿的征收"带来某种实质改变。而清算金制度只是在土地区划整理施行区域内土地所有者相互之间从纯粹相对的角度对利益或不利进行调整的制度，这当然也与这里的问题本质没有任何关系。

因而，该判旨中超越"通过地价上涨来填补"论来说明且能有意义的恐怕就只有这一部分，即"土地的减幅是土地所有者因建设健全市区而应当忍受的……社会制约"。然而，为什么土地区划整理时的无偿减幅（特别是不同于土地征收的情形）是土地所有者应当忍受的社会制约？只要对此没有明确说明，就必须说这种论据没有为前述各问题提供实质的解答。

而概览学说，对于过去就无偿减幅提出的种种率直的质疑，[3]可以说也没有看到从正面予以反驳、明快地说明制度的合宪性或合理

---

[1] 福冈高判1980年6月17日訟務月報26卷9号1592頁。
[2] 最判1981年3月19日訟務月報27卷6号1105頁。
[3] 参见前文第290页注[2]所列文献。

性。[1]在这种状况下，我自身数次想试着探索至少能解决问题的基本
方向，但因这一工作已超出本书的框架，就一概留由其他著作来完
成。[2]

第二款　"通常所生损失"的补偿

一、"通常所生损失"

在所有者遭受权利"丧失"（公共取得）时，其损失补偿的一个
问题是，在上述"权利自身"的价值补偿之外，对于伴随权利丧失而
产生的种种不利，从"完全补偿"的角度看应当补偿到何种程度？如
前所述，现行的《土地征收法》规定了残地补偿（第74条）、工程费
用补偿（第75条）、转移费用的补偿（第77条）、物件的补偿（第
80条）等，此外还在第88条中概括性地规定"通常所生损失"应当
补偿（所谓"通损补偿"）。对于这些详细规定，除了由获得该法第
88-2条授权的《关于规定〈土地征收法〉第88-2条细目等的政令》
（2002年政令248号）规定，实质上1962年两个阁议决定（《取得公
共用地的损失补偿基准纲要》及《施行公共事业的公共补偿基准纲
要》）以及《取得公共用地的损失补偿基准纲要》及其细则等发挥
着实务上基准的功能。但是，不仅在解释这些条款时产生了种种问
题，问题还在于，假设不利或损失不是这些法令等的对象，从《宪
法》第29条第3款要求"正当补偿"的角度看，是否就不是（直接
依据宪法规定）必须补偿的情形。下面来分析过去成为问题的几个重
要例子。

---

〔1〕　反而在此间与本书提出同样疑问的是，宇贺克也・前揭『国家補償法』
416頁。

〔2〕　特别是对于下面这种观点，即"对于都市基本设施的完善，取得用地的对价
（损失补偿）与开发利益的吸收，应作为不同的问题在法制上分离开；而对于支线设施
或居住用地周边设施，两者应当在统一的制度中相互综合调整"，请参照、藤田宙靖・
土地法235頁以下。另外，宇贺克也前揭书也持同样的构想。

二、事业损失与损失补偿

1. 《土地征收法》第 74 条第 1 款就所谓"残地补偿"的必要性作出规定，"因征收或使用了部分属于同一土地所有者的土地，残地价格下降，在产生其他残地损失时，必须补偿其损失"。这时成为问题的是，其中所说的"损失"，在因征收部分土地而产生的所谓"征收损失"（例如，因为产生三角形残地、变得不好用的损失等。这种损失包含在这里的残地补偿中，并无争议）之外，被征收的土地用于特定事业，由此才产生的所谓"事业损失"（也称为"起业损失"）也包含在内吗？这种事业损失中，例如，（1）因为在征收的土地上建设高的建筑物，继续居住在残地上就必须要有围屏、制造屏障等，要新支出费用；（2）因为在征收的土地上建设火葬场、垃圾焚烧厂等所谓邻避设施，残地价格降低；（3）噪音、振动等给身体、健康带来损害［所谓生活妨害（nuisance）］等。其中，至少对于第一种情形中的部分情形，在《土地征收法》第 75 条另有规定（所谓沟渠、垣墙、栅栏补偿），不属于这些的情形就有问题。对于第二、三种情形，因为没有明文规定，在法解释论上都留有问题。学说上的多数说过去至少没有全面否定补偿损失的必要性，虽然是下级审判例，但判例也几乎都持肯定的立场。[1]

事业损失虽说是间接的，但没有被征收，也就不产生这种损失，因而，从"完全补偿"的理念出发，当然也能看到肯定说处于支配地位。但是，对此也存在有影响力的反对说，理由多种多样，其中重要的一点是，也要考虑与所有未成为征收对象的近旁土地所有者（第三人）之间的公平。[2]也就是说，与前述开发利益（起业利益）

---

〔1〕 参照、東京地判 1960 年 7 月 19 日例集 11 卷 7 号 2052 頁、東京高判 1961 年 11 月 30 日例集 12 卷 11 号 2325 頁、大阪地判 1973 年 7 月 5 日判時 743 号 50 頁，等等。另外，最高法院并没有正面这一问题的判决，但其 1980 年 4 月 18 日判决（判時 1012 号 60 頁）等也被认为是以肯定说为前提的。

〔2〕 对于事业损失的各问题，包括与第三人的均衡问题，详细说明，宇賀克也·前揭『国家補償法』311 頁以下。

一样,[1]周边一带土地也产生事业损失。对于完全与征收无关的周边土地,《土地征收法》除极小一部分例外（参见第93条）,对这种损失一概不补偿补贴。如此,仅补偿残地所有者是不公平的。因而,事业损失原则上不是土地征收法上的补偿对象,第75条应被理解为以明文方式规定其例外情形［另外,对残地以外的土地——周边土地——也认可沟渠、垣墙、栅栏补偿（第93条）,不过这时其范围更为限定,补偿设置沟渠、垣墙、栅栏的"部分或全部"费用］。作为否定说的论据,例如,因邻避设施等发生公害等,导致周边土地价格下降、健康受损等,这是生活妨害亦即侵权行为造成的。因而,其填补与其说是基于土地征收而补偿损失,不如说是具有基于侵权行为的损害赔偿性质。例如,前述《取得公共用地的损失补偿基准纲要》在"关于残地等的损失补偿"（第41条）的但书中明确采用了否定说:"因项目的施行而产生遮光、臭气、噪音以及其他类似的不利或损失,不予补偿。"如前所述,该纲要事实上成为征收委员会的手册,因而在这一意义上也可以说,在征收实务中,这种事业损失就不成为残地补偿的对象。如此,对此问题的处理,在裁判例和学说上的多数说与行政实务之间就出现了理论上的偏差。[2]

2. 为了明确下述观点的道理,我原则上也认为,采用纲要的观点是适当的:第一,与近旁土地所有者的公平;第二,对合法行为的损失补偿与对违法行为（侵权行为）的损害赔偿的不同。也就是说,首先将事业损失的填补问题与土地征收法上残地补偿问题大致分离开,部分问题（即生活妨害型）作为侵权行为的损害赔偿问题

---

〔1〕　参见前述第285页以下。

〔2〕　另外,对于该纲要的施行,附有1962年6月29日的"阁议了解",其"第三"以"伴随项目施行的损害等的赔偿"为题,它写道,"对于项目施行中或施行后产生遮光、臭气、噪音、水质污浊等损害等,不应该作为该纲要中的损失补偿来处理。但是,这些损害等超出社会生活上应予忍受的范围时,因为在其他渠道中能请求损害赔偿,在确实预见到这些损害等的发生时,不得妨碍事前对此作出赔偿"。也就是说,其中,这种损害应基于侵权行为而作为损害赔偿来处理,而不应作为损失补偿的对象。上述观点得到明确表示。

来理解，[1] 此外的情形，只要不是"沟渠、垣墙、栅栏补偿"的对象，就作为与周边土地所有者的共通问题，直接成为根据《宪法》第29 条第 3 款补偿损失的对象，均不应特别作为《土地征收法》上的问题。例如，因道路的立体化导致出入地基困难，地价因而下降，这种情形[2] 可以说是这第三种情形的例子（这种情形在土地征收法之外，也不成为《道路法》第 70 条沟渠、垣墙、栅栏补偿的对象）。[3]

3. 不过，对于上述观点，如前所述，学说上也有不少反对意见。特别是对于生活妨害型的事业损失，有见解承认其为损害赔偿的对象，同时认为"应当将土地征收和施行公共事业相伴随的能预见、认可的损失作为合法行为的损失补偿来处理"。[4] 这是引人关注的。该见解所持的逻辑是，行使征收权的法根据规定同时也命令忍受使用该土地实施公共事业通常伴随的能预见到的损害（损失）。不过，其前提是，对生命、身体、健康的侵袭原本就不为法所容许，因而要作出限定，它不得成为这里作为问题的损失补偿对象，能成为补偿对象的

---

〔1〕 另外，在今天的最高法院判例中，这里所说的情形很有可能成为《国家赔偿法》第 2 条的问题。参见前文第 244 页。

〔2〕 大阪地判 1973 年 7 月 5 日判时 743 号 50 页。

〔3〕 当然，事业损失的情形，它是适合于侵权行为的损害赔偿法还是适合于损失补偿法，在临界案例中颇为微妙。即使在现实的立法中，也没有解决其边界问题，而是姑且从被害救济的角度进行某种填补，这在前文已经述及（参见前文第 257 页）。其中，就立法论而言，本来对于这种事业损失，应当确立一个体系，即充分进行公共事业的环境评估，基于此，制定包含周边土地利用限制在内的土地利用计划，课予对此进行损失补偿的义务。即使是作为解释论上的问题，更准确地说，如正文所述的本书观点自然在原则上也是妥当的规则，在临界案例中也不是不能作为例外理解。如上所述，如果问题的根源之一在于，事业损失不仅是对残地，对完全不是征收对象的近旁土地也一样产生，假设有在性质上仅对残地产生的损失（可谓"残地固有事业损失"），问题自有不同。对此问题，请详见、藤田宙靖·土地法 185 页以下。

另外，取损害赔偿构成的情形与取损失补偿构成的情形，在权利救济上实际产生的具体差异，参照、宇贺克也·前揭『国家補償法』313 页以下、316 页以下。

对于该论点过去的学说和判例详细情况，参照、西埜章·前揭『国家補償法概説』254 页。

〔4〕 西埜章·前揭『損失補償の要否と内容』193 頁。

仅为与合法财产权侵害（其自身当然是补偿的对象）相伴的精神损失（即抚慰金）。[1]对此立论，首先，如果"能预见的通常伴随的损失"是说事实上的因果关系，这一点上在生命、身体、健康损失与精神损失之间没有差别；另一方面，如果将法是否"容许"作为问题，不限于身体上的侵袭，即使是精神损失，超过损害赔偿法上的忍受限度，法也能当然容许吗（正是加以肯定，才有该见解的本来意义）？这些理论问题似乎是存在的。而以前成为问题的毋宁是下面要说的可否对精神损失作损失补偿的问题。

三、精神损失及其他无形损失与损失补偿

1. 对土地特别留恋的精神损失，关于施行《取得公共用地的损失补偿基准纲要》的阁议了解写道，"不采取过去部分进行的精神损失补偿、协力奖励金等类似不明确的名目进行的补偿等措施"。[2]这一点引人关注。如此，"通常所受的损失"就只意味着财产上的损失，原则上不包括精神上的损失。这种观点也是今天的判例和通说。[3]

2. 当然，与此相关联的问题是，特别是"文化财产的价值"能成为损失补偿的对象吗？该问题特别引人注目的是所谓"轮中堤"的文化财产价值的损失补偿案件。[4]在该案中，根据《河川法》获得"轮中堤"占用许可的人（该人是轮中堤建筑者的子孙，轮中堤原本是该家的所有物，但因《河川法》的制定而归国有，获得占用许可后继续占用）因长良川改修工程而被撤销占用许可，请求补偿《河川法》第76条第1款所说的"通常所应产生的损失"，向征收委员会提

300

---

〔1〕　参见上注同书第 134 页。

〔2〕　参见该阁议了解"第二"。

〔3〕　但在学说上，也有不少反对这种观点的见解。概述学说和判例之后持补偿肯定说的，参照、西埜章·前揭『损失补偿の要否と内容』237 页以下。

〔4〕　最判 1988 年 1 月 21 日判时 1270 号 67 页。（所谓"轮中堤"，是指为了防止特定区域洪水泛滥而在周围建起来的堤防。被围在中间的地域因似轮形而被称作"轮中"。——译者注）

出了裁决申请。[1]对于《土地征收法》第88条的目的，本案的原审判决认为，[2]"其目的是根据实际情况，即使因特殊价值，原来没有经济价值者也广泛具有客观性，以金钱换算评价后予以补偿"。对于本案轮中堤，不仅其文化价值极高，"例如，它并不限于像说是祖先传下来的土地这种个人主观感情，而是应提高至广为社会承认、社会公认的客观价值"；而且，法院得出判断认为，原告通过占有该堤防，除了堤防自身外，也是其价值的保有者，承认损失补偿的必要性。[3]对此，最高法院并未认可损失补偿，其理由如下：首先，所谓文化价值，正如"有来历的书画、刀剑、工艺品"那样，它有时的确是"反映该物件的交易价格、形成其市场价格的一个要素"，但是，"例如，像在贝冢、古战场、关口遗迹等中看到的那样，主要是在理解国家历史、得知往日生活文化等意义上具有历史、学术价值，只要没有特别情况，它并不抬高该土地的不动产经济、财产价值，不影响其市场价格的形成。这种意义上的文化价值不适合进行经济评价"，"因而不能作为土地征收法上损失补偿的对象"。

301

既然损失补偿是以《宪法》第29条的财产权保障为基础，虽说是文化财产价值，它不以某种方式同时带有经济价值，就不能成为补偿的对象，其道理也是有充分理由的。如此，在本案轮中堤的情形中，"文化财产价值"脱离土地价格，明显就不能成为独立的经济交易对象（原审判决采取的观点是将文化财产价值自身作为补偿的对象，但在价值上是以土地价格为基准算定的）。因而，问题在结果上

---

〔1〕　因而，该案自身是直接关于《河川法》第76条第1款所说的"通常所应产生的损失"解释的争议案件，但在判决中也作为《土地征收法》第88条的问题来论及。

〔2〕　名古屋高判1983年4月27日判时1082号24页。

〔3〕　不过，在补偿额的计算上，法院判决认为，"原来文化财产价值并非以金钱价值为本体，其数额的多少未必是本质事项，进而，即使说文化财产价值，也并不是脱离物而存在，而是内在于物而存在的。有鉴于此，上述金额以该物件的客观价值为基础，再乘以考虑上述因素社会观念认为相当的一定比例"。本案中的轮中堤，"综合考虑本案轮中堤的上述文化财产内容、与此相对比的本案事业的公益性，进而是文化财产价值与金钱评价的上述关系，以及其他在本案中显现的一切情况……将上述比例定为物件价格十分之一，在社会观念上是相当的"。

就归为土地价格评估的问题，也就是在本案情形的土地价格评估中，在多大程度上考虑了它所具有的文化财产意义。这时，如最高法院所说，对于这种土地，只要没有像书画古董等那样形成特别的交易市场，就很难在土地价格评估中积极考虑这种价值，以此为出发点不能说是错误的。不过，因为有本案的占有许可才有占有，为了保持历史文化价值付出了特别的支出和劳力等，照此来看，是否仅从原则论立场来处理本案，仍有讨论的余地。[1]

四、所谓"生活补偿"问题

1. 损失补偿是对失去的财产进行财产性填补的制度，但所失财产的财产性价值自身即使得到充分填补，也仍然存在仅此无法补足的损失，这一事实一般是不能否定的。例如，上述精神损失等就是其典型例子，即使在经济价值上得到充分补偿，例如，从长期住惯了的房屋搬出，不同于经济价值的精神痛苦是存在的。[2]不过，如前所述，精神损失原本不是财产上的损失，（至少在原则上）不是《宪法》第29条第3款的补偿对象。问题是存在得到了补偿金，但之后生活却不能维续的案件。例如，典型的案件是，农地被征收，按照该时点的土地价格得到了补偿，但没有了农地，将来农业就不能维续，长年仅从事

302

---

〔1〕　顺便提及，对于使用借权（即签订契约无偿借用他人之物使用收益的权利——译者注）的相当价格，《关于规定〈土地征收法〉第88-2条细目等的政令》第5条规定如下："法第71条关于使用借贷权利的相当价格，该权利是租赁权时，根据第3条规定算定的价格，乘以考虑返还时期、使用及收益目的以及其他契约内容、设定该权利的状况、使用及收益状况等而适当确定的比例算定。"

〔2〕　这一点，例如，东京高等法院认为，"一般而言，在财产权受到侵害时，即使多少也受到了精神痛苦，但如果恢复财产损失，也应视为由此也恢复了精神痛苦"（東京高判1966年12月22日判時474号20頁）。但这应当说只不过是一种虚构。一般毋宁应将填补财产性价值与恢复精神痛苦作为不同问题来认识，以此作为出发点。至少不能否定的是，有的案件尽管填补了财产性价值，却不能恢复精神痛苦。成为问题的正是这种案件。不过，在现实的处理上，像前述"轮中堤"的例子所看到的那样，在评价财产性价值的过程中，在多大程度上考虑这种精神痛苦，这一问题是另行存在的。

农业获得生活粮食者即使要高龄转职，也有很大困难。对于这种生活上的损失，它是失去了生活基础的财产而产生生活上的损失，可以说是一种经济损失，因而必须说与精神损失有很大的不同。如何理解这种损失？这就是所谓"生活补偿（生活权补偿）"的问题。

2. 然而，对于这种"生活上的损失"的补偿问题，需要整理几个问题。一是征收与该损失之间相当因果关系的问题。例如，尽管得到充分的补偿金，却没有努力重建生活，短时期就挥霍掉。在这样的案件中，由起业者负将来生活不能维续的责任和负担，并不正当。二是补偿方法的问题。例如，在征收农地时，如果不是金钱补偿，而是以同样的农地进行实物补偿，状况就一定完全不同。对于补偿方法的选择问题，后文再作分析。[1]三是在多大程度（范围）上补偿这种"生活上的损失"问题。四是这种补偿有何法的根据问题。这里主要分析其中的第三个和第四个问题。第一个问题下文将与第三个问题一并分析。

3. 在《土地征收法》中，除前述通损补偿外，并没有特别设置"生活补偿"的规定。但是，作为通损补偿之一提供的营业废止补偿、农业废止补偿、渔业废止补偿等无疑在某种程度上具有这种生活补偿的性质。不过，这些补偿自然是以废止营业者自力转职为前提的，只不过是补偿到转职之间的损失，而不是连无法转职的情形都让起业者负起责任和负担。其中就会出现后述所谓"生活重建措施"问题。[2]

---

〔1〕 后述第 318 页以下。

〔2〕 另外，在《取得公共用地的损失补偿基准纲要》中，在上述营业废止补偿等之外，还规定了"少数残存者补偿"（第 45 条）、"离职者补偿"（第 46 条）。前者如堤坝建设让某一村落几乎淹没，集体转移到其他场所，偶尔因居住在村落尽头而没有成为征收对象，对残留者等进行补偿。后者如工场等被征收，废止营业，对因此失去职位者等提供补偿。这些均不是自己的权利直接成为征收对象，在这一意义上属于对第三人的补偿。这是对"土地所有者或相关者"之外的第三人所受损失的补偿，故而，属于《土地征收法》第 88 条"通损补偿"中并未包含的特别补偿。因此，这不是土地征收法规定的补偿，而且在此之外也没有特别的法律根据。为此，如果"纲要"像"阁议了解"所说的"在征收委员会的裁决中也用作基准"，就只能认为它是一种直接依据《宪法》第 29 条第 3 款的补偿（是否要另行引用《宪法》第 25 条等姑且不论）。

五、所谓"生活重建措施"

1. 对于上述补偿以外的一般所谓"生活补偿"，阁议了解《施行取得公共用地的损失补偿基准纲要》否定其必要性（第二点），它是这么说的："另外，如果依据该纲要予以正当补偿，就没有必要另设所谓'生活补偿'的补偿项目，如果有因施行公共事业而失去生活基础者，必要时要努力采取措施，为其取得用于生活重建的土地或建筑物而进行斡旋、介绍或指导工作。在伴有建筑物等移转时，根据建筑基准法以及其他法令规定需要改善设施，努力为其费用采取融资斡旋等措施。"这在 1962 年 3 月 20 日公共用地审议会的答复中已有体现，该答复是《取得公共用地的损失补偿基准纲要》的基础。总之，其观点在于，在保障职业选择自由的日本法制之下，生活的重建（转职等）首先应当靠本人的自助努力。不过，在实际问题上，有时难以获得再就业的机会，虽然起业者或者行政主体应当为获得那种机会提供帮助，但那基本上是政策上应当进行的努力义务，而不是法的义务。如此，起业者或者行政主体没有法的义务，但为了土地所有者等的生活重建，帮助其自助努力而进行各种斡旋、指导等，这里一般称其为"生活重建措施"。[1]

2. 以上是纲要对于就业斡旋、融资斡旋等所谓"生活重建措施"的基本观点。在法律上，存在一些规定这种生活重建措施的个别法。例如，《关于取得公共用地的特别措施法》第 47 条的规定是其典型，此外，还有《都市计划法》第 74 条、《国土开发干线汽车道路建设法》第 9 条、《水源地域对策特别措施法》第 8 条，进而是比较近来引进的《土地征收法》第 139-2 条等例子。对于这些规定的构造，以

305

---

〔1〕　"生活重建措施"一词自身实际上颇有多义性，有时在最广义上使用，也包括前述"生活补偿"在内。除了已经在法律和纲要等制度化之外，这种最广义的概念还用于此外的措施。但是，作为对法的考察有意义的用法，在正文所述意义上使用这一概念大致是最为适当的。

306 《关于取得公共用地的特别措施法》为例来看，首先，因提供该法规定的特定公共事业所需土地等而失去生活基础者，可向都道府县知事申请就一定事项实施斡旋（第 47 条第 1 款），知事认为符合规定时，与相关行政机关等协议，作成生活重建计划（第 3 款）。对于公共事业者而言，必须实施该生活重建计划中提供土地者的对价事项（第 4 款），"国家及地方公共团体在法令及预算范围内，只要情况允许，就必须努力实施生活重建计划"（第 5 款）。

其中的问题在于，这些法规定的"生活重建措施义务"是什么性质？法律规定应当采取生活重建措施，它在多大程度上具有法的义务的性质呢？例如，在过去以此为问题的裁判例上，对于《水源地域对策特别措施法》第 8 条规定的生活重建措施，判决在旁论中否定其法的性质。[1]根据该判决，作为该法的生活重建措施，斡旋"应理解为不同于给相关居民福祉的补偿，而只不过是在补充补偿意义上采用的行政措施"，并不"包含于《宪法》第 29 条第 3 款的正当补偿之中"。"被该条课予义务的行为对象是不适合作为具体法律义务的概括性内容"，也难以"一义性地理解为要通过什么进行斡旋"。结果，"努力斡旋义务当然不适合作为法律上的义务"，它是"训示规定，而非法律义务"。这种观点认为，即使是采取生活重建措施的义务在法律上有明文规定的情形，前述生活重建措施的法的性质，也没有变化。

307 3. 另一方面，对该判决的观点，过去有的文献批评指出，"但是，应根据《宪法》第 25 条的生存权保障宗旨来解释第 29 条第 3 款的'正当补偿'，由此导入生活权补偿，这是宪法上的要求"。[2]近来仍

---

〔1〕 岐阜地判 1980 年 2 月 15 日判時 966 号 22 页。该案本身是，原告居民认为，"法定斡旋措施应在建设堤坝事前履行，完全没有履行，就推进堤坝建设行为，构成违法"，提起禁止堤坝建设的无名抗告诉讼。因而，在这一案上，最重要的论点是在堤坝建设之前不采取生活重建措施是否违法。判决明确认为，"《水源地域对策特别措施法》第 8 条规定的生活重建的斡旋措施与堤坝建设是不同的问题"，前者并不是后者的事前程序的一环。这也就没有必要论及与《宪法》第 29 条第 3 款的关系了。

〔2〕 樋口陽一＝佐藤幸治＝中村睦男＝浦部法穂『注釈日本国憲法（上卷）』（青林書院、1984 年）693 页。

有见解认为，"生活重建措施与补偿金一并实施作为'正当补偿'的内容，应是宪法上的要求"。[1]但是，针对这里的论点，必须整理出几个问题来思考。首先，是否如上述学说所说，根据《宪法》第25条的宗旨来解释第29条第3款，就当然出现生活权补偿的要求？的确，广义的生活权补偿通常包含在《土地征收法》上的"通损补偿"中，也包括前述意义上的营业废止补偿、农业废止补偿等，只要这是宪法上要求的，那就没有问题。《宪法》第29条第3款的"正当补偿"不是仅补偿被征收的各个财产权经济价值就够了，而必须也考虑整个生活自身的损失，在这个意义上可以说生活权补偿也是《宪法》上的要求。不过，以何种方法考虑这种"生活自身的损失"范围，未必能从《宪法》自身直接得出结论。[2]从这一角度来看，像上述岐阜地方法院判决所说的那样，"斡旋"的生活重建措施并不是直接从《宪法》第29条第3款导出的，而是这一意义上的"政策性措施"，这种观点是有充分理由的。　308

4. 而后，不是宪法义务意义上的"政策性措施"，未必意味着它在法律上个别地得到规定时也当然完全不是法的义务，在这一意义上，它并非始终是"政策上的义务"或"行政上的措施"。当然，也有不少情形是虽然没有在宪法上被课予义务，却在法律上被课予义务。因而，生活重建措施是否为这一意义上的法的义务，还必须详细讨论个别法是如何规定的，在此基础上再作判断。[3]

---

〔1〕　西埜章・前揭『国家補償法概説』236頁。

〔2〕　如果不如此思考，就不可能说仅规定生活重建的斡旋义务是不充分的，在居民完全成功地重建生活之前，事业者或行政主体有彻底照顾的义务（例如确保职场的义务）。

〔3〕　例如，在上述岐阜地方法院判决中被当作问题的《水源地域对策特别措施法》，法律的规定是"对于因建设指定堤坝等或实施整备事业而失去生活基础者，相关行政机关首长、相关地方公共团体、指定堤坝等建设者及实施整备事业者在有必要实施下列生活重建的措施时，根据其申请，努力协作，为生活重建进行措施的斡旋"。这一规定是颇为抽象的。如判决所说，"在何种场合下何人对何人的责任中应当如何，是不可能特定的"。在这种场合下，的确难以将此理解为规定斡旋的法定义务。但在另一方面，例如前述的《关于取得公共用地的特别措施法》第47条第3款规定的"作成生活重建计划"，有可能将义务者及义务内容等特定化，将此理解为法定义务在理论上未必是不可能的。特别是不属于《宪法》第29条第3款或《土地征收法》上的损失，而

第三款　财产权的限制与损失补偿

一、财产权的限制与"正当补偿"

309　　1. 一般认为,《宪法》第 29 条第 3 款所说的财产权"供公共之用",不仅是为了公共目的取得财产权（征收）,还包括限制权利（公用限制）的情形。如此,属于财产权的限制,当然也必须"正当补偿"。财产权限制及其损失补偿的一般规定,并不存在与《土地征收法》相匹敌的法律,但在一些个别法律上存在种种规定。[1]但是,即使是这些个别法上损失补偿规定没有涵盖的事例,在该财产权限制侵犯"财产权的本质内容"时,也可以直接根据《宪法》第 29 条第 3 款请求损失补偿,这一点与财产权的取得（剥夺）并无不同。[2]

310　　2. 然而,如前详见,日本的判例和学说认为,剥夺或取得财产权（从所有者角度看是财产权的丧失）要有"完全补偿"。在不是取得权利本身而只是限制财产权的行使时,过去看到的一般倾向是,只是"财产权的内在制约",就不需要损失补偿。以下就对两个代表性领域加以概述。

要努力采取某种生活重建措施,像也有先前的"阁议了解"那样,即使没有法律的规定,也是必须要做的行政上的责任,因而,个别法律特别将其法定化时,终究必须对其重要性给予相应的重视。如此理解,在生活重建措施上,具体在何种时点上怎样努力,即使一般委诸行政广泛裁量,但是,尽管法律上对此作出了规范,一概没有所有努力的形迹,或者没有合理的理由,一旦得到认定,就不能说完全没有将这种不作为判断为违法的余地〔与此相关,参照、遠藤博也「公共施設周辺地域整備法について」北大法学論集 31 巻 3・4 合併号（下）（1981 年）1641 頁〕。

〔1〕　例如,《都市计划法》第 52-5 条、第 57-6 条、第 60-3 条,《河川法》第 57 条第 2 款、第 58-6 条第 2 款、第 76 条,《森林法》第 35 条,《自然公园法》第 64 条、第 77 条,《关于古都历史风土保存的特别措施法》（古都保存法）第 9 条第 1 款,《都市绿地法》第 10 条第 1 款、第 16 条,等等。

〔2〕　例如参照、大阪高判 1974 年 9 月 11 日訟務月報 20 巻 12 号 87 頁,其上告审,最判 1975 年 4 月 11 日訟務月報 21 巻 6 号 1294 頁。

二、依据都市计划法的土地利用限制

1. 在现行《都市计划法》上，土地利用限制有：（1）市街化区域与市街化调整区域的区分（所谓"划线"，《都市计划法》第 7 条）；（2）都市设施（《都市计划法》第 11 条）建设预定地的建筑限制等（所谓"都市计划限制"，《都市计划法》第 53 条以下）；（3）为保障市街地开发事业（《都市计划法》第 12 条）的施行区域或施行地区中事业的实效性而课予的建筑限制等（《都市计划法》第 53 条以下、《土地区划整理法》第 76 条、《都市再开发法》第 66 条等）；（4）施行都市计划事业的建筑限制等（所谓"都市计划事业限制"，《都市计划法》第 65 条）；等等。对于这些限制，法律自身并没有命令补偿损失。[1]但如前所述，如果根据宪法上的"正当补偿"要求有必要补偿，法院直接根据《宪法》第 29 条第 3 款命令补偿是可能的。但是，在过去的判例上并没有这样的例子，多数学说也认为，这些权利限制仍处于"财产权内在（或社会）制约"的范围之内。[2]

但是，如下所述，对于这种倾向，不是没有再加探讨的余地。

2. 首先，在第一个例子上，因地域、地区指定的变更，过去允许的土地利用方法不再得到允许，对此有无补偿损失的必要呢？与都市计划限制、都市计划事业限制不同，现行《都市计划法》对地域、地

311

---

〔1〕　当然，现行《都市计划法》一度仅在课予这些限制后因计划变更而不再限制时，规定补偿因计划规定而产生的损失（参见《都市计划法》第 52-5 条、第 60-3 条等）。反过来，这也表明立法者的意思，即在都市计划上有必要时，不补偿其损失。

另外，该法规定，市街地开发事业等预定区域内的土地所有者可以要求施行预定者以时价购买该土地（《都市计划法》第 52-4 条），同样的制度也适用于都市计划设施区域内的土地所有者（第 56 条）。但这种购买请求权，与后述《土地征收法》上各种所谓"扩张征收"一样，在性质上具有损失补偿的功能。不过，给这种补助者当然仅为都市计划法上的部分限制。

〔2〕　对此详见、阿部泰隆『国家補償法』（有斐閣、1988 年）275 頁以下、西埜章・前揭『損失補償の要否と内容』94 頁以下。另请参照、藤田宙靖・土地法 270 頁以下。

区变更的情形一概没有设置损失补偿规定。但是，如其他书已经指出的那样，[1]假设在日本也引入下述观点，[2]即"土地所有者的社会性拘束内容、程度因土地所处状况而异"，或者，"如果不得不从根本上放弃该土地一直以来的利用方法，这种限制就超出了财产权的社会性拘束，需要补偿损失"，[3]那么，即使指定地域或地区等一般伴有的权利限制仅在财产权的内在制约范围内，以此为前提，在个别指定变更之际，从这种角度来看，也不是没有可能论及损失补偿的必要性。[4]

312

3. 其次，对于第二个例子都市计划限制要不要损失补偿的问题，过去在裁判上最有争议。特别成为问题的情形是课予了都市计划限制，随后经过了很长时期，却没有实施本来的都市计划事业、着手都市计划设施的建设行为。例如，在第二次世界大战后不久制定的战争灾害复兴都市计划中，这样的例子在全国频繁发生。

对此问题，日本的判例观点是，一般这种权利限制也是财产权的社会性拘束（内在制约）的当然范围之内，至少不需要宪法上的补偿。[5]

---

〔1〕 同上注。

〔2〕 例如参照、今村成和·前揭『損失補償制度の研究』31 頁、36 頁，同·前揭『国家補償法』63 頁，同·土地収用判例百選 199 頁。

〔3〕 这些观点分别参考了德国判例和学说上的所谓"状况拘束性理论"（Situationsgebundheitstheorie）及"目的背驰理论"（Zweckentfremdungstheorie）。

〔4〕 另外，承认直接根据《宪法》第 29 条第 3 款请求损失补偿的可能性，其著名的先例是前述最判 1968 年 11 月 27 日刑集 22 卷 12 号 1402 頁（名取川砂砾采集案判决）。该判决认为，因河川附近地被指定，其结果是过去一直在做的砂砾采集成了要许可事项，存在对其损失请求补偿的余地。

〔5〕 例如参照、東京地判 1967 年 4 月 25 日例集 18 卷 4 号 560 頁。前述现行《都市计划法》上收购请求权制度未必将宪法上的要求法律化，而只不过是立法政策上的措施。参照、東京地判 1972 年 2 月 29 日例集 23 卷 1·2 号 69 頁。

当然，在前述仓吉市都市计划案判决（前出第 281 页注）中，在历经 16 年都市计划限制之后，土地作为都市计划街道用地被征收，所有者要求增加补偿额而引起争议，对于这时的补偿额可否以因存在都市计划限制而被压低的土地价格为准，最高法院予以否定。但是，最高法院判决只是谈及经过长时间的都市计划限制才最终被征收时的补偿额，未必是认为这种权利长期受到限制，有必要补偿这种损失（毋宁是以都市计划限制无补偿合宪为前提，例如，最判 1958 年 4 月 9 日民集 12 卷 5 号 717 頁等）。

但是，对于权利限制是否需要补偿损失的问题，一概不考虑"时间流逝"的观念，从"正当补偿"角度来看是否妥当，是相当有问题的。今后会出现必须通过案件从正面探讨的情形。[1]

三、保全地区的土地利用限制

1. 与上述各种都市计划法上的限制不同，为了保存历史风貌、保全环境等目的，存在种种法制，指定一定地域，在该地域内的土地中进行有碍于保存的行为（建筑物的建筑、居住用地建造及其他变更土地形质的行为、竹木采伐等），要向行政厅申请许可、申报，违反这些限制者可能被命令恢复原状。在这一制度下，受到不许可处分或者恢复原状命令等，由此受到损失，有的例子是规定补偿"通常应发生的损失"。[2]在这些情形中，法律自身以明文方式打开权利限制损失补偿的可能性，在这一点上与都市计划法的情形具有不同的样态。[3]在现实中，几乎没有根据这些规定实际补偿的例子。[4]其原因之一在于，在土地征收以外的场合，土地利用限制"通常发生的损失"是什

313

---

〔1〕 针对这种案件，德国判例和学说采用"部分征收"（Teilenteignung）的观点，参照、藤田宙靖·土地法 265 页以下。也请参照、最判 2005 年 11 月 1 日判时 1928 号 25 页我的补充意见。

顺便提及，在这种案件上，有学者指出，"在某时期实质上放弃实现都市计划，却不重估都市计划，导致限制长期存续等，权利限制欠缺合法的前提，这时存在追究国家赔偿责任的余地"。参照、須藤陽子「長期未着手の土地区画整理事業に関する地方自治体の法的責任」宮崎古稀 335 頁。

〔2〕 参见前出第 309 页注〔1〕所列除了《都市计划法》之外的各个规定。

〔3〕 该差异依据的基本构想大致是，根据这些法律限制权利的内容、程度比都市计划法的地域或地区制度（不仅是市街化调整区域，也比美观地区、风致地区等）更重，而都市计划的权利限制可谓国民一般必须负担的普遍制约，但这些保全地区的土地是更为限定的存在，该利用限制属于这一意义上的"特别偶然的牺牲"。

〔4〕 参照、西埜章·前揭『損失補償の要否と内容』101 頁。例如对于判例的实际状况，该书第 70 页以下。

么，[1] 这是难以判断的。此外存在的基本问题是，在理论上如何看待这种因特别公共目的而限制权利的性质？也就是说，在这种案件中产生的损失果真只是"财产权的内在（或社会）制约"，而没有侵害"财产权的本质内容"吗？

314　　2. 这里无暇对该问题的此前判例和学说作详细介绍，[2] 问题要点在于，这些特定的（被指定）区域内的土地（所有权）"本来具备"的用途或目的是什么？建筑行为、采集土石、采伐竹木或者变更土地形质等行为，其自由一般构成土地所有权的本质内容，在一定环境或状况下这种自由不得不受到一定程度的限制，它只是财产权的内在制约的范围之内，讨论就是从这里开始的。[3] 这时的问题在于，具

---

　　[1]　对于财产权限制所生"损失"具体是指什么，有学者指出，过去一般有（1）相当因果关系说、（2）地价低落说、（3）积极的实损说等［参照、成田頼明＝荒秀＝原田尚彦「自然公園法における公用制限と補償（一）（二）（三・完）」補償研究 62 号、63 号、65 号（1968 年），原田尚彦「公用制限における補償基準」公法研究 29 号（1967 年）177 頁以下等］。对其详情及其探讨参照、西埜章・前揭『損失補償の要否と内容』141 頁以下、阿部泰隆・前揭『国家補償法』283 頁以下、宇賀克也・前揭『国家補償法』461 頁以下等。对此，阿部泰隆在该书第 291 页指出："在一般理论上，比起相当因果关系说或其他学说，应当提起的问题是，相当因果关系的某种适当范围是什么？它有时是损失利益，有时是地价低落的部分，有时是实际损失，或者有时这三种情形都是一样的。"这种说法大致是妥当的。
　　[2]　详细介绍可参照、西埜章・前揭『損失補償の要否と内容』69 頁以下。另参照、倉島安司「状況拘束性と損失補償の要否（上）（中）（下）」自治研究 76 卷 6 号、77 卷 1 号、77 卷 3 号（2000—2001 年）。
　　[3]　例如，虽然过去并无异议，但在今天，因都市计划划线为市街化调整区域，其中的开发行为（变更土地形质）一般要受到限制。该限制只是同区域内土地所有权的内在制约的范围之内，无需补偿。这种观点得到广泛承认。再如，德国一般连土地所有权的本质内容不包含"建筑自由"（Baufreiheit）也予以承认。参照、藤田宙靖・土地法 5 頁以下。
　　另外，在这一点上，下述《土地基本法》第 2 条的规定值得参考：
　　"土地是国民现在及将来的有限贵重资源，是国民从事诸多活动不可或缺的基础，土地利用与其他土地利用具有密切关系，土地价值主要因人口及产业动向、土地利用动向、社会资本发展状况以及其他社会经济条件而变动，鉴于土地具有这些与公共利害相关的特性，应让土地优先于公共福祉。"

体从何种视角来判断这些地区的"特性"？例如，以自然公园法（过去屡屡成为问题）为例，一方面的视角是，某土地处于国立公园那样无可替代的地区内，当然本来服从这种制约［具备"状况拘束性"（Situationsgebundheit）］；另一方面的视角是，这些地区同样是人为地通过法来设定的，在与地区外土地的关系上属于特别牺牲，这是不能否定的。[1]即使根据公共福祉有合理理由限制利用，允许规制自身与是否要对规制补偿损失，在理论上是不同的问题，不能直接将两者关联起来，这一论点也是不能忽视的。但是，在各种观点的交错评价中，至少对下面这种观点大致不产生异议：在这些规制之下，现实中建筑行为、采集土石、采伐竹木等得不到许可，就给过去以来的生计造成重大障碍时，原则上必须给予损失补偿。[2]

315

---

〔1〕　像本书已几度触及的那样，对于是否处于"内在制约"或"社会性拘束"范围内（换言之，是否属于"财产权的本质内容"），在其判断基准上，屡屡引用德国判例学说上发展的"私的效用性理论"（Privatnützigkeitstheorie）、"目的背驰性理论"（Zweckentfremdungstheorie）、"状况拘束性理论"（Situationsgebundheitstheorie）等。这些当然是德国联邦最高法院（Bundesgerichtshof）和联邦行政法院（Bundesverwaltungsgericht）的判例发展出来的观点。前两者的基本观点是，在财产权中具有固有的权利行使的应有状态，从宪法保障财产权的目的来看是适当的，它正是财产权的"本质内容"；最后一种观点是，即使是同样的财产权（例如土地所有权），其固有的权利行使的应有状态，也因所处的状况而异。这些观点主要是针对土地所有权的限制而具体展开的。阿部泰隆（前揭书第273页）也指出，德国对于所有国土原本是以禁止开发、建筑不自由为出发点来限制土地利用，今天大致已没有人怀疑其自身的合宪性。而在日本，开发自由、建筑自由是出发点，这种观点已成为法制的基础（对此差异，参照、藤田宙靖·土地法5页以下）。在这种差异之下，对于"什么是土地所有权的本来目的"，当然也能出现不同。

但无论如何，这些理论是划线的基准，因而，在具体的案件中，当然既有可能对个人财产权有利，也有可能不利。而这种"理论"自身是极为抽象的，因而，机械地适用于所有具体案件并实现适当的解决，原本就是不可能的。我们不能剥离德国判例上适用的具体事例内容来评价这些理论具有的真正意义，在日本应予参考的只是其基本"视角"。

另外，对于这些"理论"的内容，包括对其批判性探讨，详见、西埜章·前揭『损失补偿的要否与内容』60页以下、同·前揭『国家补偿法概说』194-195页。

〔2〕　例如参见前出第311页注〔4〕最高法院的名取川砂砾采集案判决。

第四款　公用使用与损失补偿

316　　　土地为公共目的使用时,[1]需要补偿损失,《土地征收法》第72
条准用该法第71条关于土地征收的规定,应当根据"土地及近旁同
类土地的地价及地租"来补偿。如果使用的方法变更土地形质、难以
服从土地现状,由此产生的损失也必须予以补偿(《土地征收法》第
317　80-2条第1款)。如此,还包括使用土地超过一定期间等情形,实质
上大大限制了土地所有权的内容,对于这种情况,所有者可以请求征
收土地(《土地征收法》第81条第1款;但在使用空间或地下时,不
妨碍土地的通常用法时,不在此限,参见第1款但书)。这与前述都
市计划限制等情形下的收购请求权制度是相对应的,其可以说是一种
损失补偿。

第四节　损失补偿的方法——土地征收法的场合

一、个别支付原则

在土地征收法上,必须分别补偿各个土地所有者及相关者的损失
(《土地征收法》第69条正文)。这自然是为了让各个权利人确实在现
实中获得补偿。然而,这也有例外,该法第69条但书规定,"但是,
在难以给各个人估算时,不在此限"。在土地征收的实务中,但书意
外地发挥了重要功能,特别是土地所有者与派生权利人之间在权利比
例上有争议时,首先适用但书,补偿金一并支付给土地所有者。但在
这时,例如对于担保物权者而言,几乎就失去了设定担保物权的意

---

〔1〕　在这种使用中,不仅有使用地表的情形,也有利用部分空间或地下的情形
(例如让人想起地铁的案件)。如果是根据民事法上的契约而使用,则通过当事人之间
合意设定区分地上权;而在强制设定公用使用权时,对于其区域、使用方法及期限、对
价(损失补偿),依据起业者的申请由征收委员会裁决(参见《土地征收法》第48条
第1款第1项、第2项)。

义。起业者支付补偿金的方法，对民法上的交易秩序有很大影响。在这一点上，《土地征收法》为担保物权者提供了一定的保护，[1]但从交易安全的角度看，在立法政策上那样的保护是否实质上充分，仍需实务检验。

318

二、金钱支付原则

1. 损失补偿以金钱支付为原则（《土地征收法》第 70 条正文）。但《土地征收法》例外规定了几种现物补偿的可能性（第 70 条但书）。《土地征收法》第 82 条至第 86 条规定了换地补偿、开辟耕地、代行工事补偿、代行转移补偿、建造居住用地等五种方式。

而作为补偿的特殊形态，也不能忽视一些所谓"扩张征收"制度。它以《土地征收法》第 76 条的残地征收为代表，包括在转移困难时的征收请求权（第 78 条）、转移费用很高时的征收请求权（第 79 条）、替代土地使用的征收请求（第 81 条）等。

2. 现物补偿，特别是换地补偿、开辟耕地的补偿，主要是具有生活权补偿的意义。也就是说，这些补偿是应土地所有者或相关者的要求而进行的。但要进行补偿，必须由征收委员会认为该要求是"相当"的（《土地征收法》第 82 条第 2 款、第 83 条第 2 款）。[2]其相当性的认定自然是在金钱补偿原则的前提上，不能期待金钱补偿可以完全补偿，特别是不以实物补偿，将对该人事后的生活重建构成重大障

319

---

〔1〕 按照《土地征收法》规定，也能对债务人应获得的补偿金行使这些担保物权（第 104 条正文）。不过，这时，必须在支付补偿金前先行扣押（第 104 条但书）。但另一方面，《土地征收法》第 45-2 条规定的"裁决程序开始的登记"以前，对于已扣押的担保物权，起业者必须将该权利的补偿金支付给通过扣押实施分配程序的机关（第 96 条第 1 款）。这些担保物权者根据征收程序的进展，可在适当时期解除扣押，避免遭受上述不利。

〔2〕 换地补偿请求没有得到征收委员会认可时，根据《土地征收法》第 133 条的规定，可向法院提起当事人诉讼。参照、神户地判 1996 年 8 月 7 日判时 1596 号 55 页。

碍，经这些合理的说明后，才能进行认定。[1]

另外，在换地补偿的情况下，即使需要现物补偿的理由得到认可，但如果置换的土地不能另外筹措到，无论如何也是难以进行的。对于这种情形，在德国，可通过土地征收的方法再筹措置换土地[《建设法典》（Baugesetzbuch）第90条]，但在日本法制上并不认可这种做法。在《土地征收法》第82条中，土地所有者或相关者"指定起业者所有的特定土地"，只要求换地补偿，征收委员会可以作出换地补偿的裁决（第2款）。如果不是这种情形，征收委员会只能"劝告起业者提供置换土地"（第3款），或者"劝告国家或地方公共团体让渡置换土地相当的土地"（第6款）。

如此，日本在通过土地征收取得公共用地时，换地补偿等现物补偿的方法是颇为有限的。不过，也要留意存在根据《土地区划整理法》《土地改良法》等的（公用）换地制度。如前所述，[2]例如，根据《土地区划整理法》的土地区划整理事业在日本是为建设道路、公园等都市计划设施而取得用地的手段，它在某种意义上比土地征收更能发挥重要功能。这一制度也可以说内藏于综合体系性换地补偿系统中。但已如前文所见，[3]站在损失补偿的角度，其中仍存在很大的问题。

三、同时（事前）补偿原则

320   1. 为了实现土地征收中的"完全补偿"，就必须使土地所有者在本来失去土地所有权的时点，处于在其近旁可以取得同等土地的状态。[4]

---

　　〔1〕　"因将来预定的事业而要求换地，没有现实取得替代的土地，就不能保持过去的生活、生计，如果不存在这种客观认定的特别情况，就不承认具有相当性。"在判例上有上注引用的神户地方法院判决。

　　〔2〕　参见前出第290页。

　　〔3〕　前出第291页以下。

　　〔4〕　前出1973年最高法院的仓吉市都市计划案判决。

也就是说，在失去权利的时点，必须已经支付补偿金。[1]现行法上如此规定的是《土地征收法》第 100 条。根据该条，如果起业者在征收委员会权利取得裁决确定的权利取得时期之前，不支付裁决确定的补偿金、实行补偿，就不产生权利取得的效果（权利取得裁决失效）。

2. 而补偿额的算定基准时间被提前到项目认定告示之时，与此相伴，承认补偿的事前支付请求权（《土地征收法》第 46-2 条），这一点前文已有谈及。[2]

---

〔1〕　当然，极为古老的最高法院判决认为，"不能认为宪法连补偿的同时履行也都予以保障"（最判 1949 年 7 月 13 日刑集 3 卷 8 号 1286 页）。这是第二次世界大战后不久极为困难的粮食状况下，根据《粮食管理法》支付买米券的案件，问题是，这是像其文字那样对所有损失补偿都通用的先例吗？另外，最判 2003 年 12 月 4 日判时 1848 号 66 页引用了该判决，认为"《宪法》第 29 条第 3 款对于补偿时期并没有作出某种规定，因而，并不保障应在私人提供财产之前补偿或者与其同时履行"。该案与公共利益有特别重大关系，而且与所谓紧急裁决制度相关，该制度是《关于取得公共用地的特别措施法》对于紧急事业而规定《土地征收法》的特例。不能将这一判决一般化。

〔2〕　前出第 286 页注〔2〕。

判例索引

（页码为本书边码）

■高等裁判所

■地方裁判所

事项索引

（页码为本书边码）

跋
我与行政法学

掩卷之际，我想再说明一下本书中所指向的"行政法学"原本是指什么，希望藉此让人更为正确地理解，或者也许能理解本书所写内容的详细含义（从而理解本书的意义）。

一

本书的母体可追溯至 1980 年刊行的《行政法 I（总论）》（青林书院现代法律学讲座六）（以下也称"原著"）。在该书的"序言"中，我就该书的目标说了两点："第一，客观地把握现在日本的行政法（法令的规定、判例、学说）内容；第二，向初学者教授这样的内容。"对于第一点的说明是："本书……以客观、体系地认识并叙述日本行政法的现状为目的。也就是说，基于作者自身的实践性判断而就某种应有的法解释内容提出建言，这不是第一义的目的。""本书中，即使有时会在立法政策论和法解释论上表明笔者的主体性建言或实践性判断，它也都只不过是作为阐明问题的理论意义、整理观点的一种手段、一种参考而提出的。"其中所说的内容在这里也完全没有变化。本书不仅不是要就日本行政法应当如何而提出政策性建言，原本也不是以"构筑法解释论的体系"为目的。

在多数日本实定法学者看来，关于实定法的学问可二分为"解释论"与"立法政策论"，这种二元思考方法是难以动摇的前提。在这种思考之下，关于实定法的命题不是"立法论"，就是"解释论"。与此相对，我的理论出发点在于，"实定法的解释论"与"实定法的认识论"的理论维度是不同的。本书的指向在于后者，而（至少本来）不在于前者。这时，实定法的"解释论"是就实定法内容"应当如此解释"的建言，是学者以当为（Sollen）为内容的主体性实践活动；而实定法的"认识论"只是对实定法"如此解释"的事实（换言之，"将这种内容的规范作为应当通用的实定法，并如此来解释"的事实——Sein des Sollens）进行认识的理论行为，而不是上述意义上的实践性行为。对于实定法，不同于实践性"解释论"的这种理论行为是可能的。例如，对于外国法的内容，研究阐明它是怎样的（其中，对于某法律上的条款，并不是讨论"该国的判例上是这样解释的，通说是这样的，而笔者反对，本来应作下列解释"），或者法制史学中研究阐明一国（一地域）的某时代通用的法是何种内容。想起这些研究，就能容易理解。我所说的"实定法的认识论"，可谓针对日本现在的法做这些学问。从原著到本书，我一贯尝试着对日本的"行政法总论"（行政法通则及行政救济法论）进行这种作业。

如此说来，要被问及的首先就是，除去"实定法解释的实践操作"，"实定法的认识"这种"客观"认识如何才是可能的呢？为应对这一问题，我提出的方法是，为行政法总论设定某种客观的"理论标尺"，以此测定偏差，实现客观性。对于政治思想或宗教等内容，通过设定一定的"理论模型"阐明其间的偏差来说明，这两种操作是同质的。作为这种"理论标尺"而引入的有本书说明的"行政主体与私人的二元论""三阶段构造模式"，还有"依法律行政原理""近代行政救济法原理""近代法治国家原理"，更有"行政行为""行政立法"等概念。在本书中，这些概念完全是测定实定法内容而设定的理论标尺，它并不直接具有作为"实定法"之"某种应然的法、某种应然的法理"的含义。与能否设定这种概念不同，它是否同时为某种应然的法、因而在裁判实务中应得到采用的规范，还必须从实践角度再行吟味。本书在结果上也不是没有后一种操作的部分，但是，如原著序言所说，那种操作并非本书的本来目的。

在上述意义上，本书原本就不是为法律实务指导某种应然法解释的"（实践性）体系书"，也不是"指南"。当然，此间我曾作为最高法院法官，在实务家的立场上专注于上述意义上的"实定法的解释论"，也有为数不少那种维度上的发言和意见，但在前述意义上，其理论维度本来是不同于本书尝试的"实定法的认识论"。至少在我的内部，作为行政法学者的我与作为法官实务家的我，发挥着全然不同的作用。

据此，本书剩下的最大问题就是，原著出版距今已有四十年，那时设定的"行政主体与私人的二元论""三阶段构造模式"等"客观性理论标尺"，作为认识今天日本实定法的"理论标尺"，真的还适当、有效吗？六年前出版的本书旧版在序言中已经处理了这一问题，其中我是这样辩明的：

> 此间日本行政法有很大的成长。已经有不少尖端著作问世了，如同 CT 扫描般详细描写其全体或部分横断面。仅对此抱有关心者，应当参照那些书，而非本书。我自身认为，本书毋宁是，或许能为理解其背景提供一种线索，即这种发展的基础是什么、在法理论上具有何种意义。

本书是作为该书的新版来定位的，也以这种认识为前提。至少只要将日本行政法的基础置于近代法治主义，上述各种思考图式（标尺）于今天也是需要的，在洞穿行政法整体构造（包括其发展过程）上仍能发挥重要作用。但是，仅根据这些，就应当说无法进行"CT扫描"。例如，像本书也涉及的那样，[1]行政程序法规定的"审查基准""处分基准"概念，或者"意见公募程序"中的"命令"等，都不同于本书中"行政立法"中"法规命令""行政规则"的概念。在这一意义上，其与"依法律行政原理"标尺之间的距离，原本不是问题。在这种状况下，从行政法总论新的视角设定别的"客观性理论标尺"大致是可能的、有意义的，将新的"标尺"与本书提出的"古典"标尺适当组合、并用，就可能以更为立体的形式认识实定行

---

[1]　本书上卷第 166 页、第 318 页等。

政法。

探索新的"标尺"的一个尝试是，从正面思考本书中"依法律行政原理的'界限'"或者"行政过程的私人参与"所处理的问题，从反面来看以"依法律行政原理"为基轴的思考图式。例如，本书上卷分析的所谓"作为发现问题概念的行政过程"论[1]就是一个好的例子。不过，如本书所述，该"行政过程"概念自身本来只不过是表达"行政的现实过程"这一"事实"，从中如何能得到法规范论上的某种"思考模式"或"理论标尺"，需要进一步的慎重考察。例如，所谓"（法的）结构"论[2]就是立于这种考察之上的一个回答。[3]它在一定场合下的有效性，本书也有充分肯定。不过，也如本书所述，[4]实定法的整个体系是由法效果与法效果极为复杂的连锁组成，由无数的"结构"构筑，它本身就是宏大的"结构"，因而，以何种基准对其进行理论总结，正是行政法总论的课题。坦白而言，本书自认要完成这一课题还过于遥远。不过，此间伴随着行政程序法、信息公开法等的制定，行政案件诉讼法、行政不服审查法等的大修改，通用于整个行政法的原则正在极速地法典化。有鉴于此，首先对于前述日本行政法的"成长"过程，以这些法律为对象，做出我的观察，加入我新的考察，这正是我眼下应该努力完成的作业。在这次修订之际，也在注意填补旧版不充分的地方。

二

本书的母体是原著——《行政法Ⅰ（总论）》。该书原本是作为我在东北大学法学部授课用的教材而写的，在我从东北大学退职之前也在大学授课中实际使用。但是，我自身已离开讲坛，我在旧版的序

---

〔1〕　参见本书上卷第 142 页。

〔2〕　参见本书上卷第 388 页以下。

〔3〕　参照、小早川光郎「行政の過程と仕組み」高柳古稀 151 頁以下。

〔4〕　参见本书上卷第 384 页以下。

言中也说过，本书的内容在今天已经完成了大学授课用教科书的任务（特别是在法科大学院的授课所代表的直接服务于实务要求）。[1]

　　然而，世间的"教科书"一词，有时也有超出"大学用教材"的含义，也就是指"将一定法领域的全部纳入视野，对其中出现的法解释问题，基于作者一定的价值判断从理论体系上给出回答，给读者一定实践行动的指导"（有时也用"体系书"来表达）。例如，像经典的"我妻民法""团藤刑事诉讼法""田中行政法"那样的"教科书"已经超越"大学用教材"，是作为这种意义上的"体系书"来对待的。但是，本书原本不是"基于一定的价值体系，就实务应有状态提出实践性建言"，在内容上也不以包罗性传递现行法的全部信息为目标，因而，也不具有那种意义上的"教科书"性质。

　　那么，尽管是这种"无用"的行政法学，为什么要写作本书呢？结果只能说是我自身对日本行政法的纯粹学问兴趣使然。对我而言，行政法学原本不是为了谁的行政法学，而是为了自己的行政法学。[2]现在我已经离开讲坛，离开一切公职，在文字上已是自由之身。对于行政法总论上我自己关心的问题，收集对自己必要的资料，浏览文献，在此基础上总结现在的思考，就是本书。尽管是这种颇为任性的著作，如果读者能从中看到值得一读的东西，则是望外之幸。书中在学术书籍上涉猎、引用文献资料是颇不充分的。这一次以自己的伞寿为期，让修订工作告一阶段，将本书作为上述意义上现阶段的"备忘录"，呈于世间。

　　另外，如果再画蛇添足赘言一句，如前所述，本书不是以行政法总论的"法律事典"或"百科全书"为目标，而是根据一定的"标

―――――――――

　　〔1〕　另外，在我还站在东北大学法学部讲坛的时候，对于大学法学部的法学教育根据怎样的观点来教授，1996年在名古屋大学举行的国立九所大学法学部论坛"二十一世纪的法学部——高度教育时代开放的研究教育体制与大学的主体性"，我的报告[「法学教育における『先端』と『伝統』、『応用』と『基礎』」藤田宙靖・藤田紀子『広瀬川を望む丘』（有斐閣、2000年）199頁以下]也请参阅。

　　〔2〕　参照、藤田宙靖「臆病」社会科学の方法13号（お茶の水書房、1970年）[前掲藤田宙靖・藤田紀子『広瀬川を望む丘』（有斐閣、2000年）16頁以下]。

尺"展开"叙述（物语）"。为了正确理解这里展开的种种记述，即使是对上下卷分析的某特定事项感兴趣，也请始终意识到一点，它终究也是整体中的一部分。

藤田宙靖

令和二年（2020年）春

译后记

　　自从挑选"日本公法译丛"的书目开始，就常有中日双方的朋友向我推荐藤田宙靖先生的行政法教科书。的确，读罢此书，就有相见恨晚的感觉。2013 年，我访学京都大学期间，恰逢该书以《行政法总论》之名修订出版。指导教授高木光先生说，这是一本写给教师的教科书。于是，我就将藤田先生的诸多著作购齐，为今后可能的翻译做点准备。2014 年 10 月，经立教大学神桥一彦教授和爱知大学松井直之副教授的引荐，我和藤田先生取得联系，提出翻译的请求。藤田先生很快回复邮件，以"小生"自谦，慨然应允。此后，我便开始了断断续续的翻译。但因为 2014 年日本《行政不服审查法》重新制定，《行政程序法》也作出一定修改，所以也在一直等待新版教材的出版。2020 年，我访学东京大学期间，4 月 7 日，因新冠疫情严峻，日本政府宣布自 4 月 8 日起进入紧急状态。也正是在 4 月 7 日，刚刚迎来伞寿的藤田先生出版了新版《行政法总论》，而且由原来的一册变成了上下两卷。也正是因为疫情，让原本我十分期待的登门拜访，只能留待将来完成了。

　　藤田宙靖先生是当代日本行政法学的泰斗。对于藤田先生，此前我们通过译文、译著是有一定了解的。早在 20 世纪末，《中外法学》1996 年第 3 期、《法学》1998 年第 12 期就曾刊登过李贵连教授等人翻译的论文。在译文之外，还有一本《日本行政法入门》（杨桐译，中国法制出版社 2012 年版）。该书实际上是本书的简明版，以口语体为初学者提供指导，是一本非常受用的入门读物。

　　藤田先生 1940 年 4 月 6 日生于日本东京。1959 年进入东京大学法学部学习，1963 年毕业后被录用为法学部助手，成为田中二郎先生的关门弟子。藤田先生自 1966 年开始便长期执教于东北大学，1977 年晋升为教授，1994 年至 1996 年还曾担任东北大学法学部长、法学研究科长。2002 年 9 月，藤田先生被任命为最高法院法官，成为日本最高法院成立以来第十位纯粹学者出身的法官，也是继田中二郎之后的第二位行政法学者。在 2010 年 4 月退官之前，藤田先生参与了诸多案件的裁判，其中不乏诸如开设医院中止劝告案、小田急高架化诉讼、万博伙食费信息公开案等著名的行政法案件，还有诸如国会议员选举无效诉讼、拒绝君之代钢琴伴奏诉讼等著名的宪法案件。2011 年秋，藤田先生被授予旭日大绶章。此后，已逾古稀之年的藤田先生仍忙于讲演、写作、修订自己的教科书，也曾来华参加过会议，参观过上海的鲁迅故居（鲁迅先生留学的仙台医学专门学校就是现在的东北大学）。

藤田先生在外国法方面主攻德国法，其东京大学法学部助手论文、后来也成为其成名作的《公权力的行使与私的权利主张》（有斐阁 1978 年版）便是对奥托·贝尔（Otto Bähr）法治国家思想的研究，1981 年藤田先生藉此获得东京大学法学博士学位。1972 年至 1974 年，曾留学德国弗莱堡大学。1989 年获得洪堡基金会的菲利普·弗朗茨·冯·西博尔德奖（Philipp Franz von Siebold–Preis，由德国总统授奖），2006 年获得德国政府的大十字勋章（由德国总统颁发），这些应是对藤田先生的学术造诣和促进德日两国交流的一种肯定吧。藤田先生在行政法总论之外，还在土地法、警察法等行政法各论领域颇有研究。2014 年，藤田先生以其卓越的学术成就，入选日本学士院会员。

为了能让大家有悦读的体验，这里还想作几点说明：

第一，《行政法总论》是一本教材，但与一般的教材或体系书有很大差别。因为其目的不是解释实定法，不是建构某种理论体系，而是认识日本行政法。本书先确立起依法律行政原理，以及以其为核心的近代法治国家原理，以此作为客观标尺、理想类型，与实定法及其解释论保持一定距离，再来观察衡量日本行政法，依次阐述依据这一标尺建立起来的体系（行政的三阶段构造模式，亦即法律—行政行为—

强制执行)、标尺自身的内在界限、标尺适用的外在限制等。本书为我们提供了分析行政法的重要视角和法律方法。本书在认识行政法上贡献明显,阅读之后或许有豁然开朗的感觉,"行政法原来是这样的!"

第二,从阅读的角度来说,可以先把握本书的框架、正文的主体内容,大致了解作者的方法、视角和观点,之后再细读全书,特别是脚注的内容。如果一开始就想精读全书,那就需要更大的耐心了。该书特别是脚注中的说明包含了大量的观点交锋。也正因为是理论上的论争,而教材类的著作也不可能充分展开,所以,如果不了解对方的观点,在理解上也会费点周折。这时,若能与盐野宏等人的教科书中文版对照阅读,或许更能一探究竟,读起来也会更加津津有味。

第三,原书在正文中有很多以括号括起来的说明,既有法条的说明,也有举出的例子,其中还包括文献出处。为了阅读的流畅,我在翻译时将多数的说明移至脚注,只保留了理解正文必不可少的部分;同时为避免脚注占去较大页面,法条出处的说明一般就保留在正文中。原书的脚注多是说明性的内容,有时很长,甚至有两三千字,这种脚注往往有较高价值,包含着作者的较多思考或者对论争的回应。

第四,藤田先生在《行政法总论》之外,还有一本《行政组织法》。其《行政组织法》一书最早是良书普及会出版的(1994年初版,2001年新版),2005年改订后在有斐阁出版,2022年完成修订,大大推动了日本行政组织法理论的深化和体系化。在日本的大学法学部,行政法的教育包括行政法总论(通则)、行政救济法和行政组织法三门主干课。但囿于时间和人员,行政组织法并不是所有大学都开设的课程。不过,藤田先生所在的东北大学却是日本行政组织法的研究重镇。也就是说,两卷本的《行政法总论》并不包含行政组织法部分。当然,这并不影响《行政法总论》的阅读,只是留下遗憾,我们无法通过《行政法总论》了解"藤田行政法"的全貌。

自2014年开始至今,翻译和学习就在交替进行。每当自己遇到不懂的问题时,便会打开这本书看一看藤田先生的观点,或者直接翻译相应的章节。也正是时常与这本书相伴,也因为相关知识的积累,对这本书的理解也在加深。

2021 年，我曾以这本书的上下卷译稿分别在两个学期的"公法文献选读"课上和中国人民大学法学院 2020 年级、2021 级部分硕博士研究生一起研读。我在研读中也发现了不少问题，非常感谢大家对译稿所提出的诸多疑问和意见。这里还要感谢西南政法大学汝思思博士在一些语句的翻译上所提供的帮助。在完成全书的译校之后，我集中起若干疑问之处，向藤田先生请教，他也给出了详尽的解答。但囿于我自身的能力，翻译中不免存在这样或那样的错误，也欢迎大家批评，期待将来在本书日文版修订时也能以中文版更好地呈现。

经过这么久的努力，终于可以将译稿的清样交付出版社了。感谢藤田先生的信任，感谢藤田先生联系青林书院做出慷慨授权。感谢中国政法大学出版社一如既往的大力支持。感谢中国人民大学法学院提供的出版资助。

翻译一本好书，甚至比自己写一本书，更加让人兴奋。这是一种奇妙的感觉。在和学生们一起研读这本书时，也时常感受到日本法的独特魅力与作者的高远深邃。通过翻译可以分享给更多的人，自然不失为一件快事。

但愿我喜欢的书，你也喜欢。

王贵松

2023 年 5 月 4 日

图书在版编目（ＣＩＰ）数据

行政法总论/(日)藤田宙靖著；王贵松译. —北京：中国政法大学出版社，2023.10

ISBN 978-7-5764-1160-7

Ⅰ.①行… Ⅱ.①藤… ②王… Ⅲ.①行政法－日本 Ⅳ.①D931.321

中国国家版本馆CIP数据核字(2023)第203786号

出　版　者	中国政法大学出版社
地　　　址	北京市海淀区西土城路 25 号
邮寄地址	北京 100088 信箱 8034 分箱　邮编 100088
网　　　址	http://www.cuplpress.com (网络实名：中国政法大学出版社)
电　　　话	010-58908289(编辑部) 58908334(邮购部)
承　　　印	固安华明印业有限公司
开　　　本	880mm×1230mm　1/32
印　　　张	21
字　　　数	595 千字
版　　　次	2023 年 10 月第 1 版
印　　　次	2023 年 10 月第 1 次印刷
定　　　价	120.00 元

日本公法译丛

行政法总论

一 上卷 一

[日] 藤田宙靖 著

王贵松 译

中国政法大学出版社

2023·北京

新版行政法総論（上・下）

藤田宙靖　著

Copyright© 2020 藤田宙靖

本书日文原版由株式会社青林书院出版

著作权合同登记号：图字 01-2023-4954 号

新版序言

为了适应 2016 年新《行政不服审查法》（2014 年全面修改旧法）的施行，本书对旧著《行政法总论》（青林书院 2013 年版）进行修改。不过，在结果上，修改并不限于此，也在较大范围内对其他部分进行了修改、增补等。因而，全书页码增加，也不得不分为上卷（行政法通则）与下卷（行政救济法）两册。但整体结构和本书执笔的宗旨目的与旧版基本没有改变。个中详细，与其说是在本书的开头，而毋宁正是在通读全卷之后才易于理解。因而，虽然在这种书籍来看是一个破例，但仍在下卷末尾附以"跋"加以说明。有所关注者若能一读，亦为荣幸。

在修订之际，从策划之初到最终阶段，我得到了青林书院编辑部宫根茂树的倾力帮助。我也要对青林书院逸见慎一社长致以诚挚的谢意，感谢他慨允刊行这种缺乏市场的书籍。

另外，在修订上，在准备必要的资料、制作事项索引上，我得到了东北大学大学院助教高畑柊子私人性的大力协助。东北大学饭岛淳子教授尽管公务繁忙，仍不辞辛劳，完全站在个人的立场上在本书再校阶段通读全文，检查有无重大错误等。

为了记念自己的伞寿，我可谓不假他人之手（与旧版不同）便独自策划实施了这次修订。本书中的记载，包括内容和表达，无论是形式还是实质，一切均由自己负责。但即便如此，如果没有上述诸位的协助，终究不能在现在如愿以偿。对相关各位再次深表感谢，也请一起庆祝本书的付梓。

藤田宙靖

令和二年（2020 年）3 月

序　言

一

本书新打上"行政法总论"的名号，但其内容是青林书院现代法律学讲座6《行政法Ⅰ（总论）》第四版改订版（以下称"旧著"）的改订版。旧著是 2005 年刊行的，但那是我在就任最高法院法官的临近、为应对《行政案件诉讼法》大修改而作的紧急改订，其内容作为改订版仍不充分。这次退官之后，时间稍得充裕，此外还有后述的背景，重新展开改订作业。青林书院希望借此机会将此书从讲座系列中独立出来，作为单行本刊行，我也接受了这一建议。这次修订新增加了一章"损失补偿"作为第四编的附章，与旧著有较大不同。另外，附加的"损失补偿"部分是这次新写的内容，其基础是我过去在东北大学法学部讲授的行政法特殊讲义"土地法"部分讲义笔记。

二

本书并没有改变旧著采用的执笔方针，亦即在说明日本行政法的制度和理论是何种状况之际，使用行政法基本原理"依法律行政原理"的理论框架作为"客观的标尺"，测定与标尺之间的偏差，以此方法来客观地叙述（对此方针，参照旧著初版的"序言"）。不过，对此必须附加以下说明。

旧著原本是以我在东北大学法学部 1968 年以来讲授的行政法第一部、第二部讲义笔记为基础而写的，初版发行于 1980 年。当时，行政法的制度和理论处于流动状态，旧著从与"依法律行政原理"的关系上进行理论上的秩序整理，正是适合了时代的要求，也稍稍自负地认为走了当时行政法学的前沿。当然，经过三十余年的岁月，今天的状况已颇有不同。在当时处于流动状态的制度和理论，今天多数应该说已经在制度上得到了解决，或者理论上的优劣已经变得清楚了。而且，这种动向甚至涉及行政法极为根基性的部分。行政活动的实态和行政法规范也发生了种种变化，与此变化相对应，行政法学的关注内容也与昭和 40—50 年代 * 产生了很大偏差。一言以蔽之，日本行政法此间在总体上得到了很大的成长。不得不承认，将"依法律行政原理"进而是"'行政主体'和'私人'之别""三阶段构造模式"等作为尺度进行理论上的秩序整理，这一方法现在在理论上还是不是把握总体日本行政法的最适当方法，也成为很大的问题。在这种状况下，旧著还能否充分发挥行政法"教科书"的功能，我自身已察觉其局限性，这在 2002 年刊行的旧著第四版序言中也有所触及。

三

尽管如此，这次敢于"改订"，是有如下背景的。

第一，自最高法院退官后，过去在我之下于东北大学学习行政

---

* 昭和是日本天皇裕仁的年号，时间为 1926 年 12 月 25 日至 1989 年 1 月 7 日。昭和 30 年代是指 1955—1964 年，昭和 40 年代是指 1965—1974 年，昭和 40—50 年代是指 1965—1984 年。下文不再一一注明。——译者注

法、今天活跃于行政法学第一线、我衷心信赖的数位老师劝说我，我的行政法总论今天仍未失去意义，建议我考虑一下旧著的改订，我也接受了他们的建议。这时，他们说，作为我的古稀祝贺，会在杂务上尽力提供帮助，去收集改订的必要文献资料、提供建议、校对、编制索引等，真的是给出了好意的建议。

第二，作为面向真正初学者的旧著要约版，我在有斐阁出版了《行政法入门》，从各方面听说至今仍吸引了很多读者。该书也在这时出了改订版。假设有人因该书而对行政法感兴趣，为他们准备进一步加深在那里所学的内容、提供接触行政法总论的机会，也是我的一个责任。

第三，对于旧著在现在的意义，我自己是这样定位的：如前所述，此间日本行政法有很大的成长，已经有不少尖端著作问世了，如同 CT 扫描般详细描写其全体或部分横断面。仅对此抱有关心者，应当参照那些书，而非本书。我自身认为，本书毋宁是，或许能为理解其背景提供一种线索，即这种发展的基础是什么、在法理论上具有何种意义。因而，本书作为法学部或法科大学院教育的一本参考书姑且不论，但已经不具有发挥"教科书"作用的图书性质了。这次从"现代法律学讲座"中拿出来、作为独立的《行政法总论》再度登场，可以说就是其象征吧。在这种前提下，本书在今天的行政法学中如果能稍有意义，那应当说就是望外之喜了。

四

在本书刊行之际，首要的是必须记下从本书执笔的契机到最终阶段给予特别帮助的各位行政法学者的姓名，向其表达我衷心的感谢。他们是东北大学稻叶馨教授、北海道大学亘理格教授、中央大学大贯裕之教授、东北学院大学井坂正宏讲师、骏河台大学仓岛安司副教授、立教大学神桥一彦教授、大阪市立大学松户浩副教授、北海道大学米田雅宏副教授等八位老师。特别是稻叶教授在包含总括作业的所有作业阶段，给予了无以言表的尽力协助。

在这一意义上，本书本来应该说是这八位老师和我共同撰写的，之所以成为我单独撰写，只是意味着由我一人对其内容承担一切的责任。对各位的厚意和友情，再次深表谢意。

另外，在策划、编辑、校对、印刷的各个过程中，青林书院的仓成荣一给予了大力帮助，在此谨表谢意。

藤田宙靖

于仙台

2013 年 9 月 20 日

《行政法 I（总论）》序言

一

本书主要是以在大学的法学部学习了宪法、民法、刑法等基础法领域之后才开始学习行政法者及具有同等程度学力者为对象，将要对日本行政法的制度及制度的基本构造进行说明。其内容大致可以说是笔者在东北大学法学部的行政法总论讲义大要的收录。

从这种目的出发，本书的目标在于两点：第一，客观地把握现在日本的行政法（法令的规定、判例、学说等）内容；第二，向初学者教授这样的内容。

二

如本书所述，现在日本的行政法（特别是学说及判例）处于明显的动摇和流动之中，准确把握其全体图景，必须说是极为困难的作业。在如此作业之际，本书使用的方法是，首先设定"依法律行政原理"、以其为基轴的"近代法治国家原理"这种近代行政法的客观理论模型（理想类型），测定诸多法现象、法理论与这种客观"标尺"之间的偏差，以此对其进行体系上的定位。过去难以理解日本行政法的最大原因首先在于，时时刻刻增加的堆积如山的信息资料及新的各种思考，没有在学术上确立起对其加以理论性、体系性定位和驾驭的方法，它们给行政法提出了诸多问题，但连种种课题相互之间的理论关系也未必得到一义性的明确，行政法学者也被卷入上述动摇和流动之中。

在这一意义上，本书的目的首先在于客观且体系性认识、叙述日本行政法的现状。也就是说，基于笔者自身的实践性判断而提出某种应有的法解释内容建议，这不是第一位的目的。本书即使有时在立法政策论和法解释论上显示了笔者的主体性建议或实践性判断，也都只不过是为了阐明问题的理论意义、整理观点而提示一种手段、一种参考而已。

三

笔者相信，向初学者教授法律学，最紧要的有效方法首先是对该领域的基本构造在理论上以明确而平易的表达作出体系性说明。这种信念自大学时代听三月章教授讲授民事诉讼法以来就在笔者的心中扎根下来。从这种法学教育上的认识出发，本书将各基本问题的理论和体系定位放在第一位，而不得不有意识地排除对现代行政法带来的复杂的法现象、法问题进行包罗万象的详细分析。另一方面，过度拘泥于理论的严密性，也带有危险性，可能让初学者看不见该法领域的全体图景，摸不准方向，而迷失于林海之中。从这种角度出发，有时为了教学上的效果，有必要对细节中理论的不彻底性敢于视而不见。本书中的说明内容如果留有某种理论的暧昧，当然终究是笔者的能力不足所致，但同时多半也是与本书开头所述目标的性质伴随而来、在上述意义上的必然宿命所致，这是不能否定的。

四

从与青林书院新社的逸见俊吾社长约定以来，本书的执笔已经过数年之久。此间分担执笔行政法各论的远藤博也教授已经在1977年早早刊行了《行政法Ⅱ（各论）》。我生来就写得慢，中间还有身体原因等，给以青林书院新社为首、远藤教授，以及早就期待本书刊行的诸多读者带来莫大的麻烦，深感歉意。因为笔者的不成熟，尽管花了这么长时间，但是否写出了充分回应上述目的的图书，甚感不安。念念于心的是，如果得到大方之家的斧正，今后本书就能逐渐变好、走向成熟。

五

最后，对于在本书的策划和刊行上不惜给予最大援助和辛劳的青林书院新社的逸见社长及佐伯阳三，在校对阶段通览全书、在内容和表达上提出宝贵建议的东北大学法学部的森田宽二助教授*，以及在校对及制作索引上给出莫大帮助的东北大学法学部的亘理格助手等支持本书完成的各位，衷心地表示感谢。

藤田宙靖

于仙台

1980年10月

---

* "助教授"是过去的一种大学教师职位，仅次于教授。2007年因《学校教育法》的修改施行而变成了准教授，亦即相当于我国的副教授。——译者注

凡　例

一、叙述方法

1. 本书的用字、用词原则上使用常用汉字、现代假名，但用于法典者或引用文字依从原文。

2. 标题记号除引用原文的情形外，原则上采用一、二、三……1. 2. 3.……（1）（2）（3）……的顺序。

二、法令的引用

1. 法令截至 2020 年 1 月末。

2. 法令名称原则上使用全称，但下列主要法令在括号内使用时多用箭头后的简称来表示：

行政案件诉讼法→行诉法

行政不服审查法→行审法

行政程序法→行程法

三、判例和裁判例*的引用

1. 判例收录的是 2019 年 7 月 22 日为止公开发表的主要判例。

2. 在引用判例时，简写者使用下述缩略语：

【判例集等缩略语】

最	最高裁判所	例集	行政事件裁判例集
大	大審院	高民集	高等裁判所民事判例集
高	高等裁判所	高刑集	高等裁判所刑事判例集
地	地方裁判所	下級民集	下級裁判所民事判例集
判	判決	交民集	交通事故による不法行為に関する下級裁判所民事判例集
決	決定	裁時	裁判所時報
民集	最高裁判所（または大審院）民事判例集	判時	判例時報
刑集	最高裁判所（または大審院）刑事判例集	判タ	判例タイムズ
民録	大審院民事判決録	民商	民商法雑誌
集民	最高裁判所裁判集民事		

---

　*　"裁判"是裁判机关（通常是法院）所作的判断，"判决"原则上是经过口头辩论的法院裁判，而"决定"则是不经口头辩论的法院裁判。"裁判例"与先例大致同义，会成为将来其他同种或类似案件的一般基准。所有的裁判事实上都具有先例的功能。"判决例"也与先例大致同义。而"判例"则是法院对法令在特定案件中的解释适用所作的判断或意见，日本最高法院只有以大法庭的形式才能变更判例，违反判例可以成为上诉的一个理由。——译者注

四、主要参考文献缩略语

在本书收录的参考文献中，引用频度高的主要文献，使用下述缩略语表示：

【主要参考文献缩略语】

阿部泰隆·システム上、下	阿部泰隆『行政の法システム（上）（下）（新版）』（有斐閣、1997 年）
阿部泰隆·解釈学 I	阿部泰隆『行政法解釈学 I』（有斐閣、2008 年）
阿部泰隆·解釈学 II	阿部泰隆『行政法解釈学 II』（有斐閣、2009 年）
阿部古稀	阿部泰隆古稀記念『行政法学の未来に向けて』（有斐閣、2012 年）
石川古稀	石川正先生古稀記念論文集『経済社会と法の役割』（商事法務、2013 年）
医事判例百選	唄孝一＝成田頼明編『医事判例百選』（有斐閣、1976 年）
今村成和·入門	今村成和『行政法入門（第六版）』（有斐閣、1995 年）
今村成和＝畠山武道·入門	今村成和著＝畠山武道補訂『行政法入門（第九版）』（有斐閣、2012 年）
宇賀克也·概論 I（第六版）	宇賀克也『行政法概論 I—行政法総論（第六版）』（有斐閣、2017 年）
宇賀克也·概論 II（第六版）	宇賀克也『行政法概論 II—行政救済法（第六版）』（有斐閣、2018 年）
遠藤博也·行政法 II（各論）	遠藤博也『行政法 II（各論）』（青林書院、1977 年）
大橋洋一· I（第四版）	大橋洋一『行政法 I—現代行政過程論（第四版）』（有斐閣、2019 年）

续表

大橋洋一・Ⅱ（第三版）	大橋洋一『行政法Ⅱ—現代行政救済法（第三版）』（有斐閣、2018 年）
雄川献呈上、中、下	雄川一郎先生献呈論集『行政法の諸問題（上）（中）（下）』（有斐閣、1990 年）
金子古稀上、下	金子宏先生古稀祝賀論文集『公法学の法と政策（上）（下）』（有斐閣、2000 年）
兼子仁・総論	兼子仁『行政法総論』（筑摩書房、1983 年）
行政判例百選（初版）	田中二郎編『行政判例百選』（有斐閣、1962 年）
行政判例百選（新版）	田中二郎編『行政判例百選（新版）』（有斐閣、1970 年）
行政判例百選Ⅰ、Ⅱ（初版）	雄川一郎編『行政判例百選Ⅰ、Ⅱ』（有斐閣、1979 年）
行政判例百選Ⅰ、Ⅱ（第二版）	塩野宏編『行政判例百選Ⅰ、Ⅱ（第二版）』（有斐閣、1987 年）
行政判例百選Ⅰ、Ⅱ（第三版）	塩野宏＝小早川光郎編『行政判例百選Ⅰ、Ⅱ（第三版）』（有斐閣、1993 年）
行政判例百選Ⅰ、Ⅱ（第四版）	塩野宏＝小早川光郎＝宇賀克也編『行政判例百選Ⅰ、Ⅱ（第四版）』（有斐閣、1999 年）
行政判例百選Ⅰ、Ⅱ（第五版）	小早川光郎＝宇賀克也＝交告尚史編『行政判例百選Ⅰ、Ⅱ（第五版）』（有斐閣、2006 年）
行政判例百選Ⅰ、Ⅱ（第六版）	宇賀克也＝交告尚史＝山本隆司編『行政判例百選Ⅰ、Ⅱ（第六版）』（有斐閣、2012 年）

行政判例百選 I、II（第七版）	宇賀克也＝交告尚史＝山本隆司編『行政判例百選 I、II（第七版）』（有斐閣、2017 年）
行政法講座 1~6	田中二郎＝原龍之介＝柳瀬良幹編『行政法講座（第一巻~第六巻）』（有斐閣、1964—1966 年）
行政法の争点（初版）	成田頼明編『行政法の争点』（有斐閣、1980 年）
行政法の争点（新版）	成田頼明編『行政法の争点（新版）』（有斐閣、1990 年）
行政法の争点（第三版）	芝池義一＝小早川光郎＝宇賀克也編『行政法の争点（第三版）』（有斐閣、2004 年）
高木光＝宇賀克也編・行政法の争点	高木光＝宇賀克也編『行政法の争点』（有斐閣、2014 年）
栗城古稀上、下	栗城壽夫先生古稀記念『日独憲法学の創造力』（信山社、2013 年）
小嶋退職	小嶋和司博士東北大学退職記念『憲法と行政法』（良書普及会、2013 年）
小早川光郎・上	小早川光郎『行政法（上）』（弘文堂、1999 年）
小早川光郎・下 I	小早川光郎『行政法講義（下 I）』（弘文堂、2002 年）
小早川光郎・下 II	小早川光郎『行政法講義（下 II）』（弘文堂、2005 年）
小早川光郎・下 III	小早川光郎『行政法講義（下 III）』（弘文堂、2007 年）
小早川古稀	小早川光郎先生古稀記念『現代行政法の構造と展開』（有斐閣、2016 年）
塩野宏・I（第六版）	塩野宏『行政法 I——行政法総論（第六版）』（有斐閣、2015 年）
塩野宏・II（第六版）	塩野宏『行政法 II——行政救済法（第六版）』（有斐閣、2019 年）

塩野古稀上、下	塩野宏先生古稀記念『行政法の発展と変革（上）（下）』（有斐閣、2001 年）
芝池古稀	芝池義一先生古稀記念『行政法理論の探求』（有斐閣、2016 年）
芝池義一・総論	芝池義一『行政法総論講義（第四版補訂版）』（有斐閣、2006 年）
芝池義一・救済法	芝池義一『行政救済法講義（第三版）』（有斐閣、2006 年）
社会保障判例百選（初版）	佐藤進＝西原道雄編『社会保障判例百選』（有斐閣、1977 年）
新構想 I	磯部力＝小早川光郎＝芝池義一編『行政法の新構想 I——行政法の基礎理論』（有斐閣、2011 年）
新構想 II	磯部力＝小早川光郎＝芝池義一編『行政法の新構想 II——行政作用・行政手続・行政情報法』（有斐閣、2008 年）
新構想 III	磯部力＝小早川光郎＝芝池義一編『行政法の新構想 III——行政救済法』（有斐閣、2008 年）
杉村章三郎古稀上、下	杉村章三郎先生古稀記念『公法学研究（上）（下）』（有斐閣、1974 年）
杉村敏正還暦	杉村敏正先生還暦記念『現代行政と法の支配』（有斐閣、1978 年）
杉村敏正・総論上	杉村敏正『全訂行政法講義総論（上巻）』（有斐閣、1969 年）
租税判例百選（初版）	雄川一郎＝金子宏編『租税判例百選』（有斐閣、1968 年）
租税判例百選（第二版）	金子宏編『租税判例百選（第二版）』（有斐閣、1983 年）
租税判例百選（第三版）	金子宏＝水野忠恒＝中里実編『租税判例百選（第三版）』（有斐閣、1992 年）
租税判例百選（第四版）	水野忠恒＝中里実＝佐藤英明＝増井良啓編『租税判例百選（第四版）』（有斐閣、2005 年）

租税判例百選 （第五版）	水野忠恒＝中里実＝佐藤英明＝増井良啓＝渋谷雅弘編 『租税判例百選（第五版）』（有斐閣、2011 年）
租税判例百選 （第六版）	中里実＝佐藤英明＝増井良啓＝渋谷雅弘編『租税判例 百選（第六版）』（有斐閣、2016 年）
大系 1～10	雄川一郎＝塩路宏＝園部逸夫編『現代行政法大系 1～ 10』（有斐閣、1983—1985 年）
高柳古稀	高柳信一先生古稀記念論集『行政法学の現状分析』 （勁草書房、1991 年）
滝井追悼	滝井繁男先生追悼論集『行政訴訟の活発化と国民の 権利重視の行政へ』（日本評論社、2017 年）
田中二郎・上	田中二郎『新版行政法（上巻）（全訂第二版）』（弘 文堂、1974 年）
田中二郎・中	田中二郎『新版行政法（中巻）（全訂第二版）』（弘 文堂、1976 年）
田中二郎・下	田中二郎『新版行政法（下巻）（全訂第二版）』（弘 文堂、1983 年）
田中古稀上、中、 下Ⅰ、下Ⅱ	田中二郎先生古稀記念『公法の理論（上）（中）（下 Ⅰ）（下Ⅱ）』（有斐閣、1976—1977 年）
土地収用判例 百選	雄川一郎＝成田頼明編『土地収用判例百選——区画 整理・都市計画』（有斐閣、1968 年）
成田古稀	成田頼明先生古稀記念『政策実現と行政法』（有斐 閣、1988 年）
原田尚彦・要論	原田尚彦『行政法要論（全訂第七版補訂二版）』 （学陽書房、2012 年）
広中還暦	広中俊雄教授還暦記念論集『法と法過程——社会諸 科学からのアプローチ』（創文社、1986 年）
藤田宙靖・基礎 理論上、下	藤田宙靖『行政法の基礎理論（上巻）（下巻）』（有 斐閣、2005 年）
藤田宙靖・行政 法Ⅰ（総論）	藤田宙靖『行政法Ⅰ（総論）』（青林書院、（初版） 1980 年/（新版）1985 年/（第三版）1993 年/（第三 版・改訂版）1995 年/（第三版・再訂版）2000 年/ （第四版）2003 年/（第四版・改訂版）2005 年）

续表

藤田宙靖·公权力的行使	藤田宙靖『公権力の行使と私的権利主張』（有斐閣、1978 年）
藤田宙靖·最高裁回想録	藤田宙靖『最高裁回想録——学者判事の七年半』（有斐閣、2012 年）
藤田宙靖·裁判と法律学	藤田宙靖『裁判と法律学』（有斐閣、2016 年）
藤田宙靖·思考形式	藤田宙靖『行政法の思考形式（増補版）』（木鐸社、1992 年）
藤田宙靖·組織法	藤田宙靖『行政組織法』（有斐閣、2005 年）
藤田宙靖·退職	藤田宙靖博士東北大学退職記念『行政法の思考形式』（青林書院、2008 年）
藤田宙靖·土地法	藤田宙靖『西ドイツ土地法と日本の土地法』（創文社、1988 年）
水野古稀	水野武夫先生古稀記念論文集『行政と国民の権利』（法律文化社、2011 年）
南古稀	南博方先生古稀記念『行政法と法の支配』（有斐閣、1999 年）
宮崎古稀	宮崎良夫先生古稀記念論文集『現代行政訴訟の到達点と展望』（日本評論社、2014 年）
柳瀬良幹·教科書	柳瀬良幹『行政法教科書（再訂版）』（有斐閣、1969 年）
山田古稀	山田二郎先生古稀記念論文集『税法の課題と超克』（信山社、2000 年）

目　录

下　卷

第四编　行政救济法

上　卷

行政法与行政法学

一、何为行政法——与实定法律的关系

　　行政法初学者首先面对而且困惑的事实可能是现在的日本并不存
在"行政法"这种名称的法律。与宪法、民法、刑法等法的领域不
同，在行政法领域，不存在"行政法"这样的法典。这不仅在日本如
此，也是迄今各国皆然的现象。

　　翻阅六法全书，存在着若干名称上含有"行政"二字的法律，例
如，国家行政组织法、行政代执行法、行政程序法、关于公开行政机
关保有信息的法律、行政不服审查法、行政案件诉讼法等。这些法律
的确均为日本实定行政法的一部分，而且是重要的构成要素。但行政
法一般并非尽为这些法律。一般被认为构成日本行政法的法律，即使
仅从日常较为熟知的名字来看，除了前面列举的几个例子外，还能举
出国家公务员法、地方公务员法、地方自治法、警察法、国税通则
法、国税征收法、所得税法、法人税法、地方税法、财政法、地方财
政法、都市计划法、建筑基准法、土地征收法、健康保险法、雇用保
险法等，数量极多。其他具有种种名称和内容、近乎无数的法律也是
行政法的构成要素。

二、何为行政法——各种学说

　　如此，行政法目前就不是由一部法典及环绕的一些法律组成的，

而可以说是由具有种种内容的无数法令群组成的法的领域。那么，为什么要将这些繁杂多样的法令群在整体上形成一个名叫"行政法"的法的领域呢？

这其实是行政法学一直以来的重大论争焦点之一，过去存在着多种多样的观点。[1]但是，将其在基本形式上类型化来看，大致可谓有如下分类：

第一，这些无数的法令群逐一来看有各种各样的规范对象和规范样态，但从整体上来看，其背后存在受到某种共通的法原理、统一的法原理支配的观点。这是日本从第二次世界大战之前到战后初期强烈主导意义上的传统或古典观点。如此设想的统一的法原理，就被称为"行政法"。如此，重要的就不是肉眼看得到的法令群，而是其背后所存在的法原理。因而，其中由所谓学说、判例等自己形成的法解释理论体系，与其他法领域相比就变得具有极为重要的意义。这种思考出来的统一的法原理，就被称为"行政法原理"或"公法原理"。[2]

第二，也有观点认为，这些无数的法令未必由统一的原理结合而成，将这些一概称为"行政法"，纯为便宜之举。从第二次世界大战后进入昭和30年代，日本的这种观点在局部得到了颇为强烈的倡导。这些繁杂多样的法令可以说分别只是其他既有的法领域（民法、刑法、民事诉讼法等）的特别法而已，不过，从量上来说，不可能将手从这些既有的法领域伸到所有这些特别法，因而，在便宜上将这些特别法统括起来设计出一个法领域来处理。如此，这时便宜统括在一起的共通项充其量只是"关于行政的法令"，而并不意味着具有理论上的统一性和体系性。[3]

第三，近来更为主导性的观点毋宁是，在这些繁杂多样的法令群

---

〔1〕 详见、『行政法の争点』（初版）5页以下。

〔2〕 后述所谓"公法私法二元论"（参见后述第27页以下）的立场大致与此相当。（指称本书中的页码，包括判例索引、事项索引等，均为页边码。——译者注）

〔3〕 后述所谓"公法私法一元论"（后述第38页）的立场大致与此相当。

亦即"关于行政的法令群"中，不是没有以某些形式显现出的理论共通性和统一性，只是其共通性和统一性的范围比第一种传统观点的设想远为狭窄。这时，对于如何以及在何种程度上认可这种共通性和统一性，又有种种观点。但也有一种强烈的倾向大致认为，即使在形式性、程序性的法规定中大致能看到共通性，在实体法的层面上也还谈不上统一的行政实体法。[1]

三、客观性理论"标尺"的必要

在日本，过去连"行政法是什么"的问题自身都有不同的观点，并不存在统一的见解。今天，如后所见，特别是自1993年《行政程序法》制定以来，具有通则性质的重要法律逐次制定、修改，[2]行政法总论某种应有的基本整体图景已可谓变得越发明确。但即便如此，在行政法总论上，还远未确立任何人均能认可的理论体系。[3]

从过去至今，日本行政法可谓处于流动之中。本书努力让读者率直地把握在不确定而流动的状况下发展而来的日本行政法。但为了能获得确定的理解，有必要对这些流动的、不确定的东西进行整理，使其有序化，为此就需要在理论上设定某种客观的标尺。通过阐明与这一标尺的偏差，可以客观地刻画出日本现在的行政法究竟是怎样的。

作为这种客观的标尺，理论上具有种种选择的可能性。本书鉴于日本行政法的制度与理论迄今的展开过程，如后所见，准备权且选择

6

---

〔1〕 在这种观点之下，例如有主张认为，传统的行政法各论已无法成立。参照、塩野宏『公法と私法』（有斐閣、1989年）197頁以下。

〔2〕《行政程序法》（1993年）、《关于公开行政机关保有信息的法律》（1999年）、《关于保护行政机关保有的个人信息的法律》（2003年）、《关于公文书等管理的法律》（2009年），等等。

〔3〕 顺便提及，对于"行政法（学）的对象与范围"问题的当今讨论，可参照、高木光＝宇賀克也编『行政法の争点』（第四版）4頁以下。

前述的日本传统行政法理论〔1〕作为标尺，亦即将"行政法"理解为统一的理论体系。如此，就顺次去看这种观点在面对行政的现实和新的纷争形态出现时会碰到怎样的问题、必须作出怎样的变动、是否受迫于新的需要。

<hr />

〔1〕 这里所谓"日本传统行政法理论"，系一种有倾向性的表达，持有相当于正文所述倾向的各种理论，其内容因人而异。其中，能用作理解现今法状况的线索才是必要的标尺，因而未必囿于各个学者的说法，而是从这些理论中抽象出一种理论模型。本书以下称这种理论模型为"传统行政法理论"。本书将在第二编以下阐明其更具体的内容。

上卷

第一章

行　政

第一节　概　说

一、何谓"行政"

1. 如前所见，有"行政法"这么一个法的领域，无论如何理解其　　7
意思，从其种种法令群的最小限度共通要素来说，这些均为关于"行
政"的法。过去，为了知道行政法是什么，很多人先在理论上阐明"行
政"是什么，很多行政法教科书通常首先是从行政是什么来开始说明的。

对于"行政"的概念，有多种多样的理论说明。[1]但是，详加探　　8
讨不仅颇为费时费力，而且在刚开始学习行政法之际，尝试给行政概
念作理论上的定义，其自身也不是很有意义。其中，从学习效率的角
度而言，对于"行政"概念的意思，暂且想委诸高中之前学习的立
法、行政、司法三权分立原则（或者作为国家作用三种样态的立法、

---

〔1〕　例如，迄今一直有人在尝试积极定义"行政"概念，可以举下面几个著名的
例子来看：

"所谓行政，是国家为实现其目的而在其法秩序之下所作的作用"（奥托·迈耶）。

"近代国家中所谓行政，是指在法之下受法的规制、旨在现实具体而积极地实现国
家目的所作的在整体上具有统一性的持续性形成性国家活动"〔田中二郎『行政法総
論』（有斐閣、1957 年）22 頁〕。

"所谓行政，是指‘本来的及拟制的公共事务的管理和实施’"〔手島孝『現代行
政国家論』（勁草書房、1969 年）19 頁〕。

行政和司法的观念）中所说"行政"的大致印象。这里毋宁是想看看行政在现实中是如何进行的，特别是行政法学过去是如何看待、处理这种行政，而现在是如何使用的。因为法律学上如何处理行政现象，这大致已经在传统行政法理论的基本构造中明确显示了。

9

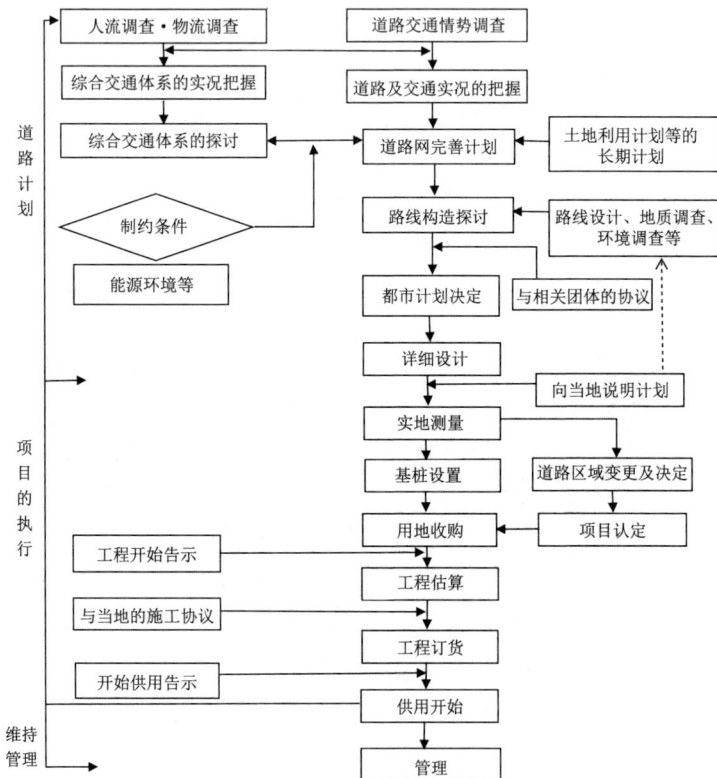

图 I　道路项目的流程〔1〕

2. 现在，作为"行政"，具有极为多样内容的活动，以种种形式

〔1〕　资料出处：『道路ポケットブック2010年版』84頁。另参见国土交通省网站：「道路行政の簡単解説」の「Ⅲ.道路をつくる」（https://www.mlit.go.jp/road/sisaku/dorogyousei/3.pdf）。

在进行，也存在着几乎无数的相关法律及其他法规范。对于实际上通过何人之手、进行何种内容的行政，对其存在怎样的法的规范，可以参照其他以此为目的的著作。[1]这里举一个新设置道路供一般公众利用的例子来看看。

前一页的图Ⅰ显示了设置都市计划道路供一般公众利用之前行政 10
活动的一般流程。在图中所说的"管理"中，在改建、维持、修缮等之外还进行着怎样的行政活动，表Ⅰ作出了列举。从中可以看出，即使同样是说道路行政，具体也有种种活动在进行，存在多样的侧面。其中，对于行政法学如何把握、说明行政这种现象，也因所把握的多样侧面的不同，而能得出种种看法。

表Ⅰ〔2〕

1. 道路区域的决定、变更及其公示（法第18条）
2. 道路使用的开始、废止及其公示（法第18条）
3. 边界道路的管理方法的协议（法第19条）
4. 兼用工作物的管理方法的协议（法第20条）
5. 对工程原因者施工的命令（法第22条）
6. 附带工程的施行（法第23条）
7. 道路管理者以外者所进行的道路工程的承认（法第24条）
8. 向利用收费桥梁、渡船设施者收取费用（法第25条）
9. 道路台账的编制、保管（法第28条）
10. 占用道路的许可（法第32条）
11. 占用费的征收（法第39条）
12. 沿路区域的指定、公示（法第44条）
13. 道路标识、区划线的设置（法第45条、第47-5条*、第48-11条）
14. 通行的禁止或限制（法第46条）
15. 汽车专用道路的指定、公示（法第48-2条）
16. 原因者负担金的征收（法第58条）
17. 他人土地的进入或临时使用（法第66条）
18. 新设、改建道路的损失补偿（法第70条）
19. 监督处分（法第71条）
20. 道路预定地的许可（法第91条）
21. 不用物件的管理或交换（法第92条）

---

〔1〕　现在已成为经典，除了遠藤博也『行政法Ⅱ（各論）』之外，特别有代表性的是阿部泰隆・システム上。

〔2〕　新建設行政実務講座6「道路」95頁。表中的"法"是指道路法。另外，根据此间的法律修改修正而成。

*这里的"第47-5条"，在中文里通常是写作"第47条之5"或"第四十七条之五"，表示在第47条之后新增的第5条。为美观简洁起见，改作这一译法。如果是从某一条到某一条，则用"~"连接，例如"第138~143条"。下同。——译者注

二、行政的活动目的与活动形式

11　　1. 例如，也可能根据道路、港湾、自来水、下水道等对国民的公共服务内容（活动目的）来把握行政，将关于道路行政的法、关于水道行政的法分别定位为道路行政法、水道行政法。关于行政的这种看法，在行政的各个领域现实从事种种行政活动的公务员之间是极为常见的。例如，各种实务六法的种类可以说主要就是从这一角度对该行政领域的实定法规的总览。但是，过去日本的行政法学未必是这样来观望行政的，而毋宁可以说是这样的：即使同样是在说关于道路的行政，行政法学更关注它是由人类极为多样的行动组成的，将一个又一个行动作为观察的对象。

　　2. 这些行动可以根据其性质从种种角度进行分类。例如，在前述图Ⅰ中登场的行动中，"道路交通情势调查""实地测量""基桩设置"等仅仅是事实的物理性行动，并没有通过该行为对某人直接产生权利义务的法效果。与此相对，"收购用地"是行政一方从道路预定地的所有者取得土地所有权的行为，明显是直接给人的权利义务带来变动的行为。同样是"收购用地"，也有两种可能的方法，即得到所有者的同意通过契约取得（任意收购）、经征收委员会的征收裁决强制取得（土地征收）。即使说是带有法效果的行为，有的行为对一般国民的权利义务产生影响，而诸如"道路网完善计划"，也只不过是说在行政组织内部，今后建设道路的机关负有必须遵守计划的义务。
12　如此，行政活动是直接带来法效果的行为还是仅仅是事实性物理性行为，是单方的强制性行为还是要有相对方国民合意的行为，是拘束国民还是仅在行政内部通用，是像计划那样规定极为抽象而一般的内容事项，还是像"收购用地""工程订货"那样仅仅关乎个别而具体的事项，换言之，更为一般性地说，根据行政活动具有怎样的法的形式，可以作出种种分类。

　　3. 这样，行政活动可以分解为个别行为，着眼于各行为的目的及形式来进行考察。在日本行政法学中，过去在这种考察方法下，在说行政法各论时，可以说主要是像前面那样从行为的目的来观察行政；在展开行政法总论时，可以说是以其行为形式为中心来远眺行政。[1]然而在今天，对于行政的这种看法是否真的适合于现在的行政法学，正成为问题。对此容后再述。[2]

三、行政的主体

1. 在思考行政是什么的时候，有两种角度：一是像上面那样，在进行何种目的和形式的活动，换言之，从行动或作用的侧面观察行政；二是行政经由何人之手在进行，换言之，从主体的侧面考察行政，这是今天的一个重要角度。例如，如果来看看前述的道路设置和管理，道路的设置和管理主体实际上是多种多样的。这时，国家和地方公共团体在从事此事时，该活动当然构成行政的一部分。再如，不

13

---

[1] 行政活动根据其目的分类的方法，并非如正文所示道路行政、住宅行政那样根据行政活动的各个对象分类，而是跨越各行政领域的横断观察、根据活动目的一定的类型差异进行分类的方法。以道路行政为例来看如下。

如前揭表所示，作为道路管理的一个方法，《道路法》这一法律规定，在因道路破损、破坏等事由而产生交通危险时，道路管理者为了保全道路构造、防止交通危险，可以设定区间、禁止或限制道路通行（第46条）。更为一般化而言，道路管理者的这种行为可以说是"为了实现道路安全而限制国民通行自由的行为"。作为取得用地的一种方法，土地征收可谓"为了设置公共设施这种公共事业而强制性取得国民财产的行为"。即使同样是说道路，也能看到不同的情形，例如东日本高速道路股份公司有时设置并管理收费高速道路，这种情形可谓是在进行"为了公共目的的一种企业活动"。如此，行政的各个活动作为"为了公共安全而限制国民自由的行为""为了公共事业而强制取得国民特定财产的行为""为了公共目的的企业活动"等来定性、整理，具有这种性质的行为，不限于道路行政，还在港湾行政、水道行政、住宅行政、医疗行政以及其他所有行政领域都共通地存在着。过去日本的行政法学，从这种角度对行政各领域的种种活动进行整理、分类，设想出"警察行政""公用负担""公企业的经营""财政"等几个行政活动的理论类型。实际上，传统行政法各论所把握的行政活动目的并不是正文所述的道路、住宅、交通等那么具体的目的，而是从这种角度所作的更为抽象的把握（在这一意义上，过去所谓"行政法各论"，应该也可以说具有"各论的总论"的性质）。

[2] 参见后述第384页以下。

动产业者建成住宅团地、整顿团地内道路、观光业者建设观光道路该如何认识呢？在这些情形中，道路建设本身是具有公共效果的事业，国家和地方公共团体通过诸如项目执照制度、开发许可制度等进行种种监督和控制。这种监督作用、控制作用当然也是行政作用的一部分。但在这种情况下，根据传统行政法理论的观点，不动产业者和观光业者建设道路本身通常并不是国家和地方公共团体的行政活动，即使在结果上服务于公益，其本来的性质也是私人企业的营利活动。

行政原本是国家作用的一部分，因而，上述说法自身也可谓逻辑的必然。但是，所谓特殊法人在进行此事时又是怎样的呢？例如，2005 年 10 月 1 日民营化以前，有日本道路公团这样的特殊法人。（旧）日本道路公团是根据（旧）《日本道路公团法》设立的独立法人，根据法律规定，"目的在于对收费道路综合而有效地进行新设、改建、维持、修缮以及其他管理，促进道路的完善、促进交通顺畅"（第 1 条），由政府出资成立（参照第 4 条）。以总裁为首的干部任命、罢免等委诸国土交通大臣之手（第 10 条以下），在很多方面其职员适用关于国家公务员的法令（例如参见第 37 条），公团自身在很多场合也被视为国家行政机关适用法令（例如参见第 39-2 条）。也就是说，这虽然是国家为完善道路事业而特别设置的法人，在法律上说具有相对于国家的独立性，但在经济和社会的实质中，也能看作国家的替身。在这一意义上，过去（旧）日本道路公团进行的道路设置和管理也被认为构成行政活动的一环，（旧）日本道路公团与国家、地方公共团体一样都是进行行政活动的法主体，在这一意义上可被称作"行政主体"。[1] 在这种意义上，这种法人并非国家和地方公共团体，但其活动却具有"行政"的性质，它具有"行政主体"的性质，这种法人在此

---

〔1〕（旧）日本道路公团在 2005 年 10 月 1 日被股份公司化（所谓民营化），三分为东日本高速道路股份公司、中日本高速道路股份公司、西日本高速道路股份公司。这些股份公司已经很难给予"行政主体"的定位。因而，所谓"民营化"（从行政法的观点来说）也可以说是对于过去具有"行政主体"性质的法主体，剥夺其"行政主体"的性质，而赋予其"私人"的性质（参见后述第 16 页以下）。

之外也是多种多样的。2001 年登场的"独立行政法人"[1]即为典型。[2]

　　2. 在上述道路设置和管理作用之外，其他与国民日常生活密切相关的种种业务，诸如供给自来水、光热、食材、住宅等，完善和保障交通、运输、流通网，实施和充实教育、保健、卫生、医疗事业等等——根据前引远藤博也博士的用语，[3]这里权且将这些业务总称为"社会管理功能"，这些都是由国家、地方公共团体、独立行政法人、特殊法人、私企业、个人等种种法主体进行的。如上所述，在过去日本的行政法学上，在理论上将这些法主体区分为"行政主体"与"其他法主体（私的法主体或私人）"两个种类，只将属于行政主体的法主体所进行的业务称为"行政"。这种观点将所有法主体二分为"行政主体"和"私的法主体（私人）"，对日本行政法理论的基本状态产生很大影响。这将在下一节再作概述。

第二节　行政主体的概念

一、"行政主体"与"私人"的二元思考

　　在日本行政法学上，行政主体的概念一般是在"行政上权利义务的主体"，换言之"被赋予实施行政之权能的法主体"的意义上来使用。[4][5]如上所述，这种法主体不限于国家和地方公共团体，还包括

----

　　[1]　关于独立行政法人，1999 年第 145 回国会通过了《独立行政法人通则法》。根据该法，用来设置各个法人的法律，自 2001 年 4 月 1 日开始现实地登场。参照、藤田宙靖·组织法 147 页以下。

　　[2]　现在分别民营化为 JR、NTT、JT，其前身日本国有铁道、日本电信电话公司、日本专卖公社（旧三公社）均为这种性质。

　　[3]　遠藤博也『行政法Ⅱ（各論）』（青林書院、1977 年）8 頁。

　　[4]　有观点认为，"'行政主体'一词是将国民定位于'行政客体'、在两相对比中使用的概念，在国民主权之下并不适当"（例如参照、芝池義一·総論 5 頁），但在采取正文所述的理解时，未必要拘泥于与"行政客体"概念进行对比。

　　[5]　对于行政主体概念的意义及相关问题等，参照、塩野宏『行政組織法の諸問題』（有斐閣、1991 年）3 頁以下；藤田宙靖·思考形式 65 頁以下；舟田正之「特

15

16

各种独立行政法人、公共组合（健康保险组合、土地区划整理组合等）等并非国家、地方公共团体但却在从事某种"国家事务"的法人。

　　将所有法主体分为这种意义上的"行政主体"与"其他法主体"（"私人"或"私的法主体"）来考察，从这种传统的二元思考方法可以得出多种多样的推论。例如，其最基本的结论是，将行政的法关系分为行政的"内部关系"与"外部关系"来思考。也就是说，在行政主体概念之下，行政活动的全过程基本上就被理解为实施行政的行政主体与私人、私的法主体之间的法关系，私人在行政主体之外，与其处于对立、发生争议或者达成合意的交易关系之中。这时，有观点就认为，行政主体的内部构成、内部组织问题完全属于"行政的内部关系"问题，行政主体与其之外的私人之间的关系是"行政的外部关系"问题，两者受本质不同的法原理支配。例如，如后所述，在古典行政法理论中有一种"区分一般权力关系与特别权力关系"的观点。[1]这本来是源自下面这种观点，即使是国民服从国家公权力的情形，如果它是属于行政内部关系的情形（例如公务员的勤务关系），也不能原原本本地适用支配行政外部关系的法原则。再如，在行政机关制定一般抽象性法规范、亦即行政立法行为中，区分为"法规命令"与"行政规则"，[2]也源自同样的观点。一般不允许对行政的内部行为提起抗告诉讼有所争议，[3]也是这种二元思考的表现。

二、二元思考与现代的行政

　　以行政主体与私人的对立关系为前提，以行政的"内""外"区

殊法人と『行政主体』論」立教法学22号（1984年）1頁以下；舟田正之「特殊法人論」（现代行政法大系7）245頁以下；岡田雅夫『行政法学と公権力の観念』（弘文堂、2007年）134頁以下、16頁以下等。另外，对于这一概念相关讨论，参照、藤田宙靖「『行政主体』概念に関する若干の整理」栗城古稀（藤田宙靖·基礎理論下所收）。

　　〔1〕　参见后文第74页以下。

　　〔2〕　参见后文第316页以下。

　　〔3〕　参见下卷第19页。

别为基本出发点，上述观点从历史上来看可谓反映了近代欧洲型法治主义思想的基本构造。也就是说，日本传统行政法理论以欧洲型近代法治国家原理[1]为基本出发点，即通过将后述"依法律行政原理"作为基本原理，以国民代表之议会制定的法律来拘束、限制行政权，进而保护国民的权利利益免遭行政权侵害。因而，对抗国家行政、保护国民权利利益成为基本的关注点，与这种关注相对应的行政现象也成为考察对象。作为保护对象的国民＝私人、作为保护手段所指向的国家行政的主体，首先分别根据明确的功能加以定位；[2]同时，即使是整个行政过程，明确区分为行政侵害国民权利利益的情形与其他情形，不仅是可能的而且也是必须的。这种观点就能成立。[3]

但是，近来，以"行政主体"与"私人"、行政的"内"与"外"这种二元思考来考察行政，对于面对现代社会之行政的现代行政法学而言，具有多大程度上的意义，正以多种多样的方式暴露出问题来。例如，在前揭《行政法Ⅱ（各论）》中，远藤博也博士过去提倡作为"功能性行政组织"的"自主性行政组织"概念，它也包括业界团体或同业者团体，此外还提倡连町内会、团地自治会也包括在内的"非定型的行政组织"概念。[4]在这一意义上，他并不只是在量上扩大传统行政主体概念的范围。其中，"行政"的把握方式毋宁是不同于传统的理解，亦即所谓行政，并不是国家作用的一种，而是指前述意义上的整个"社会管理功能"，宽泛地作为"生活的手段"来思考。在极度分工的现代社会中，并不是仅由职业公务员组成的官僚组织垄断社会管理功能，官僚组织只不过是众多社会管理功能承担者中的一种。远藤博士为了强调这一点，主张有必要采取上述观点。

最近，在超越上述二元论和一元论的对立的维度上，有越来越多

[1] 参见后述第58页以下、第72页、下卷第3页以下。

[2] 这种观点与国家学、政治学上所谓"国家"与"社会"二元对立的观点相对应。

[3] 例如，后述关于法律保留原则的多种理论、关于自由裁量行为判断基准的多种理论等就是其例。

[4] 参见该书第90页以下、第94页以下，特别是第97页。

的学者谈及从正面看待"公私协作"现象的重要性。[1]

三、行政法学的目的与"行政"

19　　　然而，在现代社会中，社会管理功能并非仅由国家和地方公共团体之手垄断，认识广为分散的事实自身，未必与前述"行政主体"与"私人"二元区分的观点在逻辑上不相容。其原因在于，即使在传统二元考察方法之下，也未必认为所有社会管理功能仅由国家垄断，只不过在其中，在社会管理功能由国家或"行政主体"承担时，它以侵害、限制国民权利利益的形式管理，就作为特别受关注的中心来处理。因而，在复杂化、分工化的现代社会所看到的情形中，仅仅取出这种情形作为关注的中心，[2]维持传统二元思考的基本构造，也未必是不可能的。只不过，在这时，现代极为多样的社会管理功能就要被置于行政法学的考察之外了。[3]

20　　　但是，在另一方面，在实施社会管理功能的一般过程中，广泛关注如何保护国民的权利利益时，就必须将从传统思考框架中散落的诸多社会管理功能也作为考察对象来处理，要思考如何广泛、实质上保护国民利益才好。这时，思考行政，就要问一问固执于传统的"行政主体"概念是否适当。

　　　对于前述"公私协作论"，对其理论性质的说明是，"着眼于行政过程中私人作用的变化，承担着在多样协作现象（主要是新现象）中

---

　　〔1〕　借用其代表性学者之一的山本隆司教授的话来说，"公私协作论首先承认由组织构成主体不同的'公'组织与'私'主体共同承担'社会管理功能'事务（任务），再根据无法二分的多样性事务（任务）的性质，考究公组织与私主体应当如何分担事务（任务），两者应当以何种组织、程序样态来完成事务（任务）（包括国家在完成事务上以何种样态来回应'关注'）"。山本隆司「日本の公私協働」藤田退職171頁。

　　　〔2〕　例如，兼子仁·総論反而是有意从这一角度去构筑行政法学。

　　　〔3〕　为了应对后者问题而提倡"元行政法的地平线"上的法理论，参照、磯部力「行政システムの構造変化と行政法学の方法」塩野古稀上47頁以下（特别是第64頁）。

发现法问题的功能"。[1]这种"发现的功能"超越了仅以过去二元论说不清楚行政现实的批评，在具体的法解释论上能发挥怎样的积极功能，尚需个别地验证。具体而言，诸如私人（私法人）根据法律的规定，接受行政主体（行政机关）一定行政事务（包括行使公权力）的委托而实施行政，这就是所谓"指定法人"或"指定机关"等制度。[2]在其种种法解释中，从"公私协作"角度来看时能否产生某种新的观点，就会成为问题。[3]

　　如此，如何把握"行政"的主体，进而如何把握"行政"，会因行政法学想将什么作为其目的而有很大的不同。过去日本多种多样的行政法理论之所以未必来得很顺畅，其原因之一就在于并不明确理论是为了什么，这种状况因现代行政复杂而明显发展的现象而愈加展开。[4]对于这种问题，后面将通过种种例子来阐明。其中，作为准备性工作，对于日本传统行政法学对"行政"的把握方式，下面将从如何理解行政的活动形式的角度来说明其基本特色。

第三节　行政的活动方式——三阶段构造模式

一、行政过程及其法的把握

　　已如前述，现实的行政是以多种多样的手段开展的复杂过程。[5]

---

〔1〕　前田雅子「行政法のモデル論」新構想Ⅰ27頁。
〔2〕　参照、藤田宙靖・組織法156頁以下。
〔3〕　作为这一意义上的启发，例如参照、稲葉馨「公共施設法制と与指定管理者制度」法学67巻5号（2003年）60-61頁。
〔4〕　对于上述情况，一般可参照、藤田宙靖「現代の行政と行政法学」公法研究46号（1984年）115頁以下（藤田宙靖・基礎理論上49頁以下所收）。而我自身对行政主体概念的有用性的观点，参照、藤田宙靖・組織法21頁以下、45頁以下；藤田宙靖・前揭栗城古稀（藤田宙靖・基礎理論下所收）。
〔5〕　因为要强调行政是这样一个"过程"，现在常常使用"行政过程"的说法。对于这一词语以及强调行政是"过程"的观点在现在行政法学上所具有的意义，参见后述第142頁以下。

然而，行政法学在考察这一复杂过程之际，并不只是作为没有任何结点、平淡的动态漫然地来看，在对行政过程进行法的考察时，这种对目的有意义的把握方法当然也必须适用于对"行政"自身的把握。

关于这种把握方法，在日本传统行政法理论中，其基本特征首先是前一节所见的"行政主体"与"私人"对立的看法，此外还能举出其他几个观点：其中一个观点是前述以构成行政过程的种种个别性行为的法形式为中心来分类考察行政过程；现在还有一个观点是，在这种法的形式中，特别是以"行政行为"这一法的形式为中心，法律—行政行为—强制行为的三阶段构造构成行政过程的基本骨骼。以下想要对这两点稍微详细地加以分析。

二、行政法总论与行政的各种活动形式

传统行政法理论主要是着眼于行为形式、活动形式来把握行政的各种活动，这样做可以说是有道理的。也就是说，如果将行政法理解为统一的法理，它存在于关于复杂多样的行政的庞杂法规的背后，对于探究这种统一法理的目的最有意义的当然是从行为形式、活动形式来把握行政的看法。其原因在于，看出了形式的共通性，就可以超越所有领域诸多行政活动在目的、内容上的具体差异，不管怎样就可以将其纳入共通的范畴之中。这样，作为全部行政领域共通存在的法形式，过去行政法学能看出来的有"行政立法""行政行为""行政契约""行政上的强制执行""行政上的即时强制"等行为形式或活动形式。

在传统行政法学特别是行政法总论中，行政的全部活动，舍去其具体的目的、内容、具体名称等，基本上全都是通过这里所说的共通的行为形式、活动形式的组合，在横断面上来把握。如此，常常是就每一种行为形式、活动形式来谈论其法的性质。鉴于现代行政活动形态多样化，除了上面列举的行政法学从过去就一直在处理的行为形式或活动形式之外，"行政计划""行政指导"等新的行为形式、活动

形式也正在受到关注。[1][2]

三、"行政行为"的概念

然而，重要的是，传统行政法理论在着眼于这种行为形式、活动形式来考察行政的过程时，在这些行为形式、活动形式中基本上区分出重要者与不重要者，或者说基本者与附带者。这时，承担着最为中心作用的就是"行政行为"这一行为形式。

在这里，"行政行为"自然并不意味着行政主体的全部行为，而是指其中具备某种特定性质的行为形式。例如，在前述都市计划道路的设置管理的例子中，道路区域的决定、项目认定、取得用地的征收裁决、道路的占用许可、道路障碍物的排除命令等行为均具有这里所说的"行政行为"性质。此外，从其他行政领域来看，即使拿能想起的例子来看，更正处分和决定处分等课税处分，建筑基准法上的建筑确认和违法建筑物的拆除命令，公务员的罢免处分，关于农地的权利移转许可和转用许可，餐饮业、旅馆业、公众浴场业、风俗营业、宅基地建筑物交易业等为数众多的营业执照或许可及其撤销、停止等，与国民日常生活相关的诸多重要行政活动也属于这里所说的"行政行

24

---

[1] 从"行政主体使用的手段"角度来看这些个别行为形式、活动形式，近来也有人使用"行政手段"的说法。对此，有人主张应当在理论上区别"行为形式"概念与"行政手段"概念。参照、高木光『事実行為と行政訴訟』（有斐閣、1988年）285页以下。

[2] 在本书前身《行政法Ⅰ（总论）》的新版之前，"行政立法"以及其他概念仅作为表示行政的行为形式来说明，该书第三版以后用了"行为形式、活动形式"的表述。这些概念是否真的都表示"行为形式"，从理论上精确而言是存在种种问题的，这将在之后指出。例如，其中，"行政上的强制执行""行政上的即时强制"就是由几个个别行为组成的一定的程序过程。有人着眼于此，就以"行政上的一般制度"来说明，以区别于"行政的行为形式"［参照、塩野宏·Ⅰ（第六版）97页以下］。再如，"行政计划"在何种意义上能说是新的行为形式，该书新版已经提出疑问［参见后述第356页以下，顺便提及，塩野宏·Ⅰ（第六版）234页以下是将行政计划作为该书所说的行为形式之一来处理的］。另外，对于整个行政的活动形式论，将在本书第三编附章再作详述。

为"。

这些行为，亦即"行政行为"这种行为形式均有共通之处，大致在于：第一，不同于政令、省令等所谓"行政立法行为"，它是以个别、具体的私人为对象所作出的行为；第二，不同于建议、劝告等所谓行政指导行为，它直接影响私人的权利义务，换言之，直接课予私人某种法的义务、赋予法的利益；第三，不同于捣毁违法建筑物等实力性强制行为，它仅具有某种意义上的观念性效果，是在当下课予法的义务、赋予权利；第四，为了确保这种法效果的实效性，在其背后设计了强制手段（强制执行、根据罚则进行制裁等）等，在某种方式上具有不同于私人法律行为的"公权力性"，等等。[1]不过，在所谓行政"内部关系"中的行为当然要从"行政行为"中排除出去。[2]在传统日本行政法理论中，首先根据法律的一般、抽象规定，作出这种意义上的行政行为，进而为了确保行政行为的效果而实施强制行为（特别是强制执行行为），这种三阶段构造是贯穿所有行政领域、行政过程的最基本构造。传统行政法理论就是在这种观点下观察、把握行政活动的。[3]

这种观点是通过以"行政行为"法形式为中心的三阶段构造模式来把握行政过程的基本骨骼，它来源于奥托·迈耶（Otto Mayer，1846—1924）19世纪末确立的德国近代行政法的观点。即使是现在的日本，在学说中仍保留着"行政行为"的概念，诸多法律，特别是《行政程序法》《行政案件诉讼法》《行政不服审查法》等采用"处分"的概念，[4]基本上仍受其很大的影响。

---

　　[1]　"行政行为"的概念与性质，将在后文再作详细说明（后出第203页以下）。对于这里所说的"公权力性"的内容，详见后述第222页以下、第231页以下等。

　　[2]　不过，对于这一点，参见后述第79页注[1]。

　　[3]　典型的例子有，根据《所得税法》等税法规定作出课税处分，为实现课税处分的效果，作出扣押、拍卖等滞纳处分；根据《建筑基准法》的规定，发出违法建筑物的拆除命令，在未自愿履行时强制捣毁。

　　[4]　参见下卷第18页以下。

四、第一章小结

如上所述，在日本传统行政法理论（特别是其总论）所看到的对行政现象的把握方法，其特征在于，"行政主体"与"私人"对立（或者行政"内部关系"与"外部关系"的区分）的二元图式，并通过以"行政行为"概念为中心的三阶段构造模式来把握这种相对立的"行政主体"与"私人"相互关系。这种对于"行政"的把握方法自身与行政法理论的种种侧面密切相关。传统制度和理论是在这种对"行政"的思考模式上发展起来的，而激剧变动的现代行政现实又产生种种要求。如何让两者对接起来，成为日本现在的行政法制度与理论中最基本的难题。其中，一方面，出现的一种尝试是像前述远藤博也博士的行政组织概念那样，完全转换为与过去不同的构想，从根本上改变思考框架；但同时在另一方面，如后所述，现状却是应当使传统思考框架适合新的要求，一点点渐次改变、不断进行试错的尝试。

26

第二章
行政法

第一节　概　　说

一、行政固有的法

正如序论所见，对于行政法是什么的问题，过去有种种观点，而未必有统一的见解。但是，如果根据理论的必然性，或仅仅是便宜的理由，行政法这一法领域既然区别于其他领域，当然要处理其他领域通常不正面处理的法现象、法关系。实际上，在围绕行政的法关系中，常常能看到与通常民事关系颇为不同的法现象。例如，在征税、土地的公用征收等情形中，即便没有相对方当事人的纳税人、土地所有者的同意，行政主体（这里其机关分别是税务署长、征收委员会）也在法律上具有权限，最终单方课予纳税义务，或者让土地所有权发生变动（也就是实施前述意义上"行政行为"的权限）；还被赋予权能，在相对方不予服从时，亲自以强制力加以实现；[1]在相对人不服从时，具有以自己的强制力加以实现的权能（滞纳处分、出让的代执行）。[2]这与通常私人根据民法规定将他人金钱、土地落入自己之手的情形自然是极为不同的。如此，在行政活动之际，特别是以行政行为为中心手段行使公权力时，行政主体与私人之间存在的法关系，在

---

[1]　参见《国税通则法》第24条、第25条，《土地征收法》第47-2条。

[2]　参见《国税通则法》第40条，《土地征收法》第102-2条。

内容上可以说是不同于通常私人相互之间的法关系。这样，规范在私人相互间通常看不到的法关系的法，在传统行政法理论中就被称作"行政特殊固有的法""关于行政的公法"。[1]

二、"公法"与"私法"的观念

然而，如前所述，在传统行政法理论中，不言自明的是，行政活动基本上是以行政行为这一行为形式为基轴、以三阶段构造模式为中心来把握的，其中，行政活动基本上是受前述意义上"公法"的规范。但是，即使在这一场合下，围绕行政的法关系也并不是说完全受这一意义上公法的支配。例如，从前述道路的设置管理来看，为了修理国道县道、架设桥梁，国家或地方公共团体向土木建设公司提出工程订货，其中缔结的契约自身与私人相互间的承包契约在性质上也并没有决定性的不同。有时，虽是要实现完全同样的目的，避免权力性行为形式，反而使用与私人间交易相同的方法。例如，在为建设公共用道路而要取得用地之际，尽管可能使用现行法上征收土地这一权力性的手段，但现实中更为普遍的却是与土地所有者协商，通过民法上的买卖契约取得土地（所谓任意收购）。在关于行政的种种法规范中，存在形成行政法这一特别法领域的法规范，也存在已被吸收到民法、商法、刑法等领域的其他法规范。

其中，在古典行政法学上，首先对于有关行政的法现象，如何在理论上区分是否属于行政法抱有重大关切。这一问题是特别作为公法与私法的区分标志（判别基准）问题来讨论的。[2]

---

〔1〕 例如参照、田中二郎·上 24-25 頁。

〔2〕 正确而言，古典行政法学作为"公法与私法的区别"来讨论的问题包含着"'公法'与'私法'的区别"问题、"'应当适用公法的社会现象'与'应当适用私法的社会现象'的区别"问题。这两个问题在理论上本应是明确区分的问题，事实上日本也早有学者指出了这一点［参照、柳瀬良幹『行政法に於ける公法と私法』（有斐閣、1943 年）］，但尽管如此，一般并没有这种明确区分，就是在讨论着"公法与私法的区别"。其原因可能有很多，如后所见，其中之一可以举出下面这种背景："公法"的

三、区分公法与私法的学说

公法与私法的区分标准（或者"应当适用公法的社会现象"与"应当适用私法的社会现象"的区分标准）问题，是欧洲大陆法系法律学中非常古老的争论不休的问题。例如，1904 年瑞士一位学者（Molitor）收集这一问题的相关学说之后说，到那时为止已存在 17 种学说。但是，将这些多种多样的观点进行大的类型化来看，在过去行政法学上具有重要意义者大致可分成以下三类：

（一）主体说

这一类型基本上来说就是根据法关系的主体、当事人是否有行政主体（或其机关）来区分是否为公法。其结果是公法、行政法的领域变得极为广泛。例如，在法国大革命之后不久、近代行政法理论体系诞生期的法国，这种观点是主导性的。[1]当时，为了让革命政府的行政运营免遭保守的司法法院（称作"Parlements"）干涉，大凡行政机关参与的法关系均作为"行政法"而不服从通常司法法院的审理，这成为之后生成统一行政理论体系的源泉。但是，大凡行政机关参与的法关系都必定受内容不同于通常私法的法的规范，很难说必定符合行政的实态，主体说的观点在哪一个国家都不能永远保持主导地位。

（二）权力说

如名称所示，这一类型基本上是根据当事人间是否以权力性手段进行规范来决定公法与私法的差别。例如，在法国，当初在前述主体说观点居于主导地位之后不久，就有人对此展开反思，采用的观点是，

内容自身在理论上并不明确，从诸如确定行政法院管辖范围的需要等来讨论所谓"应当适用公法的社会现象"范围，反过来，适用于如此确定范围的社会现象的法也就是"公法"。以此为前提，本书将首先按其原样回溯传统行政法学中的学说发展。

〔1〕 对于法国行政法的历史发展，参照、神谷昭『フランス行政法の研究』（有斐閣、1965 年）、雄川一郎「フランス行政法」同『行政の法理』（有斐閣、1986 年）。

将行政机关参与的所有活动二分为"权力行为"（actes de puissance
publique）与"管理行为"（actes de gestion），前者受行政法、公法的
规范，服从行政法院（Conseil d'Etat）的审理权，而道路修缮、公共
设施建设等财产管理行为则在行政法的对象之外，服从通常司法法院
的审理权。在德国，与法国的情形不同，主体说的观点原本就几乎没
有居于主导地位。中世纪的法思想亦即对于领主与人民之间的关系，
并不明确区分其法关系公的性质与私的性质，进入 19 世纪后仍然能
看到这种观点的影响，[1]再加上所谓国库理论（Fiskus = Theorie）法
思想[2]的影响，反而一开始产生公法私法区别问题时，权力说的立
场就可以说居于支配地位。

　　然而，伴随着国家生活、社会生活的发展，国家行政活动日益增
大、复杂化。与此相连，出现的问题就是，仅以"权力"要素就将行
政法、公法与一般私法区别开，是否适当。例如，从自来水、电力等
公企业来看，一般对通常的私人承认契约自由原则，而这些企业却原
则上被剥夺拒绝缔约申请的自由。[3]行政主体卖掉国有公有财产、请
土木建设业者承揽道路工程，这时，缔结的买卖契约、承包契约自身
即使与民法上的契约相同，其缔结过程也与私人销售其所有物、建造
房屋并不完全相同。也就是说，与私人不同，在行政主体的场合下，因
为是保管着公共财产、公共资金，不允许行政机关在从事契约要务之际
因恣意、私情等损害公共财产、缔结契约。对于公共财产的管理、公共
资金的支出等，有种种法规范设置了特别的规定。[4]

　　如此，即使是非权力性行政活动，也要为了公共利益而使用公共
财产、设施等，因而，有时就由通常私人间法关系中并不存在的特殊
的法来规范。以这种眼光来看行政活动中权力性行为，为什么被赋予

─────────

〔1〕　对于德国 19 世纪初期的理论状况，请参照、藤田宙靖·公権力の行使。

〔2〕　该观点并不视国家为单一的法人格，而是认为有作为权力主体的"国家"与
作为财产权主体的"国库"（Fiskus）两种法的人格，国库意义上的"国家"不同于作为
权力主体的"国家"，常常受和普通私人同样的法规范，服从普通司法法院的审理权。

〔3〕　参见《水道法》第 15 条，《电力业法》第 17 条等。

〔4〕　参见《国有财产法》《会计法》《物品管理法》等。

这种权力，究其根本就在于，这是为实现公益所不可或缺的。这样，公法与私法的区分标志就不是"公权力"，而是"公益"，所谓利益说的观点就登场了。

(三) 利益说

一句话来说，这一类型的观点认为，服务于实现公益的法是公法，服务于私益的法是私法。如前所述，在法国，大革命之后，先出现当初的主体说观点，接着在权力说观点登场之后，19 世纪中叶开始，作为行政法区别于私法之标志的公共服务 (service public) 概念逐渐在行政法院的判例中登场了。这种观点经行政法学者之手整理、发展，成为后来法国行政法的基轴。而在德国，权力说的传统原则上没有崩溃，但是诸如在以法国行政法理论体系为范本的奥托·迈耶的体系中，关于公物、公企业的管理、运营等的法也被纳入行政法之中。[1]这基本上影响了尔后的德国进而是日本的传统行政法理论。

但是，至少仅仅是利益说，还难以说始终是正合乎行政现实的。例如，一方面是纯粹的私人行为，同时也服务于公益目的，这种行为并不少见（例如开设医院等）；而另一方面是行政主体实施的公益目的的活动，有时也使用通常的私法形式。在法国行政法上，之后很长时间里作为行政法理论支柱的公共服务概念发生了动摇，取而代之的观点是，诸如关于权力行为 (actes de puissance publique) 与公管理行为 (actes de gestion publique) 的法是行政法；即使是以公益为目的，关于私管理 (actes de gestion privée) 的法也是私法。而在以德国行政法理论为模型的日本传统行政法理论中，长期主导的代表性观点是从利益说角度修正的权力说框架观点。下一节就来观察日本的公法私法论的展开。

---

〔1〕　特别注意到这一点并解明奥托·迈耶的理论构造，塩野宏『オット·マイヤー行政法学の構造』（有斐閣、1962 年）。

第二节 公法与私法——日本学说的推移

一、日本的传统通说——三分说

日本关于公法私法区别的学说在传统上自然是受德国影响发展起来的。在第二次世界大战后初期之前，如果用一句话表达其特征，那就是与明治年代继受西欧法时期当初隆盛的"公法关系私法关系绝对区别论"（其代表例子通常是举出穗积八束、上杉慎吉两位博士[1]）立场相对，美浓部达吉博士、田中二郎博士等主张"公法关系私法关系相对化理论·混合关系理论"，克服绝对区别论，并广泛浸透至全体的过程。

例如，田中二郎博士将行政活动的法关系三分为支配关系（权力关系）、公法上的管理关系和私法关系。[2]首先，所谓支配关系，是指受警察作用、课税征税等行政主体的单方性命令强制权所支配的关系，其中，除了"贯穿所有法的一般原理或一种法技术上的约束规定包含在民法典中的情形"（例如，《民法》第1条第2款、第3款规定的信义诚实原则、禁止权利滥用，第138~143条规定的期间计算规定等），完全排除一般私法的适用，适用独自的公法原理（行政法原理）才是妥当的。其次是公法上的管理关系，是诸如设置并维持公物、经营管理公企业等的法关系，本来是适用与对等私人之间规范同样的法，亦即私法，但这些作用系为公益而行，与公益有密切关系，因而，为了实现公益，课予私人之间没有的特殊规范要求。这时，是否存在不同于私法原理的特殊规范的明文规定，只有在区别于纯粹私经济关系的公共性得到实证时，才适用公法、行政法原理，否则即受私法原理支配。最后是私法关系，购买一般的事务用具等与私人之间经

---

〔1〕 对于穗积八束博士的公法私法论，我稍有不同的看法。藤田宙靖·思考形式38页以下。

〔2〕 田中二郎·上79页以下。

济交易完全没有差异的行为，自然全面适用私法规定。

（三分说的理论构造）

私法关系	公法关系	
（纯粹的）私法关系	公法上的管理关系	支配关系（权力关系）
仅适用私法规定	原则上适用私法规定	排除私法规定的适用

这种观点也应被称作"三分说"，它是为对抗主体说的观点，混合了权力说要素和利益说要素而成的，易于诉诸当下一般人的常识，因而从第二次世界大战前到战后一段时间在日本可以说占有通说的地位。[1]

二、三分说的问题

35　　　但是，如果更详细探讨，这种三分说是包含着种种问题的。例如，首先成为理论问题的是"公法上的管理关系"这一类型。根据上述观点，这种法律关系原则上适用私法，同时为了公益目的而例外地受特殊的规范。但由此产生的疑问是，如果是这样，那只有受到特殊规范的情形才进入公法、行政法的领域，此外的情形，即使是公物管理等法关系，也是进入私法领域。对于上述三分说，出现的批判是，大凡从整体上看公物、公企业的法关系，就不可能讨论是公法关系还是私法关系，是公法还是私法的问题应根据各个具体的法规范来决

---

〔1〕　在判例上，有例子认为，公营住宅的使用关系，"是公法上的管理关系，而没有以行使权力为本质"。大阪地判 1959 年 9 月 8 日下级民集 10 卷 9 号 1916 页。而例如对于收购农地处分是否适用《民法》第 177 条规定的问题，最高法院认为，"收购农地处分是国家以权力性手段强制购买农地，与对等关系中私人相互经济交易为本旨的民法上买卖具有本质的不同"，因而予以否定（最判 1953 年 2 月 18 日民集 7 卷 2 号 157 页）。另一方面，国有铁道是法律明文规定（旧《日本国有铁道法》第 2 条）的"公法上的法人"，对于其职员勤务关系，最高法院认为，"一方面有私法的侧面，同时在许多点上按公务员处理，因而有公法的侧面"（最判 1954 年 9 月 15 日民集 8 卷 9 号 1606 页）。另参照、最判 1974 年 2 月 28 日民集 28 卷 1 号 66 页。

定，特别是设定所谓中间领域的"公法上的管理关系"概念是不可能
的、没有意义的。[1]

这一批判在理论上有其正确性，不过，上述三分说的目的未必与
讨论的目的相吻合。原因在于，这一批判在理论上主要适用于行政主
体与私人之间各个具体的法关系应当适用的法规范和法原理已经确定
了的情形，讨论其公私的判断；而三分说的主要目的则是对于应当适
用的法规范和法原理尚未判明的情形，要在法解释论上探寻什么是其
基准和规则。[2]在这一意义上，三分说大致是作为区分"公法""私
法"的观点来说的，但在实质上，它本来不外乎是关于"应当适用公法
的社会现象"与"应当适用私法的社会现象"区别的一种观点。[3]

三、三分说的意义及界限

然而，如果如此理解三分说的性质，三分说的意义就变成在于在
结果层面处于下述法解释论的规则之上：

1. 如果这么说，那即使是关于公法人、公物、公企业等的法关
系，[4]或者行政主体作为一方当事人介入的法关系，也不应当然始终
排除私法规定的适用。

2. 对于上述法的关系：

（1）如果它是有"支配关系"性质的相互关系，就排除一切私法
规定的适用；

---

[1]　参照、柳瀬良幹·教科書14-15頁、杉村敏正·総論上58頁等。

[2]　例如参照、田中二郎·上74-75頁。

[3]　参见前述第29页注〔2〕。另外，对于三分说的理论性质及其学说史上的意
义，除了本书以下所述之外，参照、藤田宙靖「現代の行政と行政法学」公法研究46
号（1984年）119頁以下（藤田宙靖·基礎理論上53頁以下）。

[4]　对于这里所说的"法关系"概念，有观点主张，在适用法规范之前、以一定
生活关系的定性为问题时，这就只是"关系"，而不能称作"法关系"或"法律关系"，
要在逻辑上予以区分（参照、柳瀬良幹·教科書12-13頁）。对此，参见前述第29页
注〔2〕。

36

（2）如果它是有"管理关系"性质的相互关系，（只要论证没有法律的文字上或公益上的特别理由）就原则上应当与私人之间的关系同样处理。

37 其中，第 1 个规则的确立，从学说史背景来看，其实是三分说本来具有的最为重要的法解释论的功能。但是，现在这一规则自身已经完全没有争议，因而，在这种状况下三分说的积极意义毋宁是在提倡第 2 个规则。但这时，今天对于 2（2）已经几乎没有争议，结果主要意义在现实中只剩下 2（1）。但是，学说和判例很早就对此提出了极为重大的疑问。

例如，对于租税滞纳处分，最高法院在 1960 年表明了可以适用《民法》第 177 条的态度。[1] 租税滞纳处分在上述三分说里也是支配关系的一个典型例子，因而必须说至少在判例上并不是原原本本地承认三分说。对于这一判决，也不是没有学说上的批判，但是，赞同之声更多，今天，并不是说是支配关系（权力关系）就当然排除《民法》第 177 条的适用，而是说即使是行政处分，也应当鉴于该处分的性质、问题以怎样的方式登场等因素，个别性地考虑是否适用，这种观点可以说正变成主导的观点。如果这种倾向在理论上得到推进，不言自明的是，一般与"公法上的管理关系"一样，对于"支配关系"，至少不能仅以这种概括的定性，就从中推导出在个别情形中适用法规的决定。如此，现在又朝着这种观点迈进了一步，即原本就不存在与一般私法体系并列、并对立存在的统一公法体系。实际上如本书序论所涉及，特别是从昭和 30 年代结束起，这种观点就得到了进一步强烈的主张。

四、公法私法一元论的登场

38 有观点认为，日本实定法整体可区分为公法体系和私法体系两大类各自独立的法体系。传统观点以此为出发点，这里将其称为"公法

---

〔1〕 参照、最判 1960 年 3 月 31 日民集 14 卷 4 号 663 頁。

私法二元论"（或仅称作"二元论"）。而与此相对，主张实定法上不存在这种统一的公法体系，这一立场在这里权且称作"公法私法一元论"（或仅称作"一元论"）。[1]即使是"一元论"的立场，也并不否定在诸如课税征税、警察规制等诸多行政活动中存在具有命令、强制等内容的法关系，不同于纯粹私人之间的法关系。但是，从这一立场来看，正因为实定法这样个别地规定着，才存在这种特殊的法的规范。像传统理论那样，在这些个别性实定法规背后有统一而概括的公法体系，它就像冰山一角露出海面，呈现为各个具体的特殊规定，这种观点只不过是没有任何根据的学理。例如，根据这一立场的代表者高柳信一博士的观点来看，人在社会中生活，有的事情只用商品交换的交易原则即民事法（博士的用语准确地说是"市民社会的法原理"）来处理是极不合理的，行政活动的各种特殊规范只不过是作为民事法的例外而特别规定的。像商法、劳动法等是作为民法的修正形态而产生的那样，行政性法规只具有民事法（市民社会的法原理）"人为修正形态"的性质。[2]

　　这种观点可以说与英美法系行政法的观点具有共通性。在英美法系的观点中，其根本是普通法（common law）的法思想体系，即不问私人还是国家机关（公务员），所有国民一概共同服从普通法。行政的所有活动原则上应当受一元法源普通法原理的规范（rule of law 思想）。它在传统上就没有产生法国和德国那样独立于私法秩序的统一

39

――――――――――

　　〔1〕　准确而言，即使是站在这一意义上"一元论"立场的人，也未必同时否定"行政法"作为一个理论体系的存在。例如，如正文以下所见的高柳信一博士，也未必否定新意义上的"公法规定"的存在自身，不过，他否定这种"行政法"与传统意义上统一体系的"公法原理"的结合。因而，在理论上准确地说，这里所说的"一元论"，未必是旨在否定"行政法"或"公法"概念的立场，而毋宁是旨在理论重构的立场。或者换个角度来说，这里所说的"一元论"，未必意味着"公法"与"私法"的一元论，而可能是认为"应当适用公法的社会现象"与"应当适用私法的社会现象"的一元论。参照、藤田宙靖·前揭公法研究 46 号 121 页以下（藤田宙靖·基础理论上 55 页以下）。

　　〔2〕　集高柳博士这种观点之大成，参照、高柳信一『行政法理論の再構成』（岩波書店、1985 年）。

公法体系、行政法体系的构想。[1]

五、公法私法二元论的反驳

与如此登场的"一元论"相对，日本当然从传统的"二元论"出发严加批判。要言之，其批判的重点在于，如果是立法政策论姑且不论，如果是作为现行法的解释论来理解，现在日本的实定行政法并不是以"一元论"所主张的构造构建起来的。"二元论"所举的证据是下面的事实：

（1）在实定法上，对行政厅的"处分"涉及了不同于民事诉讼的抗告诉讼这种特殊诉讼（《行诉法》第3条）。

（2）在会计法上，关于公法上金钱债权的消灭时效，承认不同于私法债权的短期消灭时效（《会计法》第30条，当然，这是2017年《债权法》修改前的事情。现在没有了与私法债权之间的消灭时效期间的差别）。[2]

（3）在实定法上，存在明文以"公法"文字规定的法规范，例如，《行政案件诉讼法》第4条（"关于公法上法律关系的诉讼"）、《港湾法》第5条（"公法上的法人"）等。

这些事实确实可以让人相信公法体系与私法体系的二元存在，以此为前提来思考，正是显示法体系二元的表征。但反过来，站在"一元论"立场上来看，这些是证明法体系二元存在的决定性证据，却未必是说得清的事实。例如，对于第一点，日本法上有抗告诉讼这种特

---

[1] See A. V. Dicey, "An Introduction to the Study of the Law of the Constitution", 1885.

当然，实际上这些国家，特别是在第一次世界大战之后，行政机关对私人、私益的权力性规制显著增大。例如，美国诸多独立规制委员会（Independent Regulatory Commission）的经济规制就特别有名。如此，对行政活动存在着内容不同于通常私人之间规范的法，在这一意义上，现在可以说英美法也存在行政法。但是，这种行政法不同于法国、德国等欧陆各国及日本的传统行政法理论所思考的"公法"，它只不过是一元性普通法体系的个别修正形态。

[2] 另外，现在已经不存在了，例如1987年日本国有铁道民营化以前，法律上有"日本国有铁道是公法上的法人"规定。参见旧《日本国有铁道法》第2条。

殊的诉讼类型，这是事实，它是民事诉讼的例外，如果理解成这样的特别规定，就没有任何必然存在"公法体系"的意味。对于第二点，《会计法》第30条的规定，实际上只是规定"国家以金钱给付为目的的权利"，而"二元论"仅随意解释为"国家的公法上债权"。[1]对于第三点，虽说偶尔在几个法条上使用了"公法"的文字，却没有理由必须认为其背后存在统一的公法体系。原因在于，那些实定法律对于"公法"一词能仅在该法律中赋予特有意义，就如同说民法的"果实"概念、刑法的"器物损坏"概念一样，对"公法"概念也能这么说。

在第二次世界大战后，昭和30—40年代日本的行政法学中，公法私法关系二元论和一元论立场均没有决定性证据而陷入相互对峙的状态。这一问题原本应当如何思考呢？对此下一节再来探讨。

第三节 公法与私法——问题的观点

一、方法论上整理的必要

对于是否存在公法与私法的区分问题，日本在第二次世界大战之

---

[1] 在当时法律之下，最高法院在决定某债权是否适用《会计法》第30条时，当初是以该债权是否为公法上的债权为解决的基准（最判1966年11月1日民集20卷9号1665页。另外，在与《地方自治法》第236条的关系上，参照、最判1971年11月30日民集25卷8号1389页），而1975年判决（最判1975年2月25日民集29卷2号143页）就未必采用这种方法，它以《会计法》第30条规定了短期消灭时效为理由，采取了具体探讨该债权是否有那种理由来解决问题的态度。这种态度至少是与一元论的立场是相同的。当然，近来最高法院（最判2005年11月21日民集59卷9号2611页）在对公立医院诊疗债权的时效消灭适用《民法》第170条第1款（三年的消灭时效）时，上告受理申诉理由引用了上述1975年判决攻击立于公法上债权和私法上债权二元论立场的原审判决。最高法院认为，"在公立医院所做的诊疗与私立医院所做的诊疗没有本质差异，其诊疗的法律关系本质上应该是私法关系，因而，公立医院诊疗债权的消灭时效期间不是《地方自治法》第236条第1款规定的五年，而应是《民法》第170条第1项规定的三年"。其展开的逻辑给人以宛如古典公法私法二元论亡灵再现的感觉。判决要旨推理的适当性是颇有疑问的。不过，鉴于公法私法二元论现在有正文以下所述的意义，这种说法可以说是实质上几乎没有意义的论点。

前就已经有种种讨论。当时受到关注的是，很多人认为对于这一问题首先要有方法论上的整理。例如，大致几乎是在日本最初开始讨论这一问题的时候，就有很多学者指出，"日本的实定法区分公法与私法吗？应该有意识地限定问题来思考。一般在理论上（亦即立法政策上）来说，一国的法制既能是一元论也能是二元论建构起来的。"[1]因而，今天的理论自然也必须首先明确地意识到，"问题正是在于，日本现在实定法的内容是什么"，之后再出发。但是，即使站在这一出发点上，对此问题特别是其中所说的"实定法的内容是什么"是什么意思，也有必要在方法论上加以整理。

第一，这里我们以实定法的内容为问题，也有必要弄清楚的是："公法与私法的区别"是实定法自身正在采用（即内含于实定法之中）的吗？是我们应当把握的对象吗？实定法内容自身实际上是复杂多样的，不过，我们在把握它时，有必要以某种尺度加以整理分类，公法与私法的区别是为此而予以利用的便宜手段吗？原因在于，假设是站在一元论立场上，亦即认为实定法内容自身复杂多样，相互之间未必有统一的内在关联，但基于某种必要，从特定的观点加以类型化，以"公法""私法"这样的概念予以表达，这也不是不可能的。[2][3]

第二，这一点之中接着产生的问题是，即使是以"制度上的公法与私法概念"，亦即实定法自身原本是否采用了公法与私法的区别为问题，这时的"实定法"究竟是什么？例如，现实中能以眼睛看见的"实定法"是各个制定法规，在无数的法规范大海中若隐若现的几个"公法"字眼以及其他特殊规定之下，有着眼睛并不直接看见却在海

---

〔1〕　参照、藤田宙靖·思考形式 41 页以下。

〔2〕　例如，大学的法学部采用的方法是将修课分成私法、公法和政治三个部分。这种分类通常只是对应修科目的极有倾向性的便宜上的三分类，而未必是以将实定法自身二分为公法体系和私法体系的认识为前提。

〔3〕　这种方法论上的问题是存在的，宫泽俊义博士曾指出，有必要区分"制度上的法概念"与"理论上的法概念"〔宫沢俊義「公法・私法の区別に関する議論について」同『公法の原理』（有斐閣、1967 年）〕。宫泽博士指出的意义在之后的行政法学上未必得到充分的理解。参照、藤田宙靖·思考形式 46 页以下、146 页以下。

面之下连成一体的巨大冰块，姑且将现实中眼睛看见的个别规定作为个别的规定，这种观点是更为科学、更为实证的。但在另一方面，我们在制定这些法规时，如前文所见，以自法国开始经由德国传入日本的"公法"概念作为前提，统一的"行政法理论体系"发挥着不小的作用，这是不能否定的。这种理论体系作为一个法思想体系，既在历史上对该时代的制定法规作出统一的说明，同时对将来的立法发挥着先导性作用，它在具有两面功能的同时自身也发展起来。如果将这种制定法规背后存在的法理体系、法思想体系概括称为"实定法"，那么，至少在几个制定法规[1]背后已经存在着这种东西，这种想法是接近真实的。但是，之所以这么说，也只不过是说现在存在的所有制定法规就是在这种前提下制定的，立法与公法私法二元观念无关，毋宁是大部分的情况。结果，只要率直地认识现存的制定法规，无论是"一元论"还是"二元论"，只有部分的正确。应该说，这才是事实。

　　第三，重要的是，"公法"概念传统上在法解释论层面具有两个功能，即"说明性功能"和"实践性功能"，要明确地弄清楚两者的差别。在传统上，在法解释论上使用的各种概念和理论，（1）对既有的法规范相互之间作统一的说明（说明性功能），（2）在制定法规在必要的场合下没有作出必要的规定，或者意义不明确时，作为一种手段，从中推导出一定的结论，填补这一"欠缺"（实践性功能[2]）。只要以第二种功能（对于法解释论上的概念和理论，屡屡以"实益"为问题的就是这一侧面的功能）为问题，"一元论"和"二元论"的优劣结果就归结于各自在多大程度上能有效地适当发挥填补漏洞的功能。实际上，在日本，传统的"二元论"除了前述制定法规上的根据之外，更在这一方面找到了有力的论据。例如，田中二郎博士认为，

---

　　[1]　例如，前述的《行政案件诉讼法》第4条、《港湾法》第5条、旧《日本国有铁道法》第2条等。

　　[2]　如前所述，"公法与私法的区别"问题，不是作为"公法""私法"区别自身的问题，而是作为"应当适用公法的社会现象"与"应当适用私法的社会现象"区别问题展开论述的。这么说根据的就是公法私法论具有的这种性质。

公法私法二元论在日本现行法的解释论上主要有两点"实益"：
45　（1）裁判程序决定基准的明确化，（2）适用法规决定基准的明确化。[1]

　　从这种角度看，"二元论"真的能说是优于"一元论"的吗？对此将在下文详细探讨。

二、公法私法二元论实践功能的界限

　　1. 公法私法二元论具有"裁判程序决定基准的明确化"实益，也就是说，对于决定行政主体与私人之间的纠纷是跟私人之间纠纷一样走民事诉讼，还是根据《行政案件诉讼法》的规定走行政案件诉讼的问题，公法与私法的区别是有用的。但是，就像常常有人指出的那样，行政主体的某行为是否属于抗告诉讼（《行诉法》第3条第1款）对象的"行政厅的公权力行使"问题，未必是不决定该法律关系是公法关系还是私法关系就无法在逻辑上作出决定的性质问题。当然，对于当事人诉讼（《行诉法》第4条），必须决定该法关系是否属于该条上的"公法上的法律关系"，但是，该条的当事人诉讼除了极少的不那么本质性的例外规定（《行诉法》第39～41条），几乎都是适用民事诉讼法的规定，因而，是哪一种法关系几乎不产生重大差别。因而，从这一角度看，采取"二元论"不是不可能的，即使不是完全没有意义，但问题自身也没有必须彻底固守"二元论"那般重要。

46　　2. 对于"适用法规的决定"，在这一方面"二元论"要具有有效的功能，首先就要求法解释论上有待解决的问题适用公法原理，这时公法原理的内容自身要是清楚的。但是，在这一点上却很难说前述"二元论"一定有清晰的内容。例如，在所谓公法私法绝对区分论主导的年代里，在法解释论上判断认为某权利是公法上的权利（公权），其结果当然推导出该权利不得放弃、不得让渡、不得扣押等结论。这

---

　　〔1〕 参照、田中二郎·上74-75頁。

正是公法上的权利抑或私法上的权利在法解释论上极为有效的功能。但是，在所谓"相对化理论·混合关系理论"得到推进之后，"二元论"只是认为，公权具有的这种性质，"并不是始终适用于一切公权的特色，而必须根据各个具体的法规目的、性质进行判断"。[1]现在公法私法二元论的公法原理除了后述在行政行为性质上的一点理论之外，就没有这里应该看到的明确内容了，公法私法二元论在法解释论上的"实益"[2]几乎只存在于颇为消极的功能，即"在判定某问题适用的法规是公法时，并不是按民法、商法、民事诉讼法等私法规定的原样直接适用"。[3]但是，如果是这种功能，即使是所谓"一元论"，也绝不是主张所有问题适用既有的私法规定。因而，这就不是必须选择"二元论"的理由。

如此，从法解释技术上来看，今天并不是能否采用公法私法二元论的问题，这时它都不那么具有相对于一元论的独立意义，因而，实际状态应当说就是，也没有理由无论如何都必须固守二元论。

三、遗留的问题

1. 在法解释论上的"实益"方面，无论是采用二元论还是一元论，如果结果都没什么变化，那会怎样呢？对此可能会有种种观点。例如，如果结果没什么变化，那就可以说没有必要固守过去的二元

---

〔1〕　田中二郎·上86页。另参照、最判1978年2月23日民集32卷1号11页。

〔2〕　森田宽二「公法学と『議論の蓄積志向』（一）」法学45卷5号（1982年）14页批评拙著《行政法Ⅰ（总论）》（初版）"混淆了'公法原理'的问题与'公法'概念的'实益'或公法私法区别的'实益'问题。但是，如果精读该书，像自己理解的旨趣那样，对于日本传统公法私法二元论主张的"公法"概念的"实益"，我在其中专门探讨了是否真的有这种"实益"。如本书已经指出的那样，过去的"公法"概念自身用于"公法法规""应当适用公法的社会现象"进而是"公法原理"等种种意义内容。这本身就是问题，但在该书以及本书中并不处理本来应当如何使用"公法"概念的问题。

〔3〕　对此的判例状况，参照、藤田宙靖·医事判例百选178页以下、藤田宙靖·社会保障判例百选（初版）90页以下。

论，但反过来也能说，没有必要废弃过去的理论体系。因而，这一问题作为问题来讨论也可以说已经没有意义了。无论如何，今天的事态正变得除了详细探讨各个行政领域的个别性法原理之外，就无法一般性地谈论公法与私法。[1]此后，"特殊法论"[2]"行政领域论"[3]等种种观点得到提倡就是其表征。

2. 不过，即使在法解释论上没有差别，如果讨论一元论抑或二元论还有某种意味，那大概就在于观点方向性的差异，亦即法思想基础的差异。也有批评认为，"传统二元论有一种倾向，因强调公法的特殊性而最终过剩地认可行政权的优越性"。但是，如果采用这种说法，那反过来，从二元论的角度对一元论也可以反驳说，"它具有最终以私人之间利害调整的原理处理公共利益问题的基本倾向，容易承认社会经济强者以公为私的结果"（这里可将这种反驳暂时表述为"杠杆原理的反作用"）。如果在传统理论体系中过剩地认可行政权的优越性，那也可以产生仅排除过剩部分就好的反批评。因而，这种观念形态平面的讨论结果就变得各说各话了。

如前所述，传统理论体系中公法与私法区别的观念也包含着"应当适用公法的社会现象"与"应当适用私法的社会现象"区别的观念。从法思想上看，这也是西欧近代法中区分"国家"与"社会"，或者区分"公"与"私"观念的一个表现形态。[4]讨论其要还是不要，就是在考察社会现象之际是否有必要采用基本不涉及私人利益相互调整原理的"公共"世界观念问题。如果现在在日本论及公法私法论仍有意义，那就必须追问：面对现代行政法的各种要求，这种近代法的基础要求已

----

〔1〕　对此详见、藤田宙靖「公営住宅の利用関係」行政判例百選Ⅰ（第四版）4頁以下。

〔2〕　参照、兼子仁「特殊法の概念と行政法」杉村章三郎古稀上。

〔3〕　参照、室井力「行政法学方法論議について」同『行政改革の法理』（学陽書房、1982 年）。

〔4〕　对此参照、藤田宙靖·前揭公法研究 46 号 118 頁以下（藤田宙靖·基礎理論上 52 頁以下）。

经不需要了吗？如果不需要，今后它应该以何种形式发挥作用？[1]

3. 在这一点上颇堪玩味的是，上述公法私法的讨论经昭和三四十　49
年代就大致偃旗息鼓了，而近来又以新的形式开展了公法（行政法）
与私法的讨论。

（1）从所谓行政法理论的"体系美"角度，例如，高木光教授指
出，"日本（现在的）行政法学离体系美的状态还很远"，其原因之一
在于，虽然坚持"公法私法一元论"，但"尽管如此，依据的却是得
到维持的德国理论"，（换言之）把（在德国说的——藤田注）"公法
上"的措辞换作"行政上"来说明（例如"行政上的争讼"——藤
田注），很多概念暧昧，讨论错综复杂。[2]《行政案件诉讼法》第4条
的"公法上当事人诉讼"[3]在公法私法一元论的优势之下"像所谓
阑尾突起的怪物而受到轻视"，高木教授提出的问题和思考原本是源
于主张更为积极地利用公法上当事人诉讼，[4]目标指向"公法的复
权"。[5]不过，其中所说的"公法"内容未必有一义性的定义或轮
廓，他只是说，"公法与私法的区别……着眼于某种社会现象的特定
侧面，将旨在实现与其特征要素相符的'正义''公平''安定'等
的'规范'予以'体系化'，其差别在'典型事例'上有很大的体
现，在'非典型事例'上就并非如此，在这一意义上它是有'倾向
性'的。"[6]综合来看，其主张的本旨在于，在把握日本实定法之际，　50
强调有必要采用"公法体系"与"私法体系"二元思考模式，其背景
在于对"过于回溯至"所谓民商法感觉保持警惕。在这一意义上，这

〔1〕　兼子仁·前揭「特殊法の概念と行政法」认为，在现代行政法中，在排除私
法适用的意义上应当认可公法妥当性的情形也是常有的，但他提倡，在这时，该公法原
理并不发挥扼制在各特殊法领域中生成发展特殊法理的功能。从正文所述的角度来看，
我也对这种观点抱有很多的同感。不过，遗留的问题在于，这时生成发展的特殊法仍然
没有清楚的内容，其中近代法的基本要求又以怎样的形式发挥作用？

〔2〕　高木光『行政法』（有斐閣、2015年）463頁。

〔3〕　参见前文第45页。

〔4〕　参见下卷第38页。

〔5〕　高木光·前揭书58頁。

〔6〕　高木光·前揭书227頁。

也是一种"杠杆原理的反作用"。[1]

（2）如前所述，近来的公法私法的一种讨论并不是要再确立明确的"公法体系"和"私法体系"观念，而是试图实现不同于"私法原理"的"公法原理"的某种复权，可以看到过去公法私法讨论中提出的问题正好以相反的形式再度登场。

伴随着前述"公私协作"的进展，[2]过去国家和公共团体等行政主体进行的，或者说本来应由这些主体进行的（所谓公的色彩浓厚）事务或业务（以下仅称"公共业务"），现在由私人（个人或民间业者等）进行的例子增多。这种"业务委托"或"事务委托"现在不仅是诸如儿童福利设施运营的所谓"给付行政"，连监狱运营或道路交通管理等所谓"权力行政"领域也受到波及。[3]现在行政法学者在"私行政法"论[4]的名下发起讨论，其问题在于，如果是由民间业者承担这种公共业务的情形，果真可以对其组织和活动全面适用私法原理（契约法原理）吗？其中有一种危惧，如果作为前提，"全面适用私法原理（契约法原理），事业者追求私利、私益不是会丧失提供服务的公平性（例如缔结设施利用契约时的歧视）、威胁事业的安定经营（例如从不划算的事业撤退）吗"？没有必要采取手段（例如对缔结和解除契约的限制、对废止事业等的限制等）防止这种事态的发生吗？在以法令推进公私协作时，通常对这些问题采取个别的立法

[1]　参见前文第48页。

[2]　前文第18页以下。

[3]　对于这些例子以及其存在的法的问题，例如参照、吉野智「PFI手法による官民協働の新たな刑務所の整備について」ジュリスト1333号（2007年）、戸部真澄「日独における刑務所民営化政策の法的検証」山形大学法政論叢35号（2006年）、高橋明男「駐車規制」ジュリスト1330号（2007年）、宇賀克也「道路交通法の改正」自治研究80卷10号（2004年）、小幡純子「公物法とPFIに関する法的考察」塩野古稀上。

[4]　过去的公法私法讨论将中心问题置于所谓"公法关系"（准确地说是行政主体的组织及行动）中适用私法规定的可能性及其范围。而如正文所见，现在的讨论则是将问题置于"私法关系"（准确地说是民间人或民间法人的组织及其行动）中适用公法原理的可能性及其范围。其差别在于，"过去的讨论是关于'行政私法'的讨论，而现在的问题是'私行政法'的问题"。

手段，而成为问题的就是没有采取这种手段的情形。这时的建议在于，不是仅以事业主体并非"行政主体"为由就应当全面适用私法原理（契约法原理），而是应当适用为实现公平公正、安定开展业务等而制定的行政法（或者也包含宪法在内的公法）的一般原理。[1]这一理论构造正是原原本本体现着前述反驳"公法私法一元论"而设想到的内容[2]（在这一意义上，这也是一种"杠杆原理的反作用"）。

但在另一方面，对于这里所说的"私行政法论"，在其理论前提上受到很大质疑。首先根本问题在于，前述"私行政法论"的前提是否妥当，即"私法（契约法）世界本来是以保护私人追求私利私欲为目的，而国家、公法（行政法）本来是追求中立、公正目的的"。[3]例如，被引以为例的"行政法的一般原理"原本是否仅为公法（行政法）所固有，就是一个问题。也就是说，诸如信义诚实原则、禁止权利滥用等在日本原本就是在民法典中规定的原则，行政法学将其作为"法的一般原理"，因而能认为也适用于"权力行政"。[4]这些原则在内容上是极为广泛的，如果将"公序良俗"（《民法》第90条）概念等也纳入其中来思考，行政法理论上说的平等原则、比例原则等也能

---

〔1〕 例如，法治主义、民主主义、平等原则、比例原则、禁止权限滥用、信赖保护，等等。现在更有公正透明的要求（参见《行政程序法》第1条）和说明责任〔《关于公开行政机关持有信息的法律》（《信息公开法》）第1条〕也被说明为属于这一意义上的行政法一般原则。参照、塩野宏·Ⅰ（第六版）94頁。

〔2〕 参见前文第39页。

〔3〕 例如，作为德国公法学者特鲁特（Trute）私行政法内容的公式化，山本隆司教授将官民协作事业中课予民间主体的义务要约为三点：（1）"合乎事理地完成任务"（sachgerechte Aufgabenwahrnehmung），（2）"确保充分的中立性"（hinreichende Neutraitätsicherung）或保障与特殊利益的距离（Distanzschütz），（3）同等考虑各种利益（gleichhmäsige Interessenberücksichtigungung）。这一公式是在"国家的波及性正当性责任"（überwirkende Legitimationsveranwortung）观念下导出的。参照、山本隆司「公私協働の法構造」金子古稀下 562-563 頁。其依据的是所谓欧洲大陆型"国家与社会二元对立"的思考结构（参见前文第17页）。

〔4〕 参见前文第34页。

52

在实质上包含在其中。[1]完全可以想象，法治主义、民主主义、透明公正、说明责任等原则，至少是与这些在实质上相同的（或类似的）观点，作为企业的治理方式，也可能在公司法等领域成为问题。[2]换言之，"确保公平公正""业务的安定持续"等任务在私法原理（契约法原理）内部已经正在得到相应的应对，至少是能应对的。[3]内田贵教授正是从私法学角度提出这种问题，倡导"制度性契约"论。

内田教授指出，在以英国法为素材探讨时，如果撤除"古典理论（近代契约法理论）"的制约来看历史，公法规范扩张论者所主张的"公法性规范"实际上是指在严格公法私法二元论主导以前契约的内在制约，"其中并非直接当事人，而是其他人（所谓第三人或公益——藤田注）进入了视野"。它是"common"或"public"一词的含义所在。[4]其中，"假设主张伴随民营化的'公法性规范的扩张'与普通法的法理具有连续性是成立的，具有'公共性'的某种契约就与有无民营化无关（即不问提供主体的公私），这种服务给付所具有的性质，就必须说内在地具有一定的制约"。由此可以确认的是，"至少对于缔约强制、禁止歧视的规范，有可能作为某种契约的内在契约法原理来理解"，对这种契约课予诸如限制契约自由等一定制约，与

---

〔1〕 北島周作「行政法理論における主体指向と活動指向」成蹊法学 68・69 号（2008 年）311 頁以下。

〔2〕 对此深具启发意义的论文，例如参照、中川丈久「米国法における政府組織の概念とその隣接領域」金子古稀下。

〔3〕 有人指出，在行政法学上，"私法中私人自由是妥当的，远离适用公法规范的公法领域，因而，可谓是一片'原野'"。但问题在于，"这片土地真的是本就应当开拓的原野吗?"必须追问的是原本"既有的私法秩序应当写在公法秩序之上吗?"参照、北島周作「行政法における主体・活動・規範（一）」国家学会雑誌 122 巻 1・2 号（2009 年）55 頁以下。

〔4〕 内田貴「民営化（privatization）と契約——制度的契約論の試み（三）」ジュリスト1307 号（2006 年）134 頁。内田教授指出，在普通法之下存在"公共職業"（common callings）的法理，即课予某种契约（或职业）特别的义务。这在美国也适用于公益性事业（business affected with a public interest）。参见前揭文第 132~133 頁。

提供主体的公私无关，完全"取决于给付利益或服务的性质"。[1]这一逻辑构造实际上与高柳信一博士的主张至少明显是具有共通性的，过去代表"公法私法一元论"的高柳博士在英国法史探讨的基础上主张，"多数行政性法规，只不过是具有民事法（市民社会的法原理）的'人为性修正形态'性质"。[2]

与提供主体的公私无关，完全根据给付利益或服务的性质决定法理的状态，这种观点在某种意义上与兼子仁博士过去提倡的"特殊法论"观点[3]具有共通之处。但无论如何，对于这种说法，因主张"行政法理论"的固有性，"行政法理论"对"契约法理"意味着什么，必须重新严密探讨。从这一角度近来引发注意的主张是，"所谓行政法，是指为创造制度的法技术"。这里没有详细说明其内容的余裕，如果极粗略地整理其意义来看，大致如下。

私法原理（契约法原理）原本是"解决纷争的法"，即在私人相互间发生纷争时（例如可以想作环境损害的争论）事后以某种规则加以解决。而行政法原本是为防止这种纷争，或者在将产生的纷争委诸法院判断之前设置旨在作出一定解决的行政机关，规定其行动的基准和程序等。因而，从纷争的有效防止或解决的目的来看，行政法也可以说是超越契约法制更进一步的"办法""技术"。这种"办法"在契约制度（契约法原理）的延长线上，也不是不可能实现实质相同的结果，但从历史经过来看，在"法技术"上（例如因"许可""认可"等法制的驱使），既然行政法的制度和理论已有一日之长，以此为基础的观点就是更为有效的合理观点。因而，这不是意味着"公法"与"私法"的对立，而应是探求两者合理"协作"的应有状态。[4]在此基础上，这种"法技术"具体采用什么样的形式、是否

---

〔1〕　内田貴・前揭ジュリスト1307 号 134 頁以下。

〔2〕　参见前文第 38 页。

〔3〕　参见前述第 48 页注〔1〕。

〔4〕　"行政法中的公与私，经历了严格区分两者的古典公法私法二元论的时代，现在的状况是两者相对化、相互渗入，进而以共同的方向为目标"〔塩野宏「行政法における『公と私』曾根威彦＝椎澤能生編『法実務、法理論、基礎法学の再定位』

54 　应当采用，应当超越"行政主体"和"私人"的框框，在更广泛的"社会管理功能"[1]一般领域中探索。这时，一定只是在与应实现的目的的关系上来决定"技术"的状态。因而，要对其相互关系的状态作类型化的整理。[2]这是今天多数行政法学者所面对的大致方向。然而，在这种问题意识下，当然也能看到超出现存的法是什么的认识，以创造新制度为目标，向所谓"政策法学"倾斜。但是，问题首先在于，行政法学迄今为止积累的"法技术"究竟是什么。这将是下文要探讨的对象。

（日本評論社、2009 年）201 頁］。强调"有必要以积累规制的法技术的场所来重新把握行政法学"，明确指出"行政法学作为开发、积累不问法领域的'规制'法技术，在学问上具有发展的可能性"。参照、原田大樹『自主規制の公法学的研究』（有斐閣、2007 年）262 頁。这些可以说是显示这种观点的代表性例子。从"高度评价行政法学作为制度设计学意义的视角"，强调"阐明在基本理念上公法和私法模式的功能及其区分方法的重要性"［大橋洋一「制度的理解としての『公法と私法』」（阿部古稀 1 頁以下）］等在实质上也是处于这里所说的派别中。

　　〔1〕　对于"社会管理功能"一词，参见前文第 15 页。

　　〔2〕　所谓"法体系"论（阿部泰隆）、"参照领域"论（原田大树）等。

第二编

行政活动及其法的规制之一
——依法律行政原理

如第一编所示，传统行政法学在考察行政法之际，采用的方法是将行政活动根据行为形式、活动形式的不同分类把握，研究其法的规制状态。这种思考方法自身是否果真适当，如后所述，现在也成为反省的对象。然而，正如一开始所言，本书旨在按其原样展示流动中的法理、法制度状况。因而，为了这一目标，考察的出发点首先置于传统观点过去是怎样的。这时，在进入各个行政活动形式的问题之前，便利的做法是首先去理解构成德国、日本行政法理论基本前提、成为规制所有行政活动基本原理的"依法律行政原理"及其相关问题。[1]

---

57

〔1〕 准确地应当说，形塑日本传统行政法理论基本结构的是"依法律行政原理"和第一编所述的"公法私法二元论"。但如前所述，"公法私法二元论"不仅在今天至少大幅度丧失了理论意义，它与"依法律行政原理"这一基本原理之间处于怎样的理论关系也未必明确。鉴于这种状况，本书认为，作为传统理论核心最具重要意义的不是公法私法论，而是"依法律行政原理"，以此为"客观的标尺"（参见前文第 5 页），展示日本现在行政法的制度和理论概况。

第一章
何谓"依法律行政原理"

第一节　概　述

一、法治主义的类型与日本行政法

近代西欧公法学（国法学、宪法学、行政法学等）的出发点，可
以说首先在于广义的法治主义要求。对行政法学而言，这一要求可以
替换为"依法行政"。但是，广义的法治主义要求，在成为具体的法
原理而在各国扎根下来时，也有各种微妙差异的发展。例如，虽然同
为近代国家的法原理，盎格鲁·撒克逊国家中"法的支配"（rule of
law）原则与欧洲大陆各国的"法治行政"或"依法律行政"原理，
在日本也常常被学者指出两者存在内容上的差异。[1]

如后所见，日本行政法以种种方式受到两大法系的影响，因而，
日本的法治主义是什么，仍是一个颇为难以一口回答的问题。但至少
可以说，在第二次世界大战以前，日本行政法学所依据的是德国的
"依法律行政原理"（Gesetzmäßigkeit der Verwaltung），即使在第二次世
界大战之后，宪法发生变化，"依法律行政原理"依然是日本传统行

---

〔1〕　参照、『行政法の争点（新版）』14 页以下。近来的文献，塩野宏「法治主
義と行政法」自治研究 83 卷 11 号（2007 年）3 页以下。

59 政法理论最基本的支柱。[1][2] 对于这里的"依法律行政原理"是什么，首先要有正确的理解。

二、"依法律行政原理"的背景

所谓"依法律行政原理"，姑且用一句话来说，那就是"行政的各种活动必须根据法律的规定、服从法律而行"的法原则（法的思想）。这在今天是极为常识性的，但在确立这种法的思想之前，需要经年累月的时间，而即使反映其历史背景，说着"依法律行政原理"一词，它也包含着颇为复杂的内容以及与之相伴的各种理论问题。

60 1. 这一法思想登场的背景在于，以历史上所谓绝对王权时代的先行为前提。绝对王权时代，即君主作为国家的最高权限者、统治者，握有国内统治的绝对权限的时代（行政法学上常常将绝对王权时代称为"警察国家时代"）。众所周知，君主综合统辖着现在所谓立法、行政、司法三权，为了控制君主的绝对权限，以欧洲资产阶级革命时期为中心，产生了所谓权力分立的思想，并带来了近代法治国家思想。"依法律行政原理"可谓是这种权力分立思想在行政法平面上的

---

〔1〕 "日本的行政法总论原本就主要是德国的舶来品"，但在今天，"一定已经有不同于德国出生的行政法总论"，努力"摆脱借来的学问"，"探究日本法运用的实态与日本法的构造"（阿部泰隆・システム上「はしがき」iv 頁）。但在书中，"法治行政"仍构成了其重要的一编，该编中处理了"裁量""特别权力关系"等问题（参见该书下卷第 638 页以下），这些都是我下面要讲的"依法律行政原理的例外"。这在不经意间也表明，"依法律行政原理"在今天的日本仍然是行政法总论的重要组成部分。

〔2〕 在近来的行政法教科书中，在"行政法的一般原则"标题之下，与"依法律行政原理"并列，通常列举比例原则、平等原则、透明原则、说明责任原则等。这些分别都是重要原则并不错，而这里所说的"行政法的一般原则"意味着什么（具体在什么样的场合下发挥怎样的功能）、这些原则相互之间具有怎样的理论关系（例如，相互之间不产生理论上的矛盾吗）等，原本未必是清楚的。本书并不是要阐明这一点，而是对于只在平面上列举这些原则的意义抱有疑问。本书姑且以"依法律行政原理"作为出发点，设定"客观的标尺"，再在适当的地方触及这些原则。另外，近来从正面探讨上述问题值得关注的文献有，大橋洋一「行政法の一般原則」（小早川古稀 37 頁以下）。

一个投影。如此，所谓"依法律行政原理"，重要的是首先确认了这样一个原则："不论有怎样的名目（例如，'公共福祉''国民的生命安全'等），也不得由行政权承担者独立判断实施行政，而必须仅根据代表国民的议会（国会）规定的一般性规则（法律）实施行政"。[1]

2. 这时，在"依法律行政原理"具有上述历史背景的意义上，有必要明确以下两点：

第一，这一原则不只是一般的"依法行政"原理，而是具有更为具体内容的"依法律行政"原理。

一般，"依法行政"是近代法治主义的一个内容，其要求可以说大致在于"以法的合理性抑制行政（承担者）的恣意"。但这里的"法"是指什么，在理论上未必有一义性的界定。一般，"法"作为抑制行政恣意的框框，理论上认为，当中可能有"神的律法""一定的世界观"等，可能有一个国家或民族自古以来的不成文习惯法，也可能是议会时不时制定的成文法。所谓"依法律行政原理"，在这些"法治主义"的模式中，特别以代表国民的议会之手在一定程序和形式下设定的法规范，亦即"法律"作为这里所说的"法"。因为这时的"法律"体现着代表当时国民的议会意志，议会意志如果改变了，就具有优于议会过去意志的效力（"后法破除前法"原则）。这时，构成"法治主义"中心的法的合理性就求诸代议制民主、权力分立这种权力的分节机构之中。[2]

61

---

〔1〕 与《德国基本法》第 20 条等不同，《日本国宪法》并未明文规定日本国是"法治国家"，或者"依法律行政原理"是有效的。如正文所述，只要认为《日本国宪法》基本采用了以权力分立为中心的近代西欧型立宪主义，就可以说，日本现行宪法承认与这里所说意义上"依法律行政原理"相伴的"法治国家"，这是其当然的结论。

〔2〕 与"法治主义"其他类型的模式相对比，阐明"依法律行政原理"的特色，参照、藤田宙靖「行政と法」（大系 1）8 頁以下（藤田宙靖・基礎理論上 10 頁以下）。更为详细地比较以"依法律行政原理"为中心的德国型法治主义与以 rule of law 为中心的英美型法治主义，参照、藤田宙靖「ドイツ人の観たアメリカ公法」広中還暦 505 頁以下（藤田宙靖・基礎理論上 134 頁以下）。

换言之，这种"依法律行政原理"就是下面两个基本理念的表现形态：一是法的安定对行政活动的要求，二是对行政活动的民主控制的要求。前者要求行政活动应当始终仅依据事前规定的抽象而一般的法规范进行，必须不使恣意的行政活动扰乱国民的生活秩序。后者要求行政活动的实施不得不受国民的民主控制，法的安定要求抽象而一般的法规范，该法规范同时也应是国民的代表，即议会在特定程序和形式下所作的意思表示，亦即法律。

第二，如前所述，"依法律行政原理"原本旨在通过控制行政（承担者）的恣意，保护私人的权利和自由。在这一原理下，行政的合法律性是首要的要求，但行政依据法律而行本身并不是其目的，其目的在于藉此保护"私人"相对于"行政主体"的权利和自由。只是这时在"依法律行政原理"中存在一个前提，即确保行政的合"法律"性原本就是服务于私人的权利保护。

问题在于，在这一前提崩溃时，也就是说，行政根据"法律"而行未必就能说充分保护私人的权利和自由，或者毋宁是得到相反的结果，即便如此，仍必须将行政的合法律性要求作为不可动摇的原理予以贯彻吗？这一问题作为"是形式的法治主义，还是实质的法治主义"而屡有论及，它是一个极为难解的问题。本书也将在后文再来触及。[1]

三、"依法律行政原理"的内容

所谓"依法律行政原理"，在上述意义上，可谓行政活动必须根据法律的规定、服从法律而行的原则。然而，这一原则仅此尚不够精确。在行政法理论上，它是以更为具体的、具有种种法技术性内容的原则而发挥作用的。将在下一节详述其内容。

---

〔1〕　参见后述第 134 页以下。

第二节 "依法律行政原理"的内容

自奥托·迈耶以来，在德国行政法学和日本传统的行政法学中，"依法律行政原理"一般包含以下三个方面的内容：法律的（专权性）法规创造力（原则）、法律优位（原则）和法律保留（原则）。[1]

一、法律的（专权性）法规创造力原则

对于法律的（专权性）法规创造力的内涵，虽然有种种问题，但至少日本行政法学历来理解的内容是，"新创造法规，属于法律，亦即立法权的专权，行政权未经法律授权，不得创造法规"。通常而言，日本通过《宪法》第41条"国会是国家唯一的立法机关"这一条文承认了这一原则。然而，这里的"法规"（Rechtssatz）概念是指什么，在德国公法学上曾有激烈的争论，在日本也有不同意见。在日本，法规过去一般是指"使国民的权利义务发生变动的一般性规范"。从而，该原则就变得意味着，未经法律授权，不得进行关于国民权利义务的行政立法（即后述的"法规命令"）。这也是将着力点置于"专权性"要素上的原因。然而，在这一意义上，这一原则在理论上毋宁也就变成后述法律保留原则的一个内容。[2][3]因此，要让这一原则具有独立意义，就必须除去"专权性"一词来理解。

64

---

〔1〕 但通常"依法律行政原理"的内容并不全部还原为这三个原则。例如，禁止法律给行政权以空白委任的原则等，严格而言就不属于其中的哪一个原则。如后所述，将"自由裁量"作为"依法律行政原理"的例外，精确而言，也源自这一理由。

〔2〕 参照、森田宽二「法規と法律の支配（一）」法学40卷1号（1976年）45頁以下。

〔3〕 另外，这种观点是将日本通说所谓"法律的专权性法规创造力原则"在理论上包含于"法律保留原则"，但也有观点将"一般性规范"从"法规"概念中排除出去理解，反过来将法律保留原则包含于"法律的专权性法规创造力原则"。例如，柳瀬良幹·教科書23-24頁。可谓其现行《日本国宪法》的现代版，中川丈久「議会と行政」新構想Ⅰ115頁以下。

除去"专权性"一词后，所谓"法律的法规创造力原则"，换言之即"法律一般具有创造法规的力"的原则，必须承认，这一原则本身在现在是非常不言自明的。但是，19世纪末的德国行政法学特地倡导这一原则，一定有其历史背景与必然性。[1]因而，在该背景消失之后的今天，是否仍有必要强调其不被法律保留原则所吸收而保持独立的理论意义，进而成为"法律的法规创造力原则"，这本来就是一个疑问。然而，既然要说它，今天如果特意树立起这一原则，在理论上首先就有必要仅从完全形式的侧面[2]来。理解这里所说的"法规"概念，将其定义为"不待合意即拘束所有执行机关、成为法院裁断争讼之基准的法规范"。也就是说，法律一般具有这种法的性质，但法律可将制定这种性质的法规范的权能授予执行机关。这应可谓今天在理论上具有独立意义的"法律的法规创造力原则"。[3]

二、法律优位原则

1. 所谓法律优位原则，是指行政活动不得违反现行法律的规定。在日本也常说，《宪法》第41条"国会是国权的最高机关"的条文中包含着这一原则。但是，毋宁如前所述，[4]日本宪法具有西欧型近代

---

〔1〕 例如，在19世纪德国，因残存中世纪多元化社会结构的影响，一国之内通用的"法"的法源未必完全是一元的，因而，将"法律"扩张到一般法源本身就是一大理论课题。对此，参照、藤田宙靖「法治主義と現代行政」長尾龍一＝田中成明編『現代法哲学3』（東京大学出版会、1983年）76頁以下（藤田宙靖・基礎理論上235頁以下）。

〔2〕 在日本以前的"法规"概念中，可以看到形式侧面与内容侧面的混乱。参见后文第316页以下。

〔3〕 对此，详见、藤田宙靖「行政と法」（大系1）32頁（藤田宙靖・基礎理論上35頁以下）。该处虽然说了"法律的（专权性）法规创造力"，但也说"专权性"要素的相关部分在理论上精确而言本来毋宁属于法律保留原则的一部分。关于"法规"概念，另参照、平岡久『行政立法と行政基準』（有斐閣、1995年）、松戸浩「法律の法規創造力の概念に就いて・続」藤田退職141頁以下等。

〔4〕 前文第60页注〔1〕。

立宪主义宪法的基本构造，法律优位原则应该说是由此而来的当然推论。

这一原则对所有行政活动都是有效的，它是一般、抽象的行政立法行为还是个别、具体的处分，是否为直接使国民权利义务发生变动的行为，是权力性行政活动还是非权力性行政活动，均在所不论。[1]

2. 对于法律优位原则的内容及有效范围，行政法学者对上述观点至少在结果上持一致的说法，并无异议。但在现实中，能否说某行政活动违反法律的规定，换言之，对于这时现行法律的内容是什么，则会产生种种问题。[2][3]如后所述，[4]值得注意的是，在现在的判例中，通过对既有的法律条文作种种解释论上的操作，出现的结果是承认了行政指导和指导纲要在实质上优位于法律的可能性。[5]

---

〔1〕 即使在相当长期间里继续进行着违反法律的行政实务，也不作为具有法拘束性的惯例予以承认。参照、最判1985年11月8日民集39卷7号1375页。

在这一意义上，常常说行政法领域不会、至少是极难成立习惯法。不过，只是在与这种"依法律行政原理"相抵触的限度内否定习惯法的成立。不违反现有的法律，且不抵触正文下面所述"法律保留原则"时（参见后文第67页以下），在理论上，在行政活动的状态上也不一定没有习惯法成立的余地。

〔2〕 例如，地方公共团体通过与企业间签订协定（《公害防止协定》）来规定比《大气污染防止法》《水质污浊防止法》等规定的排放基准更严的公害物质的排放容许限度，是否合法，就是一个有名的问题。其中包含着法解释的问题："这些法律规定了排放基准，就意味着绝不认可更多的排放，即只是最低基准的法定，还是意味着保障企业在这一基准之下的排放自由呢？"这也是法律优位原则在具体适用中的一个问题。

另外，在町与企业之间缔结的《公害防止协定》中，对于规定产业废弃物最终处理场的使用期限条款，并不违反当时的《关于废弃物处理及清扫的法律》的旨趣。参照、最判2009年7月10日判时2058号53页。

〔3〕 对此，对于法律规定了什么，作为解释论上的规则，最高法院的判例认为，"对于以发生一定法律效果为目的的行政厅行为，法律具体规定了其要件、程序及形式时，一般就相当于说，原则上不承认使法律规定的其他程序、形式发生同样的效果"。参照、最判1984年11月29日民集38卷11号1195页。

〔4〕 后述第369页以下。

〔5〕 参照、藤田宙靖·前揭「行政と法」33页以下（藤田宙靖·基礎理論上36页以下）。

三、法律保留原则

67　　1. 所谓法律保留原则，当下可以说是指"为了要实施行政活动，必须有法律的根据（亦即法律的授权）"。也就是说，如果只有前述法律优位原则是妥当的，就可能反过来说，行政只要不抵触现行的法律，就可以做任何事情。而即使与既有法律没有任何抵触，也要求有法律的积极授权，这是法律保留原则的固有意义所在。[1][2]在《日本国宪法》第 41 条的规定中，这一原则果真有某种程度的显示吗？

---

　　〔1〕"法律的保留"一词，是德语"Vorbehalt des Gesetzes"的译语，但有时在这一概念之下表达的事项与正文所述内容稍有不同。以宪法典保障国民权利时，设置"根据法律的规定……"这种保留时，在《大日本帝国宪法》多数"臣民的权利"条款或者现行《宪法》第 29 条中就能看到这种例子。

　　在《大日本帝国宪法》的情形中，从沿革来看，对于君主的绝对权限，它规定至少在限制和剥夺宪法列举的特定权利时必须有法律的授权，这与正文所述法律保留原则可谓具有共通的法思想背景。不过，其中要求法律授权的情形是限定列举的。在这一意义上，它仅仅是较正文所述法律保留原则的有效范围狭窄而已。然而，从宪法上的人权保障角度来看，上述规定就意味着保留通过法律对人权保障进行限制的可能性。而现行宪法广泛而一般性地确立了连法律限制也不允许的基本人权保障原则。这在《宪法》第 29 条那样的情形下是特别重要的。基于这种看法，在将问题看作基本人权保障的例外时，特地改变措辞，不再用"法律的保留"（Vorbehalt des Gesetzes）而是用"法律保留"（Gesetzesvorbehalt）来表达。（除本条注释之外，其他地方出现的"法律保留"一词，原文均为"法律的保留"。但基于中文用语习惯的考虑，均以"法律保留"来表示。——译者注）

　　〔2〕既然"法律优位原则"与"法律保留原则"处于这种关系之中，根据对既有法律如何规定的解释，不用抬出后者，就可能仅仅通过前者来抑制行政活动。也就是说，例如法律规定，满足一定要件（要件 A）时，允许行政厅作出一定的行为，如果该规定意味着对于存在 A 以外的要件时行政厅是否可以作出该行为，没有任何规定（亦即空白状态），存在 B 要件时行政厅是否可以作出该行为就成为"法律保留原则"问题。而如果该规定意味着，认可在满足 A 时可以作出该行动，同时也规定在其他情形下不得行动（参见前文第 66 页注〔2〕、注〔3〕），在 B 的情形下行政厅不得行动，那么，就已经被"法律优位原则"所涵盖。例如，有人指出，税的减免必须根据法律的规定、道路占用许可必须根据法律的规定，就不是"法律保留"的问题（参照、阿部泰隆·システム下 694 页），其理由即在于此。

如后所述，这是有争议的。〔1〕例如，在《宪法》第 30 条、第 84 条（租税法律主义原则）等之中，显示出这种原则的部分样态。〔2〕〔3〕

2. 然而，法律保留原则要求有法律的根据或授权，其中的"根据""授权"是指什么，却是一大难题。例如，"符合下列各项之一时，征收职员必须扣押滞纳者相当于国税的财产"（《国税征收法》第 47 条第 1 款）、"在符合……的事实发生时，征收职员可直接扣押其财产"（同条第 2 款），这样的法律规定是这一意义上的法律根据，并无异议。但是，例如，《警察法》第 2 条第 1 款规定，"警察的责任和义务是，保护个人的生命、身体和财产、预防和镇压犯罪、搜查、逮捕嫌疑人、管理交通以及其他维持公共安全和秩序的活动"。警察机关但凡以维持公共安全和秩序为目的，都能以此为根据对市民权利采取任何规制吗？再如，（旧）《通商产业省设置法》（2001 年 1 月 6 日中央省厅重组之前）第 3 条规定，"通商产业省是负有一体实施下列国家行政事务和事业之责任的行政机关"，其下规定，"（一）振兴并调整通商以及管理通商相关的外汇……（三）关于商矿工业合理化和正当化的事务……（五）调整电力、煤气和供热事业运营……（九）振兴并指导中小企业……"该法第 5 条还更为详细地列出"许可石油提炼业"的具体例子。通商产业省果真只要不与既有法律相抵触，就能以这些规定为根据，对工商业、能源业等实施任何规制或控制吗？〔4〕

〔1〕　参见后文第 86 页以下。

〔2〕　"应该可以说"，《宪法》第 84 条"对租税以严格的形式明文规定了课予国民义务、限制国民权利要有法律根据的法原则"。最判 2006 年 3 月 1 日民集 60 卷 2 号 587 页。

〔3〕　有学者指出，租税法律主义原则与"依法律行政原理"在历史出处和内容上未必相同，将前者包含于后者之中来理解并不妥当［山本隆司『判例から探究する行政法』（有斐閣、2012 年）12 頁］。但该书也不否定两者的整合。

〔4〕　2001 年 1 月 6 日省厅重组后，旧通商产业省变为经济产业省，其设置法的规定并无明显变化（对其改变，参照、藤田宙靖·组织法 42 页以下）。在与正文所述的关联上，首先规定，"经济产业省的任务是，提升民间经济活力……并确保矿物资源、能源的安定有效供给"（《经济产业省设置法》第 3 条）。接着又规定，"为了实现前条第 1 款的任务，经济产业省掌管下列事务"（同条第 4 条），"确保石油、可燃性天然气、石炭、亚炭以及其他矿物、类似物质及其产品的安定有效供给"（同条第 49 项），"确保

68

69

在行政实务的承担者和学说中的确也有观点认为，这些规定具有上述意义上法律根据或授权规定的性质（即使在授权的幅度上有问题）。然而，在古典的传统思考模式中，上述规定未必能理解为法律保留原则所要求的法律根据。也就是说，例如《警察法》第 2 条的情形，该规定并不是赋予警察机关采取行动的根据。对于其他法律（例如《警察职务执行法》）赋予的权限，该权限始终必须仅仅为了"保护个人的生命、身体和财产……维持公共安全和秩序"这种所谓消极目的而行使，这种规定只有"界限规定"（即为既有权限设定界限）的意味（有人称这种规定为"目的规范"）。同样，（旧）《通商产业省设置法》第 3 条、第 5 条完全是规定在国家行政组织中分配给（旧）通商产业省怎样的业务和权限，这只不过是"权限分配规定"，并不是赋予这些机关直接对国民进行规制的权限，诸如《电力事业法》《煤气业法》《关于确保石油储备等的法律》等个别法律才赋予其实际的权限（有人称这种"权限分配规定"为"组织规范"）。在这种意义上，传统的法律保留理论所要求的法律根据，目的规范、程序规范等所谓"规制规范"[1]并不满足，而必须具有"根据规范"的性质。

70

　　然而，即使以这种观点为前提，现实中某规范是具有这种意义上的根据规范的性质，还是仅为组织规范、程序规范等，未必始终易于判断。现实中，对于行政机关的某行动，能否说具有法律的根据，屡有解释论上的争论。[2]即使是对此没有争论的情形，最近也有新的观

电力、燃气及热能的安定有效供给"（同条第 52 项）。在这种规定下，正文所述的问题并无本质变化。

〔1〕"程序规范"是仅以规定在行使某权限时的程序为目的的法规定，例如，《关于执行补助金等相关预算正当化的法律》（《补助金正当化法》）等就是其例。例如，该法第 6 条未必是直接赋予各省各厅首长等交付补助金的权限，而只不过是规定已享有交付补助金权限者在行使已有的权限时必须遵守的程序而已。"规制规范"一词是指在行政活动获得"根据规范"赋予的活动根据后，对其应有活动状态进行规制的一般规范。

〔2〕例如对于《警察法》第 2 条的性质，从这一观点进行详细的研究，参照、藤田宙靖「警察法二条の意義に関する若干の考察（二）」法学 53 巻 2 号（1989 年）77 頁以下（基礎理論上 377 頁以下）；米田雅宏「『民事不介入の原則』に関する一考察—『警察公共の原則』の規範的意味について—」藤田退職 233 頁以下。

点闪现，认为法律保留原则所要求的法律根据未必限于上述意义上的根据规范，有时也可以组织规范等替代。对于这些问题，将在下一章再度触及。

四、依法律行政原理、近代行政救济法原理与近代法治国家原理

"依法律行政原理"构成了传统行政法理论的基轴，目前具有上述内容。传统行政法理论的一个基本观点是，为保障这种"依法律行政原理"的实效性、保护国民免受违反法律的行政活动侵害，不仅在事前通过法律来拘束行政活动，更有必要通过独立于行政的裁判机关来对行政活动的合法律性进行事后审查，并填补国民所受的损害。对于这种观点，本书将在下卷第四编详细说明，这里仅将其命名为"近代行政救济法原理"。正是"依法律行政原理"与保障它的"近代行政救济法原理"相结合（本书以下将这两者的结合体称作"近代法治国家原理"），构成了传统日本行政法制度和理论的基本骨骼。这一基本骨骼现在被添加了怎样的肉身、赋予了怎样的形影，本书以下将详细探讨，进而如实呈现日本行政法制度和理论的现状。

71

第二章
"依法律行政原理"的例外与界限

第一节　概　述

72　　　"依法律行政原理"构成了传统行政法理论的基轴，本编第一章对其基本内容作出了说明。日本传统行政法理论首先以这一意义上的"依法律行政原理"为出发点，将行政活动是否合乎法律、如何保障行政的合法律性作为关注的基本问题。但这时，在另一方面，"依法律行政原理"的妥当范围从来都在不断地与种种界限相纠缠，现在仍处于纠缠之中。这种界限有很多，本书下面将其类型化，这对于抓住问题的核心是有意义的。

一、"例外"与"界限"的区别

　　　首先，这里有必要区分内在界限与外在界限。行政法理论以传统"依法律行政原理"为中心，其自身设定了这一原理的例外，这是内在界限；与现代社会中国民生活及行政活动质的、量的变革相伴，传统"依法律行政原理"自身正变得缺乏充分的适应能力，这可谓外在界限。本书将前者称为依法律行政原理的"例外"，将后者称作依法律行政原理的"界限"。

73　　　前者可谓在传统理论体系内部，依法律行政原理尚未得到完全贯彻的部分，自第二次世界大战前继受德国行政法学以来，到第二次世界大战后的一定时期，日本行政法理论发展大致的特征在于，克服这一意义上的依法律行政原理的"例外",尝试着让依法律行政原理尽可能浸透于整个行政。这一倾向的前提可以说是在于,通过使依法律行政原理得到广泛浸透,扩大保护国民相对于行政权活动的权利、使其更为充足。然而,特别是昭和40年代以后,在过去的理论框架中仅扩大依法律行政原理的妥当范围,有时未必能扩大、充足国民的权利保护。这一认识经由诸多下级审判例的先导在行政法学中也扩展开来。也就是说,在今天的日本,传统"依法律行政原理"存在功能的界限,在行政法理论中也正成为问题。这是后者"界限"的问题。[1]

二、"例外"的各种类型

在上述意义的"例外"中,根据其理论性质,有可能区分出几种类型。例如,如第一编第一章所述,传统行政法理论在前提上采用了区分行政主体与私人、区分行政的内部关系与外部关系的做法,这种关于行政的法关系二元见解发挥着影响。以下第二节分析的特别权力关系论以及本章没有处理,而在之后第三编第三章触及的行政立法论特别是法规命令和行政规则的区别等即为其例。另一方面,即使是仅限缩到行政的"外部关系"来思考问题,传统的行政法理论也背负着两难困境,既在试图实现依法律行政原理,同时也在与行政活动顺利运营的一般要求相适应,不能使这一原理过于彻底化而妨碍行政的运营,在此方向上也存在依法律行政原理的例外。以下在这种观点下,从第二节到第四节,从"依法律行政原理"的"例外"中选取代表性例子来说明,第五节再来分析一般的"依法律行政原理"的"界限"问题。

74

---

[1] 在这一点上,请再度参见前出第62页。

第二节 特别权力关系论
——"依法律行政原理"的例外之一

"特别权力关系"概念及其相关理论在古典行政法理论中是最具代表性的概念和理论之一，成为过去种种探讨的主题。但是，在今天，如后所述，这种概念及理论的妥当性及有效性几乎被全部否定，已面目全非。但是，第一，看该概念及理论遭到批判的过程，对于阐明过去日本行政法理论所存在的一般问题点是有帮助的；第二，该理论自身妥当与否另当别论，其过去提出的问题本身在今天也未必完全消失。基于这些理由，以下设一节，仅对这种认识的重要论点予以概述。

一、"特别权力关系"的概念

"特别权力关系"概念自然是与"一般权力关系"相对而存在的，具体诸如过去的官吏（公务员）的勤务关系、国立公立学校、医院、图书馆等所谓公共营造物的利用关系，监狱（刑事设施）中囚犯（在监者）的在监关系等，都是其代表。也就是说，其观点是，在这些关系中，国民是公务员，或者是营造物的利用者、囚犯（在监者）等，因而，服从与通常一般市民和国家或地方公共团体两者之间不同的特别规范。如此，通常的一般市民服从警察权、课税权等一般统治权的关系被称作一般权力关系。而这些受到特别规范的关系，称作"特别权力关系"。

对于这种特别规范的存在，古典理论的说明是，"鉴于设定该关系的目的，赋予支配者以概括性支配权"。[1]例如，公务员一般负有服从上司职务命令的义务，而这种职务命令并不是一一基于法律的具体授权。国立公立大学的教师让课堂上打瞌睡、窃窃私语的学生退出

75

---

[1] 参照、田中二郎·上89頁以下。

教室是自由的，这也没有法令的逐一授权。再如，国立公立医院的医生违背患者之意、采取诸如禁止读书等治疗上的措施，也同样如此。"特别权力关系"中的这种状况，均构成依法律行政原理的例外，它是通过设定这种关系的特别目的（在公务员的勤务关系情形中是统一而顺利的行政运营，在国立公立大学的情形中是大学教育，在国立公立医院的情形中是治愈疗养，等等）来得到正当化、获得根据的。

二、"特别权力关系"与依法律行政原理

如此，换句话来说，特别权力关系就是因特别的公益目的而让依法律行政原理不能得到原原本本适用的特殊关系。稍微详细一点来看，首先，日本通说意义上的法律的专权性法规创造力原则在这里未必适用。国立公立学校的校规即使无法律授权，亦可在教育目的的必要限度内规制学生的自由。[1]再从个别具体的处分等来看，如前面的例子所见，一般不适用法律保留原则，没有法律的授权，也可以限制种种自由等。

与此相对，在古典的理论中，如何思考特别权力关系与法律优位原则的关系，需要注意。即使立于特别权力关系论的立场，也要明确"特别权力关系"中法律关系的内容，有的法律或依法律所作命令自身就是规定在这些关系内部发动权力的准则、方法等，这是得到认可的。例如，对于国家公务员的勤务关系，《国家公务员法》及《人事院规则》设置了各种规定，制约公务员惩戒权以及其他权力的发动，同时保障服从者公务员的权利。这时，违反这些法规范制定规则或作出具体处分，无疑是违法的。在这一限度内，法律优位原则在特别权力关系中也是有效的，这一点一般并无争议。问题在于，这种法律自

76

---

[1] 例如，对于在监关系，有判决认为，因为其为"特别权力关系"，无法律授权亦可用规则禁止吸烟，参照、高知地判 1965 年 3 月 31 日、高松高判 1965 年 9 月 25 日。两判决分别是最判 1970 年 9 月 16 日民集 24 卷 10 号 1410 页的第一审及第二审判决，其判决分别登载于该判例集第 1413 页以下及第 1423 页以下。

身并没有特别明确的意图对这种特定关系内部的法关系进行规范，而是对眼下通常的市民与国家权力关系，即一般权力关系中的法关系进行规范，这时关于一般权力关系的规范应当在多大程度上适用于特别权力关系内部的法关系呢？

像马上就要看到的那样，[1]私人就行政厅行使公权力的违法性产生争议，现行的行政争讼制度一般是为其打开通道的，但它也能适用于特别权力关系内部的行为吗？这一问题即为一例。作为这一问题的象征，过去常常讨论的毋宁是宪法上的问题，尤其是在特别权力关系内部能参照特殊目的对一般市民受保障的基本人权进行限制吗？传统观点认为，基本人权参照特别权力关系的目的也不得不受到某种程度的限制，例如，国立公立学校因实施全体寄宿制而限制居住地、禁止特定集会，既然这在教育目的上是必要的，就应予认可。[2]不过，即使承认这种结果，对于这一问题也未必有必然的理由必须认为，"特别权力关系限制在一般权力关系中得到承认的基本人权"，而毋宁是反过来，应当作为基本人权保障规定的解释问题（亦即基本人权内在制约的范围问题），在宪法学上可以按照各个基本人权来考虑其具体的状态。

三、"概括性支配权"的限制尝试

在"特别权力关系"中，很多排除了依法律行政原理的适用。因而，常常有人说"特别权力关系是法治国家的破绽"。但是，在古典的特别权力关系论内部，所谓"支配者的概括性支配权"也并不是无限制地得到认可，在其限制上存在种种理论尝试。

1. 如上所述，在"特别权力关系"中也未必全面排除法律优位

---

〔1〕 后述第 78 页以下。

〔2〕 从这一立场出发，例如，禁止公务员的特定政治行为具有合宪性，最判 1958 年 4 月 16 日刑集 12 卷 6 号 942 页。以此判决为代表的一连串最高法院判决被认为是表明了这种法理。参照、田中二郎·上 95 页。

原则，即使是不触及既有法律的情形，也有"支配权的界限论"的限制。其观点是，特别权力关系内部的支配权，[1]并不是没有法律的规定就可以完全恣意行使，而是只能按照授予这种支配权的目的（亦即设定这种权力关系的目的）、在必要且合理的限度内行使。从这种角度看，例如，作为惩戒权的界限，虽说扰乱了特别权力关系的内部秩序，但并不是就可以随意裁断。例如，其权力关系是基于服从者的同意而成立的（例如，公务员、国立公立学校的学生、公共营造物的利用者等），即使是最高处罚的情形，也只能是将这些人从该关系中排除出去，剥夺因关系的存在而获得的利益。[2]

2. 与特别权力关系中支配权界限问题相关、最为经常讨论的问题是，法院对行政的合法性审查权在多大程度上及于此处？如前所述，之所以说"特别权力关系是法治国家的破绽"，大致是因为过去在"特别权力关系"的法关系中行使权力，不严格适用依法律行政原理，同时，即使是在理论上产生违法问题的场合，多数也不服从法院的审查权。如后所述，在第二次世界大战前，对行政权的权力行使可向行政法院起诉的事项是限定列举的时代自不待言，在第二次世界大战之后，《日本国宪法》第32条及第76条之下，《法院法》第3条规定，法院除《日本国宪法》有特别规定外裁判一切法律上的争讼，在有了这种规定之后，[3]传统行政法学上特别权力关系内部作出的行为仍有很多不是裁判审查的对象。对于这些行为引发的纷争，采取的观点是应当委诸这些关系内部自律调整。

但在另一方面，这时，不应将特别权力关系中全部行使权力的行为从裁判审查的对象中排除出去，古典学说在这一点上确立的公式是，"其纷争只是纯粹的特别权力关系内部问题时，不是裁判审查的

[1] 特别权力关系内部的所谓"支配权"，有命令权和惩戒权。前者像上司对公务员的职务命令权那样，是为积极实现设定权力关系的本来目的而赋予的下令权；后者像对作弊学生作出退学处分的权能那样，是在特别权力关系内部出现扰乱秩序者时，为对其加以处罚、维持秩序而赋予的权能。

[2] 参照、田中二郎・上93頁。

[3] 参见本书下卷第四编第一章。

对象；但在这种纷争同时也是一般市民社会（一般权力关系）上的问题时，则成为裁判审查的对象"。所谓"是特别权力关系上的纷争，同时也是一般权力关系上的问题"，也就是从该关系中排除服从者的行为，根据上述公式，例如同为惩戒权的行使，免职处分、退学处分等是裁判审查的对象，而停职处分、休学处分等就不能在法院争议其违法性。[1][2]至少在结果上，裁判例也在积累着支持这种观点的判决例。[3]

四、对特别权力关系论的诸多批判

80　　如上所述，特别权力关系概念产生的"法治国家的破绽"，在日本传统理论之下也在相当程度上得到了缝合，这是不能否定的。但尽管如此，特别是昭和 30 年代以降，日本行政法学对传统特别权力关系的概念及理论陆续出现了诸多批判。这种批判是多种多样的，其重

---

　　〔1〕　当然，这一公式是在制定法无明文规定时法解释论上的规则，在法律有不同的规定时，自然是法律的规定方式优先。例如，在现行法上，对于公务员的情形，一般认为未必限于免职处分，对于所有的惩戒处分都广泛承认其可诉（参见《国家公务员法》第 89 条第 1 款、第 92-2 条，《地方公务员法》第 49-2 条第 1 款、第 51-2 条）。传统观点认为，公务员的勤务关系性质是"特别权力关系"，在其观点之下是不适用这一公式的。

　　〔2〕　以传统行政法理论的基础、前述区分行政"内部关系"和"外部关系"的二元思考为前提，是容易理解这种观点的由来的。也就是说，在这种思考之下，例如，国立学校、国立医院等是国家行政组织的一部分，构成了行政主体的一部分，因而，私人作为学生、患者，就是这些设施的一个构成成员，与设施之间的法关系构成"内部关系"的一部分。因而，其中当然就不适用"依法律行政原理""近代法治国家原理"等原本规范行政"外部关系"的法原理。与此相对，在取得或剥夺这种资格成为问题时，就变成触及行政主体之"外"私人的权利义务问题，一般就适用"外部关系"的法原理。

　　〔3〕　例如，最高法院将惩戒地方议会议员的除名处分作为裁判审查的对象（最判 1960 年 3 月 9 日民集 14 卷 3 号 355 页），但即使同为惩罚，停止出席处分就被排除在裁判审查对象之外，而委诸议会自治措施更为适当（最判 1960 年 10 月 19 日民集 14 卷 12 号 2633 页）。顺便提及，最高法院对于公立大学生的退学处分，作为（旧）《行政案件诉讼特例法》第 1 条的"处分"，认可其可诉（最判 1954 年 7 月 30 日民集 8 卷 7 号 1463 页），不过，也广泛承认处分权人的裁量权（最判 1954 年 7 月 30 日民集 8 卷 7 号 1501 页）。

点大致可进行如下整理：

第一，最基本的批判是，在《日本国宪法》下，支撑过去特别权力关系论的宪法构造已然消失。根据这一批判，从沿革来看，在立宪君主政体下，尽可能确保由君主代表的行政权相对于立法权及司法权的独立固有权能，特别权力关系的概念和理论就是在这一目的下而成立的。而现在日本的宪法构造之下，国民主权原理确立起来，法治主义广泛有效，该概念和理论已失去存在的基础。原本这些批判者也承认，对于通常称作"特别权力关系"的各种关系，制定法规有时因种种实际需要而作出不同于一般性法关系的特殊规定，实际上有不少情形也需要在法解释论上作出特别解释。但是，根据这些批判，这种特殊规定只有在各自的情形下个别、具体地具有合理理由时才应来立法、解释，而不应从"特别权力关系"本质上与一般权力关系不同的性质抽象地导出、说明。[1]

第二，在上述观点中，在理解过去称作"特别权力关系"的法关系性质时，还有两种观点：一种观点认为，这些法关系最终与一般权力关系并没有本质差异，尤其是对于公务员勤务关系这种典型的传统特别权力关系，现在《国家公务员法》《地方公务员法》等作出了详细规定，至少在日本现在的法律上，过去的特别权力关系已经一般权力关系化了。另一种观点是，过去称作"特别权力关系"的多个例子，诸如公务员的勤务关系、国立公立学校的在学关系、公共营造物的利用关系等，已经不应定性为"权力关系"，而是一种契约关系了。根据这一观点，例如公务员为国家和地方公共团体劳动的关系在本质上与通常的企业勤务关系一样，都是劳动契约关系；而国立公立学校的学生和学校的关系，与私立学校中的关系在本质上也完全没有区分的必要。[2]也就是说，在这些关系中，过去支配者与服从者的当事人

81

---

〔1〕 参照、室井力『特別権力関係論』（勁草書房、1968 年）。

〔2〕 认为国立大学法人是"行政主体、公共营造物"，同时认为就读于该法人设置的大学的学生与该法人之间"在学的法律关系"与学校法立的大学中两者之间关系一样，是在学契约关系"。参照、東京高判 2007 年 3 月 29 日判时 1979 号 70 頁。

间关系，本质上是基于契约的平等关系，只是根据具体的必要性而承
认命令权、惩戒权等，它与私企业、私立学校也是一样的，并没有表
征着该法关系的本质是"特别权力关系"的意义。[1]

五、观点整理

从上文也可以看到，特别权力关系论的批判带有部分前述传统公
法私法二元论批判的性质。因而，日本法下维持特别权力关系论在理
论上是否可能，如果可能、是否妥当的问题，基本上可以参照适用对
前述公法私法二元论同样问题的所述内容。如果要整理其中最关键的
点，第一，特别权力关系这一概念和理论如果只是用于客观记述业已
存在的制定法规范、将其类型化（亦即只是作为法概念发挥前述意义
上的"说明功能"），作为实定法的客观认识和叙述手段，使用特别
权力关系概念，毫无疑问是可能的，不过，这时，从何种角度、为了
阐明什么而在做这些既有法规范的类型化，如果加以明确就是可以
的。但是，第二，问题在于，这一概念作为实践功能层面有意义的概
念（亦即作为法解释论上有"实益"的概念）所呈现、被利用的场
合。对于这一场合，在古典的理论中，有必要首先详细探讨这一概念
在现实中发挥着怎样的实践功能。

然而，对于特别权力关系的概念和理论，从其实践功能来看，至
少在学说上可以说，现在这一概念几乎没有固有的意义。[2]从判例来
看，最高法院过去也有将某一法关系是否为特别权力关系作为问题的
例子，[3]此后，使用这一概念变得慎重起来，毋宁是基于该关系具体

---

[1] 参照、室井力·前揭书。

[2] 例如，一贯主张特别权力关系概念有用性的田中二郎博士，最终也认可这一
概念的功能相对化，不得不承认"使用特别权力关系观念的意义已丧失殆尽"的事实。
参照、田中二郎·上 91—94 页。

[3] 例如参照、最判 1965 年 7 月 14 日民集 19 卷 5 号 1198 页（关于地方公务员
的勤务关系）。

实质的探讨，导出特别对待的必要。[1]不过，在这种状况下，在下级审判决中仍有传统特别权力关系概念发挥功能的案件。为此，学说对特别权力关系论的批判并未失去实际的意义。[2]在从这种角度看时，批判意见认为，有必要对各个法关系根据其特质作出个别、合理的探讨，但必须说，传统特别权力关系论一方至少对于这一批判从未作出过有说服力的反驳。

六、关于"权力关系"概念的否定

但在另一方面，剩下的问题是，过去对特别权力关系论的批判存在主张所谓私法一元论的侧面。例如部分主张认为，公务员勤务关系与私企业从业人员勤务关系也没有本质差别，国立公立学校的在学关系、国立公立医院等设施的利用关系与私立的情形也没有本质区分的理由，均为基于契约的平等关系。对于这种主张，例如，拥护特别权力关系论的田中二郎博士认为，毋宁是反过来，私企业的勤务关系、私立学校的在学关系，与通常市民间的关系不同，而是特殊的社会关系，它们可以说是私法上的"特别权力关系"（特殊的社会关系）。[3]也就是说，其启发的观点是，这里不问是国立公立的设施还是私立的设施，而是存在共通的法关系，但是，它不是通常的契约关系，而应以特别权力关系（或者特别的社会关系）概念来予以统一。

然而，应当注意的是，这种观点已与奥托·迈耶以来的传统理论

[1] 例如参照、最判1970年9月16日民集24卷10号1410页（关于未判决拘留的在监关系）。另参照、最判1975年2月25日民集29卷2号143页（关于国家公务员的勤务关系）。两者均在第二审判决上援用特别权力关系论而形成对比。

[2] 例如，前述最高法院1975年2月25日判决的原审判决是东京高等法院的判决（1973年1月31日訟務月報19卷3号37页），它仅以自卫队员的勤务关系是特别权力关系为由，就驳回了遗属基于违背安全照顾义务而对国家提起的损害赔偿请求。

[3] 参照、田中二郎·上94頁。

有颇为不同的理论构造。如前所述，在传统理论中，其前提是行政的内部关系和外部关系的二元论，基于此，本来公务员是行政主体的构成成员，国立公立学校、医院等是构成行政主体之行政组织的一部分，而与处于行政主体之外的私企业从业人员、私立学校、私立医院等具有本质上的性质差异。而在田中二郎的特别权力关系论中，表面上维持了传统的特别权力关系论，但实际上暗示，其前提性的行政内部关系和外部关系的二元区分至少出现了部分相对化、至少具有相对化的可能性。

另一方面，有观点认为，与是否构成国家或地方公共团体的一部分无关，公务员与私企业的从业人员、国立公立设施与私立设施之间具有共通性质，而且，与单纯民事法支配的关系不同，而是作为特殊的法关系来思考，这种观点在之后也得到特别权力关系论批判一方的提倡。例如，基本上立于特别权力关系论批判一方的兼子仁博士，基于其提倡的"特殊法学"观点，将过去作为"特别权力关系"来说明的各种法关系，例如公务员的勤务关系，理解为"私人劳动契约因公务员身份而被修正的一种特殊劳动契约关系"；对于学校、医院、社会福利设施等的利用关系，则认为"不问国立公立还是私立，各自作为教育法、医事法、社会保障法上的特殊契约关系（特殊企业的利用关系），应当去查明其特有法逻辑的内容"。[1]

七、今天的问题状况

由此来看，日本关于特别权力关系论的讨论，是否使用"特别权力关系"一词姑且不论，可以说大致朝着下述观点的方向收拢：仍然不否定存在赋予法关系一方当事人概括性支配权的"特殊的社会关系"或"特殊法关系"，但是，其支配权的内容和范围取决于各自具体法关系的性质和目的，而且，这时法关系的"性质和目的"与国家

〔1〕　兼子仁「特殊法の概念と行政法」杉村章三郎古稀上 264 頁。另参照、兼子仁『行政法と特殊法の理論』（有斐閣、1989 年）266 頁以下。

或公共团体（行政主体）在其中是否作为当事人没有本质关系。最高法院也说，"在一般市民社会中，它如同另一个具有自律性法规范的特殊部分社会中的法律上的系争，只要它仅仅是与一般市民法秩序没有直接关系的内部问题，委诸其自主、自律解决就是适当的，不属于法院的司法审查对象"。[1]它将这一"部分社会论"一般化，例如，展开了不问国立公立和私立之别的学校关系论。[2][3]

本书也认为，今后至少在某一方面不能否定采取上述观点的必要性。不过，在这里所说的"特殊的社会关系"或"特殊法关系"中，在思考应当适用的法原理的具体内容时，不能完全无视国家或地方公共团体是否作为当事人参与的差异，这也是事实。例如，因为是国立公立设施，仍存在种种情形在其利用关系上作出特别的规范（例如，因为是国立公立学校，故而，自然禁止其立于特定宗教开展教育；再如，因适用国有财产法、物品管理法、会计法等而产生的制约，也能对国立公立设施的利用关系产生影响）。在现代日本行政法上，只要不认为"公与私的区别"这一欧洲近代法范畴一般性完全失去意义，上述观点也就只是必须考虑的一个要素。

根据这种情况来看，过去属于特别权力关系的各个法律关系在今天具体是以怎样的法理展开的、应当如何展开，这一问题已然超出行政法总论的范围，而本来应作为行政法各论（或特殊法论）的问题来考察。

86

----

〔1〕 参照、最判 1960 年 10 月 19 日民集 14 卷 12 号 2633 页。

〔2〕 参照、最判 1974 年 7 月 19 日民集 28 卷 5 号 790 页（所谓昭和女子大学案）、最判 1977 年 3 月 15 日民集 31 卷 2 号 234 页。

〔3〕 对于这一"部分社会论"自身，理论上有种种问题（例如参照、佐藤幸治「『部分社会』論について」判例タイムズ455 号 2 頁以下）。在与"特别权力关系论"的关系上，这里仅像正文那样着眼于它的功能。

第三节 侵害保留理论
—— "依法律行政原理" 的例外之二

一、侵害保留理论及其批判

已如前述，"法律优位原则" 是行政所有活动都适用的规则，而
"法律保留原则" 的妥当范围问题更具原理性，到现在也有种种争论。

率先倡导这一原则的奥托·迈耶认为，这一原则的适用范围仅限
于对行政相对方臣民不利的行政活动，亦即侵害臣民 "自由和财产"
的行政活动，其他行政活动只要与既有法律不抵触就可以自由进行。
这种观点通常被称作 "侵害保留理论"，这一观点自迈耶以来的德国
行政法学及日本行政法学中在传统上均占据支配地位。[1]

然而，对于这种侵害保留理论，特别是第二次世界大战之后、昭
和 30 年代后半期开始，在德国和日本均出现了强烈的质疑。这些质
疑详细而言是多种多样的，但其最基本的观点是，侵害保留理论已然
失去了过去得以支撑的宪法构造上的支柱。这种批判认为，作为在君
主立宪制下绝对王权时代的残余，以君主为中心的行政权原则上具有
独立于立法权、自行行动的固有权限，侵害保留理论是以此为前提而
成立的。不过，在这种行政权作出侵害国民自由和财产的行为时，要
特别有法律的授权，获得立法权亦即国民代表的同意，这就是侵害保
留理论。然而，在君主立宪制体系崩溃、国民主权原理确立的同时，
过去由君主代表的行政权的固有权能已全部失去，行政权已全面变得
无立法权授权就无法行动。1960 年代，德国否定了侵害保留理论，连
所谓 "全部保留理论" 都登场了，亦即行政机关所作所有行动，一概

---

〔1〕 但是，日本传统通说中，行政权制定一般抽象的法规亦即法规命令的情形，
为前述 "法律的专权性法规创造力原则" 所涵盖。这时，该原则的妥当范围未必限于
不利的法规命令。因而，需要注意的是，传统的侵害保留理论只是针对个别、具体的行
为（包括行政行为和事实行为的情形）而确立起来的。

要有法律的明示根据或授权（日本也有学者从这种角度主张，原本法律"保留"的用语自身已然失当）。

二、日本的侵害保留理论状况

在日本，并不存在彻底主张全部保留理论者，即所有行政活动一概要有法律的授权。但对传统侵害保留理论的批判却纷纷登场。例如，后述的柳濑良干博士指出，"赋予某国民权利、解除对自由的限制的行为，在另一方面是对其他国民课予应当承认这一权利、自由的义务，因而，行政权的所有权力性行为都是对国民一面是不利的，同时另一面是授益的"。[1]这一点另当别论。第二次世界大战后，出现了例如不问不利还是授益、一切公权性行政活动都要有法律根据的观点，更进一步，一切公行政活动都要有法律根据的观点。在这些观点的论据上，不仅是宪法构造的变化，还有人主张，今天不问是权力性还是非权力性的行为，给付行政活动增大，对社会具有重大意义，因而，要使其服从法律的授权。

但在另一方面，对上述批判的反批判也绝不在少数。例如，有人从传统立场角度出发，以在行政实务上一般获得承认，或者如果像反对说那样理解，行政在现实中就变得无法行动等理由，仍然拥护侵害保留理论。与宪法构造变化的主张相对，有反论认为，在现行宪法之下，在议会内阁制下，根据各行政组织法律的规定，行政权自身在国会具有存在基础，即使不要求其行动有法律授权，行政权自身也已经具备民主基础。此后，从这种认识出发，侵害保留说对此加以批判，同时对全部保留说的基本观点提出质疑，只有行政权以优越于国民的立场采取行动时，亦即采取权力性行为形式时，要求有法律的授权（不问是不利行为还是授益行为），这种立场也登场了。[2]

有关"法律保留"原则妥当范围的极为不同的见解，在理论上还

89

---

〔1〕 参见后述第 99 页。
〔2〕 参照、原田尚彦·要論 88 頁。

看不到完结，仍相互对立着。此间在现实中的状况是，不具有法律根据，或者仅有组织规范等根据的行政活动，以非权力性作用为中心在日益增加。为了多少改善一点这种不幸的状态、进一步推动法律学上的讨论，仍有必要对讨论出发点上的几个论点作出理论整理。本书以下从这一角度出发，对此问题阐述一点本书自己的观点。

三、观点整理

1. 传统侵害保留理论过去将行政实务上对这一理论的承认作为其论据，如果不以侵害保留理论为前提，也仅仅可能是变成违法进行的行政实务，这就很难说一定是有说服性的论据。而有主张认为，不采取侵害保留理论，现实中行政就无法运转，但例如，虽说是最极端的全部保留理论，也不否定法律赋予行政机关大幅度的裁量判断余地，因而，这种主张难以成为决定性的论据。但在另一方面，批判侵害保留理论的最核心论据是宪法构造变化论，但从下述理由来看，确立了国民主权，就当然导出所有行政要有法律根据的原则，这种观点也未必有充分的论证。

第一，对于上述宪法构造变化论，特别是主张"君主立宪制崩溃，行政自身不再有固有的权限"，这是当然的事情，但首先必须再度确认"法的根据"与"法律的根据"的理论差异。人的某种行动，要作为"行政活动"，就以存在某种法规范为前提，一概作为行政活动来理解是不可能的，在这一意义上，"行政"在理论上必定要有法的根据。[1]但是，这种纯粹法学意义上的法的根据未必是国会的法律的授权，"法律保留"问题必须明确区别于这一意义上的行政之为行政的"法的根据"问题。换言之，即使在不采取君主制的宪法构造下，例如，承认存在行政权直接根据宪法的权能，在理论上也一定是充分可能的。

第二，与上文也有关系的问题是，"国民主权"原理在理论上当

---

〔1〕 对此，详细请参照、藤田宙靖「行政と法」大系1（藤田宙靖·基礎理論上）。

然意味着所有行政活动必须存在"法律"的授权吗？对于"国民主权"原理意味着什么的问题，今天可以在日本宪法学上看到种种不同见解，这里想避免对上述问题作出最终判断。至少过去传统理解的"国民主权"原理主要是指"国家的一切权力最终在国民这里有其正当性根据"，它是关于国权行使正当性根据的原理，至少在国权行使的方法上并没有一义性地规定其具体状态。[1]如此，虽说《日本国宪法》采用了"国民主权"原理，但也未必能由此直接导出"法律保留"原则的妥当范围问题。

第三，从《日本国宪法》对国会的具体定位看，其第41条仅规定，"国会是国权的最高机关"，是国家唯一的"立法机关"，而没有规定国会意志是一切国家行为之"源"。[2]

如此看来，"法律保留"原则的妥当范围问题未必是能从明治宪法与《日本国宪法》之间的宪法构造差异一义性得到解决的问题，毋宁是在考虑"国民主权"原理、"议会内阁制"的组织构造等的基础上，从如何在立法权与行政权之间合理地分配功能的角度，应当有弹性地进行解释的问题。

第四，从这种角度看"法律保留"原则时，首要的问题在于，作为国会对行政活动的"民主性控制"，怎样的状态才是最为合理的？而要明确这一点，首先必须明确"国会对行政活动的民主性控制"是什么。如果稍作展开，可作如下说明。

行政权的行使是否一概是"民主的"，这一问题从理论上详细来

---

〔1〕 这一点的最明确主张者，参照、小嶋和司＝大石真『憲法概観（第七版）』（有斐閣、2011年）41-43頁。

〔2〕 "国会"是"国民"的代表，而不是"国民"本身，因而，如果"国会"的意志是一切国家行为之"源"，那它在理论上毋宁与"国民主权"是不相容的。

顺便提及，如果在确立了国民主权的日本宪法之下，没有法律的根据，行政原本就没有行动的权能，立于这一前提，那么在逻辑上得出的结论就是，所有行政活动均要有法律的授权，即彻底的全部保留理论。但在日本，在立于宪法构造变化论的学者中，也没有这种彻底的主张者，如正文所述，要求法律根据的范围常常是限于公权性行政或公行政等。这时，至少在非公权性行政或非公行政（私行政）上，其民主的根据就只能在法律以外的地方来寻找。

92

看有极为多义的侧面。其一，它包含着该行为是否在国民意志上有理论根据的权力正当性问题。对此，《日本国宪法》规定，"行政权属于内阁"（第 65 条），《日本国宪法》自身也是"基于日本国民的共同意志"而制定的（参照《宪法》序言），因而，现行宪法之下，行政权的行使已然具备民主正当性。而且，日本宪法采用了议会内阁制，进一步增强了这种正当性。但在另一方面，其二，"行政活动的民主性控制"，即使是在这一意义上具备民主正当性行使权力，也不是认可仅以此正当性为由便可从事任何活动（如果认可，那么，纳粹政权的独裁政治也能得到认可），而是意味着以某种方式从国民一方对现实行使权力者施以制约（所谓"民主性控制"）。[1]对于这种制约方式，除了国会的制约外，还有后述"行政的事前程序"完善等，能在各种场合有各种方法。在这种种可能性中，特别是国会的制约方法所具有的意义首先在于，由国民（的代表）根据制定的规则在公开场合进行审议，让行政权根据审议结果行使。该审议的结果，既有法律这种形成一般抽象规范结晶的形式，也有只是个别决议的形式。

　　要求行政活动有法律根据，这意味着，其一，根据国民（的代表）如上审议的结果，让行政活动的民主正当性更加强固；其二，让这种审议的结果特别是以一般抽象的规范形式形成结晶（法律），使

---

　　[1]　例如，对于前述"现行宪法之下，在议会内阁制下，根据各行政组织法律的规定，行政权自身已经具备民主基础"，今村成和博士批评认为，"法治主义的存在理由在于，在现行宪法下的政府装置中，能让民主控制发挥功能，因而，说政府组织的整体民主性，就是法治主义无用论的言说"［今村成和·行政法的争点（新版）15 页］。这应理解为意味着本书正文所述的事情。

　　当然，今村成和博士以现行宪法采用的法治主义不是"依法律行政原理"而是"法的支配"为理由，而采取下述观点，即"民主性控制"一般当然意味着通过国会的法律来积极授权（今村成和·同上）。尽管他对藤田宙靖《行政法Ⅰ（总论）》（新版）有反驳（同 17 页），但我不能理解其理由。这里想再指出的是，"法的支配"观念自身毋宁是理论性的，具有与以国民主权为基础的议会民主制相对立的一面［参见前述第 54 页以下。另外，对此的详细，藤田宙靖「ドイツ人の観たアメリカ法」広中還暦（藤田宙靖·基礎理論上 134 頁以下）］。如果这一指摘只在与"法律优位"原则的关系上有意义，那就必须再追问"法的支配"原理本身与"法律保留"问题是否真的能在理论上直接关联起来。

行政活动的状态依据法律而受到制约。因而，"法律保留原则"的妥当范围问题就变成必要的行政活动是什么、无论如何都要受到如此制约的问题。

2. 本书在这里处理的问题是作为"依法律行政原理"内容之一的"法律保留原则"的妥当范围问题，论述时需要确认的是，这一问题未必与立法权和行政权相互关系一般问题相同，也就是说，要从理论上明确将前者区别于后者。后者亦即立法权和行政权相互关系一般问题，除了规范行政主体和私人之间关系的"依法律行政原理"之外，还有例如，行政组织的状态在多大程度上真的由法律来规定，亦即行政组织权与法律的相互关系问题，〔1〕还有从所谓"财政民主主义"角度而言的国会对国家财政的介入问题。〔2〕另外，有见解认为，在今天，例如"像国土开发计划那样，整个体系作为国土的将来状态，规定着我们的生活状态，虽不直接影响国民法的利益，但从与日本的民主性统治构造的关系来说要有法律的根据"。〔3〕如最后这个例子所示，这一问题，本来不是从保护国民利益角度所产生的问题，在这一意义上，必须说在理论上正是不同于"依法律行政原理"的问题，"依法律行政原理"是为了保护私人相对于行政主体的权利利益而产生的法原理。〔4〕如果不明确这一点，在讨论"法律保留原则"的妥当范围时，就将以无法摆脱理论颇为混乱的状态而告终。〔5〕

〔1〕 对此问题，眼下可参照、藤田宙靖·組織法 59 頁以下。

〔2〕 例如，请参见《宪法》第七章的各条规定。

〔3〕 参照、塩野宏「国土開発」山本草二ほか『未来社会と法』（現代法学全集 54）（筑摩書房、1976 年）233 頁。

〔4〕 参见前述第 61 页。

〔5〕 今天，有主张认为，全部包括这些问题在内，作为关于立法权与行政权相互关系的一般理论，"国家中本质的（重大的）问题必须首先由立法决定"，亦即采取本质性理论或重要事项保留说〔例如参照、阿部泰隆·システム下 695 頁、同·解釈学Ⅰ 102 頁以下、大橋洋一·Ⅰ（第四版）30 頁以下等。塩野宏·Ⅰ（第六版）88 頁以下也基本采取这种观点〕。这种观点作为立法权和行政权相互关系的一般观点是颇为常识性的，但对于什么是其中所说的本质的（重要的）事项，却无法一义性界定，最终必须对个别事项逐一进行探讨，它背负着这样的宿命〔作为这一理论在解释论上无力的具

95　　3. 如果在理论上贯彻"依法律行政原理"，本来"侵害保留理论"就是对这一原则的扭曲，"全部保留理论"才是应有的姿态。但在另一方面，如前所述，"依法律行政原理"自身原本就不是以行政的合法律性作为自己的目的，而是以保护私人权利利益的要求作为背景。在 19 世纪的德国，也未必是从构成"依法律行政原理"背景的基本要求中实质上发现"侵害保留理论"的。如果以前述第二点的探讨为前提，在今天的日本，也没有必要否定"依法律行政原理"的基本理念，亦即通过"法律"的合理性控制行政的恣意，保护国民的权利利益。今天的问题毋宁是在于，如上所述，立法权和行政权的相互关系问题不限于传统"依法律行政原理"上的问题，而及于更广泛的问题。如此，将"法律保留原则"的妥当范围问题限定作为"依法律

96　　行政原理"内容之一来思考，在出发点上，今天仍然也没有必要否定侵害保留理论的基本观点，即仅对侵害国民自由和财产的行为课予立法权"法律"授权的义务。不过，如后所述，在现代，特别是以双重效果的行政行为所代表的那样，对私人不利的行政活动与授益的行政活动的区别越发相对化了。有鉴于此，作为法律保留原则妥当范围上的

体例证，参照、藤田宙靖「警察法二条の意義に関する若干の考察（二）」法学 53 卷 2 号 90 頁（藤田宙靖・基礎理論上 389 頁以下）]。这一观点的模型是德国的 Wesentlichkeitstheorie［对此理论的详细，参照、大橋洋一『現代行政の行為形式論』（弘文堂、1993 年）1 頁以下]。在沿革上，它的确是称旨在克服侵害保留理论而展开的，但其自身只是（在立法权和行政权的一般相互关系上）对"侵害保留理论"支配状态提出了问题，指出了新的解决方向，它只不过是在这一意义上具有指示方向的功能。即使立于本质性理论或重要事项保留说的立场，在解决具体问题之际，结果只能是本书正文所指出的那些观点就会成为问题（在这一意义上，至少仅仅是"本质性理论"或"重要事项保留说"，还不能在决定法律保留原则妥当范围上发挥有效功能）。如此，解决问题的径路，与其扩大法律保留论的框架，不如在立法权和行政权相互关系中直率地承认，存在观点上不同于作为"依法律行政原理"一环的"法律保留原则"的种种问题，由此出发的做法才是合理的，这是本书的观点。顺便提及，大橋洋一『都市空間制御の法理論』（有斐閣、2008 年）283 頁对这种观点作出了批判。其根据仅在于，"行政法总论中讨论的法律保留理论与行政组织法定化原则"在"今天的德国法"中"被统合于本质性理论之下"。这当然不是对本书指出的上述情况的反驳。

原则性规则，侵害保留理论、全部保留理论均不够令人满意，前述的"权力保留说"观点登场了，[1]即不问授益还是不利，但凡行使公权力，行政活动就要有法律的根据，这种观点也是有其充分理由的。[2]如果国会

[1]　前出第 88 页。

[2]　当然，近来有人指出，"权力保留说"存在种种理论难点［参照、阿部泰隆·システム下 693 页、同·解釈学Ⅰ100 页以下、大橋洋一·Ⅰ（第四版）29－30页、芝池義一·総論 47 页以下等］。不过，在其理论前提和用语上，与本书的理解之间有一定偏差，以下想进行一点整理：

第一，有人指出，不存在授益性权力行为。在本书的观点（用法）中，可称作"授益性权力行为"者无疑是存在的，"特权的赋予"即使对第三人带有不利效果，对申请人亦即相对人无疑也是"授益性"的（将此称作"授益性行为"毋宁是传统的用法。顺便提及，《行政程序法》第 2 条第 3 项的表达是"许可认可等""赋予自己某种利益的处分"）。即使将此排除在外，第三人效力不成为问题的各种给付决定，再如外国人的归化许可等，这样的例子也不胜枚举。

第二，行政主体作为法制度设计这些行为，原本不是不可能的。法律保留问题，只是没有法律授权能否进行（无法律授权时，对私人是否具有法的拘束力）的问题。所谓权力保留说，即使是纯粹的授益性行为，只要是以权力性行为形式（特别是行政为、行政处分）进行，没有法律授权，行政就不能独自进行。

批判说认为，只有法律才能创出"权力性形式"（否则就只是赤裸裸的暴力），由此得出法律保留的范围，就陷入了循环论证。但从权力保留说的立场来看，权力保留说的结论是创出"权力性形式"要有法律的授权，批判说预设了这一结论，正是批判说一方已经陷入了循环论证（在这些批判中，也能看到"法律的根据"与"法的根据"的理论混同）。当然，在以"法律保留论"为代表的"依法律行政原理"中，在理论上是以没有法律的根据也能"行使公权力"（例如"警察国家"的国家行政全是如此）为前提的，正因为如此，才朝着以法律拘束"公权力的行使"努力。例如，"侵害"作为"侵害保留"的前提，正是从有"公权力的行使"才能产生的概念。所谓"侵害保留"论是主张，在这种公权力行使中一定范围者（亦即"对自由和财产的侵害"），要有法律的根据；而所谓"权力保留理论"是在说，如果是"公权力行使"，即使是在此外范围（例如对特定人授予恩典），也要有法律的根据。

第三，如正文所述，权力保留说是在侵害保留说的延长线上成立的，实质上将侵害保留说涵盖的部分也纳入到其射程之中（如前所述，"侵害"当然是由"权力性行为"带来的）。因而，对于侵害保留说能说明的部分，当然没有权力保留说登场的必要，但本书正文所述者毋宁是在考虑第三人遭受的连"侵害"还说不上的不利（参见后述第 98 页以下）。

第四，权力性完全是由规制规范创出的，权力保留说如何对这种行为的存在［例

通过法律手段控制行政权的意义在于前述内容，其中所必要的法律，即使原则上具有"根据规范"的性质，有时也不应完全不考虑以组织规范、规制规范来取代根据规范（如果换一种表达来说，有时也没有必要有严格意义上的"法律的根据"）。[1]

四、今后的遗留问题

98　　　但无论如何，在上述理论状况之下，今天继续一般性地讨论侵害

如，塩野宏·I（第六版）85 页所指出的补助金交付决定〕作出说明呢？这一问题（这种行为欠缺明确的根据规范，就必须说违反法律保留原则违法吗）的确是存在的。对于这种情形，大致如正文马上要说的那样，可适用下面这种观点：法律保留原则中所说的"法律的根据"，根据情况，没有"根据规范"，例外地也可以是"组织规范""规制规范"等。

这时，例如规制性行政指导（参见后述第 365 页）是否要有法律的授权问题〔参照、塩野宏·I（第六版）85 页〕，就是正文所说"公权力的行使"概念的具体解释问题。

另外，因在渔港区域内设置的游艇系留桩明显妨害渔港区域内的水域利用，管理渔港的町强制撤除，但这种规制的根据法（基于《渔港法》的渔港管理规程）并没有规定。最高法院在该案中判断认为，不能认为这种做法在《渔港法》及《行政代执行法》上是合法的（最判 1991 年 3 月 8 日民集 45 卷 3 号 164 页）。然而，该判决认为，尽管如此，町长强制撤除的费用由町的经费支出，这是为应对紧急事态而采取的不得已措施，参照《民法》第 720 条的法意，也不应认为其违法，进而驳回了居民争议公共资金支出违法的居民诉讼（参见下卷第 48 页），因而招致各方面对该案的讨论。该判决的旨趣未必明确，但从与"法律保留原则"的关系来看，在该案中，这一原则所保护的是设置了游艇系留桩却被撤除的私人（俱乐部），至少在与此的关系上，最高法院相当于认可了本案撤除行为的违法性（假设该人以町为对象提出损害赔偿请求，有无损害、过失相抵等论点另当别论，从本案判决的逻辑来看，本来不应否定撤除行为的违法性自身）。能否说撤除费用的支出给町造成损害，属于违法的公共资金支出，则与本问题不同，应理解为居民诉讼的固有问题。

〔1〕在这一问题上，有时仅有组织法规定已足够，作为启发这种观点的近来著作，参照、芝池義一·総論 49 頁以下、中川丈久「行政活動の憲法上の位置付け」神戸法学年報 14 号（1998 年）125 頁以下。与此相对，这种观点也能受到批判，即实质上剥夺了侵害保留理论所实现的保护国民自由的功能。但要给出对此问题的最终结论，至少必须进行本书正文所述的理论探讨。

保留、全部保留抑或权力保留说，（至少从对于个别具体案件的法解释论上的实益角度来看）已经没有那么大意义了。在个别事例中，对于是否要有法律根据的结论，采取哪一种学说，在结果上都没有多大差别，最终需要的是在各论中的详细探讨。不过，这里作为在这种探讨之际今后必须充分考虑的问题，想就上述"侵害"和"授益"的相对化，进而由此产生的几个理论问题再稍作分析。

99

1. 如前所述，过去柳濑良干博士曾指出，"侵害保留理论"在结果上最终与"全部保留理论"相同。根据柳濑博士的观点，赋予某国民权利、解除其自由限制的行为在另一方面就是对其他国民课予应当承认这一权利、自由的义务，因而，行政权的所有权力性行为，对国民一方面是不利的，另一方面同时也是授益的。[1]这一观点在纯粹逻辑上有其正确的一面，不过，在当时可以说是以空转而告终。在传统的"侵害保留理论"中，其目的完全在于保护私人利益免受行政主体的直接侵害，因而，仅从行政主体与行为的相对人这种双方关系来把握问题，该行为对相对人以外的人（第三人或一般公益）有何意义，几乎不受关注。但在今天，正如该观点所启发的那样，行政活动中问题的多面性、行政主体和私人相互关系的多方性，引起了很大关注，以此事实为前提，再探讨行政法理论的应有状态，就成为重要问题。[2]

当然，即使从这种角度去看，行政主体、行为的相对人、此外其他人（或利益）的相互关系状态，也并不是始终相同的。例如，赋予某私人权利的行为就成为直接剥夺其他私人权利的行为的情形（例如依据土地征收法作出的土地征收裁决。当然，这时被取走土地的一方和取得土地的一方两者共同构成相对人）、恢复相对人自由的行为（至少在事实上）直接给相对人以外者带来具体不利的情形（例如依据建筑基准法的建筑确认），赋予相对人利益的行为损害了与相对人

---

〔1〕　参照、柳瀬良幹「法治国家」田中二郎ほか編『行政法講座 1』（有斐閣、1964 年）。

〔2〕　从这种观点很早就指出种种问题的所在，参照、兼子仁「現代行政法における行政行為の三区分」同・前揭『行政法と特殊法の理論』所收。总括性地概述这一问题现在的理论状况，前田雅子「行政法のモデル論」新構想 I 21 頁以下。

100 以外者的平等、相对地构成相对人以外者不利的情形（税金的减免），赋予相对人利益的行为只是可能引发损害相对人以外者利益的情形（例如核电站建设许可的赋予）等是有差异的，其利益从生命身体安全这样的重大利益到剥夺体育、娱乐可能性（例如，赋予允许填埋海岸的公有水面填埋许可），这样的例子具体存在种种可能性。

2. 然而，在这种场合下，今天对于这些行为，法律在多数情形中设置了根据规定，从这一意义上可以说，眼下没有与"法律保留"原则的关系成为问题的状况。但是，这里必须作为问题的是，在这些情形中，作为允许行政主体为一定行为的前提，该根据规范所规定的要件完全只是考虑相对人和行政上利益的调整，而未必充分考虑了相对人以外者的保护，这样的例子是不少的。[1]这时，如果相对人以外者遭受的不利是能被称作对其"自由和财产"侵害程度的不利，对于这些人在实质上是在何种情形下让自己的利益必须为行政上的利益而受到制约，在立法机关没有充分考虑其利益、与行政上利益之间进行充分调整的情况下，这些人就因行政活动而受到不利。这种事态明显不容于"依法律行政原理"的本来旨趣——通过对行政机关的活动预先设定法律的规准来保护私人的权利利益。

101 换言之，所谓"法律根据"的必要，原本并不只是法律上规定某种根据，为了实质上保护私人的利益，在法律要件的规定方式上还应有一定的"规范强度"。[2]这种规范强度今天在与相对人以外者（利

---

〔1〕 这些行为的根据规范在多大范围内保护相对人利益以外的利益，过去主要是作为撤销诉讼原告适格问题在学说和判例上有过激烈争论。详见下卷第 66 页以下。

〔2〕 之所以禁止法律对法规命令（行政立法）的空白委任，原因正在于此。像下一节要看到的那样，行政厅的自由裁量是作为"依法律行政原理"的例外（参见后述第 103 页以下），也是因为如此。

另外，这种要求自身未必仅是来自德国、日本式的"依法律行政原理"，例如也能从英美式的正当程序原则中得出（所谓 substantive due process）。在日本，该要求在与《宪法》第 31 条的关系上也成为裁判上的问题。例如，针对《关于核原料物质、核燃料物质及核反应堆规制的法律》第 24 条第 1 款第 4 项（当时）规定的核反应堆设置许可处分的许可要件明确性、正当性，参照、最判 1992 年 10 月 29 日判时 1441 号 50 页（所谓"福岛第二核电诉讼判决"）。

益）的关系上也必须作为问题来对待。从这种角度来看，如前所述，至少在对相对人的授益性行为造成侵害第三人"自由和财产"的影响时，已经在"侵害保留理论"的延长线上得出的结论就是，制定行为规范全然不考虑第三人利益，据此行为规范作出的行为（至少在与该第三人的关系上）欠缺法律上的明确根据（或者也可以说是广义的正当程序），应当说是违法的。对侵害保留理论作这种现代性修正的必要性尚未得到广泛论述，[1]在前述意义上第三人法的地位成为问题时，它就一定是必须探讨的问题。

3. 当然，这时在这种情形中对第三人的损害是直接因行政行为相对人私人的活动（建筑行为、营业活动、核反应堆的运转等）而产生的，因而，还必须充分考察这种损害到底在何种意义上会成为行政行为的"侵害"。

　　对此，首先如柳濑博士也指出的那样，例如，使相对人从事一定行动成为可能的行政行为，同时对第三人课予忍受相对人获得采取行动的法资格的义务。不过，如前所述，这时第三人必须忍受的相对人"法的资格"内容，存在种种情形。例如，行政行为的法效果只是"命令性效果"的情形与具有"形成性效果"的情形是有差异的，[2]对于后者，其形成性效果所及范围也有广狭不同的情形。这种效果到何处为止构成对第三人的"侵害"，应当赋予依法律行政原理的保护，或者（也包含从正当程序保障的角度）广义上法治主义的保护，就成为一个问题。对此，首先要充分理解行政行为的法效果，而第三人对于某行政行为的法的立场问题，日本此前主要是在与抗告诉讼原告适格（《行诉法》第9条）的关系上来论及的，为了方便起见，将在本书下卷的该部分更为详细地探讨。

102

---

〔1〕　作为在这一点上提出了问题者，参照、藤田宙靖「行政活動の公権力性と第三者の立場」雄川献呈上 171 頁以下（藤田宙靖・基礎理論上 254 頁以下）。

〔2〕　参见后出第 205 页以下。

第四节　自由裁量论
——"依法律行政原理"的例外之三

第一款　何谓自由裁量（一）
——与"依法律行政原理"的关系

一、"裁量"与"羁束"

103　　　　如果"依法律行政原理"的目的在于，通过法律拘束行政活动，一是满足对行政活动的预见可能性（法的安定性）要求，二是满足对行政活动的民主性控制的要求，[1]那么，要贯彻、实现这两个要求，该原理本来就是这样的原则，即对于所有行政活动，以法律对行政机关在何种情况下可以采取何种行动作出各个具体详细的规定。但是，如前述"侵害保留理论"所见，传统行政法理论在其任务上背负着二律背反的要求：一方面，为了保护各个国民的利益，根据依法律行政原理对行政机关的行动进行控制；另一方面，在促进全体利益、公益的要求下，在必要的限度内必须确保行政活动的顺利进行。如此，与此要求相适应，在传统行政法理论下视为"一般权力关系"的法律关系中，实际的法律也屡屡给行政机关概括性授权，将行动委诸行政机关作出政策性、行政性判断。

　　　　在法律对行政机关广泛授权时，通常是说"法律赋予行政机关（行政厅）（自由）裁量权"，将行政机关（行政厅）基于裁量权作出
104　政策性、行政性判断的行为称作"（自由）裁量行为"或"（自由）

---

〔1〕　参见前出第61页。

裁量处分"。[1][2]与 "自由裁量" "裁量行为" 语词相对应，反过

---

[1] 从理论上来说，自由裁量行为是对所有法形式的行政活动而言的，但在现实中，自由裁量论长期只是针对 "行政行为" 展开的，如果说 "（自由）裁量行为"，那就是意味着承认自由裁量的行政行为（通常将此称作 "自由裁量处分"）。其原因在于，如前所述，在以 "三阶段构造模式" 为前提的传统行政法理论中，在行政的各种活动形式中，理论上的关注特别集中于 "行政行为"；行政争讼法是自由裁量问题在现实中最具有重要意义的领域，行政争讼法也是以行政行为（行政处分）为中心而建起争讼法的构造。但在最近，裁判例上出现了其他行为形式上的裁量问题（例如对于行政立法，参照、最判 1990 年 2 月 1 日民集 44 卷 2 号 369 页；对于制定条例之际议会的裁量权，最判 1990 年 12 月 21 日民集 44 卷 9 号 1706 页；对于契约的缔结，最判 1987 年 3 月 20 日民集 41 卷 2 号 189 页）。再如，对于 "计划" 这种法形式的所谓 "计划裁量"，不仅是行政法学，在最高法院判例上也成为探讨的对象（例如，对于都市计划决定，最判 2006 年 9 月 4 日判时 1948 号 26 页、最判 2006 年 11 月 2 日民集 60 卷 9 号 3249 页）。但是，本书的目的首先是要阐明传统理论的基本构造，在此基础之上，说明其现在面对的问题，因而，这里暂且按照传统的做法来处理自由裁量论的问题。

[2] 此外，有的案件法院以某种国家行为的高度政治性为理由，不对其进行合法性审查，这属于所谓 "统治行为" 的情形。过去在日本，对于诸如众议院的解散等，最高法院认可不予审查的做法（最判 1960 年 6 月 8 日民集 14 卷 7 号 1206 页）；对于行政权的行为，它将政府的缔结条约也归为统治行为（最判 1959 年 12 月 16 日刑集 13 卷 13 号 3225 页、最判 1969 年 4 月 2 日刑集 23 卷 5 号 685 页等）。这里，"统治行为" 与自由裁量行为的异同就成为问题。

首先，从理论上来说，自由裁量行为的观念原本是指法律自身赋予行政机关自由判断的余地，亦即没有法律羁束的情形。因而，法院也不能作出违法性判断（因为欠缺判断的基准）。而 "统治行为" 的情形，是因为该行为具有高度的政治性，法院应当抑制审查。因而，"统治行为" 的情形即使在理论上存在法律的羁束、可以此为基准作出违法性判断，也不得作出判断（在这一意义上，小早川光郎指出，上述最高法院 1959 年 12 月 16 日判决，不是适用本来的统治行为法理，而只不过是承认政治部门广泛的裁量权。参照、小早川光郎·下 II 127 页）。

但是，如后所述，在自由裁量论中，功能性、程序法的观点在推进，将问题作为行政机关和法院之间合理分工问题来理解的倾向很明显。在这一点上两者的本质差异在消失。不过，这时作为现实问题，"统治行为" 主要是限于各权力的最高机关的行为，而且不仅仅是违背法律，违背宪法也成为问题的情形。

另外，作为两者法效果的差异，以前述理论差异为出发点，就会产生不同。例如，对其行为提起撤销诉讼争议其违法性的案件中，自由裁量行为是进入实体审理之后作出驳回诉讼请求判决，而如果是 "统治行为"，则是驳回诉讼判决 [参照、雄川一郎 『行政争讼法』（有斐阁、1957 年）129 页]。

来，法律没有赋予行政机关这种政策性、行政性判断的余地，严格以法律予以拘束的情形，是说"法律羁束行政机关（行政厅）"，将在法律羁束之下所作的行为称作"羁束行为"或"羁束处分"。

二、法规裁量（羁束裁量）的概念

105　　然而，过去认为，法律的羁束是对行政行为的"要件"和"效果"而进行的，[1]法律对两者都作出了一义性明确规定时（例如《国税征收法》第 47 条第 1 款），当然马上就明白该行为是羁束行为；反过来，法律对于要件或效果明确委诸行政机关自由作出政策性、行政性判断时（例如《行政不服审查法》第 45 条第 3 款，《道路交通法》第 103 条第 2 款——可与该条第 1 款对比），这是自由裁量行为，这比较容易辨别。但实际上是常常存在两者的中间情形。例如，《关于风俗营业等规制及业务正当化等的法律》第 25 条规定，公安委员会认为，风俗营业者有违法行为、"有损害善良风俗或清净风俗环境，或者妨碍少年健全成长之虞时"，可以对风俗营业者作出必要的指示，"防止发生损害善良风俗或清净风俗环境，或者妨碍少年健全成长的行为"。这时，判断是否有"损害善良风俗或清净风俗环境"及"妨

106　碍少年健全成长之虞"、是否为防止而作出必要的指示，该条文真的就委诸公安委员会作出政策性、行政性认定和判断吗?

　　在传统行政法理论中，对此并不是这样理解的。即使是这样以"不确定概念"来规定要件和效果的情形，在现实各个具体的情形中，什么真的是"有损害善良风俗之虞"的行为、什么是"必要的处分"，要从法规范的宗旨、目的，对每一种情形客观地作出界定，行政机关违背客观基准作出判断，它不仅仅是不合目的的裁量，而且违背法律

---

　　[1]　法律授权给行政机关时，通常的形式是：（1）"在……时"，（2）"必须作出……处分"（或者"可以……"）。前者是这里所说的"要件"，后者是"效果"。通常对"要件"认定的裁量称作"要件裁量"，对"效果"承认的裁量称作"效果裁量"。

　　当然，如后所述（后出第 123 页），最近在行政法学上确立起来的认识是，产生行政厅裁量余地的不是这种单纯的构造，而是在更多的侧面中。

预定的客观基准，因而违法。如此，法律文字上并非一义性确定，但实际上也不允许行政机关自由裁量，在存在法律预定的客观基准时，行政法学上通常将其称作"法规裁量"或"羁束裁量"。而纯粹委诸行政机关（行政厅）政策性或行政性判断、本来意义上的自由裁量被称作"便宜裁量"或"目的裁量"。[1]

根据传统行政法理论的这种图式，"法规裁量行为"或"羁束裁量行为"使用了"裁量"一词，但在理论上其性质实际上不是自由裁量行为，而是羁束行为。"法规裁量"或"羁束裁量"的概念之所以有这种奇妙的性质，实际上是由来于历史。这一概念过去是用来对抗下面这种观点的，即法律文字不是一义性的，就全部允许行政机关自由裁量。"法规裁量"或"羁束裁量"概念可谓是在传统行政法学内部积累、解释论上努力的一大结晶，进一步扩大了依法律行政原理的妥当范围。

另外，自由裁量在当下意味着，法律自身放弃详细具体地规范行政机关的行动，而委诸行政机关（行政厅）政策性或行政性判断。在这一意义上，自由裁量可以说具有"依法律行政原理"例外的意味。但是，过去自由裁量概念不仅是这种实体法的侧面，而毋宁是程序法的侧面，亦即正是在保障着行政合法律性的裁判审查场合下发挥着重要功能。接下来，为了更清楚地阐明传统行政法理论中自由裁量论的意义，来看看自由裁量行为与裁判审查的关系。

107

第二款 何谓自由裁量（二）——与裁判审查的关系

一、自由裁量行为与裁判审查

如本书下卷第四编详述的那样，在近代法治国家，尽管在程度上有种种差异，但一般会以某种方式由不同于通常行政机关的独立法院去纠正行政的违法活动。如后所述，尤其是在现在的日本，与第二次世界大战前的法制度不同，根据《行政案件诉讼法》的规定，大大地

---

〔1〕 请参见后出第 112 页的图式。

打开了这条通道。但是，这种由裁判机关进行的审查，因为司法的使命，至少在原则上只能限于对行政活动的合法与违法作出判断，对于行政机关只是从政策、行政的角度作出的决定，其政策判断的当与不当[1]控制只能说本来就处于法院的权限之外。如此，在传统上，就建立起行政法理论上的一大原则：即使是行政行为，对于羁束行为，其违法与否是裁判审查的对象；而对于裁量行为，行政机关的裁量失误则不属于裁判审查的对象。不过，这时，根据传统通说的观点，前述法规裁量行为的情形，在具体场合下判断有误，违背法规范预定的客观基准，就是违法，而与通常的羁束行为一样，完全成为裁判审查的对象。

二、自由裁量的"界限"

自由裁量行为不属于裁判审查的对象，在德国以及效仿它的日本，很早就确立起这一原则。但是，即使在这种情况下，在其理论框架中，为了实质地扩充"依法律行政原理"，传统行政法理论做出了种种努力，前述法规裁量（或羁束裁量）概念的确立即为其例。与其一起必须予以关注的是所谓"自由裁量的界限"论。这是针对在理论上分离出"法规裁量行为"之后的自由裁量行为，即便宜裁量行为（目的裁量行为）而言的，即使是这一意义上纯粹的自由裁量行为，（1）超越裁量权界限而作出行为时［所谓"裁量权的逾越（或脱逸）"］，或者（2）滥用裁量权而作出行为时（所谓"裁量权的滥用"），该行为违法，成为裁判审查的对象。这种观点先是通过德国、日本的学说和判例确立起来，日本在 1962 年制定《行政案件诉讼法》时在制定法上也作出了明确规定（《行诉法》第 30 条）。

1．"裁量权的逾越（或脱逸）"的情形，要言之，是指行政机关（行政厅）超越法律允许行政机关自由行动的界限而行动的情形。换

---

〔1〕 "违法"概念是指某行为违反法规范的状态，而在行政法领域，"不当"的概念是指，某行为并不"违法"，但从行政的任务来看未必适当的状态（例如参见《行审法》第 1 条第 1 款）。

句话说，行政机关（行政厅）违反法律的规定而行动，因而，这一原则在理论上其实只不过是一般的"法律优位原则"的一个推论而已，其自身并不具有特别意义。尽管如此，之所以还特地主张这一原则，甚至在制定法规上予以明确化，正是在显示这一原则的历史背景。也就是说，过去认为，但凡某行为是自由裁量行为，仅此就已经排除了一切裁判审查。这一原则正是在批判这种观点上具有意义。

实质上，这一原则的主要意义在于，某种规则虽然不能从法律的规定中一义性地得出，但在与宪法以及其他上位法的关系上被认为当然存在，就由这种规则来束缚行政厅的行动。例如，"平等原则"（《宪法》第 14 条第 1 款）、"比例原则"（《宪法》第 13 条第 2 句）等的羁束就是如此。[1]

（1）所谓平等原则，是指对于同种情况，没有合理理由，就禁止对其中的特定人差别对待的原则。[2]例如，同样违反交通法规，都满足汽车驾驶执照的撤销处分要件（《道路交通法》第 103 条第 1 款第 2 项），如果以女性一般运动神经不快为由，未撤销男性而仅撤销了女性的驾驶执照，那就明显违反平等原则。[3]

110

————————

〔1〕 对于"裁量权的逾越"与"法律优位原则"的关系，理论上正确的应当是如下说法："平等原则"及"比例原则"两者都是宪法上的原则，以此为前提，裁量行为的根据规范在明文上没有给裁量权的行使设定这种界限时，如果尽管如此、也不违宪无效，那么，作为理论上的可能性，要么是该规范的内容自身当然受到两个原则的限定（限定合宪解释），要么是授权规范自身没有这种限定，但行政厅在适用授权规范时也受到宪法上原则的拘束，因而，不在该界限内适用，该行为就违宪（适用违宪）。如果采取前一观点，违反这些原则也就与违反"法律优位原则"同义；如果采取后一观点，行政厅的行为自身即使在授权规范的界限内行使（亦即未必违反"法律优位原则"），也是逾越了另外被课予的法的界限。

〔2〕 参照、最判 1955 年 6 月 24 日民集 9 卷 7 号 930 頁。另参照、最判 1964 年 5 月 27 日民集 18 卷 4 号 676 頁。

〔3〕 裁判例上实际上将违反平等原则认作裁量权逾越的例子是下级审判决。例如，以居留外国人的转职为理由，作出不许可更新居留期间处分，在社会观念上明显缺乏公平妥当性（東京地判 1973 年 3 月 27 日例集 24 卷 3 号 187 頁），对于同和保育所的入所，书面提出部落解放同盟的确认印章不可或缺，这种运用损害了行政的公正、平等，是不合理的做法（福岡地小倉支判 1980 年 7 月 8 日判时 1005 号 150 頁等）。

（2）所谓比例原则，是指为了达成某目的，禁止超越必要最小限度使用课予不利的手段的原则。例如前述的例子，从道路交通安全角度仅停止驾驶执照就已充分足够，仍然撤销了驾驶执照，就违反这里所说的比例原则。[1]这一原则过去是特别针对行政活动中的"警察行政活动（或警察作用）"来谈论其界限的，[2]今天则广泛成为对一般裁量行为都有效的法理。

2. 关于"裁量权的滥用"的上述原则，至少乍看上去，不具有"法律优位原则"推论的性质。也就是说，根据传统的说明，所谓"裁量权的滥用"，是指从法律文字上来看，行政机关（行政厅）在形式上明显在法律授权的范围内行动，但实际上是为了不同于法律授权给行政厅的本来目的的目的而行使权限的情形。例如，根据《国家公务员法》第82条作出惩戒处分，处分者是为了雪除对被处分者的私人仇恨，作出了超出必要限度的严厉处分，或者基于一定的政治意识形态而对公会的活动家特别作出严厉处分等，即为其例。

裁量权的"逾越"和"滥用"之间，大致有上述观念的差异。但在现实中，两者极难区分（例如，"违背平等原则"的事例，有学者

[1] 在最高法院判例上，例如，过去对身为地方公务员的教员的免职处分，从违法行为的责任角度来看，过于残酷、在社会观念上明显欠妥，超越裁量权范围（最判1984年12月18日劳働判例443号23页）。此外，在近来的例子上，校长要求毕业典礼上在齐唱国歌时面向国旗起立齐唱等，对不遵守该职务命令的教职员作出惩戒处分。"从保持学校纪律和秩序等的必要性和处分的不利权衡的观点来看，难以认为存在选择另行减薪处分的情况"，最高法院以此为理由，判断认为惩戒处分部分违法（最判2012年1月16日判时2147号127页）。

[2] 在传统行政法理论中，"警察"或"警察作用"概念未必仅意味着警察法规定的警察组织的活动，而是不问行政机关是谁，用于表示行政主体维持公共安全和秩序的一般活动（例如参照、田中二郎·下32-33页。当然，他在同一个地方给出了警察概念的定义，即"为了维持公共安全和秩序，基于一般统治权对人民作出命令、强制、限制其自然自由的作用"。除了"维持公共安全和秩序"这一目的要素外，连"命令、强制"这样的活动形式要素也纳入了"警察"概念定义中）。在这种活动中，具有司法活动性质者（例如犯罪搜查、逮捕犯人等）称作"司法警察"，具有行政活动性质者（例如取缔风俗营业、从公共卫生等角度的营业规制等）称作"行政警察"或"警察行政"。参照、遠藤博也·行政法Ⅱ（各論）128頁。

111

是作为"逾越"的例子，有学者是作为"滥用"的例子。在裁判例上，也能看到"违反比例原则、平等原则的惩戒权滥用"这样的表述，权限"滥用"的结果可能带来权限的"逾越"）。实际上，从理论上来说，本来就不可能对两者作出逻辑区分，原因在于，"必须仅根据法律赋予某权限的本来目的来行使该权限"，这一原则在理论上不外乎也是法律对行政机关行使权限所设定的界限之一。[1] 在法解释论的"实益"问题上，是"逾越"还是"滥用"，完全不产生法效果上的差异（《行诉法》第30条）。从这一意义来说，没有必要把具体的事例属于哪一个当作问题。

112

三、传统自由裁量论的图式

据此，如果整理传统自由裁量论的内容来看，可作图式如下：

法律的文字	行为的种类		裁判审查
一义性的	羁束行为		有
多义性的	法规裁量行为 （羁束裁量行为）		有
	便宜裁量行为 （目的裁量行为）	逾越	有
		滥用	有
			无

在第二次世界大战后的日本，这种图式可以说也长期占据着传统通说的地位（前述《行诉法》第30条的规定正是其象征）。但是，特

---

［1］　如此理解，"裁量权的滥用"产生违法问题、是裁判审查的对象，这一原则实际上与"裁量权的逾越"一样，不外乎是"法律优位原则"的一个推论。如此，所谓便宜裁量行为，也因此而受到法律的羁束，与法规裁量行为（进而是羁束行为）没有性质上的差异。两者的差异只不过仅仅是法律羁束的程度差异。这一点也与正文以下说明的对传统自由裁量论的批判问题相关联。

别是在昭和 30 年代以降，判例和学说对这种图式的自由裁量论提出种种疑问，其结果是，在现在日本的行政法理论中，这一古典图式陷入了明显的动摇状态，这必须说是其实情。

第三款 传统图式的动摇

一、"法规裁量"与"便宜裁量"的相对化

113　　自由裁量论传统图式的动摇，可以说首先是从"法规裁量"与"便宜裁量"的相对化开始的。有人指出，这一倾向在昭和 30 年代已经是诸多判例的动向。[1]这原本可以说是与"法规裁量"概念的下述

114　问题相伴的。在传统理论中，在法规裁量的情形中，法律上的文字是多义性的，实际上可从法律的宗旨目的出发、根据各个具体场合决定客观基准，法院对行政机关（行政厅）的行动是否违背法律本来预先设定的这一基准进行审查，但在现实中，所谓"客观基准"，只不过是让法院的判断基准作为法律预定的客观基准得以通用而已。因为如果是这样，结果问题就是，所谓法规裁量行为的裁判审查，诸如对于"什么是这时真正的公益"，就只不过是将行政机关（行政厅）对同一问题的判断置换为法院的判断。如此理解，结果就会产生一种观点，某行为是否为委诸行政机关自由裁量的行为，在现实中与其说是法律如何拘束该行为的实体法上的问题，不如应当理解为是否让法院的判断优先于行政厅的判断这样的程序法上的问题。如此，某行为是否应当作为自由裁量行为而排除于裁判审查对象之外，就完全变成仅从功能性、合目的性角度来思考，该事例是否为让法院判断优先的适当事例。其结果是，即使是过去被认为是法规裁量的情形，也能出现一种情形，全面让法院的判断优先并不妥当，而必须尊重行政厅的专门技术性判断；而过去被认为是便宜裁量行为的情形，有时仍然也能

---

〔1〕 参照、雄川一郎「最近における行政判例の傾向」同『行政の法理』（有斐閣、1986 年）138 頁以下、同·前揭『行政争訟法』123 頁。

产生让法院判断介入的余地。

实际上，最高法院的判例很早就对"法规裁量"概念采取了不同于传统理论图式的观点，实质上可以说，法规裁量意味着行政机关（行政厅）留有裁量判断的余地，但其范围颇为狭窄的情形。[1]

115

二、"自由裁量行为"与"羁束行为"的相对化

然而，如前所述，[2]从"受法律拘束"的实体法角度来看，"法规裁量行为"与"便宜裁量行为"的差异，本来在理论上也是极为相对的。从第二次世界大战之前开始，过去就有部分学说指出了这一点。[3]但从进入昭和30年代开始，学说和判例特别强烈地意识到两者的相对性，采取的观点主要是像上文所述那样，从实践性、功能性思考自由裁量问题，看什么委诸法院判断、什么委诸行政机关专属判断最为合理。如果问题是这种合理分工的问题，其判断基准的中心就必然在于，该行为是没有行政机关（行政厅）专门技术性知识就不能作出适当判断，还是通过裁判程序这种形式程序，法院根据当事人拿出的资料作出判断没有障碍，一言以蔽之，在多大程度上尊重行政厅的专门技术性判断。这是不言自明的。但如果是这样，实际上自由裁量问题就可能在现实中不仅是与法规裁量、与真正的羁束行为之间也相对化了。

在这一意义上，判例上首先要关注的是东京地方法院的1963年10月30日判决。[4]该判决是关于法人税的课税处分案件，判决指出，

---

〔1〕 例如参照、最判1964年6月4日民集18卷5号745页（根据旧《道路交通取缔法》撤销驾驶执照的处分，并非纯然的自由裁量处分，而是法规裁量处分，公安委员会仍有一定范围内的裁量权）。另外，将生活保护基准设定行为理解为羁束裁量行为，同时承认厚生大臣有专门技术性裁量的余地，这是理由龃龉的违法吗？参照、最判1967年5月24日民集21卷5号1043页，特别是其第1046页以下。

〔2〕 参见前出第112页注〔1〕。

〔3〕 参照、柳瀬良幹「自由裁量に関する疑問」同『行政法の基礎理論』（清水弘文堂、1967年）所収。

〔4〕 例集14卷10号1766页。

从理论上来说，本来法律规定连税额都严格羁束，课税处分是典型的羁束行为，但从尊重行政机关专门技术性判断的角度来说，"在关于所得税、法人税认定的课税处分撤销诉讼中，审查对象只应是行政厅的认定方法、程序是否合理，税额自身是否错误是法院不应审查的问题"。换言之，如果承认行政厅的事实认定、税额计算的程序和方法具有大致的合理性，法院就已经不控制行政厅依据该方法所作的判断了（尽管过去认为课税处分是典型的羁束行为）。

三、重视处分程序和过程的倾向

如此，在法院审查行政行为的合法性之际，与其说是审理行政行为的内容是否符合实体法上的法律规定，不如说是将重点置于审理该行为的程序和过程是否正当。这种观点在判例上因东京地方法院 1963 年连续作出的三则判决而特别惹人注目，此后，强烈支持这种观点的学说也有诸多登场。[1]

在与自由裁量论的关系上，这种观点可在下述两个方向上发挥着其固有的功能。其一，像上述法人税课税处分案那样，对于过去理论中的羁束行为，削减法院审理对象的部分，减轻法院审理的负担；其二，对于过去实体法上承认的行政机关（行政厅）裁量，即使不能从实体上审理行政机关的判断是否适当，至少能审理其作出行为的程序和过程，以此来扩大法院控制的幅度。明确显示第二个方向的是东京地方法院 1963 年的另两则判决，亦即个人出租车执照案第一审判决[2]和群马中央巴士案第一审判决。[3]

这两个案件都是有关道路运输法上道路运输业许可的行政行为，其合法性成为问题。如后所述，[4]传统行政法理论认为，这种行为是

---

[1] 参见后述第 118 页。

[2] 東京地判 1963 年 9 月 18 日例集 14 卷 9 号 1666 页。

[3] 東京地判 1963 年 12 月 25 日例集 14 卷 12 号 2255 页。

[4] 参见后述第 209 页以下及第 217 页以下。

具有"公企业特许"性质的行政行为，只要法律上没有明文规定，对申请是否赋予许可，就委诸行政厅自由裁量。但是，两则判决均根据《宪法》第 13 条、第 31 条规定，强调国民权利要求程序性保障，因而，在作出这些行政处分时，必须根据行政机关无恣意之嫌的公正程序来认定事实。为了满足这一要求，（对于个人出租车许可程序）要事前告知审查基准，据此进行公正的听证；（对于巴士许可程序）要公正地进行向运输审议会咨询的程序。欠缺这些程序要件、驳回许可申请的处分，分别违法，予以撤销。也就是说，尽管没有明文规定，两则判决仍对过去完全被当作裁量行为的行为提出种种程序法上的要求，而没有踏入行政行为的实体内容审理，只是基于程序的公正性审查，撤销了行政行为。[1]

四、程序法的自由裁量论与实体法的自由裁量论

在这些判例的倾向中，与传统自由裁量论的图式相比，可启发下述新的图式方向。不像过去那样本来立于实体法观点，进行羁束行为、法规裁量行为、便宜裁量行为的区分，而只是看什么适合行政机关判断、什么适合法院判断，从功能主义角度进行区分，在区分之际，其图式主要是，实体性的判断专属于行政机关，程序法的控制归诸法院之手。

日本对自由裁量问题的这种观点的发展可谓采取了"判例先行型"方式。对于这一连串的判例动向，学说当初表现出了种种反应。例如，首先对于从功能主义角度出现的法规裁量和便宜裁量的区分相对化，很早就有批判认为，如果予以认可，只要法院可能审查，所有行为都变成羁束行为，这就违反了法律赋予行政机关（行政厅）自由判断余地的宗旨；[2]也有批判认为，如果予以认可，法院可能变得超

118

---

〔1〕 此外，对裁量处分的判断过程进行控制，结果撤销了处分，有名的案件是日光太郎杉案控诉审判决（東京高判 1973 年 7 月 13 日例集 24 卷 6・7 号 533 頁）。

〔2〕 参照、雄川一郎・前揭『行政争訟法』124 頁。

出必要的消极性，本来适合法院判断的事情也委诸行政机关（行政厅）认定。[1]这些观点均可以说是仍重视实体法拘束（依法律裁判）的意义和必要性。

与此相对，其后积极支持上述判例动向的学说也登场了。根据这种观点，原本认为法院的判断优越于行政判断的，是那种将法适用于事实直接得出结论的单纯案件，而在复杂多样化的现代行政中，很多是经过利害关系人参与、向审议会咨询等复杂程序，展开到作出个别行政行为之前的过程。这种行政过程，与其说是法律的执行，不如说是面向实现公益的政策创造过程。因而，法院这时不仅在事实上不可能以自己的实体判断来代替创造性的政策决定，有时也违反民主性行政决定的旨趣。如此，就出现了下述这种观点：法院应当做的与其说是行政行为合法性的实体法审理，不如说是行政决定作出的程序和过程是否公正的审查。[2]

最后看到的这一观点，实际上指出，以"三阶段构造模式"为前提的"依法律行政原理"面对现代社会的行政存在局限，在这一意义上具有下一节所分析问题的性质。但无论如何，必须留意的是，这一立场未必是主张对于所有的行政行为均应采取这种观点，眼下其对象是限于"经复合性行政过程而形成行政判断"的行政行为。也就是说，在学说中，传统的自由裁量论的图式不再具有过去的那种意义，功能主义的观点逐渐强有力起来，这是事实；这也未必意味着，现在仍由法律对行政行为进行实体性拘束、由法院进行审查，一概没有意义。

第四款　羁束行为与裁量行为的辨别基准

一、问题的意义

如前款所示，传统的自由裁量论图式现在在判例和学说上颇有动

---

〔1〕　参照、園部逸夫·行政判例百選 I（初版）179 頁。

〔2〕　参照、原田尚彦『訴えの利益』（弘文堂、1973 年）231 頁以下、同·要論154 頁。

摇，特别是因功能性、程序性观点的进展，在传统德国-日本型的行政法理论中看不到的方面也正在受到关注。但是，如前所述，也并不因此就认为法律在实体法上多大程度拘束行政机关的问题已完全没有意义。[1]不仅如此，只要至少在原则上维持法院的审查不及于行政机关的裁量判断这一公式（《行诉法》第 30 条），在具体事例中，首先就是到哪里为止委诸行政机关裁量、从哪里开始成为裁判审查的对象的问题。在这一意义上，仍然产生自由裁量行为与羁束行为的辨别问题。以下对此问题的理论状况予以概述。

二、学说的展开

在传统上，羁束行为与（自由）裁量行为的辨别基准问题，当初是作为法律关于行政行为要件及效果规定的解释方法问题展开的。也就是说，法律对行政行为的规定，例如，对要件或效果完全没有规定（例如，《河川法》第 34 条第 1 款规定，基于流水占用许可及其他一定许可的权利，"未经河川管理者承认，不得转让"，但对于河川管理者在什么情况下予以承认，没有任何规定），或者规定得不充分（例如，《当铺营业法》第 2 条第 1 款规定，当铺必须申请都道府县公安委员会的许可，对于该许可的基准，该法第 3 条第 1 款规定，"公安委员会……在许可申请者有下列各项情况之一的，不得许可"，仅列举了消极要件，在许可申请者不属于各项情形时，公安委员会是否必须给予许可，没有任何明文规定），这种情况常常出现，法律是否有意承认行政机关（行政厅）有裁量，就会成为问题。如前所述，规定在文字上并非一义性的情形，有的并没有直接承认自由裁量的旨趣，而只是法规裁量，如何区分这两种情形，也成为问题。

---

〔1〕 如前所述，最高法院在稍稍不同于传统学说的意义上使用"法规裁量"的概念，但未必否定实质上存在属于传统意义的法规裁量的情形。例如，有判决认为，《土地征收法》第 71 条规定的补偿基准，使用了"相当价格"等不确定概念，"可以而且应当根据通常人的经验法则和社会观念客观地认定……不能认为承认征收委员会有裁量权"（最判 1997 年 1 月 28 日民集 51 卷 1 号 147 页）。

对此问题，过去有以佐佐木惣一博士为代表的"文字说"与以美浓部达吉博士为代表的"性质说"之间的争议。所谓"文字说"，是指以法律的文字，亦即法律的规定方法如何为基准来决定是羁束还是委诸自由裁量；所谓"性质说"，是指不管法律的文字如何，根据该行为的性质，亦即该行为如何对国民的权利义务产生影响，来决定是羁束行为还是裁量行为。例如，代表这种立场的所谓"美浓部三原则"认为，第一，侵害人民的权利，或者命令新的义务的行为，即使从法律的明文规定来看是承认自由裁量的情形，也始终是羁束行为、法规裁量行为；第二，反过来，给人民新设定权利、赋予利益的行为，除法律有特别规定外，原则上属于自由裁量；第三，对人民的权利义务不产生直接影响的行为，除法律有特别规定外，原则上属于自由裁量。[1]

然而，"文字说"所采用的观点是，法律的解释论是对法律含义的客观认识论，如果一般以此作为前提，也就必须基于客观的根据进行解释，这种客观性的首要保证就是法律的文字。[2]而"性质说"是将法律的解释论重点置于从解释得出解决办法的实际妥当性。传统上，日本行政法学及判例对行政法理论主要是期待后者的作用，此后"文字说"未必是支配性的，毋宁"性质说"成为传统理论的出发点。

三、"性质说"的界限

即使是现在，也可以说"性质说"观点是通说和判例观点大致的出发点。但是，这时已经不认为上述"美浓部三原则"照样可以通用。[3]

---

〔1〕 参照、美濃部達吉『行政裁判法』（千倉書房、1929 年）152 頁以下。

另外，美浓部达吉（前揭『行政裁判法』148 頁以下）还说道，"法使用不确定概念规定行政行为的要件时，对于具体案件是否满足其要件，行政厅的判断是羁束裁量，而非便宜裁量"。有人将这一原则与正文所述三原则合在一起，称作"美浓部四原则"。

〔2〕 参照、藤田宙靖·思考形式 142 頁以下。

〔3〕 参照、最判 1956 年 4 月 13 日民集 10 卷 4 号 397 頁。另参照、最判 1955 年 7 月 5 日民集 9 卷 9 号 973 頁。参照、田中二郎·上 119 頁、今村成和·入門 98 頁（今村成和＝畠山武道·入門 92 頁）等。

例如，其第一个原则虽然原则上得到学说和判例的承认，但并不是将这一原则贯彻于所有场合。[1]特别是对于第二个原则，很早就开始对立于这种原则的做法提出质疑。[2]

如此来看，"性质说"现在已极有动摇、相对化了。它与前述自由裁量行为的功能性、程序性观点的进展绝不是无缘的。在这种状况下，坦率而言，现在的学说在辨别羁束行为和自由裁量行为之际，最终无法提出一般通用的有效基准。对此问题，恐怕已经不可能在行政法总论层面予以最终解决，而只能说有必要在各论或特殊法论层面进行详细探讨。不过，在今天的行政法学上，也绝不是没有人努力在总论层面进一步加深裁量问题的理论分析，以此作为在行政各领域进行详细探讨的抓手。

例如，作为这种尝试之一，有人试着比过去的思考更为详细地把握在行政厅作出行政行为之际产生裁量余地的情形（因而其控制可能性就能成为问题）。如前所述，过去成为问题的裁量余地在行政行为的"要件"及"效果"上，[3]上述"程序法的裁量论"登场，显示了在这两点之外还有行政行为作出的"程序"或"过程"的裁量及其控制问题。如果从这种角度更为详细地分析行政厅在行政处分之际所作判断的对象，可作出如下整理。[4]

首先，对于是否满足处分要件问题（过去所谓"要件"）的判

123

〔1〕 例如，如后所述，国立公立大学的学生惩戒处分、公务员的惩戒处分等过去是作为"特别权力关系"的法律关系中的行为，最高法院将其作为裁判审查的对象，同时倾向于承认处分者的裁量；在不是这种情形时，有的案件像前文所触及的那样（前述第114页），对于驾驶执照的撤销行为，最终承认行政厅的要件裁量。这是必须予以注意的（最后这个案件已经脱离了美浓部博士前出第121页注〔1〕所见的原则）。

〔2〕 例如，最高法院的皇居前广场案判决（最判1953年12月23日民集7卷13号1561页），最高法院认为，过去皇居前广场的特别利用许可这一授益性行为也未必是委诸管理者自由裁量。这一判决得到了行政法学者的广泛支持。

〔3〕 前述第105页注〔1〕。

〔4〕 在最近的行政法教科书中，因学者不同而有一定差异，但大致是在这种分析之上进行说明的，例如参照、塩野宏·Ⅰ（第六版）138页以下、芝池義一·総論79页以下、阿部泰隆·解釈学Ⅰ364页以下。

断，准确来看，至少包含如下判断：（1）是否存在一定的事实（事实的存在与否），（2）法律对处分要件的规定具有怎样的含义（法律的解释），（3）该事实是否属于法律规定的事实（事实向法律的涵摄）。而对于如何作出处分（过去所谓"判断的程序和过程"）的控制，包含对于（4）采取何种程序（程序的内容），（5）实行了还是没有实行（程序实行的有无）等事项进行控制（程序的控制），进而，行政厅作出处分之际，对于（6）考虑了何种事项（考虑事项的内容），（7）考虑了还是没有考虑（考虑的有无）等事项进行控制（判断过程的控制）。最后，对于是否作出处分的判断（过去所谓"效果"），包含对于（8）何种处分（处分的内容），（9）何时（作出处分的时机），（10）作出还是不作出（行为的有无实行）等的判断。

这样看到的情形，例如对于第（2）事项的判断，当然是法院的判断优先；而对于第（1）事项，除了没有相当科学技术上专门知识就无法发现的事实，不是必须让行政厅的判断优先。对于第（3）事项的判断，传统理论上认为是属于法院的专权（所谓"法规裁量"的概念），但实际上已经有很多裁判例承认有时必须尊重行政厅的专门技术性判断。反过来，对于第（4）～（7）事项，过去是只要没有明文规定，就完全委诸行政厅裁量，但如前所述，裁判例广泛认可其能成为法院审查对象的场合。最后，对于第（8）～（10）事项，很多场合仍有很大的行政厅的政策判断成分，这是无法否定的。

在总论上，即使大致能作如此整理，但对于这些事项，在具体事例中果真在多大程度上认可行政厅的裁量，如前所述，今天也已经不是行政法总论层面能说得清楚的问题。如前所述，"传统图式"的动摇，与其说是学说本身的发展，毋宁是由判例主导发生的。根据上文所述，这里想以最高法院判例为中心重新概述自由裁量论的现状。不过，这时本书的意图不在于详细罗列这些判例，以下以其中出现的较为一般性的论点为中心，再对其作一点评论。

四、判例的状况

1. 最高法院判例很早就采用了一个公式, 承认自由裁量处分存在
裁量权的逾越和滥用情形, 限于行政厅的判断 "完全缺乏事实上的根
据", 或者 "在社会观念上明显欠缺妥当性、超越(法令授予的)裁
量权范围"。这一公式(以下称"公式1") 首先是用于国立公立大
学学生和公务员的惩戒处分的合法性审查案件,[1] 今天已在各个领域
的行政活动中都有言及。不过, 判断是否 "完全缺乏事实上的根据"
姑且不论, 是否 "在社会观念上明显欠缺妥当性", 这是极为一般性
抽象性基准, 自然仅此还难以在具体事例中成为终极的判断基准, 结
果该判断只能是根据个别事例的个别情况及其评价如何而定。[2][3]

---

〔1〕 参照、最判1954年7月30日民集8卷7号1501頁、最判1957年5月10日
民集11卷5号699頁。

〔2〕 如果行政厅的判断 "完全缺乏事实上的根据", 该处分在理论上当然就违法
了(毋宁还是无效), 并不是再来划定裁量权界限的有意义的基准(成为问题者毋宁是
如何认定 "是否欠缺事实上的根据")。而对于 "在社会观念上明显欠缺妥当性、超越
(法令授予的)裁量权范围", 在 "超越法令授予的裁量权范围的情形" 中, 超越裁量
权=违法, 大致是同义反复, 没有实质意义, 因而, 结果有意义的只是 "在社会观念上
明显欠缺妥当性" 部分。最高法院在一般性公式上只是提示了这种抽象基准, 但这是极
为自然的、不得已的事情, 原因在于: 也包括最高法院在内的裁判制度性质, 是以 "最
适当地解决眼前的具体纷争" 为其第一要义任务(对此, 参照、藤田宙靖·最高裁回
想录135頁以下);(从这种角度来看) 具体的裁量权行使是否超越其界限, 终究是一
个划线问题, 即在案件中法院到哪里为止应当推翻行政厅的判断。

〔3〕 援用这一基准、仍认为处分合法的例子有很多, 最判1990年1月18日民集
44卷1号1頁(传习馆案判决)、最判1988年1月21日判时1284号137頁(佐贺教组
案判决)、最判1988年7月1日判时1342号68頁(菊田医师案判决)、最判2006年11
月2日民集60卷9号3249頁。另一方面, 判断为违法的例子也散见于近来的判例中。
参照、最判1996年3月8日民集50卷3号469頁(耶和华见证人剑道实技拒绝案判
决)、最判2006年2月7日民集60卷2号401頁(吴市公立学校设施使用不许可案判
决)、最判2007年12月7日民集61卷9号3290頁(一般公共海岸区域占用不许可案判
决) 等。在这一基准之下, 对于是否为裁量权的逾越或滥用, 在最高法院小法庭的法官
中产生意见分歧的例子, 参照、最判1989年4月25日判时1336号128頁。

126

当然，在判断是否满足这种要件时，近来作为辅助基准（以下称"公式 2"），有的例子特地附加了"对事实的评价明显缺乏合理性"以及"判断过程中没有考虑应当考虑的情况",[1]尤其是从这种基准来判断处分违法的案件正在登场,[2]这受到关注。

另外，比例原则、平等原则等是学说上自由裁量界限的代表性例子，最高法院判例虽然承认这些原则的存在,[3]但几乎看不到现实地加以适用的例子。[4]最高法院 1955 年 6 月 24 日判决认为,[5]"行政厅没有无缘无故对特定个人差别对待、使其遭受不利的自由，在这一意义上应当说，行政厅的裁量权有一定的界限"，这是最高法院正面承认平等原则是裁量权界限的有名判决。不过，该案在结论上并没有判断认为违背平等原则。结果实质上至少在大部分案件中，应将这些原则看作被吸收于前述"在社会观念上明显缺乏妥当性"这一公式中。

在学说上将上述"公式 1"称作"社会观念审查（基准）"，将"公式 2"称作"判断过程审查（基准）"，有不少评价认为，前者是对裁量行为"宽松的审查基准"，后者是"严格的审查基准"。[6]但从我来看，后者本来是作为导出前者结果（"明显违反社会观念"这一结果）的一个理论前提（或"手段"）而发挥作用的，两者在理论上

---

　　〔1〕　最判 2006 年 2 月 7 日民集 60 卷 2 号 401 頁、最判 2006 年 11 月 2 日民集 60 卷 9 号 3249 頁、最判 2007 年 12 月 7 日民集 61 卷 9 号 3290 頁。

　　〔2〕　上述 2006 年 2 月 7 日判决、2007 年 12 月 7 日判决。

　　〔3〕　最近的例子中明确言明者，例如前出 2006 年 2 月 7 日判决。

　　〔4〕　例如，后面在正文中也要分析的案件、最判 1964 年 6 月 4 日民集 18 卷 5 号 745 頁、最判 1977 年 12 月 20 日民集 31 卷 7 号 1101 頁（神户海关案判决）等，最高法院均驳回了以违反比例原则为由撤销处分的原审判决。

　　〔5〕　最判 1955 年 6 月 24 日民集 9 卷 7 号 930 頁。

　　〔6〕　例如参照、榊原秀訓「行政裁量の『社会観念審査』の審査密度と透明性の向上」室井力先生追悼論文集『行政法の原理と展開』（法律文化社、2015 年）117 頁以下、同「社会観念審査の審査密度の向上」法律時報 85 巻 2 号（2013 年）4 頁以下、村上裕章「判断過程審査の現状と課題」法律時報 85 巻 2 号（2013 年）10 頁以下等。

并不是并列关系,并不成为同一理论层面上的比较对象。[1]这在近来的最高法院判决中有极为明了的显示,其中"有(上述)判断过程的错误",故而,在结果上"从社会观念看明显缺乏妥当性","存在裁量权的超越范围或滥用"。这一逻辑的运用必须予以留意。[2]

2. 接着出现的问题是,如何开展对"行政厅的判断过程"的正当性审查(亦即"如何评价什么")。一般的说明是,"判断过程"审查不同于处分实体公正性的审查,法院不是和行政厅站在同一立场上从实体上对该案应当作出何种处分进行判断(所谓"代为判断方式"),而只是审查行政厅作出判断的"方法"或"过程"的正当性。[3]它是以"程序性裁量论"的一环来定位的,从上述自由裁量论的发展史来看,这基本上是正确的。不过,实际上不能否定的是,"实体性审查"和"过程性审查"的差异是颇为微妙的问题。原因在于,为了判断是否为"不考虑应当考虑的事项(没有将权重加在应当加重的事项上)、考虑了不应当考虑的事项(将权重加在了不应当加重的事项上)",什么是应当考虑的事项、什么不是,什么应当在多大程度上重视、什么不应当如此,法官自身当然必须对此作出判断,其判断最终只能说与该处分妥当性的实体性判断,至少在相当大部分是接近的。[4]

---

〔1〕 对此详见、藤田宙靖·裁判と法律学 139 页以下。

〔2〕 例如,其典型一例是,最高裁第二小法庭 2007 年 12 月 7 日判决民集 61 卷 9 号 3290 页(狮子岛公共海岸占用许可案判决)。其中明确采用的逻辑构造是:(1)判断过程欠缺正当性,(2)其结果明显违反"社会观念",(3)因此有裁量权的逾越或滥用,(4)处分违法。

〔3〕 最高法院很早就明确指出,法院对裁量处分不进行"代为判断方式"的司法审查。参照、最判 1977 年 12 月 20 日民集 31 卷 7 号 1101 页(神户海关案判决)。

〔4〕 过去有人对于早期采用"判断过程的公正性"审查方式的有名东京高等法院日光太郎杉案判决(东京高判 1973 年 7 月 13 日例集 24 卷 6·7 号 533 页、判时 710 号 23 页,参见前述第 117 页)指出了这一点。例如参照、阿部泰隆「日光太郎杉东京高裁判决の再评价——判断過程の統制手法」同『行政裁量と行政救済』(三省堂、1987年)124 页以下。另外,对于本书正文所述,详见、藤田宙靖·裁判と法律学 142 页以下。

129　　3. 在裁判例上，推进"程序性裁量论"取代古典的"实体性裁量论"、结果带来"法规裁量"和"便宜裁量"概念的相对化，其一大推动力是法院应当尊重"行政厅判断的专门技术性"的观点。将行政厅的裁量作为"政治性裁量"或"技术性裁量"来把握的观点，在第二次世界大战后的学说中就有人提出，[1]最高法院判决例从初期开始也有所暗示，[2]但唤起这一问题深刻而广泛讨论的是特别是进入昭和 40 年代接连发生的核电（核反应堆）设置许可的撤销诉讼。一面是与核电建设相伴而来的国民便益，另一面是核电所包藏的风险，如何预测、如何确立政策，通常的法官能否在行政厅或支持其判断的专家之上作出适当的判断，当然就会成为问题。对此问题，在种种经过之后，最高法院最终确立了一种见解，即"关于核电的安全基准的判断，鉴于核规制法的构造，'其旨趣在于委诸内阁总理大臣尊重核能委员会基于科学性、专门技术性知识的意见，作出合理判断，核能委员会拥有各专门领域的有学识经验者等'"。[3]在其他领域，也有最高法院的判决，例如，对于教科书检定基准的适合性等的判断，"是学术性、教育性专门技术判断，因而，在事物的性质上委诸文部大臣合理裁量"。[4]

　　但在另一方面，对于"尊重行政厅的专门技术性判断"，至少在其权重上屡屡有异议提出。[5]首先，法院绝不是对"专门技术问题"在诉讼上一概没有判断能力，法官也并不是不熟悉。例如医疗过失诉讼（民事诉讼）、使用药物的犯罪案件（刑事诉讼）等，正是就"专门技术性判断"的正当性进行争议的案件；即使是最高法院，本来不130牵涉事实问题，但如果是重要案件，也必须从正面将这些事实与其评价关联起来。

---

　　〔1〕　例如参照、田中二郎『行政法讲义案（上卷）』（有斐阁、1952 年）137 页。

　　〔2〕　例如，《温泉法》第 4 条规定了"有危害公益之虞时"这样的不许可要件，据此作出的土地挖掘许可是裁量处分。最判 1958 年 7 月 1 日民集 12 卷 11 号 1612 页。

　　〔3〕　最判 1992 年 10 月 29 日民集 46 卷 7 号 1174 页（伊方核电诉讼）。

　　〔4〕　最判 1997 年 8 月 29 日民集 51 卷 7 号 2921 页（家永教科书诉讼）。

　　〔5〕　作为很早的批判代表，宫田三郎「行政裁量」大系 2 卷 33 页以下。

今天，有人指出，并不是仅仅"行政厅的专门技术性判断"就是限制裁判审查的合理理由，还要进一步有几个限定。例如，（1）在行政的内部是否具备作出专门技术性判断的组织和程序（前述伊方核电诉讼最高法院判决，也是以核电设置许可程序内部制度完备为前提所作的判断），（2）是（像公害赔偿案件或药害赔偿诉讼那样）与事后救济相关的"过去裁判"还是（像核电许可撤销诉讼那样）与将来文明进路选择相关的"未来裁判"，这样的判断基准就是其限定。[1]今天的日本行政法学界基本上广泛接受了这一观点。

这种观点的基础在于一个构想，即法院与行政厅（作为与立法权相对的执行权）在实现行政法上有功能分担，两者处于协作关系。这种观点说到底就是，"行政厅在诉讼中与其说是与原告对等的当事人，不如说是部分代替法院的功能（成为其前审）"。请求撤销行政处分之诉在法律上被命名为"抗告诉讼"，这已经启发了这种观点成立的可能性；过去《禁止垄断法》规定了公平交易委员会的审判程序中"实质性证据规则"（修改前《禁止垄断法》第 80 条），[2]这也能成为理论模型之一。这里无暇详细探讨该制度，不过，也有明确的法规定，期待该"审判"在制度上有部分替代裁判功能的作用。[3]而通常的裁量处分，未必有这种制度上的定位。据此，在裁量处分的司法审查上，"尊重行政厅的专门技术性判断"意味着什么，还有必要进一步考察。

4. 另外，上述自由裁量论基本上是以行政厅已作出一定判断（处分）之后、该判断是否超越法定裁量界限的问题为中心而展开的。与此相对，今天日益具有极为重要意义的是所谓"权限不行使的裁量"问题，即在法律赋予行政厅对私人的自由和财产规制权限时，实际上

131

---

〔1〕 参照、高橋滋「行政裁量論に関する若干の検討」南古稀。另参照、原田尚彦「裁判と政策問題・科学問題」同『訴えの利益』（弘文堂、1973 年）。同「行政法の構造と実体審査」田中追悼 373 頁以下。

〔2〕 在这一点上参照、原田尚彦「行政審判の司法審査——実質的証拠法則と関連して」同『訴えの利益』（弘文堂、1973 年）192 頁以下。

〔3〕 准司法程序的采用、抗告诉讼中审级的省略等。参见下卷第 186 页。

是否行使这一权限，是属于该行政厅自由裁量，还是至少在一定情形下课予了行使这一权限的义务？这一问题过去主要是围绕国家赔偿法上"违法"概念来讨论的，因而，本书也留待后文叙述。[1]

五、自由裁量论的诸相

从上文来看，"自由裁量"本来是意味着在"依法律行政原理"之下，法律例外地赋予行政机关自由判断和行动余地的情形，在承认对行政活动违法性的司法审查时，它附随性地发挥划定其界限的功能。与这种古典的"自由裁量"概念相对，此间裁判例和行政法学说所做的事情用一句话来说就是"剥皮抽筋"，[2]其发展所及之处[3]连"裁量"概念的成立本身都提出了疑问。[4]要言之，这是立法权与行政权之间权限分配层面的问题，可暂时称其为"自由裁量论的第一相"。另一方面，与此"剥皮抽筋"的方向相反，依据"程序性裁量论"，主要以"尊重行政厅的专门技术性判断"为理由，旨在确保或扩大"裁量"范围，[5]这种讨论路径是关于行政权与司法权之间权限分配的讨论，可称此为"自由裁量论的第二相"。过去也有人指出自由裁量论中有这两个不同层面的内容，[6]但更重要的是，自由裁量论还有应称作第三相的其他侧面，它是"在裁量处分的司法审查中，原告相对于法院（司法）处于何种立场上"的问题。当然，裁量处分的

[1]　下卷第 228 页以下。

[2]　这一表达来自、山下竜一「行政法の基礎概念としての行政裁量」公法研究 67 号（2005 年）214 頁以下。

[3]　作为中间项，试图填埋"合法性"问题与"合目的性"问题之间的差别，参照、亘理格『公益と行政裁量』（弘文堂、2002 年）48 頁、Ⅰ頁。

[4]　阿部泰隆「裁量に関する司法審査——裁量統制の新しい在り方としくみの提案」自由と正義 686 号（2006 年）22 頁以下。

[5]　如前所述，原本不仅是这一方向的"程序性裁量论"功能，也有相反方向的功能。参见前述第 116 页。

[6]　例如，山下竜一・前揭文将这里所说的第一相称作"广义的裁量"、第二相称作"狭义的裁量"，以作区别。

司法审查是作为解决行政厅与国民（原告）两个当事人之间纷争的程序而进行的，上述第二相的讨论可以说是在两个当事人之间只考虑了行政厅的立场。因明确意识到第三相的存在，也能对自由裁量论的讨论进一步作出一个理论整理。对于这一点，将在后面分析行政诉讼时再作处理。[1]

第五节　"依法律行政原理"的界限

一、"依法律行政原理"的特征

到上一节为止处理的诸多问题均是在以传统"依法律行政原理"为出发点的行政法理论体系内部例外地没有贯彻依法律行政原理的部分。如前所述，这种不彻底的成因之一是传统理论的思考框架自身，从"行政主体"和"私人"的对抗关系来把握行政法现象；另一个是传统理论所肩负的二律反反的任务，一方面通过依法律行政原理保护私人，另一方面也必须为了公益而确保行政有顺利运营的余地。日本传统行政法理论的基本关注就是，维持这种基本框架不变，再去设法扩充依法律行政原理的适用领域（进而是为其提供支持的对行政活动的裁判审查范围。已经看到的是在特别权力关系论、法律保留论、自由裁量论等领域如何进行这种努力）。然而，第二次世界大战之后，当初主要是从行政法学的外部、其后也从行政法学的内部，对构成传统行政法理论大前提的"依法律行政原理"提出了种种问题。

133

二、对"依法律行政原理"的批判及其意义

第二次世界大战之后，首先最强的指摘是，"依法律行政原理"并不是"只要依据法律就可以"或者"只要依据法律，什么都可以"

134

---

〔1〕　下卷第133页以下。另外，包含这一部分在内，对于正文所述的详细，参照、藤田宙靖·裁判与法律学163页以下。

的同义词。这不仅是日本，在第二次世界大战后的（西）德国也是同样如此，常常通过"不仅仅是形式性法治国家，还要实现实质性法治国家"这样的表达来主张。

在"实质性法治国家"或"法的支配"标语之下，在与传统"依法律行政原理"的关系上，大致是两件事情会成为问题：第一，"依法律行政原理"不是说行政依据法律就可以，法律还必须是有一定内容保障的法律；第二，仅仅是传统"依法律行政原理"，即使的确贯彻于所有行政活动，在国民权利救济上也仍有不充分的地方。

然而，《日本国宪法》也在对立法权的关系上保障基本人权，更赋予法院违宪立法审查权，在法的制度上可以说实际上已经解决了上述第一点问题。与明治宪法下的状况不同，在现行宪法之下，广泛设定了依据法律也不得侵犯的国民权利领域。在这一意义上，"依法律行政原理"与第二次世界大战前相比具有更深的基础，这是不能否定的。

但在另一方面，仅在这种法制度上解决问题还不够，行政官僚广泛参与立法过程，这种"依法律行政原理"的界限问题也是不容忽视的。众所周知的是，在现在复杂而专门技术化的社会中，多数法律和条例要经行政官僚、职员之手筹划起草，议会在持续失去充分的立法能力。在这种状况下，就变成行政机关自己制定拘束自身的规则，至少在相当程度上就现实地失去了通过议会对行政活动的民主性控制，亦即"依法律行政原理"的存在基础。面对这种现状，当然就产生一个问题，行政法理论仍是仅以过去古典的权力分立论为大前提，由法律完全束缚行政权，以此作为法治主义的终极目标，创造一个理论体系就可以了吗？

第二个问题点，亦即是否仅固执于"依法律行政原理"来实现国民利益的实质救济，在某一方面也与上述问题相关联，它在今天正成为极为重大的问题。接下来将对此问题进行探讨，这时先来概述对于根据"依法律行政原理"不能救济的私人利益，行政法学过去是如何思考的。

三、传统理论中的应对(一)——行政行为的撤销限制论

形式上贯彻"依法律行政原理",有时也会招致对私人利益实质保护不利的事态。传统行政法理论框架对此并未完全等闲视之。例如,在传统理论中存在"行政行为的撤销限制论"。如后所见,传统行政行为论认为,作出行政行为的行政厅自身依职权,或者法院以及其他一定的审查机关根据私人的申请,可以或者必须撤销违法的行政行为。不过,有时如果撤销了行政行为,就推翻了以该行为有效存在为前提而产生的一切法关系,给行政行为的相对方私人等相关者带来不测的损害。因而,为了防止这种事态的发生,即使违法,也限制撤销行政行为。[1]"撤回"是对于合法成立的行政行为,因公益上的理由或情势变更等理由,而面向未来失去效力。[2]与撤回的情形不同,原本违法的行政行为,即使查明违法,也不撤销,这本来在理论上是与"依法律行政原理"相抵触的。例如在德国行政法学界,围绕其是非,过去有过激烈争论。[3]日本过去并没有从根本上怀疑这一理论的妥当性。日本的实际情况毋宁是,这一问题连在与依法律行政原理的关系上的明确理论定位都没有得到论述,就首先强调了其必要性。[4]如此推测,其理由大致如下。如前所述,[5]"依法律行政原理"的本来目标正是在于通过确保行政的合法律性,保护私人的自由和财产。因而,"确保行政的合法律性就是服务于私人的权利保护",这是"依

136

---

〔1〕 参见后述第251页以下。

〔2〕 参见后述第248页以下。

〔3〕 其中,例如有人认为,限制撤销违法的行政行为,违反法治国家原理,不能允许〔E. 福斯多夫(E. Forsthoff)〕;也有人认为,相关者的信赖保护也是法治国家原理的内容之一,采取反对上一种观点的立场〔O. 巴霍夫(O. Bachof)〕。前者是将"依法律行政原理"作为法治国家原理来理解,后者是在更为广泛的范围内理解法治国家原理,这一点受到关注。

〔4〕 今天关于这一点的情况,请参见后述第258页以下。

〔5〕 前述第62页。

法律行政原理"的前提，在这一认识未必能够成立的场合，即使是在传统理论的框架内，脱离"依法律行政原理"、探寻私人的实质性权利保护之路，也并不是那么特异，而一定是可能的。

四、传统理论中的应对（二）——损失补偿论

137　　　行政行为的撤销限制论是为了救济私人利益而对违法行政活动赋予法效果的理论，而"损失补偿论"则是尽管行政活动合法，但该活动给私人造成损失，基于与其他人公平的角度，从财产上填补其损失的理论（与此不同，损害赔偿是针对违法行政活动带来的损害[1]）。

为了公共利益而被要求提供财产时，可以请求损失补偿，现行宪法将此权利作为基本人权予以规定，也通用于立法活动（《宪法》第29条第3款）。这一原则不仅是在宪法领域，在行政法领域也引出种种关联问题。[2]

是合法行为，为什么还必须补偿因此所造成的损失呢？如上所述，一般主要是因为公平负担的要求具有重要意义。例如，在为了供用于一定的公共事业而征收土地时，其事业主体对土地所有者支付补偿金，再将该部分通过税金等公共费用转嫁于公共事业的受益者，最终在利害关系人之间分配负担——这是损失补偿制度的基本目标。损失补偿制度将在本书下卷第四编附章详细分析。[3]

五、新问题的类型

1. 传统行政法理论已经从"信赖保护、法的安全的保护"及"公平的实现"等角度对依法律行政原理作出部分修正或补充，上述

---

〔1〕 参见下卷第 263 页以下。

〔2〕 除土地征收、公用限制外，还有行政行为的撤回论——后述第 251 页以下、国家行为违法无过失的损害救济——下卷第 256 页以下等。

〔3〕 下卷第 263 页以下。

这些问题的例子显示了有必须这么做的场合。不过，"信赖保护、法的安全的保护"及"公平的实现"，实际上本来根据国民代表事前制定的一般规则实施行政，亦即"依法律行政原理"自身来守护就应该已经实现了的。因而，从这种角度修正依法律行政原理，在理论上本来是没有相当的事情就不能允许的，而是否允许是极为微妙的问题，需要艰难的判断。然而，今天这一问题较过去更为严重，常常在裁判例上登场。正是在现代的行政活动中，该问题更为严重，过去明确显示这一点的例子是东京地方法院 1965 年的一则判决，[1] 下面来加以分析。

在这一事例中，私人误以为适用地方税法关于不课予固定资产税的规定，因为实际上也长期没有被征税，而且收到课税行政厅决定不征税处理的通知，所以相信将来也不被征税。八年后突然因系争不动产不满足地方税法规定的不征税要件，被溯及课予五年的固定资产税，甚至作出了查封处分。

根据传统法理论，租税的征收特别严格适用依法律行政原理，在"租税法律主义"原则之下，没有法律根据，即不得征税，同时法律规定的租税必须征收（其理由在于，如果承认行政机关随意减免税收，不公平的课税就可能是行政机关的判断之一，对一个人的授益措施可以说就是对其他所有人的不利措施）。在本案的场合下，只要查明原来的不征税处理是违法的，当然就应该予以改正。因而，从传统法理论上来看，该案中课税处分、滞纳处分是极为当然的措施，不产生违法问题。[2] 然而，在东京地方法院的判决中，为了保护原告的利益，法院明确引出禁反言法理、信义诚实原则，改变了租税法律主义的原则，判断本案处分违法。本案的情形并不是不征税决定这样的正式行政行为，而只不过是在法上本来没有拘束力、对纳税人询问的事实上回答，但尽管如此，仍保护了纳税人对此的信赖，这一点特别受

138

139

〔1〕　東京地判 1965 年 5 月 26 日例集 16 卷 6 号 1033 页。

〔2〕　实际上，在这种事例中，传统判例通常采取的观点是，改正法律的错误解释是当然之事，不能说有违法。例如，参见后出第 324 页看到的弹珠机课税案的最高法院判决（最判 1958 年 3 月 28 日民集 12 卷 4 号 624 页）。

到关注。[1][2]

　　东京地方法院的判决之后被控诉审判决推翻，[3]如后详述，[4]以这种方式现实保护税务行政上纳税人信赖的裁判例是极少的。但是，该判决提示了一般问题，即"租税法律主义"原则以最峻严的方式体现"依法律行政原理"，为了保护私人的信赖，有时也能不适用这一原则吗？为此，具体必须满足怎样的要件？对此，之后（在其他案件中）由最高法院以下述方式予以公式化：

　　　　对于符合租税法规的课税处分，即使有时因适用信义原则法理这一法的一般原则，上述课税处分违法、可以撤销，在应当贯彻依法律行政原理，特别是租税法律主义原则的租税法律关系中，也必须慎重适用上述法理。如果存在特别情况，即使牺牲租税法规适用中纳税人之间的平等、公平要求，也仍要保护该课税

---

　　〔1〕　在这一点上，该判决构成关于后述"行政指导"信赖保护问题的一个重要先例。参见后述第 376 页以下。

　　〔2〕　该判决是作为在租税法中适用禁反言法理和信义诚实原则的例子而有名。但实际上这些抽象的法理自身未必是内容丰富的法理，它们是只有通过在民商事法关系中的具体适用形态才有意义的原理。将特别是在民商事交易关系中生成发展起来的这些法理，援用于利益状况颇为不同的课税处分的行政厅和纳税人之间，像该判决那样，以"法的根本原则"方式引出该法理，即使这是可能的，实际上也几乎是等于放弃法的逻辑。因而，该判决受到关注的是，与其是说禁反言法理也适用于租税法领域，毋宁是认识到了在现代社会中租税法规的复杂化、现代税务行政中内部通知以及其他"（在不直接使国民权利义务发生变动的意义上）事实上的行政作用"正在发挥重大作用和功能，明确而有意识地指出了在这种行政的现实中形式性地贯彻传统"依法律行政原理"会产生何种结果。在这一意义上，该判决将禁反言法理和信义诚实原则作为"从构成法的根基的正义理念中当然产生的法原则"引出，其后述的如下部分首先必须予以关注："在租税法规明显复杂且专门化的现代，国民作为善良市民，为了从事并不混乱的社会经济生活，只能信赖关于租税法规解释适用的内部通知等事实上的行政作用，以此为前提，开展经济活动；租税行政当局为了公正、顺利地实行税务行政，也只能利用这种事实上的行政作用。鉴于这种事态，诚实善良的市民对于信赖事实上的行政作用采取行动没有应受苛责之处，就必须说完全没有理由因行政厅有负信赖的行为而受到牺牲。"

　　〔3〕　東京高判 1966 年 6 月 6 日例集 17 卷 6 号 607 頁。

　　〔4〕　后述第 376 页以下。

处分中纳税人免于征税的信赖，否则就违反正义，这时才应当考虑该法理适用的是非问题。在判断是否存在上述特别情况时，至少是否因税务官厅对纳税人表示了作为信赖对象的官方见解，纳税人信赖该表示并基于该信赖而采取行动，之后税务官厅作出了违反该表示的课税处分，纳税人因此而遭受经济上的不利，纳税人信赖税务官厅的上述表示并基于信赖而采取行动，有无应归责于纳税人的事由，这些必须说都是不可或缺的考虑。[1]

2. 另外，近来的例子是最高法院 2007 年 2 月 6 日第三小法庭判决。[2]尽管有法律的明文规定，最高法院也从正面引出信义诚实原则，给私人权利救济。该案的原告是在广岛遭到原子弹爆炸之后移居巴西，此后回日本被认定为原子弹被爆者医疗法或被爆者援护法上的"被爆者"，接受健康管理补助。但是，因其后再度去了巴西，而当时的厚生省公众卫生局长的内部通知要求，仅限于向在日本国内居住者支付补助，据此停止了对他的补助。该案原告主张该措施违法，请求支付本来应当支付的补助。但之后查明该通知缺乏法令根据而违法，因而，被告广岛县答应原告的请求，但以《地方自治法》第 236 条规定的时效消灭为由，部分不予支付。因原审广岛高等法院认可了原告支付未支付部分的请求，被告广岛县提出上告。最高法院第三小法庭认为，在本案的各种情况下，尽管《地方自治法》第 236 条第 2 款有明文规定，"对于以金钱给付为目的的针对普通地方公共团体的权利"的时效消灭，"除法律有特别规定外，不要援用时效，不得放弃该利益"，但广岛县仍主张消灭时效、免除支付未支付的健康管理补助，违反信义原则，不能容许，驳回上告。这一判断当然是基于该案固有的情况而作出的，但只要以"依法律行政原理"为出发点，一般而言，尽管法律有明文规定，却依据信义原则等法的一般原则而作出与其不同的判断，在法的逻辑上，就应当尝试着在解释上尽可能将其纳

141

〔1〕 最判 1987 年 10 月 30 日判时 1262 号 1 頁。

〔2〕 民集 61 卷 1 号 122 頁（在外被爆者补助等请求诉讼案件上告审判决）。

入明文规定的界限内。[1]

六、"行政过程论"的登场

142　　　如前所述，面对着行政活动的现代多样化、复杂化，传统"依法律行政原理"以及为其提供支持的近代行政救济法原理具有局限性，明确指出或暗示了这一点的判决例，尤其是在昭和 40 年代以降，也有诸多登场。对于这些，之后在本书上卷第三编、下卷第四编有时还要触及。作为传统"依法律行政原理"的前提，"行政主体"和"私人"对立的二元图式、与此相伴的行政"内部关系"和"外部关系"的区别公式，进而是以"行政行为"为中心的"三阶段构造模式"等，都被严重质疑。应当注意的是，作为这些个别性问题的总括，此间从行政法学内部对传统"依法律行政原理"及以其为基轴的行政法理论作出了综合批判。受到关注的其中之一是所谓"行政过程论"。

　　　1. 被称作"行政过程论"的理论动向只是显示行政活动实态的一种看法，其自身未必已然具有一种法解释理论体系的性质。除了后述几点外，该理论尚未积极地取代法解释论上传统的行政法理论，提出新的解释理论。"行政过程"一词近来也成为行政法学者爱用的词语，但未必具有特别的理论意味，多数也只是在说"行政活动进行的一般过程"（但将传统行政法理论中使用"行政作用"一词的地方换作"过程"一词，这时在某种意义上，就是强烈意识到了行政活动的

143　　动态性质）。尽管如此，这里要特别分析的是，在"行政过程论"中，对于上述以"依法律行政原理"为中心的传统行政法理论的前提性基本思考框架，亦即第一编第一章概述的对行政的把握，部分提出了综合性和体系性批判，从中必然地对传统行政法理论自身也提出了根本

――――――――――

[1]　参见该判决中我的补充意见。

的质疑。[1]

这种类型"行政过程论"批判认为,[2]过去的传统行政法理论在看待行政与法律的关系时,首先是一般抽象的法律的规定,行政以行政行为这样的法形式加以执行,以这种基本构造为前提(本书称"三阶段构造模式"),仅以确保行政行为的合法律性为考察的中心问题。但在现代,几乎没有哪种场合是按照这种单纯的构造来进行行政活动的。行政活动的过程在现实中经由极为复杂多样的阶段而成立。例如,如果从针对巴士事业许可的申请作出许可来看,在现实的行政中,在行政机关内部由各地方制定运输计划,在有许可申请提出时向运输审议会咨询,召集利害关系人举行公听会,对路线及事业内容作出行政指导等,到作出事业许可要进行种种行政活动。而原本设置许可制度的《道路运输法》,在现实中是由国土交通省的行政官僚起草而成的,在法律出现不便的时候,试图修改者也是国土交通省。如此看来,传统行政法学所设想的古典法治国家图景——"行政在法律之下,基于法律,执行法律",只能说已然崩溃,行政自身是作为综合的"过程"来进行的,连法律也是其手段(所谓"行政手段")之一。这种行政过程就不是既有的执行过程,而是以议会为始,行政组织内部的多种机关,进而是利害关系人、地方居民等之间的意见调整

144

---

〔1〕 正确而言,在近来打上"行政过程论"名号陈述的思考中,也有种种内容和侧面〔整理"行政过程论"各种讨论,并对其意义加以探讨者,参照、山村恒年『行政法と合理的の行政過程論』(慈学社出版、2006 年)、塩野宏『行政過程とその統制』(有斐閣、1989 年)3 頁以下、藤田宙靖「現代の行政と行政法学」公法研究 46 号(1984 年)134 頁以下(藤田宙靖・基礎理論上 70 頁以下)、小早川光郎「行政の過程と仕組み」高柳古稀 151 頁以下等〕。在这些当中,概括来说,过去也屡有指出,"有必要充分根据行政的实态进行法解释",以这种法解释方法论为前提,有的只不过是在提倡对于"行政的实态"的一定认识方法。但是,在"行政过程论"中,有的则更进一步,也督促对于法和行政的相互关系、进而是法治主义的理解进行根本修正(参照、藤田宙靖・同上、藤田宙靖・思考形式 376 頁以下)。本书中作为"依法律行政原理""界限"的一环来处理者,当然不外乎是"行政过程论"的这种侧面而已。

〔2〕 对于以下内容,例如参照、遠藤博也『行政計画法』(学陽書房、1976 年)、原田尚彦・前掲『訴えの利益』。

达成合意的统合过程，是创造性的政策决定过程。正是这些过程和程序（即意见调整程序）补充了形骸化的议会制民主主义的缺陷，毋宁是在合法律性之上作为行政活动的正当性根据发挥功能。

2. 作为其推论，从对于行政的这种观点，明显能导出对传统行政法理论思考框架的种种批判。例如，行政过程被理解为一种概括性的统合过程，是为了各国家机关、利害关系人、一般居民等立场多样的人之间达成合意的协作过程，"行政主体"和"私人"的二元对立关系的图式化自身就成为问题。同样，将这种统合过程二分为行政的"内部关系"和"外部关系"，也就没有必然的理由。而如果行政过程本质上是统合关系、协作关系，那么在保护私人免受行政机关侵害这一前提下建立起来的理论就完全无法成立。只要重视行政活动具有在整体上指向一个目的的"过程"性质，行政的各个行为（行政行为、行政立法等）也就不得从这一动态过程剥离开去进行个别性考察，而必须在这种意义上将行政过程全体作为问题。实际上，像前述对法律保留原则的全部保留说的批判、[1]法院对于复合性过程的行政行为的裁量控制方法，[2]以及后述抗告诉讼的对象论[3]等看到的那样，行政过程论所提出的这些问题已经在部分学说和判例中与具体的行政法解释论上的建议结合起来了。

七、"行政过程论"的意义与问题

如果整理上述内容，上述"行政过程论"的意义在于，过去在政治学、行政学、宪法学等领域，议会制民主主义的形骸化、实现"法的支配"而非"法治行政"，或者确立"实质性法治主义"等种种说法所表达的现象和要求，得到了行政法学上的接受，它显示了在行政法解释理论上具体化的路径。但是，如上所见，其中也隐藏了日本行

〔1〕 前述第 89 页的原田说。
〔2〕 前述第 118 页的原田说。
〔3〕 下卷第 55 页。

政法学朝着基本脱离其出发点，即行政的合法律性要求方向展开的可能性。[1]在上述"行政过程论"提出的问题与行政的合法律性要求之间，我们究竟应该如何思考呢？

1. 这一问题是极为困难的，本书眼下也没有最终的解答。但是，至少对过于性急地陷入上述"行政过程论"仍是要保持警戒的。以下只是从这种角度就最终解答上述问题之前必须加以考虑的事项指出几点。

第一，"行政过程论"批判认为，传统的"依法律行政原理"只是将行政活动理解为法律的执行，将这种行政行为置于整个考察的中心。但像前面也看到的那样，实际上对传统理论而言，法律基本上只具有限制行政活动或设定其界限的意义，"依法律行政原理"只具有对行政积极实现公益的活动施以一定限度的控制功能。因而，在这一限度上，"依法律行政原理"与"行政过程论"的不同就必须说不是质的不同，而是对行政活动控制重点的不同。

第二，"行政过程论"认为，不是在形骸化的议会民主制下，而正是在作为综合性、社会性统合过程的行政过程中获得行政的民主正当性根据。但是，无论如何对待民主性决定，也不是仅此就承认权力行使的正当性。权力分立原则、"依法律行政原理"所代表的近代法

146

147

───────────

〔1〕　对于藤田宙靖《行政法Ⅰ（总论）》（第四版·改订版）的这一指摘，塩野宏·前揭『行政過程とその統制』23 頁以下指出，"有这种方向的可能是不能否定的，但那不是'行政过程论'的唯一归结"，对于与依法律行政原理相关联的诸多问题要在解释论上导出何种结论，这"不是仅仅'行政过程论'这一考察方法的问题，而是如何理解宪法原理的问题"〔另参照、山村恒年「現代行政過程論の諸問題（二）」自治研究 58 卷 11 号（1982）86 頁〕。这一指摘本身没有错，不过，近代法治国家的宪法原理自身是以对行政和国民相互关系的一定认识为前提而建立起来的。如果前提性认识变了，就可能影响宪法原理的解释自身，这是本书的问题。

顺便提及，像正文所述那样，"行政过程论"本来正是意图实现（实质性）法治主义的，本书对此从正面予以认可。不过，与此同时，塩野宏教授也未必否定的是，它隐藏着脱离传统"依法律行政原理"的可能性，对此也有必要予以明确抑制。在这一意义上，大桥洋一认为，拙著是"预测行政过程走向放宽法治主义要求"（着重号为藤田所加）的"代表性理论"，这种预测是"没有根据的"〔大橋洋一『都市空間制御の法理論』（有斐閣、2008 年）329 頁〕。但这一批判只能说是过于无的放矢。

治国家思想的一个重大要素在于，为了各个人的自由，对权力设定一定的形式界限，规定权力行使的规则。因而，在将行政过程作为统合过程积极赋予意义时，从法治主义观点来看，使统合的形式规则亦即控制方式得到明确，这是不可或缺的。

第三，在传统理论中，行政行为概念本来要发挥的功能是，明确行政过程中法的结节点，为上述意义上法治国家的控制提供抓手。因而，即使不是将重点仅置于行政行为，也有必要设置明确的抓手，使各种个别性行为在行政过程中的独立性得到明确，对行政过程施以法治国家的控制。这是不能忽视的。[1]

第四，法及法解释学具有仅在限定的某一方面解决人类社会种种纷争的功能，在行政过程的控制上也同样如此。因而，过高期待行政法及行政法解释学对问题的解决，并不正当。[2]

2. 如上所述，从现实的行政来看，我们已经无法避开"行政过程论"所提出的根本问题，但问题在于，这时可以无视传统"依法律行政原理"以及基于此的行政法理论所发挥的一定功能吗？但是，无论将思考的出发点置于何处，仅以传统"依法律行政原理"还无法满足广义的法治主义要求，如何应对的确是现代行政法解释论所承载的一大问题。尤其是像前文所述的那样，现代的行政与国民的相互关系呈现出极为复杂的样态，以"行政主体"和"私人"二元对立关系这样单纯的图式无法把握清楚，行政活动状态颇为多样化，仅以行政行为

148

---

　　〔1〕 例如，对于公共设施的设置和管理等，有观点不承认个别性行为的法性质的独立性，认为其"作为不可分的一体"具有公权力行使的性质；但这种观点常常限制私人权利的救济渠道。在今天这也是广为人知的事实。参照、最判 1981 年 12 月 16 日民集 35 卷 10 号 1369 页（大阪机场诉讼）、广岛高决 1992 年 9 月 9 日判時 1436 号 38 页等。另外，山村恒年·前揭「現代行政過程論の諸問題（二）」将藤田宙靖·前揭『行政法 I（総論）』的立场理解为"仅将行政过程的结节点或末端行为的'行政行为'作为法解释的对象即已足够"，但本书是指出对行政过程中法的结节点（顺便提及的是，它不限于"行政行为"）加以明确的必要性，而不是主张仅以此作为法解释对象就足够了。

　　〔2〕 对于"行政过程论"的上述定位及其问题，请进一步参照、藤田宙靖「法現象の動態的考察の要請と現代公法学」（藤田宙靖·思考形式所收）。

为中心的单纯三阶段构造模式也无法把握清楚，这些都是今天行政法学相关人士共有的，也是不言自明的事情。可以说现状就是，面对这种事实，作为法律学的行政法学基本应当如何应对，有种种观点在不断对此试错性地尝试着。[1] 无论如何，超越立场如何，今天，作为克服传统"依法律行政原理"界限的一个方向，极为受到重视的是"私人对行政过程的参与"问题。下面一章将对此问题予以概述。

---

　　[1] 另外，对于我对"行政过程论"提出的上述问题，仲野武志教授在正确把握其内容和意义的基础上，将"行政过程的样态"大致分为"程序的司法过程模式"和"程序的政治过程模式"，去发现分别予以控制的状态（仲野武志「行政過程による《統合》の瑕疵」藤田退職99頁以下）。其分析让人有颇深的启发。

第三章
行政过程的私人参与——新方向的探索

第一节　行政的事前程序

一、行政的事前程序及其意义

149　　在"依法律行政原理"之下，通过议会制定的法律拘束行政活动，实现私人的法安定性要求与行政的民主性控制要求。如此，如果说理应依法律所作的"行政行为"实际上是违法的，私人可将此诉诸法院请求纠正。这就是传统德日行政法的近代法治国家原理的基本构造。

　　但是，如前一章第五节所示，面对现代行政的实态，这种体系未必充分有效地发挥作用。行政主体的意志并非按照单纯的三阶段构造模式作出的，而是通过在一般抽象的法律与具体的行政行为之间介入种种中间过程，逐步具体化凝缩而成。如果这就是其实态，仅在之前存在一般抽象的法律，还不能说国民对行政机关的判断和行动就具有充分的预测可能性。对于如此逐步凝缩具体化的行政主体意志形成过程本身，仅根据"依法律行政原理"还无法实现其民主性的控制。如

150　果法律自身只是作为行政的手段而发挥功能，法律自身能在多大程度上实现为行政活动设定界限的功能，就是颇为可疑的。有观点认为，为了填补上述缺陷，不仅要让国民参与立法过程，还要让国民也参加到行政的意志决定过程中来。其中心就是被称为"行政的事前程序"

或"行政程序"〔1〕的系统。

二、日本行政法学与行政的事前程序

对于行政事前程序的观点，如后所见，它在上述意义上作为"依法律行政原理"补充原理的功能最近受到关注。但在日本，传统的行政争讼法制度与"依法律行政原理"互为表里，而行政的事前程序在过去毋宁是作为行政争讼法制度的补充来理解的。

如后文详述，在日本传统行政法体系中，具体作出行政行为时，对于是否满足法律的要件，首先由行政机关第一次性地作出判断，私人认为其违法，则在事后提起行政上不服申诉或抗告诉讼，让其撤销行政行为。这一体系即为其基本构造。但是，如后说明，鉴于"行政行为"中伴有"公定力"所表现的法效果等，〔2〕即便最终以裁判的方式予以救济，现实地作出行政行为，本身对私人而言就意味着明显不利。为了国民的实质性利益保护和权利救济，有观点认为，不能由行政机关单方判断作出行政行为，而有必要在作出行政行为前，对于该行为是否满足要件等，让相对方私人及其他利害关系人陈述意见，赋予其机会提出对本人有利的资料等。在英美法系各国，从重视"正当法律程序"（due process of law）的观点出发，对于行政活动的国民权利救济，毋宁是以这种前置程序为中心制度的。而在继承德系行政法理论血统的日本，至少在第二次世界大战之前几乎没有意识到其必要性。然而，在第二次世界大战之后，特别是受到美国法的影响，学界也变得关注这种性质的行政程序，在现实立法中规定这种程序的例子也逐渐多起来。如此，经过下文所述的过程，1993 年日本首次制定了行政程序法典——《行政程序法》（1993 年法律第 88 号），并自翌

151

---

〔1〕　在行政法学上使用"行政程序"说法的场合中，广义上是指行政活动所执行的一般程序，因而，也包含诸如审查请求、再调查请求等行政上的不服申诉程序。但行政程序通常毋宁是指更为狭义上的"事前程序"，即如正文所述，在作出行政行为或行政立法行为之际，让行政行为的相对人、利害关系人等在之前陈述意见、听取其情况的说明等。

〔2〕　后述第 233 页以下。

年 10 月 1 日起施行。

三、日本制定法上行政的事前程序——二战后的立法经纬

1. 第二次世界大战后，在日本制定法上登场的这种行政事前程序首推所谓准司法程序（quasi-judicial-procedure）。它在法上最为完备的例子是公平交易委员会、劳动委员会等所谓行政委员会组织的行政机关分别根据《禁止垄断法》《工会法》等作出种种行政行为时所采取的准司法程序。这些均以美国的独立规制委员会（Independent Regulatory Commission）的审判程序为模型而在第二次世界大战后引入日本的，完善准裁判程序的程序，其结果如后所示，[1]有时承认其部分具有替代裁判判决的功能。有时在第一次性行政行为先行作出后，这种程序也具有对其进行再审查的程序（所谓"复审性行政争讼"）功能（例如参见《工会法》第 25 条第 2 款）。但是，受到关注的却是，有不少场合是作为作出第一次性行政行为的程序（所谓"初审性行政争讼"）来设计的（例如《工会法》第 27 条、《公害纷争处理法》第 42-2 条以下等）。这些都是强制行政机关自身作出行政行为时遵循准司法程序的例子。在现行法中，甚至课予行政机关在作出行政行为之前咨询其他机关的义务。如此，在咨询机关的审议中，也存在执行这种程序的例子（例如参见《电波法》第 99-2 条及第 99-12 条）。即使在没有规定这种独立机关的准司法程序的情形下，在制定法上，特别是在各种执照、许可的撤销撤回等对私人不利的行政行为的场合，有不少情形课予行政机关采取赋予听证、申辩机会等前置程序的义务（这种例子很多，例如参见《道路交通法》第 104 条、《医师法》第 7 条、《居住用地建筑物交易业法》第 69 条等）。还有例子是，行政机关在作出一定处分之际被课予咨询其他机关的义务，在其审议时，可根据利害关系人的申请召开公听会（参见旧《运输省设置法》第 6 条、第

---

〔1〕 下卷第 183 页以下。

16 条等）。

2. 如此，在第二次世界大战后，日本要求行政事前程序的立法例也变得极多起来。但问题是，并不是所有行政行为都存在这种规定，即使存在，其样态也颇为多样，而未必具有统一性。于是就产生了问题：第一，在立法政策论上，应扩大并统一这些规定，制定统一的行政程序法典吗？第二，在法解释论上，如果制定法规上欠缺这种规定，有时也应解释为需要事前程序吗？

（1）上述第一点问题，已在诸多国家有种种尝试，日本也在 1964 年由第一次临时行政调查会发表了"行政程序法草案"，其中，对诸如被称作行政程序内核的所谓"告知与听证"（notice and hearing）也设计了统一详细的规定，并对证据、证据调查、辩明程序等也作出了规定。以此草案为契机，有一部分行政法学者此后更为积极地建言，例如，不限于行政行为、不利行为、权力性行为，行政立法、授益行为、非权力性行为也应依某种形式完善事前程序。[1]不过，上述草案并未成为现实的立法，何况实现上述种种主张的状况更是十分遥远，这种局面长期存续着。[2]

但是，从进入平成时期（1989—2019 年）左右开始，日本也现实地具有了引入行政程序法典的动向，并大大浮上了国家政治的表面。（旧）行政管理厅在 1980 年 8 月以后，设置了由富有学识经验者组成的"行政程序法研究会"，为制定行政程序法而展开研讨。[3]日本的

153

---

[1] 对这些见解，参照、杉村敏正『行政手続法』（筑摩書房、1973 年）142 頁以下。

[2] 顺便提及，在与日本具有同样问题的德国，其间经过 1958 年《柏林行政程序法》、1963 年《行政程序法模范草案》（Musterentwurf），最终在 1976 年《一般行政程序法典》（Verwaltungsverfahrensgesetz）成立。对于该法律，参照、Otto Bachof「ドイッ連邦共和国の行政手続法」自治研究 54 巻 1 号（1978 年）。另参照、成田頼明「行政手続の法典化の進展」田中古稀下 I；海老沢俊郎「行政手続の法典化——西ドイツ・オーストリア」大系 3 等。对于各国行政程序法的概要，参见大系 3 的各篇论文。

[3] 对于其经过等，参照、行政手続法研究会「行政手続法への提言——法律案要綱（案）」ジュリスト 810 号（1984 年）42 頁以下；以及、现代行政大系 3 之 363 頁以下；総務庁行政管理局編『行政手続法の制定にむけて——新行政スタイルの確立』（ぎょうせい、1990 年）等。

行政过程不透明成为非关税壁垒，大大妨碍了外国企业进入日本市场，受到了外国诸多的批评。在这些压力下，该研究会最终形成 1991 年 12 月 12 日临时行政改革推进审议会《关于完善公正透明的行政程序法制的答复》[1]中《行政程序法纲要案》的成果，[2]并予以公布，最终作为 1993 年 5 月政府提案《行政程序法案》提交第 126 回通常国会审议。该法案在该国会上审议未了，结果成为废案。在接下来的第 128 回国会上，通过了内容实质上相同的法律案，《行政程序法》由此成立。这一行政程序法后文将会再行讨论，不容置疑的是，它为行政厅在作出行政处分或行政指导时行政程序的状态引入了重要的一般规则，成为今后日本行政程序法制发展的础石。只是其规范的对象及内容仍有诸多局限，还远不能通过该法律的制定解决所有的问题。为

154 此，先前第二点法解释论上的问题现在依然继续具有重要意义。

（2）在传统德国日本型的行政法理论框架内，未必全然无视行政事前程序的重要性。例如，如后所示，过去作为行政行为违法的一个原因，可举出"关于程序的瑕疵"，[3]即为其例。但其提出的中心问题是，行政活动欠缺法律规定的程序将会如何？在法律没有规定程序或法律未必详细规定时，在法解释论上要求程序达到怎样的详细程度，则未必有过深入考察。与此相对，特别是从昭和 30 年代结束前后开始，学说和判例的确越来越关心这里所说的问题。

155 该问题首先表现为《宪法》第 31 条正当程序的保障规定是否一般适用于行政活动的问题。对此，过去有种种讨论，一般而言，大致可以其间最高法院所作的下述判示[4]来总结此前的讨论结果：[5]

---

〔1〕 对于该答复的内容，参照、自治研究 68 卷 2 号（1992 年）144 页以下。

〔2〕 刊载该研究会之研究成果的行政程序法案全文，除了前揭文献外，「行政手续法研究会（第二次）中间报告」自治研究 65 卷 12 号（1989 年）132 页以下。

〔3〕 参见后述第 277 页以下。

〔4〕 成田新法案判决，最判 1992 年 7 月 1 日民集 46 卷 5 号 437 页以下。

〔5〕 另参照、最判 2003 年 11 月 27 日民集 57 卷 10 号 1665 页（所谓"象之槛"案判决）。

　　《宪法》第 31 条规定的法定程序保障直接关系的是刑事程序，但这并不相当于就能仅以行政程序不是刑事程序为由，即判断其全部当然不受该条的保障。

　　而且，即使应理解为该条保障之所及，行政程序一般与刑事程序在性质上自然有差异，与行政目的相应，行政程序多种多样，是否为行政处分相对人提供事前告知、辩解、防御的机会，应取决于行政处分所限制权益的内容、性质、限制的程度，以及行政处分所要实现的公益的内容、程度、紧急性等的综合较量，而未必总是要赋予这样的机会。

　　问题在于，在这种"综合较量"之际存在某种应遵从的基准或规则吗？对此，首先，过去在行政活动实质上具有近似刑事制裁的性质时，[1]因与通常的行政活动场合稍有不同，才有如此的考虑。但更为瞩目的是，在早期以来的学说中，就有人主张，特别是以针对特定个人的不利处分为中心，原则上要有事前程序［园部逸夫在上述最高法院判决的补充意见中就已表达了这种观点，他认为，"在行政厅的处分中，至少对于不利处分（对特定相对人课予义务，或限制其权利利益的处分），原则上法律要设置辩明、听证等某种正当事前程序的规定"］。[2]如此，这种情形的宪法根据，与其说是以刑事作用为主要对

────────────

〔1〕　参见后述第 295 页以下。

〔2〕　例如，过去杉村敏正（前揭『行政手续法』103-104 页）将其作为"原则性命题"加以保留，他主张："基于关乎特定私人的个别具体事实（例如，关于其行动、业务、财产等的事实）的认定，准备作出规制其权利自由的行政处分（例如，建筑物的拆除命令、禁止使用等的命令或禁止，许可认可的撤销或撤回，结果侵害特定第三人权利自由的许可认可，对许可认可申请的拒绝处分）时……在特定私人的个别具体事实上，只要没有其他合理的理由（例如，通过共通的检查或试验进行认定的合理性，存在不必经过听证的客观明显的事实），就要求将行政厅或利害对立的第三人意见和证据告知经该行政处分限制权利自由的当事人和利害关系人，赋予其机会进行反驳、提出反证、亲自陈述对自己有利的意见、提出证据，在此基础上再行认定。即使是一般的事实认定或法律问题的决定，只要是规制权利自由的行政处分，同样只要不存在合理的理由，至少要求提供陈述意见的机会。"

象的《宪法》第31条，不如说是引用《宪法》第13条的规定。[1][2]

四、判例的状况

156　　1. 有观点认为，即使制定法上没有关于事前程序的明文规定，在法解释论上也要广泛地承认行政活动要有这种程序。这是上述学说上的动向，而不是过去日本判例的大势所趋。但至少在以某种形式将
157　事前程序法定化的情形下，对于这种程序的应有状态，屡屡能看到判例倾向于提出比法律明文规定更为详细的要求。例如，先前在与自由裁量的关系上分析的东京地方法院 1963 年群马中央巴士案判决，[3] 从《宪法》第 13 条和第 31 条推导出"国民的权利自由无论是在实体上还是程序上均必须得到尊重"的要求，"对行政厅应采取何种程序的裁量权上具有一定的制约"。对于运输审议会（当时）所进行的公听会的应有状态，法院指出，"为了公正地举行公听会，排除事实认定中介入恣意和独断，必须在召开公听会之前，向申请人及其他利害关系人明确指明公听会审理的问题，使其了解主张什么、应证

――――――――

　　〔1〕　另外，对于行政程序法所必要的宪法根据，最近有学者提出"法治主义的程序性理解"〔参照、塩野宏·Ⅰ（第六版）301 頁以下，也可参见正文触及的最高法院成田新法案判决的园部逸夫补充意见〕。对我而言，其旨趣稍有不明之处。所谓"法治主义"有种种形态，如本书先前所见（参见前述第 58 页），其中，英美式法治（rule of law）重视程序，也是事实。但问题是，由何种根据可以推导出《日本国宪法》采用了这种形式的法治主义呢？对此，塩野宏指出，"可理解为日本行政法基本原理的'依法律行政原理'自身或'日本所采取的法治国家体制的表现'，而未必是依据宪法的个别条文"。但如正文先前所述（前述第 60 页、第 65 页），至少能认为"行政必须依据法律"这一原则，是《日本国宪法》作为以三权分立为前提的西欧型立宪主义宪法而成立的当然结论，而在这里所说的意义上，将"日本所采取的法治国家体制"理解为"程序性法治国家"，其理论根据不能说在日本现行宪法的基本构造上明确存在（除正文所举的个别规定外）。

　　〔2〕　参照、杉村敏正·前揭『行政手続法』96 頁。

　　〔3〕　参见前述第 116 页。

明哪一点"。[1]在 1971 年最高法院个人出租车执照案上告审判决中,[2]对于只是抽象规定的《道路运输法》第 6 条的执照基准,法院指出,"即使是内部的,也应使其目的进一步具体化、设定审查基准,公正合理地适用。特别是在该基准的内容要有微妙、高级的认定等情形下,对于要适用该基准的必要事项,必须赋予申请人提出主张和证据的机会"。

当然,在要求这种程序的正当性时,如果认为遵不遵守这种程序,在结果上都不改变行政厅的实体性判断,那么,到底是否还必须要求严格遵守程序呢?换言之,它是否认可程序存在固有意义,独立于在结果上应如何作出实体判断的问题?最高法院对此很难说给出了积极的态度。例如,所谓群马中央巴士案的最高法院判决,[3]一方面,对于向运输审议会咨询的程序意义及其应有状态,基本上支持先前东京地方法院判决的观点;但另一方面,"即使运输审议会在公听会审理中更为具体地指出上诉人申请计划的问题,督促就此提出意见和资料,也很难认为上诉人有可能追加提出足以左右运输审议会认定判断的意见和资料",据此,驳回运输大臣(当时)处分违法的主张。

2. 从行政程序法理的判例进展来看,此外还受到关注的是最高法院关于行政行为附具理由的必要程度的一系列判决。对于法令要求行政行为附具理由的情形,[4]过去学说上的原则立场是,完全没有附具理由的行为无效,写有理由但不完备时仅为撤销原因;而行政厅则反复主张,这些附具理由的规定只不过是训示规定,至少在诸如行政不服审查的争议过程中,如果行政厅明确展示了理由,就治愈了当初的

158

―――――――――

[1] 但在该判决中,并非作出行政行为的行政厅自身,而是只不过为咨询机关的运输审议会未遵守正文所示的程序。运输大臣(当时)尊重该咨询而作出行政行为,成为其违法的原因,这在私人参与行政过程的重要意义上,愈加受到关注。

[2] 最判 1971 年 10 月 28 日民集 25 卷 7 号 1037 页。

[3] 最判 1975 年 5 月 29 日民集 29 卷 5 号 662 页。

[4] 现行《行政程序法》对此有一般性规定(第 8 条、第 14 条)。在该法制定之前,仅在个别法令上有所规定,例如,《所得税法》第 155 条、《法人税法》第 130 条、《当铺营业法》第 3 条等。

瑕疵。然而，最高法院的判例从很早开始就明确表明，附具理由的瑕疵是其自身固有的撤销原因。[1]特别是对于青色申报*更正处分、青色申报承认撤销处分，最高法院反复指出，这种理由强制不是训示规定，行政行为的理由必须从其记载自身来明确判断。[2]如此，在最高法院的这些判例中，对于附具理由的意义，重视的要素是方便相对人提起不服申诉，同时保障行政行为自身的慎重和公正妥当。[3]也就是说，与前述运输审议会审理的应有状态的判决不同，这里承认附具理由自身存在固有的程序意义。

但在另一方面，必须留意的是，即使是最高法院判例，也没有采取下述原则立场，即法律上没有命令附具理由时，未附具理由也违法。[4]

五、行政事前程序的替代物

如此，日本的立法及判例越来越强烈地认识到行政事前程序的重要性，但还很难说达到了部分学说所主张的重要性程度。有鉴于此，

---

〔1〕 参照、最判 1962 年 12 月 26 日民集 16 卷 12 号 2557 頁。

* 所谓青色申报（日文为"青色申告"），是日本税法上鼓励纳税申报的一项制度，是指根据复式记账法等手段记载账簿，通过记账来计算并申报正确的所得、所得税及法人税，因其申报的用纸为青色而得名。在青色申报获得承认后，在纳税上会有优惠。但在未遵守记账保存义务、虚假记账、未在期限内提出申报书时，可撤销对青色申报的承认。——译者注

〔2〕 最高法院 1963 年 5 月 31 日判决（民集 17 卷 4 号 617 頁）以后多数如此。

〔3〕 参照、最判 1974 年 4 月 25 日民集 28 卷 3 号 405 頁；最判 1974 年 6 月 11 日判時 745 号 46 頁。

〔4〕 另外，关于程序瑕疵与处分效力的过去系列判例的整理，也根据行政程序法的制定情况表达见解的有，田中健治「行政手続の瑕疵と行政処分の有効性」藤山雅行編『新・裁判実務大系（25）行政争訟（改訂版）』（青林書院、2012 年）196 頁以下；着眼于程序"旨趣"加以分析的有，戸部真澄「行政手続の瑕疵と処分の効力」自治研究 88 卷 11 号（2013 年）55 頁以下；在考察裁量处分的司法控制应有状态之际尝试作程序瑕疵分类的有，常岡孝好「裁量権行使に係る行政手続の意義」新構想 Ⅱ 235 頁以下。

出现了一种学说，它主张，作为现行法上未必充分完善的行政事前程序的替代物，让过去的后续行政争讼制度从私人参与行政过程的角度发挥功能。例如，正如先前在与自由裁量论的关联上所看到的那样，对于"经复合过程的行政行为"的司法审查，原田尚彦从所谓"行政过程论"的角度，强调从程序法角度审查的必要性，"法院毋宁要避免劳心伤神的代为实体判断的方式，而只是对行政过程全体是否按照公正程序实施、行政判断过程是否受民主的氛围所支配等进行广泛的事后监督，以此姿态进行审理才是关键所在"。[1]在其背景中，这些诉讼（例如诸多所谓环境公害诉讼，即为了建设火力发电厂或石油存储基地而填埋公有水面的许可、设置核反应堆的许可、设置垃圾焚烧厂行为等，其周边居民提起诸多诉讼争议其违法的案件是其典型例子）中，原田教授认为，原告"与其说是诉诸行政诉讼请求终局性解决事态，不如说是寻求成为民主解决事态的契机"。也就是说，就原田教授而言，这时不是期待行政诉讼在事后保障行政活动合法律性的传统功能，而毋宁是将其置于整个的行政过程中，理解为国民进行民主性控制的一个手段来发挥功能。如果站在这种出发点上，例如，抗告诉讼的对象就不仅是传统理论所认为的"行政行为"，也处理到作出行政行为之前的行政内部行为，广泛承认区域居民提起抗告诉讼的原告资格或诉的利益，近来的理论倾向由此也得以正当化。[2]

160

六、本书关于行政事前程序原则的基本观点

应值得关注的是，关于行政的事前程序，上述法制和法解释论的展开，自不待言是向以传统"依法律行政原理"为前提的行政法理论和制度提出了根本问题，特别是其对于行政诉讼制度的应有状态也提出了与传统观点极为不同的方向。如何评价这种动向本是极难的问

---

[1]　原田尚彦『訴えの利益』（弘文堂、1973 年）182 頁。
[2]　显示出这种观点的，另参照、兼子仁『行政争訟法』（筑摩书房、1973 年）303 頁。

题。如果要表明本书的基本观点的方向，大致如下：

　　首先，扩充行政事前程序的必要，虽然还未必达到替代"依法律行政原理"的地步，但至少是其补充，在这一意义上已是不容否定的。如上所述，其自身在日本已广为承认。问题是，以此为前提，在立法论上或解释论上，具体有怎样内容的程序才好呢？在思考这一问题时，首要的是一般在阐明行政事前程序的必要时，有必要从理论上明确整理出其中所包含的种种具体要求。例如，以当事人违反法律从事经营活动为由撤回营业许可等情形下，要求有告知和听证等程序（《行程法》第 13 条第 1 款）；要决定有法律禁止的"不当标识"内容，公平交易委员会召开公听会，广泛听取相关企业及一般公众的意见（参见《不当赠品类及不当标识防止法》第 5 条）。虽说都是事前程序，但其用意必须说是颇为不同的。前者纯粹是某特定个人的权利保护问题，而后者则旨在广泛收集信息，可以说具有类似于立法时要求的民主主义性质。作为其中间位置，例如，在制定土地利用计划、设置公共设施的许可之际，认可区域居民的程序性参与等（例如参见《都市计划法》第 16 条第 1 款）。在过去日本的行政法学上，如前所述，主要关心的对象是第一种从个人权利保护而来的程序性保障。而不能否定的是，今天作为"依法律行政原理"界限的补充，上述第二种、第三种行政程序变得重要起来。但另一方面，在这些类型的行政程序中，（正如与司法程序、立法程序基本不同的程序所典型展示的那样）其程序内容与其基本目的相适应，显然必须有种种不同。[1]日本也有意识地对行政程序根据其基本目的而作出类型的划分，[2]今后仍要继续推进这

---

　　〔1〕　例如，与日本相比，美国在传统上就具有特别发达的行政程序法理和制度。但即使在美国，要求行政立法活动（rule-making）遵守为保护个人权利而设的正规行政型审判程序（adjudication），通常也是不合理的。参见 K. C. Davis, "Administrative Law Text"（1971）。

　　〔2〕　例如，在前述行政程序法研究会提出的法律案纲要（案）中，区分处分程序规定与命令制定程序规定，并将土地利用规制计划制定程序、公共事业实施计划确定程序、多数当事人程序、规制性行政指导程序作为特别程序，分别设计不同的规定。

种理论作业。[1]

其次，通过这种作业，分析行政程序的各种类型，必须明确如何　　162
在与"依法律行政原理"的关系上给予其理论定位。原因在于，先前
所触及"正是行政过程中意见调整程序补充了议会制民主主义的形骸
化缺陷，毋宁是在合法律性之上作为行政活动的正当性根据发挥功
能"。[2]从这一观点出发，导入下面这种观点也不是没有可能性的：
特别是在上述第二种、第三种类型的行政程序下，通过完善扩充这种
行政程序，来替代"依法律行政原理"。然而，对此，本书认为，如
果在今天仍不能放弃"依法律行政原理"所表达的近代法治主义思
想，以此为前提，事前程序与法律一样，都是行政活动的界限，是控
制行政的系统，不得无视这种观点。也就是说，第一，结果不能是这
样的，例如，行政活动如果是经"民主性居民参与程序"而实施的，
也可以不服从法律的一般规范支配，事前程序完全作为行政活动直接
正当化的手段而发挥功能。在这一意义上，行政程序不能完全取代立
法机关的作用。第二，在"依法律行政原理"之下，行政机关虽然受
法律拘束，但最终在自己的判断和责任中，被课予真正合理考虑后作出
决定的义务，而不得以"民意"为由，让行政机关的责任和义务变得暧
昧起来。例如，无论地方居民如何反对，如果相信土地利用计划在整体
上是最为合理的，行政机关也必须以自己的责任敢于决定邻避设施的选
址，有时这也是可能的。在这一意义上，行政的事前程序也不能完全取
代行政机关的作用。对于法律与事前程序以及裁判审查等之间的功能分　　163
担，必须考虑到这种观点，通过具体事例，慎重地不断探讨。

七、行政程序法的意义

参照上述行政事前程序过去的法制、学说和判例等状况，1993 年

---

〔1〕　从与正文所述的类似角度出发，对行政程序（居民参与）的各种问题作理论
上的整理，参照、小高刚「行政手続と参加」大系 3。

〔2〕　参见前述第 144 页。

制定的《行政程序法》应该说具有怎样的意义呢？以下对此大致进行探讨。

（一）规范的对象（射程距离）

首先受到关注的是，《行政程序法》有意识地限缩了规范对象。也就是说，该法律当初的目的在于，"规定处分、行政指导及申报程序的共通事项"（2005 年修改前第 1 条，而无现行条文中"制定命令等程序"一词），[1]在这一意义上，基本上只是从保护行政活动相对方的个人利益角度规定事前程序。[2]这主要是政策上的理由，因为该立法是日本首次引入一般性行政程序法的尝试，而将对象限缩到过去学说、判例等较难提出异议的部分，易于实现。而本书前述的第二种、第三种程序则作为尔后的问题留给将来。

但此后，接受政府的行政改革会议的最终报告，制定了 1998 年的《中央省厅等改革基本法》。该法规定引入所谓公告评价程序（提出意见程序），首先在行政实务中实现了这一程序。该法规定，"为了在形成政策时反映民意、确保其过程的公正性和透明性，在重要政策立项时，公布其目的、内容及其他必要事项，征求并考虑专家、利害关系人及其他广大国民的意见，之后再行决定"（《中央省厅等改革基本法》第 50 条第 2 款），这一机制具有本书前述第二种、第三种程序的性质。2005 年修改《行政程序法》，针对内阁或行政机关制定命令等（命令、审查基准、处分基准、行政指导基准）引入了以"意见公募程序"为中心的命令等制定程序（新设的该法第六章第 38～45

---

〔1〕 但该法律在该法所说的"处分"及"行政指导"中规定了诸多排除适用规定（参见第 3 条及第 4 条）。

另外，该法规定的程序规定原则上以国家行政机关的行为为适用对象，而不适用于地方公共团体的机关依据条例或规则作出处分及行政指导（第 3 条第 3 款）。在第七章（补则）中，对于这些行为仅限于要求地方公共团体根据本法律的旨趣采取措施（第 46 条）。

〔2〕 另外，在该法律中，"处分"及"行政指导"的概念自身包含所谓"行政的内部关系"中所作的行为，只是不适用于针对国家或地方公共团体的机关及一定的特殊法人的行为。

条），作为法律上的制度广泛实现了这种程序。[1]

（二）处分程序的两个类型——"对申请的处分"概念的引入

另外，"处分"是《行政程序法》主要的规范对象。法律将"处分"分为"对申请的处分"与"不利处分"，分别作出了不同规范。属于"依申请的处分"的例子是许可认可等；属于"不利处分"的例子有撤销或撤回许可认可、建筑物拆除命令或改善命令等单方性下令行为等。[2]虽是对申请的处分，但在它是拒绝处分时，在性质上就对申请人构成不利，因而，按照过去的通常用语，这当然是不利处分的一种。但是，《行政程序法》特意破除了这一用法，新引入了"对申请的处分"概念，将"不利处分"一词限定于狭义的概念。[3]其依据的观点是，"在依申请处分的事前程序阶段，虽然尚未决定处分的内容，但所要求的程序法保护是统一的"。[4]这无疑是显示了日本行政法制度与理论的程序法思考进展。因而，在另一方面也无法否定，"不利处分"一词存在实体法上"不利（性）处分"（也包含申请的拒绝处分）与程序法上"不利处分"的广狭两义，这就带来了用词上

165

---

〔1〕　对此经过，参照、白石俊「行政手続法の一部を改正する法律」ジュリスト1298 号（2005 年）60 頁以下；常岡孝好『行政立法手続』（信山社、1998 年）、同著『パブリック・コメントと参加権』（弘文堂、2006 年）。

〔2〕　依据《行政程序法》的定义，所谓"处分"，是指"行政厅的处分以及其他相当于行使公权力的行为"（第 2 条第 2 项）；所谓"申请"，是指"根据法令，请求行政厅赋予许可、认可、执照以及其他给自己某种利益的处分（以下称'许可认可等'）的行为，行政厅应就此作出是否批准的答复"（第 3 项）。所谓"不利处分"，是指"行政厅根据法令，以特定人为对象，直接课义务或限制其权利的处分"（第 4 项），但是，以下处分除外："事实上的行为，或者为了明确事实行为的范围、时期等所作法令上必要程序的处分"，"驳回许可认可等申请的处分，以及其他以该申请人为对象对申请所作的处分"，"基于相对人的同意而作出的处分"，"以该许可认可等之基础性事实已消灭的申报为理由，使许可认可等失去效力的处分"（第 4 项但书）。

〔3〕　如前一条注释所示，《行政程序法》明确将对申请的拒绝处分排除出"不利处分"，这自然是以拒绝处分性质上本来属于不利处分为明确的前提。

〔4〕　在日本行政法上通过本法律首次作为一项制度引入"对申请的处分"概念，对于其背景、经过等，参照、大橋洋一「行政手続の課題」宇賀克也責任編集『行政法研究』（信山社、2017 年）27 頁以下。

的麻烦。

（三）程序性保护的内容

《行政程序法》具有上述目的，其中对私人具体要实现怎样的程序性保护呢？本书作出如下整理。

1. 内部基准的制定及公布

该法首先规定行政厅应针对"对申请的处分"制定"审查基准"（根据法令规定判断是否给予申请的许可认可等的必要基准，《行程法》第 2 条第 8 项第 2 目），针对"不利处分"制定同样意味的"处分基准"（《行程法》第 2 条第 8 项第 3 目）并"必须努力"予以公开（《行程法》第 12 条第 1 款）。对于这些基准，该法还规定要尽可能具体（《行程法》第 5 条第 2 款、第 12 条第 2 款），原则上要公布（《行程法》第 5 条第 3 款，当然，"不利处分"时仅为努力义务，第 12 条第 1 款）。设定这种基准的必要性源自最高法院个人出租车执照案判决等个别判例的要求，而该法以更为一般化的形式使其得到整理。[1]

2. 主张自身利益机会的保障

自不待言，行政事前程序中最为重要的就是保障私人自身利益的主张和防御机会。对此，该法律首先规定，在作出不利处分时，必须对该不利处分的相对人采取"陈述意见的程序"（《行程法》第 13 条第 1 款），原则上一般要对不利处分保障这种机会。[2]这时，特别是对"撤销许可认可等不利处分"及其他"直接剥夺相对人资格或地位的不利处分"等，课予召开程序更为完备的"听证"程序义务（该条

167

第 1 款第 1 项，此外的情形应"赋予辩明的机会"，第 2 项）。以前也

---

〔1〕 对于根据《行政程序法》制定的内部基准对行政厅具体有怎样的法的意义，此间在判例和学说上有着各种探讨（对其概要，参照、大桥洋一·前揭「行政手続の課題」）。在最高法院相关判决上，例如对于行政厅的规范性拘束力（虽然是在旁论中），最判 2015 年 3 月 3 日民集 69 卷 2 号 143 页（参见本书下卷第 90 页）；在与处分附具理由的关系上，最判 2011 年 6 月 7 日民集 65 卷 4 号 2081 页（参见后述第 172 页）。

〔2〕 作为其例外，列举了因公益上有必要紧急作出不利处分，无法采取陈述意见程序时等五项事由（《行程法》第 13 条第 2 款）。

有学说主张这些，可以说大致得到了采纳。[1]另外，"赋予辩明的机会"原则上是以书面辩明（《行程法》第 29 条第 1 款），"听证"则原则上口头进行（《行程法》第 20 条、第 21 条）。

在主张自己利益上，重要的不是仅仅在形式上赋予机会，而是确立在实质上能提出某种主张的制度。法律对此有以下一些考虑：

（1）对于赋予辩明机会及实施听证，行政厅均要事前设置相当期间，将预定的不利处分的内容及其理由、辩明书的接收机关及提出期限（听证的时日及场所）以及其他一定事项，必须以书面形式通知该不利处分的相对人（"事前通知"的必要，《行程法》第 15 条及第 30 条）。对于听证，更规定着必须对下列事项予以教示：（a）可在听证的期日出席、陈述意见、提出证据文书等，（b）可在听证程序进行中要求阅览证明不利处分原因事实的资料（对于这些事项，将在后述）。

（2）在辩明、听证程序中，当事人均可提出证据，证明其主张（参见《行程法》第 20 条第 2 款及第 29 条第 2 款）。

（3）特别受到关注的是，在听证时，当事人"可在听证通知之时起至听证结束前要求阅览行政厅的该案调查结果文书及其他证明该不利处分原因事实的资料"（文书等的阅览请求权，《行程法》第 18 条）。在有这种请求时，行政厅"如无有损第三人利益之虞及其他正当理由，不得拒绝阅览"（该条第 1 款）。这一制度与前述第一点一起，通过弄清行政厅手中的资料，让私人的立场与其实质上对等起来。[2]它虽然过去在《行政不服审查法》审查请求程序[3]中得到承

168

---

〔1〕　但这次的法律对于"对申请的处分"，并不保障这种陈述意见的程序。如前所示，例如，最高法院在个人出租车执照案判决中已经说到，（"基于具体个别的相关事实从多数人中选择少数特定人，要决定拒绝颁发执照"，在此前提下）有必要设定审查基准，同时，"在上述基准的内容要有微妙、高级的认定等情形下，对于要适用上述基准所需的事项，必须赋予申请人提出主张和证据的机会"。应该说，在该法律之下，它将这种程序保障委诸了个别法的规定和法解释论。

〔2〕　大阪地判 2008 年 1 月 31 日判例タイムズ1268 号 152 页。在拒绝依据本法请求文书阅览的案件中，从是否实质上妨碍行使防御权的角度来判断该处分的违法性。

〔3〕　参见下卷第 168 页以下。

认（修改前《行审法》第33条，现行法第38条），但并没有在通常的行政处分中得到这样的一般性承认。

（4）对于听证，并非行政厅自行进行，而是另设"主持人"（《行程法》第19条）。从程序公正的角度来看，可以说期待的是让第三人来做主持人。不过，行政程序法仅规定，主持人是"行政厅指定的职员以及政令规定的人"（该条第1款）。在多大程度上确保第三人属性，委诸其现实运用。

（5）在听证和辩明机会中，该法明确规定，当事人均可选任代理人（《行程法》第16条及第31条），在听证时更可（以得到主持人许可为前提）与辅佐人一起出席（《行程法》第30条第3款）。这从私人立场的实质对等化角度来说也是有意义的。

（6）在听证和辩明机会中，当事人的主张不是说完就结束了，如果在之后进行的处分中得不到适当考虑，事前程序也就没有实质意义。对此，受到关注的是，在听证时，主持人被课予制作听证笔录和报告书的义务（《行程法》第24条）；行政厅在作出不利处分时，"必须充分参酌"该听证笔录及报告书所记载的主持人意见。[1]另外，对于听证以外的案件，在这一点上并无特别规定。但如后所述，不利处分一般负有附具理由的义务。从这一角度来说也可谓是有意义的。

3. 程序的迅速化

拉长处分程序，有时会对私人构成重大的不利。特别是对申请许可认可等的处分，尽管提出了申请，但行政厅不展开审查，虚度时日，这种事态在现实中屡有发生。作为应对这种事态的法的手段，过去在行政争讼法领域中，存在"不作为违法确认之诉"（《行诉法》第3条第5款）和"针对不作为的不服申诉"（《行审法》第3条）等制度。[2]但这些制度首先在法的效果上不能对行政厅的不作为有很强的控制；而

---

〔1〕 当然，在这一点上，作为行政程序法的母体，先前的"纲要案"规定，"行政厅不得基于未经听证审理的事实作出处分"（第24点）。现行法与此相比，必须说在赋予听证结果的意义上颇有倒退。

〔2〕 对于这些将后文详细说明。参见下卷第25页以下。

且，行政厅的"不作为"是适用该制度的前提，但原本在根本上以什么来认定不作为，却又未必具体明确。基于这些理由，作为应对这种事态的手段，它们是有局限的。这些局限还不能说通过这次的行政程序法就完全克服了。但至少需要充分关注正在采取的一些改善制度的措施。

《行政程序法》首先对申请的处分规定，要求行政厅努力设定"标准处理期间"（申请从到达其事务所至该行政厅作出处分为止通常所需的标准期间），同时必须在受理申请的机关事务所备置已设定的标准期间，或以其他适当的方法予以公开（《行程法》第6条）。进而行政厅必须努力根据申请人的要求，告知"该申请的审查进展以及预计的处分期限"（《行程法》第9条第1款）。这些均只不过是课予了努力义务，基于这些规定而得到明确的处分期限与上述行政争讼法上"不作为"的概念如何结合等，今后还有必要探讨其法的效果。但这些规定的存在均为让行政厅推进程序的压力，大概应予好评。

《行政程序法》还明确规定，行政厅针对申请的审查义务自申请到达该行政厅的事务所之时开始发生；对于不满足形式要件的不合法申请，也必须采取一定措施，要么尽快确定相当期间命令申请人补正申请，要么驳回许可认可的申请（《行程法》第7条）。根据这些规定，行政实务中常有的所谓"退回""保管"等措施，可以说是明确违法了。[1]

另外，行政厅对申请作出许可认可时，有时要获得其他相关机关的同意和承认等，而不得单独作出许可认可（例如，都市计划法上的开发许可，参见《都市计划法》第32条）。在这种情形下，行政机关有时相互推诿塞责，完全不推进程序。《行政程序法》也关注到了这种事态，不过只是作了一点训示规定（第11条）。

---

〔1〕　另外，所谓申请"到达事务所时"，意味着通过文书申请时，该文书到达事务所之时。而根据2003年施行的《关于在行政程序等中利用信息通信技术的法律》，现在用文书申请或申报可以通过所谓"电子信息处理组织"（参见该法第3条第1款）在线进行。这时，申请等被行政机关等使用的电子计算机所备文件记录下来，就视为到达该行政机关等（该法第3条第3款）。

170

171

4. 理由的提示

对于处分附具理由一般具有怎样的程序法意义，已在过去的最高法院判例中得到阐明。但它未必认为：即便各个法律规定保持沉默时，也当然要附具理由。[1]对此，《行政程序法》明确确立了规则，对于不利处分，原则上要提示理由。首先在第 14 条第 1 款规定，"行政厅在作出不利处分时，必须同时向其相对人说明该不利处分的理由"。当然，也附有但书，"存在不经说明理由而应作出处分的紧急必要时，不在此限"。这时原则上必须在处分后的相当期限内表明该处分的理由（《行程法》第 14 条第 2 款）。处分以书面形式作出时，必须书面说明其理由（第 3 款）。同样，在作出拒绝申请的处分时，必须说明理由，书面的拒绝处分也要以书面附具理由（《行程法》第 8 条第 1 款、第 2 款）。不过，"法令规定了许可认可等的要件或者公开的审查标准明确规定有数量指标及其他客观指标时，而从申请书的记载事项和附件等申请内容来看，该申请明显不符合的，在申请人申请时即可明示其理由"（第 8 条第 1 款但书）。[2]

（四）其他重要事项

除了上述内容外，行政程序法还纳入了以下几个私人的程序性保护的重要事项，其中也存在着今后有待探讨的很大论题。

1. 对于行政指导的规制

该法律中最引人注目的一点是，不仅对"处分"，还对"行政指导"进行一定的程序性规制。对此，将在行政指导部分再行触及。[3]

---

〔1〕 参见前述第 159 页以下。

〔2〕 对于在行政程序法之下，要求附具理由的程度，参照、宫崎良夫「手続の権利と訴えの利益」塩野古稀上 669 页以下。在这一点上，近来最高法院作出判决，撤销一级建筑师执照，但没有显示适用了公开的处分基准，欠缺《行政程序法》第 14 条第 1 款正文所规定的提示理由要件，因而违法（最判 2011 年 6 月 7 日民集 65 卷 4 号 2801 页）。这一判决受到关注，但必须留意的是，该判决除了附有两名法官的反对意见外，还是"在本案事情之下"违法的事例判决。

〔3〕 参见后述第 380 页以下。

2. 对于第三人的立场

今天的行政活动的一个特征是，"行政主体"与"私人"的关系不限于二极的对抗关系，很多案件是在行政与多数关系人之间的多方关系中展开的。在先前的论述中已能看到这种事实。[1]即使是在该法规范对象的"处分"中，也是如此。也就是说，在某处分的状态上，该处分相对人以外的人很可能是利害相关的，这些人的利益应在多大程度上予以程序法上的保护，这是问题所在。对此，行政程序法作出了如下处理。

首先，在不利处分的听证中，听证的主持人认为必要时，可以要求或者允许相关人（当事人之外的、从该不利处分所依据的法令来看与该不利处分有利害关系的人）参加听证程序（《行程法》第17条第1款）。"相关人"的范围从上述定义来看未必明确，[2]但无论如何，是否拒绝参加取决于主持人的裁量，因而，这些相关人并不当然具有参加听证的权利。如此，这里所说的相关人并不是该不利处分的相对人，因而，不能以当事人的资格获得该法律的程序法保护。结果就变成，只要没有以个别法律对这些人规定特别程序（听取意见等），这些人的利益就并不当然受到保护。

《行政程序法》还规定，在行政厅对申请作出处分时，"法令将应考虑申请人以外者的利益规定为许可认可等的要件时，在必要时，必须努力通过召开公听会以及其他适当的方法，听取申请人之外的人的意见"（《行程法》第10条）。这也仅为行政厅的努力义务，在没有将考虑第三人等的利益规定为原本处分的实体法要件时，并不适用。[3]

〔1〕　参见前述第98页以下。

〔2〕　另外，依据对于本条前身的"纲要案"第22·1点的"解说"，从在诉讼中具有原告资格即所谓法律上的利害关系者（对此参见下卷第66页以下）、到申请公共费用许可之际的一般消费者那样的人，也都包含在公听会听取意见的相对人之中。假如本条在这一点上没有变化，在仅保护个人利益的行政程序中，第三人扩大到如此广泛范围的人，这是值得关注的。但另一方面，对于"具有法律上利害关系者"，也不能忽视赋予与他们同等的程序性保护。

〔3〕　如前所述，在日本现行法上，这种例子绝不在少数。参见前述第100页以下。

这显示出日本行政程序法相对于行政实体法具有从属性，同时也必须说，前述传统"依法律行政原理"所具有的"内在界限"一面[1]，在这里仍然没有得到克服，而保留下来。

（五）对"命令等"的规范

如前所述，[2]在 2005 年《行政程序法》的修改中，新设"第六章 意见公募程序等"，与前述私人利益的程序法保障角度稍有不同的程序法规制在行政程序法上登场了。对其规定的内容及其意义，容后再作说明。[3]

（六）"透明性原则"

另外，《行政程序法》在第 1 条的目的规定中采用了"确保行政运营的公正与透明性（行政上意思决定的内容及其过程为国民所知晓）"的表述，因而，通常认为，这就明确表达了存在"透明性原则"这一行政法的一般原则。[4]

八、行政调查

在行政的事前程序问题上，今天行政法学广泛关注的是"行政调查"及其控制的主题。行政机关在作出某种意思决定时，当然需要取得前提性事实的资料、对其进行分析探讨，[5]如果将此活动称为"行政调查"，那它自然就是遍及行政所有领域的一般要求和活动。在这一意义上，"行政调查"是指以收集信息为目的的一般活动，因而，包含在极为繁多的行政活动中。其中，以某种方式伴有公权力的行使，从"法律保留"角度就需要法律的授权，在现行法上也作为带有

---

〔1〕 参见前述第 133 页以下。

〔2〕 前出第 164 页。

〔3〕 参见后述第三编第三章第二节第一款"行政立法"部分。

〔4〕 参照、塩野宏·Ⅰ（第六版）310 页以下。但其中"行政法的一般原则"具体是指什么，这一问题请参见前文第 59 页。

〔5〕 过去关注这一点，以行政机关的"调查义务"观念为基础，引导了尔后行政法学上诸多探讨的文献，小早川光郎「調査·処分·証明」雄川献呈中 251 页以下。

一定形式的法制度而明显存在，如后所述，[1]从第二次世界大战后一早就开始围绕其法治主义的控制问题展开了很多探讨。《行政程序法》采用的作出行政处分之际"赋予辩明机会"及"听证"等程序，可以说（从保护处分对象的利益角度）对一定类型行政活动的行政调查作出了程序法规范。但是，上述意义上的"行政调查"并不是仅受这些法律规范，其相关的法的问题并未尽数得到明文化。在这一意义上剩下的问题中，今天行政法学最关心的是行政厅有无"调查义务"、其性质、具体样态的问题。前者的问题就是，行政机关是一般性地负有调查的法定义务（而不只是妥当与否的问题）吗？是在与私人的关系上（而不是仅限于行政内部）的义务吗？后者的问题是调查义务的范围、程度、履行的应有状态问题。这里的问题意识是，即使法令上没有明文规定行政调查，它也不是完全委诸行政机关自由裁量，而是存在一定法的拘束。在这一意义上，它也构成了前述自由裁量论的一环。

在本书先前分析的各个问题的判例和学说讨论中，过去也暗示了存在这种问题。例如，在判断是否超越裁量权界限时，如果重视所谓"判断过程审查"，即审查"对事实的评价明显缺乏合理性"及"判断过程中没有考虑应当考虑的事情"，[2]为了作出正当判断，就必须对前提性事实展开充分调查。另外，如后所述，如果在认可《国家赔偿法》第 1 条的责任时判断有无"违法性"，公务员是否"没有尽到职务上应尽的注意义务而马虎"采取行动，[3]行政调查的状态当然成为评价的对象。在今天的行政法学上，"行政调查论"作为"发现问题的概念"设定了"行政调查"概念，[4]从正面广泛分析这一问题，作为理论分析对象，进而为今后的制度设计（例如，制定通则法的《行政调查法》等）提供了线索。对于这些讨论，这里无暇详细深入探讨。除了近来诸多的行政法教科书，作为代表性文献，曾和俊文的

176

---

〔1〕 参见后述第 342 页以下关于"即时强制·强制调查"部分。

〔2〕 参见前述第 126 页。

〔3〕 参见下卷第 220 页以下。

〔4〕 参照、曽和俊文『行政調査の法的統制』（弘文堂、2019 年）209 頁。

前述著作在早期论及了上述意义上"行政调查论"的必要；小早川光郎的《调查·处分·证明》成为行政法学"行政的调查义务"论的发端；此外，薄井一成的《申请程序过程与法》[1]一文主张对依申请处分存在"调查探讨案件的一定责任"，详细探讨了其根据、调查探讨义务的程度、证明度、违反义务的效果等。[2]

第二节 信息公开制度

一、信息公开制度及其意义

177　　今天在日本，与第一节所述的行政事前程序法制的完善一起，所谓信息公开制度的确立和完善也日益成为一大问题。这里所说的"信息公开制度"是指行政机关根据国民的请求公开自己持有的文书以及其他形式的各种信息的制度。正如第一节之前业已见到的那样，现实的行政未必将古典的"依法律行政原理"作为前提，只是忠实地实现法律的规定，既然行政过程自身带有重新创造国家意志过程的性质，让国民事前知道在这一过程中行政机关依据怎样的信息怎样形成意志的，从行政活动的预测可能性角度也好、民主控制的角度也罢，很明显对国民是极为重要的。

　　如果从这种角度来看，信息公开制度的意义本来是为了私人参与行政过程之际获得预备知识，从理论上而言，信息公开制度作为行政事前程序制度的前提，也变成了制度的一环。[3]但是，过去在日本，

---

　　〔1〕 薄井一成「申請手続過程と法」新構想Ⅱ273頁以下。

　　〔2〕 行政调查方面的其他论文已经有很多。近来的文献诸如，北村和生「行政調査義務と裁判による統制」芝池古稀161頁以下、須田守「行政調査論の基礎的構成」行政法研究25号（2018年）109頁以下等。

　　〔3〕 实际上，在美国、法国等国，所谓信息公开制度是明确在行政程序法的延长线上立法化的。参照、平松毅『情報公開』（有斐閣、1983年）特别是第99頁以下；兼子仁「情報公開と行政の改革」公法研究43号（1981年）74頁以下；松井茂記『情報公開法（第二版）』（有斐閣、2003年）483頁以下等。

信息公开制度未必如此一义性地定位，其确立的要求与第一节所示行
政事前程序法制的完善并无直接关联，而毋宁是独立展开完成的。如
此，在理论上首先可以说，信息公开制度是以《宪法》第 21 条保障
的国民"知情权"为根据，而行政程序法制是以《宪法》第 31 条和　178
第 13 条为根据，两者的意义稍有不同。[1]

　　如果以这种差异为前提，两种制度之间就会具体出现一些不同。
例如，有人指出，如果仅将信息公开制度作为行政事前程序的一环，
通常就仅向该案的相关人员公开具体案件的相关信息；而如果是基于
一般"知情权"的信息公开制度，其公开范围就未必要作限定。[2]但
是，这种差异不用说就是理想类型、类型论上的不同，作为现实法制
的状态，两者的差异可能颇为相对化。特别是如第一节所述，行政事
前程序制度自身在内容上、在意义上也是多样化的，未必仅为各个私
人的具体权利保护的角度，也重视私人民主参与行政过程。这种相对
化正越发推进。

二、信息公开制度与日本的实定法

　　一般性地规定上述信息公开制度的国家法律，在日本长期是不存　179
在的。日本的信息公开制度立法化，是以 1982 年 4 月 1 日施行的山形
县金山町公文书公开条例以及 1983 年 4 月 1 日施行的神奈川县、福冈

---

　　〔1〕　如果把握信息公开法制的这一侧面，不是像本书这样将其在"行政过程的私
人参与"脉络中予以定位，而是与后述个人信息保护法等一起，从旨在对"信息"实
行民主控制的"信息法"或"信息管理法"等角度加以整理说明（其认识的前提是，
"信息"的管理操作自身在今天正成为行政主体的一大"行政手段"），这当然也是有
可能的，在今天出版的行政法教科书中也有不少这种例子。概括研究行政信息问题的单
行本也在出版［近来的代表是，村上裕章『行政情報の法理論』（有斐閣、2018 年）］。
我对如此研究信息公开法也完全没有异议，那也是有意义的方法。不过，如本书开头所
示，本书的目的在于以传统的"依法律行政原理"作为一把"客观标尺"打量行政法全
体，由此来看待行政信息，因而有上述保留，同时也不改变此前的记述方法。
　　〔2〕　对于行政程序上行政文书的事前公开与所谓信息公开的差异，作出明确理论
整理的，也参照、平松毅·前揭『情報公開』17 頁以下。

县春日市条例等为嚆矢，由地方公共团体层面积极推进而来的。虽然在内容上有种种不同，但以某种形式规定了所谓信息公开制度的地方公共团体（都道府县、市町村）的数量到 2017 年 4 月 1 日已达 1787 个（全体的 100%）（总务省自治行政局行政经营支援室调查）。

在国家层面上，虽然很早之前就有法制化的动向，[1]但也有妨碍其实现的种种因素。现实中，除各省厅自主的信息公开外，[2]国民要求公开的一般性法制并不存在。[3]但是，1994 年，村山富市内阁之下成立的行政改革委员会（参见《行政改革委员会设置法》第 1 条以下），其行政信息公开分会 1996 年公布带有具体内容的信息公开法案，[4]该委员会基于此提出报告，政府接受后向国会提出《关于公开行政机关持有信息的法律案》。该法案历经三度持续审议等，虽然审议不顺，但在 1999 年的通常国会上，终于由两院表决通过，成为法律。[5]《关

〔1〕 对此，参照、総務庁行政管理局監修『情報公開——制度化への課題（情報公開問題研究会中間報告）』（第一法規、1990 年）。

〔2〕 在国家层面，1991 年 12 月由各省厅文书科长等组成"信息公开问题联络会议"，就"行政信息公开基准"展开协商。在翌年的行政改革大纲中，内阁会议决定，确切运用该基准，促进公开范围的扩大。关于该基准，参照、総務庁行政管理局監修『解説行政情報公開基準』（第一法規、1992 年）。

〔3〕 如果看个别制度，例如，代表国民或居民的议会采取动议，各议院的国政调查权（《宪法》第 62 条）、普通地方公共团体的议会调查权（《地方自治法》第 100 条）等，从公开行政机关所持信息的角度自然也是重要的。而作为法律直接课予行政机关公开一定信息义务的例子有，在各种计划决定等成立前的计划方案的纵览、公告等（《都市计划法》第 17 条、《土地区划整理法》第 20 条等为数很多）。进而，根据私的个人的请求，对处分厅向审查厅提出的文书以及其他物件，《行政不服审查法》广泛保障不服申诉人等的阅览权（参见《行审法》第 38 条第 1 款、第 66 条等）。此外，对这种制度的详细情况，请参照、平松毅·前揭『情報公開』183 頁以下。

〔4〕 1996 年 11 月 1 日，行政信息公开分会报告（信息公开纲要案·信息公开法纲要案的观点）。

〔5〕 对于日本信息公开法成立的经纬，诸如可参照、宇賀克也『新·情報公開法の逐条解説（第八版）』（有斐閣、2018 年）10 頁以下；小早川光郎編著『情報公開法』（ぎょうせい、1999 年）25 頁以下；堀部政男「情報公開法制定の意義と今後の課題」ジュリスト1156 号（1999 年）10 頁以下；滝上信光「情報公開法の制定経緯及び概要」ジュリスト1156 号 17 頁以下等。

于公开行政机关持有信息的法律》自公布后二年以内施行，自 2001 180
年 4 月 1 日现实地施行了。〔1〕以下就该法律（以下简称《信息公开
法》）规定的内容、结合其重点来说明。在说明的过程中，也希望看
看包括地方公共团体的条例在内的日本信息公开制度的梗概。〔2〕

三、信息公开法的内容

《信息公开法》基于以《美国信息自由法》（Freedom of Information
Act，FOIA）为代表的各国制度以及日本的各种信息公开条例适用经
验而制定，也包含过去各条例所不存在的一些制度，具有极为重要的
内容。

（一）信息公开请求权的确立

《信息公开法》第 3 条规定，"任何人根据本法的规定，均可请求
行政机关的首长……公开该行政机关持有的行政文书"。这一条文表
达了极多重要事项，可作如下概述：

第一，请求信息公开的权利作为个人的主观性权利〔3〕得到承认，
因而，在行政机关首长对请求决定不公开时，请求人可通过通常的行
政争讼程序〔4〕就该决定（行政行为）进行争议。这时，请求的目的
未必局限于维护自己的某种个人性权利利益这种具体的、主观的目

〔1〕 另外，2001 年 12 月，大致根据该法律的内容针对独立行政法人和一定范围
的特殊法人设计了信息公开制度，制定了《关于公开独立行政法人等持有信息的法
律》，自 2002 年 10 月 1 日起施行。

〔2〕 对于信息公开法的详细内容，除宇贺克也前揭书外，总务厅行政管理局编
『詳解情報公開法』（财务省印刷局、2010 年）、松井茂記・前揭『情報公開法（第二
版）』等是标准的解说书，ジュリスト1156 号（1999 年）等特集也便于参照。关于地
方公共团体信息公开条例的内容、运用、判例等，迄今已有诸多业绩发表。除上列文献
外，诸如参照、兼子仁＝関哲夫編著『情報公開条例』（北樹出版、1984 年）、藤原静
雄『情報公開法制』（弘文堂、1998 年）、西鳥羽和明『情報公開の構造と理論』（敬
文堂、2001 年）等。

〔3〕 对于"主观性"的含义，请参见下卷第 46 页以下。

〔4〕 参见下卷第 9 页以下。

的，也可以是为了知晓行政机关持有信息的内容这种抽象的、客观的目的而提出请求。换言之，在这一意义上，这种请求权是个人的程序法上的（主观性）权利。[1]

另外，对于这种信息公开请求权，它究竟是《日本国宪法》第21条"知情权"的具体化，还是法律、条例等制定法新创设的，过去曾有讨论。在本法制定之际，对于是否在第1条的目的规定中写入"知情权的实现"，在国会有讨论，但结果就像现行的第1条那样，它仅限于说到以下几点：它根据的是"国民主权的理念"，政府对国民尽"说明的责任和义务"（说明责任），"目的在于在国民的确切理解和批评之下促进公正民主的行政"。[2]

第二，该请求权对"任何人"都承认，未必限于具有日本国籍者。[3]过去的信息公开条例一般仅承认在该地方公共团体区域内居住、上班、上学的人等有请求权，与此相比，法律的规定是颇受关注的。同时，该法律在另一方面还将"根据国民主权的理念，规定请求公开行政文书的权利"作为目的（参见该法第1条），两者参照来思考，也可能看到本法律为"国民主权"的意义提供了重要的启发。

第三，正如上文所述，作为请求公开对象的信息一般广泛包括"该行政机关持有的行政文书"。也就是说，信息必须是文书化的信息。[4]但另

---

〔1〕 信息公开请求权是如此的权利，但在地方公共团体的信息公开条例中，当初判例上对其法的性质并不是没有一点混乱，但现在已经明确得到解决了。参照、東京高判1984年12月20日例集35卷12号2288页；福冈高判1991年4月10日例集42卷4号536页等。

〔2〕 在立法背景中的基本观点是，"知情权"的概念自身在日本尚未成熟，如果是现行这样的规定，是否在目的规定中进一步加入"知情权"的文字，未必是本质的问题〔例如参照、宇賀克也・前揭『新・情報公開法の逐条解説（第八版）』34页以下〕。与此相对，也有强烈的反对意见。特别是参照、松井茂記・前揭『情報公開法（第二版）』25页以下。

〔3〕 参照、宇賀克也・前揭『新・情報公開法の逐条解説（第八版）』56页。

〔4〕 另外，这里所说的文书中，包括"文书、图画、照片、胶卷、电磁记录"等等。参照、総務庁行政管理局編・前揭『詳解情報公開法』23页；宇賀克也・前揭『新・情報公開法の逐条解説（第八版）』44页以下，等等。

一方面，并不限于正式批准决定的文书，如果有行政机关职员供组织之用的信息（所谓组织共用文书），也能广泛成为请求公开的对象。[1]

（二）不公开信息

即使导入了一般性信息公开制度，也未必说凡有请求就一定必须全部公开行政机关持有的信息。如果考虑到一边是"公开信息"的要求，另一边也存在"个人的隐私保护""公务员的保密义务"要求，这一般就已是明显的了。如此，在信息公开程序法制化之际，对于公开什么样的信息、不公开什么样的信息，就有必要明确规定。过去各地方公共团体的信息公开条例、国家的《行政信息公开基准》[2]在这一点上均采取以公开为原则、例外列举不公开信息的方式。《信息公开法》也明确采用了这一方式，它规定，"在有公开的请求时，除了请求公开的行政文书中记录了下列各项信息之一的，行政机关的首长必须向公开请求人公开该行政文书"（该法第5条）。

在该法律中，不公开的信息有所谓"个人信息""法人信息""国家秘密""公安信息""意思形成过程信息""行政执行信息"等，[3]这些大体上也都在过去的各信息公开条例和国家的《行政信息公开基准》中得到过采用。[4]以下仅就这些不公开信息的理论问题，

〔1〕　参照、宇賀克也・前掲『新・情報公開法の逐条解説（第八版）』50頁以下。

〔2〕　参见前文第179页注〔2〕。

〔3〕　"个人信息"之后各不公开信息的命名，依据的是，松井茂記「情報公開法五条」ジュリスト1156号（1999年）45頁以下。

〔4〕　如果要概述各种不公开信息的内容，大致如下：

1. "个人信息"，关于个人的信息，通过该信息中包含的姓名、出生年月日以及其他记录可识别特定个人，或者虽然不能识别特定个人，但公开有可能损害个人权利利益的信息（《信息公开法》第5条第1项）。

2. "法人信息"，关于法人或其他团体的信息，或者个人在经营业务时与该业务相关的信息，包括如下内容：

（1）因公开而可能损害该法人等或该个人的权利、竞争上的地位和其他正当利益的信息；

（2）接受行政机关的要求，以不公开为条件而自愿提供，法人等或个人在惯例上不公开的信息，以及其他依照该信息的性质、当时的状况附加该条件为合理的信息（同条第2项）。

针对特别重要的几个论点简单作出评论。

（三）不公开信息的相关问题

1. 对于法律上作为不公开信息的信息，行政机关首长是不得公开（负义务不公开），还是仅为被解除了公开义务（将公开与否委诸裁量），迄今都有争议。如果从《信息公开法》第 5 条的文字来看，自然是采取了后一种说法。但是，作为本法律母体的行政改革委员会信息公开法纲要案却毋宁是采取了前一学说。[1]

---

3. "国家秘密"，行政机关的首长有相当的理由认为，公开可能危害国家安全，损害与其他国家、国际组织的信赖关系或使与其他国家或国际组织的谈判遭受不利的信息（同条第 3 项）。

4. "公安信息"，行政机关的首长有相当的理由认为，公开可能妨碍犯罪预防、镇压或搜查、维持公诉、刑罚执行以及其他维持公共安全和秩序的信息（同条第 4 项）。

5. "意思形成过程信息"，国家机关、独立行政法人等、地方公共团体及地方独立行政法人的内部或相互之间有关审议、讨论或协议的信息中，公开可能对坦率地交换意见、意思决定的中立性造成不当损害、可能在国民之间不当地引起混乱、可能不当地给特定人带来利益或不利的信息（同条第 5 项）。

6. "行政执行信息"，国家机关、独立行政法人等、地方公共团体及地方独立行政法人从事的事务和业务的信息中，因公开可能造成下列后果，以及其他由于该事务或业务性质上的原因，可能妨碍该事务或业务正当执行的信息：

（1）在监察、检查、管理、考试、课税或征收的事务中，可能难以正确把握事实、容易导致违法或不当行为，或者难以发现的；

（2）在合同、谈判或争讼的事务中，可能不当损害国家、独立行政法人等、地方公共团体或地方独立行政法人的财产利益或当事人地位的；

（3）在调查研究的事务中，可能不当阻碍公正高效执行的；

（4）在人事管理的事务中，可能妨碍公正、顺利确保人事管理的；

（5）在国家或地方公共团体经营的企业、独立行政法人等或地方独立行政法人的业务中，可能危害企业经营上正当利益的（同条第 6 项）。

另外，仅对公开请求回答了请求公开的行政文书是否存在，就会导致与公开不公开信息具有同样结果的案件中（例如，因公开到特定医院住院的信息而事实上让人知晓该人生病情况的案件），《信息公开法》规定，行政机关的首长可以用不确定该行政文书是否存在的方式，拒绝该公开请求［通常称为"拒绝回答存在与否"，或者由来于美国同制度的"格罗玛拒绝"（Glomar denial）］（第 8 条）。

〔1〕参见该委员会《信息公开法纲要案的观点》。另参照、宇贺克也・前揭『新・情報公開法の逐条解説（第八版）』66 页以下。与此相对，明确主张后一学说者，例如，松井茂记・前揭『情報公開法（第二版）』128 页以下。

但无论是哪一个，对于该法第 5 条中的不公开信息，以存在比保护这些信息更为重要的法益为前提，也承认不公开信息有例外公开的可能性。例如，"个人信息""法人信息"等，如果"是为保护人的生命、健康、生活和财产而有公开必要的信息"的情形，原本就不包括在不公开信息中。更为一般的，该法第 7 条中有规定，"即使请求公开的行政文书中记录着不公开信息，行政机关的首长认为在公益上特别有必要时，也可以向公开请求人公开该行政文书"（主张第 5 条的不公开为义务的学说也以本条的存在为论据）。

因而，实际上的问题首先就变成了如何分别解释这些不公开和公开的法定要件（这些由诸多不确定概念规定）。

2. 如前文所及，"关于个人的信息"的保护在与"公开信息"要求相对抗的法益中最具代表性，在现行法上也规定在不公开信息之首（《信息公开法》第 5 条第 1 项）。但问题是，本人要求公开时（本人信息的公开请求），未必是不公开的理由。[1]如果将个人信息作为不公开信息的理由在于所谓"隐私的保护"，那么，既然是本人要求公开，这就不成为不公开的理由。[2]但是，一般在判例和学说上，信息公开制度不同于后述的个人信息保护制度，[3]并不以保护个人隐私为直接目的，而完全是从国民主权角度，让行政机关对任何人公开其所持有的信息，不因请求人是谁而产生是否公开的差别。因而，不认可这种公开请求。[4]现行的信息公开法不是将不公开的个人信息作为"个人隐私"，而是更为客观地作为所有"能识别个人的信息"（所谓

---

　　〔1〕 是否认可这种所谓"本人信息"的公开请求，在行政改革委员会的法律草案起草过程中有诸多讨论，在法律施行后的实务中，这种请求的数量正有颇多的上升。

　　〔2〕 实际上，在信息公开条例的过去判决例中，也有例子是从该目的角度认可本人的公开请求的。参照、大阪高判 1996 年 9 月 27 日例集 47 卷 9 号 957 页。

　　〔3〕 参见后文第 197 页以下。

　　〔4〕 参见前揭《信息公开法纲要案的观点》；宇贺克也·前揭『新·情报公開法の逐条解説（第八版）』93 页以下；松井茂記·前揭『情報公開法（第二版）』53 页以下等。另外，这一点在伴随信息公开法制定而成立的内阁府信息公开审查会（现在为总务省的信息公开和个人信息保护审查会）的实务中也是一样的。

个人识别信息）来规定（第 5 条第 1 项）。要从根本上否定这一观点至少是极为困难的。不过，之所以能说这种观点并未在实质上带来不妥，是另以个人信息保护制度完备为前提的。在不满足该前提的状况下（《信息公开法》施行时正是如此），在形式上固执于这种观点，就无法否定在现实中发生颇为奇妙的事态。[1]在这一意义上，在加快个人信息保护法制完备化的同时，[2]假如管理自己信息的权利受到宪法保障，就会存在一个问题，即该制度完善得过于迟缓，以上述理由机械运用信息公开制度，其自身不也令人怀疑吗?[3]

187 　　3.《信息公开法》第 6 条第 1 款从尽可能推进信息公开的角度规定，"在请求公开的行政文书中部分记录着不公开信息时，如果能容易区分去除记录不公开信息的部分，行政机关首长必须向公开请求人公开该部分之外的其余信息"（所谓"部分公开"）。

　　在公开请求的行政文书中记录着个人信息（限于可识别特定个人的信息）时，第 6 条第 2 款规定，"该信息中除去姓名、出生年月日以及其他可识别特定个人的记述部分，公开也无侵害个人权利利益之虞时"，除去该部分的信息，"视为不含非公开的个人信息，适用前款的规定"。设置这些规定的目的自然在于，只要没有其他重要障碍，
188 均应尽可能公开文书，实现信息公开法的宗旨。[4]通过这些规定，就

---

　　〔1〕 例如，本人请求公开关于自己的评价信息时，该信息常常是"个人识别信息"。实质上，在这里所说的案件中，以系"个人识别信息"为由不予公开自身是奇怪的；而且，通过信息来明确该信息是否存在，侵害个人权利（表明对个人有某种评价的事实），就必须拒绝回答是否存在（《信息公开法》第 8 条）。在《信息公开法》施行后的实务中，这种例子不在少数。对此，参照、藤田宙靖「いわゆる『存否応答拒否』制度について」翁岳生先生古稀記念論文集『当代公法新論（中）』351 頁以下（藤田宙靖・基礎理論上 307 頁以下）。

　　〔2〕 参见后文第 197 页。

　　〔3〕 在个人信息保护条例尚未制定的状况下，根据信息公开条例请求公开自己的信息，正是从这一观点获得认可的，参照、最判 2001 年 12 月 18 日民集 55 卷 7 号 1603 页。

　　〔4〕《信息公开法》在第 6 条第 1 款之外特地设置两款关于个人识别信息的规定，其理由在于，在该法第 5 条列举的非公开信息中，对于此外的信息（该法第 5 条第 2 项至第 6 项所列信息），明文规定属于非公开的信息者限于因公开而产生障碍者（"有……之虞者"），而个人识别信息不是那样的信息。

将不公开信息限定为成为公开请求对象的文书中非公开的部分（所谓"涂黑"范围）。不过，应予留意的是，在这些条文中，对非公开部分的性质，在文字上区分使用了"信息"（第1款）与"（成为其一部分的）记述"（第2款）。[1]由此，最高法院得出的解释是，[2]第1款所规定的"信息"部分公开，只是关于前者的问题，本来并不适用于后者那样的"单纯记述"。[3]结果，诸如在有该条第1款同样规定但没有第2款对应规定的信息公开条例之下，居民对于上述"各个记述自身"就没有请求公开的权利。而且，最高法院这时的说明是，这些各个"记述"只不过是"在整体上构成知事交际的独立一体的信息"的单纯"构成要素"，作为独立的信息不能成为请求公开的对象。为此，也招致诸多批评。[4]

---

〔1〕　这种区分使用措辞原本由来于《信息公开法》第5条第1项，但根据这一用法，诸如支出的公款收据，是记载受领者个人信息的文书，其中记载的金额、受领年月日、受领者姓名等是"记述"，而非"信息"。

〔2〕　最判2001年3月27日民集55卷2号530页。

〔3〕　因为有第2款，"受领者姓名"以外的这些"记述"不包含在个人信息中，只是"视为"而已，其本来的性质是非公开信息。

该案件是请求公开知事交际费相关文书的诉讼。大阪府信息公开条例中具有与上述《信息公开法》第6条第1款同样的部分公开规定（但是，没有对应于该条第2款的规定）。"年度支出额现金出纳簿"等文书中记载着有关知事交际费的信息，各交际费的支出年月日、金额、受领者姓名等一个一个记载栏目，是否为信息公开请求的对象（如果属于，除受领者姓名外的记载栏就分别成为该文书的部分公开对象），成为一个重要争点。该判决否定了这一点，其理由是，这些记载事项"在整体上构成知事交际的独立一体的信息"，行政机关（信息公开的实施机关）将其作为一体不予公开时，（在没有对应于《信息公开法》第6条第2款规定的大阪府信息公开条例之下）也没有权利请求将其进一步分割成各构成要素予以公开〔另外，在该判决的理由中，对于正文所涉及的部分，参见该判决所附的元原利文补充意见以及该判决的判例时报解说（判时1971号109页以下）〕。

〔4〕　我对于该判决的此前批评，参照、藤田宙靖·最高裁回想錄96页以下、同341页以下（最判2007年4月17日判时1971号109页的補充意见）、本书旧版第173页以下。以下根据此间各方面的指摘，对这些加以整理、增补，谈一下现阶段我的看法：

第一，该判决至少在结果上带来"信息"概念的二分，这招致了之后理论的混乱。如前所述，该判决的理论前提在于，"记述"虽然是大阪府信息公开条例（或国家的最高法院到现在也没有变更上述 2001 年判决的"独立一体的信息"基准，但实际上认为，同一文书中公开"信息"与非公开"信

信息公开法）规定的"（非公开）信息"的构成部分，但不属于（该条例所说的）"信息"。但是，从理论上来说（或者根据通常的用语），诸如"交际费的受领者姓名""交际费支出的年月日""交际费支出的金额"自身明显是有意义的信息，而且，仅将后两者独立地提取出来，也未必是个人识别信息。也就是说，但凡有意义的信息，通常就是像这样重层地存在，哪一层都是信息，之后说它只不过是"单纯的构成部分"原本是缺乏理论根据的（在这一意义上，以下根据《信息公开法》第 6 条第 2 款将在区分"记述"意义上的信息表示为"信息"，而通常用语的信息仅表示为信息）。如此，国家的《信息公开法》第 6 条第 2 款中"记述"与"信息"的区分没有明文根据。问题是，如果提出最高法院判决所作的是否为"独立一体的信息"的理论定式，也只能将其中的"一体的信息"接受为"将组成其构成部分的种种信息一体化的信息"。实际上，该判决的"独立一体的信息"定式，在之后的行政实务和判决中广泛获得接受，而且，其射程所不仅是个人识别信息，也包括其他广泛的非公开信息，不仅是大阪府条例，也包括国家的信息公开法的解释适用，从各种信息群中括出多大范围的信息作为"独立一体的信息"，即所谓"信息单位论"就成为问题［例如，根据最高法院 2001 年判决定式，行政机关对个人信息以外的不公开信息尝试着狭窄地限定公开部分，参见信息公开审查会第三分会 2002 年 7 月 17 日答复，答复集 2002 年度 123 号；名古屋地判 2002 年 5 月 24 日訟務月報 50 卷 1 号 237 頁；最判 2018 年 1 月 19 日判时 2377 页 4 页的原审（均为关于个人信息以外信息的案件）；法院采用这一定式驳回部分公开请求的例子有最高法院 2007 年 4 月 17 日判决的原审（判例集未登载）］。

第二，成为问题的是，在这种"信息单位论"的广泛展开中，只要根据上述最高法院判决的判旨，在部分公开时，行政文书中哪一部分公开、哪一部分不公开，就与行政机关用什么来判断信息的独立一体相关，因而，实质上行政机关可广泛自由决定，有可能大大损伤信息公开法规定部分公开制度的宗旨。因此，如果以上述定式为前提，就必须在理论上严格限定其中"独立一体的信息"范围。如此，内阁府信息公开审查会很早就根据上述最高法院判决认为，在解释国家信息公开法之际，"在判断符合不公开信息的前提下，即使将独立一体的信息作为一个单位来把握，属于可识别特定个人信息以外的不公开信息，其范围在重层的各阶层来把握，最终应当是产生不公开事由'之虞'等的原因信息的范围"，驳回了咨询厅（资源能源厅长官）的主张——"以独立一体的信息为对象，应当判断为不公开信息。对于将其进一步细分裁定决定公开，法并没有预定进一步细分"［参见前引信息公开审查会第三分会 2002 年 7 月 17 日答复。另外，与此同一旨趣的见解，除了前引我的补充意见外，请参照、宇贺克也·概说Ⅰ（第六版）108 頁］。

息”共通的“记述”部分应当公开。[1]可以说最高法院正通过个别事例，朝着实质上消除其弊害的方向发展。[2]

如上所述，“独立一体的信息”论（所谓“信息单位论”）问题的出发点在于，对《信息公开法》第 6 条第 1 款的条文作严格文义解释，结果在信息公开法制的一般问题上，构成“非公开信息”的各个“记述”在性质上并不是本来独立成为公开对象的信息。但是，该法第 6 条第 1 款本来是在只要没有障碍就尽可能公开信息的目的之下规定的，结果反过来朝着限制信息公开一般可能性的方向在发挥作用，这不仅是讽刺，从法本来的宗旨来看，这种严格文义解释也是本末倒置的。根据最高法院 2001 年判决，行政机关有可能通过裁量将“信息”中的“记述”剥离后公开的，因而，其“一体性”并不意味着“在其性质上不可分”。进而，将“个人信息”中的某“记述”视为不属于该“信息”，在理论上未必就必然地当然不允许剥离后的该“记述”重新具有其他“信息”的性质。如此，对于该款的规定，其制定由来姑且不论，在现行法制之下，将该法第 6 条第 1 款的部分公开的宗旨解释运用为鉴于个人识别信息的特殊性而特别对个人信息所作的确认，更为适当。

4. 在不公开信息的规定中，例如，“有危害国家安全之虞”，“有损害与其他国家或国际组织之间的信赖关系之虞”（《信息公开法》第 5 条第 3 项），“有对维持公共安全和秩序构成妨碍之虞”（第 4 项），“有对坦率地交换意见或意思决定的中立性造成不当损害之虞”，“有在国民之间不当引起混乱之虞”（第 5 项），“有妨碍该事务或业务正当执行之虞”（第 6 项）等，多以产生一定不妥的“之虞”为要件。然而，一般而言，很少有案件能断言公开一定的信息一概不可能产生所说的不妥。必须认识到，公开信息常与这种危险处于背靠背的

189

191

---

[1]　参照、最判 2003 年 11 月 11 日判时 1847 号 21 页、最判 2007 年 4 月 17 日判时 1971 号 109 页。

[2]　在最近的例子上，诸如内阁官房报偿费支出的文书公开，最判 2018 年 1 月 19 日判时 2377 号 4 页。

关系。尽管如此，仍然基于"公开对国民更重要"的判断而设计出信息公开制度。因而当然的是，这些条文中的"之虞"，仅为一般抽象的可能还不够，还必须是具体产生该危险的可能性很高。[1]信息公开法的不公开决定是《行政程序法》第二章所说的"对申请的处分"，根据该法的规定必须附具不公开的理由（《行政程序法》第8条），其理由必须是上文所看到的理由。[2]

5. 另外，《信息公开法》第1条在目的规定上指出，"实现进一步公开行政机关持有的信息，进而实现政府对其各项活动向国民说明的责任"。因而，通常的说明是，这也明确了存在"行政的说明责任原理"这一行政法的一般原则。[3]

（四）信息公开和个人信息保护审查会[4]

如上所见，在信息公开要求与（各种）保守秘密要求的峡谷，是否为不公开信息，这是一个需要极为微妙判断的问题。因而，由谁来

---

〔1〕关于这一点，围绕信息公开条例的诸多下级审判例，有许多受到关注，例如，尊重受宪法保障的"知情权"、重视实质保障参政权的理念等，对是否符合不公开事由的判断，必须根据条文的目的严格解释。例如参照、大阪高判1990年5月17日判时1355号8页（大阪府水道部交际费信息公开请求案）；大阪高判1990年10月31日例集41卷10号1765页（大阪府知事交际费信息公开请求案）；东京高判1991年1月21日例集42卷1号115页（栃木县知事交际费信息公开请求案）。另参照、大阪高判1992年12月18日例集43卷11·12号1526页。

另外，关于个人识别信息，对于恳谈的相对人有可能因公开成为问题的文书而知晓时，只要行政厅一方没有主张、证明让该判断成为可能的具体事实，就不能不公开。参照、最判1994年2月8日民集48卷2号255页以下（大阪府水道部案上告审判决）。

〔2〕虽是关于信息公开条例的案件，但不公开决定通知书应附具的理由被认为记载程度不充分，例如参照、最判1992年12月10日判时1453号116页。

〔3〕对于"行政法的一般原则"内涵，请参见前述第59页。

〔4〕在信息公开法成立的同时，根据该法设置了信息公开审查会。其后，2005年4月1日个人信息保护法（《关于保护行政机关持有的个人信息的法律》及《关于保护独立行政法人等持有的个人信息的法律》）施行之际，根据该法，审查会接受咨询，对不服申诉享有调查审议权限，重新作为《信息公开和个人信息保护审查会设置法》（以下简称《审查会设置法》）设置的机关改组成立。与此相伴，过去《信息公开法》上关于信息公开审查会的诸多规定（从第21条到第35条）在适当修正之后移至新设的《审查会设置法》。

判断，在制度设计上就是极为重要的问题。这一点在过去的信息公开条例中一概采用的结构是，由行政厅为首次决定机关，在行政部门内由学识经验者等组成第三方机关，在最终意思决定之前参与。信息公开法也规定，在有对公开（不公开）决定的不服申诉时，只要没有认可申诉，审查的行政厅原则上就必须向设置在总务省的信息公开和个人信息保护审查会提出咨询（第19条）。[1] 信息公开和个人信息保护审查会所做的是对咨询进行调查、审议和答复，而非对不服申诉作出裁决，因而在理论上，审查厅（咨询厅）未必在法上受其答复拘束。但是，鉴于设置这种第三方机关的目的，必须说审查厅当然对答复负有尊重义务。[2]

　　信息公开和个人信息保护审查会被赋予了强有力的权限。在必要时，有权要求行政厅（咨询厅）出示公开（不公开）决定所系的行政文书，直接确认是否果真含有法定不公开信息（所谓"密室审查"）；[3] 有权要求咨询厅按照审查会指定方法对公开决定等所系行政文书记录的

193

---

[1] 当然，信息公开法对于不公开决定的撤销诉讼并未设置不服申诉前置规定，因而获得不公开决定者，可直接向法院提起诉讼。这时，自然没有信息公开和个人信息保护审查会的出场。

另外，伴随着《关于保护独立行政法人等持有的个人信息的法律》的制定，当初的信息公开审查会对根据该法的公开请求也有权限。参见《审查会设置法》第2条第2项。而如上一条注释所示，与前述个人信息保护两部法律的制定相伴，对于根据这些法律提出的公开请求等也有权限（《审查会设置法》第2条第3项、第4项）。

[2] 这时，信息公开和个人信息保护审查会"从富有卓越见识者中，经国会两议院同意，由内阁总理大臣任命"15名委员组成。在这一意义上，它是在法上重量级的审议会（参见《审查会设置法》第3条及第4条），这也是不容忽视的。

[3] 与此相对，对于在信息公开诉讼中法院能否进行同样的密室审查，信息公开法、审查会设置法、民事诉讼法等法律并没有明确规定。在有争议的诉讼中，最高法院第一小法庭认为，"信息公开诉讼中作为证据调查的密室审查""违反民事诉讼基本原则"——诉讼中所用证据限于经当事人质证过的证据，"因而，只要没有明文规定即不允许"，驳回了作出不同判断的福冈高等法院决定（最决2009年1月15日民集63卷1号46页）。但是，鉴于信息公开诉讼的性质，该决定自然也没有否定以新立法的方式导入这一制度（另外，该决定所附的两名法官的补充意见也明确指出这种立法的必要性）。

信息内容进行分类整理，作成并提出资料（所谓"沃恩索引"）（《审查会设置法》第9条第1款、第3款）。因而，其委员被课予了伴有罚则的颇重的保密义务（参见该法第18条）。

（五）第三人的保护

194 信息公开常常是将第三人的信息公之于众，因而，可能给第三人带来重大不利。为了保护第三人不受这种事态影响，在实体上作出前述不公开信息的规定，信息公开法进而在程序上作出如下保护：

第一，在请求公开的行政文书中记录着第三人（国家、地方公共团体等及公开请求人之外者）信息时，行政机关首长在作出公开决定等之前，可将请求公开行政文书的表示等通知该信息相关的第三人，赋予其提出意见书的机会（第13条第1款）。在一定情形下，必须赋予该机会（同条第2款）。这时，如果第三人对公开该行政文书表明了反对意见，仍要作出公开决定，必须在决定公开之日与实施公开之195 日之间至少设置两周时间（同条第3款）。这自然是在实质上保障第三人对公开决定提起争讼的机会。

第二，第三人当然可对公开决定通过不服申诉、抗告诉讼（所谓"反向FOIA争讼"）等途径进行争讼。但这时，其主张当然必须是以公开决定侵害自己个人利益为理由，而不能主张公开文书损害公共利益（参见《行诉法》第10条第1款）。

四、信息公开法与地方公共团体的信息公开条例

在日本的信息公开制度中，如前所述，地方公共团体的条例先行于国家的法律。信息公开法吸收了信息公开条例的种种经验（在这一意义上利用了"后发优势"），新引入了各条例未必能实现的制度。例如，有扩大了适用该制度的行政机关及行政文书范围的一面，[1]对

---

〔1〕 例如，在对象范围上，特别是公安委员会等警察机关也成为其对象；在行政文书上，如前所述，不限于经正式决定的文书，将对象扩大到一般"组织共用文书"等。

于公开请求权人，将"任何人"都包括其中；[1]引入了存在与否拒绝回答制度，明确规定了保护第三人的程序，等等。《信息公开法》还规定，"地方公共团体根据本法的目的，就其持有信息的公开制定必要的政策，并必须努力予以实施"（第25条）。据此，地方公共团体中今天已经没有不制定信息公开条例的都道府县、市町村。先于国家引入制度的地方公共团体，以东京都和大阪府为首，也在以信息公开法为模范进行制度改革。[2]

五、信息公开的关联制度

（一）行政文书的管理

信息公开制度是让行政机关现实持有的文书等公开的制度，因而，无论如何也不能将现实并未持有的文书（例如，过去存在但已废弃的文书等）作为对象。[3]为了实现该制度的实效性，一定要让行政机关内部的文书得到适当管理。为此，《信息公开法》规定，"行政机关首长应当适当地管理行政文书，促进本法律公正地顺利运用"（2009年修改前第22条第1款），具体而言，"行政机关首长必须根据政令规定设定行政文书管理的规定，并将该规定供一般阅览"（同条第2款）。政令还规定，"应制定行政文书的分类、作成、保存和废弃的基准以及其他行政文书管理必要事项的规定"（同条第3款，另参见2009年修改前《信息公开法施行令》第16条）。

然而此间，部分公文书的作成和保存等并不彻底，作为历史资料等的重要公文书向公文书馆等移管也有延误等问题，因而，从文书的作成、取得到整理、保存、移管（或废弃）、利用的生命周期进行规

196

---

〔1〕　在信息公开条例中，通常将公开请求权人限定为"居民"等。

〔2〕　例如，东京都修改以前就存在的《关于公开公文书等的条例》，1999年3月重新制定《东京都信息公开条例》；大阪府同样修改了以前的《关于公开公文书等的条例》，1999年10月制定了《信息公开条例》。

〔3〕　对象文书不存在，就会作出不公开决定。参见《信息公开法》第9条第2款。

范，制定了统一文书管理的规则《关于公文书等管理的法律》（2009年法律第 66 号，以下简称《公文书管理法》），该法自 2011 年 4 月起施行。[1]

197　　该法律是国家公文书管理的一般法。[2]其中，该法规范对象的"公文书等"包括：（1）"行政文书"（行政机关信息公开法的适用对象）；（2）"法人文书"（独立行政法人等信息公开法的适用对象）；（3）"特定历史公文书等"。[3]第三类是指重要历史资料中移管、寄赠、寄托给"国立公文书馆等"的资料，但不属于信息公开法规定的信息公开对象。与前两者一样，作为支撑健全的民主主义根基的国民共有知识资源，也能为主权者国民主体性地利用（《公文书管理法》第 1 条）。有鉴于此，纳入本法律作为规范的对象。

　　如上文所述，《公文书管理法》（以及接受其委任的该法施行令）对行政文书的（广义）管理制定了统一的规则（参见该法第 4 条至第 8 条）。现实的文书管理是由各个行政机关进行的，因而，为了能遵守规则适当地展开文书管理，该法也采取了种种办法。例如，命令各行政机关首长针对记载法律指定事项制定行政文书管理规则（第 10 条）；课予向内阁总理大臣报告管理状况的义务，承认内阁总理大臣的种种介入；[4]在内阁府设置由有识之士组成的公文书管理委员会，作为在制定政令规定该法律的详细内容时总理大臣咨询的机关（第 28 条、第 29 条）。

　　（二）信息公开制度与个人信息保护

　　个人信息的保护法制与信息公开制度在某一方面上保持关联性，

---

　　〔1〕　对于公文书管理的日本之前状况及本法成立的经过，详细请参照、宇贺克也『逐条解説公文書等の管理に関する法律（改訂版）』（第一法規、2011 年）、高橋滋＝斎藤誠＝藤井昭夫編著『逐条行政情報関連三法』（弘文堂、2011 年）等。

　　〔2〕　参见《公文书管理法》第 3 条。另外，对于地方公共团体的文书，法律只是课予根据该法"宗旨"制定、实施必要政策的努力义务。迄今为止，地方公共团体还没有制定公文书管理条例的例子不多。参见朝日新闻 2018 年 7 月 8 日朝刊。

　　〔3〕　各自的定义参见该法第 2 条第 4 款至第 6 款。

　　〔4〕　对于废弃，该法第 8 条第 2 款；对于文书管理规则的作成，该法第 10 条第 3 款；对于改善公文书等的劝告、提交报告，该法第 31 条，等等。

却又在性质上必须相互区分。

从上文可知，在决定信息公开制度应有状态之际，个人信息保 198
护首先是最重要的对抗因素。也就是说，个人信息保护在国家信息
公开法及各地方公共团体的信息公开条例中是不公开文书最具代表
性的事由之一，在裁判例中以此为理由判断不公开文书为合法的案
件也不在少数。[1]而且这时，条例之所以规定不公开，通常认为是
因为，也包含是否为个人隐私不明确的信息，是在更广泛意义上的个
人信息。[2]

此外，在个人信息保护上，现在正在引入积极推进的法制。在这
一领域的法制，日本当初是从地方公共团体制定种种所谓个人信息保
护条例开始发展的。[3]与信息公开制度不同，1988 年，在国家层面上
就制定了（旧）《关于保护行政机关持有的电子计算机处理的个人信
息的法律》，对行政机关通过电子计算机处理的信息在管理、利用及
提供等方面加以限制（参见该法第 4 条以下，特别是第 9 条），同时
为国民请求公开自己的信息提供保障（第 13 条）。不过，该法律将对
象限定于"电子计算机处理的个人信息"，而不是像前述的信息公开
法那样广泛以行政机关持有的信息（行政文书）整体为对象。在这一
意义上个人信息保护仍有扩大的问题。2003 年，渐渐具有更为一般性
内容的《关于保护行政机关持有的个人信息的法律》（以下简称《行
政机关个人信息保护法》）及《关于保护独立行政法人等持有的个人
信息的法律》（以下简称《独立行政法人个人信息保护法》）得以成

---

〔1〕　例如，建筑确认申请中附加的新建公寓平面图等，因为其符合条例规定的不
公开事由之一，即"属于个人信息、识别或者能识别特定个人的信息"，其公开的申请
遭到拒绝。東京高判 1991 年 5 月 31 日例集 42 卷 5 号 959 頁；关于土地区划整理审议会
议事录等的公开，神戸地判 1991 年 10 月 28 日判時 1437 号 77 頁等。

〔2〕　例如参见上述两个判决。在前述《信息公开法》第 5 条中，"能识别特定个
人的信息"也是不公开的标准。

〔3〕　地方公共团体在这一领域制定的条例，比信息公开条例更早，在 1976 年已
经开始，截至 2006 年 4 月 1 日，具有这种条例的地方公共团体（都道府县、市区町村）
的比例已达到 100%。

199 立，并自 2005 年 4 月 1 日起施行。[1]

对于这些法律的详细内容，这里拟予省略，而应极受关注的是，[2]对比（旧）《关于保护行政机关持有的电子计算机处理的个人信息的法律》，这些法律与信息公开法一样，将对象扩大到广泛包括一般行政文书中的组织共用个人信息；[3]对于请求公开的信息种类，至少也没有一般性排除过去法律中排除的学校关系、诊疗关系信息等。[4]

信息公开制度与个人信息保护制度，对行政机关信息管理的状态施以法的制约、为私人一方获取信息打开了法的可能性，在这两点上具有共通的一面。但从上文也能看到，其目的存在一些差别。也就是

---

〔1〕 这些法案已在 2002 年第 154 回国会中由政府提出，其同时还提出了含有保护私人所有的个人信息、具有更为普遍性内容的《关于保护个人信息的法律（案）》。但在国会中，特别是对于后者，因其具有限制言论自由、报道自由的内容，受到了以舆论界、媒体界为中心的强烈排斥，因而审议难有进展。受其影响，前两部法律也比当初预定的时间明显推迟成立。另外，作为《行政机关个人信息保护法》的逐条解说，参照、总务省行政管理局监修『行政機関等個人情報保護法の逐条解説』（ぎょうせい、2005年）、宇賀克也『個人情報保護法の逐条解説（第五版）』（有斐閣、2016 年）、園部逸夫＝藤原静雄編著『個人情報保護法の逐条解説（第二次改訂版）』（ぎょうせい、2018年）。

〔2〕 另外，2013 年在引入个人号码（所谓我的号码）制度时，在设计该制度的同时，在利用及提供个人号码以及其他特定个人信息的限制等上，作为《行政机关个人信息保护法》及《独立行政法人个人信息保护法》的特例，制定了《关于利用行政程序中识别特定个人的号码等的法律》（所谓《我的号码法》），2015 年 10 月 5 日起施行。对于该法的详细内容，参照、宇賀克也『番号法の逐条解説（第二版）』（有斐閣、2016 年）。另参照、宇賀克也＝大谷和子＝向井治紀「鼎談・マイナンバー制度導入の意義と実務への影響」ジュリスト1457 号（2013 年）12 頁以下。

〔3〕 参见《行政机关个人信息保护法》第 2 条第 3 款，《独立行政法人个人信息保护法》第 2 条第 3 款。

〔4〕 在行政机关个人信息保护法中，大致是与信息公开法上的不公开事由一样，公开请求人以外的个人信息作为请求公开的不公开事由而被法定化（参见《行政机关个人信息保护法》第 14 条第 2 项）。对于公开请求人（本人）的信息，有可能损害公开请求人的"生命、健康、生活或财产的信息"也是不公开事由（参见同条第 1 项，这些在《独立行政法人个人信息保护法》上有同样的规定）。

说，前者要使行政过程的状态广泛透明化，其性质是让国民或一般居民参加行政过程的手段，因而，有时所申请的信息未必与申请者个人信息有关。而后者完全是旨在为因行政机关信息管理而使自己利益受到损害者提供保护。例如，在前述的行政机关个人信息保护法、独立行政法人个人信息保护法中，也认可请求公开自己的信息，[1]看上去与信息公开制度的关系有点混乱，该公开请求是与请求订正自己错误信息的途径相关联的，[2]其性质完全是为了自己利益的防御制度。[3]如此，该制度的目的是有限定的，先于目的更为宽泛的信息公开制度而建立，其理由是过去在这一领域能比较容易完善法的规定。 200

---

〔1〕《行政机关个人信息保护法》第 12 条以下，《独立行政法人个人信息保护法》第 12 条以下。

〔2〕《行政机关个人信息保护法》第 27 条以下，《独立行政法人个人信息保护法》第 27 条以下。另外，对于依据个人信息保护条例的订正要求，最高法院有关于收据（诊疗报酬明细书）的判例，最判 2006 年 3 月 10 日判时 1932 号 71 页。

〔3〕 另外，（旧）《关于保护行政机关持有的电子计算机处理的个人信息的法律》保护的对象是有限的。另一方面，信息公开法上的个人信息是不公开信息，因而，依据信息公开法请求公开文书时，如果是本人的信息，就会出现是否也可以向请求人公开（所谓"本人公开"）的问题。对此前文已有述及。参见前文第 186 页以下。

上卷

第三编

行政活动及其法的规制之二
——行政活动的形式

第二编所述的"依法律行政原理"具体适用于行政的各个活动，具有现实意义。这时，正如反复陈述过的那样，在传统行政法理论中，行政活动的形式具有重要意义。因为是以从发展史综合认识日本现在的法状态、理论状况为目的，首先从传统观点进入就是便利的。传统观点的特征在于以"行政行为"这一行为形式为中心的"三阶段构造模式"，因而，下面首先根据这种传统的三阶段构造模式，探讨行政活动的各种形式与依法律行政原理的具体样态，接着探讨这种模式的界限，显示现在日本行政法所面对的新问题。[1]

---

〔1〕 从极为复杂多样的关于行政的法中在理论上构筑"行政法总论"，目前只能是通过把握行政活动形式的侧面来发现各活动中法的共通性。如前所示（参见前文第22页以下），这至少是最为合理的操作。在今天的行政法理论中，这仍然广泛被当作前提。但是，从何种思考结构来把握行政活动形式的哪一个侧面，现在已提出了越来越多的主意。例如代表性例子有，在传统的"行为形式"结构上引入"行政上的一般制度"观念，盐野宏·Ⅰ（第六版）243页以下；提倡"行政的法体系"或"法的结构"视角，阿部泰隆·システム上75页以下、盐野宏『行政過程とその統制』（有斐閣、1989年）31页、小早川光郎「行政の過程と仕組み」高柳古稀151页以下等。对于这些方法与本书以下的说明的相互关系，以及我自身对这里所说方法的观点，将在本编末尾设附章另行论及（后文第384页以下）。

第一章
行政行为

第一节　概说——"行政行为"的概念

一、奥托·迈耶的"行政行为"概念

在传统行政法理论中，在何种意义上使用"行政行为"概念，已在第一编作出概述。[1]

日本"行政行为"的原词是"Verwaltungsakt"，奥托·迈耶对此的定义是："是归属于行政的公权力性（obrigkeitlich）宣告，是在各个具体情形中对臣民规定什么是对其而言的法的活动。"迈耶定义的基础是关于国家权力发动形态的下述观点，即迈耶认为，如果要说国家权力的本质何在，首先就在于能单方地命令人民、对人民实施强制。然而，在近代法治国家原理中采用的体系是，这种国家权力的发动首先要服从"依法律行政原理"的大原则，立法权一般而抽象地制定法，由执行权在各个具体情形中予以适用，进而以实力进行强制。这种三阶段构造体系，在司法权的行使上，表现为法律、裁判判决及其强制执行；在行政权的行使上，表现为法律、行政行为及其强制执行。也就是说，与司法领域的裁判判决一样，在行政的领域里也有在各个具体的情形下将抽象法律的规定具体化、发动公权力的行为，这就是"行政行为"。在种类繁多的行政活动中，在"具体地宣告法的

―――――――――――

〔1〕　前述第 23 页以下。

203

204

公权力行使"意义上存在着共通的行为形式。迈耶发现了这一点，并用"行政行为"这一共通概念来表达，形成与民法"法律行为"概念相对应的公法学、行政法学上的关键词，以这一概念为中心对行政主体与私人的法关系进行理论分析和构成。迈耶被称作德国及日本行政法学之父，其最大理由正在于此。

其中，传统行政法理论中"行政行为"概念有应予注意的几个性质，与其上述由来相伴而生。下面即试作整理。

二、作为理论概念的"行政行为"

对于繁多的各种行政活动，行政行为概念是为了将具有共通性质者统一地予以表达而被创造出来的理论概念，其自身原本并不是制定法所采用的概念。在日本的制定法上，被认为具有"行政行为"性质的行为，在现实中以许可、执照、承认、更正、决定、裁决等各种各样的名称来称呼，而未必存在统一的表达。[1]而且，《行政案件诉讼法》（参见第 3 条第 2 款）、《行政不服审查法》（参见第 2 条第 1 款）、《行政程序法》（参见第 1 条、第 2 条第 2 项）等均采用了"处分"这个一般概念。这一概念与理论意义上的"行政行为"及其范围有很多的共通之处，而且在其实际背景上无疑是受到了学术上"行政行为"概念的影响，但如后所述，[2]两者却未必意思完全相同（只是这些法律中的"处分"一词有时也用"行政处分"或"行政厅的处分"概念来代替理论意义上的"行政行为"概念）。

三、行政行为与私人权利义务的关联——行政行为的分类

行政行为的概念虽说是对具有共通性质之行为的统一表达，但其

---

〔1〕 对此，在德国行政法上，将行政法总论制定法化的动向较日本更为显著。"Verwaltungsakt"一词在 1960 年的《行政法院法》（Verwaltungsgerichtsordnung）、1976 年的《行政程序法》（Verwaltungsverfahrensgesetz）等中成为制定法上的概念。

〔2〕 下卷第 18 页以下。

共通性即在所谓"宣告具体的法"层面上的共通性，与具体的法的内容自身，换言之，各行政行为与私人权利义务的关联却是极为多样的。

1. 例如，从行政行为与相对方私人权利义务的关联方式角度来看，可以区分为"命令性行为"与"形成性行为"。命令性行政行为带来的结果是对私人（事实上）不想实施某行动自身予以规制；而形成性行政行为伴有的结果是左右私人实施行动的法效果。例如，在出售农地时，根据《农地法》第 3 条第 1 款的规定，需经农业委员会的"许可"，从该条第 7 款来看，未经许可，出售行为不产生效果。也就是说，这时，农业委员会的"许可"以左右私人农地买卖行为效果的方式，与私人的权利义务关联起来，在这一意义上就变成"形成性行为"。而又如各种营业许可（营业执照），私人未经许可（执照）即不得营业，未经许可营业时，通常作为无许可营业而适用罚则，但营业中的交易行为本身并非无效。[1]这种行为就是"命令性行为"的代表例子。[2]

―――――――――

〔1〕 参照、最判 1960 年 3 月 18 日民集 14 卷 4 号 483 页。

〔2〕 当然，正文所说的分类法是传统行政法理论长期采用的分类（以下称作"传统分类"）。在今天，有人指出，这里所说的"命令性效果""形成性效果"并不是行政行为自身所具有的效果，而应理解为将行政行为纳入其中的"法的结构"的不同〔作为这种观点的先锋，大贯裕之「『行政行为の分類学』覚書」東北学院大学論集・法律学 40 号（1992 年）155 页以下，特别是 179 页以下〕，取而代之的是行政行为在行为形式上三分类的观点（以下称作"新分类"），即（1）"命令行为"，"命令私人作为或不作为的行为"，（2）"形成行为"，"对私人设定法的地位的行为"，（3）"确定行为"，"使法律关系确定的行为"，这种观点日渐具有影响力〔其代表例子参照、塩野宏・Ⅰ（第六版）136 页。另外，这种观点似受到了德国最近代表性行政法教科书的影响〕。根据这一分类，"传统分类"中属于"命令性行为"范畴的"许可"和这里所说的"形成性行为"一起都包含在新的"形成行为"之中，这就产生了不同于"传统分类"的结果。对于"行政行为"类型的这种理论整理，对应于给付判决、形成判决、确认判决的裁判判决三分类。如前所述，"行政行为"的概念原本是以裁判判决为模式而产生的，故而这种分类在理论上明显是能够成立的。以此为前提，对于"传统分类"的意义，重新作如下说明。

成为行政行为"法的效果"者并非行为自身当然具备的，而完全是由规定该行为

207

2. 在规制私人行动的形式上，具体而言，"命令性行为"与"形成性行为"各自还有种种不同。在传统行政法学上，将此在理论上类型化，将"命令性行为"分为"下令""禁止""许可""免除"四种，将"形成性行为"分为"特许（设权）""除权""认可""代理"四种。[1][2]

（1）"下令"是指命令相对方私人事实上应为或不得为某行为的行为。例如，对于违反《建筑基准法》规定的建筑物，命令拆除、转移、改建等（《建筑基准法》第9条第1款）的作为下令，禁止或限制道路通行（《道路交通法》第6条第4款）的不作为下令，命令缴纳课征金（《禁止垄断法》第7-2条）等应给付某物的给付下令，命令接受健康诊断行为（旧《性病预防法》第10条等）的忍受下令等，下令的内容多种多样。其中不作为下令也被特别称作"禁止"。

这些行为均以事实上为或不为特定行动为规范对象，因而，在相

的法令规定所赋予的。在这一意义上，成为"行政行为"者，其自身也不外乎是一种法的"制度"，是一种"法的体系"（对此详见后文第三编附章第384页以下）。在从行政内部的意思形成到其具有外部效果（私人权利义务的变动）的整个过程中，从哪里到哪里是"行政行为"，在与最终表示行为结合的法效果的连锁中到哪里是作为"行政行为的效果"来说明（对此问题参见后述第220~221页、第225页等），为了类型化地说明叙述行政机关介入私人活动的样式，如何理解才最适当，在这一意义上只不过是某种便宜性、合目的性的问题。本书是从与私人权利义务的关联方式角度来分类，将一定范围的"法的结构"效果在"法赋予行政行为的功能"意义上来使用，（像传统分类那样）将其作为"行政行为的法效果"来说明，（至少）这在说明的简洁性上也是有意义的［随带提及一点的是，盐野宏是新分类的代表，诸如建筑确认行为，"由此恢复建筑自由，是建筑确认制度这种法的结构"（着重号为藤田所加），他也以此为理由而认为它不是所谓"确定行为"，归入"形成行为"才是妥当的。盐野宏·前揭同134页］。

〔1〕 这八种行为类型也与"行政行为"概念自身一样，终究只不过是理论上具有该性质而已，而与制定法上具体以何种名称称呼无关。因而，例如居住用地建筑物交易业的执照（《居住用地建筑物交易业法》第3条）、汽车驾驶执照（《道路交通法》第84条）等，实际上有时也有使用不同于这八种名称的情形（上述例子在理论上均为"许可"性质）。而像之前《农地法》上的许可那样，虽然制定法上使用了"许可"的名称，但理论上却是"认可"性质。这种例子存在很多。

〔2〕 参见后文第212页注〔1〕的图。

对方私人不服从时，需要通过某种强制行为实现其效果。这种强制行为通常以适用罚则的制裁为中心，有时更以实力即所谓行政上的强制执行来进行（在这一点上与"形成性行为"的各种行为之间有很大差别）。[1]

（2）"许可"及"免除"的行为类型，在理论上具有分别与"禁止""下令"刚好相反的性质。也就是说，这些行为是再度解除曾经课予的为或不为某行动的义务（不论是根据法令还是根据行政行为课予的义务）。"许可"构成了不作为下令，即"禁止"的反面（例如，各种营业许可等所谓警察许可）；"免除"构成了其他下令的反面（例如，免除生活受保护者返还之前已预支保护款项或物品的义务——《生活保护法》第80条）。

然而，如前所述，"命令性行为"仅以规制私人事实上为或不为某行动为对象，而并不是要连不顾这种规制而行动的法效果也予以控制。也就是说，例如，前述未获得营业许可，违反禁止规定从事交易行为，也未必就以此为理由否定该交易行为自身在民事法、商事法上的效果。[2]再如，即使提出了在同一场所从事同一营业的多个许可申请，行政厅给予重复许可，也不违法。因为许可自身的效果仅限于恢复各人的营业自由（亦即即使从事了营业，也不受处罚及其他法上不利的法的地位），[3]并没有排他性地赋予在该场所从事营业

---

〔1〕　理论上严格而言，通过设置这里所说的强制执行、根据罚则进行制裁等，反过来可以明白的是，这些行为是"以事实上为或不为特定行动为规范对象"，因而被定性为"命令性行为"。另外，对于它在理论上的精确含义，请参见前述第204页注〔1〕。

〔2〕　一般，除了像统制规范〔（旧）《地租房租统制令》及《利息限制法》等〕那样法律限制民商法上交易行为效果的情形外，广泛获得认可的原则是，并不因违反行政法上的管理规定，而直接影响该行为在民商法上的效果。但有时违反了这些规定被视为违反民法上禁止权利滥用规定、信义诚实原则、公序良俗规定等，这时就影响到民商法上的效果。例如，最判1964年1月23日民集18卷1号37页。

〔3〕　对此的批判，森田寛二「許可・公企業の特許などの合理的構成（上）」自治研究78卷7号（2002年）22頁以下。这将与对正文下述"许可""特许"等的批判一起，一并在后文处理（参见后述第219页注〔3〕）。

208

的权利。[1]

209　　(3) 所谓"特许 (设权)",是"直接赋予私人特定的排他性、垄断性权利,或者在私人与行政主体之间设定概括性权利关系的行政行为"的总称,在名称上是行政法学上设定的概念 (这里所说"特许",与"许可"一样,终究也是理论上的概念,因而,与诸如《特许法》之类制定法规上的特许概念并无直接关系*)。前者除了《矿业法》(第 21 条以下) 规定的矿业许可之外,《电力事业法》(第 3 条以下)、《煤气业法》(第 3 条以下)、《道路运输法》(第 4 条以下)等规定的事业许可或执照,亦即所谓"公企业的特许"等,历来是其典型。[2]后者如公务员的任命行为 (在让私人进入伴有公务员法上种种特别权利义务的勤务关系的行为意义上) 是其代表性例子。"除权行为"在理论上构成特许的反面,剥夺特定权利、使法律关系消解的行为 (例如,土地的征收裁决、农地的收购处分、公务员的免职处分等),就是这一意义上的除权行为。

　　通过"特许"积极赋予的权利,不同于仅通过"许可"恢复行动自由的情形,它是排他性的、垄断性的。因而,"特许"的获得者可以该权利对抗今后获得相同内容特许者以及行政厅。例如对于某营210业,先前获得营业许可者 (甲) 获得了事实上的垄断性利益,但因新的其他人 (乙) 获得许可后在附近开始营业,甲遭受经济上的打击。

---

　　〔1〕 但有时法律自身基于一定的政策理由而不允许重复许可。例如,根据《公众浴场法》第 2 条第 2 款、第 3 款,都道府县以条例规定设置公众浴场的配置基准 (距离限制) 就是这样。这时就实行先申请主义,这是最高法院的判例立场 (最判 1972 年 5 月 19 日民集 26 卷 4 号 698 页)。

　　* 这里的"特许",相当于中文中的"专利"。——译者注

　　〔2〕 例如,对于所谓"公企业的特许",在《电力事业法》《煤气业法》等法律上,经营这些项目者必须获得经济产业大臣的"许可"。传统理论认为,对于与国民日常生活密切相关的公企业,国家本来拥有垄断性的经营权。这种"许可"是将该经营权赋予特定私人的行为。也就是说,该制度特别保障具有恰当施行这种事业的能力和意思者在供给区域享有垄断性 (或寡头式) 的供给权 (例如参见《电力事业法》第 5 条第 3 项、第 17 条、第 18 条第 2 款、第 24 条等);另一方面,其目的在于课予供给义务,并通过强有力的监督使其服从,实现对国民的电力、煤气等的可靠供给。

在这种案件中，即使乙获得的许可违法，该违法许可也并不侵害甲的权利，因而，原则上甲不能对乙就许可违法进行争议。但如果是"特许"，例如矿业权的设定时，甲先获得矿业权的设定，就可以通过诉讼就同一矿区授予乙的违法矿业许可进行争议。

　　(4)"认可"是通过实施这一行政行为，才让私人作出某行为变得合法。在这一意义上，可以说与前述"许可""特许"具有共通的性质，但"认可"的特征在于，以私人法律行为的先行为前提，可谓具有补充这些行为、使其完成法效果的功能。例如，除了前述《农地法》第 3 条第 1 款的农业委员会的许可外，内阁总理大臣对银行合并等的认可（《银行法》第 30 条）、河川管理者对出让河川占用权的承认（《河川法》第 34 条）等，都是其典型。这些情形均系有了行政厅的行政行为，先行的私人间合意才产生效力。[1]

　　"认可"不同于"许可"，它直接左右私人行动的法效果。因而，合意缺少"认可"，将被直接否定法的效果（参见《农地法》第 3 条第 7 款、《银行法》第 30 条第 1 款等）；但反过来，它原本并不伴有通过罚则来制裁或强制执行等强制行为。[2] 即使说"认可"在这一意义上是"形成性行为"，其形成效果也仅以私人的某种法律行为为前提而产生，这又不同于概括性地设定权利、设定法律关系的"特许"。因而，例如，即使许可农地买卖，买卖的合意自身有瑕疵，在民法上是无效或撤销情形时，农地委员会的许可也不产生形成的效果。[3]

211

---

　　〔1〕　另外，除了正文所述补充个别法律行为效力的认可外，还存在具有事业认可性等形成效果的行政行为，即从事某营业自身需要认可，未获得认可则否定其交易效力（效力规定的事业认可性）。对此参照、宇贺克也・概説 I（第六版）91 頁；小早川光郎・上 208 頁。在本书的用语中，这些是"特许（设权行为）"的一种。

　　今天，也有综合这些称作"私法形成性行政处分（行政行为）"的做法。参照、人見剛「行政処分の法効果・規律・公定力」新構想 II 86 頁。

　　〔2〕　但应予注意的是，这完全是针对理想类型的"认可""特许"等"形成性行为"而言。在现实的法制度上，如后所述（参见后文第 201 页以下、第 204 页等），这些行为屡屡与"命令性行为"合体，伴有罚则的制裁等。

　　〔3〕　参照、最判 1960 年 6 月 2 日民集 14 巻 9 号 1565 頁；最判 1960 年 2 月 9 日民集 14 巻 1 号 96 頁等。

3. 对于行政行为的各种类型，也就是从与私人权利义务以何种方式关联起来的角度对行政行为作出理论上的分类，可作如下图示：[1]

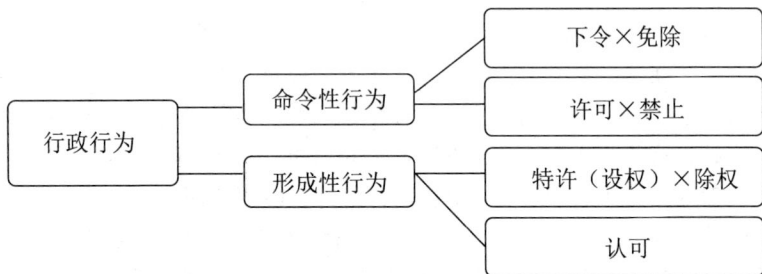

注：×号表示在理论上构成表里关系。

212然而，如后所述，对于这里看到的行政行为种类及其分类方法，必须注意几点。

（1）与本书不同，过去多数教科书首先将行政行为二分为"法律行为的行政行为"与"准法律行为的行政行为"。通常仅在前者之下进行前述"命令性行为"与"形成性行为"的区分。而后者则与此完

---

[1] 这里采用的行政行为各种类型，在日本制定法上屡屡登场的只有重要的几个，如后所述，未必能尽呈现行政行为理论上所有的可能类型。但在上图中进一步附加理论上的其他可能类型时，毫无疑问，必须是区别于这些类型并基于同一理论观点的类型。

例如，如前所述，过去很多教科书等在"形成性行为"中，在"特许""认可"的类型之外，还举出了"代理"的行为类型。通常，所谓"代理"，是指"国家代为第三人的应为行为时产生与第三人亲自行为相同效果的情形"，例如由内阁任命旧日本国有铁道总裁（旧《日本国有铁道法》第19条第1款）、由内阁任命日本银行总裁及副总裁（《银行法》第23条第1款）就是其例（参照、田中二郎·上123页；原田尚彦·要论174页等）。但是，这一观点是究竟谁是该行为的主体，而与这里成为问题的、行为自身具有怎样的法效果视角无关。因而，本书不采用这一类型。从本书的观点来看，如果将上述两种行为作为与通常的公务员任命行为一样的"特许（设权行为）"就足够了。另外，对此参照、藤田宙靖·思考形式126页。

全不同，分为"确认""公证""通知""受理"四种行为类型。〔1〕

区分"法律行为的行政行为"与"准法律行为的行政行为"的观点系以民法的法律行为论为模型，在传统德国及日本行政法学上产生并维持下来。前者是"以意思表示为要素，行为人意欲一定效果，故而产生该效果的行为"。在这一点上，后者与其不同，它是"以判断、认识、观念等意思表示以外的精神作用的发现为要素，并不是因为行为人的意欲而产生效果，而完全是因为法规的规定赋予一定精神作用的发现以法的效果"。〔2〕

从文字上看，这种说明自身存在理论上的难点。〔3〕但是，要言之，"法规范赋予内容合乎行为人意思的法效果时"是"法律行为的行政行为"；"与行为人意思内容无关，法规范赋予法的效果时"是"准法律行为的行政行为"。如此，有观点认为，其问题在于行为人，亦即实施行政行为的公务员，其主体意思内容在何种程度上反映于行政行为的法效果。但是，这种观点必须说原本就与前文的理论立场有差异。正如前述"命令性行为"与"形成性行为"的区别那样，其视角在于，行政行为的法效果自身是什么，亦即对行政行为相对方国民能发挥怎样的法效果。因而，假设在理论上能区分"法律行为的行政

213

---

〔1〕 这种分类方法图示如下（参照、田中二郎·上 121 页）：

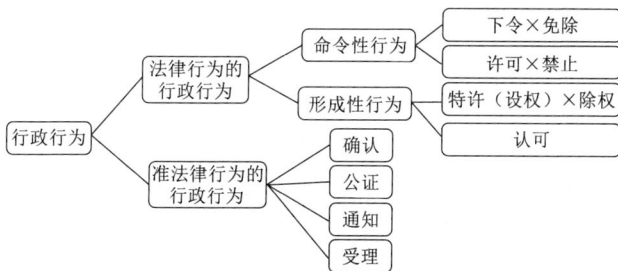

〔2〕 参照、田中二郎·上 116 页。
〔3〕 参见后述第 224 页注〔2〕。

行为"与"准法律行为的行政行为",即便有某种意义,[1]这种区别与上述行为类型的区别之间也没有理论关系,不论是"法律行为的行政行为"还是"准法律行为的行政行为",从上述对国民权利义务的作用方式这种法的效果来看,所有行政行为应分为"命令性行为"与"形成性行为",再进一步分别细分类,进而得以类型化。[2]

----

　　〔1〕　从"行为人的主体意思内容在何种程度上反映于行为的法效果"角度,有观点将人的行动分为"法律行为"与"准法律行为"。这种观点本来以私人自治、契约自由原则为其基本原理,以最大限度地尊重行为人主体意思内容为前提,在民法的法律行为论上具有充分的意义。但是,在以"依法律行政原理"为基本原理的行政行为论上,正如后文所述的基于错误的行政行为的法效果问题那样(后述第276页),与其说是实施行政行为的公务员主体意思,不如说在结果上是否合乎法律的规定,左右着行政行为的法效果,这是最基本的原理。如此,就必须说,以行政行为是否合乎行为人意思或意欲为基准来分类,至少没有在民法的法律行为论上那般重要的意义。

　　〔2〕　我很早就提出了上述意见〔详见、藤田宙靖·思考形式109页以下。当然,有人指出,同样的思考也能在美浓部达吉博士的行政行为分类中看到。参照、遠藤博也『行政法スケッチ』(有斐閣、1987年)151頁以下〕。行政行为的分类应当贯彻其法效果如何的标准,这种观点至少可以说在之后的日本行政法学上得到了广泛接受(当然,对于具体如何看待这里所说的"法的效果",对本书正文有异议,请参见前述第205页以下)。

　　另外,"确认""公证""通知""受理"等行为类型过去被定位于"准法律行为的行政行为"的下位分类来说明。而如正文所述,与哪种分类观点均有不同,它是围绕行政行为有无特殊效果的分类概念。我此前认为,这些行为类型与"法律行为的行政行为"和"准法律行为的行政行为",或者"命令性行为"和"形成性行为"的区别无关〔参照、藤田宙靖·思考形式109页以下、『行政法Ⅰ(総論)』新版141页等〕。其主要着眼于,例如通常附随于"确认行为"的所谓"确定力"或"不可变更力"这种特殊效果(参见后述第246页以下)。然而,现在出现了一种观点,对于这些行为,在这四种效果中,特别是以"公证""通知""受理"这三种为中心,抽象出一种行为类型,即"程序性行为"概念,而与前述"命令性行为""形成性行为"在同一维度上并列,并作为行为类型来说明(参照、今村成和·入门72页以下;今村成和=畠山武道·入门70页以下)。最终如何评价这种观点,在此希望保留。但对其中所述"程序法的效果"究竟意味着何种效果,我稍有不明之处。本书是以"对私人权利义务的效果"这种角度作为行政行为的分类基准。若此,例如,今村博士的典型"程序性行为"是纳税的督促(《国税通则法》第37条第1款)、代执行的告诫(《行政代执行法》第3条第1款)等(参照、今村成和·入门92页),具有形成性效果,即分别在一定条件(在指定的期限内不自觉履行义务)下课予私人忍受滞纳处分、代执行等的义务。当然,

（2）由上可知，"命令性行为"与"形成性行为"等及其下位分 215
类的"下令""许可"等其他概念，是从一定角度对赋予行政行为的
法效果作理论抽象而创造出来的。它们在性质上是一种模型概念，只 216
不过是这一意义上的"理想类型"而已。因而，制定法上现实存在的
种种行政行为未必就全部以其原形体现着其中的某一类型。

（a）有时，一个行为兼具上述行为类型中两个以上的性质。例
如，农业委员会对农地权利移转的许可（《农地法》第 3 条第 1 款），
如前所示，直接对私人间买卖契约等的法效果进行规制，在这一意义
上具有一种"认可"的性质；而《农地法》对未经许可而实施的权利
转移行为规定了罚则，即"3 年以下有期徒刑或 300 万日元以下的罚
金"（该法第 64 条）。也就是说，《农地法》第 3 条的许可是以事实上
实施权利转移行为自身为规制对象，在这一意义上它就通常兼具"许
可"的性质（也有学者称这种行为为"认许"）。

（b）有的行为一般并不作为合体行为来理解，但从法令规定来
看，至少在结果上，处于两种行为类型的中间状态。例如，公众浴场
的许可在传统上从卫生警察角度而言属于营业许可，在这一意义上是
前述"许可"的一种［从公共卫生角度而言，《公众浴场法》的规定
多数系管理规定（参见该法第 3 条至第 5 条），而对于无许可营业又
设定了罚则等，在现行法上也能看到具有传统意义上营业许可性质的

对于我的观点，森田宽二批评道，无论相对人是予以忍受还是不忍受，国税征收法上的
扣押财产和行政代执行法上的代执行均为根据法律来实施，所以，现行法律并没有课予相
对方私人忍受义务［森田寬二「『行政行為』論・『公権力の行使に当たる事実上の行
為』論などの論の基本に関する断察」法学 70 巻 5 号（2006 年）32 頁以下］。但姑且不
论相对人是否事实上加以忍受，相对方私人对根据法律实施的"扣押财产""代执行"，
并不负有忍受的法的义务，我不能理解其根据（对此另见后文第 345 页以下）。我认为，
这些法律或法的制度是以此为当然前提而构筑起来的。对此，假设在法律上采用的制度
是，在督促等之后在一定期限内仍不自觉履行义务时予以处罚，这时，督促等就恰好变得
具有正文所述意义上的命令性效果。要言之，我认为，即使存在完全仅具有程序法效果的
行政行为，在理论上而言，其程序法上的效果也与命令性效果、形成性效果存在差别。
与这里所谓效果相区别的特别"程序法效果"是否仍能在与私人（程序法上）权利义
务的关系上得到理解，今村博士的说明（入门 89 頁以下）仍未必明确。

很多规定〕。但现行法上对于这一许可规定由都道府县以条例方式规定适当配置基准（该法第 2 条第 2 款、第 3 款），其结果是一旦获得许可，营业者即可在一定区域内享受垄断性营业利益。而且最高法院认为，这种利益并非仅为反射性利益，既有业者的利益通过配置基准受到法的保护，对于违反配置基准赋予的许可，既有业者可起诉就其违法进行争讼。[1]如此，不可否定的是，该许可就不仅是针对一般禁止而恢复营业自由的行为，至少在实质上近似于"特许"（或设权行为）。[2]

再如，石油提炼业未必是传统意义上的公企业，而且从对无许可营业设定罚则这一点来看，依据旧《石油业法》（2001 年废止）的石油提炼业许可（该法第 4 条）是一种营业许可。但从法律规定的许可要件（该法第 6 条）来看，列举了"（一）从石油供给计划来看，特定设备的处理能力没有因许可的作出而明显过大；（二）具有足以适当完成该项目的会计基础及技术能力；（三）该项目计划的其他内容对确保石油的安定廉价供给是适当的"等。从这种观点出发的营业规制，在传统类型上，与其说是"营业许可"，倒不如说是"公企业的特许"情形的规制。[3]

（3）在这种现状下，在学说和判例上也有疑问，上述传统分类自身是否原本就不合适？这种疑问是在昭和 30 年代末前后产生。当时，讨论最集中的可以说是前面触及的问题，即"营业许可"与"公企业的特许"在性质上能区分吗？区分是适当的吗？

对于传统观点的批判首先在于所谓"国家垄断公企业"的观点。该观点认为，在通常的营业许可情形下，是恢复私人本来拥有的营业自由；而对于公企业，其经营权本来是由国家垄断，私人本来就没有经营这类企业的自由，所谓"公企业的特许"就是赋予特定私人这种

---

〔1〕 最判 1962 年 1 月 19 日民集 16 卷 1 号 57 页。

〔2〕 另外，对于第三人对许可的争讼，参见关于原告资格问题的下卷第 66 页以下。

〔3〕 例如参见《电力事业法》第 5 条、《煤气业法》第 5 条、《道路运输法》第 6 条等。

特权。[1]该观点成为批判的中心。依这些批判而言，现行宪法广泛承　218
认国民的自由权，特别是将职业选择自由、营业自由作为基本人权予
以保障，上述观点在现行宪法下无法成立，过去能理解为"公企业的
特许"，现在则应理解为通常的一种"营业许可"。[2]该批判观点也
出现在裁判例当中，[3]在学说上也有很大影响。[4]但另一方面，也有
人主张，即便无法采用这种"国家垄断公企业"的观点，也没有必要
舍弃区别于"营业许可"的"公企业的特许"（如何表述姑且不论）
观念。例如，今村成和博士认为，从经济法领域来看这一问题，所谓
公企业的特许，是一种旨在保障企业垄断某种事业的制度，该事业无
法期待通过自由竞争获得社会利益。"许可说"视其为解除禁止，过
于拘泥于"营业自由"，就会忽视其特质，过去的"特许说"视其为
一种设权行为，才是正当的。[5]

　　对于所谓"公企业的特许"是"特许"还是"许可"的问题，
从本书的立场来看，有必要从方法论上加以整理。首先有必要再度明
确的是，如前所示，"特许""许可"的行为类型完全是"从法令赋
予行政行为的法效果如何与私人权利义务关联起来的角度进行理论抽
象而创造出的模型概念"（换言之，有必要像这样在理论上纯化这些
概念的用法）。法律让行政机关的行动介入私人经济活动的手法在现
实中是极其多样的，没有理由让一个行政行为必须一定仅仅对应于上　219
述理论模型的某种行为类型。通常被称作"公企业的特许"的种种行
政行为，一方面具有通过作出该行为赋予私人行动自由的效果，法律

---

　　[1]　参见前述第 209 页注[2]。

　　[2]　例如，参照、杉村敏正・講義（総論上）181 頁；山内一夫『行政法論考』
（一粒社、1965 年）299 頁等。

　　[3]　参照、東京地判 1963 年 12 月 25 日例集 14 巻 12 号 2255 頁（所谓群马中央
巴士案一审判决）。

　　[4]　例如参照、田中・Ⅱ下 328 頁。另外，有观点认为，既不是"营业许可"也
不是"公企业的特许"，而设定第三类型，参照、座談会「事業の免許制、許可制」ジ
ュリスト 293 号（1964 年）6 頁以下。

　　[5]　今村成和『現代の行政と行政法理論』（有斐閣、1972 年）83 頁、107
頁等。

也通过这些行政行为意欲控制事实上的私人活动自身，这是无法否定的事实。[1]但另一方面，这些行为赋予私人以某种形式在项目上的排他性权利，这种效果也是不争的事实。因而，基于本书所作的观点整理，正如《农地法》第 3 条的许可是通常的"许可"与"认可"、"命令性行为"与"形成性行为"的合体行为，这些行为也可以理解为是"许可"（命令性行为）与"特许"（形成性行为）的合体行为。[2][3]

---

〔1〕 例如，《电力事业法》第 116 条、《煤气业法》第 5 条、《道路运输法》第 96 条第 1 项等均对未经许可或未获执照而经营者设定了罚则。

〔2〕 也就是说，从本书的观点来看，过去的学说均以"许可"与"特许"在性质上并不相容，某行政行为始终只能在"许可"与"特许"中二选一，这样提出问题就已经错了。

然而，过去之所以出现二选一的观点，其原因恐怕是认为"许可"是"恢复本来就有的自由"，而"特许"是"赋予本不存在的权利"。但本书的观点是，在理论上，"恢复行动自由"的法效果、"设定权利"的法效果均可与"是否本来就存在"的问题在逻辑上切割开来理解，属于其他理论立场的问题。"许可""特许"的行为类型应在理论上纯化使用，它们只是表达在这种立场上的差异。当然，与此不同，"自由"和"权利""是否本来就存在"的问题，在法解释学上有讨论的余地。但这种宪法或自然法上的问题与行政法上的前问题大致作逻辑上的切割，可在相当程度上避免讨论的混乱。

另外，盐野宏认为，"命令性行为"与"形成性行为"的区分一般是以"国家与社会的二分为前提"的。对于事业规制或营业规制的领域，难以认为它们"一边是命令性行为、一边是形成性行为，存在质的差异"，它们"都是对营业自由的规制，只是在手法上有所不同而已，这样认识才是合适的"［塩野宏·Ⅰ（第六版）129－130 页］。本书作出了上述理论整理，"命令性行为"与"形成性行为"的区分，进而是"许可"与"特许"的区分的确是以大致相同的认识为前提的，而且提示了在类型上把握不同手法形态时的一个视角。

〔3〕 正文所看到的我的行政行为分类论，森田宽二有根本的批判［前揭自治研究 78 卷 7 号 22 页以下（前出第 208 页注〔3〕）］。该批判指出，我的观点对"自由""权利"等概念缺乏严格的理论分析，特别是忽视了"许可"效果在"面向做的自由"的同时也带有"面向不做的自由"（而公企业的特许中只有一个方向）。该论文所指出的"重构""许可""特许"等概念是充分可能的，而且含有诸多理论上的启发，这是不可否定的。不过，在与本书正文所述的关系上，至少有必要指出以下几点：

第一，本书中展开的"许可""特许"等概念完全是"从法令赋予行政行为的法效果如何与私人权利义务关联起来的角度进行理论抽象而创造出的模型概念"（前出第

4. 在过去传统的行政法理论中，如上所示，这些行为类型概念不
仅用作分类概念、说明概念，而且具有所谓法解释论上的"实益"，
在这一意义上也是具有实践功能的概念。例如，某行为具有"许可"
的性质，则在具备法定要件时行政厅对是否给予许可并无裁量余地
（也就是说，在"许可"时，具备要件却不予许可，是对私人本来就
有的自由的侵害。这种理解适用的是前述"美浓部三原则"中的第一
原则）。而如果是"特许"，行政厅可进行效果裁量（也就是说，"特许"

---

218 页）。行政行为分类论以此为基础，其立场纯粹在于，行政领域"使用了一看就类
似却又种类繁多的手法"（后述第 222 页注〔2〕），要想"类型化地说明叙述行政机关
介入私人活动的样式"，从这种说明功能（后述第 221 页）的视角看，怎样的分类才是
有效的。在理论上严格而言，获得许可者有不为许可对象之行为的自由，这是非常不言
自明的。但自不待言的是，这些"许可""特许"等是基于私人的申请而赋予的，这时
的申请是寻求本来"面向做"的自由，这也是不言自明的。因而，"许可"带有的法效
果包含着不为"许可"对象之行为的自由，至少从我的分类论的关注点来说，不是那
么重要的论点。从上述关注来看，法本不允许实施的行为，因行政行为而获得允许时，
"允许"的样态是怎样的，才是问题所在。如此，过去行政法学提出的问题从整理来看
基本上如此，也正如我在本书正文中所指出的那样。从这种角度看，森田论文就是在强
调，在其诘难之处，从稍稍与我的分类论视角不同的观点而作的分类论是可能且必
要的。

第二，我引出《电力事业法》第 7 条、旧《煤气业法》第 7 条等关于项目许可后
一定期间内开始该项目（项目开始义务）的规定，认为公企业的特许与许可不同，只
有"朝向某个方向的自由"，可以将这些项目许可当作"特许"与"许可"的合成行为
来整理。森田论文误解了我的观点。但根据整理的方法，这些规定为了确保公益而特别
课予已获得项目许可者一定义务，也可能并不是项目许可自身的内容（例如，如果不将
其理解为项目许可的部分要件，那也并非作为行政行为的附款来添加）。也就是说，申
请人通过项目许可获得的"可从事项目的法的地位"，如果仅此而已，那本来是具有
"不行使的自由"性质，果真如此，法律为确保公益，就可能必须另外规定上述项目开
始义务。从理论上而言，这种特别义务，不限于任何"公企业的特许"案件，即使是
典型的"许可"情形，法令也能如此规定（例如，根据如何构筑都市计划制度，设计
某种制度，对特定地域内开发许可和建筑许可可课予一定期间内的开发义务和建筑义务，
这在理论上是可以充分理解的）。

当然，本书的上述分析是以一种过去的观点为前提的，即申请人通过公企业的特许
所获得的地位不仅是"自由"，也是"权利"。但在现行各事业法下，这一前提果真在
某种意义上能成立吗？这仍有讨论的余地。

是授予原本不存在的权利的授益性行为。这种理解适用的是"美浓部三原则"中的第二原则）。但如前所述，随着自由裁量论及其后的发展，现在一般已不采用这种公式。在实际的法解释论上，多数案件与其问该行为是"许可"还是"特许"，毋宁是取决于具体的法的规定方法或各种利益的衡量等。[1]这些行为类型概念现在可以说大致仅限于发挥"说明的功能"，即类型化地叙述说明行政机关介入私人活动的样式。如此，本书就认为，要充分发挥这种功能，就应当纯化这些行为类型概念的理论意义。不过，既然以此为前提，就必须重新探讨原本对行政行为所作的这种分类，对于认识日本现在行政法的实态是否有效、是否为有意义的作业。从这一角度出发，远藤博也博士指出，这里所说的分类在一定的行政领域已经是不必要的。[2]这是非常值得倾听的意见。[3]

四、行政行为的公权力性

在源于奥托·迈耶的"行政行为"概念沿革上，第三个关注点是"行政行为的公权力性"问题。如前所述，奥托·迈耶构想的行政行为概念原本是在法律之下具体宣告法之公权力行使意义上使用的，与裁判判决类似；他认为，诸如后述[4]行政行为的各种效力（自主确

---

[1] 例如，最判 1972 年 5 月 19 日民集 26 卷 4 号 698 頁、最判 1975 年 5 月 29 日民集 29 卷 5 号 662 頁（群马中央巴士案判决）。

[2] 远藤博士认为，诸如"规制行政""给付行政"等领域，使用了一看就类似却又种类繁多的手法，通过类型化进行比较对照的方法阐明各种手法的法性质上的差异是极为有益的。但在土地征收、课税征税等远藤博士所称的"资源筹措行政"领域，不必使用通过类型化进行比较对照的方法，行政与权利自由的关联自身就是清楚的，因而，将分类论带入其中反而招致混乱，是有害无益的。遠藤博也『实定行政法』（有斐閣、1989 年）99 頁。

[3] 在这一意义上，对于进一步使行政行为分类论更为详细彻底化，我自身现在并未感到其必要性。在本书中，行政行为的分类论也完全不过是阐明"行政行为"概念意义及性质的一个手段。

[4] 后述第 216 页以下。

认力＝公定力、自力执行力），如同裁判判决伴有确定力和执行力，
行政行为也当然具备。如此，长期主导着日德传统行政法学的观点认 223
为，行政行为是国家公权力的行使，与私人的法律行为、权利主张行
为有本质差异。[1]在第二次世界大战后的德国和日本，均对这种观点
提出了根本的质疑，出现的一种观点认为，与行政行为具有相同本质
的与其说是裁判判决，不如说是私人的法律行为、权利主张行为，不
应强调行使国家公权力的特征。[2]在这种观点中，详细而言有种种背
景和内容，但其共通之处在于均认为，"日本现行宪法确立了司法国
家制度，行政权失去了与裁判权并行的法的宣告机关地位，毋宁变得
与私人一样服从于裁判权，处于低位"。在这种观点之下，并不是说
系国家公权力的行使，行政行为在理论上就当然存在特殊效力（公定
力、自力执行力等）。正如虽系私人的法律行为，经公证，不待裁判
判决，也能强制执行，行政行为的效力只不过是法律特别赋予其法政
策上的效力而已。

　　这种观点在日本进入昭和 30 年代后登场，一时间引来诸多关注，
如后所述，实际上也可以说成为改变行政行为自力执行力等过去通说
的一大力量。但另一方面也必须说，这种观点中也不无理论问题，[3]
在此之后未必就没有了强调行政行为的行使国家公权力特质的思
考。[4][5]

----

　　〔1〕　对于这种观点的理论背景及种种相关争论，参照、藤田宙靖・公権力の行使。
　　〔2〕　例如参照、渡辺洋三「法治主義と行政権（中）」思想 416 号（1959 年）；
広岡隆『行政上の強制執行研究』（法律文化社、1961 年）；兼子仁『行政行為の公定
力の理論』（東京大学出版会、1960 年）等。
　　〔3〕　参照、藤田宙靖・公権力の行使。
　　〔4〕　例如参照、田中二郎・上 108-109 頁。
　　〔5〕　例如，有时，公营住宅的入住决定、国有公有财产的使用许可、各种社会保
障和社会保险的给付决定等行政行为，在作出时被定性为"形式性行政行为"，其立足
的观点是，"这种行为本应是非权力性作用，只不过以技术的理由而赋予其行政行为的
形式，并不伴有发动公权力的实体"［参照、雄川一郎「現代における行政と法」岩波
現代法講座 4『現代の行政』（岩波書店、1966 年）18 頁］。也就是说，"行政行为"
的概念前提是本应伴有发动公权力的实体这种思考。

224　　在这种状况下，进入昭和 40 年代后，一种新的主张出现了："行政行为"概念本来是形式的技术性概念，在其形式的背后，问其"本质"是类似于裁判判决还是权利主张行为，这本身不就荒谬吗？在这种主张里，具体而言存在种种内容，但基本上都是认识到，"即使说行政行为的公权力性，它也只是在说，实定法规范赋予在私人主张权利行为中通常见不到的特殊效果，而不能脱离实定法规范的规定而论及先天有无公权力性"。[1]

在"行政行为"概念上，本书也基本上持这种观点。行政机关介入私人的各种活动时，法令通过让行政机关的举动与种种法效果结合起来，控制其介入的形态。而"行政行为"则是用来表达这种介入形态的特定效果的一个概念，此外无他。[2]在这种意义上，正是通过在与实定法规范的关系上明确"行政行为"概念的形式性和技术性，才能合理地整理在过去行政行为论中存在的种种理论混沌，而在实践的法解释论上，也能完善作出灵活合理解释的基础。[3]

_____

〔1〕　对于这些主张，参照、藤田宙靖·思考形式 13 页以下。

〔2〕　如果根据传统行政法学的逻辑构造，行政行为是一种"意思表示"，作为这种意思表示的效果，它当然直接使相对方国民的法律上利益产生某种变动，并具有各种"效力"。但从逻辑上而言，行政厅的意思表示行为自身目前只不过是物理的、心理的事实，其自身在法上并没有任何意义，让这种物理的、心理的事实具有"行政行为"的法的性质，不外乎是因为法将特定的法效果与这种事实结合了起来。因而，并非因为"是行政行为，故而有各种法的效果和效力"，在逻辑上实际上是"有各种法的效果和效力，故而是行政行为"。存在"行政行为"，实际上可以说只不过是存在各种法效果和效力的辅助性表达。参照、藤田宙靖·思考形式 15 页、113 页。

〔3〕　以正文所述为前提，鉴于近来行政法学的发展，仍想作如下补充：

法将行政机关的行为与一定的效果连接起来，该行为就变成行政行为（也变得区别于其他行为）。如正文所示，通常这些效果进一步与其他效果相连接，在所谓各种法效果的连锁上形成整个法的制度（例如，前出第 219 页注〔3〕所涉及的"公企业的特许"取得者被课予项目开始义务等，就是一个例子）。如后所述（后述第 338 页），"行政行为"自身也是一种"法的制度"。在上述法效果的连锁中，存在理论问题，即到哪里为止用"行政行为的效果"来说明（亦即纳入"行政行为"这种法的制度中）。近来在行政行为实体法效果的内容讨论中就有诸难所说的问题（例如参照、人見剛「行政処分の法効果·規律·公定力」新構想Ⅲ71 页以下）。对此问题，将在后文说明行政行

第二节　行政行为与"依法律行政原理"
——特别是行政行为的附款

一、概述

　　行政行为最为典型地代表着行政活动的形式，其中，"依法律行 226
政原理"及其"例外""界限"等的第二编内容是广泛适用的。例
如，"法律优位原则"不用说就是对所有行政活动都有效；至于"法
律保留原则"，原本就是围绕着以行政行为为中心的个别具体的行政
活动而展开的。[1]这对于诸如"自由裁量行为"及其法理也是同样适
用的。再如，应予留意的是，"行政的事前程序"理论及其制度至少
在日本过去是以行政行为的事前程序为中心发展而来的。

　　因而，在思考行政行为所产生的种种法的问题时，首先在与"依
法律行政原理"的关系中予以考察，是有必要的、富有意义的。当
然，在行政行为与依法律行政原理的关系中，如下节所示，详细来看
存在种种微妙之处。对此将在后文顺次探讨。这里想先举出一个问题
例，也就是过去作为"行政行为的附款"性质及其"界限"等来讨论
的问题，通过前述内容的应用就能说明其两者关系的大概。

为的"效力"时再予触及（后出第 237 页）。

　　在判例和学说中，在赋予行政行为的法效果中，有区分"直接效果"和"附随效
果"的讨论（例如最高法院的所谓"蓝图判决"，参见下卷第 19、58 页）。中川丈久教
授主张有必要这样区分（中川丈久「行政処分の法効果とは何を指すのか——直接的
効果と付随効果の区別について」石川古稀 201 頁以下、同「続・行政処分の法効果と
は何を指すのか」宮崎古稀 195 頁以下），其观点是，这种分类在探讨行政诉讼法上诸
多问题（处分性的判定、抗告诉讼和当事人诉讼的区分使用、撤销诉讼中狭义诉的利
益、原告资格）、"理解法律的结构"上是"有益"的。既然说"有用"，那就是一种
合目的性的思考。

　　[1]　参见前述第 87 页注〔1〕。

二、"附款"的概念

法律授权行政厅作出某行政行为，有时也同时规定，在必要时可以给该行政行为"附加条件"。[1]这时的所谓"条件"，在行政法学上被称作"附款"。其在传统上的说明是，"为了限制行政行为的效果而在意思表示的主内容上附加的从意思表示"。[2]

法律上很多仅用了上述"条件"的文字，但在理论上一般认为，根据其法效果的不同，区分为"（狭义的）条件""期限""负担""撤回权的保留"等。这里的"（狭义的）条件""期限"与民法上所说的条件、期限是相同的，分别是指"将行政行为的效果系于将来不确定发生的事实的意思表示"，"将行政行为的效果系于将来确定到来的事实的意思表示"（因而，自不待言，"条件"有停止条件和解除条件之别，期限有始期和终期之分）。而"负担"是指在行政行为本体上附加的、命令相对方履行附随于该行为的特别义务（例如，赋予道路河川的占用许可时命令缴纳占用费等，在所谓公企业的特许时对企业的经营条件等课予种种义务等）。[3][4]所谓"撤回权的保留"，是指作出行政行为时，附带表示在出现一定事态时撤回该行政行为。

---

〔1〕 例如，参见《公众浴场法》第 2 条第 4 款，《关于风俗营业等规制及业务正当化等的法律》第 3 条第 2 款，《农地法》第 3 条第 5 款，《都市计划法》第 79 条，等等。

〔2〕 参照、田中二郎·上 127 頁。

〔3〕 参照、田中二郎·上 127 頁以下。

〔4〕 因而，"负担"与"条件"不同，并不因不履行课予的负担而当然左右行政行为的效果（否则，它在概念上就变成了"条件"），其产生的可能性仅限于：行政厅以不履行负担为由撤回该行政行为，或者为实现负担所课予的义务而实施强制执行行为（当然，要实施这里所说的行为，存在种种制度的、理论的制约。对此将在后文详述。参见第 230 页以下、第 281 页以下）。

三、"附款"的法问题

围绕这里所说的附款，过去是从下述法的问题来论述的：

（1）在法律未规定可添加附款时，行政厅可以当然地添加附款吗？

（2）在法律规定可添加附款时，行政厅可以添加怎样的附款？　　228

（3）附款违法时，行政行为本体也违法吗？

（4）附款违法时，私人可以仅请求撤销附款吗？

对此，将作如下大致探讨：

对于第一个问题，当然可以从"法律保留原则"角度作出一定解答。"负担"是在本来的行政行为效果之上课予相对方义务，对此如无法律的明确根据，当然不能允许。而对于"撤回权的保留"，原本就存在一个先行的问题，即没有法律的根据可以撤回行政行为吗？[1] 如果是否定的回答，则这种附款自身就没有实际上的意义。

而后，"条件"及"期限"从文字上看是限制行政行为的本来效果，因而，问题就完全变成对法律自身是否允许这种限制的解释（如允许，问题就变得与第二个问题相同。如不允许，这种附款就因违反"法律优位原则"而违法）。[2] 正是在这一意义上，理论上正确而言，可添加附款者，通常除法令上有规定外，仅限于"法令承认行政厅对是否为一定行为、在何种情形下为之可自由裁量的情形"。[3]

对于第二个问题，适用前述"裁量权的界限论"[4]即可。也　　229

---

〔1〕 参见后述第 251 页以下。

〔2〕 例如，在现行公务员法上，并没有将附有期限任命公务员作为一般制度予以明文认可。最高法院判决认为，"无限期任用职员应当是法的原则"，"该法的原则目的在于，保障职员身份、使职员安心专注于自己的职务。因而，职员的附期限任用，存在特别的必要事由且不违反上述目的时，即使法律未作特别明文规定，也是允许的"。参照、最判 1963 年 4 月 2 日民集 17 卷 3 号 435 页。

〔3〕 参照、田中二郎·上 129 页。

〔4〕 参见前述第 108 页以下。

就是说，问题就变成，参照法令承认可添加附款的目的，判断有无裁量权的逾越或滥用，这时自然要适用"平等原则""比例原则"等。[1][2]

对于第三、四个问题，一般而言，问题只能说与附款效果和行政行为本身的效果是否不可分相关。在判断时，基本上应是以和"依法律行政原理"的关系为中心来思考的。也就是说，例如，对于大致不能添加附款的羁束行为情形，如果从法律的目的出发，就应在排除违法的附款后，承认行政行为本体的完整效果；而在承认添加附款的裁量时，添加附款与否可能左右着是否作出本体的行政行为的判断，因而，问题并不相同。

四、"附款"的法性质

230　　如上所示，要言之，"行政行为的附款"是指"在作出行政行为时，经行政厅判断，超越法令明示规定而附加的效果"；而其"界限"问题不外乎是在与"依法律行政原理"的关系方面在何种程度上容许的问题。[3]如此整理来看，这一问题从理论上而言并不能说是那么重要、具有固有意义的问题。[4]同时，对于"附款"界限的过去论述，也有疑问。例如，如前所述，过去的理解是"为了限制行政行为的效果而在主意思表示上附加的从意思表示"，因而，对于原本并无"意

---

〔1〕　法律上明文规定这种界限的，例如参见《都市计划法》第 79 条。

〔2〕　例如，根据都市计划将某地域内的土地指定为车站前广场，在申请该土地的建筑许可案件中，在许可上附加了附款，在为了实施项目而命令必要的转移时，要求 3 个月内无偿撤去。最高法院判决认为其未必违法。参照、最判 1958 年 4 月 9 日民集 12 卷 5 号 717 页。

〔3〕　我过去曾对于"附款"概念作过理论上的整理（参照、藤田宙靖·思考形式 117–118 页）。近来，盐野宏教授也作同样理解。参照、盐野宏·Ⅰ（第六版）108 页、同『行政過程とその統制』（有斐閣、1989 年）146 页以下。

〔4〕　我到《行政法Ⅰ（总论）》第三版为止均未将"行政行为的附款"及其法的问题特别提出来分析，其原因仅在于此。

思表示"的"准法律行为的行政行为",〔1〕就认为"在性质上并无添加附款的余地"。〔2〕但即使承认"准法律行为的行政行为"这一范畴，该说明也是有疑问的。例如，受理时，行政厅命令缴纳手续费，将缴费与发生受理效果挂钩，或者将此作为"负担"来征收，法律自身构筑这样的制度在理论上是完全可能的，而不能说准法律行为的行政行为在"性质上"不可能添加附款。〔3〕

第三节　行政行为的效力

一、"效力"的概念

如第一节所见，法律将命令效果、形成效果等作为法的效果赋予行政行为。但是，法律在这种效果之外还赋予全部或部分行政行为特别的效果。这些效果在通常的私人法律行为中看不到，很多是与私人法律行为相对比、赋予行政行为以公权力性特征的效果。其中，行政法学在传统上为了表达存在这种特别的法效果，用的说法是"行政行为具有私人法律行为所没有的种种特殊的效力"，宛如各行政行为内藏着某种"力"，这种"力"就是用来说明让这种特别的法效果发生的东西。

为了表达行政行为的这种"效力"，以前使用了公定力、拘束力、（自力）执行力、不可争力、不可变更力、确定力、形式确定力、实质确定力等种种概念。然而，这些概念的意义、相互关系等，迄今为止在学说和判例上未必存在大体一致的理解。这里首先有必要正确理

〔1〕　确认、公证、通知、受理。参见前述第 212 页。
〔2〕　田中二郎·上 129 页。
〔3〕　这时，也可能有人说，以这种形式命令缴纳手续费，已经不是"从"意思表示，而是"独立"的意思表示，因而并不符合传统意义上的"附款"概念。但它已只不过是概念游戏而已，无法认可这种讨论，无法认可允许"传统的附款概念"作这种理解的实质意义。

解这些概念的内涵和内容等。

二、(自力)执行力与不可争力 (形式确定力)

232

1. 与私人间法律行为（契约）确定的义务情形不同，在行政行为的情形下，有时相对方私人在指定期限内不履行行政行为所命令的义务，行政厅可不向法院提起诉讼而自行强制执行。这种情形以前是用"行政行为具有（自力）执行力"来表达的。

当然，奥托·迈耶以来的观点认为，所有行政行为当然具有这一意义上的自力执行力。但在第二次世界大战后，日本已否定了这一观点。现在大体一致的见解是，仅限于法律特别以明文规定赋予行政厅自力执行权能，才有自力执行力。[1]另外，例如各种许可、认可等诸多行政行为从行为的性质上本来就是不能强制执行的。但是，只要法律认可这种自力执行权能，即使在相对方私人对该行政行为提起不服申诉或抗告诉讼时，原则上也不妨碍该权能的行使。[2]

2. 如后所见，行政行为的相对方私人认为不存在行政行为为自身所设定的义务时，与民法上的债务人不同，不能仅仅表示否认，原则上必须通过行政上的不服申诉或抗告诉讼这种法的手段亲自请求法院及其他法定的国家机关救济。而且这些申诉和诉通常必须在一定的期限内进行。超过这些法定的期限，私人就已不能主张该行政处分违法而请求予以撤销。[3]如此，私人因超过法定的不服申诉期限、起诉期限，而不能就行政行为的效果进行争议时，一般的表达是，"该行政行为已产生不可争力（或形式确定力）"，或者"该行政行为已有不可争力（或形式确定力）"。[4]

---

〔1〕 参见后述第 281 页以下。

〔2〕 参见《行政不服审查法》第 25 条第 1 款、《行政案件诉讼法》第 25 条第 1 款。

〔3〕 参见《行政不服审查法》第 18 条、第 54 条、第 62 条，《行政案件诉讼法》第 14 条等。

〔4〕 "不可争力"与"形式确定力"纯属同义词。因而，也有用"形式上已确定"的表述来代替"已产生不可争力"的表述。

三、拘束力与公定力

1. 行政行为"有拘束力"的说法，与行政行为"有法的效果"　233
亦即行政行为"在法上有效"的说法是同一个意思。因而，"拘束力"
自身并没有达到提出来作为行政行为特殊"效力"的程度。通常屡屡
将"拘束力"举出来作为行政行为"效力"之一，可以说主要是为了
便于明确与下述"公定力"的差别，理解"公定力"的性质。[1]

2.（1）所谓"公定力"，是一个关于行政行为的效果在何种情况
下予以何种程度上的维持，换言之，行政行为在何种情况下、在何种　234
程度上有效（具有上述意义上的拘束力）问题的概念。在传统上，行
政行为的"公定力"是指"除当然无效的情形外，即使是违法的行政
行为，在具有正当权限的机关撤销之前，也暂且接受合法的推定，相
对方毋庸置疑、第三人和其他国家机关也不得无视行政行为效力的效
力"。在这一意义上，它"与行政行为的拘束力不同，可谓系强行要
求承认行政行为具有拘束力的力"。[2]这种说明设想的是行政行为下
面的法状况。例如，通过行政行为使私有财产发生权利变动时（收购
农地、征收土地、因滞纳处分而拍卖财产等），私人要主张行政行为

---

〔1〕　另外，近来很多人用"规范力"来代替这里所谓"拘束"。例如，像其代
表例盐野宏所强调的那样，其理由在于阐明行政行为具有"权力性"，即"不经一方当
事人的私人合意即形成具体的法律关系"［盐野宏・Ⅰ（第六版）155 頁以下］。正如
该书所示，这一意义上的行政行为的权力性，在行政行为的定义中（"在具体的情形下
宣告法"）已经得到表达。如此，以前行政行为效力之一的"拘束力"也是当然的前
提，因而是否必须取而代之以"规范力"一词，显然不无疑问。不过，"拘束力"一词
自身在《行政案件诉讼法》第33条另有规定，用以表达撤销判决的特别效果（参见下
卷第 156 页）。为免混同，采用新词具有一定充分的意义。但鉴于本书的目的在于用传
统行政法理论作为客观尺来展示现在的日本行政法制度和理论概要，这里仍沿用传来
的"拘束力"一词。

　　近来，对于"规范力"的概念及其与"拘束力"理论的关系，包括进一步的参考
文献，请参照、人见刚・新構想Ⅱ。
〔2〕　参照、田中二郎・上 123 頁。

违法，请求恢复原状，应采取何种法的手段呢？如果适用民事法的原则，以该财产的现在持有人为对象提起返还请求诉讼，这时，就变得一定可以主张上述行政行为违法无效来为权利变动无效提供理由。但是，学说和判例从来都一致认为，在上述情形下不能提出这种主张（即使主张，也驳回请求）。也就是说，行政行为一般与民事上的法律行为不同，它自身只要未经不服申诉、抗告诉讼（撤销诉讼）等程序撤销，原则上在其他诉讼的先决问题中，拘束受理该诉讼的法院，该受理法院即使在审理过程中可以判断行政行为违法，也必须作为有效行为来对待。[1]

然而，在对这种情形的前述说明中，将重点置于"违法的行政行为也原则上有效"，可谓让违法的行政行为有效的力即为公定力。如此，"公定力"即可谓构成依法律行政原理的一个例外。公定力由来于此，而对传统公定力的概念与理论，历来存在种种批评。

（2）对于传统"公定力"概念的批评有种种内容和微妙差别。但是，这些批评基本上可总结为这样一种主张，即"公定力"并非"本来内在于行政行为之中，行政行为违法也赋予法的效果的力"这种"实体"之力，而是通过适用抗告诉讼或自力执行规定等实定法上设定的与行政行为相关的种种法制而获得的，可以说只不过是一种反射性效果。

当然，即使在这种情况下，将多大范围内的反射性效果纳入"公定力"概念中，学者之间也有种种不同。例如，最广泛的是，在制定法上，将通过抗告诉讼（撤销诉讼）制度、行政不服审查制度争论行政行为违法性的途径特定化[2]（以下简称"撤销制度的排他性"），或者赋予自力执行权能，或者存在不可争力之前提的起诉期间制度

〔1〕 例如参照、最判1956年12月26日民集9卷14号2070页。最判1957年7月18日民集10卷7号890页、最判1973年5月25日民集27卷5号667页等。
〔2〕 日本现行法上，为就有无行政行为的效果进行争议，设计了撤销诉讼等抗告诉讼制度的法的手段（参见下卷第18页、第168页以下），但争议行政行为效果的途径未必仅限于这些法的手段。一般在解释论上，至少原则上承认撤销诉讼的排他性管辖，对此并无异议。

等，赋予行政厅对私人的一般优越地位，就以"行政行为的公定力"之名予以表达。换一种说法，这时，所谓"公定力"一般意味着行政行为的公权力性，因而，"自力执行力""不可争力"等均成为"公定力"的部分效果（或派生效果）。[1][2]与此相对，例如，也有学者建议仅将"撤销制度的排他性""自力执行权能"的反射性效果称为"公定力"，[3]近来更有越来越多的学者仅将自"撤销制度的排他性"而来的效果当作"公定力"概念的内容。[4]为了使行政行为法效果的各种讨论得到明确、避免无用的混乱，本书认为，应当以尽可能在理论上纯化的方式来使用"公定力"概念。由此看来，上述最后一种用法是最为合理的。在这一意义上，行政行为的"公定力"，姑且可以说是这样一种效果的表达，即"行政行为一经作出，除特定机关经特定程序撤销的情形外，所有人均受其拘束"。

236

（3）在上述意义上使用"公定力"概念，仍留有问题，在"撤销制度的排他性"所带来的各种效果中，到哪里为止用"公定力"一词来表达？换言之，上述定义中"行政行为一经作出"即"受其拘束"，该"拘束"是到何种程度的拘束？

关于这一点，首要的问题是，对于"撤销制度的排他性"的"排他性"，是仅将有无行政行为效果的有权认定权的排他性称作"公定力"，还是连行政行为欠缺充分的法的要件（亦即违法性）的有权认定权的排他性也纳入"公定力"之内来表述？例如，如前所述，以行政行为违法为由，提起民事诉讼，请求返还行政行为所夺走的财产

---

〔1〕　例如，兼子仁『行政行為の公定力の理論』就是如此。

〔2〕　在古典行政法理论中，原本将"公定力"理解为"内在于行政行为的实体的力"。"公定力"与"自力执行力""不可争力"等之间的关系毋宁说可作如此理解。"公定力"具有如此概括的内容，与"公权力性"可谓同义词。围绕其"本质"，行政行为的本质是类似于裁判判决，还是类似于私人的法律行为，曾有正文前述的讨论（参见前述第222页）。

〔3〕　参照、山内一夫『行政法論考』（一粒社、1965年）。

〔4〕　对于现今的学说概况，参照、宫崎良夫『行政争訟と行政法学（増補版）』（弘文堂、2004年）284页以下。

237 （以收购农地处分违法为由请求返还农地、以土地征收裁决违法为由请求返还土地），这时是将有无行政行为效果作为先决问题来争论。对此，有时，争论作为某诉讼先决问题的行政行为违法性，未必争论到该行政行为自身没有效果，也不是没有仅将该行政行为违反法律规定的要件视为问题的案件。例如，扣押处分是继课税处分之后作出的滞纳处分的一环，在请求撤销扣押处分的撤销诉讼中，以原本不存在课税要件为由，主张扣押处分违法。这时，从实体法上来说，不满足本来法定的课税要件，就不允许作出滞纳处分（换言之，满足课税要件本身就是滞纳处分自身的要件），因而，原告完全在这一意义上仅将不存在课税要件当作问题即可，未必连先于扣押处分的课税处分自身有无效果都要直接争论。〔1〕尽管如此，以前判例和学说也认为，在这种情形下，既然课税处分一度作出，只要未以其他渠道予以撤销，法院就不能在扣押处分的撤销诉讼中认定不存在课税要件。在"撤销制度的排他性"的前述两种例子中，前者能包含于"公定力"概念之中，殆无异议，后者的情形则未必能说见解一致。

其次，问题在于"公定力"是否限于行政行为本来的实体法效果的所及范围。例如，根据课税处分来纳税，之后以该处分违法为由请求返还不当得利时，依据历来的学说和判例，这时也触及"撤销制度的排他性"，只是课税处分的实体法效果自身仅为命令应缴纳税款，238 而未必在于拒绝返还。上述"排他性"已超出行政行为本来的实体法效果范围。〔2〕其中，部分学说认为，这种效果应与"公定力"概念相

---

〔1〕 另外，因违法的滞纳处分而遭受财产上的损害者以滞纳处分违法为由请求国家赔偿，这在理论上可以说也处于同样的状况。但对于这一案件，如后所述（第242页），学说和判例的态度与正文下面所说的并不相同。

〔2〕 另外，对于依据《登记许可税法》第31条第2款提出的请求，登记机关以行政处分作出拒绝通知。对于已缴纳的登记许可税（自动确定方式）提起返还请求之诉，最高法院有判例不承认拒绝通知对其具有遮断效果（最判2005年4月14日民集59卷3号491页）。与其说问题在于该拒绝处分影响到返还请求权的实体内容，毋宁说是与法解释问题相关，即该条款是否规定了"请求返还登记许可税只应当通过上述请求程序的程序排他性"。这与正文所述在观点上稍有差异。

区分。[1]

然而，前述"公定力"的概念内涵如何确定的问题，与后述所谓"公定力的界限"或"公定力的客观范围"如何理解的问题相关。在最终获得对上述问题的理解之前，下面先概述这一问题。

（4）在判例和学说上，所有种类的行政行为都有"公定力"，"行政行为"这一行为形式区别于行政机关使用的其他各种行为形式最基本的标志，可以说在于有无"公定力"。但是，学说和判例也一致认为，行政行为的"公定力"并不一定在所有场合均能发挥其功能。这就是所谓"公定力的界限"问题。

第一，如前文所引，行政行为"无效"时，一般不产生"公定力"的效果。对此将在后文的一节中详细说明。[2]

第二，即使行政行为在这一意义上并非"无效"，历来的判例和学说鉴于"公定力"这一法制度的目的，认为有几种场合存在功能上的界限。如下所示，这就是一般被称作"公定力的客观范围"问题。

这一问题虽然作为问题自身很早以前就个别地存在，但在学说上获得广泛关注的则是 1964 年的东京地方法院判决[3]以来的事情。这一判决指出，恩给局长对接受军人遗属扶助金的给付顺位作出裁定，对于该裁定所具有公定力的范围，"撇开对国家的关系，作为同顺位接受给付权人，获得裁定者相互之间针对扶助金分配的受给付权人地位有争议时，主张唯一真实的受给付权人否定同顺位接受给付权人获得裁定者的地位"，并不"受上述裁定的公定力妨碍"。它以一般的形式明确表达了这一判词的前提观点："认可公定力，原本是让行政行为发挥其效用，暂且让实现公益这一行政行为的目的成为可能，因而，公定力的所及范围，应与各种行政处分的目的、性质相应，仅限

239

---

［1］ 参照、小早川光郎「先決問題と行政行為」田中古稀上。与该问题相关，请参照、森田寛二「行政行為の公定力と無効（一）～（三・完）」自治研究 53 巻 11 号（1977 年）106 頁以下、12 号（1977 年）106 頁以下、54 巻 3 号（1978 年）153 頁以下。

［2］ 后述第 263 页以下。

［3］ 東京地判 1964 年 6 月 23 日判時 380 号 22 頁。

于应当承认它的合理的必要限度"。

以前的学说和判例上已指出了很多这种意义上的"公定力的界限"例子。例如：

（a）行政行为的合法性和有效性作为刑事诉讼的先决问题而成为问题时（例如，对于以实力抵抗行政行为的强制执行者，是否构成妨碍公务执行罪，而对该职务行为的合法性有争议时；不顾营业许可的撤销处分而继续营业者，是否构成无证经营罪，而对于撤销许可的合法性有争议时等），传统观点认为，一般不涉及行政行为的公定力（承认所谓"违法性抗辩"的见解）。但在另一方面，这一问题首先是该处罚规定的构成要件的解释问题。也有不少见解认为，能否一律如此理解也是可质疑的。[1]当然，这一问题关乎构成要件的解释，在这一意义上属于刑法学上的问题。[2]但假设可以允许从行政法学的角度探讨，就必须说问题在于，该处罚规定应将处罚要件仅理解为请求行政行为"有效"，还是同时应理解为要求行政行为并不"违法"等，要言之，应当看处罚的效果与行政行为的何种样态结合在一起。对此，不可一概而论，而要考虑该行政行为的存在理由（法律通过该行政行为控制私人行为的意义）、通过其他途径对该行政行为的违法性自身进行争议的可能性和界限等，根据各个个别处罚规定在解释论上作出决定。[3]

---

　　〔1〕　现在恐怕可谓多数说。参照、原田尚彦·要論 237 頁、兼子仁·総論 200 頁、塩野宏·Ⅰ（第六版）150 頁等。

　　〔2〕　另外，与此相关，请参见后述第 294 页注〔1〕。

　　〔3〕　最高法院屡屡显示出的观点是，行政行为既然并非"无效"，那也拘束刑事判决。例如，以交通事故为由确定了停止驾驶执照处分，而在刑事裁判中，因其前提事实并未得到证明而无罪。在该案中，另外关于违反速度限制之罪，以存在处分经历为由（未适用犯规金制度）提起公诉。对于提起公诉是否违法产生争议，最高法院判决认为合法（最决 1989 年 10 月 28 日刑集 42 卷 8 号 1239 頁）。另外，也有可谓与此相反的例子。在一起基于虚假申报而获得海关长出口许可的案件中，出口许可即使违法也并非无效，未经许可出口罪就不成立（参照、最决 1971 年 10 月 22 日刑集 24 卷 11 号 1516 頁）。关于前者，问题在于，以有过处分为由不适用犯规金制度，与其说当时制度的意义是为了行政的便宜，毋宁说是不采取优待措施，让受处分者适用犯规金制度了事。如

（b）学说上一般认为，以行政行为违法为由请求国家赔偿，并非 241
必须事先撤销行政行为。最高法院的判例也同样如此。[1][2]但是，
这种案件在理论上是否构成上述意义上的"公定力的界限"，因在前
述的何种意义上使用"公定力"概念而异。也就是说，如果"公定
力"仅为对于有无行政行为效果的有权认定权之所在的概念，[3]请求
国家赔偿时所争议的是行政行为的"违法性"，而未必在于"效果的
有无"，因而，上述案件原本也是与"公定力"没有理论关系的案件。

（c）在与"公定力"概念的关系中，一般所说的"违法性的继 242
承"也被认为处于与此同样的关系上。如前所述，根据学说和判例上
的一般观点，在某行政行为的撤销诉讼中，其他行政行为的违法性作
为先决问题而成为问题，只要没有以其他正规程序撤销该行政行为，
法院就无权认定其违法性。但在例外的情形下，也有案件不受这种制

此，在处分已明确没有理由（不能说归咎于本人）时，排除优待措施不也是没有理由
吗？对于后者，问题在于，在这一案件中，出口许可是基于本人的虚假申报而作出的。

另一方面，最高法院认为，县知事完全以阻止建设附个人用房间的公众浴场为目
的，在其附近许可《儿童福祉法》规定的儿童福利设施，这在国家赔偿请求诉讼上
"明显滥用行政权而违法"（最判 1978 年 5 月 26 日民集 32 卷 3 号 689 页，所谓"土耳
其浴室"案）。在同一案件上，在追究违反《风俗营业等取缔法》（当时）之罪的刑事
案件中，同样因该许可处分具有"相当于滥用行政权的违法性"，判决对该被告公司营
业的规制不具有效力，进而作出无罪判决（最判 1978 年 6 月 16 日刑集 32 卷 4 号 605
页）。这时，引用上述国家赔偿案件判决的存在及其判旨作为参考。在本判决中，被告
的"违法性抗辩"获得承认，只是问题在于，原本本案认可自身的实体法效果是否应
当及于被告公司。这一问题至少不是"狭义的公定力"（参见前述第 236 页以下及后述
第 243 页以下）的界限问题，在这一意义上也可以说与公定力概念无关。

另外，近来对于正文及上面所涉问题详加研究的著作，例如、人见剛「行政処分の
公定力と刑事裁判に関する覚書ドイツにおける刑事裁判所による行政行为の適法性審
査権」立教法学 80 号（2010 年）41 页；阿部泰隆·解釈学Ⅰ607 页以下等。

〔1〕　最判 1961 年 4 月 21 日刑集 15 卷 4 号 850 页。

〔2〕　征税处分违法时，承认在其撤销诉讼之外，可另行请求违法处分所生损害的
国家赔偿，其结果可能是实质上否定"公定力"与"不可争力"的存在，过去有过争
论，最高法院近来对此情形也明确维持 1961 年判决的观点（最判 2010 年 6 月 3 日民集
64 卷 4 号 1010 页）。

〔3〕　参见前述第 236 页以下。

约，[1]这通常被称为"违法性的继承"。[2]也有见解将此作为"公定力的界限（或例外）"来说明。不过，如果"公定力"概念仅用作与"在正规的撤销程序外否定行政行为效果的权能"相关的概念，这种情形下"撤销制度的排他性"效果自身就变得已经不是以"公定力"概念所表达的效果。因而，"违法性的继承"并不是公定力的界限或例外，而是理论上完全独立的法现象。[3]今天，这一问题不是从"公定力的界限"或"法院违法性认定权的界限"方向，而是从撤销诉讼中"原告（违法性）的主张界限或限制"方向来把握的。

243

（5）从"公定力"概念中推导出各种法解释论上的效果，并非前文所谓公权力本质论的东西，而是实定法上种种法制度的反射性效果，"公定力"概念只是作为表达这种效果的说明性概念而发挥功能。

---

[1] 参照、最判 1950 年 9 月 15 日民集 4 卷 9 号 404 页。

[2] 过去通说认为，只有极为例外的案件，即"先行处分与后续处分连续构成一连的程序，旨在发生一定的法律效果时，换言之，先行处分只不过是后续处分的准备行为时（例如，农地收购计划与收购处分、项目认定与征收裁决）"，才承认"违法性的继承"。而"先行处分与后续处分相互关联，分别指向不同的目的，相互之间并无手段与目的的关系时（例如，税收的赋课及其滞纳处分、预算的议决与市町村税的赋课），先行处分的违法性不为后续处分所继承"。参照、原田尚彦·要论 186 页；田中二郎·上 327 页、330 页等。最高法院近来作出判断，特别区长依据《东京都建筑安全条例》第 4 条第 1 款作出安全认定后，依据《建筑基准法》予以建筑确认时，即使不撤销安全认定，在建筑确认的撤销诉讼中也能主张安全认定的违法性。最判 2009 年 12 月 17 日民集 63 卷 10 号 2631 页（狸森案）。

另外，对于"违法性的继承"的之前讨论与问题作出严密整理，参照、人见刚·新構想Ⅱ、海道俊明「違法性承継論の再考（一）～（四·完）」自治研究 90 卷 3 号·4 号·5 号·6 号（2014 年）、亘理格『行政行為と司法の統制』（有斐閣、2018 年）234 页以下等。

[3] 也包括这种例子，"撤销制度的排他性"所产生的效果一般有"公定力"与其他效果，基于这一前提，有必要赋予后一种效果以"公定力"之外的名称。学说上，也有用"行政行为的遮断效果"的说法，来补充这一意义上的"公定力"概念。参照、小早川光郎·前揭·田中古稀。

另外，对于正文中种种"公定力的界限"事例，有学者指出，原本是不关涉"公定力"概念便可解决的问题。参照、宫崎良夫·前揭『行政争訟と行政法学（增補版）』301 页以下。

基于这一出发点，赋予其怎样的内容，进而到哪里为止属于"公定力"的范围，从哪里开始属于"公定力的界限（或例外）"，要言之，这些问题就归结为，为了说明叙述实定法的内容，使用怎样的用法最为合理。由此看来，要尽可能明确行政行为各种法的效果的相互理论关系，如前所示，还是希望尽可能明确"公定力"概念的轮廓。在这种意义上，在前述各种用法中，第一，它不是关于一般的行政行为的违法性，而仅为有无效果的有权认定的概念；第二，大致有必要将最狭义的公定力概念确立在行政行为的实体法效果所及范围之内。不过，在这一意义的公定力概念之外，"撤销制度的排他性"的效果也在法解释论上得到承认，其理由在于一种实践性的判断，即其他国家机关姑且尊重行政厅的事实认定和法的判断等具有合理性。在这一点上，与上面最狭义的公定力概念之间毫无疑问具有共性。只要将重点置于此处，与上述最狭义公定力概念一起，使用广义的公定力概念，将"撤销制度的排他性"的一般效果广泛地涵盖进来（只要上述理论关系是明确的），也具有一定的合理理由。以下本书就从这一角度出发，如无特殊说明，即以上述广义的公定力来称呼"行政行为的公定力"。

244

四、不可变更力（确定力）和实质确定力

1. 所谓"不可变更力"，是指行政厅作出行政行为后，不能自行撤销一度作出的行为（职权撤销）的效果。与"不可争力""公定力"不同，仅认可特定种类的行政行为具有这种效果。如后所见，对于违法或不当的行政行为，行政厅原则上能撤销其所作出的行政行为。只是在这些行政行为中，像对异议申诉的决定、审查请求的裁决那样，以相关事实和法律的争议由公权裁断为目的，即便是以违法为由，如果允许行政厅自由撤销自身作出的行政行为，就无法实现一义性地裁断争议的制度目的。其中，正如一度作出的裁判判决仅能通过上诉程序撤销，法院也不能撤销自身所作出的判决（所谓裁判判决的自缚性），对于这些行政行为，也不允许行政厅自行撤销其作出的行政行为。因而，在行政行为中，仅特别承认具有性质上类似于裁判判

245 决的目的者，具有所谓"不可变更力"。例如，学说和判例上承认上述对行政上不服申诉的裁断行为具有不可变更力。[1]也有学者认为，有的行政行为在形式上并非争讼的裁断行为，但通过利害关系人的参与而具有确认性质（例如，确认征收土地的协议——《土地征收法》第118条），该行政行为也具有不可变更力的效果。[2]

这种"不可变更力"，有时也被单称为"确定力"。具有这种效果的行政行为一般被称为"确认行为"。[3]

246 2. "不可变更力"有时被称为"实质确定力"。[4]但是，这一用词并不适当，"不可变更力"与"实质确定力"是不同的概念，理论上应予区分。[5]也就是说，如上所述，"不可变更力"意味着限制行

---

〔1〕 参照、最判1955年1月21日民集8卷1号102页；最判1955年5月14日民集8卷5号937页；最判1956年12月26日民集9卷14号2070页；最判1978年9月26日民集21卷7号1887页等。

〔2〕 如后详述（第257页以下），对于行政行为，与正文所述的该行为制度性内在理由不同，毋宁应当说从"外在的理由"来限制职权撤销。理论上而言，在这些情形下，行政行为在广义上也变得具有"不可变更性"，但与这里所说的"不可变更力"稍有角度上的差异。因而，为了明确其差异，本书对此不用"不可变更力"。

〔3〕 对于"确认"或"确认行为"这一行政行为的类型，历来将其定位于前述"准法律行为的行政行为"的一种（参见前述第212页以下），其说明的重点被置于"该行为不是形成新的法律关系，而是作为判断的表示，以公共权威来确认既有事实或法律关系"。其结果是，有人指出，"确认行为"具有正文所述的"确定力"。另一方面，"法律彻底羁束，行政厅无裁量余地的行为"也使用"确认行为"一词来表达，例如税收的更正处分和决定处分、建筑确认行为等也常常作为"确认行为"的一种来说明。但是，我认为，"确认行为"的概念具有多义性，是行政行为分类学上未作理论整理而出现的不适当用法，应将"确认行为"仅仅定义为具有"不可变更力（确定力）"的行政行为。对此详见、藤田宙靖·思考形式109页以下。提倡"确认"这一行政行为的类型，明确指出与这里所说的"确认行为"的不同，今村成和·入门75页、86-87页。但对于该书所说的"'确认'是所有确认行为"，我是有疑问的。

顺便提及，近来在行政法教科书上，作为行政行为分类之一而提出"确定行为"（前述第206页），它是"让法律关系确定的行为"，"过去所说的确认行为属于这一类"〔塩野宏·Ⅰ（第六版）134页〕。其中，"过去所说的确认行为"与本书上述确认行为概念未必有明确的精确对应关系。

〔4〕 例如参照、田中二郎·上134页。

〔5〕 参照、雄川一郎「行政行為の確定力」ジュリスト300号（1964年）〈学説展望〉。

政厅在作出行政行为后通过自己之手依职权撤销的效果，其对应的是裁判判决的"自缚性"效果。而"实质确定力"原本对应的是裁判判决的既判力，其效果在于，该行政行为所确定的内容拘束之后的一切机关，其他行政机关和法院不得作出与此相矛盾的判断（不同于"公定力"的情形，其效果也及于作为正规撤销程序之撤销诉讼的受理法院）。但在日本法上是否承认某种行政行为具有这一意义上的"实质确定力"，一般是极受质疑的。

第四节 行政行为的撤销与撤回

一、概念的整理

行政行为的"公定力"在上述意义上意味着从"撤销制度的排他性"中产生的效果，那么，承认怎样的机关具有这一意义上的排他性撤销权限，就成为重要的问题。有多种多样的"撤销"程序去消除暂且有效而通用的行政行为效果，但从法解释论角度说，首先将其分为职权撤销与争讼撤销来思考是便利的。

1.（1）所谓职权撤销，是指不待行政行为相对方及其他私人提出法的请求，行政厅自发地以行政行为违法或不当为由予以撤销。法律上对于职权撤销并未作出一般性明文规定，但在法解释论上一般认为，作出行政行为的行政厅自身在认为其行政行为违法或不当时（除后述一定情形下撤销受到限制外），原则上始终可以撤销[1]或必须撤销（至少是对于违法的情形）。

而作出行政行为之行政厅的上级行政厅，能否行使监督权，当然地依职权撤销下级厅的行政行为，学说上对此存在争议。对立的学说有：有的认为，即使没有法律的明文规定，[2]也能当然撤销；有的认

247

---

[1] 原审判决认为，只不过是不当，不能依职权撤销；但最高法院明确表示可以撤销。最判2006年12月20日判時2327号9页。

[2] 参见《内阁法》第8条。

为不能撤销；有的认为，只有是侵害个人权利的行政行为，才能撤销。要论及这一问题，就必须考虑一个行政组织法上的法解释论问题：一方面，为了行政组织内部的意思统一，上级行政厅对下级行政厅具有指挥监督权；另一方面，法律分别规定各行政机关的权限。这两个前提，应如何调整？[1]

248

（2）然而，在现实法令上使用"撤销"一词的例子中，与上述例子不同，撤销的目的在于，行政行为原本合法作出，因后发的某个事由而让今后存续该行政行为的效果变得不合乎公益上的期待，为此，使其面向将来失去效果。[2]这种情形在行政法学上称作"撤回"，在理论上区别于"职权撤销"。[3]

---

〔1〕　因而，详细论述应置于行政组织法论。在参考之前，如果要概述问题，可以说存在下述论点：

首先，在行政组织法领域一般认为，原则上不允许上级机关代替执行下级机关的权限（禁止代替执行原则，参照、藤田宙靖·組織法82頁以下）。上级厅亲自撤销下级厅所作的行政行为，可谓为一种代替执行。因而，肯定上级厅的直接撤销权的学说至少负有如何说明这一点的任务。然而，从尊重由法律分配行政机关之间权限的结果角度能承认禁止代替执行原则，而行政活动的合法性要求也是行政作用法上的要求，合法性的维持当然也包含在上级机关的监督权范围内。为此，诸如以首先命令下级厅撤销为前提程序，在其不履行时，才允许上级厅直接撤销。当然，这从文字上看是代替执行的一种，但按照这种顺序撤销违法行为，并不包含在禁止的代替执行中。如此认为，也未必能说不合理。当然，撤销并非"违法"而是"不当"的行为，即以下级厅行使裁量权不妥当为由撤销时，"代替执行"的性质就变得更强。因而，情况就变得稍有不同（藤田宙靖·組織法78-79頁以下）。

另外，是否仅限于撤销侵害个人权利的行政行为问题，与其说是上级厅的职权撤销权问题，不如说应作为后述职权撤销的一般限制问题来理解。

〔2〕　例如参见《道路交通法》第103条、《关于风俗营业等规制及业务正当化等的法律》第8条、《所得税法》第150条等。

〔3〕　当然，这一点有人指出，"即使对于违法的行政行为，行政厅不以其违法性为由依职权撤销，也可以后发的事情而撤回，撤回与职权撤销的差别，不在于其对象行政行为是否合法，而在于作出撤回或职权撤销的理由"（芝池義一·総論175頁）。从事实上评价确实如此，在这一意义上使用撤回概念也可以说是学者的自由。不过，说明过去在"撤回"名下所称的法制具有怎样的意义时，有必要提出疑问：应该认为可允许行政厅知道该行政行为的违法性，不依职权撤销，而仅以后发的事情为由撤回吗（亦即应该认为，行政厅认为同时存在撤销原因和后发的事情，承认其具有是否依职权撤销

　　职权撤销与撤回的行为类型具有共通的性质，均为作出行政行为的行政厅自行使其行为效果消失而作出的新行政行为，但在理论上又有如下差异：第一，对于本来违法（或不当）但暂且有效通用的行政行为，职权撤销是有权认定其违法的行为。因而，撤销的效果是溯及既往至行政行为作出之时，追溯至一开始如同行政行为未曾作出。而撤回的情形则是至撤回之时行政行为完全合法有效地存续，只是因公益上的必要而面向将来使其失去效果，不具有溯及效力。第二，职权撤销是纠正违法（或不当）的行政行为，在这一意义上是具有消极目的的行为。学说上有人认为，上级厅可行使监督权，直接予以撤销。[1]即便是基于这一立场，撤回是基于公益的判断而变更原本合法的行政行为，在这一意义上是具有积极目的的行为。因而，上级厅直接撤回，因已超越监督权的界限，侵犯法律规定的下级厅权限，而不可允许。

　　（3）对于职权撤销与撤回程序的应有状态，过去在法令上不存在一般性规定，以撤回为中心，为了保护相对方的权利利益，在个别法上也仅限于将应遵守提供公开听证、申辩机会等行政程序予以法定化。[2]但是，伴随着行政程序法的制定，这些均相当于该法所称"不利处分"，[3]原则上适用该法第三章规定的程序规定。如后所述，[4]应当注意，在撤回授益性行政行为时，有时必须补偿相对方私人所受的损失。

　　2. 所谓争讼撤销，是指对于行政厅违法（或不当）的行政行为，行政厅并未自发地予以撤销，而是由以行政行为相对方为代表的私人

的裁量吗）？这在理论上已然成为问题。如后所述，从依法律行政原理的旨趣来看，既然判断行政行为违法，原则上行政厅即有义务予以撤销（芝池教授也不否定这一点，参照、芝池義一・総論 166 页以下）。既然以此为前提，撤回法制的理论前提不就变得该行政行为违法吗（毫无疑问，在依职权撤销时，有时后述的撤销限制会发挥作用，可能不允许溯及既往地撤销，但这是另外一个问题）？

　　〔1〕　参见前出第 247 页以下。

　　〔2〕　例如，《道路交通法》第 104 条、《关于风俗营业等规制及业务正当化等的法律》第 41 条等，例子不在少数。

　　〔3〕　参见《行政程序法》第 2 条第 4 项。

　　〔4〕　后述第 252 页。

采取法定的争讼手段，经过一定的争讼程序后，由争讼的裁断机关予以撤销的情形。在现行法上，争讼撤销大致分为依据《行政不服审查法》等通过行政上的不服申诉来撤销和依据《行政案件诉讼法》等通过诉讼来撤销。对于这些争讼制度，将在本书下卷详细说明。这里仅用下表概括性地显示这些制度撤销行政行为可能是怎样的案件。

	争讼制度的种类	法　律	具体的方法	撤销机关	撤销行为
争讼撤销	行政上的不服审查	行政不服审查法	再调查请求	处分厅	决　定（行政行为）
			审查请求	原则上是处分厅最上级的行政厅*	裁　决（行政行为）
			再审查请求	法定的行政厅	裁　决（行政行为）
		个别法	不服申诉	法定的行政厅	决定、裁决、审决等（行政行为）
	诉讼	行政案件诉讼法	撤销诉讼	法　院	判　决
		个别法	撤销诉讼	法　院	判　决

*详见《行政不服审查法》第4条。

二、撤销及撤回的限制

251　　对于具有公定力的行政行为，可否定其效果者，仅为上述机关根据上述程序撤销或撤回的情形。然而，根据日本的立法、学说和判例过去发展出来的观点，即使是具备上述行政行为撤销或撤回要件的情形，基于种种理由，仍有不得撤销或撤回该行政行为的情形。以下对于这些情形，为便宜起见，按照撤回、职权撤销、争讼撤销的顺序，说明过去的观点，并指出其问题所在。

（一）撤回的限制

1. 一般作为立法政策上的问题来考虑，行政主体一方面始终负有按照公益要求实施行政的责任，因而，在情势变更时，一旦作出的行政行为不符合公益时（例如，"驾驶执照的撤销"），或者撤回该行政行为将获得更大的公益（例如，撤回给私人对部分行政财产的使用许可，而将该财产用作其本来的公共用途，参见《国有财产法》第19条、第24条），这时行政厅必须能自由撤回。但在另一方面，行政行为一经作出，就以其为前提渐渐形成了日常的法秩序，如果行政厅完全自由地撤回行政行为而不受控制，就可能明显损害相关者的法安定性。为了保护法的安定性，就会要求即使在公益上有必要时，也必须限制撤回已作出的行政行为。如此，一方是公益上的必要，另一方是私人法安定性的保护，在可否撤回及撤回限制上，传统学说大致是基于下列法解释论上原则得出这两种对立利益的衡量结果：

第一，除了像争讼的裁断行为那样具有不可变更力（确定力）的 252行政行为外，对相对方私人不利的行政行为，即剥夺限制权利自由或者课予义务的行政行为可自由撤回。

第二，授益性行政行为，即赋予相对方私人权利自由或者免除义务的行政行为，只要没有应归责于相对人自身的事由，原则上就不得撤回。[1]

第三，即使是授益性行政行为，在公益上有极大的撤回必要时，允许撤回，但有必要补偿因撤回给相对方私人所造成的损失。[2]

---

〔1〕 法律自身规定可撤回时，当然可以据此撤回。但在没有这种规定时，即使作为行政行为的一种附款附有撤回权的保留（参见前述第227页），设定了"在公益上有必要时，可以随时撤销（撤回）"这样的条款，该附款原则上也是无效的，应作为没有法的意义来处理。参照、田中二郎·上131页、156页。

〔2〕 与撤回行政行为的补偿义务相关的例子，有《矿业法》第53-2条第1款，《国有财产法》第24条第2款、第19条，《地方自治法》第238-4条第2款、第5款以及第238-5条第5款等。在没有明文规定时也广泛应用这一观点。最高法院认为，在无《地方自治法》上述条款的时代，鉴于《宪法》第29条第3款旨趣，对于撤回公有行政财产的使用许可，类推适用《国有财产法》的规定。最判1974年2月5日民集28卷1号1页。

2. 这种解决方法作为公益与私益之间的调整方法，抽象地说是大致合理的方法，因而，到现在也不存在从正面否定该基本观点的见解。但是，若详加探讨，这种观点也有下述问题，对于能否仅以这种规则应对所有场面，部分学说很早就认为是有问题的。

253

第一，该原则与法律保留原则之间是什么关系？对于法律保留原则的妥当范围，无论采取前述哪一种立场，至少没有法律的授权，就不得作出对相对方私人不利的行政行为。如果贯彻这一原则，至少撤回授益性行政行为时要有法律的根据。传统学说的上述观点认为，即使伴有补偿，没有法律的明确授权，也可以撤回该行为。因而，至少在这一意义上它是依法律行政原理的例外。对此，要有理论上的说明。[1]

第二，与上一问题相关，上述通说的撤回理论对多大范围内的行政行为是有效的？例如，公务员的免职处分在理论上来看是任命行为的撤回行为，但通常并不适用行政行为的撤回理论。在法解释论上，如何区分某行为是行政行为的撤回行为还是其自身就是独立的行政行为，有必要予以明确。

第三，现在所谓"双重效果的行政行为"数量极多，行政行为相对方在法上的利益或不利，很多情形反过来就直接意味着第三人在法上的不利或利益。[2]在这种情形下，通说的上述规则如何适用呢？[3]

第四，根据传统学说的上述规则解决问题，其结果始终在实质上妥当吗？例如，某人获得公共用物河川区域内土地的河川占用许可

254

（参见《河川法》第4条）、经营高尔夫球练习场等，但因根据综合土地利用计划设置公园而必须要求该营业者搬迁，因建设铁道新干线或机场而征收祖祖辈辈的农地，这两种情况颇为不同，是否均必须根据同样的思考而予以补偿损失，就必须说是颇成问题的。

---

〔1〕 在这一点上，与上述说法不同，很早就有学说认为，没有法律的根据，不得撤回授益性行政行为。杉村敏正・総論上250页。

〔2〕 参见前述第88页及第92页以下。

〔3〕 参照、兼子仁「現代行政法における行政行為の三区分」『行政法と特殊法の理論』（有斐閣、1989年）所収。

3. 对于这里所说的问题，在二十年来的学说和判例中已作出了种种探讨，在今天，撤回可能性的理论状况可谓日益详细了。[1]

（1）对于授益性行政行为的撤回与法律根据的关系，在可实施人工终止妊娠的医师指定问题上（《优生保护法》——现《母体保护法》第14条第1款），最高法院从正面认为：虽然考虑到撤回给相对人造成不利，但公益上仍很有必要应予撤回时，即使没有法令上明确规定，也允许撤回。[2]但是，为什么能这么说呢？其中的理论未必得到充分说明。对此，学说上已有诸多尝试。

例如，盐野宏认为，"为了使宪法保障的古典基本权利免遭行政权的侵害，将侵害保留原则作为其防护装置确立起来。而撤回之所以成为问题，是因为它是要消灭法律关系的情形，此前依私人申请而作出了授益性行政行为，由此形成了私人与行政主体之间的法律关系"。"换一个角度看，授益性行政行为是执照制、许可制等的构成要素之一，其撤回是执照制、许可制等法结构的构成要素之一。"这时，要让该法律关系消灭，并非在任何场合下都要有个别法的具体法律根据。[3]对此说明，仍有疑问，即能否说"受宪法保障的基本权利"与"因行政行为而带来的法地位"有明确的性质差异（例如，至少根据过去的一般观点来看，因营业许可而获得的从事营业的法地位就是宪法所保障的"营业自由"）。若所谓法律根据在于"法的结构"自身，那构成它的各个行政行为就变得未必要有法律根据了。如此，这与本书后述观点至少在结果上就没有差异了。

再如，有观点认为，因许可认可等行政行为而产生的法律状态有给社会带来有害结果之虞时，不论有无明文规定，均能撤回。这"可

255

---

[1]　详细分析行政行为撤销与撤回的法令规定、判例等，乙部哲郎『行政行为の取消と撤回』（晃洋书房、2007年）。

[2]　最判1988年6月17日判时1289号39页。另外，撤回依《药事法》所作的制药认可，同一判旨参照、最判1995年6月23日民集49卷6号1600页——氯喹药害诉讼。

[3]　塩野宏・Ⅰ（第六版）192-194頁。

从许可制、认可制等将个人行为置于行政规制之下的法目的中得出"。[1]换言之，在基于规制有害行为的目的而采用许可认可制的情形中，应当认为许可认可的根据规定自身就是伴有在一定情形下保留撤回权的规定。如此，这些行政行为赋予了自由或权利，在其内容上并非没有限定，而是伴有这一意义上的内在制约。既然承认无个别性根据规定即可撤回授益性行政行为，从与"依法律行政原理"的关系来看，结果也只能是这样来说明允许撤销的理论根据了。[2]

其中的问题在于，具体在怎样的情形下才应承认这种默示的撤回权的保留？对此，有观点认为，它恐怕至少是"给人的生命、身体、财产等造成或可能造成重大损害的情形，在作出该行政行为后，如存在这种事态，当然就相当于发生了不能作出该行政行为的事态"。而这可谓（至少在结果上）构成了今天的判例和学说的最大公约数。[3]

另外，对于授益性行政行为的撤回可能性，除这种法律根据问题外，必须留意的是，即便存在根据，从裁量权的界限角度来看它也是有限制的。特别是在思考营业许可等的撤回容许性时，不能回避对能否通过改善命令、停止营业命令实现规制目的（所谓比例原则的适用）的探讨。[4]

（2）对于撤回时是否要补偿损失，今天，已有最高法院判例指出了清除上述问题的理论途径。因扩大东京中央市场业务需要而撤回该市场部分土地的使用许可时，有人请求借地权相当比例的补偿。最高法院承认，根据国有公有财产的使用许可而享有的使用权一般是《宪

---

〔1〕 今村成和·入门107頁。与此相对，"现在因更大公益而牺牲某法律状态"时，以及作为"制裁的手段"而撤回授益性处分时，这些情形要有法律的明确根据。同前书。

〔2〕 从同样的视角考察职权撤销、撤回的法律根据问题，最近的论考参照、中川丈久「職権取消しと撤回」再考『記念論文集刊行会編『行政と国民の権利』（水野武先生古稀記念論文集）366頁以下。

〔3〕 除前揭今村成和外，例如，芝池義一·総論176頁、阿部泰隆·システム下698頁。前述最高法院的观点也基本上可在这种思考框架中予以定位。

〔4〕 反过来，也有判例群是在一定情形下，行政厅失去裁量余地而被课予行使撤回权的义务（所谓"斯蒙诉讼"等）。对此，请参见下卷第229页以下。

法》第 29 条第 3 款所包含的私有财产权，这种使用权"若没有规定期限，在产生该行政财产本来用途或目的上的必要时，原则上应消灭。而权利自身的上述制约是作为内在制约而被课予的"，因而，否定了对使用权消灭自身补偿损失的必要。[1]

（二）职权撤销的限制

1. 撤销，不同于撤回，它是因违法性而使违法的行政行为失去效力的行为，因而，从依法律行政原理来说，既然行政行为违法，本来就一概可以撤销，或者必须予以撤销。但如前所述，[2]学说和判例过去从法政策或实践的理由出发，对撤销也在法解释论上设计了类似于对撤回的限制。对于职权撤销部分，存在如下限制。

第一，对于"确认行为"，即有不可变更力（确定力）的行政行为，[3]作出该行政行为的行政厅当然不能自行撤销（对于这种行为，自然可以通过一定的争讼程序由上级厅或其他机关作为争讼机关予以争讼撤销）。

第二，通说和判例采纳的观点是，即使是违法的行政行为，在其撤销明显侵害相关者的利益时（多是授益性行为或者以该行政行为为基础形成私法关系的情形），行政厅也不能依职权撤销，如果撤销，撤销自身也违法。[4]但是，这种观点自然是要在合理的范围内保护私人在法上的安全，特别依据的是法政策的理由。因而，在另一方面，例如，凡是授益性行为和形成私法关系的行为，即便违法，也绝对不能依职权撤销。但这种抽象的原则并不成立。例如，（1）依据《自耕

257

258

---

〔1〕 最判 1974 年 2 月 5 日民集 28 卷 1 号 1 页。

〔2〕 参见前述第 135 页以下。

〔3〕 参见前述第 244 页。

〔4〕 例如，（1）依据旧《农地调整法》作出农地租赁解约的许可处分，因为形成了拘束租赁双方当事人的法律状态，即使作出有错误，只要并非申请人有欺诈等显著不端行为，就不允许依职权撤销。最判 1953 年 9 月 4 日民集 7 卷 9 号 868 页。（2）依据旧《自耕农创设特别措施法》交付农地收购令，之后经过相当期间，以较为细微的违法为由予以撤销，牺牲了农地受让者的利益，撤销行为违法。最判 1958 年 9 月 9 日民集 12 卷 13 号 1949 页。这些都是上述观点的代表性例子，常常被引用。

农创设特别措施法》所收购农地的受让者（甲）实际上将该农地转租给第三人（乙）而未自行耕作。最高法院在该案中认为，出售约经三年后，为了出售给现实的耕作者乙，撤销对甲的出售处分并不违法。[1]（2）错误地作为不在本地居住地主（甲）所有的农地加以收购，没有将该农地出售给其真实所有者且为现实耕作者的乙，而是出售给第三人（丙），在出售处分完成后五年多，农业委员会撤销了收购计划、出售计划，在该案中，最高法院判决认为，违法的收购处分给乙造成的不利，明显大于依违法出售处分而成为所有者的丙因撤销该处分所遭受的不利，因而，撤销处分并不违法。[2]

2. 在法治国家之下原本就允许限制撤销违法的行政行为吗？如前所述，[3]该问题曾在德国引起激烈争论。但在日本，未必有很多学者在与依法律行政原理或法治主义的关系上，从理论上对为何允许限制撤销违法的行政行为加以说明。[4]之所以一般承认违法行政行为的撤销限制，终究是因为"依法律行政"要求与保护相对人及相关者法的安全要求价值衡量的结果，承认存在将比重置于后者的情形。而从理论上来看，这不能不说已构成前述"依法律行政原理"的例外（或界

---

〔1〕 最判 1956 年 3 月 2 日民集 10 卷 3 号 147 页。

〔2〕 最判 1968 年 11 月 7 日民集 22 卷 12 号 2421 页。

〔3〕 前述第 135 页。

〔4〕 本书旧版写的是"极少有学者……"，我首次指出这一点是在 1980 年。对此，高木光教授批评指出，可惜我没有跟踪此后的学说发展（高木光「法治主義の信頼保護」芝池古稀 63 頁）。的确，"极少"可能是说过头了，所以这一次修改了表述。不过，我在这里的指摘当然是要强调承认限制依职权撤销违法行政行为的实际必要性，这时也需要多样利益的考量。不是这种具体考量的学者少（这种主张和操作的学者已经很多），而是问题在于，"职权撤销的限制"与依法律行政原理（本书设定的"客观的理论标尺"）本来在理论上是相抵触的，是根据何种法理根据予以承认的，是否得到明确？高木教授近来想对此问题从正面予以对峙，但其结果是归于前述 O. 巴霍夫式的类似思考，限制成为"信赖保护的要求"或"法治主义的要求"的内容之一（参照、高木光·前揭 77 頁）。详细分析此间德国对这一问题的讨论，桑原勇進「授益処分取消制限法理の理論基礎——信頼保護の憲法の位置付けについて」行政法研究 21 号（2017 年）79 頁以下。这是贵重的研究，但基本上只是德国法的介绍。

限)。[1]但正如前文所述,[2]在传统"依法律行政原理"的社会与经济状况背景已然变化的今天, 能否从更为广义的法治主义或法治国家的概念将其正当化, 自然就是另外一个问题了。 259

3. 另外, 也有观点认为, 即使是允许撤销的情形, 在授益性行为的场合下, 为了不破坏既有的法律秩序, 撤销效果原则上不溯及既往, 而仅面向未来发生。[3]如果问题是前述行政合法律性要求与保护相对人及相关者法的安全要求之间的利益衡量问题, 那么, 在具体的案件中, 对于违法的行政行为就会有种种解决方法, 诸如不必讨论就应予以撤销的情形、撤销但仅应面向未来发生效果的情形、即使面向未来也应限制撤销的情形等。但另一方面, 过于厌恶"概念法学之弊"而打开无原则的利益衡量之门, 可能将导致因法官的利益衡量而让依法律行政原理解体的结果。只要将"依法律行政原理"仍采用为今天行政法解释论的出发点, 那么, 对于违法的行政行为, 就有必要在理论上一开始就明确原则上的撤销与例外的限制撤销关系。[4] 260

---

〔1〕 另外, 在这一点上, "如果原先行政行为的授权规定有行政裁量的余地, 职权撤销以授权规定为法的根据, 自然同样也有裁量余地"。"在这种行政裁量框架中作为考虑事项的信赖保护"与"修正依法律行政原理时作为行政上一般法原则的信赖保护发挥功能"的情形需要分开考虑。有论文指出了这一点, 可谓恰当, 原田大樹「行政行为の取消と撤回」法学教室 448 号 (2018 年) 70 頁。

〔2〕 前述第 134 页。

〔3〕 参照、松山地宇和岛支部判 1968 年 12 月 10 日例集 19 卷 12 号 1896 頁、田中二郎・上 153 頁。如果有时撤销的效果仅面向未来发生, 其功能在结果上就已接近于撤回。实际上, 在学说中, 撤销和撤回理论在具体的事例中利益衡量的要求不可或缺, 因而, 也有见解否定在理论上区分职权撤销与撤回的意义。参照、遠藤博也『行政行为の無効と取消』(東京大学出版会、1968 年) 180 頁以下。但现实功能相似与其法的意义如何, 不用说就是不同的理论问题。本书以"依法律行政原理"为尺度来把握行政活动的法的意义, 就必须在概念上明确区分撤销与撤回。

〔4〕 从这一角度来看, 例如, 有见解认为, "一般而言, 即使是有瑕疵的行政行为, 要加以撤销, 就应有必须非要撤销不可的公益上的理由"(田中二郎・上 151 頁), "要撤销, 仅有撤销原因还不够, 还必须有非要撤销不可的公益上的必要"(田中二郎・上 154 頁)。仅从文字上来看, 这是一种颠倒了的观点, 至少要在理论上阐明该命题如何合乎依法律行政原理。

（三）争讼撤销的限制

争讼撤销是法律为保护私人的权利免遭违法或不当行政活动侵害而设计的、依据本来权利救济制度的撤销。因而，违法的行政行为本来就必须全部予以撤销。但是，在日本，也承认其存在例外。

第一，存在与日本争讼制度构造自身相伴的限制（例如依据起诉期限制度的不可争力）。

第二，存在通常称作"瑕疵的治愈"案件。该观点大概是说违法性实质上不大，考虑到种种情况，维持行政行为的有效性。多适用于诸如因情势变更等而让当初欠缺的合法要件实质上满足了或瑕疵变得轻微的情形。[1]这种观点尽管没有法律上的明文规定，却通过判例和学说在过去的法解释论上发展起来。但必须说，其中与前述职权撤销的限制论一样，对于为何在以依法律行政原理为中心的法治国家中要承认瑕疵治愈，过去未必有明确的说明。为了防止陷入无原则的利益衡量论之中，有必要进一步在理论上加以探讨。[2]

第三，对于不承认瑕疵治愈的违法情形，有时会适用现行《行政案件诉讼法》（第31条）、《行政不服审查法》（第45条第3款）的所谓"情势判决"及"情势裁决"，尽管处分或裁决被判断为违法，仍不予撤销。对此制度，容后再述。[3]

─────────────

〔1〕 参照、最判1956年6月1日民集10卷6号593頁；最判1959年9月22日民集13卷11号1426頁；最判1961年5月4日民集15卷5号1306頁；最判1961年7月14日民集15卷7号1814頁；最判1972年7月25日民集26卷6号1236頁等。未承认瑕疵治愈的案件，参照、最判1972年12月5日民集26卷10号1795頁。

〔2〕 远藤博也博士在这一点也从大致相同的角度指出，在过去作为瑕疵治愈来处理的案件中，有本来不被认为有违法事由的情形，也有将行政行为的违法判断的基准时间不是置于行为时而是判决时的情形，因而不存在违法事由的情形等。从理论上看，没有必要将本来瑕疵的治愈当作问题。参照、行政判例百選Ⅰ（初版）230頁。

〔3〕 下卷第146頁以下、第182頁以下。

第五节　行政行为的瑕疵
——特别是行政行为的"无效"

第一款　"有瑕疵的行政行为"及其效果

一、所谓"有瑕疵的行政行为"

要作出行政行为，必须满足法令等规定的各种要件，包括行政行　262
为的主体、内容、程序、形式等。在行政机关作出某行为而欠缺行政
行为的某个法定要件时（或者是错误裁量的不当行为时），一般就说
"该行政行为有瑕疵"，称该行为为"有瑕疵的行政行为"。

然而，对于欠缺行政行为要件的行为，要赋予怎样的法的效果，
在立法政策上有多种可能性，而在现实中，法令通常仅规定了要件，
未明确规定违背要件的行为效果。其意味何在，就产生了法解释论上的
问题。纯粹从法理上考虑，只要没有特别规定（所谓瑕疵既决规定*），
欠缺行政行为法定要件的行为就已不是行政行为，而只是作出该行为
的公务员事实上或私人的行动。但在现实中，如果只要没有瑕疵既决
规定，"有瑕疵的行政行为"就一概没有行政行为的效果，可以料想
的是，作如此法解释，将给实际的行政运营造成明显的混乱。因而，
在这种理由之下，传统行政法学就在法解释理论上创造出这种意义上
的所谓"特别规定"。这时，这种法解释理论在制定法上的支撑就是　263

---

* 瑕疵既决规定（Fehlerkalkül），日文原文为"瑕疵决济规定"。如果要贯彻凯尔
森所倡导的纯粹法学逻辑，不符合法定要件的行为在理论上就必然不可能是法的行为
（无效）。因此，为了避免这一推导的结果，就必须另外存在一种法规范，规定即使
有瑕疵，也并不当然无效。这种规范就是"瑕疵既决规定"。它未必是从正面规定"即
使有瑕疵，也并不当然无效"，也可以是规定要求撤销违法行政行为的途径（例如撤销
诉讼）。它描述的是为法秩序所容忍的法律的产出——既包括立法，也包括个案中的法
律适用——存在瑕疵的可能性。尽管存在违法性，但在为有权机关撤销前，仍有效
力。——译者注

存在抗告诉讼制度，在理论上的支撑就是前述的"公定力"概念。

二、"有瑕疵的行政行为"的种类

根据传统的行政法理论，法的效果因有瑕疵而有所不同，有瑕疵的行政行为据此有如下分类：

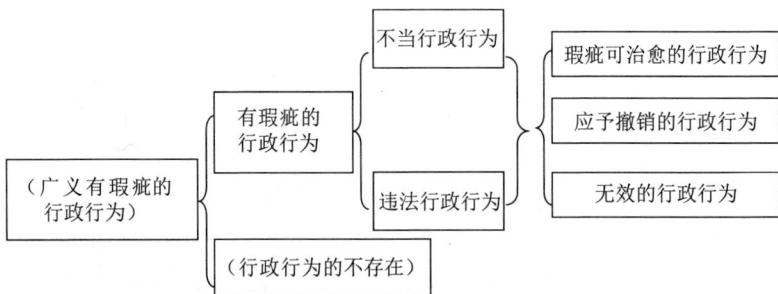

在这些概念中，之前已经阐明了不当行政行为、瑕疵可治愈的行政行为、应予撤销的行政行为等的含义，[1]这里仅想对无效的行政行为、行政行为的不存在作出说明。

（一）无效的行政行为

1. 有瑕疵的行政行为原则上是应予撤销的行政行为，具有所谓"公定力"。[2]但尽管有这种原则，如果现实中的瑕疵非常严重，在经正规程序撤销之前也必须作为有效的行为予以遵守，那就是非常不合理的情形。在传统学说和判例中，对于这种情形，就想出了"无效的行政行为"概念，即不待正规的撤销就从一开始概不承认其为有效的行政行为。[3]当初只是由学说和判例创造出来的这种"无效的行政行

264

---

〔1〕 参见前述第 107 页以下、第 261 页以下及第 246 页以下。

〔2〕 参见前述第 233 页以下。

〔3〕 如果按照传统理论所用概念的样子来使用，在理论上可用正文所示的体系图来表示这些概念的相互关系。只是照"无效的行政行为"概念所具有的这种意义来看，有的案件是"不当的行政行为"，在现实中就不会变成"无效的行政行为"。

为"或"行政行为的无效"概念，现在也通过《行政案件诉讼法》在制定法上予以承认了（参见《行诉法》第 3 条第 4 款、第 36 条等）。

根据传统的通说，无效行政行为不存在公定力、不可争力、自力执行力等所有效力，即使不经正规的撤销，从一开始就不具有有效行政行为的所有拘束力。因而，诸如行政行为相对方私人不在之前提起撤销诉讼，而可以直接以行政行为无效为前提提起民事诉讼等，该民事诉讼等的受理法院在审理先决问题之际也不受无效行政行为的拘束。在现行的《行政案件诉讼法》中，认可对无效行政行为特别提起无效等确认诉讼的抗告诉讼（《行诉法》第 3 条第 4 款），通说和判例认为，[1]在该诉讼中，不适用为提起撤销诉讼而设计的起诉期限、不服申诉前置等各种制约，[2]也不适用情势判决制度。[3]

2. 然而，"无效的行政行为"在上述点上受到不同于"应予撤销的行政行为"的法的对待，对此在结果上可谓殆无争议。然而在理论上，行政行为的"无效"究竟意味着什么？学说上仍有种种探讨，由此对于适用于"无效的行政行为"的法原理、法制度，就产生了部分稍稍不同于上述通说和判例的观点。 265

例如，有观点认为，"在法治国家中，违反法律的行为，即有瑕

---

〔1〕 但即使是传统通说，尽管具体的利益衡量结果是"无效的行政行为"，有时也以某种形式维持该行为的效果。例如，被称为"无效行政行为的转换"者即为一例。它是作为行政厅本来意图的行政行为无效，若行政厅从一开始就知道该行为无效，当然就作出其他行为，在没有给相对人造成实质的不利时，该行政行为就作为别的行政行为而有效。经常引用的例子是，对死者作出的矿业许可、以死者为名义的农地收购处分等，分别作为以其继承人为对象的行为而有效。有时为了保护相对人的信赖，也将本来无效的行政行为当作有效的行政行为。例如，被称为"事实上的公务员（de facto Beamten）理论"即为其例。虽然不是公务员作出的行政行为，而相对人有充分的理由相信是真实的公务员作出行政行为时，为保护其信赖，而当作有效的行政行为。

〔2〕 参见下卷第 62 页以下。

〔3〕 根据传统通说，无效行政行为不同于应予撤销的行政行为，从最初就不具有所有效果，因而原本就没有情势判决所应维持的效果，进而在理论上本来也不产生限制撤销的问题。然而，对此如第 265 页注〔2〕所示，行政行为无效原本是怎样的，与正文以下所见问题相关联，也并非没有异议。

疵的行政行为在实体法上一概无效；所谓应予撤销的行政行为，只不过是将实体法上无效的认定权在程序法上仅赋予特定机关之手的情形而已"。[1]在这种观点中，这里所谓"行政行为的无效"就变成这种实体法上无效认定权没有仅限于特定机关而广泛地予以一般承认的情形。因而，它就只是程序法上的现象。[2]但从理论上来说，即使在法治国家，在不满足行政行为法定要件的情形中，在实体法上要赋予其怎样的效果，也是可以由法律自由规定的；即便没有法律的规定，在带有实践性的法解释论上，也未必禁止设想出种种不同的效果来。在传统的观点中，毋宁是存在着一种牢不可破的观点，即所谓"行政行为的无效"，是给行政行为一定的瑕疵赋予的实体法上的效果，"应予撤销的行政行为"与"无效的行政行为"的不同可谓是根据瑕疵轻重而赋予实体法上效果的不同。然而，有观点也是持行政行为的"无效"首先是实体法上效果的立场，而其所谓"行政行为的无效"是指在正规的撤销程序外任何人均可无视行政行为效果的情形（与上述认为"行政行为的无效"纯粹为程序法上现象的立场完全一样）。对此，很早就有学者指出，"说行政行为在实体法上是无效的，与说其认定权属于谁，这两者在逻辑上是无关的。说在实体法上无效，并不能直接就说任何人都可以无视行政行为了"。[3]

　　如此看来，即使同样说着无效的行政行为或者行政行为的无效，也因论者和情形不同而常常表达着不同的理论意味：一是"在正规的撤销程序之外可以否定行政行为的效果"意义上的（换言之，不承认

---

〔1〕　参照、白石健三「行政処分無効確認訴訟について（二）」法曹時報13巻3号（1961年）343頁以下；兼子仁「無効等確認訴訟の範囲」公法研究26号（1964年）169頁以下。

〔2〕　在这种观点之下，例如，就会出现与通说不同的观点认为，情势判决制度可适用于原本在实体法上无效的"应予撤销的行政行为"，却仅不适用于"无效的行政行为"，这并没有必然的理由。

〔3〕　参照、柳瀬良幹「司法裁判所の先決問題の審理権」同·『行政法の基礎理論』所収。在柳瀬博士的情形下，这种问题意识会朝着传统通说难以想象的方向发展，即无效行政行为也有公定力。

"公定力"意义上的）"程序法上的无效"；二是根据行政行为瑕疵轻重和样态来考虑的"实体法上的无效"。考虑到两者本应在理论上明确区分，本书以下仅将前者用"行政行为的无效"一词来表述，在必要时对后者特别用"行政行为的欠效"来表示，以示区分。

（二）行政行为的不存在

除了"行政行为的无效"外，日本传统的通说进一步认为，应另外有一种情形是"行政行为的不存在"。根据这种观点，应予撤销的行政行为及无效的行政行为姑且不论其法的效果，在现实中仍具备行政行为的外观。而"不存在"则是连行政行为的外观也没有的情形，例如，合议制行政厅内部作出意思决定，但尚未通知相对人，就不作为行政行为而成立的情形，〔1〕或者完全是私人的行为，就属于"行政行为的不存在"。如此，在无效的行政行为的情形中，因为事实上具备貌似行政行为的外观，就有理由承认提起确认无效诉讼，通过诉讼将其排除。而"行政行为的不存在"则完全缺乏行政行为的外观，就没有必要承认诉讼，因而提起确认无效诉讼，将其驳回即可。

但是，对于这种观点，有影响力的少数说认为，在理论上无法区分行政行为的"无效"与"不存在"，通常所谓"行政行为的不存在"其实只是"无效"的一种。〔2〕根据该说，从法理上看，行政行为无效，就在法上不存在行政行为；即使考虑是否有必要将其作为诉讼对象来处理的问题，所谓行政行为的不存在，要言之，即"不存在有效行政行为的事实"，因而，也就没有理由在理论上区分行政行为的无效与不存在。

然而，之所以在行政法学上有必要主张"行政行为的不存在"这一特别概念，未必是基于法理上的理由，而只是基于实践的理由。要

267

268

〔1〕　对于行政行为效果的发生，学说和判例采取到达主义。顺便提及，最高法院的观点是，"行政行为是因表示行为而成立，即使在行政机关的内部确定，在未向外部表达时，不可能是意思表示"。"以书面形式表达时，作成书面文书，成立行政行为；在该书面文书到达时，发生行政行为的效力。"参照、最判 1954 年 9 月 28 日民集 8 卷 9 号 1779 頁。

〔2〕　参照、柳瀬良幹『行政行為の瑕疵』（清水弘文堂書房、1969 年）。另参照、兼子仁『行政行為の公定力の理論』（東京大学出版会、1960 年）343 頁。

言之，（1）是否一般性地承认行政行为不存在的确认诉讼这种诉讼类型？（2）作为行政行为提起撤销诉讼等抗告诉讼时，允许以不存在行政行为为理由驳回诉讼吗？对于这两个问题，在法解释论上是否定前者而肯定后者。但现在，至少对于第一点，制定法上已经解决（在《行政案件诉讼法》第 3 条第 4 款的无效等确认诉讼中也包括请求确认"是否存在处分或裁决"的诉讼[1]）；而对于第二点，总之会归于《行政案件诉讼法》第 3 条所说"处分"或"公权力的行使"概念的解释问题，因而，从该角度来讨论也是可以的。[2]尽管如此，"行政行为的不存在"概念包含着上述少数说所指出的种种理论难点，没有必要将其作为有瑕疵行政行为的一种来讨论。

第二款　应予撤销的行政行为与无效的行政行为判别基准

一、"重大明显"说

有瑕疵的行政行为在现实中属于上述哪一种类型，特别是在有关行政行为的诉讼程序上具有重大意义，因而，根据何种基准进行判别，就成为非常大的问题。其中，必须作为问题的是"应予撤销的行政行为"与"无效的行政行为"的判别基准。

1. 在日本传统的判例和通说中，这两者的区分标志在于"瑕疵的重大明显性"。其所持的公式是，"有瑕疵的行政行为原则上只是应予撤销的行政行为，在其瑕疵重大明显时，行政行为即为无效"。[3]根据这种观点，某行政行为因其违法性而成为无效者，不仅仅是有重大的违法性，该违法性还必须是明显的。然而，如前所示，"无效的行政行为"并不仅限于实体法上无效（欠效）的意思，还是不待正规的

---

〔1〕　作为这种诉讼的例子，参照、最判 2002 年 1 月 17 日民集 56 卷 1 号 1 頁。

〔2〕　参见下卷第 18 页以下。

〔3〕　例如参照、最判 1955 年 12 月 26 日民集 9 卷 14 号 2070 頁；最判 1956 年 7 月 18 日民集 10 卷 7 号 890 頁；最判 1961 年 3 月 7 日民集 15 卷 3 号 381 頁等。

法定撤销程序，任何人均可认定其欠效、否定其效果的行为。既然如此，从理论上来说当然要承认的就是，必须是谁都能看得出来明显存在瑕疵的情形。上述公式是至少一眼看上去具有大致合理性的观点。[1]但若详细探讨，对于"瑕疵的明显性"要件，在理论上也有种种问题，即使在抽象地采用"明显性"要件的判例和学说中，其所赋予的具体的现实意义，也能看到种种微妙差异。

首先，理论上的首要问题是，该"明显性"究竟是对谁而言的明显性？例如，在课税处分中，所得额多大程度真实、课税标准本来是多大的数字，并不具有谁都能简单判明的性质。但也有不少事情即使对一般的私人并不明显，但对专门的行政机关而言却是明显的。因而，诸如，尽管行政厅诚实地履行职责、充分地调查探讨，仍然错误认定所得额、错算课税标准，姑且不提这一情形，而对于漫不经心地作出的课税处分，发现这些错误时，这种错误也不是对任何人都是一看就明显的。这时就会产生疑问，不认定处分无效是否不合理呢？[2]然而，对此问题，最高法院认为，"所谓瑕疵明显，应是指自处分成立之始，在外形上、客观上均明显误认的情形"，"瑕疵是否明显，取决于能否一眼就看得出处分在外形上、客观上存在误认，行政厅是否因怠慢而忽略了应当调查的资料，与判定处分是否在外形上客观上具有明显瑕疵没有直接关系"。[3]这就否定了先前的疑问，而行政处分瑕疵在客观上是明显的，是指"不论处分相关人知道与否，其明显性不必等待特定有权国家机关的判定，任何人作出判断都能近乎达到同

〔1〕　在学说中有观点认为，作为让行政行为归于无效的原因，重要的不是瑕疵的"重大性"，而毋宁是"明显性"。也就是说，如正文先前所见，"在法治国家中，违法的行政行为在实体法上均为无效（欠效），所谓'无效的行政行为'是指不仅法定的撤销机关具有欠效的认定权，所有人均有权认定的情形"，基于这种认识者就是前面这种观点。在这种观点之下，行政行为"无效"，瑕疵在实体法上是不是重大，原本就不成为问题，毋宁是作为解除行政行为欠效认定权限制的要件，才只重视"明显性"。

〔2〕　即所谓"职务诚实义务说"的立场。例如参照、東京高判 1959 年 7 月 7 日例集 10 卷 7 号 1265 頁；東京地判 1961 年 2 月 21 日例集 12 卷 2 号 204 頁等。

〔3〕　最判 1961 年 3 月 7 日民集 15 卷 3 号 381 頁。

一结论的程度"。[1]最高法院一贯就是采取所谓"外观上一见即明显说"的立场。[2]而在学说中，也有支持这些判决者，认为既然要求将明显性作为行政行为的无效原因，考虑到它是在法定撤销程序外任何人均可无视行政行为效果的要件，其中的明显性当然必须是对任何人均为明显。[3]

但是，从理论上来看，如果瑕疵在谁看来都是明显的，那原本就一定不会产生有关行政行为效果的纷争，可以说正因为不明显，才引起纷争、产生诉讼。所谓"在谁看来都是明显的"，其实就是在法院看来"在谁看来一定都是明显的"，这与常常使用"从正常人来看……""从社会上的一般人来看……"这种表达的情形是一样的，应该说包含着法院自身的价值判断，即"如果是社会上的一般人，应该感到是明显的"。如此，法院在作出这种评价时，其实际的基准究竟是什么，便成为问题。从现状来看，直率地说，让法院作出瑕疵"明显性"的认定，这一意义上真的基准未必是充分清楚的。[4]

关于瑕疵的"明显性"，除了这种"对谁而言的明显性"问题，还有"什么的明显性"问题，[5]问题就更加复杂，限于篇幅对此不再展开。[6]

2. 从"重大明显说"的理论状况来看，对过去通说和判例提出

---

[1] 最判 1962 年 7 月 5 日民集 16 卷 7 号 1437 页。

[2] 对于最高法院有关这一问题的系列判决，参照、『行政法の争点』（初版）100 页以下、同（新版）80 页以下。

[3] 参照、田中二郎·上 142 页。

[4] 在这一点上，分析最高法院判例说的"明显性"概念下其更为具体的考虑，参照、森田寛二「行政行為の『特殊な効力』」大系 2 所收。

[5] 对于行政行为是否有瑕疵的问题，有该行政行为中是否有一定事实的问题，也有该事实是否真的就成为违法原因的问题。因而，明显性成为问题的情形，在理论上当然就可能有"存在成为瑕疵原因的事实"的明显性问题与"瑕疵是瑕疵"的明显性问题。

[6] 关于行政行为瑕疵各问题的分析，参照、森田寛二·前揭論文、雄川一郎「行政行為の無効に関する一考察」同·『行政の法理』（有斐閣、1986 年）161 页以下。

有力批判者应该可以说是所谓"具体价值衡量说"的观点。该观点认为，对于有瑕疵的行政行为是仅为应予撤销的行政行为还是无效的行政行为，用瑕疵是重大还是明显这种统一的标准来决定已并不适当，而应根据各个具体情形考虑种种具体的利益而定。[1]

272

　　然而，详细探究采用所谓"重大明显说"的上述判例和学说等，就会产生一个疑问：它们大致是将瑕疵的重大明显性列为抽象的标志，但在现实中不正是已如具体价值衡量说所说的，在根据具体情况进行利益衡量吗？例如，如前所述，最高法院反复将瑕疵的重大明显性作为行政行为无效的标志加以强调，但已有诸多学者指出，在最高法院的判例中却常常可以看到，它未必那般说明。例如，最高法院判决指出："知事违法禁止进入所有者开垦中的土地，妨碍开垦，将该地作为未开垦地作出收购处分时，如果没有采取上述禁止进入措施，在该收购计划成立之时，该地就已明显成为农地，则上述收购处分无效。"[2]该判决正如今村成和博士所指出的那样，实质上可以说只是适用了诚实信义原则而已，与所谓瑕疵的重大明显并没有关系。[3]

　　〔1〕　一般而言，这种观点就是，从具体情况来看，对因行政行为无效而让行政行为相对方私人所得的利益与行政一方所受的不利、因行政行为有效而让私人所受的损害与行政所得的利益进行比较衡量，这时如果得出无论如何都应保护私人利益的结论，行政行为无效；反之，若判断认为，即便迫使私人多少作出牺牲，也要维持行政行为的效力，满足行政上的要求更为迫切而必要时，它就仅仅是应予撤销的行政行为。根据行政行为效果会在怎样的场面下成为问题（例如，是否认可在超过撤销诉讼的起诉期限后提起抗告诉讼，行政行为的效果作为民事诉讼的先决问题而成为问题，等等），这种衡量可得出各不相同的判断。参照、遠藤博也『行政行為の無効と取消』（東京大学出版会、1968 年）。
　　在进入昭和 40 年代左右时，有部分文献颇为明确地主张这种观点。过去，柳瀬良干博士主张，以前将瑕疵的重大明显标志作为无效的行政行为与应予撤销的行政行为的区分基准，这在理论上是有问题的。"无效与撤销的区分标准最终在于公共福祉，承认有瑕疵行政行为的效果绝对违反公共福祉时无效；尽管有瑕疵，姑且承认效果合乎公共福祉时，就变成应予撤销。""因而，在这一标准下，特定的瑕疵是解作无效原因还是撤销原因，取决于公共福祉的具体内容如何。"（参照、柳瀬良幹・教科書 110 頁。）这在实质上也可以看作属于具体价值衡量说的立场。
　　〔2〕　最判 1965 年 8 月 17 日民集 19 卷 6 号 1412 頁。
　　〔3〕　今村成和・入門 107 頁。

1973 年，最高法院更为明确地从正面推出利益衡量的观点，在下述理由下，判决撤销以瑕疵缺乏明显性为由认定课税处分有效的原审判决，发回重审：[1]

> 一般，课税处分仅存在于课税厅与被课税者之间，因而不必考虑保护信赖处分存在的第三人。若斟酌此等情形，该处分中的内容错误是课税要件的根本错误，即使斟酌征税行政的安定性及其顺利运营的要求，仍以超过不服申诉期限发生不可争的效果为由，让被课税者承受上述处分所带来的不利，在有显著不当的例外情形下……就相当于是让该处分当然无效的瑕疵。

若鉴于这种判例动向，大致可作出推测：最高法院在现实中也常常进行具体的价值衡量。如果价值衡量的结果用"瑕疵的重大明显"这种表达来说明，并非较为勉强，就用这一公式；反之，若存在用词上的不合理，就直接将其基础性的利益衡量表达出来。[2]

若是看看学说，例如，田中二郎博士在很早以前就强调重大明显说，一方面，强调具备瑕疵的重大性与明显性两个要件，才构成无效的行政行为，[3]另一方面也认为，"行政行为的内在瑕疵是无效的原因还是撤销的原因，应根据具体情形而定，不可一概而论"。[4]他之后又详细列举了瑕疵种类及其对行政行为效果的具体影响。在这些瑕疵及其效果的目录中，也有诸多情形未必能说清楚地合乎瑕疵的重大明显标志。

---

[1]　最判 1973 年 4 月 26 日民集 27 卷 3 号 629 頁。

[2]　最高法院也有案例从"重大·明显"性及 1973 年判决所示基准的两方角度探讨行政行为能否说构成无效。参照、最判 2004 年 7 月 13 日判時 1874 号 58 頁。为了准确地理解最高法院在各判例中（包括这里所说的案例）说了什么，有必要思考种种背景事实：最高法院在判决之际，并非"首先学说（法理）如何如何"或者"判例如何如何"，基本上是以"在该案件中最为适当地解决纷争"为第一位的任务，多数意见的判决文是合议体妥协的产物。对此，参照、藤田宙靖·最高裁回想録 135 頁以下。

[3]　田中二郎·上 140 頁。

[4]　同上，第 143 頁。

如此，在采用重大明显说的学说和判例中，瑕疵的重大与明显在现实中作为案件的实质解决基准至少也没有其所强调的那种程度的重要意义。在不少情形中，"瑕疵的重大明显"可以说只是以比较法上熟悉的某个表达来给"非常过分的违法"换个说法而已。[1]

二、应予撤销的行政行为与无效的行政行为的具体判别

如上所见，即使在现在，仅仅举出"瑕疵的重大明显"这种标志，也无法具体判别应予撤销的行政行为与无效的行政行为。因而，在判别时，考虑上述问题，在具体事例中作出最适当的选择。以下将参考几个较为一般化的案例，回顾此前的判例和学说上的理论尝试。

（一）无权限者作为行政厅作出的行为

通说认为，不得作为行政厅者（欠缺公务员资格者、公职任期届满者等）作出的行为原则上是无效的。对于某人是否有行政厅的资格，未必始终能从外观上一看就是明显的，这一原则能确立起来是令人关注的。[2]

这一点在合议制的行政厅（公安委员会以及其他行政委员会等）的情形中，因是否正确地组织合议体而成为问题，问题就更为复杂。最成问题的就是涉及合议体的成员缺乏资格（例如，除缺乏公务员资格外，作为利害关系人而在法律上当然受到排斥者等）的情形，除去这种人不符合法定人数时，可以认为当然无效；而除去这种人却还满

275

---

〔1〕 原田尚彦断言这是"洞见"，并指出"正因为重大明显不可能成为具体的基准，反倒具有一种妙处，可根据案件逐案寻求具体的妥当性、自由而富有弹性地作出判断——所谓大冈裁判，判例就是喜欢作为修辞采用这一基准。"原田尚彦・要论 179 页。（"大冈裁判"是指公正而富有人情味的裁定和判决，因《大冈政谈》等小说描写了大冈忠相所作的判决而得名，但与实际的大冈忠相无关。——译者注）

另外，柳濑良干博士指出，瑕疵的重大明显，最终只不过是用更为具体的措辞给公共福祉的观点换个说法而已。柳濑良干・教科书 110 页。

〔2〕 不过，正如先前所述，有时为了保护相对人的信赖，也可能适用事实上公务员（de facto Beamten）法理。参见前述第 265 页。

足法定人数时的案件就是问题。这一点在学说上，很多人认为，在合议制机关中，一个人意见可能控制全体的意见，考虑到这种特殊性，仅为一人存在瑕疵，原则上也成为合议体行为本身无效的原因。而最高法院对此适用"重大明显说"的公式作出判决，例如，有利害关系者作为农地委员会会长参与了确定收购农地决议，即为违法，而只要没有其他明显妨碍决议公正的特殊事由，并非无效。[1]

（二）作为行政厅行动却缺乏公务员意志的情形

这时，缺乏公务员的意志在多大程度上会成为行政行为自身的瑕疵呢？这在与依法律行政原理的关系上有几个问题。过去的学说和判例均广泛承认的原则是，行政行为一般并不因行政厅的错误而（当然）无效。之所以如此，一种观点认为，行政行为与私人的法律行为不同，相较于行为人的心理动机而言，更重要的是行政行为是否根据法律的规定而作出。[2]结果，即使是错误作出的情形，只要在结果上不违反法令，就不是撤销的对象。[3]与此相对，学说几乎一致认为，行政厅的公务员在烂醉如泥以及其他丧失心智状态下（或者高强度的胁迫之下）所作的行政行为无效。

法律之所以介入行政行为这种法形式、将作出行政行为的行政厅法定，是要让行政厅的公务员作出满足法定要件的认定、作出是否作出行为的主体性判断。因而，在未充分进行这种认定或主体性判断的状态下，行政行为在依法律行政原理之下本来也是违法的行为。但是，对于这种违法与行政行为的效果具体如何相连接，可根据在多大程度上重视公务员的主体性判断而得出种种观点。[4]

---

〔1〕 最判 1963 年 12 月 12 日民集 17 卷 12 号 1682 页。

〔2〕 参见前揭第 213 页注〔1〕。

〔3〕 参照、田中二郎·上 144–145 页；杉村敏正·総論上 227 页；神户地判 1951 年 3 月 13 日例集 2 卷 4 号 605 页。另外，相较于行政机关的内部意志，应以误记的表示行为为行政行为的内容，参照、最判 1954 年 9 月 28 日民集 8 卷 9 号 1779 页。

〔4〕 例如，对于基于欺诈、胁迫或贿赂等不正当行为作出的行政行为，有学说认为，应与错误的情形作同样理解（杉村敏正·総論上 227 页）；但也有学说认为，不应认为当然无效，应理解为可以此为理由予以撤销（田中二郎·上 144 页）。

（三）程序和形式的瑕疵

行政行为作出之际存在程序瑕疵时，它对行政行为的效果会产生 [277] 怎样的影响呢？对此，当然可能因对行政法上"程序"重要性的认识而产生种种观点上的差异。如前所述，日本传统行政法理论中，不是将英美式的正当程序思想而是将"依法律行政原理"作为法治主义的核心原理，原本并不重视"程序"自身的固有意义，行政行为在实体上、内容上合法，基本上就会容易倾向于认为，程序自身的瑕疵近乎可以忽视，多数是可治愈的。但如前所述，在这当中，较早时就已有人承认行政事前程序的意义，它是从充实近代法治国家原理，特别是补充行政争讼制度角度来保护个人权利利益的制度。[1]但在这种情况下，通常也仅限于以如何与国民权利利益产生关系为基准来考察程序瑕疵问题。也就是说，通说和判例的基本态度一般是，如果程序是为了保护以相对方私人为代表的利害关系人权利利益而设置的，或者为了调整相互对立的利害关系人的利害而设置的，缺乏该程序的行为原则上应为无效；而程序仅为行政的内部要求，即仅供行政的顺利合理运营参考，或者以其他行政上的便宜为目的时，欠缺该程序的行为，不应仅以此为由而当然无效。例如，在征收土地中项目认定的告示、作为滞纳处分之前提的督促等，在作出行政行为之际，为赋予利害关系人主张权利、提出不服申诉机会而进行公告或通知等程序，均属于前者；前述赋予听证、辩明机会等事前程序也同样如此。而在作出行 [278] 政行为之际，规定应咨询其他行政机关或特别审议机关时，若该咨询旨在保护国民利益或确保处分公正，欠缺即为无效；若仅为行政内部的便宜而实行，就并非无效。[2]

在上述基本倾向之外，还必须注意其前提：这些均为在法令上有程序规定时的情况，对于法律或依法律所作命令等没有明示程序的必要时，原则上原本连违法问题都不会产生。对于这种倾向以及相关学

---

〔1〕　参见前揭第 151 页以下。

〔2〕　参见、最判 1971 年 1 月 22 日民集 25 卷 1 号 45 页。另参照、最判 1956 年 11 月 27 日民集 10 卷 11 号 1468 页。

说和判例的近来动向等，请参见前述行政的事前程序部分。[1]

另外，形式的瑕疵通常是指在行政行为应以法定的特定形式作出，却未以书面形式作出、欠缺行政厅的署名盖章、欠缺日期等情形。形式的瑕疵原本影响到行政行为实体内容自身的可能性是极小的。在传统的"依法律行政原理"下，既然是"程序的瑕疵"，原本就有容易轻视其意义的倾向（未必是关于行政行为的判例，但却是最高法院较早的判例，它认为，即使在外国人驱逐令中欠缺法令要求的执行人署名盖章，依据该驱逐令的执行也不违法[2]）。然而，日本行政法学过去主要是从私人权利保护的角度认为，形式的瑕疵有时导致行政行为无效。例如，法令规定应以书面却以口头方式作出的行政行为、欠缺行政厅署名盖章的行为、法律上要求附具理由却没有记载理由的行为等均为无效。这是近乎一致的通说。它所依据的考虑是：这些均为与这样一个问题相关的因素，即怎样的行政行为以什么样的理由在什么人的责任下进行？它们为了私人对作出的行政行为提出不服申诉、提起诉讼时的便宜，或者作为将来发生纠纷时的证据具有重要意义。[3]

---

〔1〕 参见前述第 151 页以下。

〔2〕 参照、最判 1950 年 12 月 28 日民集 4 卷 12 号 683 页。

〔3〕 另外，欠缺附具理由，今天毋宁是多作为一种程序瑕疵来处理。关于附具理由问题的最高法院判例，参见前述第 158 页。

第二章
行政法上义务的强制手段

第一节 行政上的强制执行

第一款 概 述

一、行政上强制执行的意义与功能

根据以行政行为为代表的各种行政手段，或者直接根据法令的规定，私人负有行政法上的种种义务（行政行为不介入其中，直接强制履行法定义务，这已构成三阶段构造的例外。如后所述，在日本现行法上，这时是与介入行政行为的情形同样处理的，因而这里也为了便宜而一并处理）。在该义务没有获得任意履行时，如何确保其实现，对行政主体而言就是极为重要的问题。在现代行政中，为此采取的手段非常多样，如第二节所见，法律上也规定了诸多制度，行政机关也以种种方式利用这些制度，其所谓"运用"的方法也极具多面性和动态性。但是，在古典的"三阶段构造模式"的理解下，行政上的强制执行是首要的执行行政行为方式，具有重要的法的意义。 280

如后所述，现在，作为实现行政上目的的手段，行政在现实中利用强制执行制度的程度从量上来看绝不算多，仅在例外的案件中利用毋宁才是现实。但是，从法理上来看，以实力实现行政目的，直接着手于私人自由和财产的强制执行制度，对于"依法律行政原理"之下的行政法而言无疑已具有极为重大的意义。本章从这一角度出发，首 281

先沿着"三阶段构造模式"来分析强制执行制度，在探讨日本现行的强制执行制度的问题后（第一节第二款），也将特别与这些问题相关联触及其他手段（第二节）。

二、行政上的强制执行与法律根据

19世纪末，在奥托·迈耶确立行政法理论体系时的德国公法学上，"可单方命令和强制的权能是国家公权力的当然属性"，由此，在私人不遵从国家机关发出的命令等时，一般本来就当然可以实力予以强制。在这种基本观点之下，德国行政法学虽正在确立"法律保留"理论，但仍一般认为，可对不遵从的私人以实力予以强制，这是作为行政行为属性的自力执行力的当然效果，如果法律授权可以作出行政行为，当然就可以强制执行，而无需另行授权。

在第二次世界大战前，根据德国行政法学，特别是奥托·迈耶的观点，日本行政法学压倒性的观点认为，在行政上强制执行的手段中，在强制执行阶段课予行政行为中并不包含的新义务（例如，如后说明的代执行、执行罚），除了对行政行为的授权，还要有对强制执行手段另外的法律授权；而按照行政行为的内容直线地执行，亦即直接强制（例如，对不遵守停止营业命令的经营者，以实力查封店铺，在现实上使其停止营业；对不遵守住院命令的传染病患者实施强制隔离等行为），在对行政行为的授权之外，不需要对强制行为自身的授权。但是，在第二次世界大战之后，特别是进入昭和30年代，这种观点受到种种质疑。有观点强烈主张，即使有对行政行为的法律授权，要实施强制执行，执行行为自身还要进一步获得法律的授权。[1]

这种新观点的论据，也可以从宪法构造的变化（法治主义的贯彻、司法国家制的采用等）得出。重要的可以说基本上是这样一种观点，即"通过行政行为课予义务与通过实力加以强制是不同的问题，

[1]　参照、広岡隆『行政上の強制執行の研究』（法律文化社、1961年）；兼子仁『行政行為の公定力理論』（東京大学出版会、1960年）等。

强制常常是对私人'自由和财产'的新的侵害"。在这一意义上，这可以说是在传统"依法律行政原理"框架内的内在理论修正。现在它已成为学界不言自明的观点。[1]

　　根据这种观点，行政主体只要没有法律的明确根据，就不得对国民的行政法上义务实施强制执行。因而，问题就变成：在日本现行法上有哪些法律承认了哪些强制执行手段？[2]将在下一款中予以概述。

---

　　[1]　参见前文第233页。

　　[2]　另外，问题是，这里所说的"法律"是否包含地方公共团体所制定的条例？在与"依法律行政原理"基本理念的关系上，地方议会由地方公共团体居民代表组成，条例是它制定的一般法规范，以条例规制居民的权利利益在理论上未必是不可能的（现在这种条例广泛存在，参见《地方自治法》第14条第1款、第2款）。不过，在现行地方自治法上，普通地方公共团体只要不违反国家法令，就可以制定条例（参见该法第14条第1款）。而现在日本的行政上的强制执行上，《行政代执行法》具有一般法的性质。该法规定，"确保履行行政上的义务，除法律另有规定外，适用本法律的规定"（第1条）。因而，至少在现行法之下，没有法律的根据，不允许条例独自设定强制执行手段。

　　另外，地方公共团体对于履行条例规定的行政上义务，有可能根据《行政代执行法》第2条括号中所写内容代执行。不过，在文字上，其中的"条例"限于"根据法律的委任"，因而，没有法律的个别委任而制定的所谓"自主条例"（虽然根据《地方自治法》第14条第1款规定，只要不违反法令，就一般承认其存在）并不包括在其中（因而，对于违反条例规定的行政上义务，不允许以条例来认可代执行）。在文义解释上，当然能提出这种问题，而且，应当尽可能制约行政活动中权力性行为的行使，在这种基本观点之下，这种解释也有一定的说服力。但鉴于自主条例在地方自治上现有的意义和功能，今天学说和实务难以采用这种解释。作为文字上的问题，《行政代执行法》第2条所写内容并没有特意区分委任条例与自主条例，它就是在这样的逻辑上展开的。[《行政代执行法》第2条规定："对根据法律（包括根据法律的委任而制定的命令、规则及条例，以下同）直接命令，或行政厅根据法律设定的行为（限于可由他人代替的行为）负有义务者不履行该义务，而其他手段难以确保该义务的履行，并且放任其不履行会严重地违反公益时，行政厅可亲自或者由第三人作出义务人应当作出的行为，并向义务人征收作出该行为的费用。"——译者注]

第二款　日本现行法上的强制执行制度

一、代执行程序和滞纳处分程序

283　　根据日本现行的法律，以比较一般性的形式获得承认的强制执行手段只有两个：一是行政代执行法等规定的代执行程序，二是国税征收法等规定的滞纳处分程序。

　　对于这些制度，首先要注意的是，这些只是比较一般性的强制执行手段，其适用范围有限制。因而，如后所述，就会出现一个问题：

284　对于不适用这些制度的行政行为，如何强制实现其效果呢？其次要留意的是，这些制度虽说是强制执行手段，但未必仅为单纯的一个行使实力的行为，其自身由种种行为（行政行为、事实行为）构成，并形成一连串的程序和过程。[1]

　　（一）代执行

　　如前所述，在日本现行法上，具有行政上强制执行的一般法性质的是《行政代执行法》，该法律自身只规定了代执行的手段。正如该法第 2 条规定的那样，所谓代执行，是指义务人不自发地履行其义务（除行政行为所课予的义务外，还包括法令直接课予的义务）时，行政厅代为实施该行为（或者让第三人实施），并向义务人征收由此而产生的费用的制度（例如，用于强制摧毁违法建筑物、强制交出被征收的土地等情形）。这时，对于其费用的征收，根据后述国税滞纳处分的做法来强制实施（《行政代执行法》第 6 条）。与滞纳处分的情形一样，代执行制度是自告诫（该法第 3 条第 1 款）这一行政行为开始，由一连串过程构建起来。[2]

---

　　〔1〕　有学者着眼于这一点，将其称作"行政上的一般制度"，区别于"行政行为"等行为形式。参见后出第 388 页。

　　〔2〕　另外，该法第 3 条第 3 款规定，对于这些程序，在有非常迫切危险的紧急必要时，可省略告诫等程序。此外，个别法规定，在一定要件下可以公告代替告诫，例外地承认所谓"简易代执行"。参见《建筑基准法》第 9 条第 11 款，《河川法》第 75 条第 3 款，《道路法》第 71 条第 3 款等。

　　然而，代执行手续并不能用于确保所有义务的履行。《行政代执行法》第 2 条规定了代执行的种种要件，其中特别受到关注的是，限定为"限于可由他人代替的行为"。既然代执行是以他人代替本来的义务人实施的结构为中心，这种限定可谓是概念的必然性制约。其结果是在现实中，就将命令不作为义务（例如，各种停止营业命令）以及命令作为义务中不可替代的义务[1]从代执行的对象中排除出去，而只有命令所谓替代性作为义务，才能实施代执行。[2]即使有不履行替代性作为义务，但仅此还不满足代执行的要件。《行政代执行法》第 2 条还附加了其他要件，即"其他手段难以确保该义务的履行，并且放任其不履行会严重地违反公益时"。[3]

　　另外，如果下述滞纳处分程序另当别论，代执行制度就是日本现行行政法上唯一的一般性强制执行制度，有很多学者指出，现实中使用这一制度是稀少的，产生了很多问题。[4]但是，这一制度不仅仍具有重大的法理意义和功能，在近来的实务上其应用也逐渐增多。[5]这

285

──────────

　　〔1〕　例如，1998 年废止前一直存续的《结核预防法》第 29 条中存在结核患者的住院命令制度。现在作为取代该法同条规定的是《关于感染症预防及感染症患者医疗的法律》第 19 条第 1 款。其中，作为行政行为的命令已不复存在，而使用了作为行政指导的劝告。对此，另参见后文第 290 页注〔3〕。

　　〔2〕　理论上说虽然如此，但现实中也不是不产生难题：什么是可代执行的替代性作为义务？例如，《土地征收法》第 102-2 条第 2 款规定的代执行中，"物件转移"的代执行不成为问题，而能如何实施"土地交付"的代执行，便极有问题。对此参照、広岡隆『行政法総論（五版）』（ミネルヴァ書房、2005 年）167 頁。

　　当然，对于一般的作为义务，如果将"采取行动"理解为义务的内容，就不能命令任何人代替本人采取行动，所有作为义务就沦为非替代性义务（例如，前述物件的转移、建筑物的拆除或改建等，即便通常被看作替代性作为义务的典型，也同样如此）。因而，所谓替代性作为义务，姑且不论其实现方法，必须是以带来一定结果（转移、拆除、改建、修缮等）为内容的义务。其中，根据法律课予一定作为义务时，对于该义务是替代性的还是非替代性的，因如何解释法律的意图而可能产生两种观点。

　　〔3〕　当然，现实中该要件在多大程度上发挥功能，也有人提出疑问。参照、広岡隆『行政代執行法』（有斐閣、1981 年）117 頁以下。

　　〔4〕　参见后述第 308 页。

　　〔5〕　参照、曽和俊文「行政の実効性確保の課題」行政法研究 20 号（2017 年）

也正是要求完善其活性化的条件。

（二）滞纳处分

286 《行政代执行法》之外的法律规定的具有较为一般性质的强制执行手段只有强制实现金钱给付义务的滞纳处分程序。《国税通则法》第40条授权税务署长在对滞纳国税进行该法第37条规定的督促后，可作出作为强制征收手段的滞纳处分（如此，督促实施后，税务署长就获得进入滞纳处分程序的权能——产生纳税人的忍受义务——因为与这样的法效果相伴，督促就与不带有法效果的劝告、警告等不同，其自身就是一种行政行为。这是通例的观点[1]）。如此，《国税征收法》另行规定了滞纳处分的要件、程序等。《国税征收法》规定了顺次进行财产的扣押（第47条以下）、财产的出价（第89条以下）、出价价款等的分配（第128条以下）等滞纳处分程序。这时，扣押（第47条）、拍卖（第94条）等行为，学说和判例上都认为其具有行政行为的性质。

《国税通则法》《国税征收法》目前规定了国税的滞纳处分程序。但这一程序根据种种法律，准用为各种国有金钱债权的强制征收手段。[2]对于地方公共团体的情形，《地方税法》大致遵循国税的征收程序，采用了滞纳处分程序。[3]《地方自治法》第231-3条将其准用于普通地方公共团体的各种岁入。如此，对于国家或地方公共团体的诸多所谓公法上的金钱债权，滞纳处分程序具有强制征收程序的意义。

二、其他强制执行手段

287 除了上述滞纳处分程序、代执行程序外，在日本现行法上，并非

---

62 页。对于这一制度在实务中的应用例子，例如参照、北村喜宣＝須藤陽子＝中原茂樹＝宇那木正寛『行政代執行の理論と実践』（ぎょうせい、2016 年）、三枝茂樹「実務から見た行政代執行の課題」自治体法務 NAVI 49 号（2012 年）10 頁以下。

〔1〕 不过也有异议，例如参照、高木光「『法的仕組み』と『仕組み解釈』」自治実務セミナー 2007 年 12 月号 8 頁。

〔2〕 例如参见《健康保险法》第 180 条第 4 款，《国民年金法》第 95 条、第 96条，《厚生年金保险法》第 86 条、第 89 条，《行政代执行法》第 6 条等。

〔3〕 例如参见《地方税法》第 48 条、第 66 条以下、第 72-68 条等。

没有承认其他某种强制执行手段。在个别法上稀少地获得承认的例子中，也有颇为特异的情形，也有不少在理论上是否原本就能包含在这里所说"强制执行"范畴中的微妙情形。如果对其加以概述，大致如下。

（一）所谓"直接强制"

在现行法的规定中能看到例子（极为罕见但是存在），通过行政行为等课予非替代性义务，在没有得到自觉履行时，行政厅可对义务人施加实力来实现该义务。[1]这里所说的例子，在过去的意义上，即"对义务人的身体、财产直接施以实力，实现与履行了义务相同状态的方法"，可称作"直接强制"（理论上而言，命令停止风俗营业——参见《关于风俗营业等规制及业务正当化等的法律》第 30 条第 1 款——却依然营业时，以实力封锁店面行为等，一定是这里所说的直接强制，不过在现行法上对于这种情形，并不存在承认这种强制执行的法律规定）。

第二次世界大战前，《行政执行法》作为现在《行政代执行法》的前身而存在，作为一般的强制执行手段，除代执行外，它也广泛承认直接强制（代执行是替代性作为义务的第一次性强制手段，而对于不作为义务及非替代性作为义务，后述的执行罚就是第一次性强制手段，这些均不能奏效时，作为终极手段可以直接强制）。而在学说上，如前所述，[2]代执行和执行罚一般是在行政行为自身设定的义务之外新课予一定的金钱给付义务，因而，没有法律根据即不得作出。而直接强制并不伴有这种新附加的义务，原原本本地直线性将行政行为业

---

〔1〕 例如，1978 年制定的《关于确保成田国际机场安全的紧急措施法》（制定当时的名称是《关于确保新东京国际机场安全的紧急措施法》，即所谓"成田新法"）第 3 条规定，在该法所说规制区域（参见第 2 条第 3 款）内的建筑物以及其他工作物已被、有可能被用于多数暴力主义破坏活动者集合等时，国土交通大臣可以命令该工作物所有者等，附期限"禁止其工作物供该活动使用"（第 3 条第 1 款）。尽管如此，该工作物违反命令仍供该活动使用时，国土交通大臣可以"采取封锁以及其他不供使用的必要措施"（第 3 条第 6 款）。这时，"命令禁止"的文字含义很难说是明了的，如果它与"禁止"同义（一般如此理解，参照、最判 1992 年 7 月 1 日民集 46 卷 5 号 437 页以下），那这些措施就变成直接强制了。

〔2〕 前文第 281 页以下。

288　已包含的义务付诸执行，以此为由，即使没有《行政执行法》这样的法律，原本也被认为当然能进行直接强制（在这种观点下，行政执行法并非直接强制的所谓"根据规范"，而仅具有"程序规范"的意义）。但是，直接强制是国家机关直接对私人的身体和财产行使实力，在这一点上，它也是这三种手段中最严的手段。而执行罚在实效性上受到质疑。正是这些原因，在第二次世界大战后，这些手段原则上遭到排除，除个别立法设有特别规定外，只剩下代执行作为一般性的强制执行手段。

　　然而，过去一般以行政上强制执行制度的沿革为背景，"直接强制"被认为是在法的性质上不同于"代执行""滞纳处分"的制度。近来对此出现了怀疑。只要根据先前对直接强制的定义，就会出现问题：滞纳处分也是一种"直接对义务人的财产施加实力，实现与履行了义务同样状态的方法"，因而也成为直接强制的一例。而对于代执行，至少是在并非由第三人行使实力而是行政厅自行实施时，也能说与此是相同的。若如此理解，结果滞纳处分和代执行也是直接强制的一种，只是其程序、要件在法律上有特别规定而已。

　　对"直接强制""代执行"等概念作如此重新整理当然是可能的，不过，这时必须明确的是，为了什么而重新整理？"直接强制"一词，如前所述，原本没有作为"代执行""滞纳处分"体系化，"直
289　接强制"如果是"原原本本地直线性实现行政行为等所课予义务的强制执行"，就是可以得出下述结论的功能性概念：不必由个别法律的特别授权，即可实施。但是在今天，在代执行及滞纳处分之外，没有法律的个别授权，就无论如何也不允许了。如此，某行政活动是否具有"直接强制"的性质，这一问题的理论意义已不复存在（特别是对于代执行和滞纳处分，其法的构造已经在法律上得到明确，将其是否具有"直接强制"的性质作为问题，可以说从一开始就没有意义）。必要的毋宁是明确某义务是否为代执行制度的对象、个别法规承认的强制执行手段具体具有怎样的构造，问题到此也就结束了。在这种意义上，本书对上述问题没有其他的关注。

（二）执行罚

所谓执行罚，是指在不履行义务时，设定一定期限，预先告知，若在该期限内不履行义务将处以一定数额的罚款，通过预告施加心理上的压力，间接强制履行的方法。当然，与过去在《行政执行法》之下不同，在现行的法令中，仅残存 1897 年制定的《防砂法》一例。290

第二次世界大战之后，执行罚制度遭遇如此冷遇，其主要原因一般在于，战后日本法制中的一般动向是缩减过去的强制制度，同时，执行罚作为一种强制履行义务的制度实效性很低。不过，近来有学者开始指出，对此有必要重新检视，并强烈建议今后应当积极采用和活用这一制度。[1]这些是以美国的民事制裁金（civil penalty）制度和德国违反秩序行为的罚款制度的成功体验为模范，（鉴于后述日本代执行制度和行政罚制度的现实窘迫状况）主张在日本也引入这种制度，以有助于确保实效性。但这些均为今后制度设计的应有状态问题。

（三）其他

有的情形是行政厅直接对私人的身体和财产施加实力、实现一定行政目的，此前却没有通过行政行为等课予特定义务、等待义务人自觉地履行，行政厅径自行使实力，这种构造的情形〔例如，除《警察职务执行法》各条款规定的措施外，《关于感染症预防及感染症患者医疗的法律》规定的隔断交通（第 33 条）、到指定医疗机构住院的指定（同法第 19 条第 2 款等），以及《关于精神保健及精神障碍者福祉的法律》第 29 条第 1 款规定的住院措施等，是其典型〕，过去被称为"即时强制"，[2]在理论上区别于这里所说的强制执行。[3]不过，在今天实际的法律上，鲜有在这两者的中间位置来设计独立制度的例子。[4]

---

〔1〕 例如，参照、曽和俊文『行政法執行システムの法理論』（有斐閣、2011年）、西津政信『間接行政強制制度の研究』（信山社、2006 年）。

〔2〕 近来也有称为"即时执行"者。参照、塩野宏·（第六版）277 页以下。

〔3〕 对于"即时强制"的概念及制度，改在后文详细说明。后文第 319 页以下。

〔4〕 其中，这里想概述几个颇堪玩味的例子。

《道路交通法》设计了强制移动违法停车车辆措施等手段，作为对违法停车的措施（第 51 条）。在这一制度中，首先对于可命令驾驶者等在现场移动的情形，设计了命令

三、通过民事法上程序强制执行的可能性

291　　然而，如前所述，根据日本现在的通说，只要没有上述法令明确允许强制执行，即使依据法律作出了行政行为，也不允许行政厅自力执行。对于这种情况，学说上多认可通过通常的民事法上程序借助于法院之手强制执行的可能性，[1]下级审判例中也不是没有这种做法。但 2002 年，最高法院关闭了这种诉讼之路，其认为，即使是法令上没有赋予自力执行权能的情形，[2]"国家或地方公共团体只是请求履行行政上义务的诉讼，不属于《法院法》第 3 条第 1 款所说的法律上的争讼，也没有承认这种做法的特别规定，因而应当说是不合法的"。[3]对

292　于这种观点的妥当性，有种种争论。[4]只是在现实中，行政厅比起

移动、强制移动的体系（同条第 1 款、第 2 款），不过这时能强制移动的要件是，"车辆的驾驶者等以车辆故障或其他理由难以直接……遵从命令时"（同条第 2 款），未必是以受到命令者"不履行"为要件。这样，该制度将命令移动与强制移动组合起来，在理论上严格而言，强制行为自身与其说是强制执行，不如说在性质上更接近于即时强制。前述感染症预防法第 19 条第 3 款的强制住院，是在劝告住院（第 19 条第 1 款）之后该人不听从劝告而采取的措施。因而，它在实质上接近于强制执行。不过，劝告过去一直被认为是行政指导，而不是像行政行为那样课予法的义务（参见后文第 364 页以下）。只要以此为前提，该措施就不是强制执行，该法设计的是行政指导与即时强制的组合。但总之，必须说这里重要的并不在于，其中获得认可的方法是理论上具有强制执行性质还是即时强制的性质，而是准确地理解法律上如何规定实施该强制行为的具体要件和程序。

　　〔1〕　今天行政法教科书等广泛采用这种观点，但学说上很早就有同样的说明。例如，細川俊彦「公法上の義務履行と強制執行」民商法雑誌 82 巻 5 号（1980 年）。另参照、阿部泰隆「行政上の義務の民事執行」自治研究 55 巻 6 号（1979 年）。

　　〔2〕　最高法院过去判决认为，在法令上赋予自力执行权能的情形中，行政厅不能请求民事上的强制执行。参照、最判 1966 年 2 月 23 日民集 20 巻 2 号 320 頁。

　　〔3〕　最判 2002 年 7 月 9 日民集 56 巻 6 号 1134 頁（所谓"宝塚市弹珠机条例案判决"）。

　　〔4〕　我自身对 2002 年判决的结论和所附理由持有疑问。法令规定了国民与行政厅（国家）之间的权利义务状态，对其规定的解释和适用上有争议，只有是国民一方提出争议时成为法律上的争讼，国家一方提出争议就不是法律上的争讼，其道理是难以理解的（顺便提及，对于承担自体统治权的地方公共团体的行使公权力，国家采取监督措施的情况，就与该问题是完全不同的话题，参照、藤田宙靖·組織法 51 頁以下）。本案中的基本问题是，"在相对方私人没有自觉履行行政处分课予的义务时，现行法认可国家

采用这种途径，更多地通过种种间接手段来实现与强制执行同样的效果。以下就在下一节来概述补充或替代强制执行制度的种种间接强制制度。

第二节　间接的强制制度

第一款　行政罚

一、行政罚与强制效果

　　所谓行政罚，一般是用作对违反行政法上义务作出制裁性处罚的总称概念。通常根据罚的内容，在概念上区分"行政刑罚"和"秩序

293

或地方公共团体等行政主体提起要求强制履行的诉讼吗？"现行法上当然不存在这种特别的诉讼类型［当然，也有见解认为，《行政案件诉讼法》第 4 条规定的公法上当事人诉讼包含这种诉讼。例如参见、细川俊彦·前揭「公法上の義務履行と強制執行」、中川丈久「国·地方公共団体が提起する訴訟——宝塚パチンコ条例事件最高裁判决の行政法論と憲法論」法学教室 375 号（2011 年）92 頁以下。但该条所说的公法上法律关系本来并不包含"权力性法律关系"，因而，直接要求履行行政处分所课予的义务的诉讼是否当然包含于其中，仍是问题］。于是，问题就转为下一个论点："本来是为解决私人相互间纷争而设计的民事诉讼法在多大程度上能适用于上述情形呢？"这一问题与本书前述"公法关系（特别是所谓权力关系）的私法适用"问题（参见前出第 33 页、第 51 页以下）具有同样的理论构造。例如，对于民法典规定的"信义诚实""禁止权利滥用"等原则，"它不仅是对私法关系，对于一般法关系也是有效的'法的一般原理'规定，也能适用于公法关系（权力关系）"，与这一讨论一样，"民事诉讼眼下是以私权为对象的诉讼而设计的，但其实也包含着通用于一般'司法'或'诉讼'的基本原理，在必要时也能用于解决公法关系（权力关系）中的纷争"，这样的解释论能否成立，就是问题［另外，《行政案件诉讼法》第 7 条规定，"对于行政案件诉讼，本法律没有规定的事项，适用民事诉讼的做法"。其中的"行政案件诉讼"是指"抗告诉讼、当事人诉讼、民众诉讼及机关诉讼"（第 2 条）］。如此，本案中最为必要的是，本来对于这一论点一定有详细讨论，但最高法院once只是拿出僵硬的论调："行政权的主体要求实现其公法上权能的诉一概与'权利的主张'观念（本质上）并不相容，因而，它不属于'法律上的争讼'。"因而，讨论错综复杂，很遗憾没有对于这一论点及其反论展开实质的详细探讨。这一判决的相关文献数量众多，在法理论上详细探讨者可以特别举出中川丈久的前揭论文。此外参照、亘理格「法律上の争訟と司法権の範囲」新構想Ⅲ1 頁以下。我自身对于 2002 年判决的观点，另参照、藤田宙靖·最高裁回想録 95 頁以下。

罚"，前者是科以刑法典上刑名的某种罚（死刑、徒刑、监禁、罚金、拘留、罚款），后者是科以没有刑法典上刑名的某种罚款。行政罚，特别是行政刑罚是以制裁为目的对违反法律的行为所作出的处罚，其自身并不直接是行政上的强制手段。但在另一方面并无疑问的是，其威慑效果间接性地带有强制的效果。为此在这里加以分析是有意义的。[1]

第二次世界大战后，如第一节所见，日本法大大削减了过去的行政上强制执行手段。在占领政策下，对于事前不经过法院的判断就对国民的身体和财产施加实力的行为，美国法持有疑虑，这种疑虑产生了很大影响。其结果是，主张在现行法制度完善之际，主要期待由法院通过通常的刑事诉讼程序课予行政刑罚，以此作为强制执行制度的替代，在现行法之下，将行政刑罚用作强制手段（虽然其自身是间接的）广泛用于行政法各领域，使其发挥中心作用。[2]

但是，从强制手段的功能来看，无法否定的是，行政刑罚自己无论是在法上还是在事实上都带有界限。首先，其强制效果自然只是间接的，即便另当别论，只要是课予刑罚，就要适用诸如禁止双重处罚等原则（《宪法》第 39 条后段）。与执行罚不同，行政刑罚受到限制，

---

〔1〕 对于行政刑罚处罚违反义务的各种问题，交由刑法学，这里不予探讨。

过去在以美浓部达吉博士为代表的传统行政法学上，作为刑罚对象的刑事犯是自然犯，而作为行政罚对象的行政犯规是更为技术性的刑事犯。由此角度认为，对于行政刑罚，即使没有法律的明文规定，理论上也当然适用不同于通常刑罚情形的特别原理。例如，有观点认为，在行政刑罚中，即使没有明文规定，过失犯也当然处罚；法人一般也被认为具有犯罪能力（参照、田中二郎·上 191 页）。但是，自然犯与形式犯的理论区别本来就是相对的，某罚则规定是刑事罚还是行政罚的区别，特别是在边界领域，未必能说始终明确。因而，本书认为，罪刑法定主义原则本来也已严格贯彻于行政刑罚的情形，只要没有特别立法的明确规定，就应照字面来适用《刑法》第 8 条的规定。

另外，有学者从同样角度说，"刑法总则并不是都适用于行政制裁，但至少罪刑法定主义原则、责任主义原则、罪刑均衡原则等近代刑法大原则对于行政制裁一般是妥当的"。参照、佐伯仁志『制裁論』（有斐閣、2008 年）18 頁。

〔2〕 在现行法的规定方法中，在违反了行政法上的义务时，有直接根据法令处罚的方式（所谓"直接适用型"或"直罚型"），也有对违法行为发出纠正命令等，不遵守时才开始处罚的方式（所谓"间接适用型"或"命令前置型"）。对于其差别及立法上的选择基准，参照、北村喜宣「行政罰・強制金」新構想Ⅱ135 頁。

不能在实现目的之前对同一事实反复施加。而在日本，行政刑罚通常以徒刑和罚金刑为中心。罚金刑虽然得到极为广泛的应用，但也有弱点，在违法行为所得是莫大的经济利益时，罚金刑的威慑效果和强制效果就是极为稀薄的。如此，现实中，下一款将看到的种种间接强制手段就被重新考虑和利用起来。[1]

二、行政刑罚及其程序

行政刑罚是科以刑法上有刑名的刑罚，因而其处罚程序当然要与 295通常的刑罚一样、根据刑事诉讼法的规定进行。不过，在日本法上，有时鉴于案件的特殊性，在进入通常的刑事诉讼程序之前，可通过下述简略程序予以替代。一是根据《交通案件即决裁判程序法》的即决裁判程序。这是对于符合《道路交通法》第八章规定的罚则者，根据检察官的请求，在正式的公判之前由简易法院进行的简易裁判程序。二是根据《国税犯规取缔法》和《关税法》的通告处分程序及根据 296《道路交通法》第九章规定的犯规金制度。对于符合这些罚则规定者，行政机关通告应缴纳一定金钱，听从通告缴纳之后，处罚程序即告终了，检察官不能对同一案件提起公诉。[2]

这些简易处罚程序的问题在于，这种简易程序，特别是后者的情况，行政机关仅作出通告行为，处罚程序即告终了，这与《宪法》第31条的正当程序要求、第32条的获得裁判权利的保障等不相抵触吗？但是，这一点在即决裁判程序的情况下，在作出即决裁判宣告后，14日以内可请求正式裁判（《交通案件即决裁判程序法》第13条）；而在通告处分程序及犯规金制度的情况下，受到通告却不予遵守时，其中有转移至正式的刑事诉讼程序的结构，[3]在结果上一般认为不产生

---

〔1〕 对于行政刑罚的功能界限、其替代性制度的详细内容，目前参见北村喜宣的前揭论文是便利的。

〔2〕 参见《国税犯规取缔法》第157条第5款、《道路交通法》第128条第2款。

〔3〕 参见《国税犯规取缔法》第158条、《道路交通法》第130条。

违反宪法的问题。[1]

三、罚款（秩序罚）及其程序

秩序罚是行政罚的一种，其前提在于，在怠于履行申报、通知、登记、登录等义务时，其自身原本并不直接侵害行政目的，不过却有间接妨碍行政上秩序的危险，对于这些比较轻微的违反行政法上义务，还不用科以正规的行政刑罚，科以简易制裁手段的罚款就已足够。因而，学说上创造出"秩序罚"这样一个概念。从这种观点来看，现行法上同样是处以罚款的情形，作为所谓秩序罚的罚款就要能在观念上区别于其他情形（例如，作为惩戒手段的罚款、作为执行罚的罚款等）。[2]但是，这里不局限于这种观念上的区分问题，而将作为间接强制手段的罚款整体作为问题。

罚款不是在刑法上有刑名的刑罚，因而，一般不适用刑法总则。其程序也不像刑罚那样适用刑事诉讼法，只要没有法令的其他特别规定，就根据《非讼案件程序法》第 119 条以下的规定来进行。此外，在现行法上，有的罚款一开始就不经法院的判断，而由行政行为课予。例如，《地方自治法》规定的罚款就是如此。

在《地方自治法》上，一般允许普通地方公共团体在其制定的规则中，设置对违反规则者科以罚款的规定（《地方自治法》第 15 条第 2 款），此外还在个别规定中规定可处以一定的罚款（第 159 条第 2 款、第 228 条第 2 款等），现实地科以这些罚款也是地方公共团体首长的权限（第 149 条第 3 项）。如此，这就是以行政处分的形式作出（参见第 155-3 条），作为其强制手段，可依照地方税滞纳处分的做法

---

[1] 另外，既然通告处分、犯规金的通告仅具有这种性质，最高法院判例认为，对于这些行为，也不能提起抗告诉讼。对于通告处分，参照、最判 1972 年 4 月 20 日民集 26 卷 3 号 507 頁；对于犯规金，参照、最判 1982 年 7 月 15 日民集 36 卷 6 号 1169 頁。

[2] 另外，有人指出，在后述地方公共团体的自主条例中，在法的性质上，具有刑罚（惩戒罚）性质的罚款比起秩序罚的罚款在增多。参照、北村喜宣『行政上の実効性確保』（有斐閣、2008 年）33 頁。

强制征收（第 231-3 条第 3 款）。这时，对于罚款的处分，自然和通常的行政行为一样，可提起不服申诉和诉讼等。但如果超过不服申诉期限和起诉期限，就会产生所谓不可争力，因而与前述通告处分、犯规金的情况有所不同。从而，对此也当然产生与《宪法》第 31 条、第 32 条的适合性问题。尽管如此，通常并不认为罚款的程序违宪，其原因在于，罚款是对违反法秩序行为的制裁，但其制裁的意义是较为形式性、技术性的，而且课予的负担也较为轻微，实质上"处罚"的性质是稀薄的。[1]

298

即使姑且以这种观点为前提，在现实中也不是没有问题了。例如，《地方自治法》第 228 条第 3 款规定的罚款（对使用欺诈及其他不正当手段逃避分担金、使用费等行为的罚款）等，不论是其制裁目的，还是其科以的数额，都在实质上与作为行政刑罚的罚款极为类似。其中存在着与下一款重加算税的情况同样的问题。

第二款 公租和公课

这里的公租和公课，是指税款以及行政主体强制课予的除前款行政罚以外的金钱给付义务。

一、延滞税和加算税

众所周知，税款一般不仅仅是为国家和地方公共团体提供经费，为了实现种种经济、行政政策，它还被用作抑制手段和诱导手段发挥着功能。特别是在现行法上，私人违反税法上义务将直接导致经济上的不利，被课予不同于本来租税债务的其他的税。《国税通则法》第 60 条以下规定的延滞税（对于地方税，《地方税法》第 56 条、第 64

---

〔1〕 参照、最决 1966 年 12 月 27 日民集 20 卷 10 号 2279 页。从同样角度，罚款与罚金、拘留并科也不违反《宪法》第 39 条后段。最判 1964 年 6 月 5 日刑集 18 卷 5 号 189 页。

条等规定了延滞金制度），该法第 65 条以下规定的各种加算税＊（对于地方税，《地方税法》第 72-46 条以下、第 328-11 条以下等规定了加算金制度），即为其例。

299 　　延滞税具有因迟延履行债务而产生延滞利息的性质，加算税明显带有对违反租税法上义务加以制裁的意味，可以说具有类似于第一款所见的行政罚的一面。其中就会产生问题：以课税处分程序实施这种制裁行为不违反《宪法》第 31 条、第 32 条吗？假如它与对逃税行为的罚金刑并科，不抵触《宪法》第 39 条后段规定吗？特别是《国税通则法》第 68 条规定的重加算税，无论是其要件的规定方式，还是其金额之高，实质上发挥着与对逃税的罚金刑极为类似的功能，此前也屡屡在裁判上对此出现争论。但是，最高法院确立的判例认为，加算税不是刑罚，而是为了获得纳税之实而采取的行政措施，因而，加算税并不违宪。[1]但在这一点上，像这样将重点置于行为的形式来判断就足以保障国民的基本人权了吗？不应更加重视该国家行为对国民实质上具有何种意义吗？在与这种基本问题的关系上，还不能断言疑问已经完全消失了。[2]特别是在现代国家活动中，一个行为的活动目的常常绝不是单一的，"非刑罚的行政措施"最高法院的这种切割是

　　＊ 加算是指在基本数额之上加上一定的数额。所谓加算税，是指为了实现申报纳税制度的稳固发展而对不适当履行申报义务者所增加科处的税，具有行政制裁的性质。按照《国税通则法》的规定，有过少申报加算税、无申报加算税、不交纳加算税、重加算税等四类。——译者注

　　〔1〕 参照、最判 1958 年 4 月 30 日民集 12 卷 6 号 938 页；最判 1969 年 9 月 11 日刑集 24 卷 10 号 1333 页等。

　　〔2〕 例如，刑法学者在区分制裁的"实体"问题与"程序"问题基础上对此问题作出分析发言［佐伯仁志「二重処罰について」内藤谦先生古稀祝賀『刑事法学の現代的状況』（有斐閣、1994 年）275 頁以下、同・前揭『制裁論』20 頁以下］，行政法学者引用该见解及美国联邦法院的判例进行论述、提出主张，曽和俊文・前揭『行政法執行システムの法理論』33 頁以下。"科以行政制裁时仍有必要科以刑事制裁吗，相当于刑事制裁吗；或者科以刑事制裁时仍有必要科以行政制裁吗，相当于行政制裁吗？应当明确并详查两种制裁的差异与互补关系"（山本隆司「行政制裁に対する権利保護の基礎の考察」宮崎古稀 251 頁）。这可谓日本行政法学今天广泛共有的观点。

否真的是与这种状况相适应的思考方法，仍有问题。

二、课征金

课征金最初是由 1973 年《国民生活安定紧急措施法》(第 11 条)、　300
1977 年修改《禁止垄断法》（第 7-2 条、第 8-3 条）等引入的手段，
是一种为了保护一般消费者、对获得经济法上不法利益的企业课予与
其利益额度相应的制裁金。在制度引入之初，以没收不法利益为目
的，因而与所得金额的利益相应来科处。此后法律修改，让上调幅度
课予金额也成为可能，[1]强化了对违法行为的制裁功能。

课征金自身是通过缴纳命令这种行政行为课予的，但是，这些课
征金是希望对法律的直接禁止实现间接强制的效果，在现行法上未必
是作为某种行政行为的间接强制手段来使用的。[2]

第三款　公　告

一、现行法上的公告制度

所谓公告，是指在行政主体的相对方私人不为应为之事、为不应　301
为之事时，行政主体一方通过公告该事实及私人的姓名施加间接压力
的手段，该手段特别是昭和 40—50 年代以后使用较多。过去，1962

---

[1]　1991 年修改《禁止垄断法》之后，课征金采用的计算方式是卡特尔垄断实
行机关的对象商品和服务的销售额乘以一定比率（参见《禁止垄断法》第 7-2 条、第
8-3 条）。其结果是卡特尔垄断所获的利益与课征金的数额未必一致。对于该比率，此
间也有上扬，在现行法上也对再度违反行为重科（参见该法第 7-3 条第 7 款）。另外，
对于损害保险公司的卡特尔，不是降低支付保险金额，将期间中的保险费作为销售额来
计算课征金也是合法的。参照、最判 2005 年 9 月 13 日民集 59 卷 7 号 1950 页。

[2]　因而，这里不详细探讨课征金制度的内容。关于课征金及其性质上的问题，
参照、『行政法の争点』（初版）112 页、同・（新版）102 页；北村喜宣・前揭「行政
罚・强制金」新构想 II 150 页等。而对于作为行政的手段、包含课征金在内的 "经济手
法" 整体，详见、阿部泰隆・システム上 278 页以下。

年的《不当赠品类及不当标识防止法》第 6 条规定，公平交易委员会对违反该法的行为作出排除命令时，必须予以告示（第 6 条第 2 款）。此后，在发端于 1973 年石油恐慌的经济危机之际，为了抑制经济主体的无轨活动、使经济安定化、保护消费者而制定了诸多立法，公告制度就广泛在日本法上登场了。例如，根据 1973 年《国民生活安定紧急措施法》第 6 条第 3 款、第 7 条第 2 款，1974 年《国土利用计划法》第 26 条的公告等就是其典型。而同一时段，各地方公共团体也在消费者保护条例等条例的制定中屡屡利用公告制度。

二、公告在法上的性质

公告这种手段仅仅是在公告一定的事实、姓名，而不是对国民课予义务、剥夺其权利的行为（亦即行政行为），也不是对国民的身体、财产直接行使实力的行为。尽管如此，在日本，公告手段的间接强制效果却能变得很大。[1]其中的问题在于，在事实上具有很大的效果，在法上却没有效果，对于这种行为的违法性，法究竟能以怎样的方法进行控制呢？这与后述"行政指导"具有共通的问题，例如，在法律保留问题上，今天几乎主导性学说都认为，至少"制裁性公告"[2]要

---

〔1〕 原本日本国民就讨厌自己的姓名被公之于众，这种习性常常被提及。也必须留意的是，今天随着因特网的普及，某特定人"不遵从行政处分或行政指导"的事实公之于众，有时是伴有危险的，公众的反应有可能都关乎身体的安全。在这一意义上，公布姓名（特别是通过因特网）已经可谓是明显不利的措施［强调这一点，参照、阿部泰隆『行政法再入門（上）』（信山社、2015 年）99 頁以下；林晃大「制裁の公表に関する一考察」芝池古稀 285 頁］。

当然，也有学者指出，公告具有这等重大威力，而且现实中其效果以何种方式影响多大范围内的人并不明确，因而，在现实的行政实务中很难使用。参照、北村喜宣·前揭『行政の実効性確保』76 頁以下。

〔2〕 公告的行政目的在于，通过将违法行为或不遵从行政指导者的姓名或行为内容公之于众，防止消费者、交易对象等第三人受害（信息公开的功能）。此外，让当事人遭受"侧目"（特别是在用作间接强制手段时），至少也是其部目的。将强烈具有这种制裁侧面的公告称作"制裁性公告"，考察其特别的法理，成为近来行政法学的一个样式。对此，除前述林晃大论文外，参照、天本哲史「行政による制裁の公表の法的

有法律的根据。这可谓侵害保留论中"侵害"的扩张。另外，私人对于以自己为对象的公告究竟能以怎样的方法争议其违法性，也是问题。近来，公告未必是仅作为行政行为的间接强制手段，而毋宁是像上述《国土利用计划法》的例子那样，在很多情形下与劝告（参见该法第 42 条）这种本来仅为行政指导性质的行为结合起来使用。这时，该问题就更加具有切实的意义（作为行政行为的间接强制手段时，有通过抗告诉讼争议行政行为自身违法性的路径；而在劝告的情形下情况就有所不同）。对于这些问题，将在后文说明行政指导一般情况时再作分析。

第四款　各手段的转用

一、具体转用之例

在现实的行政活动中，除了上述手段外，本来是为其他目的设计的制度却在不经意间具有了间接强制的效果，或者行政机关有意那样运用，而有强制效果，这样的例子是极多的。下述例子就是典型。[1]

（一）行政行为的撤回等

作为行政上对私人经济活动的监督手段，除了命令纠正违法活动外，还有停止营业、取消（撤回）营业许可等手段，有很多是法定化的。[2]这时，停止营业、撤回许可等手段是事后的控制，但对于此前

303

問題に関する一考察」東海法学 40 号（2008 年）78 頁等。不过，正如林晃大所指出的那样，在具体案件中，它是否为这一意义上的制裁性公告，未必始终明确。

〔1〕　对于这些例子，目前可详见、ジュリスト増刊・『行政強制』（有斐閣、1977 年）。

〔2〕　例如，参见《关于风俗营业等规制及业务正当化等的法律》第 8 条、《食品卫生法》第 55 条、《旅馆业法》第 7-2 条及第 8 条，等等。今天，对于违法停车的放置车辆，由公安委员会作出缴纳命令，课予"放置违反金"（《道路交通法》第 51-4 条第 4 款），根据滞纳处分的做法征收（同条第 14 款）；在下次车检时，不提交证明缴纳（或征收）事实的书面材料，就不交付汽车检查证（同法第 51-7 条第 2 款）。这也是设置间接强制措施的例子。

作出的改善命令等具有间接强制的效果。

（二）刑事上手段的转用

现行法上，强制执行手段是极为有限的，如前所述，行政代执行程序作为一般手段获得承认，但可利用的场合是限定的。现实中，有时就以其他手段来代替它发挥功能。

例如，在对土地征收裁决后交出土地进行代执行时（《土地征收法》第102-2条第2款），房屋及其他物件的转移义务，是替代性作为义务，可成为代执行的对象。土地所有者自身从其土地走出来的行为却是他人不能代为作出的行为，因而不能对其代执行。但是，现实中，对于无论如何都不撤离的人，可诸如适用《刑法》第130条后段的不退去罪，作为现行犯予以逮捕，强制排除。而对于代执行，如遇实力抵抗，是否连排除抵抗都包含在代执行的权限中，则是一个法解释的问题。至少作为现实问题，以构成妨碍执行公务罪为由，以现行犯加以逮捕，就能以实力排除抵抗。

（三）即时强制手段的转用

后文将说明的即时强制手段，[1]有时具有前述同样的功能。比如在上述例子中，土地所有者在家中坐着不动，这时行政机关先要解体房屋，在此过程中，发生对所有者身体的紧急危险，可通过《警察职务执行法》第4条规定的避难措施将人带离房屋。

（四）拒绝提供服务等

在形形色色的日常生活中，行政主体在法上、在事实上均处于优越于私人的地位。这种地位的差异自身原本就是对私人的无形压力，多具有间接强制效果。但是，其中特别成问题的是，现代国民的日常生活不得不依存于广泛存在的行政主体服务（特别是生活便利），行政主体有意加以利用，有时拒绝提供这种服务，用作强制其他目的的手段。例如，典型的例子是，对违反《都市计划法》《建筑基准法》

---

〔1〕　参见后文第342页以下。

的建筑物，市町村拒绝自来水的供给、禁止利用下水道。[1]对于这种 305
建筑物，现行法上尽管能发出拆除命令（参见《建筑基准法》第9条
第1款）、利用代执行的程序（第12款），但行政厅常常采取上述拒
绝提供服务的行动，避免诉诸强制执行程序。

二、各手段转用的法问题

然而，对于上述种种例子，有很多在与依法律行政原理或者法治
主义的一般关系上有种种问题。

1. 首先，对于撤回权限等的例子，这些权限是法律为控制私人经
济活动而赋予行政机关的正规手段。假设它也作为其他控制手段的间
接强制手段发挥功能，就没有必要将其自身特别作为问题。这时的问
题只是归结为，现实行使撤回权限时有无因滥用裁量权等而违法。

2. 而对于刑事上手段和即时强制手段等的转用，问题则颇为严
重。在上述事例中，将这些手段用于不得代执行的地方，最终带来与
直接强制相同的结果，这对于一般否定直接强制的日本现行法制而言
可谓规避法律的行为。

在立法论上，可能对于这种情况，在严格限定要件和程序后，将
不得不采取的直接强制手段法定化，这反而是在运用依法律行政原理
的理念。[2]但是，在这种立法阙如的现状之下，如何在法上评价上述
现象就是颇为困难的问题。一方面，直接强制在现行法上并未得到一 306
般性采用，连对于本来能或有必要取得上述刑法上、警察法上各个手
段的场合，也当然认为有禁止之意，就必须说是很难作出这种法解
释。但另一方面，也可能出现一种观点认为，之所以不得不行使上述

---

〔1〕 这种事例成为诉讼的案件，诸如参照、最判1981年7月16日民集35卷5号
930页——所谓丰中市拒绝供水案判决。

〔2〕 根据直接强制概念史研究，论及日本现在在立法政策上引入直接强制制度的
是非、在创造制度时应留意的点，可参照、须藤陽子「直接強制に関する一考察」立
命館法学312号（2007年）1頁以下。

手段，其原因在于，如果从它是行政行为及其执行的一连串过程中的一环来看，在判断能否采用这些刑法上、警察法上的手段执行时，就不是仅仅个别性地考察这些手段，而必须将其整个背景性过程作为考虑对象（根据所谓"行政过程论"，强烈主张这种观点的必要性）。因而，即使不能说这些方法原则上违法，可能也要看各案件的个别情况，因认定有滥用权限等，而在例外时产生应被认为违法的情形。[1]

3. 同样在合法性上有问题的是，由拒绝提供服务（特别是生活便利的拒绝）所代表的，行政主体利用行使或不行使其他权限的可能性实施间接强制。例如，德国行政法理论确立起来的观点认为，为了实现一定目的，行政主体有意利用日常生活手段的给付主体等地位而实现间接的强制效果，这本身就因构成权限的"不当联结"（Koppelung）而违法。而日本还未必达到这一步。但作为实际问题，在下级审的裁判例中，很早就判决认为，建筑物违反《都市计划法》《建筑基准法》，并不是《水道法》第 15 条第 1 款规定的拒绝供水的"正当理由"。[2] 近来，居住用地开发指导纲要规定对不服从者以拒绝供水进行制裁，最高法院的判例对此显示出严格的态度。[3] 而在 1993 年制定的《行

---

〔1〕 即使在与各个行为的根据规范的关系上只能认为行政活动完全合法，在与其他行为的相互关系上，有时也如"土耳其浴室"案判决那样认为违法（最判 1978 年 5 月 26 日民集 32 卷 3 号 689 页）。

〔2〕 参照、大阪地判 1967 年 2 月 28 日判時 475 号 28 页；大阪高判 1968 年 7 月 31 日判時 547 号 50 页。当然，对此，下级审判例在某案件中，电力公社基于东京都知事的配合要求而对违法建筑物保留供电承诺，法院认为，在《电力事业法》第 18 条第 1 款（相当于现行法第 17 条第 1 款）的"正当理由"中也包含违反公序良俗的情形。在这一解释之下，这种保留也不违法（東京地判 1982 年 10 月 4 日判時 1073 号 98 页）。另外，关于这里所说方向上的学说，参照、藤田宙靖·ジュリスト昭和五十一年度重要判例解说 31 页以下。

〔3〕 例如，"作为让人遵守指导纲要的压力手段，利用水道业者的供水权限……拒绝缔结供水契约"，这不是《水道法》第 15 条的"正当理由"，最判 1989 年 11 月 7 日判時 1328 号 16 页。而基于同样规定拒绝供水的指导纲要征收"教育设施负担金"，最高法院判断认为，这"事实上强制征收负担金，因而相当于违法行使公权力"。最判 1993 年 2 月 18 日民集 47 卷 2 号 574 页等。不过，拒绝供水的合法性之所以成为问题，因为它是被用作行政指导等的间接强制手段，水道事业者可以说从正面为了抑制自来水

政程序法》中，专门设置关于行政指导的间接强制的规定。"行政指导的实施者不得以其相对人不遵从行政指导为由，作出不利对待。"（第32条第2款）"行政机关具有许可认可等的权限或基于许可认可等的处分权限，但在不能行使该权限或没有行使的意思时却作出行政指导的，行政指导的实施者不得故意表示其可以行使该权限，使相对人不得不遵从其行政指导。"（第34条）法对这种间接强制方法的控制，促进了理论的进步。

第三节　"确保行政的实效性"视角

本章以上作为"行政法上义务的强制手段"来说明的各项制度和理论，在今天的行政法学上通常是在"确保行政的实效性"这种更为广泛的视野之下讨论的。对于这种变化的背景，曾和俊文教授已有简洁的说明。[1]对于如何理解这一动向，下面在与本书内容的关系上补充一点说明。

308

出现这一动向的契机首先在于，特别是从进入平成时期（1990年左右）之后，代执行制度、行政罚制度在行政实务上几乎是功能不全的，这一现象引起行政法学者的注意。如本节之前所述，在第二次世界大战之后的日本法制中，代执行制度是当作强制履行行政法上替代性作为义务的一般制度而设定的，而行政罚是当作强制履行不作为义务及非替代性作为义务的一般制度而设定的。只要这些制度有效发挥功能，在法的实现上就不会有不完备的问题。但是，制度要在现实中有效地发挥功能，首要的当然是在违反义务（者）的数量与行政的应对能力（职员的人数和资质、预算、组织状态等）之间取得平衡（想一想警察对违反道路交通法规行为的管理现状就知道了）。正如各种

需求的增加，而拒绝与公寓分户出售企业缔结供水契约，其自身当然并不违反《水道法》第15条第1款。参照、最判1999年1月21日民集53卷1号13页。

　〔1〕　参照、曾和俊文「行政の実効性確保の課題」行政法研究20号（2017年）52頁以下。

指摘那样，在日本的现状中，代执行制度也罢、行政罚制度也罢，在这一点上都有很大的不匹配。[1]

　　而后，意识到了发生上述"执行的欠缺"（Vollzugsdefizit）是一个极大的问题。如本书所述，近代法治主义及其之下的"依法律行政原理"以保护国民权益免受行政权行使的侵害为终极目的，因而，本来就不允许行政厅过剩地行使规制国民权益的权限，而不将不行使权

309

――――――――――――

〔1〕　例如，过去在 1995 年日本公法学会上所指出的代执行制度的下列问题，今天仍然适用：

1. 对于替代性作为义务，从轻微的义务到重大的义务均设想以一元性代执行来处理，对于轻微的义务就难以发挥功能。有时可谓是大炮打麻雀，在比例原则上存在问题。

2. 代执行程序本身极为复杂，而且需要处理大量的事务，因而，面临能力上、体制上的困难。

3. 行政厅在实施代执行上有广泛的裁量，因而，并不是根据公共公益性的侵害程度，亦即外部不经济性的大小来启动代执行。

4. 代执行程序本身带有强权发动的印象，很难获得舆论媒体的支持。

5. 上述第二点的结果是，尽管实施代执行耗费大量行政成本，征收费用却是极为困难的。而且，在有征收权的费用以外，也有高额的不能回收的费用，因而，行政效率很低。〔福井秀夫「行政代執行制度の課題」公法研究 58 号（1996 年）213 页。〕

在概括整理行政罚制度功能不全的原因上，请参见下列指摘：

1. 基本上是因刑罚的谦抑性，进而是近来日本刑法犯罪的增加，搜查机关也只能优先应对这些增加的重大刑法犯罪，因而产生了相关机关在非重大行政犯上抑制适用行政刑罚的倾向。

2. 因为不适用违反事例的增加，从公平等角度选择适用更加困难，如果适用对象真的是不容忽视的重大案件，行政刑罚的一般威慑力就会下降。

3. 行政刑罚中的罚金在剥夺违反行为所得利益基本上不发挥功能，对遏制违法行为的威慑力是不充分的。（西津政信·前揭『間接行政強制制度の研究』55 页。）

另外，日本的行政刑罚立法过剩，以此为原因功能不全，而"德国秩序法明确区分以报应思想为背景的狭义刑罚与以确保行政上义务履行为目的的'罚款'，从功能性理念观点进行程序完善"，参考其立法经过，建议日本应重新讨论罚款的法的性质、重新认识罚款的法制，近来的著作是，田中良弘『行政上の処罰概念と法治国家』（弘文堂、2017 年）。

限（过少行使）特别视为问题。[1]在强制履行行政上的义务上，第二次世界大战后昭和 30 年代讨论的中心问题是如何抑制强制的要素，而非相反。然而，此后，特别是在环境保护行政等方面，认识到法令层面在对企业等进行规制，但在其执行层面却并不彻底，因而，政策效果并没有得到充分提升，这是一个很大问题。不仅是规制的对象，还存在自己利益受到规制对象行动重大影响的第三人（例如公害被害者），这从正面特写了这一问题。[2]他们的存在只要被当作行政厅所代表的抽象"公益"的一部分来认识，则会成为抑制"个人的权利和利益"的理由，因而，过去正是要警惕过度执行。但是，将其作为一种看得到的利益来认识，或为保护他们而加以执行的行政责任才是值得重视的。[3]

最后，设定"确保行政法上义务的实效性"问题以上述内容为背景，要使行政政策（例如环境保护）具有实效性，不仅是（古典的）强制执行制度，还要讨论设计怎样的法的（或事实上、行政上的）手段、如何运用才好。因而，这基本上是政策论的问题。这就带来学者的定位、目的意识问题。有观点认为，行政法学者不仅是解释现实存在的法令，也应就某种应有的法制提出政策建议。有的行政法学者基于这种目的意识提出法政策论的建议，这对于在地方自治体从事现场行政的职员而言是特别有用的，而且这毫无疑问是极为有益的工作。在展开政策论的前提下，要对法适用的现实开展实证研究，这对于行政法学整体自然是特别贵重的。不过，在另一方面，仅从事这种法政策论工作，并不是行政法学的作用。对于实现政策的各种手法、法令现实设计的制度，从规范论、法理论角度对其内容进行准确分析，这

310

---

　　〔1〕 对于这一点，关于行政不作为的权利救济问题，参见下卷第 26 页以下、第 228 页以下。

　　〔2〕 对于现在行政法学所抱有的三面构造问题，参见前出第 99 页以下。

　　〔3〕 过去在 1995 年日本公法学会的总会报告上，畠山教授主张，确立从作为"病理"的强制执行走向作为"生理"的强制执行的命题，呼吁变更对"法治主义"概念的理解［参照、畠山武道「行政强制论の将来」公法研究 58 号（1996 年）165 页以下］，正好给本书正文所述提供背书。

才是行政法学的本来任务。[1]本书基本上是站在重视这一视角的立场而写的。

---

[1] 行政为实现某政策而思考实效性的手法时，首先在法律案作成层面需要有种种层面的政策性决定，诸如考虑怎样的制度（是通过法律规制权利，还是设置诸如"环境税""奖赏"的诱导手段），是求诸强制执行还是罚则，或者依赖于公告制度等间接制度（进而是怎样的制度）来保障其实效性，在罚则的规定方式上是采取所谓"直罚方式"（参见前出第294页注〔2〕）还是采取间接方式。不要不阐明这些理论差异，而仅仅是概括性地谈及"确保行政目的的实效性"［参照、小早川光郎発言·公法研究49号（1987年）203页、成田頼明発言·同前204页］。

另外，在创造这些制度上，例如对于确保行政上义务履行制度的状态，有学者从比较法角度探讨了"欧亚类型"与"欧洲类型、美国类型"的差异，指出"日本不应轻易采取某种风潮走向强化行政权的改革"［参照、市橋克哉「義務履行確保を巡る司法権と行政権の相剋——行政法執行制度改革の方向性」室井力先生追悼論文集『行政法の原理と展開』（法律文化社、2012年）37頁以下］。

第三章

"三阶段构造模式"的例外

第一节 概 述

一、传统的活动形式

正如此前反复所述，行政活动的古典"三阶段构造模式"支撑起 312
日本传统行政法理论的基本骨架。但是，现实未必是按照这一模式实
施行政活动的。行政的活动形态未必始终是行政行为与其强制行为这
样的单纯两阶段构造，传统的行政法理论也绝没有否定这一点。例
如，在与上述"行政行为"或"行政上的强制执行"的关联上，有的
行政行为并不伴有强制执行的手段，有的强制执行不经过行政行为具
体化的过程而直接强制实现法令规定的国民义务，这都是以当然之事
为前提的。此外，在传统行政法学上存在"行政立法""行政契约"
"即时强制"等行为（或法的制度）的类型，它们在"行政行为"
"行政上的强制执行"之外受到关注，其法的问题也得到讨论。

二、现代行政的形式

然而，传统行政法理论关注的各种手段，即使不符合"三阶段构 313
造模式"，也至少是基本直接影响私人权利义务、对私人"自由和财
产"具有某种法效果的手段。与此相对，行政计划和行政指导等本来
未必对私人具有直接的法效果，但也受到诸多行政法学者的关注，裁

判判决例也处理这种行政活动纷争的例子正在屡屡登场。

这些对于传统理论而言的可谓"法外的"行政手段在现实的行政活动中登场，在沿革上也未必新颖。但是，当初这些手段的使用在量上并不是那么多，而且更重要的是大家认为，既然它们在法上并不直接拘束权利和自由，原本就不能视作"行政主体"对"私人"的"侵害"，因而，没有必要作为依法律行政原理、近代法治国家原理的防御对象。但是，随着社会生活的复杂化和行政活动的扩大，这些手段不久就不只是例外的手段，在现实中变得对私人的判断、行动决定具有极强的影响力，这就带来一个问题，这种事态对于这些手段在法上也不产生某种意义吗？也就是说，"固执于传统的'依法律行政原理''近代法治国家原理'，在国民的实质权利救济上就是不充分的"，在这一意义上，它们成为认识前述第二编第二章第五节所述[1]"依法律行政原理的界限"的一个例子。

对于不能很好地被纳入古典"三阶段构造模式"的行政活动形式，本章以下将从类型的角度概述其主要形式，简单说明相关的法的问题。这里也首先处理传统理论框架中已经处理的各种手段（第二节），然后再处理具备现代特征的各种手段（第三节）。

第二节　传统的活动形式

第一款　行政立法[2]

一、行政立法的种类（一）

行政机关的立法，即命令，作为行政的活动形式，很早就开始发

---

〔1〕　前述第 133 页以下。

〔2〕　本书将"行政立法"作为"三阶段构造模式的例外"来说明，这自然是基于本书的方法论而来的，亦即将"依法律行政原理"进而是"三阶段构造模式"设定为理论"标尺"，测量与此的偏差，由此来说明日本行政法的制度及理论构造。但是，如果不是从"法律"一侧而是从"行政"一侧来看，那它也可能这样来说明，即"行使授予行政的裁量权，对自己的行动设定基准的行为"（后述"行政计划"也是一样）。在近来旨在"根据行政实态"探求行政法理的教科书中可以看到，立于这一视角的教科书在增多。

挥重要功能，现在也仍然如此。在日本法上，它因具有这种权限的机关不同，而区分为内阁发布的政令（《宪法》第73条第6项）、内阁府长官内阁总理大臣发布的内阁府令（《内阁府设置法》第7条第3款）及各省大臣发布的省令（《国家行政组织法》第12条第1款）、各委员会及各厅长官发布的外局规则（《国家行政组织法》第13条第1款）等形式。另外还有会计检查院规则、人事院规则，它们与外局规则类似但却是不适用《国家行政组织法》的独立行政机关的规则。此外，内阁总理大臣、各大臣、各委员会及各厅长官为公示其机关所辖事务而发布的告示（《国家行政组织法》第14条第1款。告示只不过是公示的法形式，因而，它自身并不具有法规范的拘束力。但是，在补充其他法令内容时也常常用告示的形式——例如，根据《物价统制令》第4条的指定统制额、根据《国民生活安定紧急措施法》第4条第4款的标准价格告示、根据《禁止垄断法》第2条第9款第6项的"不公正交易方法的指示"等——这时，一般具有立法行为的性质[1]），同样为了就其机关所辖事务作出命令或指示而对其所管机关及职员发布的训令、内部通知，这些形式规定在《内阁府设置法》及《国家行政组织法》上（《内阁府设置法》第7条第6款，《国家行政组织法》第14条第1款、第2款）。另外，作为《国家行政组织法》第8-2条所说的试验研究机关等，学校、医院、博物馆以及其他机关所规定的校规、利用规则等，有的概括称为"营造物规则"。

　　在地方公共团体方面，根据《地方自治法》第15条第1款规定，普通地方公共团体长官具有以规则的形式进行行政立法的权限。[2]

315

---

　　[1]　可看作以学习指导纲要（文部省告示）具有"法规"性质为前提的例子，参照、最判1990年1月18日民集44卷1号1页（所谓"传习馆高中案"）。作为总务大臣告示的固定资产评价基准，其性质被评为法规命令的例子，最判2013年7月12日民集67卷6号1255页。

　　另外，对于告示作为法规命令来规定的情形与作为行政规则来规定的情形，广泛探究法院通过怎样的探讨认定具有无裁判规范性的论文，野口贵公美「行政立法——『裁判規範性』に関する一分析」新構想Ⅱ29页以下。

　　[2]　在行政立法范畴中，此外作为广义的行政立法，也包含地方公共团体的条例

二、行政立法的种类（二）——法规命令与行政规则的区别

316　　以上是从具有行政立法权限的行政机关是谁的角度所作的形式分类。与此不同，传统行政法理论是从立法的内容与私人的权利义务如何相关的角度，将行政立法在理论上区分为"法规命令"与"行政命令（行政规则）"。

　　"依法律行政原理"在传统上未必连行政机关立法，亦即行政机关订立一般抽象的法规范都予以否定。不过，这时，根据传统通说，在这种规定给国民的权利义务带来直接变动时，根据"法律的专权性法规创造力原则"需要法律的授权。[1]在这一原则下，在行政机关的立法亦即"命令"中，在理论上区分为给国民的权利义务带来直接变动且只能在法律的授权下订立者与并非如此者。日本行政法理论在传统上称前者为"法规命令"，称后者为"行政规则"或"行政命令"。

　　这一区别本来是对立法内容的区别，并不与上述法形式上的区别直接对应。但是，例如，对于训令、内部通知，它们原本是在行政的
317　内部关系中具有拘束力，并不直接在行政外部关系中影响"私人"的法的利益，从这一角度来说当然也属于"行政规则"。对于其他的法

（《宪法》第94条，《地方自治法》第14条第1款、第96条第1款第1项）。这种用法是将"依法律行政原理"中的"法律"严格限定为国会制定的法律，此外的立法行为均作为依法律行政原理的例外现象予以承认。但在现行宪法下，条例是由在法的人格上不同于国家的地方公共团体中由居民公选选出议员所构成的议会制定的，因而，在与"依法律行政原理"这一行政法基本原理的关系上，不应当定位为行政立法，而应定位为与法律相对应的法。不过，在与国家法律的关系上，只要不违反国家的法令，就认可条例的制定权（《地方自治法》第14条第1款），在这一限度上，在与法律优位原则的关系上产生与行政立法同样的法律问题（请再度参见诸如《行政代执行法》和条例关系的前出第282页注[2]）。

《宪法》第29条第2款规定，"财产权的内容……由法律规定"。在与此的关系上，条例规制财产权的效果屡屡成为问题（例如参照、最判1963年6月26日刑集17卷5号521页），这里对此不作详细分析（在这一点上，眼下请参照、藤田宙靖·组织法229页以下）。

〔1〕　参见前述第63页以下。

形式，根据其规范内容如何，可区分为法规命令或行政规则，直接影响私人法的利益者作为法规命令需要法律的授权（日本通说的"法律的专权性法规创造力原则"）；[1]与法律一样，作为解决纷争的规准，拘束包括法院在内的各国家机关。但在另一方面，即使内容是不直接影响"私人"法的利益，特别是在法律自身对此有规定，且委任给具有政令、省令等法形式的命令时，该命令具有与法律同样的效果，在这一意义上也具有"法规命令"的性质（例如，请留意的是，古典学说认为，公务员的勤务关系是"特别权力关系"，但古典学说也认为，依据法律对这种法关系内容进行规范的人事院规则是法规命令）。

如此，精确而言，区分"法规命令"与"行政规则"的观念是复杂的，它结合了内容要素与形式要素。它原本是设定了一个问题，即在多数的行政立法中什么是具有与法律同等效果的法规范，由此得出两者的区别。[2][3]

---

〔1〕 法规命令在概念上还区分为"执行命令"和"委任命令"，前者是在将法律规定的权利义务等具体化时详细规定其程序和形式（例如，详细规定申报书、申请书的记载事项），后者是在实体上规定新的权利和义务。通常认为，前者由《宪法》第73条第6项、《内阁府设置法》第7条第3款、《国家行政组织法》第12条第1款及第13条第1款等一般授权即可，后者还需要法律的特别授权〔参照、杉村敏正·总论上168頁、今村成和·入门62頁（今村成和＝畠山武道·入门59頁）。但是，《内阁法》第11条、《内阁府设置法》第7条第4款、《国家行政组织法》第12条第3款及第13条第2款等仅对于"设定罚则或者设定课予义务、限制国民权利的规定"明确规定了这一点要求〕。不过，即使是上述意义上的执行命令，如果直接影响了国民的权利义务，就与委任命令的情形并无不同。因而，从与国民权利义务的关系角度在理论上明确区分两者终究是不大可能的，两者法解释论的区别在现实中也不可避免地带有判断的困难。

〔2〕 第一，法律具有创造"法规"的能力，在以此为出发点时，法律自己将这一权限委任给行政机关，该行政立法就成为"法规"，殆无问题（形式要素的侧面）。第二，如果不否定行政机关有订立一般抽象法规范的权限，以此为前提，就会产生行政权能独立进行多大范围的立法、多大范围的立法需要法律授权的问题。这时，根据规范内容进行划分，一者是行政规则、二者是法规命令。从理论上来说，上述第一个问题实际上是本来意义上法律的法规创造力原则的推论，第二个问题其实是法律保留原则的妥当范围问题（在这一点上参见前述第63~65頁）。在日本传统的"法规命令"概念中，这两个问题是同时混在的，如同"法律的专权性法规创造力原则"也是如此，因而，其理论轮廓可以说并不明了。

〔3〕 在"法规命令"及"行政规则"的概念中，除了原本有这种问题外，过去分

三、法规命令及其法的性质

319　　1. 法规命令是直接对私人法的利益所作的规范，但其规范的方法是一般性、抽象性的，而非个别、具体的。因而，它在定义上不属于行政行为。行政行为所有的各种特别效力，特别是公定力，在法规命令中并不存在（例如，在法规命令的效果作为民事诉讼的先决问题而成为问题时，民事诉讼的受理法院可以自己的判断对其违法性作出有权认定，可作为没有效果者来处理），法规命令不是以撤销诉讼为中心的抗告诉讼的对象。不过，如前所述，[1]即使是法规命令，其内容根据《行政代执行法》有自力执行的可能性（《行政代执行法》第2条），

别属于这些概念的各种行政立法相互之间，今天在判例上或立法上可以看到对其的处理在接近。此间，对于两个概念的区别、特别是"行政规则"的概念等，学说上从种种角度再作探讨。其中，例如，有的基于"法规"概念的再探讨，建议将"行政规则"从"行政立法"概念中放逐出去［平冈久『行政立法と行政基準』（有斐阁、1995年）］；有的建议停止使用一般性的"行政规则"概念，构筑更为细分的概念（小早川光郎·上96页），或者用"行政基准"一词取代"行政立法"［宇贺克也·概説Ⅰ（第六版）273页以下］。但是，他们也并不是主张过去对"法规命令"和"行政规则"性质差异的论述已完全丧失意义。关于这一问题，作出综合性理论整理者，参照、野口贵公美「行政立法——伝统の二分論に立ち戻って」公法研究67号（2005年）223页以下。

另外，如前所述（前出第164页），经2005年修改，《行政程序法》中设置了关于行政立法的"第六章 意见公募程序等"的规定。其中，并未囿于"法规命令"和"行政规则"的区别，而是一般性地使用了"命令等"的概念（该法第2条第8项），它进一步分了（1）依法律所制定的命令（包括规定处分要件的告示）；（2）审查基准（根据法令规定，判断是否给予申请的许可认可等所需的基准）；（3）处分基准（根据法令规定，判断是否作出不利处分或作出何种不利处分所需的基准）；（4）行政指导指针（为实现同一行政目的而对符合一定条件的多数人实施行政指导时，应当作为这些行政指导共通内容的事项）。在这一分类之上，该法第六章除了这些共通的、制定上的"意见公募程序"规定，也进一步设置了"制定命令等时的一般原则"这样的实体法规定。但是，这也没有完全消解因为正文下述法规命令和行政规则（是否称作"行政规则"在所不论）性质差异而产生的各种理论问题。

〔1〕　前述第284页。

在此限度内也变得具有自力执行力。

2. 即使是行政机关同时对多数人法的利益进行规范的行为，在观念上，有时也不是一般、抽象的规范行为，而是各个具体规范行为的集合而已，它就不是行政立法，而是多个行政行为的集合体（通常称作"一般处分"）。在这一点上，常常成为问题的是各种计划决定行为的性质。对于都市计划法上的地域或地区的决定、土地区划整理事业区域的决定、禁猎区设定行为等，虽然有的下级审判例上将其作为行政处分，〔1〕但最高法院判例一概予以否定。〔2〕有时也认可告示具有一般处分的性质。〔3〕

四、法规命令的法的问题

1. 法规命令必须基于法律的授权而制定，这时，其规定的内容除了像上文所述那样不得违反既有的法令（法律优位原则）外，当然也必须处于授权规定的委任框架之内（2005 年追加的《行政程序法》第 38 条第 1 款规定，"命令等的制定机关……制定命令等时，必须符合制定该命令等所依据的法令目的"，但这只不过是将不言自明的要求明文化而已）。这里产生与前述〔4〕自由裁量行为的裁量权界限同样的问题。与行政裁量相比，在立法裁量（含行政立法）的情形之下，

320

---

〔1〕　例如，对于依据旧狩猎法设定禁猎区行为，甲府地判 1963 年 11 月 28 日例集 14 卷 11 号 2077 页；对于土地区划整理事业区域的决定，東京地判 1964 年 5 月 27 日例集 15 卷 5 号 815 页；对于依据都市计划法对城镇化区域与城镇化调整区域所作的划线，大阪高判 1978 年 1 月 31 日例集 29 卷 1 号 83 页。

〔2〕　参照、对于土地区划整理事业区域的决定，最判 1966 年 2 月 23 日民集 20 卷 2 号 271 页；对于依据都市计划法的工业地域指定，最判 1982 年 4 月 22 日民集 36 卷 4 号 705 页。当然，对于土地区划整理事业的认可，近来最高法院大法庭判决明文变更上述 1966 年判决、承认其处分性，受到关注，对此将在下卷论述行政救济法时再作分析。

〔3〕　例如，以告示一揽子作出《建筑基准法》第 42 条第 2 款规定的"视为道路"的指定，最判 2002 年 1 月 17 日民集 56 卷 1 号 1 页。对于町的区域及町名变更的东京都知事告示，東京地判 1968 年 2 月 9 日例集 19 卷 1·2 号 187 页等。

〔4〕　前出第 108 页以下。

因为在性质上其规定方式通常更具一般性，多数承认其裁量权有较大幅度。但如下所述，最高法院判例在这种情形下也屡屡踏入司法审查，特别是近来偶尔能看到各种委任命令超越法律委任而被判断为违法、无效的例子，这值得关注。

（1）作为《持有枪械刀剑类等取缔法》第 14 条第 1 款的登录对象的刀剑类鉴定基准，《枪械刀剑类登录规则》（文部省令）第 4 条第 2 款规定，登录对象限于作为美术品、具有文化财产价值的日本刀。在争议是否超越该法第 14 条第 5 款的委任目的的案件中，多数意见（3 名）认为没有超越，但两名法官反对。[1]

（2）（旧）《监狱法施行规则》（法务省令）规定，不允许因未判决拘留而被拘禁者与未满 14 岁者会见。该规定因超越（旧）《监狱法》第 50 条的委任范围而无效。[2]

（3）《儿童抚养补助法施行令》规定，儿童抚养补助对象含婚外儿童，但将"获得父亲准正的儿童"从支付对象中排除（案件当时的《儿童抚养补助法施行令》第 1-2 条第 3 项括号所写内容），该规定违反《儿童抚养补助法》第 4 条第 1 款第 5 项（当时）的委任目的，违法。[3]

321　　（4）根据《户籍法》第 50 条第 2 款的委任，该法施行规则（法务省令）第 60 条规定"常用平易的文字"范围，在列举的文字中没有规定社会观念上常用平易的文字时，该条超越法律的委任目的，无效。[4]

（5）《关于贷款业规制等的法律的施行规则》（内阁府令）第 15 条第 2 款第 2 项规定，贷款业者根据相关法律第 18 条第 1 款的规定制作应交付的书面材料时，可对债权获得偿还的贷款契约通过契约号码等予以明示，可以替代法律所定的记载契约年月日，该款的部分规定

---

〔1〕 最判 1990 年 2 月 1 日民集 44 卷 2 号 369 页。

〔2〕 最判 1991 年 7 月 9 日民集 45 卷 6 号 1049 页。

〔3〕 最判 2002 年 1 月 31 日民集 56 卷 1 号 246 页。

〔4〕 最判 2003 年 12 月 25 日民集 57 卷 11 号 2562 页。

超越法律委任的范围，无效。[1]

（6）《地方自治法施行令》（政令）第 115 条、第 113 条、第 108 条第 2 款及第 109 条的规定，通过准用《公职选举法》第 89 条第 1 款，禁止公务员成为请求议员解职的代表，该部分超越依据《地方自治法》第 85 条第 1 款的政令规定的容许范围，无效。[2]

（7）《药事法施行规则》伴随着 2006 年修改的新《药事法》的施行而施行，对于一般用药品中的第一类药品和第二类药品规定，店铺销售业者①必须在该店铺中面对面销售或授予（施行规则第 159-14 条第 1 款、第 2 款本文），②必须在该店铺内提供信息的场所中面对面地提供信息（施行规则第 159-15 条第 1 款第 1 项，第159-17 条第 1 项、第 2 项），③不得通过邮寄等方式销售（施行规则第 142 条、第 15-4 条第 1 款第 1 项）。各规定一律禁止上述药品以邮寄等方式销售，不符合新《药事法》的目的，因超越新《药事法》的委任范围而违法，无效。[3]

2. 在行政立法的制定程序上，日本很长时间里不存在一般的法制度。1998 年接受第一次桥本龙太郎内阁下的行政改革会议最终答复而制定了《中央省厅等改革基本法》，根据该法，[4]引入了在制定之际广泛听取国民意见的所谓公告评价程序（意见提出程序）。该程序具有前述行政程序各类型中第二种、第三种事前程序[5]的性质。当初的行政实务基于阁议决定而实施该程序，之后 2005 年通过部分修改《行政程序法》（法律第 73 号），该程序作为其第六章（第 38~45 条）

322

---

[1] 最判 2006 年 1 月 13 日民集 60 卷 1 号 1 頁。

[2] 最判 2009 年 11 月 18 日民集 63 卷 9 号 2033 頁。

[3] 最判 2013 年 1 月 11 日民集 67 卷 1 号 1 頁。

[4] "政府为了在形成政策时反映民意、确保其过程的公正性及透明性，在重要政策起草之际，公告其目的、内容以及其他必要事项，征求专家、利害关系人以及其他国民的意见，加以考虑作出决定，政府应努力活用并完善这一机制。"（《中央省厅等改革基本法》第 50 条第 2 款。）

[5] 参见前出第 161 页。

而在法律上得以制度化。[1]这些规定不问法规命令和行政规则的区分，广泛适用于该法所说的"命令等",[2]该法规定了详细的意见公募程序（第 39~41 条）、对所提意见的考虑义务（第 42 条）、实施意见公募程序制定命令时的结果公示义务（第 43 条）等。[3]

五、行政规则及其法的性质

传统上，行政规则不直接影响国民法的利益，这一点与法规命令性质不同。

323　　然而，这时区分两者的基准是"给国民的权利义务带来直接变动"，应当注意的是其中的"国民"（或者"人民""市民"等）概念。在传统理论中，例如，在所谓特别权力关系中服从内部规则者（例如服从国立公立大学校规的学生）不属于上述公式中的"国民"；再如，《内阁府设置法》（第 7 条第 6 款）及《国家行政组织法》（第 14 条第 2 款）上各大臣、各委员会及各厅长官就其机关所辖事务作出命令或指示，服从其训令和通知的各机关、职员等也不是这里所说的"国民"。也就是说，在传统观点之下，这些均为"行政主体"的构成要素而非"私人"，因而，规范其权利义务的各种关系属于行政的"内部关系"，依法律行政原理本来是适用于行政"外部关系"的原则，不能原原本本地适用于此。

另一方面，这些"行政规则"并不对外部关系中的国民权利义务

──────────

〔1〕《行政程序法》尽管引入了意见公募程序，但没有变更当初的目的规定——"旨在确保行政运营的公正性，提高行政的透明性……进而保护国民的权利利益"。但是，这并不是否定《行政程序法》新进入第二种、第三种事前程序射程的意义。对此，参照、紙野健二「行政立法手続の整備と透明性の展開」名古屋大学法政論集 213 号（2006 年）485 頁以下。

〔2〕 参见前出第 164 页、第 317 页注〔3〕。

〔3〕 对于该制度的内容和意义、引入的背景和经过等，参照、白岩俊「行政手続法の一部を改正する法律」ジュリスト1298 号（2005 年）60 頁以下、常岡孝好『行政立法手続』（信山社、1998 年）、同『パブリック・コメントと参加権』（弘文堂、2006 年）等。

直接产生法的影响。例如，训令、内部通知等是对《内阁府设置法》《国家行政组织法》上说的行政机关和职员表示行动的基准，行政行为等再据此作出。因而，训令、内部通知具有怎样的内容在现实中绝非与国民权利义务无关。但是，从法上来看，这些规范只是仅对行政组织内部具有拘束力，对外并不具有直接的法的效力。[1]如此，这些"行政规则"就在行政的"外部关系"中作为与法无关者，没有法律授权亦可制定（因而，在这种观点下，《内阁府设置法》第7条第6款及《国家行政组织法》第14条第2款那样的规定就不是创设性规定，而是确认性规定）。只要立于这种观点，"行政规则"观念在传统行政法理论的体系内部，就与"特别权力关系"一样，成为"依法律行政原理"的一个例外。[2]

324

六、行政规则的存在问题

但近来特别是鉴于训令、内部通知在现实的行政活动中极为重要，是否可以固执于"行政规则"的传统观点，越来越成为问题。[3]

---

　　〔1〕 其法的拘束力仅在行政的内部关系中，这同时意味着，这些规范即使作为裁判判决的基准，也与法律、法规命令不同，只发挥限定的功能。例如，对于根据内部通知所表示的法律解释而作出的行政行为，国民在争议其违法性时，内部通知自身不成为该行政行为相对于国民而违法的判断基准，法院对原法律自身的解释才是基准（参照、最判1953年10月27日民集7卷10号1141页）。与此相对，得到通知的职员基于不同于通知所示法律解释的法律解释作为行政厅作出行政行为，这时该职员违背职务上的义务成为问题，法院原则上就必须将通知内容作为其判断的基准。

　　〔2〕 行政规则概念的这种背景也是有的，最近也有主张认为，可将过去在"行政规则"名下来称呼者分为行政组织规定、特别权力关系内部的规定、行政内部规定，因而，已不应维持"行政规则"概念自身。参照、小早川光郎・上96页以上。这种观点也是可能的，但这是如何理解用语上的便宜问题。

　　〔3〕 另外，下述意义上法规命令和行政规则在法的性质上的接近，在德国、法国、美国等国家早就引起注意，日本今天已经对这些现象有诸多介绍。也包括这些文献的介绍、对该问题作出综合探讨，这里想特别举出的研究是，大桥洋一『行政规则の法理と実態』（有斐閣、1989年）。

　　1. 例如，在最高法院有名的"弹珠机课税案判决"中，[1]弹珠机制造业者主张，对于过去不征的物品税因课税行政厅的通知而新交税，这是不依据法律而依据仅为行政官员解释的内部通知所作的所谓通知课税，违反租税法律主义原则。在该案中，最高法院仍维持传统观点的框架，"本案课税即使是以偶尔所论通知为机缘所作，只要内部通知的内容合乎法的正确解释，就不妨碍将本案课税处分理解为有法（律）根据的处分"，因而，未认可原告业者的主张。与此相对，过去在学说上，有人从实现实质法治主义的角度提出疑问。[2]当然，鉴于内部通知现实的影响力，将其在法上置于与法规命令同样的位置，这反过来也伴有种种问题，诸如失去行政的弹性等。存在某种性质不同于法规命令的活动形式（是否称作"行政规则"在所不论），这是今天任何人也不会否定的。但是，即使是站在这种出发点上，实质上拉近两者之间存在的距离，这也未必是不可能的。例如，课税处分适用信义诚实原则、禁反言法理的前述判例，[3]以及学说上对此的积极评价等，对思考的方向有所启发，[4]它们很早就已经在理论上维持内部通知"行政规则"的基本性质，同时对行政厅突然变更法律的公定解释（通知的变更）而特别明显地侵害法的信赖者，个别地予以救济。[5][6]

　　2. 有的理论尝试在对私人间的关系中也承认内部通知有某种法的

---

　　〔1〕　最判 1958 年 3 月 28 日民集 12 卷 4 号 624 页。

　　〔2〕　例如参照、高柳信一·行政判例百选（新版）89 页。

　　〔3〕　参见前述第 138 页以下。

　　〔4〕　参照、藤田宙靖·租税判例百选（初版）34 页、田中二郎『租税法（第三版）』（有斐閣、1981 年）119 页、金子宏『租税法（第一七版）』（弘文堂、2012 年）128 页以下、中里实「通達に反する課税処分の効力」ジュリスト 1349 号（2008 年）89 页以下等。

　　〔5〕　当然，对此也有批判，森田寛二「法律の観念」岩波講座基本法学 4『契約』（岩波書店、1983 年）107 页。其理由在于，"信义原则的适用在特殊关系中的特定主体之间成为问题"。内部通知仅个别地适用，在对私人的关系上具有意义，在其过程中，内部通知的变更在与特定个人之间造成特别明显侵害信赖的结果，这样的案件也不是不可能的。本书所设想的自然是这种事态中的"个别性"救济。

　　〔6〕　对此，另请参见后述第 364 页以下的"行政指导"一款。

意义，例如，很早就尝试着将其作为在自由裁量行为的裁判控制之际的一个规准予以利用。也就是说，其观点是，在承认行政厅作出自由裁量行为的权限时，以内部通知规定裁量判断的规准，只要没有特别的理由，违反规准的行政行为，就因违背平等原则而违法。[1]如前所述，在自由裁量行为的裁判控制上，这种观点要求扩大从程序角度的控制，鉴于这一动向在今天学说和判例中较为显著，[2]应当说在这种学说和判例动向的延长线上，它是值得充分考虑的观点。

　　不过，法律赋予行政厅作出行政行为的自由裁量权，这在另一方面当然也意味着使行政厅负有在个案中作出正适合个案情况判断的义务。因而，从这一角度来看，不问个别情况如何，如果一度制定的行政规则一定是必须得到遵守的，它也就与本来赋予行政厅裁量权的目的相反。为此，上述观点必须仅具有某种程度的意义，例如，对于违反行政规则规定的裁量基准的行为，推定其违反平等原则；而不得将上述观点理解为意味着形式划一主义[3]（原本"平等原则"自身也

----

〔1〕　参照、白石健三·法曹時報 7 卷 8 号（1955 年）100 頁、園部逸夫·行政判例百選（初版）96 頁、町田顕「通達と行政事件訴訟」司法研修所論集 1968 年 2 号 29 頁等。另外，在这一点上主张应承认通知的"准法规地位"，参照、森田寬二·前揭「法律の観念」83 頁以下。

〔2〕　参见前述第 116 頁以下。

〔3〕　在这一点上，最高法院在所谓"麦克莱恩案判决"（最判 1978 年 10 月 4 日民集 32 卷 7 号 1223 頁）中，虽是旁论，但其说道，"行政厅对于其裁量事项规定裁量权行使的准则，这种准则本来是为了确保行政厅处分的妥当性而制定的，因而，处分即使违背该准则，原则上仅产生妥当与否的问题，而并不当然违法"。处分即使违背基准也并不"当然"违法，这在正文所述意义上是当然的事情，但问题在于，在判断有无超越或滥用裁量权之际，违背基准是否具有某种意义呢？该判决对此也表示了否定的态度。不过，该判决的理由完全是置于（旧）《出入国管理令》上的具体条款赋予行政厅裁量权的宗旨和目的如何，这在该案中成为问题。

　　另外，旧运输省以内部通知的方式规定了《道路运输法》第 9 条第 2 款第 1 项（当时）的适用基准，其所谓"同一地域同一运费原则"在没有具体案件的个别审查时到底在多大程度上可以作为裁量基准来适用，参照、最判 1999 年 7 月 19 日判时 1688 号 123 頁（所谓"MK 出租车案判决"）。另外，虽是下级审判决，但以不考虑内部规定的裁量基准等为理由，认为依据《出入国管理及难民认定法》的驱逐出境处分违法，予以撤销，参照、東京地判 2003 年 9 月 19 日判时 1836 号 46 頁。

不应被理解为在个别案件中排除特殊情况考虑的形式平等主义）。

另外，在今天，已如前述，[1]作为行政程序法理的一环，在作出行政行为之前，很重视对申请等设定审查基准并予以公布的必要性，而且实际上《行政程序法》也设置了这种规定。[2]从这一角度出发，在事先已公布基准的情形中，根据与被告知审查基准不同的基准作出行政行为，在上述所见之外，从信赖保护的角度也有得出其违法性的余地。[3]

3. 上述均为依据内部通知作出行政行为的情形，以行政行为的合法性、违法性为问题，在此基础上是内部通知具有怎样法的意义的问题，但在实际发生的事例中，也有将通知自身作为撤销诉讼对象进行争议的情形。有名的例子是最高法院 1968 年就《关于墓地、埋葬等的法律》的公定解释通知所作的判决。[4]在该案中，最高法院根据传统行政法理论认为，"现行法上能成为行政诉讼中撤销之诉对象者必须是直接具体地对国民权利义务、法律地位产生法律上影响的行政处分等"，在此前提之下，驳回了请求撤销内部通知的诉讼。

从关于内部通知的传统观点来看，最高法院的这种观点是其当然的推论。但是，在下级审判决中，也有判决着眼于内部通知在现实中发挥的重大功能，显示出与此不同的观点。例如，该案的第一审判决认为，如果因内部通知而让某人具体的权利义务以及其他法律地位直接不当地受到不利，可例外地认可对内部通知本身的撤销诉讼。当然，该判决因该案通知不满足这种要件，结果是驳回诉讼。此后，东

---

〔1〕　参见前述第 166 页。

〔2〕　《行政程序法》第 5 条及第 12 条。参见前述第 166 页。

〔3〕　另外，最高法院最近在旁论中表明的观点是，不符合《行政程序法》第 12 条第 1 款的公开处分基准的规定而作出处分，"从行使裁量权的公正且平等对待要求和相对方对基准内容的信赖保护等观点来看，只要没有应当以不同于该处分基准规定作出处理的特别情况，那种处理就是超越裁量权范围或者相当于滥用。在这一意义上，该行政厅……裁量权应根据该处分基准行使，这是羁束的"（参照、最判 2015 年 3 月 3 日民集 69 卷 2 号 143 页）。

〔4〕　最判 1968 年 12 月 24 日民集 22 卷 13 号 3147 页。

京地方法院 1971 年判决〔1〕与上述最高法院判决一样一般性地认为，内部通知不能成为裁判审查的对象，同时也认为，"通知的内容与国民具体的权利义务或法律上利益有重大关系，而且其影响不限于行政组织内部关系，也及于外部，给国民具体的权利义务或法律上利益带来变动，不就通知本身争议就不能完全终结权利救济，在这种特殊例外的情况下"，也允许针对内部通知自身提起撤销诉讼，进而在现实中承认内部通知的撤销诉讼合法。该东京地方法院判决基本上承认内部通知没有直接拘束私人法利益的法效果这一传统理论，同时鉴于案件的具体特殊性，〔2〕认可对此起诉，这可以说是鉴于内部通知现实发挥的功能，而部分修正传统行政诉讼法理论的一个例子。在现今日本的行政诉讼法理论中，如本书下卷详述，理论上倾向于打破传统观点的框框，为实现国民实质的权利救济，而采取更有弹性的观点。在学说和判例中，这种倾向颇为强烈。上述东京地方法院判决也是其中的一环，受到关注。〔3〕

329

---

〔1〕 東京地判 1971 年 11 月 8 日例集 22 卷 11·12 号 1785 頁。

〔2〕 在该案中，内部通知说原告制造的函数尺属于《计量法》禁止销售的计量器，原告请求撤销。但《计量法》即使禁止"销售"，也不直接禁止"制造"自身，因而，即使制造业者的原告依然继续制造该函数尺，也并没有依据内部通知受到某种行政处分的可能性，也没有受到处罚的可能性。不过，该案的状况是，该通知的结果是原告失去了多数顾客（销售业者），为避免这一不利，除修改通知外别无他法，而且，原告争议通知违法性，除了直接请求撤销通知外无计可施。

〔3〕 另外，不仅仅是下级审判决，在近来的最高法院判例中，可以看到有几个例子是从正面把握正文所述通知现实地对国民利益产生很大影响的事实（近来有的称为"通知的外部效果"），寻求应对、救济权利。例如参照，最判 2006 年 10 月 24 日民集 60 卷 8 号 3128 頁、最判 2007 年 2 月 6 日民集 61 卷 1 号 122 頁等。前者是争议是否存在不能科以过少申报加算税处分正当事由的例子。对于股票期权的权利行使利益的课税，尽管 1998 年从一时所得变更为薪资所得，但在 2002 年以前的通知上并没有明示，这被认为是承认存在正当事由的根据之一。后者是县根据旧厚生省违法的通知而妨碍根据《原子弹被爆者援护法》申请健康管理补助，对该补助请求主张消灭时效，这被认为是违反信义原则而不能允许。

第二款 行政契约

一、行政契约的概念

行政主体在设定与私人之间个别具体的法关系时，很多情形不是通过单方性行政行为课予私人义务、赋予其权利，而是基于与私人的合意。然而，如何理解这种合意的法的性质、其中适用怎样的法原理，因各国的历史、制度背景不同而有种种差异。例如，在具有"利益说"传统的法国，[1] 在传统上，判例和学说均对这种合意设定极为广泛的行政契约范畴，发展出其固有的法理。[2] 而德国及日本则以"权力说"观点为行政法理论的基本骨骼之一，其样貌就极为不同。[3]

1. 在日本，这种合意多数会被定性为通常的民商法上的契约（所谓私法上的契约）。例如，公共土木工程的承包契约、物品的缴纳契约以及公共财产、设施和企业等的利用契约等就是如此。[4] 行政主体

---

〔1〕 参见前出第32页以下。

〔2〕 详细参照、滝沢正「フランスにおける行政契約」法学協会雑誌95巻4号~7号・9号（1978年）；近来的文献参照、飯島淳子「契約化の公法学の考察」法学73巻6号（2010年）、74巻4号・5号（2010年）。

〔3〕 正因为与德日的差别很大，在第二次世界大战后，日本行政法学者在比较法上强烈关注了法国行政契约法理，此间产生了诸多研究业绩。除前引滝沢正、飯島淳子的论文外，例如参照、浜川清「フランスにおける行政契約一般法理の成立（一）（二・完）」民商法雑誌69巻6号（1974年）40頁以下、70巻1号（1974年）43頁以下，亘理格「行政による契約と行政決定（一）~（三・完）」法学47巻2号・3号、48巻2号［同『行政行為と司法的統制』（有斐閣、2018年）60頁以下所収］。田尾亮介「契約と行政行為のびんそう・交錯状況——フランスの場合」小早川古稀685頁以下等。

另一方面，细致跟踪日本及德国行政法学中行政契约（公法契约）的此前讨论，最近的重要业绩有，岸本太樹『行政契約の機能と限界』（有斐閣、2018年）。

〔4〕 对于各种行政领域中行政契约的类别，参照、石井昇「行政契約」新構想Ⅱ93頁以下。

基本上是基于与通常的私人同等立场上缔结这些契约，一般只要不违反法律的规定，行政主体就可自由地缔结这种契约，契约的效果等原则上适用民商法等私法的规定。

不过，这些契约中代表公益的行政主体是当事人，因而，制定法上以种种方式规定了私法规定的例外。例如，在缔结契约上，根据财政民主主义的要求，常常要由议会议决（参见《宪法》第 85 条、《地方自治法》第 96 条等）；此外，有的是为保护私人利益而强制缔约（《水道法》第 15 条第 1 款），有的是以实现缔约的公正、防止公共资金不当消费为目的（《会计法》第 29 条以下、《地方自治法》第 234 条），等等。[1]在契约的终止上，有的为了调整公益的实现与私益的关系，赋予行政主体单方的解除权，同时应当补偿因解除契约而产生的损失（《国有财产法》第 24 条，《地方自治法》第 238-5 条第 4 款、第 5 款）。在传统行政法理论下，这些特殊规定也构成行政法的一部分。[2]

2. 即使是行政主体与私人之间的合意，有时它也没有法的拘束力（例如，如果具有拘束力，就违反既有法律规定的情形等），尽管如此，要让该合意具有意义，就只能是在法上没有效力，而作为一种绅士协定来处理。基于所谓纲要或行政指导而进行的合意（例如，根据地方公共团体的居住用地开发指导纲要而在地方公共团体和开

---

〔1〕 当然，这些限制规定对契约的法效果具有怎样的意义，这是一个微妙的问题。例如，最高法院判决认为，普通地方公共团体违反限制随意契约的法令（《地方自治法》第 234 条第 2 款及《地方自治法施行令》第 167-2 条第 1 款）而缔结的契约，也并不当然在私法上无效（最判 1987 年 5 月 19 日民集 41 卷 4 号 687 页）。（随意契约是指不使用招标或拍卖等竞争性方法，任意选择一个合适的对方而签订的契约，与竞争契约相对。——译者注）如果以这一判决为前提，就会出现一个理论问题，《地方自治法》规定，"地方公共团体不得违反法令处理其事务"（第 2 条第 16 款），"地方公共团体违反前款规定的行为无效"（同条第 17 款），判决与这一规定的关系该如何理解？大致存在下列观点：前述限制规定只是规范行政的内部关系的法规定，或者该法第 2 条第 16 款、第 17 款的规定只是规范国家与地方公共团体相互关系的规定，而不是规范地方公共团体与私人之间法关系的规定。

〔2〕 作为行政契约的概括性研究，石井昇『行政契約の理論と手続』（弘文堂、1987 年）、碓井光明『公共契約法精義』（信山社、2005 年）等。

发业者之间所作的协定等）是作为契约而有效，此外的这种例子也是不少的。[1]

332 　　3. 然而，日本过去也有主张认为，存在狭义的行政契约、公法契约（公法上的契约），仍进入不了上述范畴。[2]这种行为类型会成为问题，所以，下文正是要对其展开探讨。

二、狭义的行政契约（公法契约）

　　在日本的法制之下，能存在所谓公法契约，学说上殆无争议。但是，具体怎样的契约属于公法契约，却有诸多极不明确的地方。

　　立于传统的公法私法二元论的立场，作为行政主体使用的非权力性公法手段，公法契约的存在一般几乎没有困难；在制定法上，对于基于这种契约而发生法律关系的争讼，在民事诉讼之外也特地在《行政案件诉讼法》第4条准备了当事人诉讼。但是，如第一编所述，公

333 法私法二元论自身处于极不安定的状况之中，那就必须说说这种思考的前提自身也变得暧昧不明。即使将二元论作为大致的出发点，区别于"私法原理"的"公法原理"内容自身现在也不是那么丰富，因而，在上述对私法上契约所作种种修正的现状中，区别于私法上契约、特地在解释论上设定"公法契约"这一范畴，只能说其意义是极为稀薄

────────

　　〔1〕 在近来的最高法院判例中，有案件争议的是，《公害防止协定》规定的设定产业废弃物最终处分设施使用期限的条款，违反废弃物处理法的旨趣，是否有法的拘束力（最判2009年7月10日判时2058号53页）。在该案中，原审福冈高等法院否定期限的拘束力，但最高法院却予以肯定，但为了让该规定是否违反公序良俗等得到尽数审理，将案件发回重审。

　　〔2〕 日本过去采取的理论构成是，某种合意是以私人合意为前提的行政行为。例如，基于私人申请的许可和特许、公务员的任命行为等都是如此。其中，过去也尝试过契约的理论构成（官吏的任命行为、公企业的特许等），而现在也有部分作如此主张（公务员的任命行为）。

　　另外，近来有部分学说和判例承认上述行为自身就是契约的缔结行为，但只是从对其适用诉讼程序的角度将其作为所谓"形式性行政处分"，承认对其可提起抗告诉讼。对此，将在本书下卷第四编再作说明。

的。为此，多数见解认为，日本过去即使不否定公法契约的存在可能性，在现实中也只承认极为例外的情形。[1][2]

不过，对于这一问题，必须留意以下两点：

第一，如前所述，[3]今天试图以新的方式复兴公法私法二元论（至少是重新评价），强调为其提供支撑的"公法上当事人诉讼的活用"。[4]在这种理论状况之下，在过去作为"私法上的契约"来理解的前述诸多契约中，不能否定的是，今后有可能出现有的重新被定性为"公法上的契约"。

第二，必须要理解的是，原本在"公法契约"名下表达着什么的问题是语言的定义问题，因而，与前述"公法"一词所见一样，[5]根据主张者的目的让其具有何种含义，在理论上也是可能的。这时重要的是，通过"公法契约"一词要表达什么，与在现行法上是否将这种契约作为有效的契约、承认具有法的拘束力，两者在理论上是不同的问题。[6]如果以此为前提，诸如后述"法律上承认公权力的行使场合却不行使，与相对方私人达成合意来获取同样效果的情形"（所谓规

334

---

〔1〕 作为这种例子，行政法学上很早就常常举出的是电、煤气、铁道等公企业的经营主体与市町村之间缔结的所谓"报偿契约"。其内容大致是，市町村许可这些企业主体因事业需要而占用道路，约定采取优惠措施，不征收占用费、不课予特别税，而企业主体方面，则约定交纳一定的奖励金。行政法学上过去对于其法的效果也有讨论。认为该契约是公法契约的主要理由大致在于，其内容是市町村和私人约定不行使其持有的权力性权限。该内容的合意在法上是否有效的问题（行政主体能否通过与私人达成合意而自由放弃、限制其持有的权力性权限的问题）另当别论，将该合意作为公法上的契约，会与私法上的契约产生何种不同，未必充分明确。

〔2〕 这一点与德国、法国等有很大不同。德法在理论上确立了"公法体系"和"私法体系"的二元，也以存在行政裁判制度为其在实定制度上提供支撑。

〔3〕 前出第49页以下。

〔4〕 下卷第38页。

〔5〕 参见前述第42页以下。

〔6〕 对于"公法契约"概念上的这种论点，参照、柳瀬良幹「公法上に於ける契約の可能及不自由」同『行政法の基礎理論』（清水弘文堂書房、1976年）所收、森田寛二「建築協定論、そして公法上の契約論（一）（二・完）」自治研究66卷1号及び2号（1990年）。

制行为替代型契约），行政主体将原本由其提供的公共服务委托给民间团体的情形（所谓委托型契约），称作"公法契约"在理论上就变得充分可能（其在法上是否允许、适用怎样的法姑且不论）。这一意义上的"公法契约"（它未必是实定法解释论上有效的法概念，而是所谓"发现问题的概念"），在日本的行政现实中存在很多，已在各种文献中得到阐明。

为了明确这一点，本书以下在不同于通常的私法上契约、受"公法"规制的契约意义上来使用"公法契约"。如此，就不使用上述"发现问题的概念"的"公法契约"一词，而只使用"行政契约"一词来作相应说明。

三、行政契约的法的问题

1. 将行政主体与私人之间的契约作为"公法契约"时，能从中导出怎样的理论结论，这不用说就是公法契约最基本的问题。但是，在前文"公法与私法"项下对此问题已有所论述，[1]这里不再赘述。

2. 行政主体通过与私人缔结契约实施行政活动，一方面尊重私人的意思，能考虑私人个别性特殊情况而行动，与依据法律作出行政行为单方地规制私人权利义务的方法相比是更为柔性的方法，这是其长处所在。但与此同时，另一方面，这也意味着在这一方法中存在内在的危险，行政主体以存在与私人的合意为理由，就能随意作为。如前所述，现行法上之所以对于行政主体缔结的契约有种种制约，可以说正是为了防范这种危险。

3. 作为法解释论上的问题，日本过去在行政契约上讨论最为集中的问题就是行政主体能否自由缔结公法契约的问题，亦即公法契约与依法律行政原理之间的关系如何。[2]今天，首先是从法律优位原则来

〔1〕 前出第 45 页以下。

〔2〕 参照、田中二郎「公法契約論序説」同『行政行為論』（有斐閣、1954 年）所收、柳瀬良幹・前揭「公法上に於ける契約の可能及不自由」等。

说，虽说是公法契约，也不得与既有的法律相抵触。[1]这一点并无争议。在法律保留原则上，除了采取全部保留说或公行政说的立场外，没有法律根据缔结公法契约，一般没有障碍。[2]问题毋宁是在于，在个别的事例中，既有的法律是否真的允许缔结该契约的解释（亦即法律优位原则的具体适用）。以下以几个问题为例对此展开探讨：

（1）地方公共团体以与企业合意达成协定的方式，让企业承受超出法令规定公害取缔基准以上的负担，这时，这种合意的法效果如何，屡屡成为问题。[3]法令规定基准，反过来说，在其基准范围内就保障企业自由行使财产权，如此解释，通过合意使其放弃自由就是一种脱法行为，其自身违法、无效，充其量只能说是仅具有绅士协定的性质（这可以说是过去的通说）。

然而，与此相对，有观点认为，公害取缔法并不是以保护企业自由和财产为目的的自由主义的法律，而是守护地域环境、调整社会各层对立利益的利益调整规范，因而，协定通过与社会强者的企业进行合意，强化该基准，未必能说是违法。在这种见地之下，从地域环境保全、利益调整角度缔结的《公害防止协定》也就是有别于民事上财产契约的行政契约。[4]其中所启发的观点是，采取某合意为行政契约

---

〔1〕 例如，不允许行政主体通过与纳税人的合意放弃行使法律规定的征收租税的权限。参照、藤田宙靖·租税判例百選（初版）44頁。

〔2〕 当然，如前所述（前述第94頁），缔结契约伴有公共资金的支出，在这一点上，从财务会计行为的民主性控制要求角度是否特别需要法律的授权，这一问题与上述法律保留问题是不同的问题。

另外，近来的一个问题意识是，能用"现实行政活动中表明的国民具体意思"代替"法律所表达的国民一般意志"吗？由此提出了一个值得关注的问题："至少在法律欠缺对契约内容的规定时，行政不能仅以相对方私人的同意就介入任何问题，为了将契约对象作为行政活动来承担，有必要由议会表明某种意思。"野田崇「行政法における『民主的な意思』」芝池古稀106頁。

〔3〕 参见前述第66頁注〔2〕。

〔4〕 参照、原田尚彦「行政契約論の動向と問題点（二·完）」法律時報42巻3号（1970年）、同『公害と行政法』（弘文堂、1972年）161頁以下。另参照、名古屋地判1978年1月18日例集29巻1号1頁。

（公法契约）的理论构成，就意味着它不是市民财产法上的契约，由此就不应当对这种契约机械地适用旨在保护市民自由和财产的"依法律行政原理"。假设一般是可能采取这种观点的，那就可能打开下面这种法解释论的方向，包括根据诸如居住用地开发指导纲要缔结的协定等在内，根据行政指导结果所作的多数合意就不是绅士协定，而具有行政契约的法效果。不过，这种观点还只能说是现在尚处于提出问题的阶段。[1]

（2）另一个问题是，法律上赋予行政厅行使公权力的权限时，与私人之间达成合意不行使该权限，该合意是作为有效的契约拘束行政厅吗？这一问题基本上是与法律的羁束程度相关，在法律上课予行使该权限的义务时，不行使权限的合意在法上当然是无效的。[2] 剩下的问题在于法律承认在行使该权限上有效果裁量的情形。

（a）一般而言，即使在这种情形下，也必须说任何场合一概绝对不行使公权力的合意不具有法的拘束力。如后所述，[3] 在今天，判例和学说广泛认为，在赋予行政厅行使公权力的权限时，即使是原则上承认效果裁量的情形，在一定的事态下，行政厅在法上也有义务行使该权限。在这种事态下也约定不行使权限，该合意只能说是当然违法无效。

（b）问题是法律上对于是行使公权力还是采取契约方式原本是赋予行政厅（行政主体）自由的情形。例如，取得公共用地是采取征收方式还是任意收购方式，委诸起业者的自由，就是其例。这时，法律大致设想的是纯粹仅以任意收购方式处理的案件，因而，不使用征收方式的合意应是有效的。[4]

---

[1] 前出判决（最判 2009 年 7 月 10 日判时 2058 号 53 页）未必是基于这种逻辑的判决。

[2] 不过，与此不同的问题是，即使不承认为有效的契约，从相对方的信赖保护角度，行政厅的声明也产生某种法的意义。对此，除了参见前述第 138 页以下，还请参见有关行政指导的后述第 365 页以下。

[3] 参见下卷第 228 页以下。

[4] 例如，1991 年 5 月 28 日，作为参加新东京国际机场（成田机场）建设问题的地域振兴联络协议会的前提，旧运输省·空港公团"承诺"接受部分反对派提出的条件，即"在任何状况下都不得采取强制手段"。如果从正文所述的意义上来理解，这种合意就具有契约的拘束力。

（c）在实现行政行为课予的义务之际，约定不强制执行而代之以承诺一定期限内履行义务，承认这样的合意是有效的契约吗？这一问题必须参照各个法律赋予强制执行权限的规定来思考。首先，对于滞纳处分，进行滞纳处分（《国税通则法》第 40 条）及其前提的督促（第 37 条）是在法律上受羁束的行为，大致没有承认这种合意的余地。问题在于代执行的场合。《行政代执行法》仅允许"在其他手段难以确保其履行，而且放任其不履行明显违反公益时"才诉诸代执行的手段（第 2 条），因而，能将这种合意看作处于该要件的范围之内时，也是有效的契约。[1]

（d）在以行政行为为代表的公权力行使中，因为是行使公权力，因而在法律保留原则之外也被课予很多法的制约。例如从实体法来看，有宪法上的诸多原则（包括平等原则、比例原则等）的拘束；法律在程序和形式上也课予了种种法的制约。另外，也对该行为准备了特别的争讼程序，诸如成为抗告争讼的对象等。在赋予行政厅作出行政行为的权限时，如果广泛认为用缔结契约取代行政行为能达成同样目的，也就可能打开一条通道，利用契约方式作为免除这些法的制约的脱法手段（特别是在诸如行政行为的事前程序中，在保障利害关系人等第三人的参与时，作为方便之门，利用契约方式排除参与，这就是重大的事情）。从这种角度来看，必须考虑限制契约的可能性。

这一点在《德国行政程序法》上，一方面是承认缔结替代行政行为的契约（公法契约）（第 54 条），另一方面为应对上述事态，规定了种种事情为承认该契约的前提条件（第 55 条以下）。[2]

339

----

〔1〕当然，剩下的问题就是，在私人一方违反合意在期限内仍不履行义务时，行政一方能采取何种手段呢？这时，（只要满足其他的法定要件）行政厅仍可代执行，因而，不代执行的合意仅应意味着在规定的期限内不代执行。

〔2〕根据《德国行政程序法》的规定，例如和解契约（Vergleichsvertrag），行政机关基于合义务性裁量，为消除案件的不确定性而达成和解，如果被判断是合乎目的的，就是容许的（第 55 条），如果不满足该要件，契约就是无效的（第 59 条第 2 款第 3 项）。在交换契约（Austauschvertrag）的情形中，是为了某特定目的而课予相对方对待给付的义务，而且也必须在整体上是适当的，与课予行政机关一方的给付义务具有事

在日本，迄今为止还没有确立起对此的判例和学说。但是，对于这种契约，学说上有力的观点认为，即使原则上来说民法上的原则是有效的，上述基本人权等宪法上的原则，尤其是平等原则、比例原则等，应当与在行政行为的情形中一样是有效的。[1]

340 　　(3) 与上述案件相反，行政厅与私人约定作出某行政行为，问题是这种约定能具有契约的法的拘束力吗？在作出许可认可等或某种给付决定的行政行为的场合中，实际上也不是没有这种例子。

　　只有在行政行为有效果裁量的情形下，这一问题在法上才有意义。从理论上来说，只要不违反法律授予行政厅裁量权的旨趣（亦即只要结果不是一概不作裁量，机械地作出行政行为），行政厅以合意的方式明确行使裁量所能得到的结论，承认其作为契约具有法的拘束力，并没有障碍（至少在与依法律行政原理的关系上）。[2]这一问题在德

物上的关联性［第 56 条第 1 款，这是在禁止不当联结（Koppelung）］。在承认相对方对行政机关的对待给付的请求权时，其给付的内容必须能作为行政行为的附款来规定（同条第 2 款）。违反这些限制的契约同样无效（第 59 条第 2 款第 4 项）。在契约的程序和形式等方面，只要法令上没有其他规定，就必须采取书面方式（第 57 条）。侵害第三人权利的契约，得到第三人的同意，该契约方才有效；替代行政行为的契约，如果以行政行为作出，就要有法令上其他行政机关的同意和承认，得到该行政机关的同意，该契约方才有效（第 58 条）。

　　〔1〕 学说上有时使用"行政私法"的概念［例如参照、成田赖明『行政法序说』（有斐阁、1984 年）18 页、98 页等］，这也是意识到了这种问题。

　　顺便提及，以系村外企业等为理由，地方公共团体对某土木建筑承包公司采取了不允许其参加公共工程指名竞争投标的措施。对此，最高法院以裁量处分（行政行为）合法性审查中同样的基准探讨其违法性，以三比二的多数决判决认为，"没有充分考虑应当考虑的因素……只能说在社会观念上明显欠缺妥当性，在这种措施中没有达到裁量权超越或滥用的程度时，就不能判断为违法"（最判 2006 年 10 月 26 日判时 1953 号 122 页）。以国立大学与学生的在学关系为契约关系，在合格或不合格的合法性审查上，采取类似的方法，参照、東京高判 2007 年 3 月 29 日判时 1979 号 70 页。

　　〔2〕 当然，在行政厅不遵从这一约定时，私人在法律上能如何寻求其履行呢？如后所述（下卷第 32 页），日本的情形与德国不同，过去在现实中几乎不承认要求行政厅作出行政行为的诉讼手段。在这种状况下，这种契约只不过具有实质上将裁量行为变为羁束行为的意义。2004 年《行政案件诉讼法》修改，课予义务之诉法定化，此后这一点将发生变化。

国是作为"允诺"的法理而广泛得到肯定，近来日本也在介绍并试图导入，[1]但最高法院判例在导入这种观点上并不积极。[2]

4. 有别于上述替代行政厅行使公权力而缔结的契约（规制权限替代契约），近来受到特别关注的是国家或地方公共团体（官·公）与私人（民）之间协作完成公共任务，[3]在公共服务的实施上缔结委任契约的做法。对此，因为它是"公私协作"，果真能在多大程度上导出不同于过去行政契约的法原理，仍未必明确。[4]通过法律予以类型化，设置特别的规定，其例子诸如，根据 2006 年《关于公共服务引入竞争改革的法律》引入的所谓市场化标准的公共服务委托契约。它是将过去国家或地方公共团体实施的一定公共服务（该法第 2 条第 4 款）付诸官民间的竞争投标，投标结果是民间组织中标时，缔结委托契约，由其实施服务。该法除了规定契约的缔结（第 20 条）、契约的变更（第 21 条）、契约的解除（第 22 条）外，还为了确保公共利益，设置了民间组织实施该服务的义务（第 24 条）、保守秘密义务（第 25 条）等种种规定。

四、其他行政契约（公法契约）

在通常被定性为行政契约（公法契约）的行为中，不仅是像上述

341

342

---

〔1〕 作为这种作业，特别请参照、乙部哲郎『行政上の確約の法理』（日本評論社、1988 年）。当然，该书在行政厅仅单方自我拘束的意义上使用本书正文所说的"允诺"，主张其应是不同于基于相对方合意的"契约"的行为类型。假设从这种前提出发，在与本书分析尺度的"依法律行政原理"的关系上，它与作为契约的情形在结果上并无不同。

〔2〕 在最高法院判例上，例如，对于东京都知事所作职员采用内定通知的效果，知事并不负有将该内定者采用为职员的法律义务（最判 1982 年 5 月 27 日民集 36 卷 5 号 777 页）。

〔3〕 所谓"公私协作"。参见前出第 18 页、第 50 页。

〔4〕 顺便提及，德国行政法学的行政契约论以行政行为替代型契约为中心，在行政程序法上产生结晶，但今天并没有止步于此，而是将目光转至公私协作型契约的存在，更为详细地展开契约论。岸本太樹·前揭『行政契約の機能と限界』对此详加介绍，但并未就其对日本的行政契约论产生何种影响提出具体建议。

那样行政主体与私人之间缔结的契约，也包括行政主体相互间缔结的种种协定（参见《道路法》第 54 条，《河川法》第 65 条，《地方自治法》第 244-3 条第 1 款、第 2 款及第 252-14 条第 1 款，《地方税法》第 8 条等）、私人相互间缔结但获得行政厅某种官方承认的契约（参见《土地征收法》第 116 条以下、《建筑基准法》第 69 条以下等）等。其中有不少契约也在现实的行政中发挥着重要功能，但限于篇幅，这里不详细分析其法的问题。[1]

第三款　即时强制（即时执行）·强制调查

一、即时强制的概念

在传统的行政法理论中，可被称作"即时强制"（今天也有很多人称作"即时执行"）的行政活动形式，例如根据田中二郎的定义，是指"并非为了强制履行义务，而是在无暇命令必要的义务消除目前急迫障碍，或在性质上命令义务也难以实现目的的场合，直接对人民的身体或财产施以实力，进而实现行政上必要状态的作用"。[2]所谓即时强制，是行政主体为实现行政上的目的而对国民身体或财产行使实力，在这一点上与强制执行具有共通之处（过去着眼于这一点，将行政上的强制执行与即时强制合在一起，使用更为一般性的概念"行政强制"）；但从法技术上来看，不是为了强制履行先行特定义务而作出，亦即不待由行政行为等首先课予私人义务，由其自发地履行，而是行政主体突然行使实力，在这一点上又区别于强制执行。[3]

---

〔1〕　另外，在行政契约上，除了本书所涉问题外，还有违法的行政契约（公法契约）是否直接无效等许多问题。对其问题的详细分析，参照、石井昇·前揭『行政契约の理論と手続』。

〔2〕　田中二郎·上 180 頁。

〔3〕　如前述第 287 页所示，即时强制与强制执行手段之一的直接强制很多是用于类似的状况，但两者在理论上的区别也正是在这一点上。另外，即时强制概念的详细理论史研究，須藤陽子「『即時強制』の系譜」立命館法学 314 号（2007 年）1 頁以下。

二、即时强制的要件

如此，从行政主体角度来看，在突然对国民身体或财产施以实力上，即时强制是极为强有力的手段，仅此就可能给相对方私人造成重大不利。因而，在传统以"依法律行政原理"为基轴的行政法理论之下，必须是极为有限、例外的情形才能采取这一手段。

1. 首先自不待言的是，无法律的明确授权，即不得即时强制，这一点现在几乎没有争议〔过去所承认的所谓"警察急状权"（警察紧急权），在今天通常没有法律的根据，一般就不予承认[1]〕。

2. 像先前也引用过的那样，在传统理论中，在即时强制概念的定义中已经将能采取这种手段的场合限定于两种：一是在消除目前急迫障碍的紧急必要上，无暇命令相对人一定义务的场合；二是本来命令相对方一定义务也无法达成目的的场合。这种限定正确地具有何种法理意义未必明确（也就是说，这是将现行法上承认即时强制手段的场合类型化，还是也意味着法律承认不属于这些类型的即时强制就违宪，并不清楚）。但在现实中，日本法上承认即时强制的例子几乎就是限定在这种场合。例如，《消防法》第29条规定的为灭火活动而使用土地、进入或处分住宅等，以及《关于感染症预防及感染症患者医疗的法律》（以下简称《感染症预防法》）第33条规定的对受到感染症病原体污染的场所等限制或阻断交通等，是第一种场合的典型；根据《警察职务执行法》第3条保护醉酒或跌倒的人等是第二种场合的例子（能否想到与目前急迫危险要件无关的独自场面，也不是没有这样的理论问题）。

从这些例子一看就知道，承认即时强制手段的多数场合可谓都属于传统行政法学上"警察行政作用"。[2]如此，在这种警察行政作用

344

---

〔1〕 参照、遠藤博也・行政法Ⅱ（各論）141-142頁。

〔2〕 在传统行政法学上，并不是将在行政组织法上属于警察组织的行政机关所进行的行政作用称作警察行政作用，而是不问行政机关如何，一般为了维持社会和公共安全、秩序等，基于一般统治权而命令、强制私人，对其身体或财产等施以限制的行政作用，以警察行政作用之名称呼。参见前述第110页注〔2〕。

中，一般对于在行政组织法上属于警察组织的行政机关，特别是其最前线的警察所作出的即时强制，规定其要件、方法等的一般法是《警察职务执行法》，该法从第 2 条至第 7 条规定了质问、保护、避难等措施，以及预防和制止犯罪、进入现场、使用武器等方法。[1]

此外，在现行法上个别规定的各种手段中，传统理论中作为即时强制来定性者，除前述例子外，卫生警察中各种强制手段（《感染症预防法》第 17 条第 2 款、第 45 条第 2 款等规定的强制健康诊断，同法第 19 条第 3 款、第 46 条第 2 款等规定的强制入院，《预防接种法》第 6 条规定的强制预防接种，《感染症预防法》第 3 条规定的交通阻断，《狂犬病预防法》第 9 条规定的杀害狂犬等），以及税务行政中调查上的各种质问、检查、搜查住所（《国税征收法》第 141 条、第 142 条，《国税通则法》第 131 条以下等）等都是代表性例子。

三、传统即时强制理论的批判

传统上大致就是这样来理解即时强制的概念，但对这种理解，其后主要是从理论的角度提出了种种质疑。

1. 例如，对于传统即时强制概念的要素之一，"并非强制履行义务"，就有质疑。[2]要言之，如果私人一方没有义务，为何承认行政主体有强制权限（无义务则无权限）？但是，对此，尤其是有必要以"义务"概念的多义性为中心进行一点理论整理。

首先，在两个法主体之间，法律上承认一方对另一方的强制权限，在法的逻辑上就一定意味着同时课予另一方忍受强制的义务。在这一意义上，即使是即时强制，规定强制权限的法规定也当然课予相对方私人相对应的忍受义务（这种忍受义务在强制执行的情形下也完

---

〔1〕　不过，准确而言，其中未必仅为行政警察作用一环的即时强制，也包含作为司法警察作用而进行的情形。例如，《警察职务执行法》第 2 条、第 5 条、第 7 条等通常毋宁是作为司法警察作用一环而作出的。

〔2〕　参照、ジュリスト增刊『行政强制』。

全同样存在，两者在这一点上并无不同）。但是，在概念上区分即时强制与强制执行之际，成为问题的"先行义务"，与上述意义上的忍受义务是不同的，这涉及实现该忍受义务的前提程序问题。也就是说，在让忍受义务者忍受强制行为之前，是否留有余地让其自发地进行与作出强制行为具有同样结果的行为，这在理论上区分即时强制与强制执行时具有决定性的重要性。[1][2][3]

2. 在对这种传统即时强制概念的批判中，现在重要的一点批判是，在现行法上的活动形式中，虽然是传统上作为即时强制的例子，但常常含有未必具备上述意义上即时强制性质的情形。其特别指出的是税法上承认的质问、检查的行为类型。[4]主张这些行为（《国税征收法》第 141 条规定的质问、检查账簿文件，《国税通则法》第 131

---

〔1〕　在现实的法制度上，有时是否真的给私人这种阶段的保障，不用说就是未必明确的。但这与上述理论模型的可否问题是不同的问题。关于这一点，除第 346 页注〔3〕外，参照、黑川哲志「行政强制·实力行使」新构想 II 113 页以下。

〔2〕　基于奥托·迈耶式"三阶段构造模式"的法治国家论，其主要意义之一正是在于，主张法治国家中，在强制行为之前要有这种程序的阶段，换言之，强制行为原则上不是作为即时强制而仅作为强制执行行为来进行。

〔3〕　与此相关联，对于"即时强制"概念的理论性质，这里想附加两点说明。

第一，在本书中，"即时强制"与"强制执行"是作为彼此法性质不同的"活动形式"来定位的，但这完全是出于本书作业的便宜上的考虑，即通过测定与"三阶段构造模式"的偏差来把握各种行政活动的法的意义。从理论上严格来说，"即时强制"与"强制执行"在正文所述的各自意义上其自身本来不是个别性行为形式，而是一定的复合性制度或过程，在"行使实力"或"强制行为"的行为形式之上，也包含为作出该行为的程序（另外，参见前述第 201 页及后述第 384 页以下）。

第二，这种"即时强制"的概念只不过是一种模型概念（理想类型），能否将现实的法制度上的各种制度完全明确分为"即时强制""强制执行"，两者在理论上是不同的问题。对此以及具体的例子，参见前述第 290 页注〔3〕。另外，特别是对于违反法令的一般禁止行为直接行使实力的性质，参照、广冈隆「即時執行」大系 2 卷 296 页以下。

〔4〕　所谓"税务调查"。这些过去是由《国税犯规取缔法》《所得税法》《法人税法》等个别地规定的，2011 年《国税通则法》修改，总括起来作为"第七章之二 国税的调查"来规定［对此修改，参照、小幡纯子「税務手続の整備について」ジュリスト 1441 号（2012 年）88 頁以下］。

条规定的质问、检查物件、账簿和文件等）不符合传统意义上的即时强制，主要是基于以下两个理由：

347　　第一，通常即时强制自身就是直接实现一定的最终行政目的，而这些质问、检查是进行滞纳处分等处分犯规行为的手段，只不过是为收集资料的目的而进行，可谓仅具有间接的行政目的。

　　第二，在这些情形下，行政机关在质问或检查遭到拒绝时，也不能行使实力检查账簿等，充其量只不过是可以根据罚则进行制裁而已（《国税征收法》第188条、《警察职务执行法》第2条第3款）。这与"直接对国民的身体或财产施以实力"这一即时强制的概念要素未必吻合。

　　从这些理由来看，近来将这些行为构成"行政调查"这一新的范畴，与"即时强制"概念在理论上相区别来论述，毋宁正成为通例。[1]

　　然而，上述观点特地将这些行为称作"行政调查"，在概念上与"即时强制"相区别，这当然就是可能的。但必须如此区分吗？必须区分的原因何在？对此仍有必要在理论上予以明确。也就是说，我们在使用"即时强制""行政调查"的概念时，其目的或观点置于何处？如果对于这一点没有明确的理论整理，就徒然引入新的法概念，则可能导致进一步搅乱行政法理论的结果。

　　第一，首先的问题在于，"行政调查"概念是着眼于一定行政活动的目的而建立起来的概念，还是着眼于其活动形式或法效果的概念？今天，"行政调查"概念一般是指"行政机关为实现某种行政目的而收集必要信息的活动"，[2]如此，通常是不论行政的活动形式如何，而是以活动目的为中心使用该概念。但若如此，"即时强制"概念原本是着眼于行政的活动形式而建立起来的概念，因而，两者原本

---

　　〔1〕　从这种认识出发，将过去的"即时强制"行为区分为"即时执行"与"行政调查"，使用这种用法者有，塩野宏·Ⅰ（第六版）277页。
　　〔2〕　神长勲「行政调查」大系2卷312页。

就不是理论上不相容的概念。[1]

第二，今天至少在日本的现行法上，一般称作"行政调查"的多数行政活动，从其采取的活动形式来看，通常像前述批判那样，直接的强制力并不在背后待命，行政调查有这种性质也是事实。如果着眼于此，为了表达不同于"即时强制"的一定活动形式而设定"行政调查"的概念，接着就有必要在理论上进一步阐明，着眼于与"即时强制"有怎样的法形式上差异，这种新概念有必要吗？原因在于，如前所述，设定"即时强制"概念的重点在于，是否暂且给忍受义务者提供自发行动的余地，之后再行强制行为。这时像传统方法那样将"行政调查"也作为一种即时强制来说明，也未必是完全不可能的（不过，这时这里所说的"强制行为"当然必须扩大含义，也要包含"伴有间接强制的质问、检查等"意味）。与此相对，如果认为是直接对身体或财产施以实力，还是仅为间接强制具有重要意义，那么，就必须明确区别即时强制和行政调查。如后所述，在近来的最高法院判例中，如果明确采用这种理论动向，至少就要在广义的即时强制中对狭义的即时强制和行政调查在概念上作出区分。[2][3]不过，在今天的   349

---

〔1〕 也就是说，这时在理论上也能说是为了"行政调查"的目的而使用"即时强制"的手段〔例如，《国税犯规取缔法》第 2 条（现《国税通则法》第 132 条第 1 款）规定的临检是作为行政调查的一个例子来定位的，同时也是即时强制，阿部泰隆的用词就是一例，阿部泰隆・システム上 305 頁〕。为此，"行政调查"可以说与"公共用地的取得""给付行政"等概念具有相同的理论性质。

另外，如前所述，今天正广泛在行政机关的整个意思决定过程中强调调查活动的重要性，认可行政厅存在"调查义务"，论及其法的意义等〔参照前述第 174 页，小早川光郎「調查・処分・証明」雄川献呈中 251 頁以下、塩野宏・Ⅰ（第六版）286 頁〕。其中，"行政调查"的概念一般也是指在上述意义上的行政厅的调查，是在更为广泛的意义上使用。因而，这时也可能包含未必带有权力性要素的行政调查行为（亦即与传统意义上的即时强制概念没有关系）。例如参照、深澤龍一郎「行政調查の分類と手続」行政法の争点（第三版）48 頁以下。

〔2〕 另外，如果像这样着眼于行政的活动形式来使用"行政调查"概念，在用法的问题上，若"行政调查"一词也能含有行政目的如何之意，如此使用并不适当。坦率而言，质问、检查等词的用法也并不算适当。如前所示，本书这次姑且使用"强制调查"一词。

〔3〕 如此，本书对于"行政调查"概念在行政法学体系中的定位自身未必抱有疑

行政法学上,"行政调查"概念并不是旨在表达一定的活动形式,而是如前所示,[1]多用作指称具有"调查"这一活动目的的一般行政,因而,这里用"强制调查"一词来替代旧版所用的"行政调查"一词,以更为清楚地阐明这一旨趣。

四、即时强制·行政调查与令状主义的适用等

1. 在即时强制的法解释上,屡屡成为问题的是,对于即时强制对私人的身体或财产的侵害,适用《宪法》第33条和第35条的令状主义保障吗?[2]在现行法上,也不是没有个别规定,即时强制(乃至"强制调查")要有司法机关的令状或许可状(《国税通则法》第132条、《出入国管理及难民认定法》第31条等,另有《警察职务执行法》第3条第3款)。但是,这种例子是极为有限的。在现行法上没有这种规定时,就会产生是否适用前述宪法条款、完全没有法院介入即时强制是否即为违法的解释问题。

对于这一点,《宪法》第33条和第35条的规定眼下无疑是以刑事司法权的发动为对象的,问题首先在于,这能在多大程度上类推适用于行政上的即时强制呢?对于即时强制,一方面是突然行使实力,由此来说,实施令状主义的保障有很大的必要性;另一方面,它是为消除目前急迫障碍而实施的,因而,实际上多数原本没有申请法官令状或许可的富余时间。这一两难境地正是问题所在。为此,过去在学说中,有的强调前者,认为行政上的即时强制也适用令状主义;有的重视后者,认为不适用令状主义。诸如从昭和30年代最高法院判决也

虑,而是主张要将其定位的理论意义明确化。在这一点上诸如水野忠恒「行政調查論序説」雄川献呈中469页以下的指摘是有误解的。

　　〔1〕　参见第348页注〔1〕。

　　〔2〕　近来对此问题采取概括性径路研究,笹仓宏纪「行政調查と刑事手続(一)(二)(三)」法学協会雑誌123卷5号(2006年)818页以下、123卷10号(2006年)2091页以下、125卷5号(2008年)968页以下。

能看到，在法官中已经存在这两种观点。[1]

但是，近来学说和判例对此问题的讨论均更为精细化。例如，过 351
去在昭和 30 年代，高柳信一博士基于原则上令状主义的立场认为，
"原则上采取令状主义，绝不是在不可能获取法院令状时也要求令
状"，在此认识下主张，即使要求行政上的即时强制适用令状主义，
也当然应确定合理的界限。[2]如此，虽说同为行政上的即时强制，也
应分情形来考虑，这种观点至少在近来的学说上几乎是共通的认识
（例如，一般像前述《国税通则法》的情形那样，作为行政上即时强
制手段而作出的行为在实质上与刑事程序相关联时，多数人会认为，
法官的令状或者许可在宪法上当然是必要的；而诸如消防活动之际进
入邻家庭院，就不存在主张需要令状的学说）。而最高法院在 1972 年
关于依据《所得税法》行使质问检查权的所谓"川崎民商案判决"
中指出，[3]"不能说不是以追究刑事责任为目的的强制行为就当然不
适用令状主义"，但对于这时的质问检查权，关注到它"不是承认直
接的物理性强制，而只不过是根据对拒绝检查者的罚则进行间接强
制"，再"从所得税公平准确的征收目的来说，收税官员实效性的检
查制度具有必要性"，一并考虑后判断认为，这时没有法院的令状也
不违宪。对于该判决的射程距离，仍有很多未必明确的地方。[4]但最
高法院至少明确表明，不考虑诸多情况，就无法对行政活动是否适用
令状主义作出判断。这一点受到很大关注，也在之后的最高法院判例

---

〔1〕 参照、最判 1955 年 4 月 27 日刑集 9 卷 5 号 924 頁。

〔2〕 高柳信一「行政手続と人権保障」清宮四郎＝佐藤功編『憲法講座（第二
卷）』（有斐閣、1963 年）。

〔3〕 最判 1972 年 11 月 22 日刑集 26 卷 9 号 554 頁。

〔4〕 例如，该判决采取的立场是凡为前述意义上的"强制调查"均不适用令状主
义吗？进而相反，狭义的即时强制就适用令状主义吗？还是说并非如此，强制调查或即
时强制手段所服务的具体行政目的是确保征税权这样的重大公益，这在本案中具有很大
意义吗？这些未必能从该判决的判决文中一义性地得出判断（最高法院判决旨在"在
该案中最正当地解决纷争"，这是附随于这种判决的某种必然结果）。

中作为先例加以援用。[1]

352　　2. 法律赋予的调查权限必须用于需要调查的行政决定，原本不允许用于犯罪搜查，但在具体情形下这一法理的适用并不简单。根据《法人税法》（旧）第153~155条赋予国税厅、纳税地的所辖税务署、国税局等的职员质问和检查权限，该法（旧）第156条规定"不得解作可用于犯罪搜查"。对此，最高法院决定指出，即使之后能设想用作犯规案件的证据，也不得直接进行犯规案件的调查或作为手段来行353使该权限。[2]另外，根据2005年修改的《禁止垄断法》第76条第1款制定的《公平交易委员会犯规案件调查规则》第4条第4款，禁止审查官将可能成为犯规案件端倪的事实直接报告给犯规案件调查职员。

　　在任意调查上，在某案中，参照被告违反《兴奋剂取缔法》的嫌疑出现跃升的状况，强烈怀疑该处存在兴奋剂，如果不立即采取保全之策，散佚的可能性也很高；对于在面前检查所持物品，被告没有明确表示拒绝；所持物品的检查样态是，钱包掉在床上，捡起来放在桌子上，打开钱包两个折叠的部分，拉开拉链，从装零钱的部分可发现装在塑料袋里的白色晶体，将其取出。最高法院从这些状况判决认

─────────────

[1]　最高法院在1992年7月所谓"成田新法案判决"（最判1992年7月1日民集46卷5号437页）中引用上述"川崎民商案判决"的论旨"不能仅以并非旨在追究刑事责任为理由，就认为处于《宪法》第35条规定的保障之外"，但同时也判示道，"行政程序与刑事程序在性质上自然存在差异，与行政目的相应存在多种多样的行政程序，因而，不能认为进入现场作为行政程序中的一种强制，一要求法官的令状。进入现场是否为维护公共福祉这种行政目的不可或缺、是否与收集资料追究刑事责任直接相连、强制的程度、样态是否直接等，应当在综合判断之后决定要不要法官的令状"。在该案中，在确保履行成田新法（《关于确保成田国际机场安全的紧急措施法》）第3条第1款规定的"禁止命令"必要限度内，对于"进入"该禁止命令所禁止的工作物（同条第3款），并不适用令状主义。这一"进入"的法的性质是什么，在理论上稍稍不明确。但是，进入的权限不是直接的物理性的权限，而只不过是在遭到拒绝时能根据罚则来制裁（该法第9条第2款）（最高法院也以此为否定适用令状主义的论据之一）。在这一意义上，不具有即时强制的性质，更不能作为一种强制执行（直接强制）来定性。

[2]　最决2004年1月20日刑集58卷1号26页。顺便提及，原审采取的是与此相反的观点，高松高判2003年3月13日判时1845号149页。包括这一论点在内的详细研究，参照、笹倉宏紀·前揭法学協会雑誌123卷5号·10号。

为，上述对所持物品的检查系合法进行。[1]

3. 另外，在法律上对于这些强制调查的权限，通常规定的模式是，"在有调查上的必要时……可以质问、检查、要求提交或出示账簿或物件等"（例如，《国税通则法》第74-2条第1款）。对于是否调查、对何物如何展开等，一般认为是基本上委诸行政厅裁量判断，问题在于如何理解这些裁量的范围或界限。一般，对于"命令提交报告或物件的处分，以及其他以收集履行职务所需信息为直接目的而作的处分和行政指导"，不适用《行政程序法》（该法第3条第1款第14项），因而，必须在该法之外解决问题。在这一问题上，最高法院过去对于（当时的）所得税法上质问、检查制度的范围、程度、时期、场所、程序等在多大程度上受法的拘束作出判断，在租税法学上受到关注。[2]其后在行政法学者中也出现了不少文献，将这一问题作为"调查裁量的法的控制"问题从正面予以处理，分成"调查对象的选择裁量""调查程序的裁量控制""反面调查的法的控制"进行探讨。[3]

第三节 现代行政的形式

第一款 行政计划

一、行政计划的概念与意义

在行政活动之际，运用计划的手段在日本未必新鲜（例如，在二战前就已有依据旧都市计划法的都市计划、旧耕地整理法的耕地整理计划等）。但是，这里之所以特地将其作为"现代行政的形式"来处理，在于两点理由：第一，行政计划，特别是在现代行政活动中无论

---

[1] 最决2003年5月26日刑集57卷5号620页。

[2] 所谓"荒川民商案判决"。最决1973年7月10日刑集27卷7号1205页。

[3] 参照、曽和俊文「質問検査権をめぐる紛争と法」芝池義一＝田中治＝岡村忠生編『租税行政と権利保護』（ミネルヴァ書房、1995年）。曽和俊文『行政調査の法的統制』（弘文堂、2019年）328頁以下所収。

是质上还是量上都越来越具有重要功能；第二，行政法学从正面关心行政计划这一法的现象只是昭和 40 年代左右的事情。尤其是近来，行政活动中计划的隆盛对于以"依法律行政原理"为基轴的传统行政法理论框架提出了问题，如何把握受到关注。[1]

　　一般在"行政计划"概念之下表达什么，这是有种种问题的，难以给出一义性的定义。但是，在过去的行政法学观点中大体是这么理解的：行政机关订立的计划，旨在设定一定的行政目标（目标创造性），同时为实现该目标而对各种手段、方法进行综合调整（综合性）。[2]这一意义上的行政计划不仅因计划对象内容、规模、期间长短、内容的具体性、有无法律上的根据、有无法的拘束力等不同而极为多样，[3]规定这些计划共通适用的法原理、法制度的法令至今也不存

---

〔1〕　采取这种方式把握计划的代表例子，参照、遠藤博也『行政計画法』（学陽書房、1976 年）。

〔2〕　精确而言，在这种计划活动中可区分为种种要素：（1）计划内容自身，（2）计划的制定程序，（3）计划决定行为，（4）计划的实施活动等。如此，"计划"一词自身根据场合也在这些含义上来使用。

　　当然，近来在"目标设定性"和"手段综合性"上，应予关注的是，有学者从"目标设定性自身只不过是行政学的现象，手段综合性自身则法学的现象"角度指出，"要从法上分析计划，更为重要的概念不是目标设定性而是手段综合性"。参照、仲野武志「行政上の計画論（一）」自治研究 95 卷 1 号（2019 年）64 页。该论文［「（一）～（四·完）」自治研究 95 卷 1 号~4 号（2019 年）］从这一角度出发，"结合眼下基于法律的计划"，对现行法作出详细的实证分析，以便"解明手段综合性具体采用了怎样的法律构成"。

〔3〕　行政计划通常从这些角度有种种分类。例如：（1）从行政计划内容的角度，诸如经济计划、国土开发计划、防灾计划等分类；（2）从其规模的角度区分为综合计划、特定计划，根据计划对象的地域大小区分为全国计划、地方计划和地域计划等；（3）从期间的长短角度区分为长期计划、中期计划、短期计划、年度计划等；（4）从内容的具体性角度区分为基本计划、实施计划；（5）从有无法律上的根据角度区分为法制上的计划、事实上的计划；（6）从有无法的拘束力角度区分为拘束性计划与非拘束性计划，拘束性计划中进一步区分为仅拘束行政机关的计划与对外部私人有拘束力的计划。

　　另外，对于各种行政计划与其分类，参照、西谷剛『行政計画の課題と展望』（第一法規、1971 年）121 页、成田頼明＝南博方＝園部逸夫編『行政法講義（下卷）』（青林書院、1970 年）215 页、原田尚彦·要論 122 页以下。

在。因而，即便行政法学对行政计划有了新的关注，迄今为止的研究是以现存的诸多计划的分类和现状分析，或者面向未来的立法论为中心，法解释论维度的建言仍然只是摸索性的，还没有更为丰富的内容。[1]鉴于这种现状，以下对于行政计划，仅首先探讨它作为行政的活动形式有什么特殊性、固有性，接着再指出几个由此产生的法解释论上的问题。

二、行政计划的特征

（一）作为行政活动内容的"计划"与作为活动形式的"计划"

然而，在思考"行政计划"的特征时，首先有必要在理论上明确 356
区分表示行政主体一定活动内容的"计划"概念与作为特定活动形式、法形式的"计划"概念。如前所述，在"计划"的特征上，通常是说"旨在设定一定的行政目标，同时为实现该目标而对各种手段、方法进行综合调整"，但是，如果仅仅是这样，它就只是在说一定国家活动的内容或目的，而未必是在说"计划"作为活动形式的特殊性。也就是说，这一意义上的"计划"，作为活动形式，可以法律、法规命令、行政规则等各种形式而订立。如此，如果计划是以法律、命令等既有的法形式来设定，在其法的性质上，也当然具有这些古典的法形式的法的性质，那么，在法理论上就没有必要提升行政计划、将其作为"现代行 357
政的形式"之一来处理。这里首先必须问行政计划能否果真作为新的活动形式、法形式而存在，如果能存在，它又是怎样的事物？[2]

---

〔1〕 此前出版的行政计划的综合研究以实务为支撑，西谷刚『実定行政計画法—プランニングと法』（有斐閣、2003 年）。

〔2〕 由此，在近来的行政法教科书上，否定将"行政计划"作为理论上"行为形式"之一来处理的做法，而将其作为"行政基准"（参见前述第 314 页注〔2〕）之一，包含在统括着法规命令、行政规则等行政立法的范畴中来论述，这种倾向越来越强（例如参见小早川光郎、宇贺克也、高木光、大桥洋一教科书。另外，在"行政计划"的法的分析中，强调应当重视这一"基准性"要素，西田幸介「行政計画の基準性について」芝池古稀 233 页以下）。采取这种看法也是有充分意义的。不过，在另一方面，过去将"行政计划"作为"行为形式"之一来处理，不应在理论上放弃对其意义作出进一步的诘问考察。

（二）作为行政活动形式的行政计划及其法的性质

对于行政计划的法的性质，过去德国行政法学对其是行政立法还是行政行为（所谓一般处分）有过激烈争论。但在之后，无论是在德国还是在日本，更强的观点是，计划既不是立法行为也不是行政行为，而是具有固有性质的第三种国家行为类型。

然而，要主张计划是固有的行为类型，如上所述，就必须明确计划在与行政立法、行政行为对比时到底有怎样的固有性，尤其是从法学的角度为什么必须与其他行为类型相区别。[1]很难说过去的行政法学一定有充分的问题意识在理论上阐明了这一点。但是，如果整理此前学说的个别论述来看，假设要承认这种意义上的固有性，那就要归为前述行政计划的"创造性"和"综合性"要素。

第一，行政计划的特征首先就在于，它不是执行法律规定的内容，其自身就在订立新的行政目标。但是，即使是行政立法、行政行为的情形，也未必始终是忠实地执行法律，很多也有新的创造。因而，行政计划的创造性与行政立法、行政行为的创造性有何不同，要在理论上予以明确。

第二，行政计划的特征还在于，它是为实现一定目标而要在种种手段之间进行综合性、体系性统一。由此产生的固有问题是，传统的法制度和法理论是以保护各个私人的法的利益为基本出发点，如何能与这一意义上的计划的综合性相接合呢？

具有这种固有性、作为行政特殊活动形式的行政计划，在日本的现行法上是否实际存在，在今天尚未明确，学说上也只不过是持续处于探索状态而已。[2]以此为前提，但这里完全以展望未来为目的，来

---

〔1〕 例如，屡屡有人指出，行政计划与行政行为等不同，不仅拘束相关行政机关的行动，现实中对私人的利益也有很大影响。如果仅此而已，那就只不过是抱有与传统的"行政规则"行为类型相同的法的问题，至少从法学角度看，还没有必须进一步设定"行政计划"这一范畴的理由。

〔2〕 从理论上正面分析行政计划的法的性质，近来颇堪玩味的研究有，见上崇洋「行政計画」新構想Ⅱ51頁以下。该论文认为，所谓行政计划，可整理为"在具有某一目标的行政过程中，为后续作用进行前提确认的决定"（前提确认、决定功能），可如

看看有关行政计划已经产生的或者可能产生的几个具体的法解释问题。

三、具体的法的问题

(一)与依法律行政原理的关系

如果行政计划也是行政活动之一,在传统法理论之下,自然服从于"依法律行政原理"。上述行政计划的固有性对于这一点是否果真有某种影响,就会成为问题。

1. 对此,首先会产生的问题是,法律违反综合计划,效力如何?正如常常有人指出"从依法律行政走向依计划行政"那样,根据计划制定法律的现象在现实中至少是存在的(例如,根据《国土综合开发法》上的全国综合开发计划,制定了《新产业都市建设促进法》和《工业整备特别地域整备促进法》)。这时,假设所谓计划实施法律违反综合计划,根据行政计划创造性的理解方法,在理论上就可能出现法律自身的违法性问题。[1]"创造性"作为行政计划的固有性,在理论上也能有怎样的射程距离,今后有必要展开理论探讨。

2. 对于行政计划与法律保留的关系,如果立于传统的思考框架,计划直接影响私人的法的利益时要有法律的根据,[2]否则不需要法律

³⁵⁹

³⁶⁰

此作出独立的法的定位。这一观点是值得首肯的。不过,上述"整理"是在整理现行制度上存在的各种行政计划共通功能而说的,并不能从中直接导出行政计划自身具有某种法的效果。而这一"整理"未必是将具有这种法性质的行政活动全都用"行政计划"的概念来表达、作为特别活动形式(法形式)来"定义"行政计划概念。

〔1〕 对于违反所谓"基本法"的"实施法"效力,也已有见解认为,不应简单地适用"后法破除前法"原则(参照、遠藤博也・前揭『行政計画法』69頁以下)。在依据基本法的综合计划与实施法之间也会产生同样的问题。

〔2〕 精确而言,从传统行政组织法上的法解释原理出发,如果行政计划产生既有行政组织和权限分配的变更结果,也要有法律的授权。参照、藤田宙靖・組織法59頁以下。

的授权。但是，对此也有观点认为，像国土开发计划那样，整个体系规定着国土的将来状态，进而是国民的生活状态，虽然并不直接影响国民法的利益，但从与日本的民主性统治构造的关系来说，要有法律的根据。[1]是否赞成这一见解姑且不论，国土开发计划虽无法纳入传统法理论框架之内，但它暗示了这种行政计划固有的法问题所在，值得关注。

3. 对于计划制定机关的裁量权，[2]在德国论及所谓"计划裁量"与通常行政行为等的裁量在性质上的不同时，日本也在积极支持的方向上作出介绍。[3]计划裁量论有几个侧面，在与依法律行政原理的关系上，特别是强调授权制定计划的法规范的构造与通常行政行为等的授权规范的构造不同，这一点受到关注。这种见解大致是说，后者是规定"要件-效果"（所谓"条件式"）的规范，前者是规定"目的-实现手段"（所谓"目的式"）的规范，因而，计划的合法律性不能像行政行为等的合法律性那样用三段论法的推论来判断，计划的裁量也不能以不确定概念的全面裁判审查为出发点、根据过去的自由裁量论进行裁判控制，而必须从实现法律内容的裁判机关与行政机关的合理分工角度进行考虑。不过，在这一点上，德国对过于强调计划裁量的固有性也有批判。[4]对于准确地在计划过程的哪个点上能谈得上这种意义上的"计划裁量"，仍有问题。[5]而在日本，如前所述，[6]古典的自由裁量论图式自身已然明显动摇，法院与行政机关的合理分工观点在学说和判例上一般也颇有展开，因而，可以说这与德国的状况是不同的。不过，既然强调行政计划的"创造性"，在裁量的控制上，

361

---

〔1〕 参见前出第 94 页。

〔2〕 例如，在与都市计划的关系上，承认计划制定权者有广泛的裁量权，参照、最判 2006 年 11 月 2 日民集 60 卷 9 号 3249 页。另参照、最判 2006 年 9 月 4 日判时 1948 号 26 页（林试之森案）等。

〔3〕 参照、遠藤博也·前揭『行政計画法』87 頁以下。

〔4〕 参照、芝池義一「計画裁量の一考察」杉村敏正還暦 185 頁以下。

〔5〕 参照、芝池義一同前。

〔6〕 参见前述第 113 页以下。

前述的程序控制立场,[1]与通常行政行为的情形相比更为重要;[2]同样,私人对行政过程的参与、事前程序的必要性问题,[3](在法解释论上已经)也能出现与通常行政行为等情形具有不同意义的空间。[4]

4. 在行政计划对上位计划或上级规范的适合性问题上,如上述第三点看到的那样,一般常常有人指出,必须采取与通常行政活动的法令适合性判断不同的看法。这时对于行政计划,强调的重点不在于相互间静态的适合关系,而在于动态的"调整"方法。但对于其调整的方法和原理,其法的探讨尚未一般性地充分展开。[5]

（二）行政计划与私人法的救济

1. 行政计划与行政争讼。在日本现行的行政争讼制度下,要就行政计划的违法性进行争议,基本上是在其直接影响私人法的利益时,不外乎作为行政处分而走上抗告诉讼之路,或者作为行政立法而在争议据其所作个别行为的过程中间接攻击其效果。[6]在过去的判例和学说中,其处理方式颇为多样,[7]正是在这种现象中显示了计划行为的

---

〔1〕 参见前述第 116 页以下。

〔2〕 前引最高法院 2006 年 11 月 2 日判决指出,在对被委以"广泛裁量"的都市计划决定进行司法审查时,都市计划决定"欠缺重要的事实基础","对事实的评价明显缺乏合理性","在判断过程中没有考虑应当考虑的因素"等,因而,其内容从社会观念来看明显缺乏妥当性,只有在这种情况下,才能认为超越裁量权范围或者滥用裁量权进而违法,为此,与通常的裁量处分情形不同（参见前述第 125 页）。问题在于,在其自身仍只是抽象规定时,是否满足这些基准,其具体的判断方法如何呢?

〔3〕 参见前述第 149 页以下。

〔4〕 但是,现行《行政程序法》有意将计划制定程序排除在外。对此,参见前述第 163 页以下。参照、交告尚史「計画策定手続」ジュリスト1304 号（2006 年）65 页以下、勢一智子「行政計画の意義と策定手続」行政法の争点（第三版）42 頁以下。

〔5〕 对于计划间的"调整"问题,眼下可参照、芝池義一「行政計画」大系 2 卷 348 頁以下。

〔6〕 参见本书下卷第四编。

〔7〕 参见前述第 319 页。如后行政救济法部分所见,最高法院大法庭（2008 年 9 月 10 日民集 62 卷 8 号 2029 页）变更过去的判例,认为土地区划整理事业计划决定是抗告诉讼对象的处分,进而在最终换地处分更前的阶段打开争议土地区划整理事业计划违法性之路。但是,眼下这还是土地区划整理事业计划这一特殊制度下的判断。

特殊性。[1]无论如何，现行行政争讼制度很难说是在考虑行政计划特殊性之后设计的，[2]在立法论上有广泛主张认为，应当设立与行政计划特殊性相应的固有争讼制度。[3]

363　　2. 行政计划与损失补偿。对于私人因计划的设定而受到财产上的损失，尤其是土地所有权的限制，日本的裁判例一般颇为简单地就作为财产权的内在制约，倾向于没有特别立法就不承认损失补偿。[4]但是，对于这一点，学说上屡屡有人指出，应当从财产所处的地理和社会状况，特别是过去的利用方法等进行更为细致的考察。例如，作为担保计划实现的措施，长期限制财产权的行使时（例如都市计划限制的情形），日本的裁判例也不承认这种损失自身的补偿，但这一问题将来不仅从立法论、从解释论上也都有再作探讨的余地。[5]

　　在行政计划上还有的问题是，信赖计划进行经济投资及其他活动

──────────

　　[1]　另外，在这一点上，见上崇洋·前揭「行政計画」颇堪玩味地指出：如果采取上注等近来的裁判例的理解方法，行政计划"在法的意义上作为体系性框架来讨论的意义，不是像抓拍那样固定地把握行政计划论，而是在法上把握在行政过程中的位置，其可能性和意义应当说是在与司法审查的关联上具体而现实地产生的"（同57页）。不过，其中成为法的意义者，眼下是"在具体过程中、在连锁作用中追问最终作用的法的意义时，追问计划的合理性和妥当性，在这一意义上存在显露法的意义的可能性"（同70页）。

　　[2]　例如，参见关于情势判决制度的下卷第146页。

　　[3]　在行政计划与行政争讼的关系上，也参照、芝池义一·前揭「行政計画」355页以下。另外，从实定法上的规定导出受土地利用计划等保护的居民等的"凝集利益"，其分析参照、仲野武志『公権力の行使概念の研究』（有斐閣、2007年）290页以下。

　　[4]　参照、藤田宙靖·土地法252页以下、下卷312页。另外，学说上通过纳入作为计划的一环认为，所谓"为了私益的征收"也产生"公共性"［参照、遠藤博也「土地所有権の社会的制約」ジュリスト476号（1971年）、成田頼明「公用収用の法理とその新しい動向」ジュリスト476号（1971年）］，也启发因客观土地利用计划的征收而左右征收补偿额的可能性［参照、雄川一郎「公用負担法理と土地利用計画」同『行政の法理』（有斐閣、1986年）533页以下］，在计划中至少倾向于承认"公共福祉"这一土地所有权制约原理具有很大的创造力。

　　[5]　参照、遠藤博也·前揭『計画行政』224页以下、下卷312页。

者，因计划变更而遭受损失时，该如何处理？对此，现行法上也存在对一定损失规定补偿义务的例子（《都市计划法》第52-5条、第57-6条等），没有这种规定时就是问题。在德国，这一般是作为"计划保障请求权"（Plangewährleistungsanspruch）的问题，在理论上、制度上均有广泛应对，[1]但在日本尚未看到有充分的讨论。[2]

第二款　行政指导

一、行政指导的概念

行政指导的概念很好地表现了诸多现代行政活动的特征，成为近来被广泛使用的一个概念。但是，对于使用这一概念精确地表达怎样的行政活动形式，行政法学上未必一致。[3]但不论如何，只要这一概念是作为行政法学上的法概念来使用的，其内容自然必须作为在法学上有意义的东西来界定。然而，从本书一贯的观点来看，行政指导的概念也应当在与传统"依法律行政原理""近代法治国家原理"的关系上用来明确现代行政活动的特征。在这一意义上，在行政指导的概

364

---

〔1〕　关于计划保障请求权，参照、手岛孝『計画担保責任論』（有斐閣、1988年）。

〔2〕　另外，不是像都市计划那样直接影响私人法的利益的计划，而是对私人是非拘束性的、行政内部的计划也能产生同样的问题。在这一点上，在下一款也分析的熊本地方法院判决（熊本地玉名支判1969年4月30日下級民集20巻3·4号263頁）虽然是下级审判决，但也显示了颇堪玩味的观点。

〔3〕　当然，如后所示，1993年制定的《行政程序法》是日本首次在制定法上从正面处理行政指导，对"行政指导"的概念设置了定义规定："指行政机关在其任务或所辖事务范围内，为了实现一定的行政目的，要求特定人作出一定作为或不作为的指导、劝告、建议以及其他不属于处分的行为"（该法第2条第6项），由此明确了适用该法的行政指导的范围。正文以下在行政指导名下所处理的多数行政作用包含在其中，不过，该定义规定并没有悉数网罗吸收有问题的行政作用（参见后述第381页注〔2〕）。

念之下，想作如此表达：[1]"行政主体（行政机关）以私人为直接对象而实施的行为，在不直接使私人法的利益发生变动意义上是事实性行为，但在现实中，一般具有经济性、心理性等法外的影响力，对私人的意思决定常常具有重大意义。"

这一意义上的行政指导在形式、内容等方面其实是多种多样的。例如，在法的根据上，有根据法律规定而实施的行政指导（例如，《国土利用计划法》第 24 条、第 30 条、第 31 条等，在近来的立法中有很多），也有根据行政内部的一般基准（行政规则）而实施的行政指导（例如，根据居住用地开发等指导纲要所作的指导），还有那种全然没有具体根据、仅在行政组织法上权限分配规范（组织规范）寻求根据的行政指导等，林林总总。[2]在内容上，有服务于相对人利益的所谓"助成性行政指导"，也有对相对人不利的所谓"规制性行政

365

---

〔1〕 山内一夫『行政指導』（弘文堂、1977 年）将重点放在行政指导的"指导"上，其结果是，首先要有行政机关要求相对人的作为或不作为的积极意思，由此，（1）确认性判断的表示，（2）说明或提供信息等，就不包含在行政指导中（该书第 11页）；其次，以存在行政机关的优位性为前提，由此，也能被称为"行政上的期望"的行政活动就进入不了行政指导（该书第 15 页以下，另外，在其基本立场上与《行政程序法》第 2 条第 6 项的定义也是一样的）。

这样使用"行政指导"概念自然是可能的，但要成为法学上有意义的"行政指导"概念，山内博士重视的有无积极性、有无优位性在法上必须具有某种意义。在与本书基础性观点，即传统"依法律行政原理""近代法治国家原理"的关系上，山内博士排除出行政指导概念之外的上述各行为类型，问题状况也无不同，从这一认识出发，本书拟将其纳入广义"行政指导"概念中（在这一意义上，本书所用的"行政指导"概念比《行政程序法》这种制定法上的"行政指导"概念含义更广，可谓"理论意义上的行政指导概念"）。

〔2〕 太田匡彦「行政指導」新構想 II 187 頁一文中，作为混淆行政指导基准的指导纲要与行政指导自身的例子，列举了我的「地方公共団体の『法外』の手段とその法的性質」公法研究 43 号（藤田宙靖·基礎理論上所收）。但我自身当然没有犯这种混同的错误。该指摘所涉我论文中的表达是在探讨在何种背景下处理何人所使用的表达这种前提事实，但该指摘一概予以省略（这也是该论文所强调的对"理论上明晰分析"不可或缺的）。

指导"等，多种多样。[1]但是，不论如何，决定性的是，受到这种行政指导的相对方私人即使不遵从该指导，也不会受到某种法上的不利。[2]

二、行政指导的问题所在

既然是这种性质的行政指导，在传统行政法理论框架内，行政指导在法上本来可以说只是"无"。首先，如果并不直接影响国民的法的利益，在传统多数说之下，就不必有法律的授权。如果可以任意拒绝服从，即使拒绝也不受到任何法上的不利，在传统理论上，就不定性为"行使公权力"，也不被认为是"侵害"国民的权利利益。因而，对此也不能提起抗告诉讼进行争议，即使因服从行政指导而遭受损

366
367

〔1〕 另外，作为近来行政指导类型化的尝试，从与其"上下文（指导的目的和背景）差异相应的法的评价结构"角度，区分为以下六种：（1）作为"民民纠纷的中介"的行政指导，（2）作为"紧急措施"的行政指导，（3）作为"对法定外具体政策基准的协力请求"的行政指导，（4）作为"对裁量权协作行使的协力请求"的行政指导，（5）作为"裁量判断表达方法"的行政指导，（6）作为"法定行为形式和程序的旁路"的行政指导。参照、中川丈久『行政手続と行政指導』（有斐閣、2001 年）207 頁以下、同「行政指導の概念と法的統制」行政法の争点（第三版）38 頁以下。这为今后法理论的发展提供了一定的线索，值得关注。

〔2〕 在内容上并非命令而只不过是劝告或警告的情形下，如果相对人不予遵从就带来某种法的不利，该行为已经不是"行政指导"，而毋宁变成"行政行为"。例如，税款的督促（《国税通则法》第 37 条，不遵从时就将产生忍受滞纳处分的义务。参见该法第 40 条）、代执行的告诫（《行政代执行法》第 3 条第 1 款，不遵从时就将产生忍受现实实行代执行的义务，参见该法第 3 条第 2 款）等就是这样的例子。另外，对于这些行为是"行政行为"的意义，参见前出第 224 页、第 224 页注〔3〕、后出第 390 页等。

另外，高木光『行政法』（有斐閣、2015 年）118 頁指出，本书的上述指摘受害于"事实行为抑或行政行为二者择一"的思考样式，其理由在于，在某"法的结构"中包含复数的"行为"，有的并不是"因该行为直接形成国民的权利义务或确定其范围"，而是具有某种"法的效果"，如此理解是自然的，税款的督促、代执行的告诫正是这样的例子。这一指摘是值得倾听的。不过，有的法的结构是，行政厅对私人提出某种要求，不遵守时当然伴有法的不利，以行政厅的要求行为存在法效果为由而将其理解为《行政案件诉讼法》等上的"处分"（参照、最判 1993 年 10 月 8 日判時 1512 号 20 頁），这时一概不允许以"行政行为"表达该结构吗——这与"行政行为"也是一种法的"结构"或"制度"是不同的。两者是不同的问题。

害，本来也不能请求国家赔偿（《国家赔偿法》第 1 条）。

尽管这种归结是不言自明的，为什么行政指导的法性质还是会在行政法学上成为问题呢？这当然是因为行政指导的实态：它在现实中对私人产生极大的影响力，在实现行政目的上发挥着重大功能；对私人而言，他在现实中因种种情况而难以拒绝服从。私人难以拒绝服从的情况多种多样，其代表性的例子有：由前述公告那样一种间接强制手段在背后支撑；像由拒绝提供生活便利所代表的那样，拒绝服从就有可能在将来的各个方面得不到行政主体的协力和援助。这种事实上的强制手段，有时在法律上也有明文规定（《国土利用计划法》第 26 条），有时是在行政内部的所谓"纲要"中得到明示，有时只是事实上实行而已。

三、行政法学的应对

在这种状况下，行政法理论对行政指导的应对方法有种种可能性。

第一，忠实于传统理论，可谓贯彻行政指导在法上为"无"的立场。从实例而言，在与法律根据论的关系上，判例学说多数站在这种立场上。[1]

────────────

〔1〕 例如，关于石油价格的行政指导在《石油业法》上没有直接根据也合法，参照、最判 1984 年 2 月 24 日刑集 38 卷 4 号 1287 頁（特别是第 1314 頁）。但是，也不是没有人认为，以所谓规制性行政指导为中心，有时行政指导也要有法律的根据。参照、田中二郎『司法権の限界』（弘文堂、1976 年）288 頁、塩野宏「行政指導」同『行政過程とその統制』（有斐閣、1989 年）。

另外，在 1999 年中央省厅等改革立法之际，在各省设置法中删除了所谓"权限规定"。其主要的立法动机在于，认识到这些规定正成为"裁量行政"的根据。其中所说的"裁量行政"的内涵未必一义性明确，如果它主要是意味着本书意义上的行政指导，删除"权限规定"就让"裁量行政"消失，在正文所述的意义上，这种认识至少在法规范论上应当说是错误的。参照、藤田宙靖・組織法 42 頁以下、稲葉馨「行政組織の再編と設置法・所掌事務および権限規定」ジュリスト1161 号（1999 年）119 頁以下、行政組織法研究会「中央省庁等改革関連法律の理論的検討（三）」自治研究 76 卷 11 号（2000 年）16 頁以下、松戸浩「行政指導の根拠（一）（二）（三・完）」広島法第二，反过来，行政指导的现实功能已具有法的意义，大胆地认为行政指导原则上具有法的拘束力，以此为前提，也应对其实行法的控制，这样的立场也能成立。[1]但在实际上，大多数判例学说均不像这样采用极端的解决办法，可以说基本上遵守传统理论的框架，但捕捉行政指导在既有法制和法理中的投"影"，尝试以间接的方式在行政法上加以"认知"。[2]

1. 这种尝试之一是，行政指导本来一定不具有任何法的拘束力，但如果对行政主体一方有利，就赋予其某种法的意义。

（1）在这一点上一个有名的裁判例是关于东京都武藏野市居住用地开发等指导纲要的东京地方法院八王子支部的决定。[3]在该案中，建设者不服从市的居住用地开发等指导纲要规定的条件建设公寓，市根据指导纲要拒绝自来水、下水道的供给和使用，公寓建设者要求承诺供水、使用公共下水道的临时处分。法院在结果上认可了该临时处分，在其决定的理由中包含着这样的内容，根据情况，这种案件属于《水道法》第 15 条第 1 款所说的"正当理由"，也能认为拒绝供给水道合法。也就是说，法院表示的观点是，"从违反指导纲要的单个行为来看，不属于'正当理由'，从整体上考察这些行为的性质、样态、作出违反行为前的过程以及其他各种情况，硬要承诺接受供水契约的申请，可能就变成权利滥用的情形"。法院说，"这种情况当然属于上述拒绝承诺的正当理由"。其中，首要值得关注的是，法院一方面遵守传统的思考框架，认为指导纲要没有直接的法的拘束力（这在决定

369

学 29 卷 4 号（2006 年）1 頁以下、30 卷 2 号（2006 年）27 頁以下、30 卷 3 号（2007年）47 頁以下。

〔1〕 关于这种立场，参照、藤田宙靖「地方公共団体の『法外』の手段とその法の性質」公法研究 43 号（藤田宙靖·基礎理論上所收）。

〔2〕 作为事实行为的行政指导之所以被说成"对法的考察有意义的行为"或者"在法上有意义的行为"（参照、太田匡彦「行政指導」新構想 II 162 頁），归根结底可以说是以其他形式表达了我在本书正文中所说的状况。

〔3〕 東京地八王子決 1975 年 12 月 8 日判時 803 号 18 頁。参照、藤田宙靖·昭和五一年度重要判例解説（ジュリスト 642 号）。

的其他部分有明确说到），另一方面显示出的观点是，通过"业者的权利滥用""水道法上的正当理由"的媒介，有时指导纲要（以及据此作出的个别行政指导）能间接地对私人具有法的意义。

在一起案件中，石油联盟的会长等企图在石油公司之间进行生产调整，因违反《禁止垄断法》第 8 条第 1 款第 1 项（当时）而遭到起诉。东京高等法院判决认为，这种生产调整"对实施属于通商产业省任务的石油供求调整是必要的，是在该省的指导或认可下作出的协力措施"，"根据情况如何，作为正当行为，根据《刑法》第 35 条宗旨也不是没有阻却违法性的余地"。该判决受到关注。[1]之后最高法院在追究石油价格协定违反禁止垄断法的诉讼中，更为明确地指出，"企业间的价格合意在形式上违反禁止垄断法，但它是服从合法的行政指导、予以协力的行为，这阻却其违法性"。[2]

（2）然而，从上面来看，上述各判例即使说承认有赋予行政指导（或指导纲要）某种法意义的余地，它也只是在决定理由或判决理由的旁论中表示的观点。但是，在下级审判决中，间接但却是从正面赋予行政指导某种法意义的判决登场了。

例如，在根据指导纲要拒绝给违法建筑物供水的案件中，有判决认为，水道法不允许拒绝供水，但这种行政指导违反水道法这样的行政法规范，并不直接构成侵权行为，遂驳回针对拒绝供水的损害赔偿请求。[3]

特别受关注的是围绕建筑基准法规定的建筑确认与行政指导关系的一系列下级审判例。以 1977 年 9 月东京地方法院判决[4]为开端，接连出现判决认为，将保留建筑确认作为间接强制实施行政指导的手

---

〔1〕 東京高判 1980 年 9 月 26 日高刑集 33 卷 5 号 359 頁。

〔2〕 最判 1984 年 2 月 24 日刑集 38 卷 4 号 1287 頁。

〔3〕 大阪高判 1978 年 9 月 26 日判時 915 号 33 頁。另外，该案的上告审判决是最判 1981 年 7 月 16 日民集 35 卷 5 号 930 頁——丰中市拒绝供水案判决。最高法院毋宁是以不存在拒绝供水的事实为由驳回上告。

〔4〕 東京地判 1977 年 9 月 21 日例集 28 卷 9 号 973 頁。

段，在某种形式上是合法的。[1]例如，上述东京地方法院判决将《建筑基准法》关于应当在一定期限内对建筑确认申请作出应答的规定（现第 6 条第 4 款），解释为并非仅仅是内部的训示规定，而是拘束性规定，但同时认为，它不是任何情形下均不允许例外的绝对期限规定，"建筑主事没有在法定期限内应答，存在社会观念上认为正当的情况时，在该情况存续期间保留应答，不能说就是违法"。如此，在这种情况存在的情形中包含这样的情形，即"建筑主与邻近居民之间就建筑计划产生建筑纷争，为了解决该纷争，相关地方公共团体（或者行政厅）作出行政指导，该行政指导是通过相当的方法真挚地作出，而且能期待其圆满解决纷争"。从这种判决理由可以看见，该判决明显重视行政指导对解决公寓建筑种种麻烦的现实有效功能，可以说由此修正了根据传统法理论对于建筑确认法制的解释（根据传统的法理论，建筑确认毫无裁量余地，只要预定的建筑物不违反法令，就必须在法定期限内予以建筑确认）。这时当然受到关注的是，对于行政指导的法性质的解释，未必放弃了传统的理论框架，法院立于传统的思考框架，对制定法规的解释作部分修正，进而间接地给行政指导行为赋予了某种法的意义。另外，到 1982 年，东京都中野区本应根据《道路法》第 47 条第 4 款规定对《车辆限制令》第 12 条所定的道路管理者作出认定，但为了避免建筑业者与附近居民发生纷争的危险，保留约 5 个月未作认定。在争议其是否违法的国家赔偿请求诉讼中，最高法院认为，该认定"具有确认行为的性质，基本上无裁量余地"，但仍处于容许的一定行政裁量范围内，由此驳回了原告的请求而支持了原审判决。[2]该判决基本上与上述地方法院判决包含着同样的问题，作为最早的最高法院判决，其值得关注。

（3）当然，行政指导仅限于行政指导，在相对人被加诸事实上的

371

372

---

　　〔1〕 对于这些判例，参照、山内一夫『行政指導の理論と実際』（ぎょうせい、1984 年）51 頁以下。从同样的角度保留道路位置指定处分（参见《建筑基准法》第 42 条第 1 款第 5 项），参照、東京地判 1979 年 10 月 8 日判時 952 号 18 頁。
　　〔2〕 最判 1982 年 4 月 23 日民集 36 卷 4 号 727 頁。

强制时，就当然只能带有界限。这一点，最高法院在争议建筑确认保留的违法性案件中，基本上与过去的下级审判例一样，站在不能说这种保留直接违法的立场上，同时判决如下，受到关注：[1]

> 当然，基于是在建筑主任意协力、服从之下作出的行政指导，上述确认处分的保留还仅限于事实上的措施。因而，在对申请保留确认处分之前作出行政指导，建筑主明确表明了不予响应的意思……仅仅以有行政指导为由保留确认处分，这是违法的。

在该案的情形中，建筑主一方"已经表明了真挚而明确的意思，对保留上述确认处分之前的行政指导不予协力，要求立即作出确认处分"，法院将保留建筑确认判断为违法。[2]

有很多评价认为，过去判例的倾向是广泛承认建筑行政中行政指导的可谓准法性质，该判决对此倾向泼了很多水。不过准确地来看，在该判决中，在先前引用的判示部分，还另有保留："对该建筑主所受不利与实施上述行政指导目的的公益上必要性进行比较衡量，只要建筑主对该行政指导不予协力不存在违反社会观念上正义观的特殊情况"，这也是不容忽视的。本案中，在判断确认处分保留的违法性时，像上面那样建筑主明确表明了不服从的意思，在这一事实之外，现在又一个事实成为前提：建筑主此前对行政厅的行政指导"积极而协作地应对"，"未能实现行政指导目的、与附近居民对话解决纷争，不能归咎于被上告人（建筑主）一个人"。在关注这一点的同时可能看到，它可以说是以一种努力义务为前提的，即行政厅与建筑主双方尽可能避免紧绷的冲突，双方在多大程度上尽到了这种"回避纷争义务"，这作为判断行政活动合法性时的一个基准得到采用。以"依法律行政原理"为首，过去有关行政行为、行政立法、强制执行、行政契约等

373

---

[1] 最判 1985 年 7 月 16 日民集 39 卷 5 号 989 頁。

[2] 另外，为了让指导纲要得到遵守，将拒绝缔结供水契约作为压力手段。同样，相对人明确表明了不服从行政指导的意思，这成为违法性判断之际的重要因素之一。作为其例子，参照、最判 1989 年 11 月 7 日判時 1328 号 16 頁。

各种形式的行政法理论均是以行政主体（行政厅）与私人之间当然存在利益对立、产生纷争为前提的，以解决纷争的法的基准是什么为问题。其中成为问题的当然是，为了不产生纷争，各自负有怎样的义务？它是在现实发生纷争时作为解决纷争的基准来使用的。行政指导可以说是在过去行政法制度及理论框架外发生的现象，正因为如此，其法的控制可能有不同于过去法治主义的形式。而且，现实裁判例的启发，也必须说是颇堪玩味的。[1]

2. 上述例子均可谓法院对行政指导的功能作出积极评价，并给予其（对行政有利）法意义的案件。还存在一种尝试，留意到行政指导实际上对私人利益造成重大影响，为了给予私人实效性的权利救济，赋予行政指导某种法的意义。

（1）国家赔偿请求与行政指导。在这种尝试中，首先最无抵抗获得承认的观点是，行政指导也属于《国家赔偿法》第 1 条的"行使公权力"。如后详述，[2]《国家赔偿法》第 1 条的"行使公权力"概念，

374

---

[1] 另外，对此详见、藤田宙靖「行政指導の法的位置付けに関する一試論」高柳古稀 167 頁以下（藤田宙靖・基礎理論上 179 頁以下）。其中可以看到用两个理想类型来说明这一问题，即"纷争文化"（Streitkultur）的法原则与"回避纷争文化"（Streitvermeidungskultur）的法原则。

顺便提及的是，中川丈久前揭『行政手続と行政指導』第 264 頁说到，"藤田所说的'回避纷争'并非'回避纷争本身'，而是试图通过合意解决纷争，意味着'进一步的回避纷争化'"。这明显是误解（中川教授大概是在其所说的"民民纷争"意义上来理解"纷争"一词）。如果准确地读罢本书正文及上述拙文来理解，我在其中当成问题的当然是行政（机关）与私人之间有无纷争化，两者的接触只能通过行政处分以及对其提起抗告诉讼（或者根据缔结契约而发生权利义务）等近代法治主义的各范畴来处理。将避免走入这一"进退维谷的事态"，称为"纷争的回避"。在与本书正文所引的最高法院 1985 年判决的关系上而言，一方面认可地方公共团体（的机关）进行行政指导（在一定限度内的）合法性，另一方面认可居民对此（在一定范围内的）协力义务，其意义何在，正是问题所在。

另外，该书在同一个地方还批评了我对 1985 年判决中"特殊情况"的理解，但这与正文所述内容的关系上并不是特别重要的论点，这里省略不谈。

顺便要说的是，对于本书所说的"回避纷争义务"，更为一般地作为不同法制间调整原理的"诚实义务"来把握，参照、鈴木庸夫「行政の法システムと『生命体モデル』」塩野宏古稀上 264 頁。

[2] 后文第 528 页以下。

原本在学说判例中的"广义说"立场，即包含一切公行政活动，是今天主导性的观点。在这种动向中，较为容易出现的观点是，行政指导也可解作该意义上的"行使公权力"。在裁判例中，例如，过去京都地方法院 1972 年作出判断认为，事前咨询形式的行政指导属于《国家赔偿法》第 1 条的"行使公权力"，[1]此后这一观点得到一般性的承认。[2]

（2）抗告诉讼（特别是撤销诉讼）与行政指导。如本书下卷第四编详述，在日本现行法之下，可以对"行政厅的处分"提起撤销诉讼（《行诉法》第 3 条第 2 款），而在传统判例和学说之下，对于其中所说的"处分"一直采用的解释是，必须直接产生私人法的利益的变动。在这一前提下，行政指导就不是本来撤销诉讼的对象。[3]例如在最高法院的判例上，长期就不存在承认对行政指导提起撤销诉讼的判例。但是，在此间的下级审判例中，未必没有承认上述前提的例外。[4]在学说上，有人明确认为，[5]特别是与对不服从者予以公告等不利措施相结合的行政指导，即使该不利并非与法效果相伴的不利，也可以提起撤销诉讼。近来，如后所述，[6]在学说和下级审判例中，超越传统理论框架、广泛承认撤销诉讼对象的"处分"概念，这一动向颇为强劲。在这一动向之下，也能料想承认可对行政指导提起撤销诉讼的案件会在判例上出现，但实际上，如后所述，[7]到 2005

375

---

〔1〕 京都地判 1972 年 7 月 14 日判時 691 号 57 頁。

〔2〕 另外，对于行政指导与国家赔偿请求之间的关系，在服从行政指导却受到损害时，行政指导与损害之间的因果关系在多大程度上能予以承认，就是一个问题。对此，眼下请参照、山内一夫『行政指導』（弘文堂、1977 年）163 頁以下。

〔3〕 参见下卷第 18 页。

〔4〕 例如，对于《海难审判法》规定的海难原因裁决，東京高判 1952 年 12 月 16 日例集 3 巻 12 号 2581。对于基于社会保险医疗担当者监查纲要所作的告诫保险医师，東京高判 1961 年 3 月 14 日例集 12 巻 3 号 575 頁。

〔5〕 例如，参照、山内一夫『行政指導』157 頁、同·前掲『行政指導の理論と実際』104 頁。

〔6〕 下卷第 54 页以下。

〔7〕 下卷第 57 页以下。

年，最高法院才走到这一步。[1]

（3）行政指导与信义诚实原则、禁反言法理。前述京都地方法院判决的案件就是这样，私人信赖行政指导而采取或不采取行动，之后行政主体作出与先前行政指导相矛盾的言行，明显辜负了私人的信赖，这样的案件屡有发生。在这种情况下，私人主张行政主体违反信义诚实原则、禁反言法理，提起诉讼，这样的例子迄今已有很多。

（a）这种例子中最多的是征税案件。大致是这样的案件，在事前的税务咨询等中，税务职员以某种形式让纳税人误以为可以缴纳得比法律上原本必须缴纳的税额少，但后来按照本来应缴纳的税额作出课税处分，结果就明显辜负了纳税人的信赖。

然而，对此，前述东京地方法院 1965 年判决[2]认可租税法中诚实信义原则和禁反言法理的适用，此后在裁判例中支配性的观点是，一般是以保护纳税人信赖就抵触租税法律主义为前提，但通过对各种利益比较衡量，有时根据情况例外地应当优先保护信赖。[3]但是必须说，在现实中这种让信赖保护优先、让私人胜诉的例子也是极少的，法院让与先行行政指导相矛盾的课税处分违法的可能性一般是颇小的。但在这些情况下，也能看到有观点认为，本来的课税处分不违法，对于遵从错误的行政指导而必须缴纳过少申报加算税、无申报加算税等，因为具有《国税通则法》第 65 条第 4 款、第 66 条第 1 款所说的"正当理由"而不予征收。[4]这是值得关注的。[5]

---

〔1〕 参照、最判 2005 年 7 月 15 日民集 59 卷 6 号 1661 頁；最判 2005 年 10 月 25 日判時 1920 号 32 頁。

〔2〕 参见前述第 138 頁。

〔3〕 如前所述（第 139~140 頁），最高法院判例在这一限度内也是同样的。参照、最判 1987 年 10 月 30 日判時 1262 号 91 頁。

〔4〕 参照、名古屋地判 1973 年 12 月 7 日判時 739 号 71 頁；札幌地判 1975 年 6 月 24 日判時 815 号 42 頁等。而大阪地判 1968 年 4 月 22 日例集 19 卷 4 号 691 頁、東京地判 1971 年 5 月 10 日例集 22 卷 5 号 638 頁等，是关于无申报加算税的判例，未适当指导应行申报的行政厅不作为，违反信义诚实原则，这样的观点受到关注。

〔5〕 作为近来最高法院的判例，土地所有者向市出售土地，市的某职员认为，适用《关于长期让渡所得的租税特别措施法》（2001 年法律第 7 号修改前）第 33-4 条

377　　　　（b）与征税的情形并列，同样屡屡发生问题的例子可举出地方公共团体为招揽特定项目等所作的行政指导。也就是说，地方公共团体当初采取招商政策，为积极招揽而予以指导和协力，但之后以政治的、经济的理由变更政策和计划、不予协力，因而，私人、私企业遵从当初的招商政策准备新设、增设工场等，由此遭受财产上的损失。这时，行政主体根据情况的变化，变更行政上政策和计划的余地得不到认可，就不能对一般居民履行行政上的责任。因而，调整两个相互对立的要求就成为问题。

　　　　这一点，对于一般地方公共团体因政治经济情况变更而变更政策、变更计划，下级审判例当初在将其判断为违法上是极为消极的；私人提出的撤销新政策的各种行为之诉，进而主张不履行债务、侵权行为的损害赔偿请求之诉通例也都是驳回的。[1]但是，理论上也有人否定侵权行为的成立，同时命令地方公共团体支付类似于损失补偿的"赔偿金"。[2]另外，状况是流动的，1981年，最高法院以这种案件为开端，基本上是作出重视私人信赖保护的判决，[3]判例理论有了很大的展开。

378　　　　该判决是前述那霸地方法院判决的上告审判决。在该案中，在村的指导和协力下，公司在进行造纸厂的建设计划，因通过此间村长选举新就任的村长是招商的反对者，公司就得不到村对建设工厂的协力，不得不放弃计划。最高法院作出如下判决，将案件发回原审福冈

第1款第1项所定的特别扣除额的特例，根据这一错误教示等申报所得税，就得到了过少申报加算税的征收决定。原审判断认为上述所有人没有损害发生，该判决违法。参照、最判2010年4月20日集民234号63页以下。

　　〔1〕例如，那霸地判1975年10月1日判时815号79页；熊本地玉名支判1969年4月30日下级民集20卷3·4号263页。另外，有的案件未必是关于行政指导的，市的招揽工场条例规定给新设增设一定规模工场者奖金，因市财政恶化而修改，废止奖金制度，参照、札幌高判1969年4月17日例集20卷4号459页。

　　〔2〕前述熊本地方法院玉名支部的判决就是这样的，市中止住宅团地建设计划，让迄今遵从行政指导建设浴场的私人遭受了损失，该判决认为，"即使不是典型的侵权行为，至少也可以说是通过合法行为的侵权行为"，命令市赔偿损害。

　　〔3〕最判1981年1月27日民集35卷1号35页。

高等法院。

　　地方公共团体应根据居民的意思施政，即所谓居民自治原则，它是地方公共团体组织及运营的基本原则。地方公共团体这种行政主体在决定了一定内容将来应当持续的政策之后，原本当然能根据社会情势的变动等变更该政策，地方公共团体原则上不受其决定拘束。但是，该决定不仅仅规定着一定内容的持续性政策，还伴有对特定人进行个别、具体的劝告或劝诱，促成其作出符合该政策的特定活动，而且，该活动以相当长时期继续该政策为前提，才能产生与投入资金、劳力相应的效果。这时，该特定人通常信赖作为其活动基础的政策会得到维持，以此为前提开展活动或进入准备活动。在这种状况下，即使根据上述劝告或劝诱，该人与地方公共团体之间以维持政策为内容而缔结的契约不受认可，参照应当规范有密切交涉之当事人关系的信义衡平原则来看，也应当说在变更政策之际必须对其信赖赋予法的保护。也就是说，因政策变更，辜负了因前述劝告等而产生动机、进入前述活动者的信赖、妨碍了所期待的活动，造成社会观念上无法忽视的积极损害，地方公共团体没有采取补偿损害等代偿性措施就变更政策，只要不是根据不得已的客观情况，就必须说它不当地破坏了当事人间形成的信赖关系，带有违法性，产生地方公共团体的侵权行为责任。如此，前述居民自治原则也并不意味着，地方公共团体基于居民的意思采取行动时，其行动不伴有某种法的责任。因而，不应当认为地方公共团体的决策基础的政治情势变化直接就属于前述不得已的客观情况、允许不保护前述相对人的信赖。

在最高法院的这一观点中，并非没有应予探讨的问题。[1]但是，

────────────

　　〔1〕　例如，该判决说，"变更政策破坏信赖却不采取补偿损害等代偿性措施，这是违法的，产生地方公共团体的侵权行为责任"，但从行政法学角度而言，如果有补偿

379　无论如何也可以说，从行政指导没有法拘束力的基本观点来看，不将保护私人对行政指导的信赖作为行政法学上重要问题来思考的时期明显已经结束了。问题是这种私人信赖保护的要求在今后的法解释论上如何定位、如何在理论上予以构成。这一点必须说仍是留给今后行政法学的一个课题。[1]

四、立法的应对

380　　　根据学说和判例的上述积累，问题在于，某种立法措施以何种形

义务却无补偿地变更了政策，承认补偿的请求就可以变更，而没有侵权行为责任成为问题的事情；如果说破坏信赖是侵权行为，其代偿措施一定是后续的损害赔偿，判决所说的"损害的补偿""代偿措施"的法的性质以及其与"侵权行为责任"之间的理论上相互关系，均未必是一义性明了的。

　　〔1〕 上述最高法院判决从"因不当破坏当事人间形成的信赖关系而产生的地方公共团体的侵权行为责任"角度来处理这种案件中私人的信赖保护问题。但是，如果从传统行政法理论的延长线上来思考，不能不像下面这样从"基于合法行为的损失补偿"的方向来思考问题。

　　也就是说，如上所述，如果概述行政指导与私人信赖保护问题的相关案例，要注意的是，征税时的问题状况可谓违法行政行为的撤销限制情形，而招揽企业或项目时的问题状况则与行政行为的撤回限制类似。前者的问题在于，为了保护对违法行政活动的信赖，有时应当放弃纠正违法行为吗？后者的问题在于，因为后发性情势变更，一度合法作出的行政上行为面向将来变更，其自身即便合法，对相对人依据该行为的财产损失不予补偿，也能进行这样的变更吗？如前所述，在行政行为的情形中，撤销限制、撤回限制的大致法理在传统学说和判例上之所以已经确立起来，其原因之一在于，在行政行为的情形中，行政行为一经作出，在撤销或撤回之前，不仅是相对方私人，行为人行政厅（行政主体）在法上也受其拘束，正是这一原理（所谓行政行为的两面拘束性）得到确立，才较为定型地对变更这种状态要求保护私人的信赖、保护法的安定性。与此相对，在行政指导的情形中，因为欠缺上述前提自身，才持续有以信义诚实原则、禁反言法理等法的一般原则为依据进行摸索的状态。但是，如前所述（参见前述第139页注〔2〕），这种一般原则自身必须说是几乎没有内容的法原则，在法解释论上需要将其内容更为具体化。这时，作为问题的观点，一个尝试是，当前诸如契约拘束力原理、行政行为的撤销撤回限制法理等在怎样的情形下能类推适用于怎样的行政指导，对此极为细致地进行诘问。对此，例如，存在一种可以关注的见解，它参考德国行政法的理论与制度、提倡作为一种行政行为（或者独立的行为形式）的行政厅的"允诺"范畴。

式才能实现对行政指导状态的规范呢？如前所述，也存在个别法律赋予行政指导法律的根据，一定情形下课予必须进行一种行政指导的义务，而且，也存在为保护私人对此的信赖而予以处置的例子。[1]其中的问题是，超越这种状态，能否进一步以某种方式在法律上规定行政指导的一般通则。在这一点上受到关注的就是 1993 年制定的现行《行政程序法》。[2]

1.《行政程序法》在第四章设置了"行政指导"[3]的规定，规定了行政指导的一般原则（第 32 条）、与申请相关的行政指导（第 32 条）、与许可认可等权限相关的行政指导（第 33 条）、行政指导的方式（第 34 条）、以多数人为对象的行政指导（第 35 条）等，意在藉此避免因利用行政指导而导致行政过程的不透明性，充实私人的权利救济。[4]

《行政程序法》第 32 条至第 34 条[5]可谓行政指导的实体法规制，是将不得成为事实上的强制行为、禁止不当联结（Koppelung）等

381

参照、菊井康郎『行政行為の存在法』（有斐閣、1982 年）、乙部哲郎・前揭『行政上の確約の法理』（日本評論社、1988 年）等。

〔1〕 后述《行政不服审查法》上的教示制度（下卷第 174 页）可以说就是一个例子。

〔2〕 参见前文第 155 页以下。

〔3〕 这时，如前所述，这里所说的"行政指导"是指"行政机关在其任务或所辖事务范围内，为了实现一定的行政目的，要求特定人作出一定作为或不作为的指导、劝告、建议以及其他不属于处分的行为"（该法第 2 条第 6 项）。另外，对于"处分"的概念，定义为"行政厅的处分以及其他相当于行使公权力的行为"（第 2 条第 2 项），这与《行政案件诉讼法》第 3 条第 2 款的"处分"（参见下卷第 18 页）定义是同样的。

〔4〕 以行政程序法定义的"行政指导"为前提，近来从"将行政指导认识评价为行政指导是怎样的思考框架"这种关注出发的详细分析，太田匡彦「行政指導」新構想Ⅱ161 頁以下。

〔5〕 第 32 条 在行政指导时，行政指导的实施者必须注意，丝毫不得超出该行政机关的任务和所辖事务的范围，行政指导的内容只能通过相对人的任意协力实现。

行政指导的实施者不得以相对人不遵从行政指导为理由而作出不利处理。

第 33 条 在行政指导要求撤回申请或变更内容后，申请人已表明不遵从行政指导的意思时，行政指导实施者不得以继续实施行政指导等方式来妨碍申请人行使权利。

第 34 条 行政机关具有许可认可等的权限或基于许可认可等作出处分的权限，但在不能行使该权限或没有行使的意思时却作出行政指导的，行政指导的实施者不得故意表示其可以行使该权限，使相对人不得不遵从其行政指导。

前述各判例中展开的部分观点明文化。不过，如本书前文所述，[1]在解决行政指导的法的问题时，不仅是"纷争文化"的观点，"回避纷争文化"的观点也不可或缺，如果以此为前提出发点，那也必须对获得行政指导一方的态度表明某种规范性原则，这也是前述最高法院判例考虑过的其他侧面。在该法律中，从一开始就欠缺这种视角，实际上这些条文所禁止的行政机关行为大致可概括为"不当对待""不当利用地位"等解释问题，这种问题也就不得不再度登场。

《行政程序法》第 35 条在进行应予关注的程序法规制：它要求行政指导实施者必须明确向相对人说明该行政指导的旨趣、内容和责任人（第 1 款）；行政指导口头作出的，其相对人请求交付记载这些事项的书面文件时，只要没有行政上的特别障碍，行政指导的实施者必须交付（第 3 款）。对于以多数人为对象的行政指导，该法第 36 条规定事前设定并原则上应公布这些行政指导共通内容的事项。这些可谓将行政指导纳入传统法治主义的程序法框架内，当然是极为珍贵的尝试。不过，行政指导原本只在其"法外"的性质中才有其存在意义，在这种规定下，行政一方真正感到像过去那样有行政指导必要的案件，不是不可能向更为不明朗（亦即是否属于这里所说的"行政指导"已然并不明确）的活动形态逃避。[2]要言之，既然要对行政指导实施"法治主义"的控制，不仅是行政机关，还有广大的私人一方就要确立对"法治主义"必要性的意识，这是首要的不可或缺之事，必

---

〔1〕 前出第 373 页。

〔2〕 也就是说，例如，与第 380 页注〔3〕所引用的行政指导定义相比，算不上"要求"行为或不作为的暧昧行为、算不上向"特定人"要求的暧昧行为等。相对方私人从行政机关所说的行为中感受到某种"信号""自发地"采取行动，通过制定法律也难以事实上排除这种类型。

顺便提及，对于《行政程序法》的上述定义，标准的评注书认为，"即使是行政机关基于其判断所作出的行为，如果不是使相对人积极地有所动作，而是客观提示制度的结构或事实的信息，或者提示法令的解释"，也不属于行政指导。但是，"在这种行为中，有必要斟酌的是，不是仅依其表达方法等外形的观察作出判断，也要在个别具体的场合中，实质地看相对人有没有积极动作"〔高木光＝常冈孝好＝须田守『条解行政手続法（第二版）』（弘文堂、2017 年）30 页〕。当然，有的案件未必容易判断有无"积极性"。

须说该法律设想的规制实效性最终也系于此处。

2. 另外，2014 年修改《行政程序法》，追加了第 36-2 条、第 36-3 条规定，针对"要求纠正违反法令行为的行政指导（限于法律中设置了其根据规定者）"打开了一条要求中止该行政指导及采取其他必要措施的通道（《行程法》第 36-2 条，这是行政指导相对方采取的手段）；在不进行行政指导时，为要求作出该行政指导打开了一条通道（《行程法》第 36-3 条，这是第三人采取的手段）。实质上，前者是一种事后救济制度，后者是事前的救济制度，与后述行政上的不服申诉制度[1]不同。这里的"要求"行为只是敦促行政厅启动职权的"申明"（《行程法》第 36-2 条第 1 款及第 36-3 条第 1 款），不具有依据"申请权"的"申请"或"不服申诉"的性质。收到申明的行政机关经必要的调查，在必要时，必须中止行政指导或消解不作为状态。在这种意义上，它并不在与要求者的关系上构成一种义务。

383

---

[1]　参见下卷第 168 页以下。

附　章
行政法学与行政的活动形式论

第一节　行政的活动形式论的问题

一、问题所在

384 　　正如本书在开始的部分所述（第一编第一章第三节"行政的活动形式——三阶段构造模式"），传统行政法学，特别是行政法总论，对于复杂多样的所有行政活动，舍去其具体的目的和内容等，从总体上以本章之前所述种种活动形式的组合来把握。这种方法发展了"行政法"这一独立法领域的法原理、特别是其总论，如前所述，[1]存在相应的充分理由，在某种意义上说它是不可或缺的方法。

　　但在另一方面，通过过去的这种方法还能否充分把握今天日本行政法的整体呢？很早以前就有人不断提出种种质疑。对于这里所说的问题，本书在上文也时有触及分析，本编是在说行政活动及其法的规制，所以，最后以附章的形式来综合分析，希望以本书的方式来展望今后行政法学及行政法理论的动向。[2]

---

　　〔1〕　前文第 22 页以下。

　　〔2〕　另外，除了以下分析讨论之外，最近出现了极为跃跃欲试的理论，不仅对行政的活动形式论也对法治主义论从更为概括性的角度，重新评估行政法理论的整个理论体系。例如，山本隆司教授以德国公法学的主观性权利论为基础的"法关系论"〔山本隆司『行政上の主観法と法関係』（有斐閣、2000 年）〕；在其对角线上，仲野武志教授

二、活动形式论的"形式性"

　　对传统行政的活动形式论提出的疑问有，第一，将行政活动与其 385
具体目的、内容相分离，仅从形式上来看待，仅从观念上抽象把握，
能正确把握其实际状态吗？但是，该疑问应该说是以这种样子与所谓
行政法总论无用论关联起来。行政法总论是要考察贯穿行政所有领域
的共通法原理，只要以行政法总论的必要性为前提，通过发现行政活
动的形式共通性，先纳入共通的范畴来把握，就必须说已有相应的充
分意义。[1]问题反而应当说是，这种行政活动的形式性理解与其赖以
成立的法理基础（行政法总论），不要沦为对所有场合都当然有效的
生硬戒律。对具体场合应当有效的法理是什么，这要通过案件中的个
别情况与上述总论之间相互考虑（反馈）作业，才能得出适当的决
定。而这自身也一直是传统思考方法下的当然前提（这时，这种反馈
作业自然是对"行政法各论"抱以期待[2]）。

三、活动形式论的状态

　　第二个问题是，对于行政活动的形式性把握，过去的那种做法是 386
否真的适当呢？
　　对此，首先的问题是，行政的活动形式是否不限于传统学说所列
举的"行政行为""行政立法""行政契约"等古典形式？对于这一

以法国法、意大利法的客观法论为基础的"制度论"［仲野武志『公権力の行使概念の
研究』（有斐閣、2007 年）］，都是其代表。对于这些，希望进一步关注其基本思考在
行政法理论体系上的具体构成。
　　〔1〕　近来对此重新确认，畠山武道「行政介入の形態」新構想Ⅱ。该论文将其表
述为蓄积功能、秩序化功能、缩减复杂性功能和安定化功能（同第 5 页）。
　　〔2〕　对于行政法总论与各论的应有相互关系，参照、藤田宙靖「警察行政法学の
課題」警察政策 1 巻 1 号（1999 年）17 頁以下（藤田宙靖・基礎理論上 329 頁以下）。

点，正如本书所隐约所见的那样，[1]过去一直以来就在关注、深入考察以行政指导为代表的种种新行为形式。如后所述，今天不仅仅是"行为形式"，还进一步着眼于"制度""结构""体系"等，尝试着发展思考的空间。

与此相关，现在有一点必须想起的是前述"行政过程论"的一个批评：行政过程是让种种手法相互关联起来而展开的，过去的行为形式论只不过截取整个行政过程的某个横断面，在这一意义上，它无法理解行政的动态，而仅为静态的把握。[2]对于这一批评，正如已存在的兼子仁博士的反批评所指出的那样，[3]即使事实上（或者从行政学角度来理解）"行政过程"存在，对于作为法规范学的行政法学而言，也有必要阐明该过程具有怎样的"法的构造"，必须明确这一视角。[4]如此，被本书用作"标尺"的传统行政法理论"三阶段构造模式"，就是一个为了理解行政这种过程的法构造的古典模式。也就是说，以行使公权力为中心的行政基本过程，特别是在与"法律"的关系上具有怎样的法的结构，"三阶段构造模式"是从这一观点给出的一个图式。正如本书本章之前的分析所表明的那样，该图式在理论上表明了"行政行为""行政立法""行政上的强制执行""即时强制"等传统行为形式（或活动形式）所具有的法的性质（特别是在与"依法律行政原理"的关系上），因而（今天仍然）具有颇为有效的功能。但正如本书反复陈述的那样，行政的现实已经不是那般单纯，

387

[1]　前文第 364 页以下。

[2]　参见前文第 142 页以下。

[3]　参照、兼子仁·总论 88 页。

[4]　为了表示行政活动的动态性，今天除了说它是一个"过程"之外，还有强调它是"程序与判断的连锁"或"信息的流程"等（岩桥健定「法の情报分析と公共政策法学の可能性」小早川古稀 19 頁以下）。这些说明当然没有错误，但我自身认为，有一点始终需要明确：只要行政法学以法规范学为出发点，从法上来观察，那么，行政活动就不外乎是各种"法效果"的连锁，行政法学的所谓"理论构成"就是从何种角度选取连锁中的哪一部分来予以概念化的问题。对此，例如参照本书第 224 页注〔2〕及注〔3〕、第 219 页注〔2〕（盐野宏分类论）、第 365 页注〔2〕（高木督促论）。

无法用这种模式就能适当地看透一切；也如本书前文所看到的那样，[1]"依法律行政原理"原本作为该模式有效性的前提，其自身在今天也被广泛认为有其界限。如果重视这一点，至少与过去的"三阶段构造模式"一起，提出其他的某种构造模式来在法上把握复杂的行政过程，必须说在理论上是充分可能的，在实际上也是有意义的。

在最近的日本行政法学中，站在这种角度，回应上述课题，出现了几个积极的尝试，值得关注。以下就介绍这些尝试，同时以这些尝试与本书前文内容之间处于怎样的关系为中心问题，对其作一点评论。

第二节　新动向及其探讨

一、"行为"与"制度""结构"

如前所述，[2]有观点认为，为了阐明行政全过程的构造，在过去作为活动形式或行为形式来把握的活动中，有必要区分"行为"与"制度"。例如，对于过去作为行政行为这种行为形式的法效果来说明的效果，也有主张认为，它不是"行为自身的效果"，而应理解为"制度或结构所赋予的效果"。[3]其中，必须在理论上阐明该意义上的"行为形式"与"制度""结构"有何不同、又处于怎样的关系。

1. 例如，盐野宏教授表明的见解是，有必要在理论上区分作为"行政活动的基本单位"的"行为形式"与作为"在各行政领域可能共通利用而准备了的法的结构"的"行政上的一般制度"，前者包括"行政立法""行政行为""行政上的契约""行政指导""行政计划"，后者包括"确保履行行政上义务的制度""即时执行""行政调

388

---

[1]　前文第 133 页以下。

[2]　前文第 201 页注〔1〕。

[3]　参见前文第 205 页注〔2〕。

查""行政程序"。[1]"制度"不同于作为"基本单位"的"行为形式",如果它是由这些行为形式的复合体构成,那么,通过分析这种复合体,的确要比分解理解各个构成要素更能明确其特征。过去诸如行政行为等与滞纳处分、代执行的这种复合程序,之所以作为复合程序来分析,可以说正是出于这一理由。不过在另一方面,对于前述的

389 盐野宏教授见解,必须指出以下几点:第一,盐野宏教授所说的作为"基本单位"的"行政行为"等,其实它既是"制度"也是"结构",这是不容忽视的。也就是说,作出某行政行为就意味着,展开了自行政内部的意思形成开始、经通知相对人、到发生法效果的一连串过程。这样,如前所述,[2]行政行为的"命令性效果""形成性效果"等法效果也不外乎是在作出行政行为、采取一定措施之后过程的一定阶段,由种种法令赋予其效果。正如已经阐明的那样,[3]以"公定力"为首的所谓行政行为的特殊"效力",其实体是强制执行制度和行政争讼法上起诉期限以及其他制度的反射性效果。也就是说,在这一意义上,所谓"行政行为"的效果,其自身本来就是由法令设定、表达这里所说的一定"法的结构"的概念。[4]第二,这时的"法的结构"不外乎是"在各行政领域可能共通利用而(在理论上)准备了的法的结构"。或许如前所示,[5]"行政行为"等概念本来正是被设定为具有这种功能的"理论概念"。例如,某项目的"执照",就不仅能理解为"项目执照",还能理解为"行政行为",既然说及该行政行为的"效果",就已经不仅仅是"基本单位","在各行政领域可能共通利用而(在理论上)准备了的法的结构"也就登场了。在这一意义上,如果从理论上精确地看,盐野宏教授对"行为形式"与"制

[1] 塩野宏·Ⅰ(第六版)96 頁以下。

[2] 参见前文第 205 頁注〔2〕及第 224 頁注〔2〕、注〔3〕。

[3] 前文第 232 頁以下。

[4] 以盐野宏教授为代表的诸多学者已经暗示或指出了这一点。塩野宏『行政過程とその統制』(有斐閣、1989 年)31 頁、高木光『事実行為と行政訴訟』(有斐閣、1988 年)285 頁、小早川光郎「行政の過程と仕組み」高柳古稀 155 頁等。

[5] 前文第 204 頁。

度"的区分，至少不是那么截然不同。问题是，经过这种区分，过去
不明确的变得明确了吗？至少从本书的立场——将以"依法律行政原
理"为基轴的"近代法治国家原理"作为标尺，通过测量与标尺之间
的偏差来把握日本行政法的制度和理论现状——来看，这种区分不能
说具有决定性的重要意义。

2. 其中的问题必须说毋宁是在于，例如说到"行政行为"的概
念，作为表示一定行为形式的一般概念，今后仍有必要在行政法学中
维持吗？也就是说，被称作"行政行为"的实体，如果实际上如上所
见，是由各法令设置的一定"结构"或体系，只是这些法令赋予的种
种效果的复合体而已，那么，就会出现一个疑问：在法律学上，正是
应当将其各个构成要素个别地取出来考察，而没有必要将目光转向只
不过是其反射的"行政行为"。实际上，对于行政行为的特殊"效
力"，特别是以"公定力"为中心，很早以前就有这种主张，我自身
对此看法也表示赞同。[1]在今天，行政行为的有关讨论均还原为行政
争讼制度的状态，以此为理由，从正面否定"行政行为论"必要性和
意义的学者也登场了。[2]

对此，我是这样理解的。行政行为的概念自身原本是用作表示一
定法现象的理想类型概念，在这一意义上只不过是理论上的概念而
已，[3]因而，为了理解日本行政法，它并不是无论如何也不可或缺的
概念。[4]如此，若这一概念所表示的法现象的实体是上文所见的那
样，即使不用这种概念而采用直接把握实体的思考模式，在理论上当
然也不是不可能的。问题毋宁在于模式有效性的维度，亦即，基于怎

〔1〕　例如，参见前文第 224 页、第 235 页以下。
〔2〕　例如其典型有，遠藤博也『実定行政法』（有斐閣、1989 年）、阿部泰隆・
システム上。
〔3〕　参见前文第 204 页。
〔4〕　例如，兼子仁博士就一向主张，与德国的情况不同，日本的"行政行为"一
词只是学术用语，而不是法律采用的概念，因而，在现行法制论上，毋宁应使用制定法
上的"处分"概念（参照、兼子仁・総論 89 頁）。对此，像本书所述的那样，我将
"行政行为"的概念理解为旨在把握各实定制度的一种"理想类型"概念。

391　样的目的、具有怎样的优势来那样变更思考方法？如果站在这种角度上，首先，在与发展史的关系上理解日本现在的行政法制度和理论概要及意义，正如本书之前所见，传统模式以行政行为概念为中心，以传统模式为抓手来考察，这已经被认为是有效的方法。而将现行制度作为其本身（剥离制度史、理论史）来看待时，要充分把握制度的实体，从各个法体系中作为上述意义上一般体系切出"行政行为"这一法体系，在综合把握法制上未必是没有意义的[1][2]（但是，这与所谓行政行为论在整个行政法理论中今后应占多大程度的重要性问题则是不同的问题）。

二、"体系"的把握方式

392　　　1. 在理解行政的活动形式时，引入"结构"或"制度"（体系）的观念（这里将两者作为同义词来使用），的确是一个有效的方法。例如如上所述，将"行政行为"不是作为"行为形式"，而是作为一种"法制度"从正面来重新把握，使过去就行政行为所作的种种探讨（所谓行政行为论）也变得具有更为明确的理论意义，对于传统行为形式论的范畴不能完美把握的法现象，通过将其自身作为一个体系来

---

　　〔1〕　正如远藤博也前揭书、阿部泰隆前揭书所述，去除行政行为论后，仍用行政行为一词，过去在行政行为论中的说明现在分散到各个地方去说明。在我看来，这反而让说明变得繁杂了。至少作为行政法总论的状态，这能否更好地鸟瞰全体，仍有疑问。另外，对此的同一观点，参照、畠山武道·前揭「行政介入の形態」10 頁以下。

　　〔2〕　对于过去一直以来对行政行为（或行政处分）所作的说明，例如，有批评认为，"不作特别说明，仅坦率地说明即可，亦即，行政被授权基于法律，不经合意，以其判断单方限制私人等权利、课予其义务，这就是行政行为。不过，也仅此而已。"（阿部泰隆·解释 I 87 頁，另参照、中川丈久「行政法の体系における行政行為·行政处分の位置付け」阿部古稀 87 頁。）从正文所述的"行政行为"概念性质来看，这种立场也是当然能成立的，对其结论也没有感到有必要去反驳［对于行政行为概念的上述说明，至少从文字上来看，其内容与"具体宣告何为法的公权力行使"（参见前文第204 頁）这样的说明也并无不同］。但从本书的立场来看，我对于其中是否正确理解了"理想类型"行政行为概念的含义有一点疑虑；我也怀疑，它的前提是不是对所谓"行政行为论"意义和功能理解得有点过于僵硬？

把握，也让说明变成可能。在本书前文诸如与强制执行制度的关系中，可以看到这种例子。[1][2]

2. 最近，一种积极的尝试登场了，它所推进的思考是，将行政的活动形式整体分成几个"法体系"来把握，从这种角度在根本上替换过去的行政法总论。例如，阿部泰隆教授的尝试就是如此。

阿部博士认为，本书在本编处理的行政的活动形式，亦即"行政为了实现被赋予的政策目的而使用的手法"，[3]可作为"监督行政的体系""行政的服务和事业体系""土地利用规制的法体系""经济的手法""信息的收集管理保护体系""辅助手法""行政指导手法""提供信息和启发的手法"等法的体系来把握。从日本的行政和行政法现实来看，这些体系将各领域共通性内容进行类型化，因而，在这一意义上，它具备了"形式性"——本书认为，这是作为行政法总论不可或缺的前提，可以被定性为一种行政的活动形式论。但在另一方面，其中的各种行政活动有监督、服务、土地利用规制，这是在较为具体的行政目的的关联上进行类型化。因而，在这一意义上，从内容上来说，它毋宁是与传统行政法理论中的行政法各论层面相对应的。过去的行政法各论通过某种程度上将具体化的行政目的与行为形式联

---

〔1〕　在近来的教科书里，对这一意义上的"法的结构论"所作的说明示例如下："在行政作用法上，传统是以'行政的行为形式论'为中心，而近来不仅仅限定于'行为'这种视角来把握各个行政决定等，例如，对于'许可'这种行政行为，重视从以一定行为为中心的体系或由法律关系展开的结构（法的结构）来把握，即通过罚则对'自由'的一般禁止→申请许可→对申请的程序规范→通过许可解除一般禁止状态→对获得许可者进行监督指导、许可更新制度→与此相关的行政事前和事后程序。"［稻葉馨＝人見剛＝村上裕章＝前田雅子『行政法（第4版）』（有斐閣、2018年）22頁。］

不过，这种"法的结构"论或"结构性解释"在具体纠纷中能导出怎样的法解释论、能不能导得出，仍有种种问题。例如参照、高木光「『法の仕組み』と『仕組み解釈』」自治実務セミナー2007年12月号4頁。与此相对比，参照、最判2005年10月25日判時1920号32頁中的藤田宙靖补充意见。对于所谓"行政过程论"的一般探讨，也请参见本书前文第145页以下。

〔2〕　参见前文第305~306页。

〔3〕　阿部泰隆・システム上53頁。

结起来的概念，将整个行政作用分为"警察行政""公企业""公用负担""财政"等类型。[1]

　　日本行政法学未必充分综合展开了行政法各论研究。阿部博士将目光投向整个行政活动，将其从"法体系"的角度加以把握，这种研究是极为积极的。即使从本书所述的理由来看，也应该说今后必须进一步推进这种研究。不过，如果从理论的角度来看，既然这种体系论是作为行政法总论来展开的，那就必须对下述问题作出更为体系性的说明：这种种法体系的分类，在与法理的关系上具有怎样的意义？因体系的不同而在其适用上会产生怎样的差别？它与过去的行政法总论有什么根本的不同？[2]

394

---

　　〔1〕　过去如正文所述那样的行政法各论未必属于严格意义上的各论，在性质上也应该可谓"各论的总论"。另外，阿部博士认为，其"法体系"论拆除了行政法总论与各论的"体系的藩篱"（阿部泰隆·システム上はしがきⅤ页）。

　　〔2〕　另外，阿部泰隆在其『解释学』Ⅰ·Ⅱ中，将其视角再度置于"行政法总论"，从"法治行政（依法律行政原理）"的观点"尝试对行政法总论的拆旧造新"（该书序言第ⅲ页）。其意思应该很多，但要让如此操作成功，首先要对应当拆除的行政法总论是什么、这种操作的基础（观点）"法治行政"是什么作出精密的理论分析。本书关注的内容毋宁是面向这种问题的。

判例索引

（页码为本书边码）

■ 最高裁判所

■ **高等裁判所**

■ 地方裁判所

事项索引

(页码为本书边码)